D1751923

Europäische Geschichtsdarstellungen

Herausgegeben von
Johannes Laudage

Band 1

Von Fakten und Fiktionen

Mittelalterliche Geschichtsdarstellungen und
ihre kritische Aufarbeitung

Herausgegeben von
Johannes Laudage

BÖHLAU VERLAG KÖLN WEIMAR WIEN

Gedruckt mit freundlicher Unterstützung der
Gerda Henkel Stiftung

Bibliografische Information der Deutschen Bibliothek

Die Deutsche Bibliothek verzeichnet diese Publikation
in der Deutschen Nationalbibliografie;
detaillierte bibliografische Daten sind im Internet über
http://dnb.ddb.de abrufbar.

© 2003 by Böhlau Verlag GmbH & Cie, Köln
Alle Rechte vorbehalten

Umschlagabbildung: Heinrich IV. kniet vor Mathilde von Tuszien.
Rom, Biblioteca Apostolica, Cod. Vat. lat. 4922, fol. 49r.

Druck und Bindung: MVR-Druck GmbH, Brühl
Gedruckt auf chlor- und säurefreiem Papier
Printed in Germany
ISBN 3-412-17202-2

INHALTSVERZEICHNIS

Vorwort VII

Otto Gerhard Oexle
   Von Fakten und Fiktionen.
   Zu einigen Grundsatzfragen der historischen Erkenntnis 1

Verena Epp
   Von Spurensuchern und Zeichendeutern.
   Zum Selbstverständnis mittelalterlicher
   Geschichtsschreiber 43

Rudolf Schieffer
   Zur Dimension der Überlieferung bei der Erforschung
   narrativer Quellen des Mittelalters 63

Gerd Althoff
   Zum Inszenierungscharakter öffentlicher
   Kommunikation im Mittelalter 79

Matthias Becher
   Eine verschleierte Krise.
   Die Nachfolge Karl Martells 741 und die Anfänge
   der karolingischen Hofgeschichtsschreibung 95

Josef Semmler
   Zeitgeschichtsschreibung und Hofhistoriographie
   unter den frühen Karolingern 135

Klaus Herbers
   Zu frühmittelalterlichen Personenbeschreibungen
   im *Liber pontificalis* und in römischen
   hagiographischen Texten 165

Johannes Laudage
  Widukind von Corvey
  und die deutsche Geschichtswissenschaft 193

Hans-Werner Goetz
  „Konstruktion der Vergangenheit".
  Geschichtsbewusstsein und „Fiktionalität"
  in der hochmittelalterlichen Chronistik,
  dargestellt am Beispiel der *Annales Palidenses* 225

Barbara Haupt
  Geschichtliche Erinnerung
  in der deutschen Literatur des 12. Jahrhunderts 259

Manfred Groten
  Volkssprachliche Geschichtsdichtungen
  im deutschen Reich im späten 13. Jahrhundert.
  Melis Stoke und Gottfried Hagen 281

Hans Körner
  Geschichtsdarstellungen im italienischen Grabmal
  des späten Mittelalters 309

Johannes Helmrath
  Die Umprägung von Geschichtsbildern in der
  Historiographie des europäischen Humanismus 323

Wilhelm Busse
  Thomas Castleford:
  Zur städtischen Rezeption englischer Geschichte
  im 14. und 15. Jahrhundert 353

Hans Hecker
  Propagierte Geschichte. Die „stepennaja kniga"
  (Stufenbuch) und die Herrschaftsideologie
  in der Moskauer Rus' (16. Jahrhundert) 371

VORWORT

Vom 30. November bis 2. Dezember 2000 veranstaltete das Forschungsinstitut für Mittelalter und Renaissance an der Heinrich-Heine-Universität Düsseldorf eine interdisziplinäre Tagung zum Thema „Mittelalterliche Geschichtsdarstellungen und ihre kritische Aufarbeitung". Aus diesem Anlaß versammelten sich zeitweise über 170 Forscherinnen und Forscher, aber auch das studentische Interesse war äußerst rege. Man hatte es also mit einer wissenschaftlichen Gala zu tun, die dank der großzügigen Förderung der Gerda Henkel Stiftung, des Ministeriums für Schule, Wissenschaft und Forschung NRW, des Rektors der Universität und der Firma Stams in repräsentativem Rahmen stattfinden konnte. Allen Mäzenen und Sponsoren sei dafür herzlich gedankt.

Inzwischen ist aus den wissenschaftlichen Impulsen, die die Tagung geben konnte, ein Graduiertenkolleg zu dem Thema „Europäische Geschichtsdarstellungen" hervorgegangen, und schon dies macht neugierig. Wo liegen die Hauptfragen, die sich die Forschung bei der Untersuchung narrativer Vergangenheitsbilder nach der von Hayden White und anderen ausgelösten „linguistischen Wende" zu stellen hat? Was erbringt der interdisziplinäre Dialog zwischen Historikern, Literaturwissenschaftlern, Philosophen, Naturwissenschaftlern und Kunsthistorikern? Und wo liegen die Bruchlinien zwischen den verschiedenen Fächern und Verstehensansätzen? Die Antworten, die die Tagung gab, waren mannigfaltig und lassen sich im Rahmen eine Vorworts gar nicht alle resümieren. Nur soviel sei daher angedeutet: Es ging auf der einen Seite um geschichtstheoretische Grundsatzfragen und deren praktische Konsequenzen, auf der anderen Seite wurde aber auch empirische Einzelforschung geleistet, die sich naturgemäß auf den Quellenwert mittelalterlicher Geschichtserzählungen konzentrierte. Einer der Beiträge war sogar so umfangreich, daß er demnächst im Rahmen einer kleinen Monographie publiziert werden kann[1]. Die übrigen Vorträge finden sich fast ausnahmslos im vorliegenden Band. Lediglich das Eröffnungsreferat von Johannes Fried ist inzwischen schon an anderer Stelle erschienen[2], doch dürfte es angesichts der Prominenz des entsprechenden Druckortes keine Schwierigkeiten bieten, auch diesen Aufsatz rasch nachzulesen.

Allen Referenten, Moderatoren und Mit-Organisatoren der Tagung sei daher herzlich gedankt. Zu danken habe ich aber auch meinen damaligen und heutigen Mitstreitern am Düsseldorfer Lehrstuhl für Mittelalterliche Geschichte. Die Hauptlast der Tagungskoordination trug Herr Dr. Wolfgang Georgi, die Federführung bei der Redaktionsarbeit lag in den Händen von Herrn Christian Klein. Sie beide seien daher besonders hervorgehoben, doch danke ich auch Lars Hageneier, Yvonne Leiverkus, Nikola Möller, Carola Nikolai, Sebastian Pahnke, Matthias Schrör und Andrea zur Nieden. Sie alle haben ein stets vergnügtes und unermüdliches Arbeitsteam gebildet, das die Drucklegung energisch vorantrieb. Im Wirkverbund mit unserem Verlag und der Gerda Henkel Stiftung konnte so der erste Band einer neuen Schriftenreihe entstehen, die sich dem weiten Feld der „Europäischen Geschichtsdarstellungen" widmen wird. Für die finanzielle Starthilfe sei herzlich gedankt.

Düsseldorf, im August 2002   *Johannes Laudage*

---

[1] Josef SEMMLER, Der Dynastiewechsel von 751 und die fränkische Königssalbung, Düsseldorf 2003.
[2] Johannes FRIED, Erinnerung und Vergessen. Die Gegenwart stiftet die Einheit der Vergangenheit, in: HZ 273 (2001) S. 561-593.

Von Fakten und Fiktionen.
Zu einigen Grundsatzfragen
der historischen Erkenntnis

von

Otto Gerhard Oexle

I.

Thema des Kongresses über „Mittelalterliche Geschichtsdarstellungen und ihre kritische Aufarbeitung" war die Frage nach den Bedingungen des Wissens mittelalterlicher Geschichtsschreiber und der Art ihrer Darstellung. Ich sehe die vorliegenden Überlegungen in einer dazu komplementären Fragestellung. Mir geht es um die Bedingungen des historischen Wissens und der Erkenntnis moderner Historiker. Es geht um Tragweite und Grenzen der historischen Erkenntnis, um die Leistungsfähigkeit von Geschichtswissenschaft.

Die großen Debatten vor drei Jahrzehnten, vor und nach 1970, drehten sich um den gesellschaftlichen Nutzen der Geschichtswissenschaft („Wozu noch Geschichte?"). Darüber herrscht heute, wie mir scheint, eher ein allgemeines Einverständnis. Historiker haben in der Gesellschaft zwei Aufgaben: sie produzieren historische Tatsachen und sie haben für die Deutung, für den „Sinn" dieser Tatsachen zu sorgen. Die entscheidende Frage ist freilich, w i e sie das tun. Darum geht es in einem neuen „Grundlagenstreit in der Geschichtswissenschaft"[1]: nicht um das W o z u, sondern um das W i e und W a r u m.

Ausgelöst wurde der Streit durch die „Frage nach der Literarizität der Wissenschaft von der Geschichte"[2]. Ist „Geschichte" überhaupt eine Wissenschaft? Oder ist sie nicht eher eine „Kunst"? Die Frage wurde

---

[1] Darüber die Beiträge in: Rainer Maria Kiesow/Dieter Simon (Hgg.), Auf der Suche nach der verlorenen Wahrheit. Zum Grundlagenstreit in der Geschichtswissenschaft (2000).
[2] Rainer Maria Kiesow, Auf der Suche nach der verlorenen Wahrheit. Eine Vorbemerkung, in: Kiesow/Simon, Auf der Suche nach der verlorenen Wahrheit (wie Anm. 1) S. 7-12, hier S. 8.

spätestens seit Hayden Whites „Metahistory" (1970)[3] und dem allgemeinen französisch-amerikanischen Diskurs über die sogenannte „Postmoderne" virulent und kommt seitdem nicht zur Ruhe: „W a r u m Geschichtswissenschaft?"[4] Der „gegenwärtige und anhaltende Boom an historischer Literatur", so äußerte jüngst ein Jurist und Rechtshistoriker, entspreche „lediglich der Evidenz der Geschichte, einer Evidenz, die sich aus der Anschaulichkeit eines linearen Zeitmodells und dem damit unausweichlichen jederzeitigen Verlust der Zeit" ergebe[5]. Daraus resultierten aber „zunächst nur vergangene Geschichten, die jetzt erzählt werden können. Die auf wissenschaftliche Wahrheit zielende Erzählung des hochspezialisierten Technikers der akademischen Geschichtsforschung" liege jedoch „vollständig neben dieser Evidenz". Mit anderen Worten: „Die Evidenz der Geschichte führt nicht zur Evidenz von Geschichtswissenschaft". Vielmehr öffne die Evidenz der Geschichte gerade ihre „Tore für die wissenschaftlicher Wahrheit abholde Kunst und Poesie" und ermögliche das Gedächtnis, „das immer nur gegenwärtige Gedächtnis, in dem die Geschichten als stets neu geschaffene aufbewahrt sind. In dieser Gegenwart entkommen die Historiker der Kunst und der Poesie nicht". Diese „grausame Aporie" sei „nicht hintergehbar": „Die Historiker und Wissenschaftler mögen a l s Historiker und a l s Wissenschaftler sprechen, weil sie dem Dämon der Geschichtsphilosophie, dem Teufel der Spekulation und der Manipulation entrinnen möchten". Aber: „Die Geschichte bleibt eine Hure. Sie bietet sich jedem an. Auch dem Politiker". Es lasse sich also die Vorstellung nicht mehr von der Hand weisen, „daß die Koinzidenz von Gegenstand und Gegenstandserkenntnis nicht beobachtbar", und das heißt: daß sie „zufällig ist". Auch der Rekurs auf methodische Disziplin und systematische Arbeit und Forschung verhelfe nicht dazu, daß die Historiker als W i s s e n s c h a f t l e r dem „Labyrinth der Meinungen" entkommen, die „der Tod der Wahrheit freigesetzt" habe. Wenn aber die Geschichte weder durch Wahrheit noch

---

[3] Hayden WHITE, Metahistory. The historical Imagination in Nineteenth-Century Europe (1973); deutsche Ausgabe: DERS., Metahistory. Die historische Einbildungskraft im 19. Jahrhundert in Europa (1991).
[4] KIESOW, Auf der Suche nach der verlorenen Wahrheit (wie Anm. 2) S. 9.
[5] Ebda. S. 9 f. Hier auch die folgenden Zitate.

durch Disziplin zu bändigen sei, so verkümmere die Differenz zwischen Anarchie und Methode: „Die Anarchie wird zur Methode".

In seinem jüngst erschienenen Buch „Der Liebeswunsch" hat der Kölner Schriftsteller Dieter Wellershoff eben dieses Thema sehr pointiert erörtert[6]. Das Buch handelt von Leonhard, dem Juristen, und von Paul, dem Chirurgen, und von ihren verworrenen Geschichten mit Ehefrauen und Geliebten. Leonhard, der Jurist, weiß, daß die „richterliche Wahrheitsfindung, trotz Indizien, Beweisen und Geständnissen, immer Züge eines Konstruktes" hat und nichts anderes als ein „Konstrukt" sein kann. Aber eben dies „beunruhigte ihn tief". Er möchte, daß die richterliche Untersuchung zur Erkenntnis führt, „wie es eigentlich gewesen", daß sie zur Wahrheit führt, weil nur diese eigentlich Grundlage eines richterlichen Urteils sein kann. Paul, der Chirurg, hingegen ist Anhänger des Chaos. Chaos, so sagt er, sei der Zustand, „in dem es gleich wahrscheinlich sei, daß der Kamm in der Bürste oder in der Butter stecke", und in dem, so darf man hinzufügen, es auch völlig g l e i c h g ü l t i g ist, o b der Kamm in der Bürste oder aber in der Butter steckt. Dies wiederum stößt Leonhard zutiefst ab.

Die Anarchie also werde zur Methode, so unser rechtshistorischer Gewährsmann, und deshalb sei festzustellen, daß „das Beharren der Historiker-Wissenschaftler" auf methodischer Disziplin, systematischer Arbeit und Forschung „seine historische Zeit gehabt" hat. Die Annahme, damit werde es immer weitergehen, sei „unhistorisch". In einer „neuen Zeit" würden diese Bemühungen der Historiker-Wissenschaftler „als einer verlorenen Zeit angehörig betrachtet werden" müssen. „Die verlorene Zeit" aber sei — „verloren"[7].

---

[6] Dieter WELLERSHOFF, Der Liebeswunsch (2000) S. 191 f.
[7] KIESOW, Auf der Suche nach der verlorenen Wahrheit (wie Anm. 2) S. 10 f.

II.

Auf diese Herausforderungen werden, so wie es derzeit aussieht, von Historikern zwei Antworten gegeben[8].

(1) Die eine besteht darin, die Herausforderungen zu ignorieren. Man kann auf den fachlichen „Betrieb" hinweisen, der ja auch wie eh und je floriert. Dies ist ganz unbestreitbar. Aber: genügt das? Und gehört es nicht zu den konstitutiven Kennzeichen von Wissenschaft, daß sie – im Gegensatz zum Alltagswissen – nicht nur etwas weiß, sondern auch darüber reflektiert, warum sie etwas weiß und welcher Modus des Wissens ihr eignet[9]? Dazu kommt, daß im derzeitigen Moment die Haltung des Ignorierens und Aussitzens der Herausforderungen mit Hinweis auf die unbestreitbaren Leistungen des „Betriebs" Risiken impliziert. Ich erinnere daran, wie im Zeichen knapper finanzieller Mittel die Sozialwissenschaften sich zu „Hard Science" mausern wollen, – was natürlich ganz unbegründet ist. Aber was hätten Historiker dem entgegenzuhalten, wenn sie nicht einmal über die Bedingungen ihres eigenen Wissens nachzudenken wünschen? Die Risiken einer solchen Haltung werden sogleich auch dann sichtbar, wenn man zu den Naturwissenschaften hinüberblickt. Dort ist nämlich, und zwar in der Physik ebenso wie in der Biologie, nicht nur eine unaufhörlich weiterschreitende, empirische Forschung zu sehen, die täglich neue und zuweilen bestürzend neue Ergebnisse vorzuzeigen hat, sondern diese unaufhörliche Erweiterung unseres Wissens im Bereich der naturwissenschaftlichen Erkenntnis ist – jedenfalls sehr viel häufiger als bei Historikern – begleitet von einer Dauer-Reflexion der Naturwissenschaftler selbst über das, was sie tun.

---

[8] Zum folgenden bereits Otto Gerhard OEXLE, Im Archiv der Fiktionen, Rechtshistorisches Journal 18 (1999) S. 511-525; wieder abgedruckt in: KIESOW/SIMON, Auf der Suche nach der verlorenen Wahrheit (wie Anm. 1) S. 87-103.

[9] Diese Anfrage an den „Betrieb" der Wissenschaft ist natürlich nicht neu. Sie wurde in der Zeit der sogenannten „Krise des Historismus" am Beginn des 20. Jahrhunderts von dem Historiker und Theologen, Kirchenhistoriker und Philosophen Ernst Troeltsch mit besonderem Nachdruck gestellt. Dazu Otto Gerhard OEXLE, Troeltschs Dilemma, in: Ernst Troeltschs "Historismus", hg. von Friedrich Wilhelm GRAF (Troeltsch-Studien 11, 2000) S. 23-64.

(2) Eine zweite Antwort auf die „postmodernen" Herausforderungen wird darin sichtbar, daß der Streit aufgenommen wird. So tut es zum Beispiel der britische Historiker Richard J. Evans in seinem Buch „Zur Verteidigung der Geschichtswissenschaft" („In Defence of History") von 1997, das unter dem Titel „Fakten und Fiktionen. Über die Grundlagen historischer Erkenntnis" inzwischen auch in deutscher Sprache erschienen ist[10]. Zur Widerlegung der „postmodernen Theorien" seit den 1980er Jahren, mit der linguistischen Wende, welche die Geschichtswissenschaft in eine tiefe „epistemologische Krise" gestürzt und „bis in ihre wissenschaftlichen und kulturellen Fundamente hinein erschüttert" habe und die geradezu eine „Auflösung" der Geschichtswissenschaft betreibe, möchte Evans die Historiker aus ihrer „Selbstgenügsamkeit" und ihrer „sklerotischen Selbstzufriedenheit" aufrütteln. Es sei an der Zeit, daß die Historiker „Verantwortung dafür übernehmen, zu erklären, was (sie) tun, wie (sie) es tun und warum es wert ist, getan zu werden", so fordert er. Historiker seien zwar anerkannte Experten, wenn es darum gehe, die Vergangenheit zu verstehen; doch ende ihr Expertentum, wenn es darum gehe, zu verstehen, wie sie die Vergangenheit verstehen. Evans kämpft deshalb gegen das „Verschwinden des historischen Faktums" bei den „Postmodernen" und möchte den Historikern ihren „Glauben ... an die vergangene Wirklichkeit und an die Möglichkeit, sie zu rekonstruieren" wiedergeben. Denn: Fakten gebe es doch wirklich. Ich zitiere Evans: „Historische Fakten sind Dinge, die in der Geschichte geschehen sind und die als solche anhand der überlieferten Spuren überprüft werden können". Ob Historiker „bisher den Akt der Überprüfung" schon unternommen hätten oder nicht, sei „für die Faktizität" der Fakten ganz „ohne Belang". Denn: „die Fakten existieren vollkommen unabhängig von den Historikern". Und so endet das Buch von Evans denn auch mit einer leidenschaftlichen Beschwörung der Realität der Vergangenheit und ihrer Erkennbarkeit: die Vergangenheit sei doch „wirklich geschehen", und Historiker könnten, wenn sie „sehr gewissenhaft, vorsichtig und selbstkritisch sind", „tatsächlich" herausfinden, „wie sie geschah".

---

[10] Richard J. EVANS, Fakten und Fiktionen. Über die Grundlagen historischer Erkenntnis (1998). Die folgenden Zitate hier S. 13 f., S. 20 f., S. 79, S. 103, S. 115 und S. 243.

Ganz analoge Debatten neuerdings auch in der deutschen Wissenschaft. Auch hier wurde jüngst Geschichte als „Kunstprodukt" erklärt und wurde für die „Entbehrlichkeit" der Tatsachen plädiert. Denn, was man „Tatsachen" nenne, sei doch nichts anderes als „sprachliche Botschaften, denen gegenwärtig aus pragmatischen Gründen allgemein Glauben geschenkt wird"; und Historiker seien doch „nur eine gelehrte und sich auf ältere Texte und Zeichen stützende Spezies der Gattung ‚Dichter/Schriftsteller'"[11]. Und auch hierzulande wird gegen eine solche postmoderne Verunsicherung in beschwörendem Ton zur Anerkennung der Realität, der Tatsächlichkeit der Tatsachen aufgerufen. Wie in einem „Säurebad" sei der „Pfeiler, das Grundelement aller Geschichte als Wissenschaft", die „Tatsache" aufgelöst worden[12]. Deshalb gelte es nun, „den Schlingpflanzen der theoretischen Verunsicherung" nicht zu erliegen. Die Geschichtswissenschaft sei mittlerweile an der „Schwelle ihrer Selbstzerstörung angelangt"; nun aber müsse der „systematischen Verdächtigung der Tatsache" ein Ende gemacht werden. Denn es gebe doch eine „Irreduktibilität der Tatsachen, die schlechterdings grundlegend (sei) und nicht bestritten werden (könne)", es gebe doch eine „pragmatische Evidenz" des Tatsächlichen, „die wir uns nicht ausreden lassen sollten". Vor allem müsse die „Primärtatsache ... wieder in ihre Würde eingesetzt werden". Und mit der Wiederentdeckung der Tatsache werde die Geschichtswissenschaft auch wieder zur „Wahrheit" finden.

Man wird sich fragen müssen, was mit solch schlichten Behauptungen des Gegenteils gegen die „Herausforderungen des Postmodernismus" gewonnen werden kann. Zwar gewinnt eine solche Diskussion über den Gegensatz von „Fakten" und „Fiktionen" ihre Plausibilität dadurch, daß sie den Anschein erzeugt, es gebe nichts Drittes, man müsse eben „Faktualist" oder „Fiktionalist" sein. Aber diese Plausibilität ist wirklich nur eine scheinbare. Handelt es sich doch bei dem Gegensatz von „Fakten" und „Fiktionen" um ein epistemologisches Paar im Sinne von Gaston

---

[11] So Michael STOLLEIS, Rechtsgeschichte als Kunstprodukt. Zur Entbehrlichkeit von „Begriff" und „Tatsache" (1997) S. 16 und S. 27.

[12] So Werner PARAVICINI, Rettung aus dem Archiv? Eine Betrachtung aus Anlaß der 700-Jahrfeier der Lübecker Trese, Zeitschrift des Vereins für Lübeckische Geschichte und Altertumskunde 78 (1998) S. 11-46; die Zitate hier S. 23, S. 33 f. und S. 39 f.

Von Fakten und Fiktionen 7

Bachelard, das, seinem kontradiktorischen und wechselseitig exklusiven Habitus zum Trotz, in einer zentralen Grundannahme übereinstimmt, welche man teilen kann, – oder aber nicht: weil beide den Anspruch erheben, das Wesentliche über das „Ganze" und über die Bedingungen des Wissens vom „Ganzen" zu wissen. Teilt man diese Grundannahme n i c h t, so werden sogleich andere Möglichkeiten jenseits dieses scheinbar so exklusiven Gegensatzes sichtbar. Im Fall von „Fakten und Fiktionen" ist die gemeinsame Grundannahme, daß das „Ganze" historischer Erkenntnis in diesen beiden Positionen richtig und jeweils vollständig beschrieben ist. Aber ist das wirklich so?

Deshalb nimmt die Plausibilität dieser Debatte sofort ab, wenn man sich ihrer Historizität bewußt wird. Die Position von Richard J. Evans gegen die Postmodernen steht ganz in der nationalen, kulturellen epistemologischen Tradition des britischen Empirismus. Evans „Gewährsmann" ist Geoffrey R. Elton mit seinem Buch „The Practice of History" von 1967, einem dezidierten Plädoyer für „things that happen", für „true facts", für „real" oder „hard history", und mit der Vorstellung vom Historiker als einem Handwerksmeister, der Dinge aus der Vergangenheit wieder herstellt[13]. Ganz anders deshalb der Umgang der Franzosen mit dem Problem, worauf ich hier nicht eingehen kann[14]. Es ist leicht zu verstehen, daß eben diese Tradition des britischen Empirismus es ist, die gerade bei amerikanischen Wissenschaftlern ihr Gegenstück, den „Postmodernismus" provoziert hat und damit dann auch wiederum die erneute vehemente Gegenreaktion auf britischer Seite, wie sie zum Beispiel Evans vertritt.

Auch die deutschen Positionen von Fakten und Fiktionen sind unschwer zu historisieren. Denn hinter dem leidenschaftlichen Plädoyer für die Tatsachen und ihre Wahrheit steckt die klassische deutsche Tradition der historischen Erkenntnis als Faktenerkenntnis nach Rankes Programm von 1831 („Mein Grundgedanke ist, ... die Fakten, wie sie sind, ... zu erkennen, zu durchdringen und darzustellen. Die wahre Lehre liegt in

---

[13] Geoffrey R. ELTON, The Practice of History (1967). Dazu OEXLE, Im Archiv der Fiktionen (wie Anm. 8) S. 99. Vgl. Quentin SKINNER, Sir Geoffrey Elton and the Practice of History (Transactions of the Royal Historical Society 7, 1997) S. 301-316.
[14] OEXLE, Im Archiv der Fiktionen (wie Anm. 8) S. 98 ff.

der Erkenntnis der Tatsachen")[15] und mit Rankes so unendlich oft und immer wieder aufs neue zitiertem Diktum vom „Sagen, wie es eigentlich gewesen" von 1824[16]. Man könnte auch an Rankes Berliner Antrittsvorlesung von 1836 erinnern, wo Ranke Geschichtswissenschaft und Naturwissenschaft vergleicht: „Denn wie die Naturwissenschaft einerseits die Gestalt der Naturwesen sorgfältig zu zeichnen unternimmt, andererseits aber Höheres erstrebt und die ewigen Gesetze, welche der Welt selbst und den einzelnen Teilen und Gliedern derselben gegeben sind, zu untersuchen sich bemüht, dann aber zu dem innern Quell der Natur, aus dem Alles hervorströmt, vordringt: gerade so ist es mit der Historie: wie sehr sie auch danach trachtet, die Reihenfolge der Begebenheiten so scharf und genau wie möglich aufzurollen und jeder derselben ihre Farbe und Gestalt wiederzugeben und darauf den höchsten Wert legt: so bleibt sie doch bei dieser Arbeit nicht stehen, sondern schreitet zur Erforschung der Anfänge fort und sucht bis zu den tiefsten und geheimsten Regungen des Lebens, welches das Menschengeschlecht führt, hindurchzudringen". Und dies sei „das letzte Ziel" der Geschichtswissenschaft: „den Kern und das tiefste Geheimnis der Begebenheiten in sich aufzunehmen". Dies aber sei „gleichsam ein Teil des göttlichen Wissens"[17].

Werden diese Auffassungen Rankes evoziert, so wird dabei immer der Eindruck erweckt, als sei diese Position seither niemals in Frage gestellt worden. Ebenso bleibt unberücksichtigt, was die alleinige Bedingung der Möglichkeit des Programms Rankes war, nämlich die Annahme einer durch Religion begründeten Ideen-Erkenntnis. Historisches Wissen war für Ranke, wie bereits erwähnt, „gleichsam ein Teil des göttlichen Wissens. Eben nach diesem ... suchen wir mit Hülfe der Geschichte vorzudringen"[18]. Es geht hier also um „Geschichtsreligion" (Wolfgang Hardt-

---

[15] So Ranke in einem Brief vom 21. November 1831 an seinen Bruder Heinrich, in: Leopold von Ranke, Das Briefwerk, hg. von Walther Peter FUCHS (1949) S. 246.
[16] Zit. nach Wolfgang HARDTWIG (Hg.), Über das Studium der Geschichte (1990) S. 45.
[17] Leopold VON RANKE, Über die Verwandtschaft und den Unterschied der Historie und der Politik. Eine Rede zum Antritt der ordentlichen Professur an der Universität zu Berlin im Jahre 1836, in: HARDTWIG, Über das Studium der Geschichte (wie Anm. 16) S. 47-60, hier S. 51 f.
[18] Ebda. S. 52.

wig)¹⁹. Wie aber sollte, nach dem nicht erst im 19. Jahrhundert rasch einsetzenden Verlust religiöser Gewißheiten, Faktenerkenntnis „wie es eigentlich gewesen" durch Wissenschaft noch begründbar sein? Schon Friedrich Nietzsche konnte deshalb mit Beifall rechnen, wenn er Ranke als den „klügsten aller klugen ‚Tatsächlichen'" verhöhnte und gegen die Rankeaner und die Neo-Rankeaner seiner Zeit und deren Faktenbesessenheit 1881 ungerührt diese „Facta" als „facta ficta" denunzierte („Morgenröte", Nr. 307). Historiker hätten es nicht „mit dem, was wirklich geschehen ist", zu tun, sondern nur mit „vermeintlichen Ereignissen". Was sie die „Weltgeschichte" nennen, seien nur „Meinungen über vermeintliche Handlungen und deren vermeintliche Motive". „Alle Historiker" erzählen nur „von Dingen, die nie existiert haben, außer in (ihrer) Vorstellung". Und auch die von den Historikern viel beschworene „Objektivität" oder gar „Wahrheit" ihrer Erkenntnis, so hatte Nietzsche schon in seiner zweiten unzeitgemäßen Betrachtung „Vom Nutzen und Nachteil der Historie für das Leben" von 1874 dargelegt, sei nichts als eine leere Behauptung, bestenfalls eine Selbsttäuschung, und erweise sich bei genauerer Betrachtung nur als ein Ausdruck des „Willens zur Macht"²⁰.

Ist es nun sinnvoll, heute noch einmal Nietzsche gegen Ranke und Ranke gegen Nietzsche antreten zu lassen? Ist es sinnvoll, den Faktenglauben von Historikern *ad absurdum* zu führen – oder aber die Fiktionalitätsthese der „Postmodernen" mit dem trotzigen Hinweis auf eine angeblich unbestreitbare Faktizität historischer Fakten und mit der emphatischen Beschwörung des „Sagen, wie es eigentlich gewesen" zu bekämpfen?

---

[19] Wolfgang HARDTWIG, Geschichtsreligion – Wissenschaft als Arbeit – Objektivität. Der Historismus in neuer Sicht, HZ 252 (1991) S. 1-32.
[20] Otto Gerhard OEXLE, „Historismus". Überlegungen zur Geschichte des Phänomens und des Begriffs, in: DERS., Geschichtswissenschaft im Zeichen des Historismus. Studien zu Problemgeschichten der Moderne (Kritische Studien zur Geschichtswissenschaft 116, 1996) S. 41-72, hier S. 53 ff.

III.

Will man in diesen Debatten und Kontroversen weiterkommen, so kann dies, so denke ich, nur auf dem Wege geschehen, den ich mit meinen letzten Bemerkungen bereits beschritten habe: nämlich auf dem Wege einer umfassenden Historisierung des Themas. Eine solche Historisierung macht zunächst einmal (1) die spezifischen „nationalen" Wissenschaftskulturen der Moderne sichtbar, die auch zu spezifischen Diskussionen und Definitionen von Wissenschaft und historischer Wissenschaft in der Moderne geführt haben. Darauf kann ich hier nicht eingehen[21].

Eine solche Historisierung führt außerdem (2) zu einer umfassenden Diachronie und zu „Tiefenschärfe" in der Wahrnehmung der Genese moderner Wissenschaft und moderner Geschichtswissenschaft und ihrer ständigen „Krise". Dazu hier einige Bemerkungen.

Eine der wichtigsten und zentralen Ausformungen dieser Krisenhaftigkeit moderner Wissenschaft ist der Historismus, nämlich die Wahrnehmung, daß alles, was ist, historisch bedingt und historisch vermittelt ist, – auch die historische Erkenntnis selbst[22]. Dieses konstitutive Problem der Moderne ist eine Konsequenz von A u f k l ä r u n g und R e v o l u t i o n. Ein Konsequenz der A u f k l ä r u n g, insofern diese, nach der berühmten Formel von Kant, eine Epoche der Kritik darstellt[23], also eine Epoche der Emanzipation des Menschen von allen Traditionen, Autoritäten, Lehren, Institutionen, Gewohnheiten und Konventionen, die vor der autonomen menschlichen Vernunft nicht bestehen können. Als das wichtigste Instrument dieser Kritik galt den Aufklärern die Wissenschaft. Die Frage nach der Begründung von Wissenschaft wurde dadurch

---

[21] Dazu die Bemerkungen von OEXLE, Im Archiv der Fiktionen (wie Anm. 8) S. 98 ff.
[22] Dazu die Beiträge in: Otto Gerhard OEXLE, Geschichtswissenschaft im Zeichen des Historismus (wie Anm. 20); DERS., Kulturelles Gedächtnis im Zeichen des Historismus, in: Bauten und Orte als Träger von Erinnerung. Die Erinnerungsdebatte und die Denkmalpflege, hgg. von Hans-Rudolf MEYER/Marion WOHLLEBEN (Veröffentlichungen des Instituts für Denkmalpflege an der ETH Zürich 21, 2000) S. 59-75.
[23] So Kant in der Vorrede zur ersten Auflage der „Kritik der reinen Vernunft" von 1781 (A XII): „Unser Zeitalter ist das eigentliche Zeitalter der Kritik, der sich alles unterwerfen muß".

eine zentrale Frage der Moderne. Die Revolution wiederum bedeutete die permanente Destabilisierung aller politischen und sozialen Strukturen, und deshalb auch, nach der Formulierung Jacob Burckhardts, „den Sturz von Moralen und Religionen"[24]. Bereits die führenden Akteure der Revolution von 1789 sahen sich gezwungen, die „Leere" (le „vide") festzustellen, die sie durch ihr Handeln hervorgebracht hatten, und sie erkannten die Notwendigkeit, neue Traditionen und Riten zu schaffen[25]. Dies ist der Ausgangspunkt der Festfeiern der Französischen Revolution und der mit ihnen verknüpften „neuen Mythologien" (Manfred Frank)[26], die – und das ist das Entscheidende – mit den Mitteln der Geschichte, mit dem Instrument des kulturellen Gedächtnisses organisiert und ausstaffiert wurden.

Eine der fundamentalsten Konsequenzen von Aufklärung und Revolution ist deshalb die allgemeine Historisierung, die Erkenntnis der umfassenden Historizität alles dessen, was ist. Es handelt sich dabei um eine Wahrnehmung des Menschen und der Welt, die ganz neu und bis dahin unerhört war. In seiner Vorlesung über die „Geschichte des Revolutionszeitalters" reflektierte Jacob Burckhardt 1867 über die „Welle", auf der wir – nach dem „Sturm" von 1789 – im „Ozean" treiben, – und über „Geschichte" reflektieren. Die Antwort ist paradox und benennt das, was man am Anfang des 20. Jahrhunderts als die „Krise des Historismus" bezeichnen wird: daß wir nämlich „die Welle selbst" sind[27] und daher einer neuen Reflexion und Bestimmung unserer Arbeit als Historiker bedürfen.

Historismus bedeutet also zwei Dinge zugleich: Chancen und Zumutungen.

---

[24] Jacob BURCKHARDT, Über das Studium der Geschichte. Der Text der „Weltgeschichtlichen Betrachtungen" auf Grund der Vorarbeiten von Ernst Ziegler nach den Handschriften herausgegeben von Peter GANZ (1982) S. 229.
[25] Vgl. OEXLE, Kulturelles Gedächtnis im Zeichen des Historismus (wie Anm. 22) S. 65 f.
[26] Vgl. Manfred FRANK, Der kommende Gott. Vorlesungen über die Neue Mythologie, I. Teil (1982).
[27] Jacob BURCKHARDT, Einleitung in die Geschichte des Revolutionszeitalters, in: DERS., Historische Fragmente, hgg. von Emil DÜRR/Werner KAEGI (1942) S. 200 f. (freundlicher Hinweis von Reinhard Laube).

Die **Chancen** bestehen in der unerhörten Erweiterung des historischen Wissens, in der Möglichkeit, zu einer durch und durch historischen Wahrnehmung des Menschen und der Welt zu kommen und deshalb auch zu intellektuellen Orientierungen, die auf dem unausschöpfbaren Reichtum der Geschichte beruhen. Diese unerhörte Erweiterung des historischen Wissens provozierte die Genese einer Wissenschaft von der Geschichte, zum Beispiel bei Leopold von Ranke mit seinem Programm des „Sagen, wie es eigentlich gewesen" von 1824. Der Historismus war eine Konsequenz der Geschichte[28], und er machte „Geschichte" zur Leitwissenschaft des 19. Jahrhunderts. Dies zog sogleich eine unaufhaltsame Historisierung auch bisher systematischer Wissenschaften nach sich, zum Beispiel der Theologie, der Rechtswissenschaft, der Nationalökonomie[29]. Und ständig entstanden neue historische Wissenschaften, wie zum Beispiel die Philologien und die Kunstgeschichte. In der Gesellschaft des 19. Jahrhunderts zog die unaufhörliche Vermehrung des historischen Wissens eine Verfügbarkeit aller bisher gewesener Kulturen nach sich, die für eine Nutzung in der Gegenwart bereitstanden. Man erinnere sich an die „historistische" Kunst und Architektur vom 19. Jahrhundert bis heute[30].

Auf der anderen Seite stehen die **Zumutungen** des Historismus. Zumutungen zum einen, weil – wie schon angedeutet – die allgemeine Historisierung auch die historische Wissenschaft selbst ergreift. Johann Gustav Droysen hat das bereits 1857 in seiner „Historik" ausgesprochen: „Das historische Forschen setzt die Einsicht voraus, daß auch der Inhalt unseres Ich ein vielfach vermittelter, ein geschichtliches Resultat ist"[31].

---

[28] Zur Bedeutung der „Bifokalität" und „Polyfokalität" in der Kunst seit der Mitte des 18. Jahrhunderts und den daraus sich ergebenden „Kontrastkoppelungen" (Werner Hofmann) in ihrer Bedeutung für die Genese des Historismus: OEXLE, Kulturelles Gedächtnis im Zeichen des Historismus (wie Anm. 22) S. 64 f.
[29] Annette WITTKAU, Historismus. Zur Geschichte des Begriffs und des Problems (²1994).
[30] Otto Gerhard OEXLE, Die Moderne und ihr Mittelalter. Eine folgenreiche Problemgeschichte, in: Mittelalter und Moderne. Entdeckung und Rekonstruktion der mittelalterlichen Welt, hg. von Peter SEGL (1997) S. 307-364.
[31] Johann Gustav DROYSEN, Historik. Rekonstruktion der ersten vollständigen Fassung der Vorlesungen (1857). Grundriß der Historik in der ersten handschriftlichen (1857/

Auch die Geschichtswissenschaft selbst unterliegt der Historisierung. Was aber ist dann der Status ihres Wissens? – Zumutungen andererseits, weil die grenzenlose Vermehrung des historischen Wissens mit einer immer größeren Zahl von Tatsachen geradezu verhindert, den „Sinn", die Bedeutung dieser Tatsachen und der Vermehrung des historischen Wissens und der Geschichte selbst zu erkennen. Das historische Wissen verliert somit seine Fähigkeit, zum Handeln in der Gegenwart anzuleiten. Anders gesagt: der ungeheuren Erweiterung historischer Wahrnehmungs- und Orientierungsmöglichkeiten steht die gleichzeitige Reduzierung, ja Relativierung dieser Orientierungen gegenüber, insofern die Gleichzeitigkeit a l l e r die Verbindlichkeit und Normativität j e d e r e i n z e l n e n in Frage stellt.

Dies ist bekanntlich das Thema, das Friedrich Nietzsche in seiner zweiten unzeitgemäßen Betrachtung „Vom Nutzen und Nachteil der Historie für das Leben" (1874) in die Mitte seiner Überlegungen gestellt hat: die „historische Krankheit" des modernen Menschen, die eine Konsequenz des ihm zugemuteten „Übermaßes an Historie" darstelle[32]. Dieses resultiere aus der unaufhörlichen und immer schnelleren Vermehrung des historischen Wissens und daraus, daß die Historie eine Wissenschaft geworden ist. Denn diese Wissenschaft zeige alles in seinem Werden und deshalb auch in seinem Vergehen. Die Geschichtswissenschaft sei „die Wissenschaft des universalen Werdens"[33], und noch keine Generation habe ein solches Schauspiel gesehen. Indem sie alles in seinem Werden und deshalb auch in seinem Vergehen zeige, wirke die Geschichtswissenschaft zerstörerisch. Sie raube dem Menschen die Orientierungen seines Handelns und führe zu Skeptizismus und Zynismus und letztlich zur Lähmung und Zerstörung der Lebenskräfte. Nietzsches anschauliches Beispiel dafür ist der „jetzige theologus liberalis vulgaris", der Repräsentant der historischen Theologie, welche das Christentum in

---

1858) und in der letzten gedruckten Fassung (1882). Textausgabe von Peter LEYH (1977) S. 399.
[32] Friedrich NIETZSCHE, Vom Nutzen und Nachteil der Historie für das Leben (1874), in: DERS., Sämtliche Werke. Kritische Studienausgabe in 15 Einzelbänden, hgg. von Giorgio COLLI/Mazzino MONTINARI, Bd. 1 (²1988) S. 329.
[33] Ebda. S. 272.

„reines Wissen um das Christentum" aufgelöst und „dadurch vernichtet" habe[34]. Dazu tritt in Nietzsches Argumentation gegen die Historie als Wissenschaft, wie wir schon wissen, als drittes Moment, daß ihr Anspruch auf Objektivität eine Ideologie, bestenfalls eine „Illusion" und „Mythologie", in Wahrheit aber ein Ausdruck des „Willens zur Macht" sei.

Wie haben die Vertreter der Geschichtswissenschaft auf diese Herausforderung reagiert?

Eine zweite Herausforderung für die Historiker ging von der modernen empirischen Naturwissenschaft aus, die sich, aufgrund der empirisch-wissenschaftlichen Erkenntnismethode, der Beobachtung als alleiniger Methode wissenschaftlicher Erkenntnis, im Bereich der Naturwissenschaft gegen Ende der dreißiger Jahre des 19. Jahrhunderts formierte und die eine neue Epoche des naturwissenschaftlichen Erkennens überhaupt bedeutete[35]. Für ihre Methode und ihre Ergebnisse forderte sie unbeschränkte Geltung. Es ging ihr um die Erkenntnis von unumstößlichen (sogenannten „harten") „Tatsachen" und um die aus diesen zu ermittelnden, absolut gültigen (sogenannten „ewigen") „Gesetze". Führende Naturwissenschaftler wie Rudolf Virchow, Hermann von Helmholtz und Emil Du Bois-Reymond stellten deshalb die Frage nach dem epistemologischen Status der historischen Erkenntnis[36]. Denn: alle Kenntnis, so Virchow 1849, stamme aus der empirischen Beobachtung, und deshalb beruhe „aller Fortschritt des Menschengeschlechts ... einzig und allein" darauf, daß die „ewigen Gesetze" der Natur durch „immer fortgesetzte sinnliche Beobachtung" immer genauer ergründet würden. Die naturwissenschaftliche Methode der „positiven Erfahrungen ... auf empirischem Wege" sei deshalb „die einzige wissenschaftliche" und „die höchste Form menschlicher Einsicht" (so Virchow 1860). Sie sei nicht nur die

---

[34] Ebda. S. 297.
[35] Dazu Annette WITTKAU-HORGBY, Materialismus. Entstehung und Wirkung in den Wissenschaften des 19. Jahrhunderts (1998).
[36] Otto Gerhard OEXLE, Naturwissenschaft und Geschichtswissenschaft. Momente einer Problemgeschichte, in: Naturwissenschaft, Geisteswissenschaft, Kulturwissenschaft: Einheit – Gegensatz – Komplementarität?, hg. von DEMS. (Göttinger Gespräche zur Geschichtswissenschaft 6, ²2000) S. 99-151, hier S. 107 ff. Der Nachweis der folgenden Zitate ebda. S. 108 f.

"Mutter" aller Wissenschaften, sondern müsse auch "die Methode der ganzen Nation", ja sogar die "eigentliche Maxime des Denkens (und) des sittlichen Handelns" werden, wie Virchow 1871 verkündete.

Wie haben die Historiker auf diese zweite Herausforderung geantwortet?

IV.

In der zweiten Hälfte des 19. Jahrhunderts ging es also für Historiker um zwei zentrale Fragen: um die Frage des Historismus und um die Frage des Verhältnisses von Naturerkenntnis und historischer Erkenntnis. Zu diesem Thema müßte vieles erörtert werden[37]: der positivistische Szientismus auch bei Historikern; Johann Gustav Droysens "Historik"; Diltheys Konzept von "Geisteswissenschaft". Dies ist hier nicht möglich. Doch will ich die Auseinandersetzungen über diese beiden Fragen etwas eingehender beleuchten für die Epoche der fünf Jahrzehnte etwa zwischen 1880 und 1932, die man mit Recht als eine "Achsenzeit" moderner Wissenschaft bezeichnet hat (Roland Kany).

In dieser Phase entwickelte sich in Deutschland eine "Historische Kulturwissenschaft", die mit den Namen von Georg Simmel, Max Weber, Ernst Cassirer, Karl Mannheim und anderer verbunden ist[38].

Der Ausgangspunkt dieses Neuansatzes war, in epistemologischer Hinsicht gesehen, ein dreifacher. Zum einen ging es darum, an die Stelle von Rankes am Anfang des 19. Jahrhunderts entwickeltem Programm einer Faktenerkenntnis und Erkenntnis der Geschichte "wie es eigentlich gewesen", begründet auf "Geschichtsreligion" (W. Hardtwig) und Ideen-

---

[37] Dazu OEXLE, Naturwissenschaft und Geschichtswissenschaft (wie Anm. 36) S. 111 ff.
[38] Darüber Otto Gerhard OEXLE, Geschichte als Historische Kulturwissenschaft, in: Kulturgeschichte Heute, hgg. von Wolfgang HARDTWIG/Hans-Ulrich WEHLER (Geschichte und Gesellschaft. Sonderheft 16, 1996) S. 14-40; DERS., Kultur, Kulturwissenschaft, Historische Kulturwissenschaft. Überlegungen zur kulturwissenschaftlichen Wende, in: Das Mittelalter. Perspektiven mediävistischer Forschung 5 (2000), S. 13-33; DERS. (Hg.), Das Problem der Problemgeschichte 1880-1932 (Göttinger Gespräche zur Geschichtswissenschaft 12, 2001). Zur Genese des Problems: Johannes HEINSSEN, Ein Indikator für die Probleme der Problemgeschichte: Kulturhistorische Entdifferenzierung am Ende des 19. Jahrhunderts, in: ebda. S. 39-84.

erkenntnis, ein neues Konzept von historischer Erkenntnis zu setzen, weil Rankes Programm eben wegen seiner Fundierung auf Geschichtsreligion und Ideenerkenntnis als Grundlage nicht mehr brauchbar erschien. Zweitens ging es darum, die Fragen einer empirischen Naturwissenschaft so zu beantworten, daß beide Bereiche der Wissenschaft von einer gemeinsamen Grundlage her und zugleich in ihrer Unterschiedenheit definiert werden konnten. Drittens ging es darum, Nietzsches Frage nach dem Historismus und seinen Konsequenzen, also die Frage nach dem Verhältnis von „Wissenschaft" und „Leben" ernstzunehmen, ebenso wie seine Absage an den wissenschaftlichen Objektivismus, – so freilich, daß man diese F r a g e n ernst nahm, aber a n d e r e A n t w o r t e n darauf zu geben suchte, als Nietzsche selbst sie gegeben hatte[39].

Die Absage an Rankes „Wie es eigentlich gewesen" und die Antworten auf die Frage der Naturwissenschaft nach dem Status der historischen Erkenntnis und auf Nietzsches These von der Fiktionalität historischer Erkenntnis wurden in zwei Hinsichten begründet: (1) in den materialen Ansätzen neuer Forschungen und (2) in einer neuen Begründung von Tragweite und Grenzen historischer Erkenntnis.

(1) Zum einen kreierten die Vertreter einer Historischen Kulturwissenschaft ein um den Begriff der Kultur fokussiertes neues Programm historischer Erkenntnis. Dieses wandte sich von der auf die Geschichte der Völker und Staaten ausgerichteten Historie ab zugunsten eines Programms historischer Erkenntnis, das eine integrierende Betrachtung aller Dimensionen historischer Ereignisse und Prozesse in den Blick zu nehmen versuchte: eben im Begriff der „Kultur". Der Forschungsbegriff der „Kultur" umfaßt die Vielfalt von Vorstellungen und Denkformen, von Mentalitäten, geistigen Haltungen und Emotionen, von Normen, Wertsystemen und Erwartungen, mit denen Welt und Geschichte von Individuen und Gruppen wahrgenommen, gedeutet und gestaltet werden. „Kultur" bezieht sich gleichermaßen auf das Gesamt von Lebensweisen, Formen des Verhaltens und des Handelns von Menschen, auf ihre soziale und kulturelle Praxis und deren Objektivationen, nämlich literarische und künstlerische Werke, Symbole, Rituale und Institutionen. Objekti-

---

[39] Andrea GERMER, Wissenschaft und Leben. Max Webers Antwort auf eine Frage Friedrich Nietzsches (Kritische Studien zur Geschichtswissenschaft 105, 1994).

vationen, Praxis und Wahrnehmungen werden dabei in ihrer wechselseitigen Verschränkung gesehen. Deutungen und Symbole, Produkte und Institutionen sind Momente eines Prozesses. Sie werden nicht nur „gemacht", sondern zugleich wahrgenommen oder verkannt, angeeignet oder abgelehnt. Einzelne oder Gruppen interpretieren, nuancieren und transformieren sie[40]. Max Weber hat am Anfang des 20. Jahrhunderts die Vermittlung und Verschränkung von Mentalitäten und Weltdeutungen, Praxis und Institutionenbildung mit Begriffen wie „praktische Lebensführung" und „Gesamthabitus" zu erfassen versucht.

Wie man am historischen Werk eines Georg Simmel oder eines Max Weber ablesen kann, bedeutet dieses Programm, daß der Kreis möglicher Fragen dabei nicht weit genug gespannt werden kann: einerseits in einer „Totalität" aller nur denkbaren Fragestellungen und Perspektiven; sodann, und im Blick auf die Gegenstände dieser Erkenntnis, in einer nicht weit genug auszudehnenden diachronischen „Tiefe" der Analyse; und schließlich, in der Einbeziehung auch anderer Kulturen als nur der europäischen, in einer schlechthin universalen Ausweitung hin zu komparatistischen Fragestellungen.

(2) Die neue epistemologische Begründung historischer Erkenntnis erfolgte durch den Rückgriff auf den Kritizismus Immanuel Kants. Historische Erkenntnis ist demnach empirisch, sie ist auf historisches Material gestützt. Sie ist aber nicht Abbildung einer äußeren, gewesenen „Wirklichkeit", sondern vielmehr „Entwurf", sie ist Hypothese, Konstruktion, – freilich keine willkürliche, sondern eine materialgebundene, eben eine empirische. Es geht demnach also nicht mehr um eine abbildende Darstellung von vergangener „Wirklichkeit", die (wie übrigens schon Johann Gustav Droysen in seiner „Historik" festgestellt hatte) vergangen ist und eben deshalb gar nicht „Gegenstand" von Erkenntnis sein kann, weil sie nicht mehr „gegeben" ist. Ansatzpunkt der historischen Erkenntnis kann vielmehr nur das noch „Gegebene" sein, und das ist das

---

[40] So die Definition des Begriffs der „Kultur" im Forschungsprogramm des Max-Planck-Instituts für Geschichte in Göttingen seit 1999. Zur Genese des Konzepts im Blick auf Max Weber: OEXLE, Kultur, Kulturwissenschaft, Historische Kulturwissenschaft (wie Anm. 38) S. 13 ff.; vgl. auch: Memoria als Kultur, hg. von DEMS. (Veröffentlichungen des Max-Planck-Instituts für Geschichte 121, 1995) bes. die Einleitung.

historische Material. Somit ist also das „Gewesene", die „Vergangenheit", zu unterscheiden vom „Gegebenen", dem historischen Material, – und von der „Geschichte" als einem gedanklichen Konstrukt, freilich – um es noch einmal zu sagen – keinem willkürlichen, sondern einem durch eine umfassende Empirie gestützten. Rankes Auffassung von der historischen Erkenntnis als einer Abbildung gewesener Geschichte „wie es eigentlich gewesen" wird somit ebenso eine Absage erteilt, wie Nietzsches Fiktionalismus. Eine Absage erfährt freilich auch das Alltagsverständnis von wissenschaftlicher Erkenntnis, das immer davon ausgeht, daß die Gegenstände der Erkenntnis „Abbildung" von „Wirklichkeit" sind, und, wenn man nur lange und sorgfältig genug arbeitet, stets mit der „Wirklichkeit" in Übereinstimmung gebracht werden können.

Sich auf Kants Kritizismus einzulassen bedeutet also, anzuerkennen, daß eine „objektive" Erkenntnis in der Wissenschaft nicht von einer möglichst genauen Erfassung der Gegenstände konstituiert wird, sondern nur entsprechend der Verfaßtheit der Erkenntnis selbst konstituiert sein kann. Mit anderen Worten: Die „Objektivität" kommt letztlich nicht von den Gegenständen her, sondern von der Struktur des erkennenden Subjekts. Das erkennende Subjekt, indem es mit „Dingen" befaßt ist, weiß nichts über „Dinge an sich", sondern es weiß nur etwas von Phänomenen, von „Erscheinungen", es weiß nur das, was im Lichte seiner Fragen zum Vorschein kommt. Dieses Wissen steht also stets im Verhältnis zur Frage, die ihm zugrundeliegt; es ist deshalb „relationales", nicht absolutes Wissen. Kants kopernikanische Wende, seine „Revolution der Denkart", in exemplarischer Weise zusammengefaßt in der Vorrede zur zweiten Auflage der „Kritik der reinen Vernunft" von 1787, bedeutet also, so Kants eigene Worte, daß sich die Erkenntnis nicht nach den Gegenständen „richtet", sondern daß sich vielmehr die „Gegenstände nach der Erkenntnis richten", „weil die Vernunft nur das einsieht, was sie selbst nach ihrem Entwurfe hervorbringt"[41]. Freilich, um es – und nicht ohne Grund – zum dritten Mal zu sagen, nicht in willkürlicher Weise, sondern in empirischer Fundierung. Kant deutet dies an mit der Metapher vom Untersuchungsrichter, der (anhand von Berichten, Tat-

---

[41] Immanuel KANT, Kritik der reinen Vernunft, Vorrede zur zweiten Auflage von 1787 (B XVI).

werkzeugen und anderen materialen Gegebenheiten) empirisch arbeitet, um einen Sachverhalt zu „konstituieren", in dem er selbst nicht steht. Dies bedeutet auch, daß die wissenschaftlich umfassend ausgerichtete Empirie ständig begleitet sein muß von einer „transzendentalen", das heißt: auf die Bedingungen und die Möglichkeit empirischer Erkenntnis, auf deren Tragweite und Grenzen gerichteten Reflexion.

Historische Erkenntnis ist demnach nicht Gegenstandsabbildung, sondern ist Konstituierung von Fragestellungen, die dann empirisch, durch Arbeit am Material abgearbeitet werden, sie ist auf Problemstellungen bezogen[42]. Erkenntnis ist – so hat es dann Max Weber formuliert – ein „Gedankenbild", ist ein „Kosmos gedachter Zusammenhänge", ist eine „Konstruktion von Zusammenhängen", ist „gedachte Ordnung": historische Erkenntnis bedeutet nicht „Abbilden", sondern „denkendes Ordnen"[43]. Und eben darin ist sie „Erfahrungswissenschaft" und ist sie „Wirklichkeitswissenschaft"[44]. Oder, mit einer Formulierung Max Webers aus dem Jahr 1904: „Nicht die ‚s a c h l i c h e n' Zusammenhänge der ‚D i n g e', sondern die g e d a n k l i c h e n Zusammenhänge der P r o b l e m e liegen den Arbeitsgebieten der Wissenschaften zugrunde"[45]. In seiner Auseinandersetzung mit dem Althistoriker Eduard Meyer hat Weber 1906 die Frage aufgeworfen, „was denn eigentlich unter ‚historischer' Arbeit im logischen Sinne" verstanden werden könne; es ging ihm darum, zu zeigen, „wie wenig die populäre naive Vorstellung, die Geschichte sei ‚bloße' Beschreibung vorgefundener Wirklichkeiten, oder einfache Wiedergabe von ‚Tatsachen', in Wahrheit zutrifft"[46]. Sie sei doch vielmehr ein „Gedankengebilde", ein „Phantasiebild", die „gedachte ‚Konstruktion eines ... Herganges', ein ‚Abstraktionsprozeß', der durch Analyse und gedankliche Isolierung der Bestandteile des unmittelbar Gegebenen – welches eben als ein Komplex m ö g l i c h e r ursächlicher Beziehungen angesehen wird – verläuft und in eine Synthese des ‚wirk-

---

[42] Dazu OEXLE (Hg.), Das Problem der Problemgeschichte (wie Anm. 38).
[43] Max WEBER, Gesammelte Aufsätze zur Wissenschaftslehre (⁵1982) S. 190, S. 192 und S. 213.
[44] Ebda. S. 170 und S. 192.
[45] Ebda. S. 166. Dazu Otto Gerhard OEXLE, Max Weber – Geschichte als Problemgeschichte, in: Das Problem der Problemgeschichte (wie Anm. 38) S. 9-37.
[46] WEBER, Wissenschaftslehre (wie Anm. 43) S. 217 und S. 237.

‚lichen' ursächlichen Zusammenhangs ausmünden soll"[47]. Die „gegebene ‚Wirklichkeit'" wird, „um sie zur historischen ‚Tatsache' zu machen", „in ein Gedankengebilde" verwandelt, denn: „in der ‚Tatsache' steckt ..., mit Goethe zu reden, Theorie".

Die Konstituierung der wissenschaftlichen Gegenstände in der Konstituierung von „Problemen" bedeutet aber auch, daß die Gegenwart des Historikers ein konstitutives Moment in der Genese der historischen Erkenntnis darstellt. „W a s Gegenstand der Untersuchung wird, und wie weit sich diese Untersuchung in die Unendlichkeit der Kausalzusammenhänge erstreckt", so Weber 1904, „das bestimmen die den Forscher und seine Zeit beherrschenden Wertideen"[48], das wird also von dem bestimmt, worauf es dem Historiker (in seiner Zeit) bei seiner Erkenntnis „ankommt". Die „Kulturprobleme, welche die Menschen bewegen", verändern sich ständig, es verändert sich ständig, was „Sinn und Bedeutung für uns" hat und was dementsprechend die Fragestellung des Historikers bestimmt. „Die Ausgangspunkte der Kulturwissenschaften bleiben damit wandelbar in die grenzenlose Zukunft hinein". Oder anders und noch einmal mit Weber gesprochen: „Das Licht der großen Kulturprobleme" zieht immer weiter, und dann rüste sich „auch die Wissenschaft, ihren Standort und ihren Begriffsapparat zu wechseln"[49]. Das bedeute ebensowohl „die Vergänglichkeit a l l e r , a b e r zugleich (auch) die Unvermeidlichkeit immer n e u e r .... Konstruktionen" der historischen Erkenntnis, es bedeute die Vergänglichkeit aller Ergebnisse historischer Erkenntnis, es bedeute aber auch die „ewige Jugendlichkeit" der „h i s t o r i s c h e n D i s z i p l i n e n", das heißt aller jener Disziplinen, „denen der ewig fortschreitende Fluß der Kultur stets neue Problemstellungen zuführt"[50]. Damit ist das Problem des Historismus und der Historizität auch jeder wissenschaftlichen und jeder geschichtswissenschaftlichen Er-

---

[47] Ebda. S. 275, hier auch das folgende Zitat. Zu Max Webers Theorie der Erkenntnis als „Theorie der sogenannten ‚objektiven Möglichkeit'" Uwe BARRELMEYER, Geschichtliche Wirklichkeit als Problem. Untersuchungen zu geschichtstheoretischen Begründungen historischen Wissens bei Johann Gustav Droysen, Georg Simmel und Max Weber (Beiträge zur Geschichte der Soziologie 9, 1997) S. 215 ff.
[48] WEBER, Wissenschaftslehre(wie Anm. 43) S. 184. Hier auch das folgende Zitat.
[49] Ebda. S. 214.
[50] Ebda. S. 206.

kenntnis nicht „gelöst"; denn es ist „unlösbar"; aber: es ist als „Paradoxie" benannt und in die Reflexion aufgenommen.

Was schließlich das Verhältnis von Geschichtswissenschaft und Naturwissenschaft angeht, so wird diese Frage erneut (wie übrigens schon bei Droysen)[51] im Sinne einer Komplementarität beider Wissenschaftsbereiche beantwortet. Mit den Worten Max Webers: „Begriff" und „Experiment" sind, in gleicher Weise, die „großen Mittel alles wissenschaftlichen Erkennens"[52]. Dies feststellen heißt auch, auf das Begriffliche in den Experimenten der Naturwissenschaft und auf das Experimentelle in den Begriffen der Kulturwissenschaft hinzuweisen. Naturwissenschaft und historische Erkenntnis werden also im Sinne einer wechselseitigen Komplementarität definiert.

Aber verhält es sich nicht so, daß Kants kritizistische Theorie der Erkenntnis, auf die sich auch Weber bezieht, sich nur auf die naturwissenschaftliche Erkenntnis bezieht? Die Antwort auf diese Frage ergibt sich aus Kants Metapher vom Wissenschaftler als einem „Untersuchungsrichter", der Fragen stellt und anhand von Zeugenaussagen und Berichten, von Tatwerkzeugen und anderen materialen Gegebenheiten einen Sachverhalt empirisch ermittelt, in dem er selbst nicht steht. Es ist kein Zufall, daß Marc Bloch, der wohl bedeutendste Historiker des 20. Jahrhunderts, die Arbeit gerade des Historikers als die eines Untersuchungsrichters dargestellt hat[53].

V.

Die deutschen Historiker um 1900 in ihrer Gesamtheit haben von alledem wenig zur Kenntnis genommen. Spätmittelalterhistoriker kennen das Diktum über Rom, das „die Reform verhindert und dafür wenig

---

[51] Dazu OEXLE, Naturwissenschaft und Geschichtswissenschaft (wie Anm. 36) S. 114 ff.
[52] WEBER, Wissenschaftslehre (wie Anm. 43) S. 596.
[53] Dazu Ulrich RAULFF, Ein Historiker im 20. Jahrhundert: Marc Bloch (1995) S. 184 ff., und, mit der Verknüpfung zu Kants „Kritik der reinen Vernunft", Otto Gerhard OEXLE, „Une science humaine plus vaste". Marc Bloch und die Genese einer Historischen Kulturwissenschaft, in: Marc Bloch. Historiker und Widerstandskämpfer, hg. von Peter SCHÖTTLER (1999) S. 102-144, bes. S. 128.

später die Reformation erhalten" habe[54]. Entsprechend könnte man sagen: die deutschen Historiker haben die Historische Kulturwissenschaft abgelehnt und dafür wenig später die Soziologie bekommen, gegen deren Etablierung manche ihrer führenden Vertreter (allen voran Georg von Below)[55] dann einen erbitterten, freilich vergeblichen Kampf geführt haben. Von den Historikern wurden auch Ernst Cassirers brillante Darlegungen über „Das Erkenntnisproblem in der Philosophie und Wissenschaft der neueren Zeit", der erste Band von 1906, nicht wahrgenommen, wonach nur einer „naiven Auffassung" sich das Erkennen als ein Prozess darstellt, „in dem wir uns eine an sich vorhandene, geordnete und gegliederte Wirklichkeit nachbildend zum Bewußtsein bringen", wohingegen es ein Ergebnis der gesamten Theorie der wissenschaftlichen Erkenntnis seit dem Nominalismus und bis zu Kant sei, daß wissenschaftliches Wissen gerade nicht ein „Akt der Wiederholung" sei, also es gerade nicht „mit einer einfachen Wiedergabe", sondern „mit einer Gestaltung und inneren U m f o r m u n g des Stoffes zu tun habe, der sich uns von außen darbietet". Wissenschaft bestehe „nicht in der nachahmenden Beschreibung, sondern in der A u s w a h l und der k r i t i s c h e n G l i e d e r u n g, die an der Mannigfaltigkeit der Wahrnehmungsdinge zu vollziehen ist"; die Begriffe der Wissenschaft seien deshalb „nicht mehr als Nachahmungen dinglicher Existenzen, sondern als Symbole für die Ordnungen und funktionalen Verknüpfungen innerhalb des Wirklichen" aufzufassen. Sie sind „nur immer erneute h y p o t h e t i s c h e Ansätze und Versuche, den Inhalt der Erfahrung ... auszusprechen und zusammenzufassen"[56].

Ebenso vergeblich die Probemanalyse, die der Theologe, Historiker und Soziologe Ernst Troeltsch 1922 in seinem brillanten Essay über die

---

[54] So der katholische Kirchenhistoriker Karl August FINK in: Handbuch der Kirchengeschichte III/2, hg. von Hubert JEDIN (1968) S. 588.
[55] Otto Gerhard OEXLE, Ein politischer Historiker: Georg von Below (1858-1927), in: Deutsche Geschichtswissenschaft um 1900, hg. von Notker HAMMERSTEIN (1988) S. 283-312, bes. S. 304 ff.
[56] Ernst CASSIRER, Das Erkenntnisproblem in der Philosophie und Wissenschaft der neueren Zeit, Bd. 1 (1906), Nachdruck der 3. Auflage 1922 (1974) S. 1 f. und S. 4. Dazu Michael HÄNEL, Problemgeschichte als Forschung: Die Erbschaft des Neukantianismus, in: Das Problem der Problemgeschichte 1880-1932 (wie Anm. 38) S. 85-127.

„Krisis des Historismus" und in seinem großen Werk über den „Historismus und seine Probleme" aus demselben Jahr vortrug[57]. Bemerkenswert die höhnische Abfuhr, die Troeltsch durch Georg von Below als einem der führenden Repräsentanten der deutschen Geschichtswissenschaft zuteil wurde[58]. Troeltschs Essay über die „Krise des Historismus" ist jedoch ohne Zweifel der tiefgehendste und pointierteste Aufriß der gesamten Problemkonstellation des durch Wissenschaft begründeten historischen Wissens und seiner Bedingungen in der Moderne, und er ist zugleich ein Stück Wissenschaftsreflexion von ungewöhnlicher Brillanz, das in jede Textsammlung „Über das Studium der Geschichte" gehört und das doch bis heute in keiner einzigen zu finden ist. Das hängt sicher auch damit zusammen, daß Troeltsch den professionellen Historikern seiner Zeit vorsätzlich immer wieder auf die Füße trat, indem er ihr traditionelles Selbstverständnis und ihre selbstgenügsame Art der Fragestellung im Rahmen des „Betriebs" der „Historikerzunft" und indem er die Orientierungen, die ihren Arbeiten zugrundelagen, kritisierte. Auch die Fragen Troeltschs waren fundamentaler Art: wie Objektivität in der historischen Erkenntnis möglich sei; – wie sich gesellschaftliche Bedingungen auch auf die wissenschaftliche Erkenntnis auswirken; – von welchen Wertsetzungen her denn die Geschichtswissenschaft ihre Auswahl in der Darstellung treffe, wie sie also ihre „historischen Gegenstände aus dem flüssigen Kontinuum des Lebens" herausschneide[59]. Freilich hat Troeltsch diese Fragen ganz anders als Weber und Cassirer beantwortet[60].

Die Ablehnung des Aufbruchs zu einer Historischen Kulturwissenschaft und zu einer neuen Begründung von historischer Erkenntnis bei den deutschen Historikern um 1900 und erst recht nach 1918 hatte verschiedene Gründe.

(1) Zum einen lag es sicher an der Suggestivität des Rankeschen „Sagen, wie es eigentlich gewesen", das inzwischen offensichtlich zu einer „Beruhigungsphilosophie" geworden war, in deren Fahrwasser man sei-

---

[57] Dazu der oben Anm. 9 genannte Beitrag 'Troeltschs Dilemma'.
[58] Ebda. S. 55 ff.
[59] Ebda. S. 36 ff. und S. 40 ff.
[60] Ebda. S. 51 f.

nen Forschungen unbehelligt von allen Irritationen der Gegenwart nachgehen zu können oder gegen diese Irritationen ein sicheres Gegenmittel zu besitzen glaubte. Daß, wie schon angedeutet, Rankes „Wie es eigentlich gewesen" schon längst seine Begründung verloren hatte, fiel offenbar niemandem auf. Es erscheint mir bemerkenswert, daß noch anläßlich des Ranke-Jubiläums von 1986 ein bekannter deutscher Neuhistoriker die These vertrat, daß Rankes Theorie der historischen Erkenntnis auch o h n e ihre religiösen Bedingungen eine „starke Theorie" sei[61], – was mit guten Gründen angezweifelt werden darf. Die Lösung von der Vorstellung einer „an sich seienden" historischen „Wirklichkeit", die man sich dann „nachbildend zum Bewusstsein" bringt[62], scheint noch heute als ein schmerzhafter, ja unerträglicher Verlust erlebt zu werden. Das zeigt auch die Heftigkeit der Reaktion gegen die „postmodernen Herausforderungen", wovon eingangs berichtet wurde[63]. Und das wird ebenso deutlich in den nicht enden wollenden Bekundungen der Abwehr gegen Max Webers Theorie der historischen Erkenntnis, die nun schon seit bald einem Jahrhundert immer wieder aufs neue repetiert werden[64]: so zum Beispiel die auf die Georgeaner[65] und den Kampf gegen die sogenannten „Neukantianer" zurückgehende Diffamierung Webers als eines „Positivisten", als eines Vertreters von „Wertfreiheit" und „Voraussetzungslosigkeit" der Wissenschaft, und die Dichotomie der Wahrnehmung von „Weber der Positivist" und „Weber der Dezisionist"[66], – mit der Auffassung von Webers Theorie der historischen Erkenntnis als Theorie eines „uneingelösten und uneinlösbaren Begehrens" mitsamt der dafür gewählten, überaus decouvrierenden Metapher vom „intellektuellen c o i t u s

---

[61] Thomas NIPPERDEY, Zum Problem der Objektivität bei Ranke, in: Leopold von Ranke und die moderne Geschichtswissenschaft, hg. von Wolfgang J. MOMMSEN (1988) S. 215-222; das Zitat S. 222.
[62] S. oben bei Anm. 56.
[63] S. oben Abschnitt II.
[64] Vgl. Otto Gerhard OEXLE, Priester – Krieger – Bürger. Formen der Herrschaft in Max Webers „Mittelalter" (im Druck), Abschnitt I.
[65] S. unten Abschnitt VI.
[66] So jüngst wieder Ute DANIEL, Auf Gänsefüßchen unterwegs im Wertedschungel – Eine Lektüre von Max Webers „Wissenschaftslehre", Tel Aviver Jahrbuch für deutsche Geschichte 29 (2000) S. 183-206.

interruptus", nämlich der „Verpflichtung des Wissenschaftlers ... auf die größtmögliche Annäherung an einen begehrten ‚Gegenstand', ohne diesen zu beflecken"[67].

(2) Ein zweiter Grund für die Ablehnung lag in dem unbestreitbaren Funktionieren des wissenschaftlichen „Betriebs" der Historiker und seinen unbestreitbaren Erfolgen. Darum ging es schon am Anfang des 20. Jahrhunderts in der bereits erwähnten Kontroverse zwischen dem Althistoriker Eduard Meyer und Max Weber; hatte doch Meyer die These vertreten: wenn der „Betrieb" funktioniert, bedürfe er keiner theoretischen Begründung; denn erkenntnistheoretische und methodologische Erwägungen seien an der „Aufzeigung und Lösung sachlicher Probleme" „noch niemals entscheidend beteiligt" gewesen[68]. Weber hat das bestritten, indem er darauf hinwies, daß in dem gegenwärtigen Moment eine fundamentale Debatte über das „Wesen" der historischen Erkenntnis geführt werde, und daß deshalb auch der „überkommene Betrieb" einer „Revision (seiner) logischen Formen" bedürfe[69]. Darin war sich Weber mit Ernst Troeltsch einig, auch wenn seine Antworten auf die vorliegenden Fragen andere waren. Auch Ernst Troeltsch erschien 1922 der fachwissenschaftliche „Betrieb" der Historiker als ein Problem – obwohl, oder besser: gerade weil er so erfolgreich sei. In dieser Hinsicht gesehen sei die Wissenschaft „gesund". Um so gravierender dann aber die „Krise des Historismus", die „aus der inneren Natur der Geschichte selbst" stamme und gerade deshalb gebieterisch nach einer Antwort verlange. Eine solche zu finden, sei auch die Aufgabe der Historiker. Die aber seien erstickt in einer „sinnlosen Bücherproduktion" und „Vielschreiberei" und hätten, so Troeltsch 1922, den Charakter der Krise noch nicht einmal verstanden[70].

(3) Ein drittes Moment der Ablehnung war darin begründet, daß die deutschen Historiker sich der Fundamente ihrer Arbeit und deren Begründungen auch in inhaltlicher Hinsicht ganz und gar sicher zu sein glaubten. Denn ihnen galt „der Staat" als die Mitte und das Ziel der histo-

---

[67] Ebda. S. 205.
[68] WEBER, Wissenschaftslehre (wie Anm. 38) S. 217.
[69] Ebda. S. 218.
[70] OEXLE, Troeltschs Dilemma (wie Anm. 9) S. 36 f.

rischen Erkenntnis überhaupt. So hatte schon Ranke in seiner Antrittsvorlesung von 1836 definiert: es sei „die Aufgabe der Historie, das Wesen des Staates aus der Reihe der früheren Begebenheiten darzutun und dasselbe zum Verständnis zu bringen"[71]. Diese Aufgabe stellte man sich erst recht nach der Reichsgründung von 1870/71. Georg von Below, einer der einflußreichsten und mächtigsten Vertreter und Sprecher der deutschen Geschichtswissenschaft, hat dies 1915 und noch einmal 1924 dahingehend erläutert, daß mit der Gründung des Bismarck-Reiches und vor allem mit der innenpolitischen Wende von 1878/79 die Fundamente einer neuen und nicht mehr überholbaren Entwicklung der deutschen Geschichtsschreibung gelegt worden seien, nämlich im Sinne eines Sieges der politischen Geschichtsschreibung[72]. Und dieser Sieg habe sich auch manifestiert in der Zuwendung der Forschung zu denjenigen Teilen der Kultur, die zum Staat in nächster Beziehung stehen, nämlich Wirtschaft, Verwaltung und Verfassung. Sogar die Wirtschaftsgeschichte bilde mit der politischen Geschichte eine Einheit, als Wirtschaftsgeschichte „wesentlich unter politischem Gesichtspunkt, dem der Wechselwirkung von Staat und Wirtschaft ... mit der Betonung der Beeinflussung der Wirtschaft durch den Staat". Wiederum war es Ernst Troeltsch, der nach dem Weltkrieg und dem Zusammenbruch von 1918 die deutschen Historiker aufforderte, die Konsequenzen aus den Ereignissen zu ziehen und ihre Fixierung auf das Bismarck-Reich und auf den Staat aufzugeben. Er forderte sie zugleich auf, die Konsequenzen aus der Geschichte seit dem Beginn der Moderne, also seit Aufklärung und Revolution zu ziehen und die Frage der umfassenden „gesellschaftlichen Grundlagen des Lebens" sowohl in ihrer inhaltlichen Forschung als auch in der Reflexion darüber und über sich selbst und ihre Arbeit zum Zuge kommen zu lassen[73]. Auch damit hatte er keinen Erfolg.

---

[71] RANKE, Über die Verwandtschaft und den Unterschied der Historie und der Politik (wie Anm. 17) S. 55.
[72] OEXLE, Georg von Below (wie Anm. 55) S. 293 ff. S. auch Hans CYMOREK, Georg von Below und die deutsche Geschichtswissenschaft um 1900 (Vierteljahrschrift für Sozial- und Wirtschaftsgeschichte. Beiheft 142, 1998).
[73] OEXLE, Troeltschs Dilemma (wie Anm. 9) S. 35 f.

Schließlich (4) ist daran zu erinnern, daß die deutsche Geschichtswissenschaft zwischen 1880 und 1933 zwar heftige Kontroversen geführt hat – ich erinnere an den sogenannten Lamprecht-Streit und an die von den Georgeanern gegen die „Fachhistorie" geführten Attacken – daß diese Kontroversen aber – zumindest aus dem Abstand eines Jahrhunderts gesehen – als fruchtlos und unergiebig bezeichnet werden dürfen.

Auch nach 1918 trat also kein grundlegender Wandel ein – im Gegenteil. Darin zeigt sich ein eklatanter Gegensatz zu Frankreich, wo ein Marc Bloch – gerade mit Hinweis auf den Weltkrieg und den Zusammenbruch als einer europäischen Katastrophe – die Bedingungen für eine Erneuerung der europäischen Geschichtswissenschaft und zwar im Sinne einer vergleichenden europäischen Sozialgeschichte definierte[74]. Dieses Urteil kann auch dann aufrechterhalten werden, wenn man jene neuen Ansätze und Aufbrüche berücksichtigt, die in der deutschen Mediävistik zum Beispiel im Werk eines Carl Erdmann, eines Percy Ernst Schramm oder eines Gerd Tellenbach sichtbar wurden. Aber schon das fundamentale mediävistische Spätwerk eines Otto Hintze, um 1930, mit einer Fülle neuer Ansätze und Fragestellungen, blieb unbeachtet, und daran hat sich im Grunde bis heute nichts geändert.

VI.

Die Verweigerung der deutschen Geschichtswissenschaft wird um so deutlicher sichtbar, wenn wir den Horizont unserer Überlegungen über die Epoche zwischen 1880 und 1932 einerseits kulturwissenschaftlich erweitern, andererseits problemgeschichtlich pointieren. Denn dann können wir erkennen, in welchem Maß diese Debatten über historische Erkenntnis und über eine Neubegründung von historischer Objektivität mitsamt der Reflexion über die Historizität der historischen Erkenntnis selbst in einen großen Problemzusammenhang gehören, den man als „Die Suche nach der Wirklichkeit" bezeichnen

---

[74] OEXLE, « Une science humaine plus vaste »(wie Anm. 53).

könnte[75]. Dies ist, in den fünf Jahrzehnten seit den 1880er Jahren und bis zur sogenannten Machtergreifung der Nationalsozialisten, das große Thema: nicht nur in der Geschichtswissenschaft und in anderen Geisteswissenschaften, sondern auch in der Kunst, in der Literatur und, last but not least, in den Naturwissenschaften. Dabei ist wichtig, zu verstehen, daß diese Debatte um die Wirklichkeit und die Erkennbarkeit der Wirklichkeit zugleich ein Streit über die Bedingungen der Modernität und deren Konsequenzen war.

Für alle jene, die Wissenschaft auf der Grundlage des kantischen Kritizismus definierten, war klar, daß wissenschaftliche Erkenntnis keine Abbildung von äußerer Natur-Wirklichkeit oder von (gewesener) historischer Wirklichkeit sein kann, gleichwohl aber auch nicht eine bloße Fiktion ist. Sie ist vielmehr eine relationale Erkenntnis – und kann nichts anderes sein. In diesem Sinne hat Max Weber, wie bereits erwähnt, historische Erkenntnis in der Verbindung von Empirie und transzendentaler Reflexion als „Wirklichkeitswissenschaft" bestimmt[76]. Dagegen wandte sich – wie schon angedeutet – Ernst Troeltsch, der den kantischen Kritizismus ebenso ablehnte wie Rankes „Geschichtsreligion" oder Diltheys Begründung von historischer Erkenntnis auf die „innere Erfahrung" des Historikers und der deshalb eine Neubegründung der modernen Geschichtswissenschaft auf der Grundlage der Metaphysik des 17. Jahrhunderts (Malebranche, Leibniz) forderte. Denn Troeltsch wollte auf die Vorstellung von „Gegenständen" der historischen Erkenntnis, die „immer dieselben" seien, nicht verzichten; historische Erkenntnis müsse nämlich – so Troeltschs Forderung – wieder zu einer wahren, zu einer „wirklichen" Erkenntnis werden, damit sie – vermittels einer historisch begründeten europäischen „Kultursynthese" – Werte und Maximen für die gegenwärtige Gesellschaft „wirksam" begründen könne[77].

Auch die Georgeaner haben sich – wie Max Weber und Ernst Troeltsch – nach 1900 gegen den „Betrieb" der Fachhistorie, – ebenso scharf

---

[75] Vgl. Otto Gerhard OEXLE, „Wirklichkeit" – „Krise der Wirklichkeit" – „Neue Wirklichkeit". Deutungsmuster und Paradigmenkämpfe in der deutschen Wissenschaft vor und nach 1933 (im Druck).
[76] OEXLE, Max Weber – Geschichte als Problemgeschichte (wie Anm. 45).
[77] OEXLE, Troeltschs Dilemma (wie Anm. 9) S. 46 ff.

aber auch gegen Webers „Wirklichkeitswissenschaft" ausgesprochen[78]. Ihnen erschien, wie Friedrich Gundolf 1911 in seinem programmatischen Beitrag über „Wesen und Beziehung" zum Ausdruck brachte, eine bloß relationale Erkenntnis als schierer „Relativismus"[79]. Und dieser sei die heutige Form des Atheismus, die „eigentliche Entgötterung". Deshalb gehe es nun darum, den Kampf zwischen dem Absoluten und dem Relativen zu führen, der jetzt in eine neue Phase getreten sei. Nach 1918 haben die Georgeaner deshalb Webers Wissenschaftstheorie als eine „alte Wissenschaft" bekämpft, der sie ihre eigene als eine neue gegenüberstellten. Diese aber war an Nietzsche orientiert, vor allem an Nietzsches monumentalischer Geschichtsschreibung, die im Dienst des „Lebens" stand, und deshalb nicht mehr Wissenschaft sein sollte.

Aus dem Kreis der Georgeaner kam dann auch – im Rahmen der Geschichtswissenschaft – die rigorose Forderung nach einer neuen Form der historischen Erkenntnis. Ernst Kantorowicz, der Verfasser von „Kaiser Friedrich der Zweite" (1927), hat sie 1930 anläßlich des deutschen Historikertags in Halle in seinem Vortrag über „Grenzen, Möglichkeiten und Aufgaben der Darstellung mittelalterlicher Geschichte" formuliert[80]. Der Vortrag enthielt zwei scharfe Kampfansagen: an die Kantianer und an die Rankeaner. Auch Kantorowicz forderte also eine Überwindung des herkömmlichen „Betriebs" der Historiker und verurteilte deshalb auch die internationale Forschung: sie sei „gesinnungslos", eben weil sie international sei. Welch ein Kontrast zu Marc Bloch und seinem Programm einer Erneuerung der Forschung durch eine vergleichende europäische Sozialgeschichte, das er 1928 auf dem internationalen Historikertag in Oslo vorgetragen hatte! Ganz anders also Kantorowicz: Nicht Geschichtsf o r s c h u n g sondern Geschichts s c h r e i b u n g sei die Aufgabe der Zukunft. Es gehe um eine neue Historie, die den „g a n z e n aktiven Menschen" fordere, der mit seiner Arbeit einem „Glauben" und ei-

---

[78] Dazu und zum Folgenden Otto Gerhard OEXLE, Das Mittelalter als Waffe. Ernst H. Kantorowicz' „Kaiser Friedrich der Zweite" in den politischen Kontroversen der Weimarer Republik, in: DERS., Geschichtswissenschaft im Zeichen des Historismus (wie Anm. 20) S. 163-215, bes. S. 186 ff.
[79] Friedrich GUNDOLF, Wesen und Beziehung, Jahrbuch für die Geistige Bewegung 2 (1911) S. 10-35.
[80] OEXLE, Das Mittelalter als Waffe (wie Anm. 78) S. 198 ff.

nem „Ganzen" diene. Dieses „Ganze" aber sei die Nation und der „Glaube an das echtere Deutschland". Gegen die Internationalität der Forschung forderte Kantorowicz also die Nationalisierung der Historie und ihre Verpflichtung auf die Werte der „Deutschheit". „Fiat veritas in vita", so seine Devise, die eine knappe Zusammenfassung von Nietzsches Programm der Wissenschaft im Dienst des „Lebens" darstellte, und dieses Programm zugleich im deutsch-nationalen Sinn interpretierte.

In ähnlicher Weise hat dann, übrigens zur gleichen Zeit, der Soziologe Hans Freyer in seinem Buch „Soziologie als Wirklichkeitswissenschaft" (1930) auch seinerseits und für sein Fach die ausdrückliche Absage an Kant mit einer programmatischen Zuwendung zu Nietzsche verknüpft und „Wirklichkeitswissenschaft" in ganz anderem Sinn definiert. Denn, so Freyer, Grundlage einer „wirklichen", einer „wahren Erkenntnis" sei: der „wahre Wille"[81]. Dies ist der Gegen-Entwurf zur kritizistisch begründeten Wissenschaftstheorie eines Max Weber und zur Wissenssoziologie eines Karl Mannheim, der in seiner „Allgemeinen Soziologie", ebenfalls von 1930, schrieb: „Wir fallen, sehen unser Fallen, und beeinflussen durch das Sehen das Fallen"[82].

In der Kunstkritik hatte sich gegenüber einem solchen Verständnis von „Wirklichkeit" schon seit dem ersten Jahrzehnt des 20. Jahrhunderts eine „Sehnsucht nach großen, n o t w e n d i g e n Werten" ausgesprochen, die von einer neuen, „gemeinschaftsbezogenen" Kunst, einer „neuen Gotik" geschaffen werden sollten (so 1908 der Kunsthistoriker Wilhelm Worringer)[83], einer neuen Kunst, als deren konkreter Ausdruck alsbald der Expressionismus galt. Von den „wirklichen Wirklichkeiten" des

---

[81] Hans FREYER, Soziologie als Wirklichkeitswissenschaft (1930) S. 307. Die Absage an Kant ebda. S. 3.
[82] Dazu Reinhard LAUBE, Mannheims „Kategorie der Bürgerlichkeit": Bürgerlichkeit und Antibürgerlichkeit im Spiegel der Suche nach der „wirklichen Wirklichkeit", in: Karl Mannheims Analyse der Moderne. Mannheims erste Frankfurter Vorlesung von 1930. Edition und Studien, hgg. von Martin ENDRESS/Ilja SRUBAR (2000) S. 263-291. Das Zitat hier S. 26; DERS., „Perspektivität": Ein wissenssoziologisches Problem zwischen kulturbedingter Entproblematisierung und kulturwissenschaftlicher Reproblematisierung, in: Das Problem der Problemgeschichte 1880-1932 (wie Anm. 38) S. 129-179.
[83] Dazu OEXLE, Die Moderne und ihr Mittelalter (wie oben Anm. 30) S. 334 f.

Expressionismus sprach Wassily Kandinsky 1911[84]. „Suche nach der Wirklichkeit" dann, nach dem Scheitern des Expressionismus, auch bei den Künstlern der „Neuen Sachlichkeit" in den zwanziger Jahren, – sei es in der Zeitlosigkeit eines neuen Klassizismus, zum Beispiel bei Georg Schrimpf, oder sei es in der „Aufdeckung des Chaos" als des „wahren Gesichts unserer Zeit" (zum Beispiel bei Otto Dix), wie der Direktor der Mannheimer Kunsthalle, Gustav Friedrich Hartlaub, 1925 formulierte[85].

In der Literatur wiederum hat Robert Musil in seinen Essays „Das hilflose Europa oder Reise vom Hundertsten ins Tausendste" (1922) und „Der deutsche Mensch als Symptom" (1923) das „Bedürfnis nach Wirklichkeit" analysiert, den unaufhörlich zunehmenden „Gewinn an Wissen" beklagt, der indes einen ständigen „Verlust an Leben" bedeute: „Man hat alle historischen Möglichkeiten und keine gegenwärtige Wirklichkeit"[86]. Das Thema seines großen Romans „Der Mann ohne Eigenschaften" von 1930 ist die Auflösung der Substanz des Subjekts in einem Gewebe aus „Relationen und Funktionen", die Zusammenhanglosigkeit und Gestaltlosigkeit des modernen Menschen. Betrachte man den „geistigen Inhalt der Gegenwart", so Musil in seinem Essay „Der deutsche Mensch als Symptom", so zeige sich „ein Gemenge der widerspruchsvollsten Gedanken, Gefühle und Richtkräfte. Der ideologische Zustand ist ungeheuer partikularistisch, ja individualistisch. ... Keine Ideologie herrscht. Individuelle Teile werden individuell ausgelesen. Man kann es eine unausdrückbare Vielspältigkeit nennen"[87].

Besonderen Widerhall in der Öffentlichkeit fanden in diesem Kontext der 1920er Jahre die Debatten der Naturwissenschaftler über „Wirklichkeit"[88].

---

[84] Zitiert nach LAUBE, Mannheims „Kategorie der Bürgerlichkeit" (wie Anm. 82) S. 266.
[85] Hans-Jürgen BUDERER, Neue Sachlichkeit. Bilder auf der Suche nach der Wirklichkeit. Figurative Malerei der zwanziger Jahre, hg. und mit einem Vorwort von Manfred FATH (1994); das Zitat S. 7.
[86] Darüber OEXLE, Troeltschs Dilemma (wie Anm. 9) S. 24 ff. Die Texte in: Robert MUSIL, Prosa und Stücke. Kleine Prosa, Aphorismen. Autobiographisches. Essays und Reden. Kritik (Gesammelte Werke II), hg. von Adolf FRISÉ (1978) S. 1082 f. und S. 1356.
[87] Ebda. S. 1381.
[88] Dazu die Beiträge und Quellentexte in: Karl VON MEYENN (Hg.), Quantenmechanik und Weimarer Republik (1994).

Der Wiener Physiker Franz Exner vertrat in seinen „Vorlesungen über die physikalischen Grundlagen der Naturwissenschaften" schon um 1920 die These, daß strenge Naturgesetze „eine Schöpfung des Menschen sind und nicht ein Stück Natur", und auch der Göttinger Mathematiker Hermann Weyl erteilte in seiner Schrift über „Das Verhältnis der kausalen zur statistischen Betrachtungsweise in der Physik" (1920) dem Kausalitätsprinzip eine Absage[89]. In seinem Essay „Über die gegenwärtige Krise der theoretischen Physik" vom August 1922 stellte Albert Einstein fest, daß die „Grundlagen der theoretischen Physik erschüttert" seien: die Erfahrung rufe „nach dem Ausdruck einer höheren Stufe von Gesetzlichkeit. Wann wird uns der erlösende Gedanke beschert werden?"[90] Max Planck hingegen sprach in seinem in der Preußischen Akademie der Wissenschaften im Februar 1923 gehaltenen öffentlichen Vortrag über „Kausalgesetz und Willensfreiheit" von „einer gewissen Willkür", die der Lehre Kants anhafte und von deren Verwurzelung „auf metaphysischem Boden", gab seiner Überzeugung von der Gültigkeit der „Kausalität" und von der „Gesetzlichkeit im Weltgeschehen, als eines von unseren Sinnesempfindungen ganz unabhängigen Begriffs", Ausdruck und bezog schließlich auch die Geisteswissenschaften, speziell die „allen vorangehende Geschichtswissenschaft" in seine Überlegungen ein: Die Frage, „ob ... das zukünftige Verhalten des Menschen in allen Einzelheiten nach bestimmten Gesetzen determiniert" werde, sei von allen Wissenschaften „mit Entschiedenheit" und in „vollem Umfange zu bejahen"[91].

Wie diese Debatten über die theoretischen Grundlagen der physikalischen Erkenntnis und des Kausalitätsprinzips in der Naturwissenschaft mit den Ausführungen Max Webers über historische Erkenntnis als „objektive Möglichkeit" von 1906 zusammenhängen[92] (und was sich daraus für „kausale Erklärung" und die „Kausalbeziehung" in der „Geschichte" ergibt), ist noch offen. Die Frage wurde noch nicht einmal gestellt.

---

[89] Zitiert bei Paul FORMAN, Weimarer Kultur, Kausalität und Quantentheorie 1918-1927, in: VON MEYENN, Quantenmechanik (wie Anm. 88) S. 61-200, hier S. 136 und S. 139.
[90] Abgedruckt in: VON MEYENN, Quantenmechanik (wie Anm. 88) S. 239.
[91] Abgedruckt ebda. S. 241-281; die Zitate S. 255, S. 261, S. 267 und S. 269.
[92] Max WEBER, Wissenschaftslehre (wie Anm. 43) S. 272 f.

Allerdings hat dann die „revolutionäre", nämlich **empirisch begründete** Wendung der Mikrophysik mit Werner Heisenbergs Unbestimmtheitsrelation und Niels Bohrs Komplementaritätsprinzip der Frage bald danach ein ganz anderes Gewicht gegeben. Nun könne die Newtonsche Mechanik nicht mehr als die „Grundlage aller exakten Physik" angesehen werden und sei durch „eine andere, ‚relativistische' Mechanik zu ersetzen", so Heisenberg 1927 in seinem Essay „Über die Grundprinzipien der ‚Quantenmechanik'"[93]. Das Kausalitätsgesetz (sei) „in gewisser Weise gegenstandslos" geworden: „An der scharfen Formulierung des Kausalgesetzes: Wenn wir die Gegenwart kennen, können wir die Zukunft berechnen, ist nicht der Nachsatz, sondern die Voraussetzung falsch. Wir können die Gegenwart prinzipiell nicht in allen Bestimmungsstücken genau kennenlernen"; damit sei „die Ungültigkeit oder jedenfalls die Gegenstandslosigkeit des Kausalgesetzes definitiv festgestellt". Diese von der Mikrophysik ausgelöste fulminante Wendung in der Frage nach der „Eindeutigkeit" der „Wirklichkeit" provozierte bekanntlich fundamentale Debatten, in denen Einstein gegen Heisenberg und Bohr den Determinismus, den Objektivismus und den Realismus für alle Fundamentaltheorien der Physik aufrechtzuerhalten suchte[94]. In einem provozierenden Vortrag vor der Preußischen Akademie mit dem Titel „Ist die Naturwissenschaft milieubedingt?" bezeichnete dann auch der Physiker Erwin Schrödinger 1932 die Überzeugung, daß für „die Naturwissenschaft ein ganz bestimmtes Objekt" vorliege, das vom Beobachter unabhängig sei und „das nach und nach ausgeforscht wird", als gegenstandslos und wandte sich der Aufgabe zu, in der modernen Physik „milieubedingte, der Gesamtkultur gemeinsame Züge ... aufzufinden"[95]. Für die Biologie schließlich sprach der Mikrobiologe Ludwik Fleck von einer „Krise der Wirklichkeit"; denn „jedem Erkennen,

---

[93] Abgedruckt in: VON MEYENN, Quantenmechanik (wie Anm. 88) S. 283-284. Hier auch die folgenden Zitate.
[94] Dazu Bernulf KANITSCHEIDER, Das Weltbild Albert Einsteins (1988) S. 80 ff. und S. 88.
[95] Abgedruckt in: VON MEYENN, Quantenmechanik (wie Anm. 88) S. 295-332. Die Zitate ebda. S. 306 und S. 312.

jedem Erkenntnissystem, jedem sozialen Beziehungseingehen" entspreche „eine eigene Wirklichkeit"[96].

VII.

Im Blick auf die Geschichtswissenschaft könnte man also sagen: Die Theoriedebatten und die Diskussionen über die „Wirklichkeit" zwischen 1880 und 1933 waren beherrscht von den wechselnden Konstellationen dreier Gestirne, nämlich: R a n k e , N i e t z s c h e und K a n t .

Der Einfluß Kants ging dabei nach 1918 zunehmend zurück. Man sieht das einerseits an den negativ verlaufenden Auseinandersetzungen über Webers Theorie der historischen Erkenntnis, zuletzt vorgetragen in seinem Text „Wissenschaft als Beruf" (1917/19)[97], andererseits an der zunehmenden Bekämpfung der Kantianer als sogenannter „Neu-Kantianer" mit ihrem angeblich „auflösenden", ja „zersetzenden" Denken, das – wie man alsbald feststellte – „keine Haltepunkte und Sicherheiten in der Unendlichkeit des Daseins kenne und anerkenne"[98].

Demgegenüber gewann – wir haben es bei den Gegorgeanern, bei Ernst Kantorowicz und Hans Freyer schon feststellen können – die Orientierung an Nietzsche eine immer größere Bedeutung. „Unser Hintergrund war Nietzsche", so stellte auch Gottfried Benn fest, als er mehr als zwanzig Jahre später, 1955, auf die Debatten über die „Wirklichkeit" seit Anfang des Jahrhunderts und bis 1933 zurückblickte. „Wirklichkeit – Europas dämonischer Begriff", so Benn 1955; und er erinnerte sich dabei an die „fundamentale Erschütterung" bei der „Zertrümmerung der naturwissenschaftlichen (Wirklichkeit)" und an das, was von der „Wirklichkeit" damals geblieben sei: „Beziehungen und Funktionen; irre, wurzellose Utopien; humanitäre, soziale oder pazifistische Makulaturen, ... überall eine Flora und Fauna von Betriebsmonaden und

---

[96] Ludwik FLECK, Zur Krise der „Wirklichkeit" (1929), wieder abgedruckt in: DERS., Erfahrung und Tatsache. Gesammelte Aufsätze (1983) S. 46-58; die Zitate S. 48.
[97] Dazu OEXLE, Das Mittelalter als Waffe (wie Anm. 78) S. 191 ff.
[98] So der Kant-Forscher Raymund SCHMIDT in seinem Artikel „Das Judentum in der deutschen Philosophie", in: Handbuch der Judenfrage, hg. von Theodor FRITSCH ([42]1938) S. 391-401, hier S. 393.

alle verkrochen hinter Funktionen und Begriff. Auflösung der Natur, Auflösung der Geschichte"[99]. Benns Äußerungen von 1955 waren auch rechtfertigender Art. Hatte doch auch Benn 1933 zu jenen gehört, die endlich das Ende des „Nihilismus" gekommen sahen und den Beginn eines neuen „Zeitalters des Geistes", nämlich eines „realen Geistes, der nirgends die Wirklichkeit verlässt" und dessen „Axiom" „als ein Kommando" für Benn damals „in der Kunst Georges" ebenso deutlich „lebte" wie „im Kolonnenschritt der braunen Bataillone"[100].

Hier wäre noch vieles anzufügen: über Wirklichkeit, über „Krise der Wirklichkeit" und schließlich über die „neue Wirklichkeit", – die von 1933 nämlich, als einer Rückkehr zu Gemeinschaft und Ganzheit, zu Ordnung, Einheit und Gestalt, wie so viele annahmen und mit solchen Leitbegriffen und Deutungsmustern propagierten und in intellektuellen Paradigmenkämpfen, zum Beispiel gegen das „zersetzende" Denken der sogenannten „Neukantianer", aber auch zum Teil in niederträchtiger Praxis, durchzusetzen suchten[101]. Daß so viele diese Wiederkehr des „Wirklichen" in der sogenannten Machtergreifung der Nationalsozialisten zu erkennen glaubten, erklärt – in einem erst neuerdings deutlicher werdenden Maße – die unglaubliche Resonanz, die diese „Machtergreifung" gerade bei Wissenschaftlern und Gelehrten, bei Professoren und Intellektuellen fand[102]. Jenen, die – wie Helmuth Plessner und Ernst Cassirer – damals auf der anderen Seite standen, war sie schon früh ein Gegenstand wissenschaftlichen Nachdenkens[103].

---

[99] Gottfried BENN, Einleitung zu *Lyrik des expressionistischen Jahrzehnts* (1955), in: DERS., Essays und Reden in der Fassung der Erstdrucke, hg. von Bruno HILLEBRAND (1989) S. 413-424; die Zitate S. 418 und S. 419 f.

[100] Gottfried BENN, Rede auf Stefan George (1934), in: DERS., Essays und Reden in der Fassung der Erstdrucke (wie Anm. 99) S. 479-490; die Zitate hier S. 488.

[101] Dazu Otto Gerhard OEXLE, „Zusammenarbeit mit Baal". Über die Mentalitäten deutscher Geisteswissenschaftler 1933 – und nach 1945, Historische Anthropologie 8 (2000) S. 1-27; DERS., „Wirklichkeit" – „Krise der Wirklichkeit" – „Neue Wirklichkeit". Deutungsmuster und Paradigmenkämpfe in der deutschen Wissenschaft vor und nach 1933 (wie Anm. 75).

[102] Vgl. Winfried SCHULZE/Otto Gerhard OEXLE (Hgg.), Deutsche Historiker im Nationalsozialismus (⁴2000).

[103] OEXLE, „Zusammenarbeit mit Baal" (wie Anm. 101) S. 6; DERS., „Wirklichkeit" – „Krise der Wirklichkeit" – „Neue Wirklichkeit" (wie Anm. 75) Abschnitt IV.

VIII.

1945 dann, wie zu erwarten, bei den deutschen Historikern die Rückkehr zu Ranke. Es diente dies der Wiederherstellung des „Betriebs" nach der „Katastrophe" des Nationalsozialismus, im Grundsätzlichen wie im Pragmatischen. Wie Winfried Schulze in seinem Buch „Deutsche Geschichtswissenschaft nach 1945" (1989) dargestellt hat, konnte man im Zeichen Rankes und in der Wiederanknüpfung an Rankes Begriff der „Objektivität" eine aktuelle Positionsbestimmung für die Zukunft anbieten und zugleich einen den Historikern jener Jahre höchst willkommenen „Fluchtraum" schaffen, mit der Möglichkeit, die Entwicklung der jüngsten deutschen Geschichte und die Rolle der Geschichtswissenschaft darin als „Abweichung vom Gebot der Objektivität darzustellen", die Rückkehr zur Rankeschen Objektivität hingegen als Rückkehr zu den unantastbaren Grundlagen von Wissenschaft sichtbar werden zu lassen und damit „verlorenes Terrain wiederzugewinnen"[104]. Auch in anderen Hinsichten wurden nach 1945 die Paradigmenkämpfe der Zeit vor 1933 fortgeführt: zum Beispiel in Hans-Georg Gadamers „Hermeneutik"[105], in der sich die Ablehnung des sogenannten „Neukantianismus" fortsetzt, die Ablehnung Max Webers, und die Distanzierung von Naturwissenschaft[106] – wobei allerdings die fundamentale Wendung im Selbstverständnis der Naturwissenschaft in den 1920er Jahren unbeachtet blieb und der Kampf gegen die positivistische und szientistische Naturwissenschaft des 19. Jahrhunderts fortgeführt wurde, so als ob nichts geschehen wäre. Und seit den 1970er Jahren dann, vermittelt durch den französischen „Poststrukturalismus" und insbesondere durch Michel Foucault, die Wiederkehr Nietzsches in die Grundsatzdebatten der Geisteswissenschaften. Der zuletzt durch Indienstnahme für den Nationalsozialismus suspekt

---

[104] Winfried SCHULZE, Deutsche Geschichtswissenschaft nach 1945 (1989); die Zitate hier S. 202.
[105] Dazu OEXLE, „Zusammenarbeit mit Baal" (wie Anm. 101) S. 23 f.
[106] Vgl. Hans-Georg GADAMER, Wahrheit und Methode (²1965) S. 2 f., S. 15, S. 21 (gegen die Naturwissenschaft) und S. 478 f. (gegen die Kantianer, gegen Max Weber und seine „extrem nominalistische Basis").

gewordene Nietzsche schien dadurch wieder „ehrlich" geworden zu sein, daß seine „Texte durch die Hände der Franzosen gegangen und damit für die deutsche Rückaneignung von der politisch-moralischen (Selbst-)Zensur freigegeben schienen", wie Manfred Frank dazu treffend anmerkte[107].

Und so stehen wir nun heute – am Beginn des 21. Jahrhunderts – da mit „Fakten" und „Fiktionen". Sind die Historiker damit gut gerüstet für die Zukunft? Dies darf bezweifelt werden. Die Frage nach dem Wie und nach dem Warum der Geschichtswissenschaft kann damit jedenfalls, so meine ich, nicht beantwortet werden. Dem „Labyrinth der Meinungen, die der Tod der Wahrheit" freigesetzt habe, um noch einmal meinen eingangs zitierten rechtshistorischen Gewährsmann zu Wort kommen zu lassen[108], ist mit dieser Ausstattung jedenfalls nicht beizukommen.

Und: Es bleiben die beiden großen Fragen, die mit der Genese einer modernen Geschichtswissenschaft seit dem 18. und im 19. Jahrhundert aufs engste verbunden waren. Das eine ist die Frage nach dem Historismus und seinen Konsequenzen, einschließlich der Historizität der historischen Erkenntnis selbst, mit der wir immer neue und unabweisliche Erfahrungen machen[109]. Das andere ist die Frage der Naturwissenschaftler nach dem epistemologischen Status der historischen Erkenntnis. In dem Gedankenwerk von „Fakten und Fiktionen" wird man auf diese beiden Fragen keine brauchbare Antwort finden können. Das gilt gerade für die Auseinandersetzung mit der Naturwissenschaft. Die Debatte über „Fakten und Fiktionen", so wie sie derzeit geführt wird, ist dabei von keinem Nutzen, im Gegenteil. Denn die Behauptung, man habe „wahre" Erkenntnis von historischen Fakten oder von „der" Vergangenheit, wird epistemologisch informierte Naturwissenschaftler nicht beeindrucken. Und die Auffassung, daß historische Erkenntnis nichts sei als Dichtung und der Historiker „nur eine Spezies der Gattung ‚Dichter/Schriftsteller'", wird allerhöchstens jenen Naturwissenschaftler gefallen, die ohnedies die Zurückdrängung von Kulturwissenschaften und Geschichts-

---

[107] Manfred FRANK, Conditio moderna. Essays, Reden, Programm (1993) S. 120.
[108] S. oben Anm. 5.
[109] Dazu Norbert FREI, Vergangenheitspolitik. Die Anfänge der Bundesrepublik und die NS-Vergangenheit (1996); Edgar WOLFRUM, Geschichtspolitik in der Bundesrepublik Deutschland. Der Weg zur bundesrepublikanischen Erinnerung 1948-1990 (1999).

wissenschaft in die „Hinterwelt" wünschen oder sogar für deren Abschaffung plädieren. Mit anderen Worten: die Historiker müssen darauf achten, daß sie in der Theorie der Erkenntnis nicht hinter den Standards einer modernen Epistemologie zurückbleiben.

Für die Naturwissenschaft von heute gilt Heisenbergs Unschärferelation und Niels Bohrs Komplementaritätsprinzip nach wie vor. Heisenbergs berühmte Formulierung von 1927, nämlich von der Bahn eines Teilchens, die „erst dadurch (entsteht), daß wir sie beobachten", hat – wie oben bereits angedeutet[110] – das objektivistisch verstandene Subjekt-Objekt-Modell zerstört, weil in der Welt der kleinsten „Teilchen" die beobachteten Phänomene durch den Beobachter und den Vorgang der Beobachtung zuallererst konstituiert werden. Physikalische Erkenntnis hat demnach nicht absoluten, sondern relationalen Charakter. Das ändert gleichwohl nichts an der Tragfähigkeit ihrer empirisch gewonnenen Erkenntnisse. Diese neue Physik beschreibt Natur nicht, wie sie „an sich" oder „eigentlich" ist, sondern sie beschreibt, noch einmal mit den Worten Werner Heisenbergs, „die Natur, die unserer Fragestellung und unseren Methoden ausgesetzt ist"[111]. Diese neue Physik reflektiert also nicht über Natur im Sinne einer „Theorie der Wirklichkeit als solcher", sondern vielmehr im Sinne einer „Theorie des möglichen Wissens von der Wirklichkeit"[112]. Es darf hier noch einmal an Webers Theorie der „objektiven Möglichkeit" erinnert werden[113].

Selbstverständlich gilt die Quantenunschärfe auch für die moderne Molekularbiologie. Das impliziert eine Auffassung von Wissenschaft, in der die Möglichkeiten physikalischen und biologischen Wissens enorm erweitert wurden, zugleich aber alle objektivistischen, reduktionistischen, mechanistischen und deterministischen Auffassungen über Natur und Naturwissenschaft in Frage gestellt sind, da eine solche Wissenschaft

---

[110] S. oben bei Anm. 93.
[111] Werner HEISENBERG, Die Entwicklung der philosophischen Ideen seit Descartes im Vergleich zu der neuen Lage in der Quantentheorie, in: DERS., Physik und Philosophie (³1978) S. 61-79, bes. S. 66.
[112] Alfred GIERER, Naturwissenschaft und Menschenbild, in: Naturwissenschaft, Geisteswissenschaft, Kulturwissenschaft: Einheit - Gegensatz - Komplementarität? (wie Anm. 36) S. 41-60, bes. S. 46.
[113] S. oben Anm. 47.

davon ausgehen muß, daß es Grenzen der Bestimmbarkeit und der Berechenbarkeit der Welt gibt und daß eine exakte Theorie von Wissenschaft und eine vollständige Absicherung der Wissenschaft mit ihren eigenen Mitteln demnach überhaupt nicht erreichbar ist. Mit anderen Worten: Keine Wissenschaft kann ihre eigene Widerspruchsfreiheit und Vollständigkeit beweisen[114]. Dieser Sachverhalt stellt aber, wie zugleich festgestellt werden muß, die Leistungen zum Beispiel der Molekularbiologie, etwa in der Erklärung der Ausbildung komplexer Gestalten bei der Entwicklung des Embryos, sie stellt die Leistungen zum Beispiel der Hirnforschung, etwa in der Erklärung der Funktion des Gehirns bei Informationsverarbeitung und Verhaltenssteuerung, in gar keiner Weise in Frage. Aber: Es bleibt auch festzustellen, daß die Annahme von der definitiven Lösung der Probleme zum Beispiel des menschlichen Bewußtseins eine irrige Annahme ist, wie der Molekularbiologe Alfred Gierer jüngst bemerkte[115]. Ebenso verwies der Neurologe Wolf Singer jüngst darauf, daß nach wie vor die Frage ungeklärt sei, „ob sich ein kognitives System selbst erschöpfend beschreiben" könne. Das menschliche Hirn sei als ein „distributiv organisiertes, hochdynamisches System" aufzufassen, „das sich selbst organisiert, anstatt seine Funktionen einer zentralistischen Bewertungs- und Entscheidungsinstanz unterzuordnen"; es formuliere „unentwegt Hypothesen über die es umgebende Welt". Es „hat die Initiative", „anstatt lediglich auf Reize zu reagieren"[116]. Es „konstruiert", aber es konstruiert nicht willkürlich. Statt sich in von der Sache her sinnlose und deshalb auch fruchtlose Debatten zu verstricken, sollten Historiker sich in der Frage nach der Wahrnehmung und Erkenntnis von „Wirklichkeit" in einer auch die Naturwissenschaften einbeziehenden Weise orientieren und äußern. Sie sind dann auch in der Lage, die Frage nach der Historizität auch der Naturwissenschaft zu stellen, – eine Frage,

---

[114] Darüber Alfred GIERER, Im Spiegel der Natur erkennen wir uns selbst. Wissenschaft und Menschenbild (1998).
[115] Ebda. S. 75 ff.
[116] Wolf SINGER, Wissen und seine Quellen aus neurobiologischer Sicht, in: Die Zukunft des Wissens. XVIII. Deutscher Kongress für Philosophie, Konstanz, 4.-8. Oktober 1999, hg. von Jürgen MITTELSTRASS (2000) S. 518-528, hier S. 527 f.

die – wie wir wissen – nicht nur eine epistemologische, sondern auch eine wissenschaftspolitische, ja, eine politische Frage ist.

IX.

Die Historizität der Welt bleibt und ebenso die Historizität der Wissenschaft und der historischen Erkenntnis. Und es bleibt deshalb auch die Aufgabe der Historiker, mit den Mitteln ihrer Wissenschaft darauf intelligente und überzeugende Antworten zu geben, nicht nur über die „Geschichte" zu reden, sondern auch auf die Frage nach dem „Wie" und nach dem „Warum" der Geschichtswissenschaft zu antworten.

Überzeugende Antworten werden die Historiker aber nur geben können, wenn sie auf „ganzheitliche" Begründungen nach dem Muster „Fakten oder Fiktionen" verzichten und sich stattdessen der Paradoxien ihrer wissenschaftlichen Arbeit bewußt bleiben. Ich will einige dieser Paradoxien am Ende meiner Überlegungen benennen:

(1) Wissenschaft, auch die Geschichtswissenschaft, bleibt der Wahrheit als einem regulativen Prinzip verpflichtet, auch wenn sie weiß, daß ihre Ergebnisse niemals absolut, sondern immer nur relational wahr sein können, insofern ihre Ergebnisse immer in einem Verhältnis stehen zu der Frage, auf die sie antworten[117]. Die immer noch verbreitete, aus den Problemlagen der 1920er Jahre stammende Verwechslung von „Relationalismus" und „Relativismus" ist dabei nicht hilfreich.

(2) Dies bedeutet zweitens, daß Wissenschaft einen Prozeß darstellt, der, so hat es einst Kant formuliert, in eine „unbestimmbare Weite" führt[118], weil jede Antwort sogleich neue Fragen erzeugt. Dies bedeutet die praktische „Unendlichkeit" des Prozesses wissenschaftlichen Fragens, – im ganzen wie in jeder einzelnen Wissenschaft.

(3) Wissenschaft führt in eine „u n b e s t i m m b a r e W e i t e". Denn über den Gang dieses Prozesses im ganzen kann, drittens, mit den Mitteln der Wissenschaft selbst nichts Abschließendes gesagt werden. Für die

---

[117] Vgl. Ute DANIEL, Geschichte als historische Kulturwissenschaft. Konturen eines Wiedergängers, in: Kulturwissenschaft, hgg. von Heide APPELSMEYER u. a. (2001), S. 195–214, hier S. 211 f.
[118] KANT, Kritik der reinen Vernunft (wie Anm. 23) B 541.

wissenschaftliche Erkenntnis, so hat es einmal Werner Heisenberg für die Naturwissenschaften formuliert, gibt es immer nur eine „Mitte", von der aus die Forschung nach allen Seiten auszugreifen versucht, „in tastenden Versuchen", sich „in begrenzten Bereichen der Wirklichkeit" zurechtzufinden[119]. Wissenschaft zielt zwar auf das „Ganze", aber sie weiß, daß sie das „Ganze" nicht erreicht, und daß sie „im Ganzen" in Wahrheit nichts aussagen kann. Wissenschaft vermehrt das Wissen unaufhörlich, ja täglich, und zwar immer schneller; aber sie weiß, daß sie über den Verlauf und den „Sinn" der Gewinnung dieses Wissen im ganzen nichts sagen kann. Der Prozeß der Gewinnung von Wissen erfolgt vielmehr auf „unüberschaubaren Wissensstrecken", wie Wolfgang Frühwald jüngst formuliert hat[120].

(4) Diese „Unendlichkeit" der Wissenschaft kollidiert ständig mit der Begrenztheit und Endlichkeit des „Lebens". Dieser Sachverhalt ist unaufhebbar, und deshalb muß jede Theorie der Erkenntnis ihm Rechnung tragen.

(5) Und schließlich, fünftens, der für den Wissenschaftler wohl schmerzlichste Punkt: Das unaufhörliche Veralten der Ergebnisse der Wissenschaft. Es wirft die Frage nach dem „Sinn" der Wissenschaft auf, und macht zugleich klar, daß diese Frage mit den Mitteln der Wissenschaft nicht abschließend beantwortet werden kann. Max Weber hat bekanntlich das Veralten, das Überholtwerden, als den „S i n n der Arbeit der Wissenschaft" bezeichnet[121]. Das ist eine genuin kantianisch fundierte Feststellung, und sie ist – sofern man sie überhaupt zur Kenntnis nahm – Weber immer wieder übelgenommen worden, oder sie wurde ignoriert oder „entschärft", bis zum heutigen Tag[122], – obwohl sie doch unser aller

---

[119] Werner HEISENBERG, Die Einheit des naturwissenschaftlichen Weltbildes (1941), in: DERS., Wandlungen in den Grundlagen der Naturwissenschaft (¹¹1980) S. 107-128, bes. S. 128.
[120] Wolfgang FRÜHWALD, Wir bestehen buchstäblich aus Sternenstaub, Frankfurter Allgemeine Zeitung vom 4. Dezember 1999.
[121] WEBER, Wissenschaftslehre (wie Anm. 43) S. 592.
[122] So bei Hans-Ulrich WEHLER, Rückblick und Ausblick – oder: arbeiten um überholt zu werden? (Bielefelder Universitätsgespräche und Vorträge 6, 1996) S. 7; wieder abgedruckt in: Perspektiven der Gesellschaftsgeschichte, hg. von Paul NOLTE u. a. (2000) S. 159-168, bes. S. 159.

Alltagserfahrung von Wissenschaft entspricht. Die Frage stellt sich besonders dringlich, sobald man sich von der Ranke-Tradition des Glaubens an den schließlichen Aufbau des „Ganzen" aus der Vielzahl der allmählich verfertigten Teile verabschiedet hat[123]. Aber auch hier gibt es einen wenngleich nur paradoxalen Trost. Max Weber hat ihn so beschrieben, und wir haben es schon gehört: Die Vergänglichkeit a l l e r wissenschaftlichen Erkenntnisse bedeute doch zugleich auch d i e U n v e r m e i d l i c h k e i t   i m m e r   n e u e r. Und darin sei die „ewige Jugendlichkeit" „aller h i s t o r i s c h e n Disziplinen" begründet, aller jener Disziplinen nämlich, „denen der ewig fortschreitende Fluß der Kultur stets neue Problemstellungen zuführt"[124].

Die Wahrheit historischer Erkenntnis, das Wissen „wie es eigentlich gewesen", ist also nicht zu bekommen. Aber gleichwohl gibt es doch sehr viel mehr als nur Fiktionen. Wer als Historiker heute noch nach der „Wahrheit" „der Vergangenheit" sucht, mag durchaus in eine „verlorene Zeit" geraten. Dies wäre dann eine Folge der Theorie, für die er sich entschieden hat. Hat der Historiker mit einem Rekurs auf methodische Disziplin, auf systematische Arbeit und Forschung „seine historische Zeit gehabt"[125]? Fiktionalisten mögen das so sehen, wenn sie wollen. Ich für meinen Teil setze – und, wie mir scheint, mit guten Argumenten – auf die „ewige Jugendlichkeit" „aller historischen Disziplinen": eben w e i l ihnen der „ewig fortschreitende Fluß der Kultur stets neue Problemstellungen zuführt".

---

[123] Dazu Otto Gerhard OEXLE, „Der Teil und das Ganze" als Problem geschichtswissenschaftlicher Erkenntnis. Ein historisch-typologischer Versuch (1990), wieder abgedruckt in: DERS., Geschichtswissenschaft im Zeichen des Historismus (wie Anm. 20) S. 216-240, bes. S. 226.
[124] WEBER, Wissenschaftslehre (wie Anm. 43) S. 206.
[125] S. oben Abschnitt I.

VON SPURENSUCHERN UND ZEICHENDEUTERN. ZUM SELBSTVERSTÄNDNIS MITTELALTERLICHER GESCHICHTSSCHREIBER

von
VERENA EPP

„Wie entgeht eine Ameise einem Ameisenbär?", fragte mich neulich mein älterer Sohn beim Frühstück, in der Absicht, mich mit einem Witz zu erheitern. „Indem sie ihr ‚A' wegwirft" – verkündete er stolz als Lösung. Was hat dieser Witz mit dem Thema zu tun, wird sich der geneigte Leser fragen.

Der wirklichkeitsstiftende Charakter sprachlicher Formulierung, den der Witz voraussetzt, aber gleichzeitig ad absurdum führt, ist Gegenstand der postmodernen Fassung der Geschichtstheorie[1]. Die Postmoderne betrachtet das historische Denken als „Sinnbildungsleistung des Erzählens"[2] und sucht sich seiner Grundlagen im Kontext der Erinnerungskultur[3] der jeweiligen Gesellschaften zu versichern.

„Nicht in den kognitiven Prozessen methodisch geregelter Erkenntnis, sondern in den rhetorisch geregelten Prozessen narrativer Vergegenwärtigung zeitlicher Vorgänge" vollzieht sich nach Ansicht der Postmoderne Historie[4]. Ob bzw. inwieweit der Historiker aus Texten der

---

[1] Zur Genese und Bedeutung des Begriffs „Postmoderne" v.a. Michael BORGOLTE, Mittelalterforschung und Postmoderne, Zeitschrift für Geschichtswissenschaft 43 (1995) S. 615-628 mit weiterer Literatur.
[2] Jörn RÜSEN, Postmoderne Geschichtstheorie, in: Geschichtswissenschaft vor 2000: Perspektiven der Historiographiegeschichte, Geschichtstheorie, Sozial- und Kulturgeschichte. Festschrift für Georg G. Iggers, hgg. von Konrad H. JARAUSCH/Jörn RÜSEN/Hans SCHLEIER (1991) S. 27-48, Zitat S. 44 f.
[3] Otto Gerhard OEXLE (Hg.), Memoria als Kultur (Veröffentlichungen des Max-Planck-Instituts für Geschichte 121, 1995) besonders S. 9-78; Jaques LE GOFF, Geschichte und Gedächtnis (1992); Johannes FRIED, The Veil of Memory, The 1997 Annual Lecture of the German Historical Institute London (1998); DERS., Erinnerung und Vergessen, HZ 273 (2001) S. 561-593.
[4] Jörn RÜSEN, „Moderne" und „Postmoderne", in: Geschichtsdiskurs 1, hgg. von Wolfgang KÜTTLER/Jörn RÜSEN/Ernst SCHULIN (1993) S. 23.

Überlieferung auf eine zugrunde liegende Wirklichkeit schließen kann, ist umstritten. Die neue Sichtweise erschüttert die Gewissheit der Historiker, mittels ihrer Methodik überhaupt einen Zugang zu vergangener Wirklichkeit finden und anderen eröffnen zu können.

Aufgegeben ist gleichfalls die Vorstellung einer Einheit des Geschichtsverlaufs unter der aufklärerischen Prämisse des Fortschritts und der Rationalisierung. An ihre Stelle ist die Überzeugung getreten, dass Geschichte nie aus einem einzigen Konzept erklärt werden kann, dass eine „Verfassung radikaler Pluralität", Widersprüche, Spannungen sie ausmachen[5].

Mit den Ergebnissen der postmodernen Meta-Theorie der Historie, verkörpert vor allem im Werk Hayden Whites[6], hat sich die Geschichtswissenschaft eher unwillig, in Deutschland mit einer zeitlichen Verzögerung von fast 25 Jahren, auseinandergesetzt, untergrub sie doch das Selbstverständnis der Historiker, als Orientierungshelfer auch im politischen Bereich fakten- und quellengestützte Interpretationen von Wirklichkeit – in welcher perspektivischen Verzerrung auch immer – anzubieten. Whites Lehre von vier verschiedenen anthropologisch konstanten Bewusstseinstropen, die, ohne notwendig einen Bezug zur historischen Realität zu besitzen, die historische Narration prägen, trug ihm den Vorwurf des Relativismus und rigiden Formalismus ein[7]. Das Postulat, in den sog. Tropen (die White als Gedankenbewegungen des Textes definiert, nicht im Sinne rhetorischer Figuren versteht) Metapher, Metonymie, Synekdoche und Ironie gültige Grundmuster der Vermitt-

---

[5] Wolfgang WELSCH, Unsere postmoderne Moderne (⁴1993) S. 4; Jürgen MIETHKE/Klaus SCHREINER (Hgg.), Sozialer Wandel im Mittelalter. Wahrnehmungsformen, Erklärungsmuster, Regelungsmechanismen (1994).

[6] Die Rezeption in Deutschland haben vor allem folgende Werke bestimmt: Hayden WHITE, Metahistory (1991); DERS., Auch Klio dichtet oder die Fiktion des Faktischen: Studien zur Topologie des historischen Diskurses (1986); DERS., Die Bedeutung der Form. Erzählstrukturen in der Geschichtsschreibung (1990).

[7] Louis MINK bezeichnete Whites Position als "New Rhetorical Relativism", im Artikel "Philosophy and Theory of History" des International Handbook of Historical Studies, hgg. von Georg G. IGGERS/Harold T. PARKER (1979) S. 25; Zur Rezeption Whites vor allem Wulf KANSTEINER, Hayden White's Critique of the Writing of History, History and Theory 32 (1993) Nr. 3, S. 273-295.

lung zwischen Bewusstseinsinhalten des Historikers und zu konstituierendem Text gefunden zu haben[8], vernachlässige, so die Kritiker, die Frage nach Wirklichkeit und Wahrheit, die Wechselbeziehung zwischen Autor und Publikum, Text und gesellschaftlichem Kontext[9]. Diese Kritik veranlasste White zu substantiellen Anpassungen seiner Theorie, vor allem hinsichtlich der Frage, ob es Gegenstände historischer Erzählung wie vor allem den Holocaust gebe, die bestimmte Formen tropischer Darstellung als unangemessen erscheinen ließen[10]. Damit war auch die Frage nach dem Realitäts- und Wertbezug der Historie neu aufgeworfen.

Die Anpassungen haben zu Widersprüchen innerhalb der Theorie Whites geführt, die gleichsam durch die Hintertür den bewusst aufgegebenen Bezug von Realität und historischer Narration wieder hineinholte, ohne ihn grundlegend zu klären[11].

Kein Wunder, dass sich im angloamerikanischen Bereich etwa mit Richard Evans' „Fakten und Fiktionen"[12] schon wieder ein Pragmatismus der historischen Methode Bahn bricht, der eher diejenigen unter den Historikern bestärkt, die von jeher kein Interesse an der theoretischen Durchdringung des eigenen Tuns an den Tag legten.

Doch die Herausforderung der Postmoderne ist auf theoretischer Ebene vonseiten der Historiker nicht widerlegt. Punktuell wurde sie von Mediävisten aufgegriffen, wie etwa das Buch von Walter Goffart über „Narrators of Barbarian History"[13] zeigt, in Deutschland haben sich vor

---

[8] Irmgard WAGNER, Geschichte als Text. Zur Tropologie Hayden Whites, in: Geschichtsdiskurs 1 (wie Anm. 4) S. 212-232.
[9] KANSTEINER, Critique (wie Anm. 7) S. 288.
[10] Zur Rezeption Whites: Frank R. ANKERSMIT, Hayden White's Appeal to the Historians, History and Theory 37/2 (1998) S. 182-193.
[11] KANSTEINER, Critique (wie Anm. 7) S. 286.
[12] Richard EVANS, Fakten und Fiktionen: Über die Grundlagen historischer Erkenntnis (1999).
[13] Walter GOFFART, Narrators of Barbarian History (1988). Zur ausführlichen Auseinandersetzung mit den Thesen Goffarts: Hans Hubert ANTON, Origo gentis - Volksgeschichte, in: Anton SCHARER/Georg SCHEIBELREITER, Historiographie im frühen Mittelalter (1994) S. 262-307; Peter J. HEATHER, Goths and Romans 332-489 (1991). Goffart vertritt die These, Jordanes, Gregor von Tours, Beda und Paulus Diaconus hätten primär literarische, nicht historische Texte verfassen wollen, in denen der Stoff der Ver-

allem Michael Borgolte, Arno Borst und Otto Gerhard Oexle zu ihr geäußert[14].

Vor allem die zentrale Frage, die die postmoderne Theorie nach sich zieht, zwingt zum Nachdenken: Ist es dem Historiker möglich, in Werken der Geschichtsschreibung einen Bezug zu vergangener Realität herzustellen, oder ist Geschichtsschreibung freischwebende Konstruktion, ausschließliches Produkt der von Johannes Fried wieder in ihr partielles Recht gesetzten „Phantasie"[15], Spiel selbstreferentieller Sprache, die sich in nichts von den gleichfalls tropengeleiteten Fiktionen der Literaten unterscheidet?

Mit Bezug auf unser engeres Fach ist zu fragen: Leistet diese Debatte, in der in letzter Instanz der Wissenschaftscharakter der Historie als eigenständiger Disziplin auf dem Spiel steht, einen Beitrag zur Erhellung der Vorgehensweise unserer mittelalterlichen „Kollegen"?

Die postmoderne Perspektive auf Geschichte möchte ich mit derjenigen mittelalterlicher Geschichtsschreiber vergleichen[16].

In einem ersten Schritt ist das Erkenntnisinteresse und die Vorgehensweise mittelalterlicher Historiographen an einigen Beispielen zu beschreiben und danach die Frage wieder aufzunehmen, ob es Berührungsflächen postmoderner Erklärungen historischer Methode und diesem Vorgehen gibt.

Welches Verständnis hatten Geschichtsschreiber des früheren und hohen Mittelalters von ihrem Tun? Was war ihre Zielsetzung? Werden wir ihnen gerecht, wenn wir die Messlatte „Fakten oder Fiktionen" an ihre Werke anlegen?

---

gangenheit zur Deutung der Gegenwart und zur Formulierung einer Botschaft an sie genutzt werde. Die *Getica* seien als Liebesroman komponiert, Gregors *Historiae* als *satura*.
[14] Arno BORST, Wenn Hermann der Lahme käme. Ein Totengespräch, Süddeutsche Zeitung Nr. 239 vom 16./17. 10. 1982, S. 114; Otto Gerhard OEXLE, Das Mittelalter und das Unbehagen an der Moderne, in: Spannungen und Widersprüche, Gedenkschrift für František Graus, hgg. von Susanna BURGHARTZ/Hans-Jörg GILOMEN/Guy MARCHAL (1992) S. 125-153, hier: S. 151 f.
[15] Johannes FRIED, Wissenschaft und Phantasie. Das Beispiel der Geschichte, HZ 263 (1996) S. 673-693.
[16] Dazu allgemein: Hans-Werner GOETZ, Geschichtsschreibung und Geschichtsbewusstsein im hohen Mittelalter (1999).

Das Besondere der mittelalterlichen Sicht auf Geschichte ist bekanntlich die Interpretation der Ereignisse als „Mittel Gottes, sich dem Menschen allmählich zu offenbaren"[17]. In der Geschichte setze sich – so ein Grundaxiom dieser Sicht – das Werk Christi fort. Der Ablauf des Geschehens wurde so zum Medium der Offenbarung Gottes. Dem Historiker oblag es, die Zeichen dieser Geistesgegenwart zu erkennen und anderen aufzuzeigen, wie es – in diesem Sinne „eigentlich" – gewesen sei. Aufgabe des Geschichtsschreibers war es, hinter der äußeren Erscheinung die Bedeutung des Ereignisses im Hinblick auf die göttliche Ordnung der Welt darzutun. Diese Sicht war traditionsbildend: Noch in Rankes Historie ist „Gott der Bezugspunkt der Epochen, ... dasjenige, was die Einheit der Weltgeschichte ... konstituiert", entfaltet die Weltgeschichte „die Pluralität der Gedanken Gottes"[18].

Augustins *De doctrina christiana* hatte den Rahmen abgesteckt, in dem sich die Beschäftigung mit Vergangenheit im Mittelalter bewegte: „Man muß diese Welt nutzen (*uti*), nicht benutzen (*frui*), und zwar so, dass man das unsichtbare Göttliche (*invisibilia Dei*) durch das, was sichtbar geschehen ist (*facta*), auf dem Weg der Einsicht erkennen kann, d. h., dass wir über die körperlichen, zeitlichen Dinge die ewigen und himmlischen begreifen."[19] An dieser Maxime orientierten sich, wie an Fallstudien zu zeigen ist, mittelalterliche Geschichtsschreiber, ohne dass sich Früh-, Hoch- und Spätmittelalter hier prinzipiell unterschieden.

Beginnen wir bei Isidor von Sevilla, in dessen *Etymologiae* (I, 40 ff.) die Abgrenzung von *historia* als dem, was geschehen ist, von *argumentum* als dem, was nicht geschehen ist, aber hätte geschehen können, und *fabula* als dem, was weder geschehen ist noch hätte geschehen können, rezipiert ist. Hier begegnen auch Schlüsselbegriffe der heutigen Debatte: Fakten und Fiktionen, Erinnerung, Bedeutung und Wahrheit.

Von einer sinnstiftenden Kraft der Tropen, von der Relativität und Kontextabhängigkeit jedweder Bedeutung, Ansichten, die die gegenwär-

---
[17] Philippe ARIÈS, Geschichte im Mittelalter (1990) S. 21.
[18] Thomas NIPPERDEY, Zum Problem der Objektivität bei Ranke, in: Leopold von Ranke und die moderne Geschichtswissenschaft, hg. von Wolfgang J. MOMMSEN (1988) S. 217.
[19] Augustinus, De doctrina christiana I, 8-9, ed. William M. GREEN (CSEL 80, 1963) S. 10 mit Bezug auf 1. Rom. 20.

tige Theoriedebatte bestimmen[20], sind wir hier weit entfernt. Vielmehr prägte die Überzeugung des Mittelalters vom unauflöslichen Zusammenhang von Diesseits und göttlicher Sphäre auch die Sicht auf die Geschichte. Um eine Formulierung Gert Melvilles zu gebrauchen: „Das Wissen vom irdischen Sein – also auch die Geschichte – diente der Weisheit, die im Verstehen des Göttlichen lag"[21]. Es ging darum, die Beziehungen beider Sphären aufzudecken und damit Wahrheit sichtbar zu machen. Dass aber das irdische Sein ebenso wie die Transzendenz Realitäten waren, die unabhängig vom erkennenden oder sie besprechenden Subjekt existierten, war unstrittig. Auch die Überzeugung, dass die Menschen, sei es über *ratio, fides* oder mystische Versenkung, einen Zugang zu diesen Realitäten gewinnen könnten, war ein weithin gültiger Konsens, der heute verloren ist. Ebenso verloren wie die Überzeugung, dass es eine absolute, kontextenthobene, ein für alle Male gültige Wahrheit gebe. All dies macht eine Anwendung der Tropenlehre Whites auf die Darstellungsweise mittelalterlicher Historiographen zumindest schwierig.

Wie eng Religiosität und Geschichtsschreibung aufeinander bezogen waren, zeigt die Äußerung Isidors, Moses – und diese Aussage findet sich noch im Hochmittelalter bei Hugo von St. Viktor wieder – sei der erste Geschichtsschreiber gewesen: *Historiam autem apud nos primus Moyses de initio mundi conscripsit* (I, 42)[22]. Die Bibel, speziell die Schöpfungsgeschichte, wurde so zum Paradigma der Geschichtsschreibung, Gottes Wirken in der Welt ihr Thema. Nicht umsonst setzten fast alle mittelalterlichen Geschichtswerke nach dem Vorbild des Orosius und Josephus mit der Schöpfung als dem Beginn aller Geschichte ein[23].

---

[20] Zur Einführung in die vom linguistic turn ausgelösten Theorieprobleme: Chris LORENZ, Konstruktion der Vergangenheit (1997).
[21] Gert MELVILLE, Wozu Geschichte schreiben? Stellung und Funktion der Historie im Mittelalter, in: Formen der Geschichtsschreibung, hgg. von Reinhart KOSELLECK/Heinrich LUTZ/Jörn RÜSEN (Beiträge zur Historik 4, 1982) S. 91; Marie SCHULZ, Die Lehre von der historischen Methode bei den Geschichtsschreibern des Mittelalters (VI.-XIII. Jahrhundert) (Abhandlungen zur Mittleren und Neueren Geschichte 13, 1909).
[22] Zit. bei Karl Ferdinand WERNER, Gott, Herrscher und Historiograph, in: DERS., Einheit der Geschichte, hg. von Werner PARAVICINI (1999) S. 91, Anm. 7.
[23] Hans-Werner GOETZ, Die Geschichtstheologie des Orosius (1980) S. 159.

Der Gegenstand der Geschichte, Gottes Wirken in der Welt, bedingte auch den Zweck der Historie, als *memoria* stiftendes *monumentum* (I, 41), *ad institutionem praesentium* (I, 43) zu wirken.

Historia unterschied sich nach Isidor in diesem moralisch-didaktischen Anliegen nicht von der *fabula*, die ebenfalls *ad morum finem relata* (I, 40) sei. Bezeichnenderweise vergleicht Isidor an dieser Stelle auch die *fabula* mit einem Bibeltext, dem *Liber Iudicum*. Der erbauliche Zweck werde im Fall der Fabel *ficta quidem narratione, sed veraci significatione* erreicht. Wie schreibt Hayden White: „Erst der moralische Bezugspunkt macht eine Geschichte zu einer solchen"[24]. Diese These hat Berührungspunkte zur mittelalterlichen Auffassung: *historia* und *fabula* waren für das Mittelalter nicht so weit voneinander entfernt wie Geschichtsschreibung und Dichtung aus der Sicht des Positivismus. Denn auch die *fabula* hatte einen moralisch-didaktischen Zweck und konnte mittels der gleichen Methode der *significatio* Hinweise auf die Beziehungen zwischen Diesseits und Jenseits geben. Das heißt aber noch nicht, dass Fakten und Fiktionen auch erkenntnistheoretisch den gleichen Stellenwert gehabt hätten, wie es White postuliert: Bedeutung wurde für mittelalterliche Geschichtsschreiber referentiell hergestellt, die *res gestae* blieben ihre Grundlage, Bezugsrahmen die Heilsgeschichte.

Denn auch für die Historie als *narratio rei gestae*, die faktisch Geschehenes (*res verae, quae factae sunt*) berichtete, galt, dass erst die Interpretation des Geschehens im Hinblick auf seinen Zeichencharakter den Wahrheitsanspruch der Historiographie einlöse. Wahrheit lag nicht allein im Bericht des faktisch Geschehenen, erst recht nicht in der Struktur der *narratio*, sondern in der spezifischen Leistung des Historikers o d e r des Dichters, in der sprachlich vermittelten *verax significatio*, in der Interpretation bzw. Exegese des Geschehens[25], im Bezug zwischen Ereignis und Bedeutung im Hinblick auf die Heilsgeschichte. Fakten wurden auf die gleiche Weise referentiell mit Bedeutung versehen wie Fiktionen: Indem sie im exegetischen Verfahren als Zeichen interpretiert wurden

---

[24] WHITE, Bedeutung (wie Anm. 6) S. 26.
[25] Hans-Werner GOETZ, „Geschichte" im Wissenschaftssystem des Mittelalters, in: Funktion und Formen mittelalterlicher Geschichtsschreibung, hg. von Franz-Josef SCHMALE (1985) S. 165-212.

(*significare*), als Verweise auf die in ihnen sich äußernde „Wirklichkeit" Gottes gedeutet. Deshalb sagt Isidor *res verae quae factae sunt*: Es gibt auch wahre Dinge, die nicht geschehen sind.

In der *significatio* lag demzufolge die Wirklichkeit eines Geschehens, weil aus ihr Gottes Wirken in der Welt, „Wirklichkeit" in einem ganz anderen Sinn als wir ihn heute verstehen, erschlossen werden konnte.

Im Bemerken und der Entschlüsselung der Bezüge zwischen Geschehen und göttlichem Urheber, in der Betrachtung von *signa*, vor allem Naturerscheinungen und Träumen, die als Botschaften Gottes an die Menschen gesehen werden, entfaltete der Geschichtsschreiber seine Fähigkeiten. Bezeichnenderweise gebraucht Isidor den Terminus *significare* auch in Bezug auf von Gott gesandte Träume, Vorzeichen, Himmelserscheinungen, die die Menschen zu Verhaltensänderungen bewegen sollten (Et. XI, 3).

Significatio begegnet bei Isidor darüber hinaus im Kontext der Definition des Sakraments: *Sacramentum est in aliqua celebratione, cum res gesta ita fit, ut aliquid significare intellegatur, quod sancte accipiendum est* (Et. VI, 19). Sie beschreibt den Konnex zwischen sichtbarer und unsichtbarer Wirklichkeit, zwischen Diesseits und Transzendenz.

Die Affinität von Liturgie und Geschichtsschreibung im Denken Isidors ist damit handgreiflich. Die historische Selbstverortung des mittelalterlichen Menschen vollzog sich eben nur zu einem Teil über Geschichtsschreibung, ebenso über Liturgie, Predigt, Kirchenbau etc. als Teile einer Erinnerungskultur[26].

Als ein solcher Zeichendeuter in der Tradition der Bibelexegeten, als jemanden, der Bedeutung durch Referenz auf die Heilsgeschichte herstellt, verstand sich auch Gregor von Tours. Wie die Arbeiten von Giselle de Nie und Martin Heinzelmann gezeigt haben[27], exemplifizieren auch

---

[26] František GRAUS, Funktionen der spätmittelalterlichen Geschichtsschreibung, in: Geschichtsschreibung und Geschichtsbewußtsein im Spätmittelalter, hg. von Hans PATZE (1987) S. 35.

[27] Giselle DE NIE, Views from a Many-Windowed Tower. Studies of Imagination in the Works of Gregory of Tours (1987); Martin HEINZELMANN, Gregor von Tours, Zehn Bücher Geschichte, Historiographie und Gesellschaftskonzept im 6. Jh. (1994).

Gregors von Tours Historien nicht nur in der Aufzählung und Interpretation einzelner Zeichen (*signa, portenta*) – etwa die Hälfte der Todesschilderungen fränkischer Könige wird von Naturerscheinungen präludiert, die als *signa* gedeutet werden[28] –, sondern sogar in ihrem Gesamtaufbau den engen Zusammenhang von *historia* und Theologie. Die Geschichte war, wie Hans-Werner Goetz gezeigt hat[29], im Mittelalter als erster Schritt der Exegese eine Art Hilfswissenschaft der Theologie und eben nicht ein Teil der Rhetorik, wie es Hayden White sieht. Sie diente der Feststellung des *sensus historicus* oder *literalis* der *facta*. Schon für Augustin war die historische Darstellung menschlicher Einrichtungen eine Nachzeichnung des *ordo temporum*, dessen Begründer und Lenker Gott sei. Der Aufstieg zur spirituellen Deutung des Geschehens schien nur möglich, wenn zuvor die *historia*, der Literalsinn des Geschehens, bekannt war[30].

„For Gregory history was visible theology", so Giselle de Nie, „Gregory applied ... a strategy of imagination – analogous to that of the spiritual understanding of biblical texts – to see ‚figures' of the divine in human war and government, in strange natural phenomena, in miracles and in dream visions"[31].

Die „Wirklichkeit" Gottes im Geschehen zu ermitteln, stand im Einklang mit seinem Sendungsbewusstsein. Gregor selbst sah sich als Bischof mit einem göttlichen Auftrag zur *praedicatio* versehen, der auch die Geschichtsschreibung als einen Teil dieser *praedicatio* einschloß[32]. Keineswegs zufällig beginnt Gregor den Text der Historien mit einem (antiarianischen) Glaubensbekenntnis und nimmt Bezug auf das Jüngste Gericht, auf das sich er und seine Leser vorbereiteten: *Prius fidem meam proferre cupio ... propter eos, qui adpropinquantem finem mundi disperant ... scio peccatis obnoxium ... obtenire posse veniam apud deum* (Pr. I).

---

[28] Giselle DE NIE, Gregory of Tours' smile, in: SCHARER/SCHEIBELREITER, Historiographie (wie Anm. 13) S. 79.
[29] Wie Anm. 25.
[30] Augustinus, doctrina XXXII (wie Anm. 19) S. 63; Arno SEIFERT, Historia im Mittelalter, Archiv für Begriffsgeschichte 21/2 (1977) S. 226-284, besonders: S. 243.
[31] DE NIE, Gregory (wie Anm. 28) S. 85.
[32] HEINZELMANN, Gregor von Tours (wie Anm. 27) S. 177.

Keineswegs zufällig sind die markierenden Geschichtsdaten für Gregor Schöpfung, Sintflut, Durchquerung des Roten Meeres, die Auferstehung Jesu und der Tod des Heiligen Martin. Gott lenkt das Geschehen: Der Prolog zu Buch III der Historien mahnt die Leser, die folgenden Geschichten als *exempla* dafür zu lesen, dass Gott denjenigen, die den katholischen Glauben bekennten, Lohn schenke, den anderen Verluste zufüge[33].

Mit dem Nachweis der typologischen Denkform als des allgegenwärtigen Bezugssystems für den Aufbau der Historien als zehn Büchern „Geschichte" im Singular gelang schließlich Martin Heinzelmann, dem wir hier folgen, eine überzeugende Neuinterpretation des Werkes, das lange Zeit als unzusammenhängende Geschichtssammlung gegolten hatte. Die Prologe der ersten drei Bücher der *Historiae* beschreiben Christus als Anfang, Zentrum und Ende der Geschichte, die mit der Schöpfung beginnt: *Principio Dominus caelum terramque in christo suo, qui est omnium principium, id est in filio suo, furmavit* (Hist. I, 1). Der Prolog des zweiten Buches bringt das Vorhaben des Autors, *mixte confuseque tam virtutes sanctorum quam strages gentium* zu berichten, in Zusammenhang mit dem Verfahren, das in den biblischen Büchern der Könige zugrundegelegt wird. Gregor sah sich als Fortsetzer der biblischen *historia regum Israheliticorum*[34].

Entsprechend hat er das gesamte letzte Buch der *Historia* der Eschatologie gewidmet, der Auferstehung der Toten, der Offenbarung der *ecclesia* beim Jüngsten Gericht.

Das Muster von Anfang, Mitte und Ende aller Dinge setzt sich fort im Aufbau der einzelnen Bücher, jedes einzelne wird durch die Thematik der betreffenden Kapitel an Anfang, Ende und Mitte mit einem eigenen Thema versehen, so z.B. das Thema „Verfolgung der Kirche durch die Kaiser" in Buch I, „Häresie" für Buch II.

Geschichte ist auch hier Fortsetzung des Heilsgeschehens: Gregors eigene Äußerungen lassen erkennen, dass für ihn die exegetische Methode in der Deutung geschichtlicher Ereignisse maßgeblich gewesen ist. Er

---

[33] DE NIE, Gregory (wie Anm. 28) S. 72.
[34] Vgl. HEINZELMANN, Gregor von Tours (wie Anm. 27) S. 110 und S. 179.

gewann durch das Heranziehen biblischer Parallelen ein wichtiges Instrument für die Interpretation der Gegenwart.

Die heidnische Frühgeschichte der Franken wird unter Bezugnahme auf das 2. Buch Mose mit der biblischen Geschichte in Verbindung gebracht (II, 10): So wie die Franken *fanaticis ... cultibus* angehangen seien, so habe einst auch das Volk Gottes das goldene Kalb verehrt und sei dafür bestraft worden. Der *populus*-Begriff Gregors orientiert sich an der Volk-Gottes-Vorstellung des Neuen Testaments, wonach dieses Volk mit dem der *ecclesia Christi* zu identifizieren ist[35]. Das gentile Selbstbewußtsein der Franken wird auf diese Weise mit einer biblischen *origo* versehen. Pragmatische Zwecke und heilsgeschichtliche Deutung schließen einander nicht aus, sondern bedingen sich, setzen aber auch beim Publikum eine entsprechende Geschichtsauffassung voraus.

Die Herstellung präfigurierender Bezüge zur Bibel zeigt sich auch in der Darstellung der Könige. Gregor kündigt die Geburt Chlodwigs in Worten an, die sich an die des Evangelisten Lukas für die Prophezeiung der Geburt Christi anlehnen (II, 37) und damit grundsätzlich den providentiellen Charakter der historischen Existenz Chlodwigs deutlich machen[36].

Mit der auf König Chlotar gemünzten Bezeichnung „*novus David contra Absalonem*" (IV, 20) verband Gregor sein Urteil über die Unzulässigkeit der Empörung des Chlotarsohnes Chramn gegen seinen Vater, die seinen „*interitus*" zur Folge haben würde. Auch hier werden biblische Gestalten und gegenwärtige in eine figurative Beziehung gerückt, ebenso wie in der Parallelisierung des Propheten Ezechias mit König Gunthram[37].

Diese Methode, den Sinn und die „Wahrheit" einer bestimmten historischen Situation im Parallelismus biblischer Situationen zu finden, lässt sich als typisch mittelalterliche „Denkfarbe"[38] (Kantorowicz) bezeichnen.

---

[35] Jan GROOTAERS, Peuple de Dieu, Catholicisme 11 (1988) S. 98-121.
[36] HEINZELMANN, Gregor von Tours (wie Anm. 27) S. 337.
[37] HEINZELMANN, Gregor von Tours (wie Anm. 27) S. 49 ff.
[38] Ernst H. KANTOROWICZ, „Mythenschau". Eine Erwiderung, HZ 141 (1930) S. 457-471, besonders: S. 471.

Theologie und Geschichtsdarstellung verschränkten sich auch bei den Angelsachsen: Für Beda, den Mönch und Gelehrten (673/4-735[39]), ging es in der *Historia ecclesiastica gentis Anglorum* darum, den Plan Gottes aufzuzeigen, der die Bekehrung der angelsächsischen *gentes*, die Errichtung von Bischofssitzen und die Sukzession der Bischöfe und ihre Vereinigung zu einer Kirche vorsah[40]. Auch ihre gleichsam „pränationale" Integration folgt für Beda göttlicher Vorsehung. Auf die spirituelle Bedeutung einzelner Geschehnisse im Hinblick auf diesen Gesamtplan war folglich sein Hauptaugenmerk gerichtet. Er war überzeugt, dass Gott helfend, lohnend, strafend, manchmal auch verursachend in das Geschehen eingriff. Er berichtet z.B., dass der König von Northumberland im Jahre 634 *iuxta meritum suae fidei* den Sieg über den Britenkönig Ceadwalla davontrug. Vor der Schlacht hatte er ein Kreuz errichten lassen und *flexis genibus ... Deum deprecatus est, ut ... suis cultoribus caelesti succurreret auxilio*[41]. Mit dem Sieg lohne Gott den Gläubigen ihr Vertrauen.

Noch zahlreicher sind die Geschichten, in denen es Beda um den Aufweis der strafenden Hand Gottes in der Geschichte geht. Mit Bezug auf einen König von Kent, der bei der Bekehrung seines Vaters nicht Christ geworden war, die Witwe seines Vaters geheiratet hatte und die zur Herrschaftszeit seines Vaters Bekehrten veranlasst hatte, zum Heidentum zurückzukehren, kommentiert er: *Nec supernae flagella districtionis perfido regi castigando et corrigendo defuere*, denn er wurde häufig durch Wahnsinnsanfälle heimgesucht[42].

Solche Episoden demonstrieren die theonome Geschichtsauffassung Bedas, die er als Exeget des Lukas- und Markusevangeliums, als Prediger und eben auch als Geschichtsschreiber den Menschen nahebringen wollte.

---

[39] Vgl. zuletzt Maria Luisa SILVESTRE, Beda il Venerabile (1995); Nicholas J. HIGHAM, An English Empire: Bede and the Early Anglo-Saxon Kings (1995).
[40] Henry MAYR-HARTING, Bede's Patristic Thinking as an Historian, in: SCHARER/SCHEIBELREITER, Historiographie (wie Anm. 13) S. 367-374.
[41] Beda Venerabilis, Historia ecclesiastica gentis Anglorum III, 2, ed. Charles PLUMMER (1896) S. 128 f.
[42] Beda Venerabilis, Historia ecclesiastica gentis Anglorum (wie Anm. 41) II, 5 (S. 90).

Mittelalterliche Chronisten sahen sich nicht selbst als diejenigen an, die den Plot ihrer Geschichtsdarstellung selbst entwarfen, wie es White für die modernen Historiker beschreibt[43]. Ihnen war es darum zu tun, Gottes Plan aufzuspüren und soweit möglich ihren Lesern/Hörern kenntlich zu machen. Auch von daher wird eine Anwendung der Tropenlehre auf mittelalterliche Historiographie problematisch.

Aus dem Bestreben, Geschichte und Heilsgeschehen in Beziehung zu setzen, ergab sich – folgt man der überzeugenden Deutung Mayr-Hartings – die Motivation der *Historia ecclesiastica*. Denn kurz vor dem Abschluss der *Historia* beendete Beda den allegorischen Kommentar *De templo Salomonis*. Wie Mayr-Harting wahrscheinlich gemacht hat[44], liegt hier nicht nur eine zeitliche Koinzidenz. Beide Werke verweisen aufeinander und sind nur im Zusammenhang zu verstehen: Während sich der Bibelkommentar mit dem Aufbau der Kirche nach der Auferstehung befasst, geht es in der *Historia ecclesiastica* – gleichsam als Pendant dazu – um den Aufbau der Kirche auf Erden, unter den Angelsachsen. Die Bedeutung des Geschichtswerks erschließt sich nur aus der Referenz auf biblisches Geschehen und seine Deutung.

Die enge Verbindung von Theologie und Geschichtsdeutung zeigt sich beispielsweise in der Symbolik der Aufzählung von sieben Bretwaldas bei den Angelsachsen, die nicht nur von northumbrischem Chauvinismus geprägt ist, indem sie etwa Aethelbald of Mercia ausschließt, sondern der es vor allem um die Wahrung der Zahl Sieben geht. Der enge Zusammenhang von Bibelexegese und Historiographie bei Beda wird an diesem Punkt besonders evident: Seine Kommentare zu Esra und Nehemiah, die Vertrautheit mit den *Moralia* Gregors des Großen, die allesamt die Zahlensymbolik der Sieben entfalten, sowie die gleichzeitige Konzeption der exegetischen Schrift *De templo Salomonis* mit der *Historia* wirkten sich auf die Darstellung und Interpretation historischer Ereignisse aus: Wie König Salomo sieben Jahre benötigte, um den Tempel zu bauen, wie es sieben Gaben des Heiligen Geistes und sieben Schöpfungstage gibt, so

---

[43] Hayden WHITE, Historical Emplotment and the Problem of Truth, in: Probing the Limits of Representation, hg. von Saul FRIEDLÄNDER (1992) S. 37-52, besonders: S. 52.
[44] MAYR-HARTING, Bede's thinking (wie Anm. 40) S. 367 ff. Dort auch seine Bemerkungen gegen die von Goffart postulierte pragmatische Sichtweise der *Historia ecclesiastica*.

wird die Sieben als Zahl der Vollkommenheit auch in der Kirchengeschichte verwandt, wohl um darzutun, dass die sieben Könige in ihrem Auftrag zur Verbreitung des Christentums gleichsam einen Anteil an der Vollkommenheit gewannen[45]. Die Deutung der Heiligen Schrift legte den Grund, prägte die *significatio* für die Geschichtsschreibung. Nicht umsonst hat Beda die Jahreszählung nach Inkarnationsjahren in die Geschichtsschreibung eingeführt: Historiographie ist Fortsetzung der biblischen Geschichte, ordnet die Zeit von Christus her.

Der Vergleich von Gegenwart und biblischer Zeit, die als qualitativ nicht voneinander verschieden verstanden werden, begegnet wie bei Gregor von Tours so auch bei Beda nicht nur in Bezug auf die *gentes*, sondern auch im Einzelfall.

Beda begründet die in seinen Augen ungebrochene Kontinuität zwischen biblischer und Jetzt-Zeit an einer Stelle, an der es um den Beweis der Jungfräulichkeit der Königin Edeltrud geht, die zwölf Jahre mit König Egfried verheiratet war und dennoch – wie Maria – unberührt geblieben sei. Er räsoniert: *Nec diffidendum est nostra etiam aetate fieri potuisse, quod aevo praecedente aliquoties factum fideles historiae narrant, donante uno eodemque domino, qui se nobiscum usque in finem saeculi manere pollicetur* (IV, 19).

Kein Zufall ist es daher auch, dass Beda in unmittelbarem Anschluss an dieses Kapitel einen Marienhymnus einflicht und dies wie folgt begründet: *Videtur oportunum huic historiae etiam hymnum virginitatis inserere, quem ... elegiaco metro conposuimus, et imitari morem sacrae scripturae, cuius historiae carmina plurima indita et haec metro ac versibus constat esse composita* (IV, 20). Der inhaltlichen Fortsetzung der Bibel entspricht auch die sprachlich-stilistische *imitatio*.

Dürfen wir einen derartig engen Konnex der Methoden von Geschichtsschreibung und Exegese auch im „aufgeklärten" Hochmittelalter zugrunde legen?

Wenngleich sich der sog. „Humanismus" des 12. Jahrhunderts im Bereich der Geschichtsschreibung in einem wachsenden Bewusstsein

---

[45] MAYR-HARTING, Bede's thinking (wie Anm. 40) S. 372 f.

menschlicher Eigenverantwortlichkeit für den Ablauf des Geschehens äußerte, blieb doch der konzeptionelle Rahmen, in dem Chronisten ihre Tätigkeit sahen, unangetastet. *Dei facta* und *Dei miracula* werde er dem Leser in seinem Kreuzzugsbericht schildern, eröffnet Fulcher von Chartres, Chronist des ersten Kreuzzugs und der Aufbauphase des Königreichs Jerusalem, dem Leser in der programmatischen Vorrede der *Historia Hierosolymitana*[46]. Die Kreuzfahrer sahen sich, wie an vielfältigen Beispielen der *Historia* zu zeigen ist, als auserwähltes Volk nach dem präfigurierenden Vorbild der Israeliten. Schon die Briefe Papst Urbans II., z.B. derjenige nach Flandern, hatten alttestamentliche Assoziationen geweckt, die von der Chronistik aufgegriffen und entfaltet wurden: Der päpstliche Legat und spätere geistliche Anführer des ersten Kreuzzuges, Adhemar von Le Puy, wurde als *huius itineris ac laboris dux* bezeichnet. Dies war kein spontaner Einfall, sondern bewußte Anknüpfung an das Bild vom Aufbruch Abrahams aus Ur und des Volkes Israel aus Ägypten (z.B. 1. Mos. 12, 1; 2. Mos. 12, 27; 13, 21; 14, 30; 4. Mos. 21, 4 etc.), wie Rudolf Hiestand eindringlich vor Augen geführt hat[47].

Unter Bezugnahme auf die Predigt Urbans II. auf dem Konzil von Clermont 1095 schildert Fulcher von Chartres, der spätere Kaplan König Balduins I. von Jerusalem, als einer der Augenzeugen den Kreuzzug und das Leben im Heiligen Land als ideale *vita christiana*, die biblische Prophezeiungen erfülle. In der zweiten Fassung seiner Chronik, die fast dreißig Jahre später entstand, änderte Fulcher sogar systematisch den Text, um diese präfigurierende Bedeutung des Volkes Israel und vor allem der Makkabäer für die Kreuzfahrer noch deutlicher zu betonen[48].

---

[46] Fulcheri Cartonensis Historia Hierosolymitana (1095-1172), Prologus 3, 4, ed. Heinrich HAGENMEYER (1913) S. 116 f.
[47] Rudolf HIESTAND, Der erste Kreuzzug in der Welt des ausgehenden 11. Jh., in: Der Erste Kreuzzug 1096 und seine Folgen, hg. von der Evangelischen Kirche im Rheinland (1996) S. 1-36, besonders: S. 34.
[48] Zum Folgenden Verena EPP, Fulcher von Chartres, Studien zur Geschichtsschreibung des ersten Kreuzzuges (1990) S. 152 ff.; Klaus SCHREINER, Gottesfriede und Heiliger Krieg. Religion in politisch-militärischen Kontexten des Mittelalters und der Frühen Neuzeit, in: Die religiöse Dimension im Geschichtsunterricht an Europas Schulen, hg. von Waltraud SCHREIBER (2000) S. 157-191.

Im 1118-1120 verfassten Prolog, also an zentraler Stelle, hebt er die Bedeutung der Kreuzfahrer im Vergleich mit Israeliten und Makkabäern hervor. Obwohl er es nicht wage, das Werk der Franken den großen Leistungen der Israeliten oder Makkabäer oder anderer bedeutender Völker gleichzustellen, die Gott häufig mit herrlichen Wundern geehrt habe, schätze er dennoch die Taten der Franken kaum geringer ein, weil Gott sich auch ihnen vielfach wundertätig offenbart habe. Worin unterschieden sie sich letztlich von Israeliten und Makkabäern, da sie doch in Palästina aus Liebe zu Christus den Märtyrertod durch Zerstückelung ihrer Glieder, Kreuzigung, Pfeilschuß, Häutung oder auf andere Art erlitten hätten. Dass es historisch keinen einzigen Kreuzfahrer gegeben hat, der den Märtyrertod erlitten hätte, zeigt, wie stark der Wunsch nach *imitatio Christi* Fulchers Gedanken beherrschte.

Im friedlichen Zusammenleben von Menschen unterschiedlichster Herkunft in Palästina manifestiert sich nach seiner Auffassung die biblische Prophezeiung Jesajas (65, 25): Der Löwe und das Rind werden gemeinsam Stroh fressen. Mitte der 1120er Jahre erscheint ihm das Heilige Land in spiritualisierender Deutung sogar als das Reich Gottes auf Erden, denn er bezeichnet es – wenn auch durch den Mund des Papstes – nicht mehr nur als *regnum* wie in der ersten Fassung, sondern als *regnum dei* (I, 3, 3). Er begann, den Kreuzzug als eine *peregrinatio* mit zweifacher Dimension zu sehen, die nicht nur äußere Pilgerfahrt, sondern mehr noch innere Annäherung an das im Osten gewußte Paradies war (Gen. 2, 8).

Fulchers berühmter jüngerer Zeitgenosse, der an den Hohen Schulen von Paris und Chartres ausgebildete John of Salisbury, ein Freund Thomas Beckets[49], bringt das methodische Vorgehen der Herstellung von Analogien zur biblischen Geschichte, von Bezügen zur Heilsgeschichte, in der *Historia Ponificalis*[50] auf den Punkt. Aufbauend auf der Ge-

---

[49] Maria Lodovica ARDUINI, Contributo alla ricostruzione biografica di Giovanni di Salisbury, Rivista di filosofia neoscolastica 9 (1998) S. 198-214.
[50] Johannes von Salisbury, Historia pontificalis, ed. Marjorie CHIBNALL (1986) S. 3; Werner TSCHACHER, Die Entstehungszeit der Historia Pontificalis des Johannes von Salisbury, DA 50 (1994) S. 509-530.

schichtsphilosophie Hugos von St. Viktor, zu dessen Schülern in Paris er wahrscheinlich zählte, schreibt er im Prolog: „Es ist die einheitliche Absicht aller Geschichtsschreiber, das Wissenswerte zu überliefern, *ut per ea, quae facta sunt conspiciantur invisibilia Dei*, damit aus dem Geschehen das unsichtbar Göttliche gewahr wird." Der Realitätsbezug historischer Darstellung ist in zweierlei Richtung gegeben: Einerseits im Hinblick auf die Ebene des Geschehens, der *facta*, andererseits in Richtung der Transzendenz.

Johannes expliziert das Verhältnis von *visibilia* und *invisibilia dei*, zwischen denen der Historiker einen Brückenschlag herstellen solle, an anderer Stelle der 1164 verfassten Papstgeschichte noch deutlicher. In einer Passage, die die Lehren des Chartrain Gilbertus Porreta wiedergibt, begründet er die Notwendigkeit figurativen Sprechens über das Unsichtbare mit der „Unsagbarkeit", wörtlich: Nichterzählbarkeit Gottes, die dennoch gelehrt werden müsse. Folgen wir seiner Argumentation: *Perfecta scientia est sic Deum scire ut licet non ignorabilem, tamen i n e n - a r r a b i l e m et incomprehensibilem scias* (Hist. pont. c. 13). Die *fantasia* und *imaginatio* der geschaffenen Kreaturen, mit heutigen Worten die Vorstellungskraft der Menschen, reiche nicht hin, ihn zu erkennen, allein der Verstand könne nach einem *suspendium*, das die Gnade Gottes gewähre, als *spiritualis rationis evectus beneficio in intelligentiam puriorem* vordringen.

Die Gotteserkenntnis ist demnach sprachlos, die *verba*, die sprachverhafteten *fantasiae* bzw. *imaginationes* allenfalls Hinweise auf das Sein Gottes. *Sed ne devotio muta sit, t r a n s l a t i s utitur v e r b i s vel ad se excitandam, vel ut instruat parvulos suos, vel ut confundat et conterat inimicos.* Pädagogisch-missionarische Aufgabe der Geschichtsschreibung ist daher der „Transfer" in der metaphorischen Darstellung des Geschehens, um so das Unsagbare, das es lenkt, gleichsam durchscheinen zu lassen.

Das bedeutet aber: Die mittelalterliche Perspektive auf Geschichte lässt sich nicht in Whiteschen Kategorien beschreiben, beide Herangehensweisen sind im Grunde inkompatibel. Whites Tropen wollen subjektive Bewusstseinsinhalte und Texte vermitteln, mittelalterliche Chronisten versuchen einen Brückenschlag zwischen historischer Realität (*res gestae*) und Transzendenz. Tropen als Leitlinien der Narration können, so würde ein mittelalterlicher Chronist sagen, keinen Sinn stiften, weil sie weltimmanent bleiben. Sie können die Wahrheit der Geschichte nicht konstituieren, weil diese sich in ihrem transzendenten Kern der Erzählbarkeit entzieht.

Noch Vinzenz von Beauvais (vor 1200-1264), der berühmte Enzyklopädist des Dominikanerordens[51], begründete die *utilitas* der Geschichtsbetrachtung in der *Apologia actoris*, dem Prolog zum *Speculum Maius*, mit Bezug auf die Transzendenz: „Ich aber werde zum Schöpfer hingezogen, da ich ihm mit größerer Hingabe und Ehrfurcht nachfolge, wenn ich die Größe und Schönheit seiner Schöpfung und zugleich seine Unvergänglichkeit schaue."[52]

Vinzenz' Speculum, das das gesamte Wissen der Zeit in einem umfassenden Nachschlagewerk ordnen wollte, im *Speculum Naturale* theologisches Wissen, im *Speculum Doctrinale* das der *septem artes*, im *Speculum Historiale* das der Geschichte, verrät schon in seinem Aufbau, in der Abfolge des Stoffes, den inneren Zusammenhang von Theologie und Geschichte. *Iuxta ordinem sacrae scripturae* wollte Vinzenz sein Material anordnen. Zuerst (Apologie c. 3 und c. 15) sollte vom Schöpfer, dann von den Geschöpfen, vom Fall und der Erlösung des Menschen die Rede sein, endlich von den historischen Geschehnissen gemäß dem Verlauf der Zeiten. Wie bei Gregor von Tours wird hier Geschichte in den Ablauf der Heilsgeschichte eingeordnet, Historiographie ist als Fortsetzung der biblischen Geschichte gesehen.

Die historische Enzyklopädie war darüber hinaus als Hilfsmittel der Predigermönche gedacht, das auch in der Ketzerbekämpfung einsetzbar war: Heils- und kirchengeschichtliche Ereignisse sollen für die Predigt durch allgemein bekanntes weltliches Geschehen gesichert werden. Diesem primär didaktischen Interesse des Prinzenerziehers unter Ludwig IX. gemäß erhalten rein weltliche Auseinandersetzungen einen höheren Sinn:

---

[51] Dazu neuerdings: Vincent de Beauvais, Intentions et réceptions d'une œuvre encyclopédique au moyen age, edd. Serge LUSIGNAN/Monique PAULMIER-FOUCART/Alain NADEAU (1990).

[52] Apologia totius operis, ed. Anna-Dorothee VON DEN BRINCKEN, Geschichtsbetrachtung bei Vincenz von Beauvais. Die Apologia Actoris zum Speculum Maius, DA 34 (1978) S. 410-499, hier: 490.

Sie sind Abbild des Kampfes Christi. Weltgeschichte ist zudem nicht nur Kontrast, Hintergrund, sondern auch Abbild des Heilsgeschehens, des Kampfes um die Seelen (c. 5).

Denn: „Der Geist erhebt sich zur Vernunft und erfasst gleichsam *intuitu fidei* alle Zeiten auf einer Linie. Durch die Eingebung des Glaubens steigt er zur Größe, Schönheit und Ewigkeit des Schöpfers auf. Denn die Welt ahmt, soweit sie vermag, die Unermesslichkeit des Schöpfers nach, in der Vielfalt ihrer Arten seine Schönheit, in der Weitläufigkeit der Zeiten seine Ewigkeit. Diese Schönheit der Welt, die im historischen Ablauf vorgeführt wird, wird in der Geschichtserzählung erfasst, die alles vom Anfang bis zum Ende der Welt erschöpfend beschreibt." (c. 6).

Die Geschichtserzählung erfasst demnach die sichtbare Schönheit der Welt, die Abbild der göttlichen ist. Dank seines Glaubens erst (*intuitu fidei*) erkennt der Geschichtsschreiber freilich den Charakter der Welt als Bild der göttlichen Ordnung, auch wenn er sich vorher des linearen Verlaufs ihrer Geschichte mittels des Verstandes vergewissert hat. *Intelligo, ut credam*. In dieser Theorie bedarf es des Verstandes u n d des rechten Glaubens, um die *significatio* der Schönheit der Welt auf Gott zu bemerken.

Fassen wir zusammen: Die Denkform der typologischen Entsprechung, der Korrespondenz von Diesseits und Jenseits, war erkenntnisleitend für mittelalterliche Historiographie. Sie entspricht der wissenschaftssystematischen Zuordnung der Historie zur Theologie, nicht zur Rhetorik, wie es erst wieder im Humanismus aufkam: *Historia quasi soluta poesia*[53]. Typologie kann daher nicht in den Kategorien Whites als Trope begriffen werden. Die von kontrollierter Imagination begleitete Geschichtsdarstellung wollte die jeweilige *significatio*, den Verweischarakter von Personen und Ereignissen bzw. die typologischen Bezüge zur Heilsgeschichte als ihres Vorbildes aufdecken. In diesem Bezugs- und Zeichencharakter, in der *significatio*, suchte man die Wahrheit von *historia* u n d *fabula*. Dichtung und Historiographie galten daher von

---

[53] Giovanni Pontano, I Dialoghi, ed. Carmelo PREVITERA (1943) S. 194.

ihrem Wahrheitsgehalt her – hier würde White zustimmen – als prinzipiell nicht verschieden.

Radikal verschieden vom Whiteschen Relativismus ist jedoch die im Mittelalter referentielle Herstellung von Bedeutung und der konsensuell getragene inhaltliche und methodische Wertbezug der Geschichtsschreibung auf die christliche Lehre. Die in der ursprünglichen Theorie Whites formulierte Gleichsetzung von Historiographie und Fiktion, die Auflösung der Beziehung des Historikers zu den *facta* und den Quellen zugunsten eines Primats der Bewusstseinstropen als eines erfahrungserschließenden Prinzips vom Rang der aristotelischen Kategorien ist mittelalterlichem Denken vollkommen fremd.

Obwohl der Whitesche Interpretationscode am Selbstverständnis mittelalterlicher Geschichtsschreibung vorbeigeht, besitzt er in Anwendung auf diese Epoche einen gewissen Erkenntniswert, insofern er auf die Möglichkeit unbewußter konstruktionsleitender Prinzipien der Historiographie hinweist und die rhetorische Dimension der Geschichtsschreibung wieder stärker ins Gedächtnis ruft.

Wenngleich die Tropenlehre in diversen Einzelfällen in ihrer praktischen Anwendbarkeit widerlegt wurde[54], ist sie auf theoretischer Ebene bisher weder bestätigt noch falsifiziert worden. Es bleibt uns daher als Aufgabe, zu erproben, ob wir den Primat der Rhetorik in der Geschichtsschreibung für ein vielversprechendes heuristisches Prinzip in der Entschlüsselung von Texten halten und ihm zutrauen, der Ameise auf ihrer Flucht vor dem Ameisenbär wirklich Flügel zu verleihen.

---

[54] Vgl. die Beiträge von HEATHER, WOLFRAM, POHL und ANTON in: SCHARER/ SCHEIBELREITER, Historiographie (wie Anm. 13).

Zur Dimension der Überlieferung bei der Erforschung narrativer Quellen des Mittelalters

von
Rudolf Schieffer

Vor Jahrzehnten hat der klassische Philologe Ludwig Bieler auf den ersten Seiten seiner weit verbreiteten „Römischen Literaturgeschichte" den Gegenstand, also die lateinische Literatur der Antike, in seinem Erscheinungsbild mit einem „Trümmerfeld" verglichen[1], aus dem nach Art des Forum Romanum da und dort ein intakt gebliebenes, entsprechend berühmtes Monument hervorragt, daneben manche imposanten Ruinen die einstigen Konturen noch ahnen lassen, im übrigen aber unzählige Bruchstücke vor allem das Ausmaß des unwiederbringlich Verlorenen vor Augen führen.

Der Mediävist von heute, der an seinen Quellenvorrat denkt, findet sich gemeinhin in diesem Bild kaum wieder. Nicht nur, daß aus den Jahrhunderten von 500 bis 1500 unvergleichlich viel mehr überliefert ist als aus dem Altertum – mehr vermutlich als jeder von uns in seiner Lebensspanne überhaupt zur Kenntnis nehmen kann –, das Erhaltene macht auf uns in der Praxis zumeist auch nicht den Eindruck, bloß noch der kümmerliche Überrest von einst weit größeren Textmengen zu sein. Nur so ist es zu verstehen, daß die laufend erscheinende Fachliteratur – wenn man einmal genau genug darauf achtet – voll ist von Formulierungen, die auf der unausgesprochenen Voraussetzung beruhen, es hätte nie mehr Quellen gegeben als die uns geläufigen. Wer feststellt, daß in Speyer die Ottonen noch nicht in Erscheinung traten, daß die politisch gedachte Sammelbezeichnung „Deutsche" zuerst auf dem Boden Italiens in Gebrauch kam oder daß die *Vita Heinrici IV* eine ganz singuläre Form des mittelalterlichen Herrscherlobs darstellt, wird letzten Endes Recht haben, müßte streng genommen aber jedes Mal den Vorbehalt machen,

---

[1] Ludwig BIELER, Geschichte der römischen Literatur 1 (Sammlung Göschen 52, ²1965) S. 11.

seine *e negativo* gewonnene Einsicht gelte nur nach Maßgabe des verfügbaren Quellenbestandes, der nicht von vornherein so schmal wie heute gewesen zu sein braucht und sich im Prinzip durch Neufunde, aber auch Umdatierungen oder gewandelte Zuschreibungen jederzeit verändern könnte. Das ist nicht so trivial, wie es zunächst klingen mag, denn für unmittelbar aus bestimmten Quellen abgeleitete Behauptungen sowohl über die Ereignis- wie über die Bewußtseinsgeschichte braucht man dieselbe Einschränkung nicht zu machen: etwa daß Karl der Große im Herbst 800 nach Italien gezogen ist, daß die Polenpolitik Heinrichs II. in Sachsen entschiedene Gegner hatte oder daß Otto von Freising nur ungenau über das Wormser Konkordat Bescheid wußte. Nicht bloß die Reichweite, auch die Verbindlichkeit unserer Einsichten wird eben bestimmt von den Abmessungen des Fensters, das uns die konkrete Überlieferung auf das Mittelalter eröffnet, und daher mag es nicht unnütz sein, auf einer Tagung, die sich der kritischen Aufarbeitung mittelalterlicher Geschichtsschreibung widmet, ein wenig auch über die in dieser Hinsicht vorgegebenen Grenzen unserer Erkenntnis zu reflektieren.

Nur in scheinbarem Gegensatz zu unserer eben erwähnten praktischen Selbstgenügsamkeit mit dem nun einmal vorhandenen Material steht die Gepflogenheit, am Beginn einer Abhandlung in geradezu topischen Wendungen die für das jeweilige Thema unzureichende Quellenlage zu beklagen. Dabei geht es genau genommen um zweierlei: neben Zeugnissen, die in ihrer früheren Existenz verbürgt oder wenigstens gut vorstellbar sind, sich aber leider nicht erhalten haben, also verlorenen Quellen, auch um Sachverhalte, die von Anfang an ohne Widerhall in schriftlicher Form geblieben sein dürften, also nie vorhanden gewesene Quellen. Gerade die gesteigerte Aufmerksamkeit der letzten Jahrzehnte für das Mittelalter als weithin mündlich geprägte Kulturwelt hat den Blick dafür geschärft, daß für weite Bereiche damaligen Lebens die Quellen nicht etwa sämtlich zugrunde gegangen, sondern gar nicht erst entstanden, genauer gesagt: aufgezeichnet worden sind. Das gilt nicht nur auf elementarer Ebene wie z. B. beim bäuerlichen Alltag zur Karolingerzeit außerhalb großer Grundherrschaften, wovon sich so gut wie keine schriftlichen Spuren erhalten haben, sondern auch für verbreitete Ausdrucksformen von historischem Bewußtsein. Die prekären Überlieferungsbedingungen von volkssprachigen Denkmälern wie dem Ludwigslied, das in einmaliger Aufzeichnung vorliegt[2], oder dem Annolied, das wir nur aus einem neuzeitlichen Druck kennen[3], lassen ebenso wie die komplexe Informationsbasis nicht weniger lateinischer Kreuzzugschroniken[4] ab und zu wenigstens ermessen, was alles im Normalfall mündlich und somit jenseits unseres von schriftlicher Vermittlung begrenzten Horizonts blieb, obgleich davon das einstige Denken und Handeln nicht unwesentlich bestimmt worden sein wird.

Wenn wir uns im Folgenden auf solche Quellen konzentrieren, die tatsächlich einmal Gestalt angenommen haben (und dem Inhalt nach als narrativ gekennzeichnet werden können), so muß gleich betont werden, daß auch unser Forum Romanum – um im Bilde des Eingangs zu bleiben – seine Blessuren und sogar veritable Trümmergrundstücke aufweist, die wir uns vermutlich nicht immer in hinreichender Klarheit bewußt machen. Auf den jahrhundertelangen Reduktionsprozeß, der erst von der Erfindung des Buchdrucks abgebremst wurde, hat eine ganze Reihe von Faktoren eingewirkt und nach Räumen und Zeiten, Inhalten und Gattungen sehr unterschiedliche Einbußen gezeitigt[5]. Schon die allgemeinen Gefährdungen, denen Handgeschriebenes immer und überall ausgesetzt ist, wie Feuersbrunst und Wasserschaden, Plünderung und Schädlingsbefall betrafen potentiell am massivsten Überlieferungen, die ihrem Wesen

---

[2] Vgl. Wiebke FREYTAG, Ludwigslied, in: VL 5 (1985) Sp.1036-1039.
[3] Vgl. Eberhard NELLMANN, Annolied, in: VL 1 (1978) Sp. 366-371.
[4] Exemplarisch: Susan B. EDGINGTON, Albert of Aachen Reappraised, in: From Clermont to Jerusalem. The Crusades and Crusader Societies 1095-1500. Selected Proceedings of the International Medieval Congress, University of Leeds 10-13 July 1995, hg. von Alan V. MURRAY (International Medieval Research 3, 1998) S. 55-67, über die Grundlagen des nicht auf Augenzeugenschaft beruhenden Werkes.
[5] Vgl. Karl LANGOSCH u. a., Geschichte der Textüberlieferung 2: Überlieferungsgeschichte der mittelalterlichen Literatur (1964); Arnold ESCH, Überlieferungs-Chance und Überlieferungs-Zufall als methodisches Problem des Historikers, HZ 240 (1985) S. 529-570 (auch in: DERS., Zeitalter und Menschenalter. Der Historiker und die Erfahrung vergangener Gegenwart [1994] S. 39-69); DERS., Der Umgang des Historikers mit seinen Quellen, in: Quelleneditionen und kein Ende? Symposium der Monumenta Germaniae Historica und der Historischen Kommission bei der Bayerischen Akademie der Wissenschaften, 22./23. Mai 1998, hgg. von Lothar GALL/Rudolf SCHIEFFER (HZ Beih. N. F. 28, 1999) S. 129-147.

nach lokal beschränkt waren; zusammen mit dem Urkundenarchiv einer Kirche konnten allzu leicht auch die Lebensbeschreibung des Hauptheiligen, die Darstellung der Gründungsgeschichte oder die hauseigenen Annalen ein für alle Mal ausgelöscht werden, wenn es zu einem Unglück oder Überfall kam. Weitverbreiteten Weltchroniken oder vielgelesenen Exempelsammlungen vermochten dagegen derartige punktuelle Mißgeschicke weit weniger anzuhaben. Vorsätzliche, inhaltlich begründete Beseitigung historiographischer Werke dürfte nur selten vorgekommen sein und fällt allenfalls, dort aber einschneidend, für als häretisch gebrandmarktes Schrifttum ins Gewicht, soweit wir es der Geschichtsschreibung und nicht allein der Theologie zuordnen dürfen. Der um 1225 entstandene Bericht über ein frühes Katharer-Konzil des Jahres 1167, der in einen Druck von 1660 gelangt ist[6], gehört zu den spärlichen Ausnahmen, die die Regel der zeitigen Vernichtung solchen Materials bestätigen. Aufs ganze gesehen, sind es somit Unachtsamkeit und Geringschätzung der Nachgeborenen mehr als alles andere gewesen, die im Mittelalter und auch noch später den Fundus an schriftlich fixierter Erinnerung dezimiert haben. Heiligenviten, die eine jüngere Neubearbeitung erfahren hatten, ebenso wie ältere Annalenwerke, die von späteren nach deren Maßstäben ausgeschlachtet worden waren, verloren schnell ihren Wert für die Lebenspraxis und teilten dann das Schicksal „überholter" Memorialbücher. Selbst Weltchroniken waren der Gefahr des Veraltens und der Mißachtung ausgesetzt, sofern sie nicht aktualisierende, also verlängernde Bearbeiter fanden, und für die kontinuierliche Bewahrung der historischen Überlieferung einzelner Klöster und Stifte stand nicht bloß bei äußeren Katastrophen, sondern auch beim Wechsel des Konvents oder der Ordenszugehörigkeit allerhand auf dem Spiel. Zusätzlich haben der Wandel des literarischen Geschmacks, die Verdrängung eines Heiligenkults durch einen anderen oder schlicht das mit wachsendem Zeitabstand schwindende Interesse an vordem beschriebenen Begebenheiten immer wieder bewirkt, daß man bestimmte Texte nicht länger aufbewahrte, ja

---

[6] Vgl. Bernard HAMILTON, The Cathar Council of Saint-Félix Reconsidered, Archivum Fratrum Praedicatorum 48 (1978) S. 23-53 (auch in: DERS., Monastic Reform, Catharism and the Crusades 900-1300 [1979] Nr. IX); Gerhard ROTTENWÖHRER, Der Katharismus 1/1: Quellen zum Katharismus (1982) S. 46.

ihnen buchstäblich Gewalt antat, indem man das Pergament zu Makulatur verarbeitete, bekanntlich hin und wieder dem Ausgangspunkt ungewollter weiterer Überlieferung wenigstens in Fragmenten.

Die Vielfalt der destruktiven Impulse und die Regellosigkeit ihres Wirkens legen den bereits angedeuteten Schluß nahe, daß wir nicht mit gleichmäßig verteilten Verlusten, sondern einer ziemlich gemischten Bilanz zu rechnen haben. Daraus ergibt sich die Frage, für wie repräsentativ wir das heute noch Vorliegende im Hinblick auf die gesamte historiographische Produktion der jeweiligen Entstehungszeit und Herkunftsregion ansehen dürfen. Die Antwort wird nicht anders als spekulativ ausfallen können, lohnt aber doch wohl zumindest in großen Zügen das Nachdenken. So besteht kaum Grund zu der Vorstellung, daß neben den berühmten Geschichtswerken der Spätzeit Ottos des Großen, also Widukind, Liutprand, Continuatio Reginonis, Ruotger und Hrotsvith, noch allerhand andere, aber verlorene in denselben Jahren entstanden sind. Auch die Flaute der Chronistik in der ausgehenden Merowingerzeit oder das völlige Fehlen nennenswerter Berichte aus der frühen Ottonenzeit wird man schwerlich einer besonderen Ungunst der Überlieferung anlasten. Dagegen spricht manches dafür, daß Paulus Diaconus am Ende der langobardischen Geschichte literarische Vorläufer in Italien gehabt hat, die sein Werk dann verdrängte[7], und auch das weite Feld der karolingischen Annalistik dürfte uns beileibe nicht lückenlos vor Augen stehen[8]. Daß gerade dort, wo sich viel erhalten hat, noch mehr einst zu Pergament gebracht worden sein dürfte, legt auch die Beschäftigung mit der merowingischen Hagiographie[9], mit den *Vitae* und *Gesta episcoporum* der Ottonen- und Salierzeit[10], mit den Klosterfundationen des Hochmit-

---

[7] Vgl. Ken GARDINER, Paul the Deacon and Secundus of Trento, in: History and Historians in Late Antiquity, hgg. von Brain CROKE/A. Maitland EMMETT (1983) S. 147-153.

[8] Vgl. Matthew INNES/Rosamond MCKITTERICK, The writing of history, in: Carolingian culture: Emulation and Innovation, hg. von Rosamond MCKITTERICK (1994) S. 193-220.

[9] Vgl. Paul FOURACRE/Richard A. GERBERDING, Late Merovingian France. History and Hagiography 640-720 (1996) S. 26 ff.

[10] Vgl. Reinhold KAISER, Die Gesta episcoporum als Genus der Geschichtsschreibung, in: Historiographie im frühen Mittelalter, hgg. von Anton SCHARER/Georg SCHEIBELREITER (Veröffentlichungen des Instituts für Österreichische Geschichtsforschung 32, 1994) S. 459-480, bes. S. 472 f.

telalters[11] oder mit genealogischen Aufzeichnungen aller Art[12] nahe. Überall haben wir Defizite schwer abschätzbaren Umfangs einzukalkulieren, während umgekehrt die Abfolge der einander im Volumen überbietenden Weltchroniken des 12./13. Jahrhunderts eher den Eindruck vermittelt, sich vollzählig erhalten zu haben[13]. Wenn einzelne Werke nur eine schmale Überlieferung aufweisen, dürfte dies primär am gewaltigen Aufwand für eine vollständige Abschrift liegen.

Nicht allein über Sein oder Nichtsein jedes einzelnen Werkes hat die handschriftliche Tradition entschieden, sondern auch über sein faßbares Erscheinungsbild nach Wortlaut, Sprachgestalt und Umfang. Einen unverstellten Anblick bieten einzig Autographen, die sich im Unterschied zur antiken Geschichtsschreibung immerhin dann und wann aus dem Mittelalter erhalten haben[14]. Die kostbare Reihe setzt, was Werke von einigem Umfang angeht, kurz vor der Jahrtausendwende mit den Historien Richers von Reims ein, deren nach Bamberg gelangte Urschrift seit wenigen Wochen im Faksimile vorliegt[15]. Es folgen in relativ kurzen Abständen die Chronik des 1018 gestorbenen Thietmar von Merseburg in der bis 1945 lesbar gebliebenen Dresdner Handschrift[16], die bis 1082 abgeschlossene Weltchronik des in Mainz lebenden Iren Marianus Scotus, deren Niederschrift in Rom liegt[17], ferner die Weltchronik Bernolds von

---

[11] Vgl. Ludwig HOLZFURTNER, Gründung und Gründungsüberlieferung. Quellenkritische Studien zur Gründungsgeschichte der Bayerischen Klöster der Agilolfingerzeit und ihrer hochmittelalterlichen Überlieferung (Münchener Historische Studien. Abteilung Bayerische Geschichte 11, 1984).

[12] Vgl. Léopold GENICOT, Les généalogies (Typologie des sources du moyen âge occidental 15, 1975).

[13] Vgl. Karl Heinrich KRÜGER, Die Universalchroniken (Typologie des sources du moyen âge occidental 16, 1976).

[14] Vgl. Gli autografi medievali. Problemi paleografici e filologici, hgg. von Paolo CHIESA/Lucia PINELLI (Quaderni di cultura mediolatina 5, 1994).

[15] Richer von Saint-Remi, Historiae, ed. Hartmut HOFFMANN (MGH SS 38, 2000); vgl. DERS., Die Historien Richers von Saint-Remi, DA 54 (1998) S. 445-532.

[16] Die Chronik des Bischofs Thietmar von Merseburg und ihre Korveier Überarbeitung, ed. Robert HOLTZMANN (MGH SS rer. Germ. N.S. 9, 1935); vgl. Helmut BEUMANN, Thietmar, Bischof von Merseburg, VL 9 (1995) Sp. 795-801.

[17] Mariani Scotti Chronicon, ed. Georg WAITZ (MGH SS 5, 1844) S. 481-564; vgl. Anna-Dorothee VON DEN BRINCKEN, Marianus Scottus als Universalhistoriker iuxta veritatem

St. Blasien († 1100) in einem Codex der Bayerischen Staatsbibliothek in München[18] sowie die in Jena aufbewahrte Chronik Frutolfs vom Bamberger Michelsberg[19]. In solchen Fällen, die im späteren Mittelalter zahlreicher werden, können wir nicht bloß des authentischen Wortlauts gewiß sein, sondern zumeist sogar noch dem Autor bei der Endredaktion über die Schulter schauen, wie er letzte Einschübe macht, stilistische Verbesserungen anbringt oder auch inhaltliche Korrekturen vornimmt.

Für gewöhnlich haben wir uns jedoch damit abzufinden, daß eine Quelle nur in kopialer Form zugänglich ist, also außer banalen Mißverständnissen beim Abschreiben Veränderungen der verschiedensten Art erfahren haben kann. Man braucht nicht gleich überall gezielte Interpolationen zur Täuschung der Nachwelt zu wittern, aber es steht fest, daß beispielsweise so gut wie alle merowingerzeitlichen Texte im Zuge ihrer Vermittlung durch Kopisten der Karolingerzeit eine sprachliche Glättung im klassizistischen Sinne erfahren haben, die das ursprüngliche Erscheinungsbild fühlbar veränderte[20], daß es kaum zwei textidentische Annalen-Exemplare gibt, weil diese Form der Stoffdarbietung regelmäßig zur Anreicherung ebenso wie zur Straffung einlud[21], oder daß auch genealogisch ausgerichtete Aufzeichnungen eine merkliche Instabilität im Überlieferungsprozeß an den Tag legen[22]. Angesichts solcher Deformationen, die natürlich, sobald sie erkannt sind, ihrerseits manchen Auf-

---

Evangelii, in: Die Iren und Europa im frühen Mittelalter 2, hg. von Heinz LÖWE (1982) S. 970-1009.

[18] Bernoldi Chronicon, ed. Georg Heinrich PERTZ (MGH SS 5, 1844) S. 385-467; vgl. Ian S. ROBINSON, Bernold von St. Blasien, VL 1 (1978) Sp. 795-798. Eine Neuausgabe bei den MGH ist in Vorbereitung.

[19] Ekkehardi Uraugiensis Chronica, ed. Georg WAITZ (MGH SS 6, 1844) S. 1-265; vgl. Franz-Josef SCHMALE, Frutolf von Michelsberg, VL 2 (1980) Sp. 993-998. Eine Neuausgabe bei den MGH ist in Vorbereitung.

[20] Vgl. Michel BANNIARD, Viva voce. Communication écrite et communication orale du IVe au IXe siècle en Occident latin (1992) S. 49 ff., 254 ff.

[21] Vgl. Michael MCCORMICK, Les annales du haut moyen âge (Typologie des sources du moyen âge occidental 14, 1975) S. 27 ff., 41 ff.

[22] Exemplarisch: Otto Gerhard OEXLE, Welfische Memoria. Zugleich ein Beitrag über adlige Hausüberlieferung und die Kriterien ihrer Erforschung, in: Die Welfen und ihr Braunschweiger Hof im hohen Mittelalter, hg. von Bernd SCHNEIDMÜLLER (Wolfenbütteler Mittelalter-Studien 7, 1995) S. 61-94.

schluß bereit halten, helfen seit jeher subtile Bemühungen um Handschriftenvergleich, Stilkritik und Vorlagenanalyse, wie sie sich üblicherweise in kritischen Ausgaben der Texte niederschlagen. Aber alle Editionskunst kann letztlich nicht aus der Welt schaffen, daß uns Notkers bald nach 883 verfaßte *Gesta Karoli Magni* nur aus Abschriften seit dem 12. Jahrhundert bekannt sind[23], daß Brunos Buch vom Sachsenkrieg aus dem Jahre 1082 erst vom 15. Jahrhundert an in vollem Umfang faßbar wird[24] und daß von nicht unwichtigen Quellen wie den Gorzer *Miracula s. Gorgonii*, dem *Carmen de bello Saxonico* oder dem *Ligurinus* uns überhaupt nur noch vor Augen steht, was Herausgeber von Drucken des 16. oder gar 17. Jahrhunderts daraus gemacht haben[25]. Man gewinnt beim Studium der auf solche Texte gestützten Literatur nicht immer den Eindruck, daß dies gebührend bedacht wird.

Neben der Bestimmung des jeweiligen Abstandes zum Urtext dient die sorgsame Sichtung der Handschriftenlage stets auch der Ergründung von Verbreitung und Resonanz eines Werkes. Auf der breiten Skala der rein quantitativen Unterschiede bewegen sich am einen Ende unverwüstliche Klassiker wie Einhards *Vita Karoli* mit weit über 100[26] oder die Chronik Ottos von Freising mit mehreren Dutzend erhaltenen Textzeugen aus dem Mittelalter[27], aber mit einem ähnlichen Grad an Beachtung auch ein so dürftiges Erzeugnis wie der spätmerowingische *Liber historiae Francorum*[28], während am anderen Ende nicht weniges von Rang zu finden

---

[23] Notker der Stammler, Taten Kaiser Karls des Großen, ed. Hans F. HAEFELE (MGH SS rer. Germ. N.S. 12, 1959); vgl. DERS., Notker I. von St. Gallen, in: VL 6 (1987) Sp. 1187-1210, bes. 1198 ff.

[24] Brunos Buch vom Sachsenkrieg, neu bearb. von Hans-Eberhard LOHMANN (MGH Dt. MA 2, 1937); vgl. Franz-Josef SCHMALE, Bruno von Magdeburg (Merseburg), VL 1 (1978) Sp. 1071-1073.

[25] Miracula sancti Gorgonii, ed. Georg Heinrich PERTZ (MGH SS 4, 1841) S. 238-247; Carmen de bello Saxonico, ed. Oswald HOLDER-EGGER (MGH SS rer. Germ. [17], 1889); Gunther der Dichter, Ligurinus, ed. Erwin ASSMANN (MGH SS rer. Germ. 63, 1987).

[26] Vgl. Matthias M. TISCHLER, Einharts Vita Karoli. Studien zu Entstehung, Überlieferung und Rezeption 1-2 (MGH Schriften 48, 2001).

[27] Vgl. Ottonis episcopi Frisingensis Chronica sive Historia de duabus civitatibus, ed. Adolf HOFMEISTER (MGH SS rer. Germ. [45], 1912) S. XXIII ff.

[28] Vgl. Liber historiae Francorum, ed. Bruno KRUSCH (MGH SS rer. Merov. 2, 1888) S. 215-328, bes. 220 ff.

ist, das am seidenen Faden einer singulären Überlieferung hängt wie das sog. Paderborner Epos über die Begegnung Karls des Großen mit Papst Leo III.[29], wie Wipos *Gesta Chuonradi*[30] oder das *Carmen de gestis Frederici imperatoris in Lombardia*[31]. Gerade die textkritisch optimale Erhaltung als Autograph muß überwiegend als Indiz für Geringschätzung durch die Mit- und Nachwelt gelten, ist doch unter den vorhin hervorgehobenen Beispielen bei Richer, Bernold und im Grunde auch Frutolf die Urschrift das einzige uns bekannte Exemplar geblieben. Unter den Faktoren, die Verbreitung und Überleben einer Quelle begünstigten, standen sichtlich nicht der Informationsgehalt für uns oder die Originalität der literarischen Form an erster Stelle, eher schon die Funktionalität für das Leben einer Gemeinschaft oder für den Schulbetrieb, die Universalität der Inhalte oder auch deren Erbaulichkeit. Im übrigen sollte man bei der Frage nach der Quantität der jeweiligen Überlieferung weder das Walten des Zufalls wegzudisputieren versuchen noch die Vorstellung hegen, jeder mittelalterliche Quellenautor sei darauf aus gewesen, unbedingt überall und Jahrhunderte hindurch gelesen zu werden.

Fruchtbarer erscheint die Differenzierung der erhaltenen wie der bloß noch bezeugten Handschriften nach ihrer inhaltlichen Anlage und ihrer Verteilung in Raum und Zeit. Gewiß ist es beachtlich, wenn ein so anspruchsvolles Werk wie die Chronik Ottos von Freising bis heute in 46 Manuskripten vorliegt, doch tritt der Befund in andere Beleuchtung, wenn man auf den zweiten Blick gewahr wird, daß sich der Einzugsbereich völlig auf Süddeutschland vom Elsaß bis in die Steiermark beschränkt und der überwiegende Teil der Exemplare erst dem späteren 15. sowie dem 16. Jahrhundert entstammt, als von Enea Silvio Piccolomini ein neues, humanistisches Interesse an diesem Text geweckt worden

---

[29] Vgl. Wilhelm HENTZE (Hg.), De Karolo rege et Leone papa. Der Bericht über die Zusammenkunft Karls des Großen mit Papst Leo III. in Paderborn 799 in einem Epos für Karl den Kaiser (Studien und Quellen zur westfälischen Geschichte 36, 1999).
[30] Vgl. Die Werke Wipos, ed. Harry BRESSLAU (MGH SS rer. Germ. [61], ³1915) S. XLIX f.
[31] Vgl. Carmen de gestis Frederici I. imperatoris in Lombardia, ed. Irene SCHMALE-OTT (MGH SS rer. Germ. [62], 1965) S. VII ff.

war[32]. Natürlich ändert eine solche Erkenntnis nichts an Intention und Zuschnitt des ursprünglichen Werkes, das Otto am Vorabend des Zweiten Kreuzzugs konzipierte, aber sie bestimmt doch wesentlich das Bild vom, wie man sieht, begrenzten Erfolg seines Bemühens und von seinem Einfluß auf die weitere Entwicklung der Gattung. Funktionsänderungen in späterer Zeit, die der Autor schwerlich hat voraussehen oder gar wollen können, lassen sich auch sonst mitunter an der Streuung der Überlieferungen ablesen. So verdanken wir den seit dem 13. Jahrhundert erst greifbaren *Liber gestorum recentium* Arnulfs von Mailand aus den 1070er Jahren zum guten Teil der Tatsache, daß das eigentlich vom Selbstbehauptungswillen der Mailänder Kirche veranlaßte Werk den Nachgeborenen als frühes Echo der Mailänder Bürgerfreiheit erschienen ist[33]. Nicht so sehr um ihrer selbst willen, sondern als vermeintliche Fortsetzungen von Einhards berühmter Karlsvita haben nach Ausweis nahezu aller Handschriften die beiden Prosaviten Ludwigs des Frommen, also die Werke Thegans und des sog. Astronomus, die Zeiten überdauert und ihre Leser gefunden[34]. Die vom Astronomus verfaßte Vita geriet dabei auf die Dauer überhaupt nur noch zum Baustein eines weit höher aufgetürmten Gebäudes, worin man während des 12. und 13. Jahrhunderts im Kloster Saint-Denis Quellen der verschiedensten Individualität zu einem großen Kontinuum fränkisch-französischer Königsgeschichte verband[35]. Ohne Frage ist damit zu rechnen, daß die konsequentere Beachtung des kodikologischen Kontexts noch manche weitere Einsicht über die Deutungen erbringen wird, auf denen das Überleben der einzelnen Quellen beruht.

---

[32] Vgl. Brigitte SCHÜRMANN, Die Rezeption der Werke Ottos von Freising im 15. und frühen 16. Jahrhundert (Historische Forschungen 12, 1986).
[33] Arnulf von Mailand, Liber gestorum recentium, ed. Claudia ZEY (MGH SS rer. Germ. 67, 1994); vgl. Jörg W. BUSCH, Die Mailänder Geschichtsschreibung zwischen Arnulf und Galvaneus Flamma. Die Beschäftigung mit der Vergangenheit im Umfeld einer oberitalienischen Kommune vom späten 11. bis zum frühen 14. Jahrhundert (Münstersche Mittelalter-Schriften 72, 1997) S. 122 ff.
[34] Vgl. Thegan, Die Taten Kaiser Ludwigs, Astronomus, Das Leben Kaiser Ludwigs, ed. und übers. von Ernst TREMP (MGH SS rer. Germ. 64, 1995) S. 30 f. und S. 123.
[35] Vgl. Ernst TREMP, Die Überlieferung der Vita Hludowici imperatoris des Astronomus (MGH Studien und Texte 1, 1991) S. 37 ff.

Wie die Archäologen auf dem Forum Romanum haben sich auch die mediävistischen Quellenforscher nicht immer bloß mit den vorgefundenen Bruchstücken begnügen mögen und sich an die Rekonstruktion des an sich Untergegangenen gewagt. Es gab eine Zeit, in der zumal in Deutschland die scharfsinnige Rückgewinnung einer verlorenen Quelle aus dem Mittelalter geradezu als Gipfel zünftiger Meisterschaft galt. Besonders bei der Erforschung der Annalistik, die von zahllosen Übernahmen aus jeweils älteren Werken und dementsprechenden Filiationsketten über weite Zeiträume bestimmt wird, hat dies neben Hypothesen, um die es nach einer Weile wieder still geworden ist, zu dauerhaften Erfolgen geführt, die uns längst so geläufig sind, daß wir uns ihre Voraussetzungen kaum noch bewußt machen. So haben die *Annales Hildesheimenses maiores*, bis 1043 reichend, obzwar nirgends überliefert oder gedruckt, zu der Einschätzung gelangen können, „eine ganz vorzügliche Quelle" zu sein, die sich indes allein aus ihren diversen, konkret faßbaren Ableitungen speist[36]. Die von 794 bis 1144 reichenden, verlorenen *Annales Patherbrunnenses*, die vielleicht auch aus Corvey stammen, kann man seit 130 Jahren sogar in einer Textausgabe nachschlagen, die aus nichts als einer Zusammenschau der davon abhängigen jüngeren Quellen besteht[37]. Zu besonderer Berühmtheit sind naturgemäß Fälle gelangt, in denen eine zunächst bloß postulierte Quelle später auch als tatsächliche Überlieferung zutage getreten ist. Ich erinnere an die 1895 von Karl Hampe in Durham als Abschrift des 12. Jahrhunderts entdeckten *Annales Mettenses priores* von 805[38] oder an die bis 1073 reichenden *Annales Altahenses*, die erst von Wilhelm Giesebrecht rekonstruiert und dann 1867 durch Edmund von Oefele als Kopie des Aventinus aufgefunden worden sind[39]. Wenn es seit längerem um derartige Forschungen ziemlich still geworden

---

[36] Vgl. Robert HOLTZMANN, Das Reich und Sachsen, in: Wilhelm WATTENBACH/Robert HOLTZMANN, Deutschlands Geschichtsquellen im Mittelalter. Deutsche Kaiserzeit 1 (1938) S. 42 (Zitat); Klaus NASS, Die Reichschronik des Annalista Saxo und die sächsische Geschichtsschreibung im 12. Jahrhundert (MGH Schriften 41, 1996) S. 86 ff.

[37] Paul SCHEFFER-BOICHORST, Annales Patherbrunnenses. Eine verlorene Quellenschrift des zwölften Jahrhunderts aus Bruchstücken wiederhergestellt (1870); vgl. NASS, Reichschronik (wie Anm. 36) S. 209 ff.

[38] Annales Mettenses priores, ed. Bernhard VON SIMSON (MGH SS rer. Germ. [10], 1905).

[39] Annales Altahenses maiores, ed. Edmund VON OEFELE (MGH SS rer. Germ. [4], ²1891).

ist, so wird das daran liegen, daß die wirklich lohnenden Chancen von den Altvorderen längst genutzt sind und die Unbeweisbarkeit mancher anderer kühner Überlegung eher entmutigend gewirkt hat. Grundsätzlich bleiben aber die dabei gewonnenen methodischen Erfahrungen ein wertvolles Kapital unseres Faches, das nicht verloren gehen darf.

Es wäre sinnlos, sich Quellen gewissermaßen zurückzuwünschen, die, aus welchen Ursachen auch immer, untergegangen sind, aber es hat Sinn, einige Gedanken darauf zu verwenden, was uns in besonderem Maße fehlt, nicht im Rahmen der hauptsächlichen Textgattungen, die trotz mancher Verluste ein relativ überschaubares Gesamtbild bieten, sondern an deren Rändern, wo die das Konventionelle begünstigenden Überlieferungschancen *a priori* geringer waren. Um dies zu verdeutlichen, möchte ich im letzten Teil meines Referates auf drei nicht ganz unbekannte narrative Quellen zu sprechen kommen, die im Mittelalter so wenig Beachtung fanden, daß ihre Vermittlung an die neuzeitlichen Historiker als purer Zufall bezeichnet werden muß.

Ich meine erstens die allein in einer Abschrift des 10. Jahrhunderts aus Soissons überkommenen Historien Nithards, jenes natürlichen Enkels Karls des Großen, der im Mai 841 von Karl dem Kahlen, einem der Rivalen des damaligen Bruderkampfes, den Auftrag empfing, die „Geschehnisse der Gegenwart" (*res vestris temporibus gestas*) schriftlich festzuhalten[40]. Er wählte nicht den Weg der individuellen Fortschreibung eines vorhandenen Annalenwerkes, sondern disponierte seinen Erzählstoff gleichsam monographisch in vier Büchern, deren erstes der zum Verständnis wesentlichen Vorgeschichte unter Ludwig dem Frommen gilt, während die weiteren mit ungewöhnlicher Detailfreude und dem Einschub von Dokumenten wie dem Text der Straßburger Eide den Gang der politisch-militärischen Verwicklungen seit Sommer 840 nachzeichnen. Das geschieht eindeutig aus der Sicht Karls und zur Rechtfertigung seines Handelns, aber auch als Reflex unmittelbaren Erlebens und eigener Beteiligung, so daß man von einer Verschränkung von „öffentlicher" und „pri-

---

[40] Nithard, Histoire des fils de Louis le Pieux, hg. und übers. von Philippe LAUER (Les classiques de l'histoire de France au moyen âge 7, 1926), Zitat S. 2.

vater" Geschichtsbetrachtung hat sprechen können[41]. Nithards innere Anteilnahme drückt sich zu Beginn des 3. Buches in der Bemerkung aus, er habe seinen Bericht eigentlich beenden wollen, weil nur noch Mißliches auszubreiten sei, wolle aber doch fortfahren, um wahrheitswidrigen Darstellungen von anderer Seite zuvorzukommen. Bezeichnenderweise hat man darüber streiten können, ob der Abschluß des 4. Buches im März 843, einige Monate vor dem Teilungsvertrag von Verdun, dem Willen des Autors entspricht oder seinem Tod bereits im Jahre 845, wenn nicht gar einem Defekt der Handschrift anzulasten ist[42].

Mein zweites Beispiel ist die *Relatio de legatione Constantinopolitana* Liutprands von Cremona aus dem Jahre 969, deren heutige Kenntnis einzig auf einem Druck von 1600 fußt[43]. Exklusiv und weithin in den Details nicht nachprüfbar schildert der Verfasser seine Eindrücke auf der eben erst im Auftrag Ottos des Großen unternommenen Gesandtschaftsreise an den Bosporus, die ohne den gewünschten Erfolg geblieben war. Im (kaum ganz ernst gemeinten) Gewande eines diplomatischen Berichts verarbeitet Liutprand seine Enttäuschung einerseits zu Hohn und Spott über die Griechen, andererseits zur Rechtfertigung des eigenen Auftretens. Das führt ihn zu kulturgeschichtlich wertvollen Beobachtungen, die außerhalb des Horizonts aller sonst bekannten östlichen wie westlichen Quellen der Epoche liegen[44], während andererseits die politischen Hintergründe und Voraussetzungen seines Scheiterns ziemlich im Dunkeln bleiben, was kaum hinreichend mit entsprechender Vorkenntnis des ottonischen Hofes als des unmittelbaren Adressaten erklärt werden kann.

---

[41] Vgl. Janet L. NELSON, Public *Histories* and Private History in the Work of Nithard, Speculum 60 (1985) S. 251-293 (auch in: DIES., Politics and Ritual in Early Medieval Europe [1986] S. 195-237).

[42] Vgl. Max MANITIUS, Geschichte der lateinischen Literatur des Mittelalters 1: Von Justinian bis zur Mitte des zehnten Jahrhunderts (Handbuch der Altertumswissenschaft IX 2/1, 1911) S. 658.

[43] Liudprandi Cremonensis Relatio de legatione Constantinopolitana, in: Liudprandi Cremonensis Opera omnia, ed. und bearb. von Paolo CHIESA (CC Cont. med. 156, 1998) S. 185-218; vgl. DERS., Per una storia del testo delle opere di Liutprando di Cremona nel medioevo, Filologia mediolatina 2 (1995) S. 165-191, bes. S. 166.

[44] Vgl. Johannes KODER/Thomas WEBER, Liutprand von Cremona in Konstantinopel. Untersuchungen zum griechischen Sprachschatz und zu realienkundlichen Aussagen in seinen Werken (Byzantina Vindobonensia 13, 1980).

Das subjektive Erleben steht dermaßen im Vordergrund, daß funktionale Deutungen des Werkes, etwa als Propagandaschrift zur Begründung des weiteren Kampfes gegen die Byzantiner in Süditalien[45], auf prinzipielle Schwierigkeiten stoßen, zumal auch noch der Schluß des Berichts fehlt, entweder weil er verloren ging oder nie geschrieben wurde.

Drittens sei auf die anonyme Aufzeichnung in einem Codex des Klosters Göttweig verwiesen, die als *Narratio de electione Lotharii in regem Romanorum* bekannt ist[46]. Der Autor, möglicherweise der Göttweiger Abt Chadaloh, beschreibt mit geringem zeitlichen Abstand und offenbar als Augenzeuge die Vorgänge um die Königswahl Lothars III., die sich über etwa neun Tage Ende August/Anfang September 1125 hingezogen hatten[47]. Dabei haftet der Blick auf den äußeren, zeremoniellen Prozeduren (bis zur Wiedergabe wörtlicher Rede), wohingegen unser Gewährsmann von den eigentlich politischen Verhandlungen der Großen im Vorfeld und Hintergrund des Geschehens nichts zu berichten weiß, weil er daran augenscheinlich unbeteiligt war. Das macht die Beurteilung des allein von ihm wiedergegebenen Wahlversprechens Lothars gegenüber der Kirche so schwierig, wenn nicht unmöglich. Undeutlich ist auch die Erzählabsicht des Verfassers, der im ersten Satz ohne Widmung oder Anrede lediglich äußert, „der Erinnerung Würdiges" (*quid dignum memoria gestum fuerit*) in Kürze dem Pergament anvertrauen zu wollen (*breviter cartae mandavimus*). Der Verfasser der maßgeblichen Studie zur Überlieferung des Textes spricht denn auch von einem „Fremdling ... unter den Geschichtsquellen des deutschen Mittelalters"[48].

In der Tat erschöpfen sich die Gemeinsamkeiten unter den drei vorgeführten narrativen Denkmälern nicht darin, singulär überliefert, nirgends

---

[45] So Martin LINTZEL, Studien über Liudprand von Cremona (Historische Studien 233, 1933) S. 35 ff. (auch in: DERS., Ausgewählte Schriften 2 [1961] S. 370ff.).
[46] Narratio de electione Lotharii in regem Romanorum, ed. Wilhelm WATTENBACH (MGH SS 12, 1856) S. 509-512.
[47] Vgl. Die Regesten des Kaiserreiches unter Lothar III. und Konrad III. 1: Lothar III. 1125(1075)-1137, neubearb. von Wolfgang PETKE (Regesta Imperii IV 1/1, 1994) S. 52 ff. Nr. 92.
[48] Vgl. Hermann KALBFUSS, Zur Entstehung der „Narratio de electione Lotharii", MIÖG 31 (1910) S. 538-557, Zitat S. 538.

im Mittelalter erwähnt oder zitiert, mithin völlig isoliert zu sein. Es ist ebenso bemerkenswert, daß in allen Fällen die Zuordnung zu einer bestimmten Gattung, besser gesagt: die Bestimmung eines formalen Vorbildes schwer fällt. Gegenüber vorgegebenen Konventionen dominiert weit mehr der spontane und individuelle Gestaltungswille, die Prägung durch und die Ausrichtung auf eigenes Erleben in außergewöhnlicher, zeitlich begrenzter Situation, die den Darstellungen des Geschehens memoirenhafte Züge verleiht. Ganz ungezwungen fließen Elemente ein, die gemeinhin der Geschichtsschreibung dieser Zeit fremd sind, wie die doppelt volkssprachigen Straßburger Eide bei Nithard, 230 griechische Termini bei Liutprand, das irgendwie mißverstandene *Pactum* in der *Narratio*. Dabei kann gewiß keine Rede davon sein, daß sich die jüngeren Autoren an den älteren orientiert hätten; vielmehr handelt es sich um völlig eigenständige zeitgeschichtliche bis autobiographische Mitteilungen, die zwar ohne sichtbare Resonanz blieben, uns aber zeigen können, daß der Spielraum historiographischer Artikulation aus aktueller Veranlassung fühlbar breiter war, als es die große Masse unseres Quellenbestandes ahnen ließe. Wären die genannten Texte untergegangen, wozu ja nicht viel gefehlt hätte, würde wohl die Phantasie keines Historikers ausreichen, sie zu vermissen. Insofern sind sie besonders gut geeignet, uns die Verengung des Blickwinkels bewußt zu machen, die die Überlieferung bewirkt hat.

ZUM INSZENIERUNGSCHARAKTER ÖFFENTLICHER KOMMUNIKATION IM MITTELALTER

von
GERD ALTHOFF

Mit der sogenannten kulturalistischen Wende der Geisteswissenschaften sind Begriffe gebräuchlich, ja modischer Standard geworden, die für Historiker durchaus gewöhnungsbedürftig sind. Einen davon, — Inszenierung — habe ich im Titel meines Vortrags benutzt, noch modischer wäre allerdings gewesen, mein Vorhaben unter die Formel zu stellen: Zur Performativität öffentlicher Kommunikation[1]. Mit dem Begriff Performanz, performance oder eben Performativität wird zum Ausdruck gebracht, daß in Kommunikationsakten so etwas wie eine Aufführung oder Inszenierung stattfindet. Man inszeniert einmal sein eigenes Verhalten, etwa durch die Abstimmung der verbalen Äußerungen mit Gesten, Körperhaltungen, Kleidung oder auch Emotionen. Doch wenn die Kommunikation in komplexeren Formen stattfindet — man denke an den *Adventus* eines Herrschers, an ein höfisches Fest oder an ein Unterwerfungsritual —, muß man die Abfolge und unter Umständen auch die Gestaltung einzelner Akte zuvor festlegen; das Ganze wird inszeniert wie ein Theaterstück und die Akteure wissen, welche Rollen sie zu spielen, welche performativen Register sie zu ziehen haben. Die Sache, die mit den genannten Termini anvisiert wird, hat also auch Historiker durchaus zu interessieren.

Es sind aber namentlich die Literaturwissenschaften, in denen sich die Einsicht gebildet, wenn nicht durchgesetzt hat, „daß die volkssprachliche Literatur des Mittelalters und noch der frühen Neuzeit weniger in der

---

[1] Vgl. zu diesem Begriff und den mit ihm erfassten Sachverhalten Erika FISCHER-LICHTE/Gertrud LEHNERT (Hgg.), Inszenierungen des Erinnerns (Paragrana 9/2, 2000) ein Sammelband, der auf eine vom Berliner SFB „Kulturen des Performativen" veranstaltete Tagung zurückgeht; s. dort vor allem die programmatische Einleitung der Herausgeber S. 9-17.

Schrift als in der ‚Aufführung' (performance) lebt"². Diese Einsicht aber gilt wohl nicht nur für die Literatur. Man kann für das Mittelalter vielmehr mit einiger Berechtigung formulieren, daß auch die Politik, das Recht, ja die Religion neben und teilweise vor der Schrift und dem Wort von Akten mit performativem Charakter geprägt waren³. Durch sie wurden in face-to-face-Kommunikation Dinge sinnlich erfahrbar gemacht. Situationsgebundene Aufführungen und theatralisierende Aktivitäten standen an Stelle von Schrift oder Diskurs — oder auch neben ihnen — und erfüllten Funktionen, die wir eher letzteren Medien zuordnen. Historiker meinen denn auch etwas den Begriffen Performance und Inszenierung sehr Nahestehendes, wenn sie von Herrschaftsrepräsentation, von Zeremoniell und Ritual, oder auch von symbolischer Kommunikation sprechen⁴.

Zu beobachten ist in der Öffentlichkeit des Mittelalters eine vielfältige Zeichensprache, bei der die nonverbalen Zeichen die verbalen zumindest quantitativ deutlich übertrafen. Solche Zeichen — sie reichen von der Kleidung über die Geste oder den Gesichtsausdruck bis hin zu den bekannten Herrschaftszeichen —, mußten aber in ihrer Bedeutung fixiert

---

² Vgl. Jan-Dirk MÜLLER (Hg.), „Aufführung" und Schrift im Mittelalter und Früher Neuzeit. DFG-Symposion 1994 (1996) S. XI.
³ Für die christliche Religion vgl. jetzt Arnold ANGENENDT, Liturgik und Historik. Gab es eine organische Liturgie-Entwicklung? (Quaestiones disputatae 189, 2001); für die Rechtsgeschichte sei nur verwiesen auf deren schon früh einsetzenden Bemühungen um die Sammlung von rechts-rituellen und rechtssymbolischen Vorgängen; vgl. dazu bereits Jacob GRIMM, Deutsche Rechtsaltertümer, 2 Bde., Nachdruck der 4. vermehrten Aufl. 1922 (1955); Karl VON AMIRA, Germanisches Recht, 2 Bde., 4. Aufl. bearb. v. Karl August ECKHARDT (1960-1967). Zur Performativität öffentlicher politischer Kommunikation im Mittelalter s. jetzt die Beiträge in Formen und Funktionen öffentlicher Kommunikation im Mittelalter, hg. von Gerd ALTHOFF (Vorträge und Forschungen 51, 2001).
⁴ Vgl. hierzu neuerdings etwa Gerd ALTHOFF/Ernst SCHUBERT (Hgg.), Herrschaftsrepräsentation im ottonischen Sachsen (1998); Gerd ALTHOFF, Zur Bedeutung symbolischer Kommunikation für das Verständnis des Mittelalters, FmSt 31 (1997) S. 370-389; zur Bedeutung der Thematik für die Erforschung der frühen Neuzeit s. Barbara STOLLBERG-RILINGER, Zeremoniell als politisches Verfahren. Rangordnung und Rangstreit als Strukturmerkmale des frühneuzeitlichen Reichstags, in: Neue Studien zur frühneuzeitlichen Rechtsgeschichte, hg. von Johannes KUNISCH (Zeitschrift für Historische Forschung, Beih. 19, 1997) S. 91-132; Knut GÖRICH, Die Ehre Barbarossas. Kommunikation, Konflikt und politisches Handeln im 12. Jahrhundert (2001), bes. S. 36 ff.

sein, ihre Verwendung mußte zumindest von denen verstanden werden, auf die das Zeichen zielte. Und wenn man in Zeremoniell und Ritual die Zeichen zu langen Sequenzen bündelte, verbale und nonverbale Zeichen mischte, dann stellten solche Aufführungen durchaus hohe Anforderungen an die Deutungskompetenz der Akteure wie der Zuschauer.

Damit ist aber wohl auch klar, daß diese Zeichensprache öffentlicher Kommunikation im Mittelalter nicht ohne semantische Regeln auskam. Die Kenntnis dieses Regelwerks war für mittelalterliche Zeitgenossen eine unverzichtbare Voraussetzung für ein erfolgreiches oder auch nur konfliktfreies Agieren in der angesprochenen Öffentlichkeit. Für uns ist diese Kenntnis gleichfalls eine Notwendigkeit, da wir sonst den Sinn der Aufführungen nicht verstehen. Doch hat man sich um diesen Sinn lange Zeit nicht sehr intensiv gekümmert und Akte von Performanz nicht selten übersehen oder als „leeres" Zeremoniell diffamiert und dementsprechend geringgeschätzt. Dies ist in den letzten Jahren so erkennbar anders geworden, daß die ersten schon einen performative turn in den Kulturwissenschaften ausrufen. Ich erinnere an dieser Stelle jedoch an die in Deutschland ja sehr symbolische Deutung des Begriffs „Wendehals" und warne vor allzu vielen turns in zu kurzer Zeit. Es reicht doch wohl auch, wenn eine interessante Perspektive neben andere legitime und auch weiter interessante tritt. Und dieser Tatbestand scheint mir bei der Frage nach den Kulturen des Performativen durchaus gegeben, mit der man dem Sinn und den Funktionen solcher Inszenierungen nachgeht.

Nun sind uns all die Zeichen, die Inszenierungen der öffentlichen Kommunikation aus dem Mittelalter vorrangig im Medium der Schrift überliefert, Bilder und andere Artefakte ergänzen diese Überlieferungsbasis natürlich. Die Geschichtsschreibung des Mittelalters, die auf dieser Tagung besonders interessiert, bietet ein geradezu unübersehbares Reservoir an einschlägigen Beschreibungen. Die Palette, die ihnen allen vertraut ist, reicht von der formelhaften Erwähnung, ein Empfang oder Abschied sei *honorifice* gewesen bis zur detaillierten Beschreibung und Reflexion ausgeklügelter Rituale. Inszenierungen, Selbstinszenierungen und Performativität begegnen dabei auf Schritt und Tritt. Wir, die Historiker, haben zu diesem Forschungsfeld also durchaus etwas beizutragen. Unsere Quellen erweitern die empirischen Kenntnisse über performative Vorgänge nicht unerheblich.

Nutzt man solche Beschreibungen aber zur Analyse der fraglichen Vorgänge und versucht, den „Sitz im Leben" solcher „Aufführungen" zu bestimmen, kommt häufiger der Einwand von Historikern, wie denn zu sichern sei, daß das Beschriebene wirklich so geschehen sei wie erzählt. Man wird gefragt, ob eine Stilisierung des Autors auszuschließen sei, der die Eindringlichkeit der performativen Handlungen verdankt werde. Auffällige performative Akte werden eher dem Reich der Fiktionen als der Fakten zugerechnet. Solche Einwände bringen denjenigen, der sich um das Verständnis mittelalterlicher Kommunikationsakte bemüht, leicht in Schwierigkeiten, denn drei voneinander unabhängige, unmittelbar zeitgenössische und zudem noch neutrale Beobachter einer solchen Situation, die alle dasselbe berichten, kann er selten ins Feld führen.

In die „Falle", die mit solchen Fragen aufgestellt wird, muß man aber gar nicht tappen, denn es gibt zwischen den beiden Extremen, dem Fakt auf der einen und der Fiktion auf der anderen Seite, eine Fülle von Wissenswertem auch und gerade für Historiker[5]. Dazu gehört nicht zuletzt ein Verständnis für die Regelhaftigkeit symbolischer Kommunikation, das aus den zahllosen performativen Akten und Aufführungen gewonnen werden kann und das erst einen Einblick in den Sinn und die Funktion derartiger Akte ermöglicht.

Die Frage, welchen Sinn eine Aufführung, ein Ritual oder Ähnliches hatte und haben sollte, ist gewiß unabhängig von der Frage, ob die einzelne Szene wirklich so passiert ist wie sie beschrieben wird. Selbst die vollständige Erfindung einer Szene muß sich ja, wenn sie als Argumentation ernst genommen werden will, an gängigen Regeln und Gewohnheiten der Kommunikation orientieren. Ich sage bewußt orientieren, denn ich möchte durchaus einschließen, daß die Beschreibung überzeichnen, karikieren oder ironisieren kann, ebenso wie sie Handlungen zu idealisieren vermag. Die Beschreibungen liefern uns aber unabhängig von der

---

[5] Den treffenden Begriff der „Falle" entnehme ich Otto Gerhard OEXLE, Im Archiv der Fiktionen, in: Auf der Suche nach der verlorenen Wahrheit. Zum Grundlagenstreit in der Geschichtswissenschaft, hgg. von Rainer Maria KIESOW/Dieter SIMON (2000) S. 87-103, bes. S. 97.

Faktizität des Beschriebenen Anhaltspunkte dafür, welchen Sinn performative Akte im Mittelalter hatten, welche Gewohnheiten und Regeln für sie galten.

Um es an einem einfachen Beispiel konkret zu machen: Die immer wiederkehrende Nachricht, man habe einen anderen mit einem Fußfall dazu gebracht, eine Bitte zu erfüllen, liefert Indizien für die Anwendungsbereiche und die Wirkmächtigkeit dieses performativen Aktes, der den ganzen Körper in die Inszenierung einbezieht. Und diese Indizien sind völlig unabhängig von der Frage verwertbar, ob der einzelne Fußfall tatsächlich stattgefunden hat oder nicht.

Ich habe nun in den letzten Jahren sehr entschieden die Regelhaftigkeit symbolisch – ritueller Kommunikation betont[6]. Nicht nur, aber gerade bei performativen Akten und Inszenierungen hatte man sich an Regeln zu halten, auch wenn diese Regeln nirgendwo schriftlich fixiert waren. Dies hat mir unter anderem den Vorwurf eingebracht, ich würde diese Spielregeln selbst kreieren. Bevor ich mich daher einigen Beschreibungen konkreter Aufführungen zuwende, sei noch einmal unterstrichen, wie man – zumindest meiner Meinung nach – methodisch zuverlässig der Beschreibung von Verhalten die Regeln entnehmen kann, die für dieses Verhalten maßgeblich waren, auch wenn diese Regeln bei den Gewährsleuten nicht explizit angesprochen werden[7].

Wenn immer wieder in der gleichen Kommunikationssituation und -konstellation von den gleichen Gesten und Gebärden die Rede ist, dürfte es legitim sein abzuleiten, daß hier nicht der pure Zufall regiert, sondern Regeln befolgt wurden. Wenn empört und vorwurfsvoll berichtet wird, daß jemand eine der fraglichen Gesten unterlassen oder gar eine ganz andere an die Stelle gesetzt habe, darf man diese Meldung wohl ebenfalls zur

---

[6] Vgl. die Sammlung einschlägiger Arbeiten in Gerd ALTHOFF, Spielregeln der Politik im Mittelalter. Kommunikation in Frieden und Fehde (1997); s. neuerdings DERS., Rituale und ihre Spielregeln im Mittelalter, in: Audio-visualität vor und nach Gutenberg, hg. von Horst WENZEL (2000) S. 51-62; DERS., Die Veränderbarkeit von Ritualen im Mittelalter, in: Formen und Funktionen öffentlicher Kommunikation im Mittelalter (wie Anm. 3) S. 157-175.

[7] Vgl. dazu auch die methodischen Ausführungen von GÖRICH (wie Anm. 4) S. 12-14 mit den entsprechenden Anmerkungen S. 384 f., der sich mit Einwänden gegen die angewandte Methode auseinandersetzt.

Rekonstruktion von Regeln verwenden. Und wenn schließlich von Zeichen welcher Art auch immer erzählt wird, die in anderen Beschreibungen der gleichen performativen Akte nie auftauchen, dann ist auch dies spannend, denn dann sind verschiedene Möglichkeiten zu prüfen: Es kann eine Karikatur geboten werden, deren Wirkung gerade auf der Verfremdung von Wirklichkeit beruht. Es kann sich aber auch um eine Neuerung handeln, die aus einem bestimmten Grunde in diesem Fall zum ersten Mal benutzt oder überliefert wurde. Diese und noch einige andere Möglichkeiten sind in Rechnung zu stellen und es läßt sich mit Hilfe des Kontextes überprüfen, welcher von ihnen im jeweils vorliegenden Fall die größte Wahrscheinlichkeit zukommt.

Die angesprochene Regelhaftigkeit performativen Verhaltens hängt natürlich zusammen mit der Intentionalität, die solche Handlungen kennzeichnet. Performative Akte waren nämlich alles andere als zweckfrei, mit ihnen wurden vielmehr ganz bestimmte Intentionen verfolgt, die Akte erfüllten auch sehr bestimmte Funktionen. Nicht zuletzt deshalb mußte der Sinn der Aufführung bekannt und verständlich sein; mußte die Semantik der Gesten und Gebärden zum kulturellen Know-how der Agierenden gehören. Und auch Beschreibungen solcher Akte waren genötigt, diese Semantik, diese Regeln im Auge zu behalten, sie zur Richtschnur ihrer Darstellung zu machen. Sie konnten sie bekämpfen, attackieren und ironisieren, sie unbeachtet zu lassen, war jedoch kaum möglich, wenn die Autoren ihre jeweilige Darstellungsabsicht erfolgreich umsetzen wollten.

Die Frage nach diesen Regeln schiebt also zwischen die Extreme Fakt und Fiktion eine vermittelnde Ebene, die für das Verständnis einer Zeit nach meiner Einschätzung nicht ganz unwichtig ist. Diese Regeln sind wie andere Vorstellungen der Zeitgenossen ein wichtiger Teil mittelalterlicher Wirklichkeit. Regeln performativer Akte und wie man sie erkennt, möchte ich ihnen daher an einigen Beispielen demonstrieren. Mit den Beispielen soll auch unterstrichen werden, welch eindrucksvolle Aufführungen das Arsenal performativer Handlungen möglich machte, das den Akteuren im Mittelalter zur Verfügung stand.

Mitten in den Sachsenkriegen Heinrichs IV. erzählt Bruno, gewiß kein Freund des Königs, von folgendem Verhalten des Saliers, das wohl alle

Anforderungen an Performance, an eine theatralische Selbstinszenierung erfüllt[8]. Man muß sich die folgende Szene nur konkret vorstellen: „(cap. 35) Er versammelte also die Fürsten jener Lande, warf sich bald vor den Einzelnen, bald vor der ganzen Versammlung demütig zu Boden und erhob Klage, daß das Unrecht, das ihm früher mit seiner Vertreibung zugefügt worden sei, nun unbedeutend erscheine, dieses neue dagegen aber groß und unsühnbar. ... Mit Tränen erzählte er ihnen, daß er gegen seinen eigenen Willen ihrem Rat nachgebend den Sachsen seine mit königlichem Aufwand errichtete Burg (sc. die Harzburg) zur Zerstörung übergeben habe. Jene aber hätten nicht allein diese, was ihnen ja erlaubt war, auf mancherlei Weise zerstört, sondern darüber hinaus das Gott und seinen Heiligen geweihte Stift mit ärgerem Wüten als die Heiden bis auf den Grund niedergerissen, Glocken, Kelche und alles übrige, was dort zur Ehre Gottes versammelt war, zerbrochen, als seien es profane Gegenstände... Seinen Bruder und seinen Sohn, beides Söhne von Königen, hätten sie in Mitleid erregender Weise aus ihren Gräbern gerissen und ihre Glieder in alle Winde zerstreut. Das Entsetzlichste aber sei, daß sie die Reliquien der Heiligen mit entweihender Hand von den geweihten Altären gerissen und wie Unrat auf unheilige Stätten zerstreut hätten. Das alles brachte er unter Tränen hervor, dann küßte er jedem die Füße und bat, sie möchten wenigstens die Gott und seinen Heiligen angetane Schmach nicht ungestraft lassen, wenn sie schon das ihm selbst angetane Unrecht nicht rächen wollten. ...."[9].

---

[8] Zur diesbezüglichen Tendenz Brunos s. Gerd ALTHOFF/Stefanie COUÉ, Pragmatische Geschichtsschreibung und Krisen, Teil I: Zur Funktion von Brunos Buch vom Sachsenkrieg, in: Pragmatische Schriftlichkeit im Mittelalter. Erscheinungsformen und Entwicklungsstufen, hgg. von Hagen KELLER u. a. (Münstersche Mittelalter-Schriften 65, 1992) S. 95-107. Die von Wolfgang EGGERT, Wie „pragmatisch" ist Brunos Buch vom Sachsenkrieg?, Deutsches Archiv 51 (1995) S. 543-553 vorgebrachten Einwände greifen größtenteils Dinge an, die auf eigenen Mißverständnissen beruhen.

[9] Brunos Buch vom Sachsenkrieg, ed. Hans-Eberhard LOHMANN (MGH Dt. MA 2, 1937) cap. 35, S. 36 f.: *Congregatis itaque illarum partium principibus nunc singulis, nunc universis humiliter se prosternens querimoniam fecit, dicens, quod priores suae expulsionis iniuriae sibi nunc leves essent, istas sibi magnas et insanabiles videri; in prioribus se cum suis principibus fuisse despectum, in istis vere suo suorumque despectui coniunctum esse coelestis militiae, et quod esset his maius, maiestatis divinae contemptum. Nam narravit eis lacrimans, quia, dum ipsorum consiliis contra suam voluntatem cedens Saxonibus suum castellum regali sumptu*

Es dürfte leicht einsichtig zu machen sein, daß mit der schlichten Alternative Fakt oder Fiktion, die Erkenntnismöglichkeiten wie die -probleme, die diese Geschichte bietet, nicht adäquat zu erfassen sind. Sie erzählt von den performativen Akten der mehrfach wiederholten Fußfälle und der Fußküsse, verbunden mit dem ebenfalls theatralisierenden Ausdrucksmittels der Tränen, durch die der König seine Rede vor den Fürsten zu einer dramatisch zu nennenden Aufführung machte. Gleich auf den ersten Blick ist die Funktion der Handlungen zu erkennen: sie sollen die verbale Argumentation unterstützen und die Eindringlichkeit der Bitten vor Augen führen. Es fragt sich jedoch, ob die geschilderten Handlungen bereits zureichend gewürdigt sind, wenn man ihnen nur eine unterstützende Funktion zuschreibt. Beantworten kann man diese Frage nur, wenn man die Regeln des Umgangs der Könige mit ihren Getreuen und die dort üblichen, d. h. regelkonformen Ausdrucksweisen kennt. Aus dieser Geschichte allein sind diese natürlich nicht zu extrapolieren.

Doch läßt eine Sammlung vergleichbarer Erzählungen — die gewiß eine Grundvoraussetzung für die Analyse ist — folgende Beobachtungen und Bewertungen zu: Fußfälle von Königen gerade vor ihren *familiares* sind so häufig bezeugt, daß man sie als ein eingeführtes Kommunikationsmittel ansehen darf, für das eine Regel vor allem galt: Es bestand keine wirkliche Möglichkeit, die mit einem Fußfall verbundene Bitte eines Königs — man kann auch allgemeiner sagen, eines Ranghöheren — abzulehnen und dies deshalb, weil er mit dem performativen Akt sein ganzes Prestige sozusagen in die Waagschale geworfen hatte. Setzte ein König

---

constructum traderet demoliendum, illi non solum, quod eis permissum erat, illud inhumano more destruerent, sed insuper monasterium Deo sanctisque consecratum paganis omnibus crudeliores funditus diruerent, campanas, calices et cetera ad honorem Dei collecta velut profana confringerent vel hostili praedatione diriperent, fratrem filiumque suum, utrumque prolem regiam, miserabiliter a sepulcris eiectos in ventum membratim dispergerent, et quod his omnibus magis esset nefandum, sanctorum reliquias ab altaribus sacris execrandis manibus erutas velut immunditias quasdam per profana loca dissiparent. His omnibus non sine largo fletu peroratis singulorum pedes osculans oravit, ut, si non suam vindicare curarent iniuriam, saltem contumeliam Deo Deique sanctis illatam remanere non paterentur inultam. (Übersetzung nach Quellen zur Geschichte Heinrichs IV., übers. von Franz-Josef SCHMALE [Freiherr vom Stein-Gedächtnisausgabe 12, 1963] S. 239 f.). Zur historischen Situation s. zuletzt Ian S. ROBINSON, King Henry IV. of Germany 1056-1106 (1999) bes. S. 97 ff.

also den Fußfall als Bitte um die Erfüllung eines Wunsches oder als Bitte um Vergebung ein, dann war dies eine Art bittender Befehl, gegen den es kein Mittel gab. Wenn jemand an dieser Stelle das Gegenargument zu schmieden beginnt, Heinrich der Löwe hatte doch den Fußfall Friedrich Barbarossas in Chiavenna abgewiesen, dann sei antizipierend unterstrichen: Dies ist ja gerade der ungeheure Vorwurf, den die stauferfreundlichen Quellen dem Löwen anhängen, während die dem Welfen nahestehenden bemüht sind, den Fußfall ungeschehen zu machen, weil auch sie natürlich wissen, welche Dynamik in dem Vorwurf steckt, der den mündlichen Diskurs jener Jahre wohl noch mehr beherrschte als es die schriftlichen Zeugnisse heute noch erkennen lassen. Auch die Szene von Chiavenna bestätigt also die Existenz der Regel, daß man einen fußfällig bittenden König eigentlich nicht abweisen konnte[10].

Bestätigt wird diese Einschätzung durch die Beobachtung, daß insbesondere die scharfen Gegner Heinrichs IV., so etwa Lampert von Hersfeld, indigniert und immer wieder vermelden, daß Heinrich seinen Willen mit dem Mittel des Fußfalls durchgesetzt habe[11]. Solche Argumente wären wirkungslos oder unsinnig, wenn diese Regel nicht in den Köpfen der Menschen verankert gewesen wäre. Umgekehrt verwies Heinrich selbst noch in seinen letzten Briefen implizit auf diese Regel, indem er seinem Sohn Heinrich V. den bitteren Vorwurf machte, ihn trotz seiner fußfälligen Bitten nicht erhört zu haben[12]. Ob all die angesprochenen Fußfälle je einzeln nun passiert sind oder nicht, scheint mir zweitrangig gegenüber der Feststellung, daß der königliche Fußfall ein übliches Mittel

---

[10] Aus der überreichen Literatur zu diesem Ereignis und seinen Folgen sei nur hingewiesen auf letzte Darstellungen von Stefan WEINFURTER, Die Entmachtung Heinrichs des Löwen, in: Heinrich der Löwe und seine Zeit. Herrschaft und Repräsentation der Welfen 1125-1235. Katalog der Ausstellung Braunschweig 1995, hgg. von Jochen LUCKHARDT/Franz NIEHOFF, Bd. 2 (1995) S. 180-190, bes. S. 184 ff.; Joachim EHLERS, Heinrich der Löwe. Europäisches Fürstentum im Hochmittelalter (Persönlichkeit und Geschichte 154/155, 1997) S. 104-111.
[11] Vgl. dazu jetzt Gerd ALTHOFF, Fußfälle. Realität und Fiktionalität einer rituellen Kommunikationsform, in: Eine Epoche im Umbruch. Volkssprachliche Literalität von 1200-1300, hgg. von Christa BERTELS-MEIER/Kierst und Christopher YOUNG.
[12] Vgl. die Briefe Heinrichs IV., in: Quellen zur Geschichte Heinrichs IV. (wie Anm. 9) S. 51-141, Nr. 37, S. 116, S. 118; Nr. 39, S. 124, S. 128f.; Nr. 40, S. 132.

und — wenn sie so wollen — ein bezwingendes 'Argument' in politischen Diskursen war. Er wurde gewissermaßen als ultima ratio eingesetzt, und gegen eine solche Inszenierung der Hintanstellung aller königlicher Würde gab es kein Gegenmittel.

Die Bewertung der in der Szene erwähnten Fußküsse ist deutlich schwieriger. Man muß konstatieren, daß ein Fußkuß, den ein König seinen Getreuen gibt, ein Unikum darstellt[13]. Auf Grund fehlender Parallelen muß also mit der Möglichkeit gerechnet werden, daß hier etwas auch den Zeitgenossen gänzlich Neues und Unbekanntes berichtet wird. Es ist gewiß schwer zu sagen, wie sie ein solches Detail aufnahmen. Die Annahme, daß sie der Geschichte entnahmen und entnehmen sollten, dieser Herrscher schrecke wirklich vor nichts zurück, um seinen Willen durchzusetzen, dürfte wohl eine gewisse Wahrscheinlichkeit für sich haben. Fehlen also für den herrscherlichen Fußkuß alle Möglichkeiten, etwaige Regeln und Gewohnheiten der Durchführung und Entgegennahme zu benennen, wenn man von Fußküssen, die dem Papst erwiesen werden, einmal absieht, so gilt dies für den Fußfall des Herrschers nicht. Bleiben wir daher noch ein bißchen bei diesem Phänomen.

Ein vertieftes Verständnis für die Aussagen dieses performativen Vorgangs ermöglicht eine Geschichte, die von dem bekannten Fußfall Friedrich Barbarossas vor Papst Alexander III. in Venedig erzählt, allerdings etwas ganz anderes berichtet als die übrigen Gewährsleute. Auch die Bedeutung dieser Geschichte erschöpft sich gewiß nicht mit der Frage, ob hier etwas wirklich Geschehenes berichtet wird. Sie ist vielmehr ein Beleg dafür, wie genau auch das Publikum auf die Einzelheiten einer Inszenierung achtete. Die *Cronica montis sereni*, geschrieben im Augustiner-Chorherren-Stift Petersberg bei Halle, einer Gründung der Wettiner, weiß folgendes über die Vorgänge in Venedig zu erzählen: „Dieser Versöhnungstag wurde von Papst und Kaiser auf das Feierlichste begangen. Der wichtigste Mitwirkende bei der Wiederherstellung der Eintracht war Erzbischof Wichmann, durch dessen Eifer die Erbitterung des Kaisers in

---

[13] Zur Forderung der Päpste, daß sie durch einen Fußkuß bei der Begrüßung zu ehren wären, der allerdings in *reverentia Christi* oder *beati Petri* geschähe, vgl. jetzt Gerd ALTHOFF, Die Sprache der Rituale. Papst-Kaiser-Begegnungen zwischen Canossa und Venedig, FmSt 35 (2001).

solche Sanftmut verwandelt wurde, daß er sich, weil er seinen Irrtum verurteilte, dem Papst zu Füßen warf. Wie es heißt, zögerte der Papst, den Kaiser aufzuheben; da rief Dietrich, Markgraf der Ostmark, der im Gefolge des Kaisers war, gewissermaßen anklagend und tadelnd aus, warum er das kaiserliche Ansehen einer solchen Unbill aussetze. Der Papst aber verstand die deutsche Sprache nicht und fragte, was der Alemanne da gesagt habe. Als er das erfahren hatte, ging er eilig zum Kaiser, hob ihn auf und richtete ihn zum Kuß empor"[14].

Natürlich wird hier zunächst einmal das hohe Lob des Wettiners gesungen und man mag Zweifel haben, ob sich die Szene so abgespielt hat wie berichtet. Wichtiger aber ist, daß sich der Wettiner bei seinem Protest auf Regeln beruft, die für die Länge eines Fußfalls galten. Die rühmende Geschichte verlöre jeden Effekt, wenn sie sich nicht der breiten Kenntnis dieser Regeln sicher sein könnte.

Der angebliche Protest bei der Durchführung des Versöhnungsrituals in Venedig legt damit eine weitere Frage zwingend nahe, die den Inszenierungscharakter solcher Veranstaltungen betrifft. Wie genau mußte man angesichts der bestehenden ungeschriebenen Regeln die Durchführung solcher Rituale absprechen, um sich vor Protesten und anderen unliebsamen Überraschungen und Irritationen zu schützen. War sogar die Dauer eines Fußfalls durch Regeln festgelegt, deren Nichtbeachtung solche Interventionen wie die geschilderte zur Folge hatten, die ja leicht ein Ritual zum Scheitern bringen konnten.

Mit dieser Frage kommt eine weitere Dimension der Inszenierungsthematik und -problematik in den Blick: Bei komplexeren Ritualen ging es nicht nur darum, daß die Teilnehmer sozusagen in Eigenverantwor-

---

[14] Vgl. Chronicon Montis Sereni, ed. Ernst EHRENFEUCHTER (MGH SS 23, 1874) S. 130-226, hier S. 156: *Et hec dies reconciliacionis ab ipso papa et imperatore et clero et populo solemnissime peracta est. Huius autem concordie reformande precipuus cooperator fuit Wicmannus archiepiscopus, cuius industria imperatoris animositas ad tantam mansuetudinem deducta est, ut in condempnacionem erroris sui coram summi pontificis pedibus prosterneretur. Fertur autem quod, cum sublevandi eum papa moram faceret, Tidericus Orientalis marchio, qui cum imperatore aderat, quasi cum querela et redargucione exclamaverit, cur imperialem dignitatem tante iniurie subiecisset? Papa vero ideoma Teutonicum non intelligens, inquisivit quid diceret Alemannus. Quod cum didicisset, festinus accedens, imperatorem sublevavit et ad osculum suum erexit.* S. dazu GÖRICH (wie Anm. 4) S. 92.

tung performatives Verhalten an den Tag legten, wie es die Gewohnheiten vorsahen. Es reichte mit anderen Worten nicht, eine möglichst gelungene Selbstinszenierung durchzuführen, die die Medien der Sprache, der Gesten, der Kleidung und anderer Gegenstände nutzte. Die Akteure mußten überdies bestimmte Abläufe vorweg vereinbaren oder auch alle die Aktionen und Reaktionen planen, die von der Standardversion eines solchen Rituals abwichen.

Ganz selten erlauben uns Historiographen für das Früh- und Hochmittelalter aber einmal Einblicke in die diesbezügliche Planungsphase, in der auch Details zum Gegenstand der Verhandlung werden konnten. Geschichtsschreiber schildern die einzelnen performativen Akte vielmehr, als ob sie sich wie von allein aneinandergefügt hätten. Doch ist dies nicht wahrscheinlich, manchmal gar nicht möglich.

Aus späteren Jahrhunderten des Mittelalters wie der frühen Neuzeit wissen wir denn auch konkret, wie etwa *Adventus* der Herrscher vorbereitet worden sind, wie jede einzelne Station festgelegt und über den Sinn der einzelnen Akte Konsens erzielt wurde. Häufig genug hat man darum gerungen und Kompromisse zwischen Präsentationen des Herrschaftsanspruchs und Präsentationen der Freigebigkeit oder Privilegierung in der Abfolge einzelner Szenen untergebracht. Ob zunächst gehuldigt und dann privilegiert wurde oder umgekehrt, war eine genau so wichtige Frage wie die Länge des Fußfalls in Venedig[15].

Auch aus den früheren Jahrhunderten des Mittelalters aber sind eine Fülle von Vorgängen bekannt, die Absprachen geradezu zwingend zur Voraussetzung haben. Wie wären etwa Szenen wie die in Mailand 1162 ohne Absprachen denkbar, als mehrfach Unterwerfungshandlungen der Mailänder und ihre Bitten um Gnade von dem auf einem Thron sitzenden Barbarossa abgewiesen wurden, angeblich blieb er dabei unbeweglich

---

[15] Vgl. dazu André HOLENSTEIN, Die Huldigung der Untertanen. Rechtskultur und Herrschaftsordnung (800-1800) (Quellen und Forschungen zur Agrargeschichte 36, 1991), bes. S. 391 ff. Zur Vorbereitung eines herrscherlichen Adventus vgl. Klaus TENFELDE, Adventus. Zur historischen Ikonologie des Festzuges, HZ 235 (1982) S. 45-84; Karl MÖSENEDER, Zeremoniell und monumentale Poesie. Die „Entrée solennelle" Ludwigs XIV. 1660 in Paris (1983); Wim BLOCKMANS/Antheun JANSE (Hgg.), Showing Status. Representation of Social Positions in the Late Middle Ages (Medieval Texts and Cultures of Northern Europe 2, 1999).

wie ein Stein. Doch die Mailänder kamen wieder und auch Friedrich saß beim zweiten und dritten Versuch wieder auf seinem Thron, in seiner Umgebung hatten sich wieder alle die Großen eingefunden, die für eine Fortführung der Handlung nötig waren[16]. Es muß also trotz aller zur Schau gestellten Unerbittlichkeit so etwas wie ein Drehbuch der Szenen vereinbart worden sein, das auch den Mailändern die sichere Hoffnung ließ, sich letztlich nicht vergeblich auf den Boden zu werfen.

Genauso ließ sich ein Ritual wie jener symbolische Dienst der Herzöge an der Tafel nach der Königserhebung, der als Zeichen ihrer Bereitschaft, dem neuen Herrscher zu dienen, fungierte, nicht ohne Vorabsprachen durchführen. 1298 meldete sich Wenzel II. von Böhmen daher zunächst auch krank, als er zur Beteiligung an diesem Ritual nach der Königserhebung Albrechts I. aufgefordert wurde. Als dies nichts nützte und man ihn zur Übernahme des Mundschenken-Amtes nötigte, versuchte er seine Abneigung gegen die symbolische Unterordnung, die da von ihm verlangt wurde, dadurch zum Ausdruck zu bringen, daß er jenseits aller Grenzen des Üblichen provozierend auftrat[17].

Wer glaubte andererseits, daß Karl der Große im Jahre 794 den bereits vermönchten Bayernherzog Tassilo auf der Frankfurter Synode auftreten und dem Herrscher gegenübertreten ließ, ohne daß zuvor festgelegt war, was Tassilo zu sagen und tun hatte. Das Synodalprotokoll spricht von einem ausgesprochen performativen Verhalten sowohl Tassilos als auch Karls, der dem Mönch seine *gratia pleniter* zurückgab. Das Verhalten

---

[16] Vgl. den Brief des Notars Burchard, in: Chronica regia Coloniensis, ed. Georg WAITZ (MGH SS rer. Germ. 18, 1880) a. 1162 (S. 109 ff.) (Übersetzung in: Die Kölner Königschronik, übers. von Karl PLATNER [Geschichtsschreiber der deutschen Vorzeit 69, 1867] a. 1162 [S. 68-72]); vgl. auch Vincentii Pragensis Annales, ed. Wilhelm WATTENBACH (MGH SS 17, 1861) S. 654-683, a. 1162 (S. 680) (Übersetzung in: Die Jahrbücher von Vincenz und Gerlach, übers. von Georg GRANDAUR [Geschichtsschreiber der deutschen Vorzeit 67, ²1940] a. 1162 [S. 65ff.]). S. dazu Gerd ALTHOFF, Das Privileg der deditio. Formen gütlicher Konfliktbeendigung in der mittelalterlichen Adelsgesellschaft, in: DERS. (wie Anm. 6) bes. S. 103 ff. Ausführlich zu den Nachrichten über die Verhandlungen und Planungen jetzt GÖRICH (wie Anm. 4) S. 243 ff.

[17] Vgl. Ottokars Österreichische Reimchronik, nach den Abschriften Franz Lichtensteins ed. Joseph SEEMÜLLER (MGH Dt. Chron. 5/2, 1893) bes. Vers 73.594-73.643; die Ausgangssituation ist bereits zuvor ausführlich geschildert. Vgl. auch Joachim BUMKE, Höfische Kultur. Literatur und Gesellschaft im hohen Mittelalter, Bd.1 (⁵1990) S. 256 f.

beider Vettern entsprach wohl kaum ihrer spontanen Gemütsverfassung, sondern darf als Ergebnis von Absprachen verstanden werden. Die auf diese Weise veröffentlichte Botschaft war beiden Akteuren so wichtig, daß sie sich auf das öffentliche Ritual einließen, dessen politischer Sinn bis heute nicht gänzlich geklärt ist[18].

Und wer läßt sich schließlich nicht überzeugen, daß die Zweckentfremdung eines königlichen Empfangszeremoniells, wie es Erzbischof Adalbert von Magdeburg und Herzog Hermann Billung im Jahre 972 praktizierten, ohne vorhergehende Planung und eingehende Absprachen undenkbar ist[19]. Solche Absprachen machen das Ganze aber zu einer Inszenierung, die — was wichtig ist — auf ein Verständnis der Zuschauer rechnete, was mit ihr ausgedrückt werden sollte, ein Verständnis, um das wir heute mühsam ringen müssen. Bei all den angesprochenen und vielen vergleichbaren Vorgängen ist es aber letztlich nicht entscheidend, ob die Berichte etwas wirklich Geschehenes wiedergeben. Sie sind auch dann aufschlußreich, wenn sie nur ein Spiegel der rituellen Kommunikationsgewohnheiten sind.

Hier sollte nur eine Problemskizze gegeben werden. Ich wollte Eigenheiten der öffentlichen Kommunikation des Mittelalters im Spiegel der Historiographie und Möglichkeiten wie Probleme ihrer Erforschung aufzeigen. Die ungewohnten Begriffe der Inszenierung und der Performance scheinen mir für dieses Vorhaben von einigem heuristischen Wert. Sie lenken den Blick nämlich auf die Regelhaftigkeit dieser Kommunikation,

---

[18] Vgl. dazu zuletzt Matthias BECHER, Eid und Herrschaft. Untersuchungen zum Herrscherethos Karls des Großen (Forschungen und Vorträge, Sonderband 39, 1993); Rudolf SCHIEFFER, Ein politischer Prozeß des 8. Jahrhunderts im Vexierspiegel der Quellen, in: Das Frankfurter Konzil von 794. Kristallisationspunkt karolingischer Kultur, hg. von Rainer BERNDT (Quellen und Abhandlungen zur mittelrheinischen Kirchengeschichte 80, 1997) S. 167-182; Johannes FRIED, Zum Prozeß gegen Tassilo, in: 794 – Karl der Große in Frankfurt am Main. Ein König bei der Arbeit. Ausstellung zum 1200-Jahr-Jubiläum der Stadt Frankfurt am Main, hg. von DEMS. (1994) S. 113-115.

[19] Gerd ALTHOFF, Das Bett des Königs in Magdeburg. Zu Thietmar II, 28, in: Festschrift für Berent Schwineköper, hgg. von Helmut MAURER/Hans PATZE (1982) S. 141-153; Matthias BECHER, Rex, dux und gens. Untersuchungen zur Entstehung des sächsischen Herzogtums im 9. und 10. Jahrhundert (Historische Studien 444, 1996) S. 291 ff. Zuletzt Johannes LAUDAGE, Otto der Große (912-973). Eine Biographie (2001) S. 286 ff. ohne neue Einsichten.

auf die Intentionalität der rituellen Handlungen und auf die Deutungskompetenz, mit der sie im Mittelalter aufgenommen wurden. Nicht zuletzt aber werfen sie die Frage nach dem Ausmaß an Planung auf, das als Voraussetzung solcher Kommunikation angenommen werden muß. Wir sind gewiß weit entfernt davon, auf diesem Feld auch nur annähernd die Deutungskompetenz zu besitzen, die die Zeitgenossen zur Dechiffrierung auch komplexer Botschaften befähigte. Doch stimmt ein interdisziplinärer Prozeß der Auseinandersetzung mit der Thematik zuversichtlich, der nicht zuletzt bewirkt, daß sich die Vorkämpfer der Fakten und die der Fiktionen zu gemeinsamem Bemühen um das Verständnis mittelalterlicher Vorstellungswelten treffen.

Eine verschleierte Krise.

Die Nachfolge Karl Martells 741 und die Anfänge der karolingischen Hofgeschichtsschreibung

von

Matthias Becher

Carolus maior domus defunctus est[1].

So lautet der erste Jahresbericht der Reichsannalen zu 741. Die Reichsannalen sind eine der bekanntesten Quellen der Karolingerzeit. Ihr erster Teil wurde um 790 am Hof Karls des Großen in einem Zug niedergeschrieben und schildert als offiziöses Geschichtswerk den Aufstieg der Familie unter Karl Martells Sohn Pippin und seinem Enkel Karl dem Großen[2]. Meilensteine dieser Erfolgsgeschichte waren der Dynastie-

---

[1] Annales regni Francorum inde a. 741 in: Annales regni Francorum inde ab a. 741 usque ad a. 829, qui dicuntur Annales Laurissenses maiores et Einhardi ad a. 741, ed. Friedrich Kurze (MGH SS rer. Germ. [6], 1895) S. 2.

[2] Wilhelm Wattenbach/Wilhelm Levison/Heinz Löwe, Deutschlands Geschichtsquellen im Mittelalter. Vorzeit und Karolinger, Heft 2: Die Karolinger vom Anfang des 8. Jahrhunderts bis zum Tode Karls des Großen (1953) S. 245 ff.; vgl. auch Hartmut Hoffmann, Untersuchungen zur karolingischen Annalistik (Bonner Historische Forschungen 10, 1958) S. 38 ff.; Matthias Becher, Eid und Herrschaft. Untersuchungen zum Herrscherethos Karls des Großen (Vorträge und Forschungen, Sonderbd. 39, 1993) S. 21 ff.; eine neue Sicht bietet Rosamond McKitterick, Constructing the Past in the Early Middle Ages: The Case of the Royal Frankish Annals, (Transactions of the Royal Historical Society, 6th series, 7, 1997) S. 101-129; vgl. auch Dies., L'idéologie politique dans l'historiographie carolingienne, in: La royauté et les élites dans l'Europe Carolingienne (du début du IXe aux environs de 920), hg. von Régine Le Jan (1998) S. 59-70; Dies., The Illusion of Royal Power in the Carolingian Annals, The English Historical Review 115 (2000) S. 1-20; Roger Collins, The ‚Reviser' Revisited: Another Look at the Alternative Version of the *Annales regni Francorum*, in: After Rome's Fall: Narrators and Sources of Early Medieval History, hg. von Alexander C. Murray (1998) S. 191-213; zur Termino-

wechsel von 751, das Bündnis mit dem Papsttum, die Eroberung Aquitaniens, die Siege über die Langobarden in Ober- und Mittelitalien, die Eroberung Sachsens und schließlich die Absetzung des letzten großen Konkurrenten Karls des Großen, des Herzogs Tassilo III. von Bayern, im Jahr 788. Glaubt man den Reichsannalen, so gelang den Karolingern dieser Aufstieg mühelos und ihre Erfolge stellten sich fast zwangsläufig ein. Die moderne Forschung konnte dagegen aufzeigen, wie stark die Widerstände waren, wie kompliziert und mühevoll dieser Prozeß in Wahrheit gewesen ist[3]. Die Reichsannalen bieten also eine geglättete Darstellung, bei der jedes erwähnte Detail von größter Wichtigkeit für die Absichten des oder der Autoren ist, aber auch jede Nuance und jede Auslassung – wofür der Jahresbericht zu 741 wohl das beste Beispiel ist.

Vor diesem Hintergrund ist zu fragen, warum der eigentlich lapidare Eintrag über den Tod Karl Martells am Anfang des Geschichtswerkes steht. Ein Mangel an Informationen über die Zeit davor kann nicht der Grund gewesen sein, denn mit den sogenannten Fortsetzungen Fredegars stand dem Reichsannalisten eine hervorragende Quelle für diese Zeit zur Verfügung, die er bei anderer Gelegenheit sehr wohl benutzte[4]. Anders als in den Reichsannalen wurde auf dieser Basis die Zeit vor 741 etwa in dem um 805 entstandenen älteren Teils der sogenannten Metzer Annalen ausführlich gewürdigt, obwohl er für die Zeit nach 741 weitgehend eine Überarbeitung der Reichsannalen bietet[5]. Er wurde wohl in Chelles ver-

---

logie der Reichsannalen vgl. Jim N. ADAMS, The Vocabulary of the Annales regni Francorum, Glotta 55 (1977) S. 257-282; Wolfgang EGGERT, Zu Inhalt, Form und politischer Terminologie der „Fränkischen Reichsannalen", in: Karl der Große und das Erbe der Kulturen, hg. von Franz-Reiner ERKENS (2001) S. 122-134.
[3] Vgl. etwa die entsprechenden Abschnitte bei Rudolf SCHIEFFER, Die Karolinger (^{3}2000); Johannes FRIED, Der Weg in die Geschichte. Die Ursprünge Deutschlands bis 1024 (1994); Roger COLLINS, Charlemagne (1998); Matthias BECHER, Karl der Große (1999); Dieter HÄGERMANN, Karl der Große. Herrscher des Abendlandes. Eine Biographie (2000).
[4] Chronicarum quae dicuntur Fredegarii Scholastici continuationes, ed. Bruno KRUSCH (MGH SS rer. Merov. 2, 1888) S. 168-193; zur Benutzung der Chronik in den Reichsannalen vgl. WATTENBACH/LEVISON/LÖWE (wie Anm. 2) S. 250.
[5] Annales Mettenses priores, ed. Bernhard VON SIMSON (MGH SS rer. Germ. [10], 1905).

faßt, wo Gisela, die Schwester Karls des Großen, als Äbtissin wirkte[6]. In einer Überarbeitung der Reichsannalen aus der Zeit Ludwigs des Frommen, den sogenannten Einhardsannalen, setzt die karolingische Geschichte dagegen ebenfalls mit dem Jahr 741 ein, allerdings mit einem weitaus ausführlicheren Bericht[7]. Warum also hielt man den Tod Karl Martells ein halbes Jahrhundert später am Hof Karls des Großen und seines Sohnes für den entscheidenden Einschnitt in der Geschichte der Herrscherfamilie, ja für ihren eigentlichen Ausgangspunkt?

Von seiner Bedeutung her war Karl Martell dafür sicherlich geeignet. So wurde er wegen seines Sieges über die Sarazenen in der Schlacht von Poitiers 732 bis in die Gegenwart hinein als „Retter des Abendlandes" gefeiert[8]. Trotz einiger Übertreibung: Karl konnte im Jahr 741 auf eine erfolgreiche Herrschaftszeit zurückblicken. Er war gegen äußere und innere Feinde Sieger geblieben und hatte die Herrschaft seiner Familie im Frankenreich stabilisiert[9]. Im Jahr 737 hatte er sogar darauf verzichten

---

[6] WATTENBACH/LEVISON/LÖWE (wie Anm. 2) S. 260 ff.; HOFFMANN, Untersuchungen (wie Anm. 2) bes. S. 55 ff. (zu Chelles); Irene HASELBACH, Aufstieg und Herrschaft der Karlinger in der Darstellung der sogenannten Annales Mettenses priore (Historische Studien 412, 1970) S. 23 f.; Norbert SCHRÖER, Die Annales Mettenses priores. Literarische Form und politische Intention, in: Geschichtsschreibung und geistiges Leben im Mittelalter. Festschrift für Heinz Löwe zum 65. Geburtstag, hgg. von Karl HAUCK/ Hubert MORDEK (1978) S. 139-158; Janet L. NELSON, Gender and Genre in Woman Historians of the Early Middle Ages, in: DIES., The Frankish World 750-900 (1996) S. 183-197, S. 191 f.; Yitzhak HEN, The Annals of Metz and the Merovingian Past, in: The Uses of the Past in the Early Middle Ages, hgg. von DEMS./Matthew INNES (2000) S. 175-190; vgl. aber auch Hartmut ATSMA, Chelles, in: Reallexikon der germanischen Altertumskunde 4 (²1981) S. 424; COLLINS, Reviser (wie Anm. 2) S. 196, der die Entstehung des Gesamtwerks auf ca. 831 datiert.
[7] Annales qui dicuntur Einhardi (wie Anm. 1) a. 741 (S. 3).
[8] Vgl. dazu Ulrich NONN, Die Schlacht bei Poitiers 732. Probleme historischer Urteilsbildung, in: Beiträge zur Geschichte des Regnum Francorum, hg. von Rudolf SCHIEFFER (Beihefte der Francia 22, 1990) S. 37-56; Paul FOURACRE, The Age of Charles Martel (2000) S. 87 f.
[9] Zusammenfassend: Karl Martell in seiner Zeit, hgg. von Jörg JARNUT/Ulrich NONN/Michael RICHTER (Beihefte der Francia 37, 1994); FOURACRE, Charles Martel (wie Anm. 8); vgl. auch Waltraud JOCH, Legitimität und Integration. Untersuchungen zu den

können, einen Merowinger als Schattenkönig einzusetzen und herrschte seither zwar ohne Königstitel, aber doch königsgleich über das Reich[10]. Man wird indes einwenden können, daß gerade die Bedeutung Karl Martells nicht gerade dafür sprach, ein Geschichtswerk erst mit seinem Tod einsetzen zu lassen. Rudolf Schieffer weist daher mit Recht auf einen pragmatischen Aspekt hin: „Der Generationswechsel von 741 bildete gerade noch den Horizont zeitgeschichtlicher Erinnerung als um 790 ein Geistlicher aus der Umgebung Karls des Großen den angemessenen Auftakt für ein neu konzipiertes Annalenwerk suchte"[11].

Auf der anderen Seite verweist Schieffer auch auf die „innere Anteilnahme" des Reichsannalisten an den Ereignissen von 741, die durchaus nicht so reibungslos verliefen, wie der Geschichtsschreiber glauben machen will[12]. Zudem nahm damals der Aufstieg von Karls des Großen Vater Pippin zur Königswürde seinen Ausgang. Zusammen mit seinem älteren Bruder Karlmann unterwarf Pippin in den auf 741 folgenden Jahren äußere und innere Feinde des Frankenreiches und schuf so die Voraussetzungen für den Dynastiewechsel von 751[13]. Bereits der zweite Eintrag der Reichsannalen zum Jahr 742 bezieht sich auf einen dieser Kriege: „Als die Hausmeier Karlmann und Pippin mit einem Heer gegen den Herzog Hunald von Aquitanien zogen und die Burg Loches eroberten, teilten sie während dieses Feldzugs auch das Frankenreich unter sich auf in dem Ort, der Vieux-Poitiers genannt wird. Im selben Jahr verwüstete Karlmann Alamannien"[14].

Anfängen Karl Martells (Historische Studien 456, 1999).

[10] Vgl. Brigitte KASTEN, Königssöhne und Königsherrschaft. Untersuchungen zur Teilhabe am Reich in der Merowinger- und Karolingerzeit (Schriften der MGH 44, 1997) S. 109 ff.; FOURACRE, Charles Martel (wie Anm. 8) S. 155 ff.

[11] SCHIEFFER, Karolinger (wie Anm. 3) S. 50.

[12] Ebda.

[13] Eine kritische Würdigung dieses Aufstiegs bei Michael RICHTER, Die „lange Machtergreifung" der Karolinger. Der Staatsstreich gegen die Merowinger in den Jahren 747-771, in: Große Verschwörungen. Staatsstreich und Tyrannensturz von der Antike bis zur Gegenwart, hg. von Uwe SCHULZ (1998) S. 48-59.

[14] Annales regni Francorum (wie Anm. 1) a. 742 (S. 4): *Quando Carlomannus et Pippinus maiores domus duxerunt exercitum contra Hunaldum ducem Aquitaniorum et ceperunt*

Man stutzt. Warum teilten die Brüder das Frankenreich erst ein Jahr nach dem Tod des Vaters unter sich auf? Hatte Karl Martell seine Nachfolge überhaupt nicht geregelt, oder hatte er seinen Söhnen das Reich zur gesamten Hand vermacht? Waren Zwänge aufgetreten, die eine Neuregelung nötig machten, waren die beiden überhaupt die alleinigen legitimen Erben Karl Martells? Fragen, auf die die Reichsannalen keine Antworten geben. Etliche Indizien weisen darauf hin, daß Karls Tod im Oktober 741 eine schwerwiegende Krise im Frankenreich ausgelöst hatte. Nach gängiger Meinung verdrängten Karlmann und Pippin, seine beiden Söhne aus erster Ehe, ihren Halbbruder Grifo, Karls Sohn aus zweiter Ehe, spätestens Anfang 742 aus dem ihm zugedachten Erbteil und teilten das Reich unter sich auf[15]. Die Verbindungen Grifos und vor allem seiner Mutter Swanahild, einer aus Bayern stammenden Prinzessin aus dem Hause der Agilolfinger, führten in den folgenden Jahren auch zu Kriegen gegen Bayern, Aquitanien und Alemannien, die beide Brüder schließlich für sich entschieden[16]. Dabei nimmt die Forschung ganz selbstverständlich an, Karlmann und Pippin seien Karls Haupterben gewesen, die die Herrschaft ihres Vaters trotz dieser Schwierigkeiten im Grunde genommen bruchlos fortgesetzt hätten.

Letztlich entspricht das dem bereits von den Reichsannalen skizzierten, freilich erheblich verkürzten Bild. Aus den drei anderen wichtigen

---

castrum, quod vocatur Luccas et in ipso itinere diviserunt regnum Francorum inter se in loco, qui dicitur Vetus-Pictavis. Eodem que anno Carlomannus Alamanniam vastavit.

[15] Heinrich HAHN, Jahrbücher des fränkischen Reichs 741-752 (1863) S. 15 ff.; Gunther WOLF, Grifos Erbe, die Einsetzung Childerichs III. und der Kampf um die Macht – zugleich Bemerkungen zur karolingischen „Hofhistoriographie", AfD 38 (1992) S. 1-16; SCHIEFFER, Karolinger (wie Anm. 3) S. 50 ff.; KASTEN, Königssöhne (wie Anm. 10) S. 120; FOURACRE, Charles Martel (wie Anm. 8) S. 166 f.

[16] HAHN, Jahrbücher (wie Anm. 15) S. 19 ff.; SCHIEFFER, Karolinger (wie Anm. 3) S. 51 f.; Matthias BECHER, Zum Geburtsjahr Tassilos III., Zeitschrift für bayrische Landesgeschichte 52 (1989) S. 3-12; Jörg JARNUT, Alemannien zur Zeit der Doppelherrschaft der Hausmeier Karlmann und Pippin, in: Beiträge zur Geschichte des Regnum Francorum (wie Anm. 8) S. 57-66, S. 60 ff.; Joachim JAHN, Ducatus Baiuvariorum. Das bairische Herzogtum der Agilolfinger (Monographien zur Geschichte des Mittelalters 35, 1991) S. 178 ff., S. 186 ff.

erzählenden Quellen der Karolingerzeit ergibt sich dazu ein anderes Bild. Die wohl streng zeitgenössische (zweite) Fortsetzung Fredegars berichtet, Karl Martell selbst habe sein Reich unter seine beiden Söhne Karlmann und Pippin geteilt. Dem Älteren habe er Austrasien, Alemannien und Thüringen, dem Jüngeren Neustrien und Burgund zugedacht[17]. Der dritte Bruder Grifo wird auch hier überhaupt nicht erwähnt. Die Metzer Annalen von 805 übernehmen zwar zunächst den Bericht der Fortsetzung Fredegars über die Reichsteilung durch Karl Martell an seine beiden älteren Söhne[18], greifen aber direkt im Anschluß an die Nachricht über den Tod des Hausmeiers dieses Thema erneut auf: Nach der ersten Teilung habe er seinem dritten Sohn namens Grifo, den ihm Swanahild geschenkt hatte, einen Reichsteil *in medio principatus sui* zugedacht[19]. Grifo hätte diesem Bericht zufolge von jedem der drei seit langem bestehenden Reichsteile Neustrien, Austrasien und Burgund einen Anteil erhalten. Ein weiterer Teil des Berichts stammt aus den Reichsannalen und handelt von dem im folgenden Jahr unternommenen Feldzug nach Aquitanien sowie der Reichsteilung von Vieux-Poitiers zwischen Karlmann und Pippin[20]. Schließlich berichten die sogenannten Einhardsannalen kurz nach 815, Karl Martell habe drei Erben hinterlassen, von denen Grifo auf Anraten seiner Mutter nach der Herrschaft im Gesamtreich gestrebt habe[21].

Unstimmiger können Berichte über ein und denselben Gegenstand kaum sein! Das fällt um so mehr ins Gewicht, als alle vier Quellen Geschichtswerke sind, die im engsten Umkreis des Siegers Pippin und seiner Nachfahren entstanden sind[22]. Grifo, der Verlierer, und seine Mutter Swanahild sind höchst unterschiedlich gezeichnet: Während sie in der Fortsetzung Fredegars und den Reichsannalen überhaupt nicht existent

---

[17] Cont. Fred. (wie Anm. 4) c. 23 (S. 179) zit. unten, Anm. 29.
[18] Annales Mettenses priores (wie Anm. 5) a. 741 (S. 31) zit. unten, Anm. 33.
[19] Annales Mettenses priores (wie Anm. 5) a. 741 (S. 32) zit. unten, Anm. 39.
[20] Annales Mettenses priores (wie Anm. 5) a. 742 (S. 33) zit. unten, Anm. 35.
[21] Annales qui dicuntur Einhardi (wie Anm. 1) a. 741 (S. 3) zit. unten, Anm. 44.
[22] Nach wie vor grundlegend WATTENBACH/LEVISON/LÖWE (wie Anm. 2).

sind, wächst ihnen in den Metzer und den Einhardsannalen eine entscheidende Rolle zu, die am Hof Karls des Großen negativ gesehen wird. Diese verschiedenen Darstellungen sind also nicht etwa auf Informationslücken zurückzuführen, sondern bewußt so gestaltet. Das beste Beispiel dafür ist die (zweite) Fortsetzung Fredegars, die unter der Leitung von Karl Martells Halbbruder Childebrand im Jahr 751 angefertigt wurde[23]. Er dürfte also Karls dritten Sohn Grifo, seinen eigenen Neffen, sicherlich gekannt haben. Jedoch war Childebrand ein enger Vertrauter seines anderen Neffen Pippin und stellte daher auch sein Geschichtswerk in dessen Sinn zusammen[24]. Im Jahr 751 hatte sich Pippin gerade zum König erhoben, wurde allerdings weiterhin von seinem Halbbruder Grifo bekämpft[25]. Der Ausgang dieser Auseinandersetzungen war damals noch völlig offen, weshalb sich Childebrand wahrscheinlich dafür entschied, Grifo und die mit seiner Existenz verbundenen Schwierigkeiten

---

[23] Vgl. WATTENBACH/LEVISON/LÖWE (wie Anm. 2) S. 162 f.; Werner AFFELDT, Untersuchungen zur Königserhebung Pippins. Das Papsttum und die Begründung des karolingischen Königtums im Jahre 751, FmSt 14 (1980) S. 95-187, S. 101 f.; Roger COLLINS, Deception and Misrepresentation in Early Eigth Century Frankish Historiography: Two Case Studies, in: Karl Martell (wie Anm. 9) S. 227-247, S. 241 ff.; DENS., Fredegar, in: Authors of the Middle Ages, Bd. 4, Nr. 13: Historical and Religious Writers of the Latin West, hg. von Patrick J. GEARY (1996) S. 73-138, S. 112 ff., dessen These einer einheitlichen, bis 751 reichenden Chronik Childebrands noch einer genaueren Überprüfung bedarf; eine Abfassung um 770/80 nimmt jetzt an MCKITTERICK, Illusion (wie Anm. 2) S. 6 f.
[24] Zu Childebrand vgl. auch Maurice CHAUME, Les origines du duché de Bourgogne, Bd. 1 (1925) S. 71 f.; Léon LEVILLAIN, Les Nibelungen historiques et leurs alliances de famille, Annales du Midi 49 (1937) S. 337-407, S. 338 ff.; Eduard HLAWITSCHKA, Die Vorfahren Karls des Großen, in: Karl der Große. Lebenswerk und Nachleben, hg. von Wolfgang BRAUNFELS, Bd. 1: Persönlichkeit und Geschichte, hg. von Helmut BEUMANN (1965) S. 51-82, S. 78; Ulrich NONN, Childebrand, Lex. MA 2 (1983) Sp. 1817; Brigitte KASTEN, Erbrechtliche Verfügungen des 8. und 9. Jahrhunderts, ZRG Germ. 107 (1990) S. 236-338, S. 300 ff.; DIES., Königssöhne (wie Anm. 10) S. 80 f., 104 f.
[25] Vgl. Hanns Leo MIKOLETZKY, Karl Martell und Grifo, in: Festschrift für Edmund E. Stengel (1952) S. 130-154, S. 151 ff.; HASELBACH, Aufstieg (wie Anm. 6) S. 102; AFFELDT, Königserhebung (wie Anm. 23) S. 113 f.; Matthias BECHER, Drogo und die Königserhebung Pippins, FmSt 23 (1989) S. 131-153, S. 146 ff.

überhaupt nicht zu erwähnen[26]. Er überging seinen Neffen auch bei der Nachfolgeregelung Karl Martells, zumal die Feindschaft zwischen Pippin und Grifo damals ihren Anfang genommen haben dürfte. Childebrands Schweigen über seinen Neffen Grifo wirft im übrigen ein bezeichnendes Licht auf die Arbeitsweise der Historiographie des 8. Jahrhunderts und läßt erahnen, wie großzügig ein Chronist mit der Wahrheit umgehen konnte, wenn er sich seines Adressatenkreises – in diesem Falle Pippins Hof – sicher sein konnte.

Diese Schwächen der zeitgenössische Historiographie hat die jüngere Forschung erkannt und stützt sich daher hauptsächlich auf die Metzer Annalen[27], die Grifos Rolle am ausführlichsten würdigen. Eine wichtige Quelle dieses Geschichtswerks ist die (zweite) Fortsetzung Fredegars, die der Metzer Annalist passagenweise einfach abgeschrieben hat. Dies gilt auch für seinen ersten Teilungsbericht, in dem er eine Teilung zwischen Karlmann und Pippin behauptet. Was aber ist von dem zweiten zu Grifos Gunsten zu halten? Hatte Karl Martell überhaupt zwei unterschiedliche Teilungsordnungen vorgesehen und wenn ja, welcher Bericht ist glaubhafter? Zur Beantwortung dieser und der zuvor aufgeworfenen

---

[26] Ein solch eigenwilliger Umgang mit der Geschichte bzw. sogar der Gegenwart war also durchaus möglich, auch wenn etwa Franz STAAB, Knabenvasallität in der Familie Karls des Großen, in: Karl der Große (wie Anm. 2) S. 67-85, S. 75, dies für unmöglich hält und sich statt dessen auf allzu künstlich anmutende Thesen über die Existenz einer Knabenvasallität in karolingischer Zeit kapriziert; zur Rezeption historiographischer Texte im frühen Mittelalter vgl. etwa Michael RICHTER, The Transformation of the Medieval West. Studies in the Oral Culture of the Barbarians (1994) S. 52 ff.; Rosamond MCKITTERICK, The Audience for Latin Historiography in the Early Middle Ages: Text, Transmission and Manusript Dissemination, in: Historiographie im frühen Mittelalter, hgg. von Anton SCHARER/Georg SCHEIBELREITER (Veröffentlichungen des Instituts für Österreichische Geschichtsforschung 32, 1994) S. 96-114; DIES., History and its Audiences. Inaugural Lecture (2000).

[27] Vgl. etwa MIKOLETZKY, Karl Martell und Grifo (wie Anm. 25) S. 146 ff.; Heinz Joachim SCHÜSSLER, Die fränkische Reichsteilung von Vieux-Poitiers (742) und die Reform der Kirche in den Teilreichen Karlmanns und Pippins. Zu den Grenzen der Wirksamkeit des Bonifatius, Francia 13 (1985) S. 47-112, S. 50 ff.; Rudolf SCHIEFFER, Karl Martell und seine Familie, in: Karl Martell (wie Anm. 9) S. 313 f.

Fragen rund um den Tod Karl Martells sollen alle genannten Quellen einmal mehr einer intensiven Kritik unterzogen werden, die ihre Eigenarten und Intentionen berücksichtigt. Erst dann besteht die Chance, den letzten Willen Karl Martells zu ermitteln und sich den Ereignissen nach seinem Tod 741 anzunähern. Dabei ist mit Brigitte Kasten zu beachten[28], daß Karl seine Nachfolgeregelung gemäß dem *ius paternum* getroffen hatte, während Karlmann und Pippin sich zwar ihrerseits auf ihr *ius hereditarium* berufen konnten, aber durch die Mißachtung des väterlichen Willens dennoch in ihrer herrscherlichen Legitimität beeinträchtigt waren.

Resümieren wir zu Beginn nochmals die Darstellung der Fortsetzung Fredegars: Kurz vor seinem Tod regelte Karl Martell seine Nachfolge: Seinem erstgeborenen Sohn Karlmann dachte er Austrasien, Alemannien und Thüringen zu, dem jüngeren Pippin Burgund, Neustrien und die Provence[29]. Doch was war mit Grifo? Hatte Karl seinen dritten Sohn zunächst wirklich übergangen oder wenn nicht, welchen Anteil sollte Grifo erhalten? Bezieht sich Childebrands Bericht auf eine letztlich nur geplante, aber nicht durchgeführte Reichsteilung oder gar auf die Abmachungen, die Karlmann und Pippin nach ihrem Sieg über Grifo in Vieux-Poitiers trafen? Denn diese Vereinbarung ließ Childebrand einfach beiseite, so daß der Eindruck entsteht, die von Karl verfügte Reichsteilung habe unverändert bis zu Karlmanns Abdankung 747 fortbestanden.

---

[28] KASTEN, Königssöhne (wie Anm. 10) S. 117 f., 559 ff.
[29] Cont. Fred. (wie Anm. 4) c. 23 (S. 179): *Igitur memoratus princeps, consilio optimatum suorum expetito, filiis suis regna dividit. Idcirco primogenito suo Carlomanno nomine Auster, Suavia, que nunc Alamannia dicetur, atque Toringia sublimavit; alterius vero secundo filio iuniore Pippino nomine Burgundiam, Neuster et Provintiam praemisit*; ob der Verfasser einen Zusammenhang mit der in c. 21 (S. 178) berichteten Erkrankung Karls herstellen wollte ist m. E. unsicher, da er den ausführlichen Bericht über das Hilfegesuch des Papstes einschob; vgl. dazu Eduard HLAWITSCHKA, Karl Martell, das römische Konsulat und der römische Senat; zur Interpretation von Fredegarii Continuatio c. 22, in: Die Stadt in der europäischen Geschichte. Festschrift für Edith Ennen, hg. von Werner BESCH u. a. (1972) S. 74-90.

Die Reichsannalen sind nur scheinbar klarer in ihrer Aussage: Sie berichten zu 741 natürlich nichts Falsches, wenn sie sich auf Karls Tod beschränken. Doch zeigt gerade diese Einsilbigkeit und das Negieren einer Nachfolgeproblematik, daß 741 eine Situation entstanden war, über die man auch ein halbes Jahrhundert später am karolingischen Hof am besten schwieg. Liest man allein diese Quelle, so müßte man glauben, Karl sei 741 gestorben, ohne eine Verfügung über seine Nachfolge zu treffen; erst ein Jahr später hätten seine beiden angeblich einzigen Söhne Karlmann und Pippin das *regnum Francorum* geteilt[30]. Doch angesichts der auf uns gekommenen anderslautenden Berichte ist die Forschung stets davon ausgegangen, daß Karl bereits zu seinen Lebzeiten Verfügungen über die künftige Verteilung der Herrschaft getroffen hat[31]. Tatsächlich muß dem Verfasser zumindest ein Bericht darüber bekannt gewesen sein, denn er benutzte gerade für die in Frage stehende Zeit die Fortsetzung Fredegars als Vorlage[32]. Dennoch übernahm er für 741 deren Bericht nicht. Entweder mißtraute er ihm oder ihm war Karls wirkliche Nachfolgeordnung unangenehm, vielleicht sogar unbekannt.

Die von Childebrand und den Reichsannalen offen gelassenen Fragen beantworten die Metzer Annalen nur scheinbar: Sie erwähnen zwei Reichsteilungspläne Karl Martells. Zunächst habe dieser unter dem Eindruck einer Erkrankung das Reich vor seinen versammelten Großen

---

[30] Annales regni Francorum (wie Anm. 1) a. 742 (S. 4): ... *et in ipso itinere diviserunt regnum Francorum inter se in loco, qui dicitur Vetus-Pictavis*; Walter MOHR, Fränkische Kirche und Papsttum zwischen Karlmann und Pippin (1966) S. 15, mißtraut dem Bericht der Reichsannalen über die Teilung von 742, da der Verfasser ein Interesse daran gehabt habe, „die Reichsteilung in die Zeit nach der Niederwerfung Grifos zu legen", ebda. S. 54 (Anm. 25); dagegen ist einzuwenden, daß die Reichsannalen von der Fortsetzung Fredegars abhängen und ihr Verfasser daher deren Bericht einfach hätte übernehmen können, wodurch er die Kontinuität der beiden älteren Brüder zu ihrem Vater noch stärker betont hätte.

[31] Vgl. etwa HAHN, Jahrbücher (wie Anm. 15) S. 13 f.; MIKOLETZKY, Karl Martell und Grifo (wie Anm. 25) S. 147; SCHÜSSLER, Reichsteilung (wie Anm. 27) S. 54 ff.; SCHIEFFER, Karolinger (wie Anm. 3) S. 48; KASTEN, Königssöhne (wie Anm. 10) S. 114 ff.; FOURACRE, Charles Martel (wie Anm. 8) S. 161.

[32] Vgl. Annales regni Francorum (wie Anm. 1) a. 742 (S. 3 f.).

Eine verschleierte Krise. Die Nachfolge Karl Martells 741

zwischen Karlmann und Pippin geteilt, ohne Grifo miteinzubeziehen³³. Später habe er ihn dann aber doch noch berücksichtigt³⁴. Schließlich melden sie auch die Teilung von Vieux-Poitiers zu 742³⁵. Dahinter aber verbirgt sich gerade das wirkliche Problem: Die Metzer Annalen sind wohl eine Kompilation aus diversen älteren Quellen³⁶. Das wird auch durch die Abfolge der Teilungsberichte zu 741 bestätigt, denn die zweite Teilungsanordnung Karls folgt auf den Bericht über seinen Tod. Dem Charakter des Werks entsprechend ist, wie bereits erwähnt, der Bericht über die erste Erbregelung fast wörtlich aus der Fortsetzung Fredegars entnommen³⁷, die Darstellung der Reichsteilung von Vieux-Poitiers jedoch aus den Reichsannalen. Doch erfährt man nicht, ob die Brüder die von ihrem Vater einst vorgesehene Erbregelung wieder in Kraft setzten oder ob sie neue Teilungslinien verabredeten. Woher aber stammte die Nachricht über Karls zweite Erbregelung, der zufolge Grifo ein Teilreich in der Mitte des Frankenreiches erhalten sollte? Falls Chelles tatsächlich der Entstehungsort des Geschichtswerkes ist, fällt die Antwort leicht: Nach ihrem Sieg über Grifo wiesen Karlmann und Pippin ihrer

---

³³ Annales Mettenses priores (wie Anm. 5) a. 741 (S. 31): *Eodemque anno, dum memoratus princeps se egrotare cerneret, congregatis in unum omnibus optimatibus suis, principatum suum inter filios suos aequa lance divisit. Primogenito suo Carlomanno Austriam, Alamanniam, Toringiam subiugavit, filio vero iuniori suo Pippino Niustriam, Burgundiam Provinciamque concessit.*
³⁴ Annales Mettenses priores (wie Anm. 5) a. 741 (S. 32) zit. unten, Anm. 39.
³⁵ Annales Mettenses priores (wie Anm. 5) a. 742 (S. 33): *In ipso autem itinere diviserunt regnum Francorum in loco qui dicitur Vetus-Pictavis.*
³⁶ Vgl. die oben, Anm. 6, genannte Literatur.
³⁷ Erweitert um die Feststellung, es habe sich um eine Teilung *aequa lance* gehandelt; jüngst haben Josef SEMMLER, Bonifatius, die Karolinger und „die Franken", in: Mönchtum – Kirche – Herrschaft 750-1000, hgg. von Dieter R. BAUER/Rudolf HIESTAND/Brigitte KASTEN/Sönke LORENZ (1998) S. 3-49, S. 9 ff., und KASTEN, Königssöhne (wie Anm. 10) S. 111 f., diese Teilung unter Hinweis auf die Nachricht bei Erchanbert, Breviarium regum Francorum, ed. Georg Heinrich PERTZ (MGH SS 2, 1829) S. 328, über die Reichsteilung durch Karl Martell auf ca. 737 datiert, dabei aber m. E. die komplizierte Überlieferungslage, die Gegenstand vorliegender Abhandlung ist, zu wenig berücksichtigt; an anderer Stelle möchte ich auf die Nachricht Erchanberts und auf das seit 737 bestehende Interregnum zurückkommen.

Stiefmutter Swanahild dieses Kloster zu[38]. Dies könnte das Interesse des Annalisten an Grifo und seinem Schicksal erklären, was im übrigen seiner pro-karolingischen Tendenz keinen Abbruch tat, wie der Wortlaut des Berichts über die zweite Teilung zeigt:

Karl habe kurz vor seinem Tod, nachdem er das Reich bereits unter seine beiden älteren Söhne geteilt hatte, auf Betreiben seiner Konkubine Swanahild auch den gemeinsamen Sohn Grifo berücksichtigt. Ihm habe er einen Reichsteil in der Mitte des fränkischen Reiches mit einem Anteil an den bisherigen, sozusagen klassischen Teilreichen Neustrien, Austrasien und Burgund zugedacht. Doch sollte Grifo dort die Herrschaft erst nach Erlangen der Volljährigkeit antreten. Über diese Regelung erregten sich die Franken, so der Metzer Annalist weiter, weil sie auf Rat einer schlechten Frau – gemeint ist Swanahild – von den legitimen Erben des Reiches getrennt würden. Sie hielten eine Versammlung ab, nahmen die *principes* Karlmann und Pippin mit sich und sammelten ein Heer, um Grifo gefangen zu setzen. Dieser floh mit seiner Mutter nach Laon, wo er sich nach kurzer Zeit seinen Brüdern ergab und von Karlmann in Chèvremont nahe Lüttich inhaftiert wurde[39].

---

[38] Annales Mettenses priores (wie Anm. 5) a. 741 (S. 33): *Sonihildi vero Calam monasterium dederunt*; nimmt man den Text wörtlich, so erhielt Swanahild das Kloster, vgl. MIKOLETZKY, Karl Martell und Grifo (wie Anm. 25) S. 146, S. 150; so auch Theodor SCHIEFFER, Winfrid-Bonifatius und die christliche Grundlegung Europas (1954, ND 1972) S. 192; HOFFMANN, Untersuchungen (wie Anm. 2) S. 56 mit Anm. 181; Eugen EWIG, Descriptio Franciae, in: Karl der Große. Lebenswerk und Nachleben (wie Anm. 24) S. 143-177, S. 163; Josef SEMMLER, Episcopi potestas und karolingische Klosterpolitik, in: Mönchtum, Episkopat und Adel zur frühen Gründungszeit des Klosters Reichenau, hg. von Arno BORST (Vorträge und Forschungen 20, 1974) S. 305-395, S. 391 Anm. 74; freilich ist Swanahild ansonsten nicht als Äbtissin belegt und war daher wohl doch Gefangene in Chelles, vgl. R. VAN DOREN, Chelles, Dictionnaire d'histoire et de géographie ecclésiastique 12 (1953) Sp. 604 f.; ATSMA, Chelles (wie Anm. 6) S. 424; Alain J. STOCLET, Gisèle, Kisyla, Chelles, Beneditkbeuren et Kochel, Revue Bénédictine 96 (1986) S. 250-270, S. 270; FOURACRE, Charles Martel (wie Anm. 8) S. 167; vgl. auch Karl VOIGT, Die karolingische Klosterpolitik und der Niedergang des westfränkischen Königtums (Kirchenrechtliche Abhandlungen 90/91, 1917) S. 39.
[39] Annales Mettenses priores (wie Anm. 5) a. 741 (S. 32): *Carolus autem adhuc vivens, cum inter filios suos Carolomannum et Pippinum principatum suum divideret, tertio filio suo*

Der Metzer Annalist bzw. der Verfasser seiner Vorlage will deutlich machen, wie sinnlos Karls zweite Erbregelung und wie legitim der Widerstand der Franken war: Dem Sohn einer Konkubine auf deren Betreiben hin ein eigens für ihn geschaffenes Teilreich zuzuweisen, das er aber nicht sofort, sondern erst nach Erlangung der Volljährigkeit beherrschen sollte[40], mußte den Zeitgenossen als Unding erscheinen, zumal die *Franci*, gemeint sind die führenden Adligen, an dieser Entscheidung – im Gegensatz zur ersten – nicht beteiligt worden waren. Vollkommen zurecht empörten sich diese und gewannen für ihren Widerstand auch die zurückgesetzten legitimen Erben Karlmann und Pippin. Der Verfasser suchte also Grifos Ausschaltung zu rechtfertigen, indem er die Franken gegen eine ohne ihre Mitwirkung zustande gekommene und zudem unsinnige Teilung des Reiches Position beziehen läßt[41]. Freilich war Unmündigkeit – sie endete ohnehin mit 12 Jahren – kein Grund für ei-

---

Gripponi, quem ex concubina sua Sonihilde, quam de Bawaria captivam adduxerat, habuit, suadente eadem concubina, partem ei in medio principatus sui tribuit, partem videlicet aliquam Niustriae partemque Austriae et Burgundiae. De hac autem terna portione, quam Griphoni adolescenti decessurus princeps tradiderat, Franci valde contristati erant, ut per consilium improbae mulieris fuissent divisi et a legitimis heredibus seiuncti. Consilioque inito, sumptis secum principibus Carolomanno et Pippino, ad capiendum Griponem exercitum congregant. Haec audiens Gripo, una cum Sonihilde genitrice sua fuga lapsus, cum his qui se sequi voluerant in Laudano-Clavato se incluserunt. Carolomannus vero et Pippinus eos subsequentes castrum obsident. Cernens autem Gripo, quod minime potuisset evadere, in fiduciam fratrum suorum venit. Quem Carolomannus accipiens in Nova-Castella custodiendum transmisit. Sonihildi vero Calam monasterium dederunt; zu Chèvremont vgl. Matthias WERNER, Der Lütticher Raum in frühkarolingischer Zeit (Veröffentlichungen des Max-Planck-Instituts für Geschichte 62, 1980) S. 410 ff.; DENS., Chèvremont, Reallexikon der germanischen Altertumskunde 4 (wie Anm. 6) S. 436-439.
[40] Grifo ist frühestens 726 geboren, da Karl Martell Swanahild 725 ins Frankenreich brachte und beide damals wohl auch heirateten; vgl. HAHN, Jahrbücher (wie Anm. 15) S. 16; MIKOLETZKY, Karl Martell und Grifo (wie Anm. 25) S. 144 ff.
[41] Der „Vorwurf" angeblicher Minderjährigkeit begegnet noch einmal in den Annalen und traf Karl Martells einstigen Konkurrenten um das Hausmeieramt, seinen Neffen Theudoald, vgl. Josef SEMMLER, Zur pippinidisch-karolingischen Sukzessionskrise 714-723, DA 33 (1977) S. 1-36, S. 3 Anm. 22; JOCH, Legitimität (wie Anm. 9) S. 71 ff.; KASTEN, Königssöhne (wie Anm. 10) S. 84 ff.; möglicherweise ging es dabei hauptsächlich um die Diskreditierung politischer Gegner.

nen Ausschluß von der Herrschaft⁴². Im Falle Grifos habe die Initiative dazu dem Geschichtsschreiber zufolge nicht, wie eigentlich zu erwarten wäre, bei den zurückgesetzten älteren Söhnen gelegen, sondern bei den Franken, also einer von den Erbregelungen nur mittelbar betroffenen Gruppe. Sie griffen jedoch ein, weil Karls Erbplan gegen ihr Recht auf Mitwirkung verstieß, das der Metzer Autor in seinem gesamten Werk auch an anderen Stellen hervorhebt⁴³. Stellt man diese Darstellungsweise und überhaupt die eindeutig pro-karolingische Tendenz in Rechnung, so ist der Tatsachengehalt dieser Nachricht darauf zu reduzieren, daß Karl Martell drei Söhne hinterließ, die alle einen legitimen Anspruch auf seine Nachfolge besaßen.

Dies bestätigen auch die sogenannten Einhardsannalen, die von Anfang an keinen rechtlichen Unterschied zwischen den drei Söhnen kennen. Sie vermerken lediglich, daß Grifos Mutter die aus Bayern stammende Swanahild war, die ihrem Sohn Hoffnungen auf das gesamte Reich machte. Hier ist Grifo derjenige, der die Initiative ergriff und mit der Besetzung der Stadt Laon die bewaffnete Auseinandersetzung begann. In dieser Darstellung reagierten die älteren Brüder lediglich, eroberten Laon, und Karlmann setzte Grifo in Chèvremont gefangen⁴⁴. Die Einhards-

---

⁴² Vgl. Thilo OFFERGELD, Reges pueri. Das Königtum Minderjähriger im frühen Mittelalter (Schriften der MGH 50, 2001); siehe auch schon Theo KÖLZER, Das Königtum Minderjähriger im fränkisch-deutschen Mittelalter. Eine Skizze, HZ 251 (1990) S. 291-323.
⁴³ Vgl. allgemein HASELBACH, Aufstieg (wie Anm. 6) S. 146 ff., 149 ff.; HEN, Annals of Metz (wie Anm. 6) S. 186 f.; speziell zu diesem Bericht auch Jürgen HANNIG, Consensus fidelium: Frühfeudale Interpretationen des Verhältnisses zwischen Königtum und Adel am Beispiel des Frankenreiches (Monographien zur Geschichte des Mittelalters 27, 1982) S. 148 f.; WOLF, Grifos Erbe (wie Anm. 15) S. 4; zur Kritik an Wolfs Arbeitsweise siehe KASTEN, Königssöhne (wie Anm. 10) S. 117 Anm. 233.
⁴⁴ Annales qui dicuntur Einhardi (wie Anm. 1) a. 741 (S. 3): *Hoc anno Karlus maior domus diem obiit, tres filios heredes relinquens, Carlomannum scilicet et Pippinum atque Grifonem. Quorum Grifo, qui ceteris minor natu erat, matrem habuit nomine Swanahildem, neptem Odilonis ducis Baioariorum. Haec illum maligno consilio ad spem totius regni concitavit, in tantum, ut sine dilatione Laudunum civitatem occuparet ac bellum fratribus indiceret. Qui celeriter exercitu collecto Laudunum obsidentes fratrem in deditionem accipiunt atque inde ad regnum ordinandum ac provincias, quae post mortem patris a Francorum societate*

annalen entstanden nach 814 zur Zeit Ludwigs des Frommen. Sie sind eine Überarbeitung der Reichsannalen, deren Verfasser sich – im Gegensatz zu seiner Vorlage – nicht scheut, auch Schwierigkeiten und Probleme der herrschenden Dynastie in der Vergangenheit zu erwähnen[45]. Deutlich spricht er etwa fränkische Niederlagen gegen die Sachsen an, die der Reichsannalist noch verschwiegen hatte. Nunmehr konnte sich die karolingische Dynastie, die mit Ludwig ja in der dritten Generation den König und in der zweiten den Kaiser stellte, anscheinend einen offeneren Umgang mit ihrer Vergangenheit und deren dunklen Seiten leisten.

Aber auch die sogenannten Einhardsannalen sind keine neutrale Geschichtsschreibung. Dazu ist die Abhängigkeit von ihrer Vorlage zu groß. Sie bieten also keine objektive Darstellung der Ereignisse, sondern geben nur eine etwas unbefangenere Interpretation des karolingischen Aufstiegs. Alle drei Söhne werden als Erben bezeichnet, von denen sich einer um die Alleinherrschaft bemüht und dann besiegt wird. Man wird davon ausgehen können, daß auch dieser Bericht Grifo nicht ganz gerecht wird. Im übrigen fällt auf, daß der Annalist keine geographischen Angaben über die Reichsteilung macht, sondern recht ungenau zunächst von legitimen Erben und dann von Grifos *spem totius regni* spricht, die er nach Karls Tod unter Swanahilds Einfluß durchsetzen wollte. Demnach war also Swanahild die treibende Kraft. Sie dürfte bereits vor dem Tod ihres Gatten zu Gunsten ihres Sohnes aktiv geworden sein. Wenn er aber, wie heute allgemein anerkannt, ein legitimer Sohn war, dann stand ihm ein Teil des Reiches ohnehin zu. Swanahild hätte in ihrem Ehrgeiz damals versuchen müssen, Karl zu veranlassen, daß Grifo sein Haupterbe, vielleicht sogar sein alleiniger Erbe wird.

---

desciverant, reciperandas animos intendunt. Et ut in externa profecti domi omnia tuta dimitterent, Carlomannus Grifonem sumens in Novo-castello, quod iuxta Arduennam situm est, custodiri fecit, in qua custodia usque ad tempus, quo idem Carlomannus Romam profectus est, dicitur permansisse.
[45] Vgl. WATTENBACH/LEVISON/LÖWE (wie Anm. 2) S. 254 ff.; MCKITTERICK, Constructing (wie Anm. 2) S. 123 f.; COLLINS, Reviser (wie Anm. 2) S. 197 ff.

Doch war Swanahilds Einfluß überhaupt groß genug, um die Politik ihres Gatten maßgeblich mitzubestimmen? Karl Martell hatte sie kurz nach 725 in zweiter Ehe geheiratet. Sie war also nicht – wie von den Metzer Annalen behauptet – lediglich eine Konkubine[46]. Damals war Karl in Bayern erschienen und hatte Herzog Hugbert zum Sieg in innerbayerischen Auseinandersetzungen verholfen[47]. Bezeichnenderweise legt die Fortsetzung Fredegars darauf keinen besonderen Wert, sondern hebt hervor, Karl habe im Anschluß an einen Feldzug gegen Alemannen und Sueben auch Bayern unterworfen und sei mit vielen Schätzen sowie der *matrona* Pilitrud und ihrer Nichte Swanahild ins Frankenreich zurückgekehrt[48]. Pilitrud war nacheinander mit zwei bayerischen (Teil-)Herzögen verheiratet gewesen, den Brüdern Theodolt und Grimoald, und zudem über ihre mutmaßliche Mutter Regintrud möglicherweise eine Enkelin des mächtigen fränkischen Pfalzgrafen Hugbert und seiner Gemahlin Irmina von Oeren[49]. Plectrud, eine andere Tochter dieses Paares, war mit

---

[46] Darauf hat erstmals aufmerksam gemacht MIKOLETZKY, Karl Martell und Grifo (wie Anm. 25) S. 145.

[47] Vgl. hierzu und zum folgenden Jörg JARNUT, Beiträge zu den fränkisch-bayerisch-langobardischen Beziehungen im 7. und 8. Jahrhundert (656-728), Zeitschrift für bayerische Landesgeschichte 39 (1976) S. 331-352, S. 346; JAHN, Ducatus (wie Anm. 16) S. 78 f., S. 116 f.

[48] Cont. Fred. (wie Anm. 4) c. 12 (S. 175); zur Nennung der beiden Frauen neuerdings Stuart AIRLIE, Narratives of Triumph and Rituals of Submission: Charlemagne's Mastering of Bavaria, (Transactions of the Royal Historical Society, 6th Series, 9, 1999) S. 93-119, S. 105; zu „Alemannen" und „Sueben" vgl. jetzt vor allem Thomas ZOTZ, Ethnogenese und Herzogtum in Alemannien (9.-11. Jahrhundert), MIÖG 108 (2000) S. 48-66, S. 52 f.

[49] Zu diesen verwickelten Familienbeziehungen vgl. Eduard HLAWITSCHKA, Merowingerblut bei den Karolingern?, in: Adel und Kirche. Festschrift für Gerd Tellenbach, hgg. von Josef FLECKENSTEIN/Karl SCHMID (1968) S. 66-91, S. 79 f.; Wilhelm STÖRMER, Adelsgruppen im früh- und hochmittelalterlichen Bayern (Studien zur Bayerischen Verfassungs- und Sozialgeschichte 4, 1972) S. 21 f.; JARNUT, Beziehungen (wie Anm. 47) S. 350 ff.; JAHN, Ducatus (wie Anm. 16) S. 91 ff.; skeptisch dagegen Matthias WERNER, Adelsfamilien im Umkreis der frühen Karolinger. Die Verwandtschaft Irminas von Oeren und Adelas von Pfalzel. Personengeschichtliche Untersuchungen zur frühmittelalterlichen Führungsschicht im Maas-Mosel-Gebiet. (Vorträge und Forschungen, Sonderbd. 28, 1982)

Karls Vater Pippin dem Mittleren verheiratet gewesen, der von dieser Verbindung entscheidend profitiert hatte⁵⁰. Dank der Macht und des Einflusses ihrer Familie hatte sie faktisch als Pippins Mitregentin fungiert. Nach Pippins Tod 714 war sie die wichtigste Feindin ihres Stiefsohnes Karl Martell gewesen. Erst nach langen Kämpfen war es diesem gelungen, Plectrud und ihren Anhang zu besiegen⁵¹. Ihre Familie dürfte weiterhin sehr einflußreich gewesen sein, zumal Karl einige von Plectruds Enkeln auf seine Seite ziehen konnte⁵². Die Ehe mit Swanahild, die nach den eben vorgestellten Überlegungen nicht nur eine Nichte Pilitruds, sondern auch eine Großnichte Plectruds war, versöhnte Karl also mit diesen innerfränkischen Gegnern und sicherte so seine Stellung in der eigentlichen *Francia* zusätzlich ab.

Zum anderen war Swanahild aber nicht nur eine Nichte der Herzogin Pilitrud, sondern auch eine Nichte Herzog Hugberts⁵³, zu dessen Gunsten Karl in Bayern eingegriffen hatte⁵⁴. Gleichzeitig hatte sich aber auch der Langobardenkönig Liutprand auf Seiten seines Schwagers Hugbert in den innerfränkischen Auseinandersetzungen engagiert. Karls Heirat mit Swanahild sicherte somit nicht nur das fränkisch-bayerische Bündnis ab,

---

S. 225 ff.
⁵⁰ Zu ihr zuletzt Ingrid HEIDRICH, Von Plectrud zu Hildegard. Beobachtungen zum Besitzrecht adliger Frauen im Frankenreich des 7. und 8. Jahrhunderts und zur politischen Rolle der Frauen der frühen Karolinger, RhVjbll 52 (1988) S. 1-15, S. 5 ff.
⁵¹ Vgl. SEMMLER, Sukzessionskrise (wie Anm. 41) S. 5 ff.; JOCH, Legitimität (wie Anm. 9) S. 81 ff.; FOURACRE, Charles Martel (wie Anm. 8) S. 57 ff.
⁵² COLLINS, Deception (wie Anm. 23) S. 231 ff.; JOCH, Legitimität (wie Anm. 9) S. 92 ff.
⁵³ Aventinus, Annales ducum Boiariae lib. 3 c. 8, ed. Sigmund RIEZLER (Johannes Turmair's genannt Aventinus sämtliche Werke 2/1, 1881) S. 383; Jörg JARNUT, Untersuchungen zur Herkunft Swanahilds, der Gemahlin Karl Martells, Zeitschrift für bayrische Landesgeschichte 40 (1977) S. 245-249: Möglicherweise war sie die Tochter seines früh verstorbenen Bruders Tassilo; zum Fortleben ihres Namens im Freisinger Raum als Zeichen der agilolfingischen Orientierung eines dort beheimateten Geschlechts noch im 9. Jahrhundert vgl. Gertrud DIEPOLDER, Freisinger Traditionen und Memorialeinträge im Salzburger Liber Vitae und im Reichenauer Verbrüderungsbuch, Zeitschrift für bayrische Landesgeschichte 58 (1995) S. 147-189, S. 181 f.
⁵⁴ Vgl. hierzu auch JAHN, Ducatus (wie Anm. 16) S. 107.

sondern sie stand auch für eine fränkisch-langobardische Annäherung. Doch nicht nur machtpolitisch zog Karl vielfältigen Gewinn aus seiner zweiten Ehe, er erhöhte auch sein Ansehen in der ahnenstolzen Adelsgesellschaft des frühen Mittelalters: Swanahild gehörte väterlicherseits zu dem altehrwürdigen Geschlecht der Agilolfinger, das lange Zeit die langobardischen Könige und noch immer die königsgleichen bayerischen *duces* stellte. Die Forschungen Jörg Jarnuts der letzten Jahre haben gezeigt, wie unvorstellbar groß das Ansehen dieses Geschlechts gewesen sein muß[55]. Es gab im westlichen Europa wohl nur eine Familie, die in dieser Hinsicht mit den Agilolfingern zu vergleichen war: die Merowinger, die seit über zweihundert Jahren die fränkischen Könige stellten. Ihre hohe Abkunft mag Swanahild zu der Überlegung veranlaßt haben, allein ihr Sohn komme für die Nachfolge Karl Martells und der Merowinger in Frage. Schließlich waren es ihre und damit auch seine langobardischen, bayerischen und fränkischen Familienverbindungen, die Karl Martells auf Gewalt gestützte Machtstellung dynastisch absicherten und adelten. Selbst noch nach ihrer Niederlage und ihrem Tod geriet Swanahilds bedeutende Stellung nicht vollständig in Vergessenheit. So wurde sie im Reichenauer Verbrüderungsbuch als *regina* bezeichnet, und auch im Salzburger Verbrüderungsbuch, angelegt unter dem 784 verstorbenen Bischof Virgil, wurde ihrer und in einem Nachtrag sogar ihres Sohnes im Zusammenhang mit den karolingischen Herrschern gedacht[56].

---

[55] Jörg JARNUT, Agilolfingerstudien. Geschichte einer adligen Familie im 6. und 7. Jahrhundert (Monographien zur Geschichte des Mittelalters 32, 1986) S. 79 ff.; DERS., Genealogie und politische Bedeutung der agilolfingischen Herzöge, MIÖG 99 (1991) S. 1-22; vgl. bereits Karl Ferdinand WERNER, Bedeutende Adelsfamilien im Reich Karls des Großen, in: Karl der Große (wie Anm. 24) S. 83-142, besonders S. 106 ff.; Werner GOEZ, Über die Anfänge der Agilulfinger, Jahrbuch für fränkische Landesforschung 34/35 (1974/75) S. 145-161.

[56] Das Verbrüderungsbuch der Abtei Reichenau (Einleitung, Register, Faksimile), edd. Johanne AUTENRIETH/Dieter GEUENICH/Karl SCHMID (MGH Libri memoriales et Necrologia, Nova Series 1, 1979) pag. 114 (A): *Suanahil regina*; ihr Gemahl ist in derselben Spalte als *Karolus maior domus* eingetragen; Das Verbrüderungsbuch von St. Peter in Salzburg. Vollständige Faksimile-Ausgabe im Originalformat der Handschrift A1 aus dem Archiv von St. Peter in Salzburg, ed. Karl FORSTNER (1974) pag. 20; vgl. Herwig

Angesichts ihrer hohen Abkunft und ihrer hervorragenden politischen Verbindungen könnte Swanahild wie mehr als 20 Jahre zuvor schon ihre Großtante Plectrud auf den Gedanken gekommen sein, die Nachfolgefrage im Sinne ihrer eigenen Nachkommenschaft und gegen die Söhne ihres Gemahls aus einer anderen Ehe zu regeln. Voraussetzung dafür aber war, daß sie nicht nur von hochadliger Geburt war, sondern daß sie ihr Ansehen auch in praktische Politik umsetzen konnte. In den erzählenden Quellen wird sie nur sehr selten erwähnt und dann eindeutig negativ charakterisiert[57]. Wir sind daher zumeist auf indirekte Hinweise angewiesen. Auf ihren Einfluß ist es wohl zurückzuführen, daß Karl Martell 736 nach dem Tod Hugberts von Bayern, Swanahilds Onkel väterlicherseits, ihrem Onkel mütterlicherseits namens Odilo zum bayerischen Dukat verhalf[58]. Dies ist um so bemerkenswerter, als Odilo gar nicht der bayerischen, sondern der alamannischen Linie der Agilolfinger angehörte und es entsprechend schwer hatte, sich in Bayern durchzusetzen. In den folgenden Jahren wurde Swanahilds Einfluß immer größer. Wahrscheinlich hat sie ihren Gemahl dazu veranlaßt, 739 bei der Errichtung der bayerischen Bistümer eng mit Bonifatius und ihrem Onkel Odilo zusammenzuarbeiten[59]. Der Widerstand des bayerischen Adels

---

WOLFRAM, Salzburg, Bayern, Österreich. Die conversio Bagoariorum et Carantanorum und die Quellen ihrer Zeit (MIÖG, Ergänzungsbd. 31, 1995) S. 266 f.
[57] MIKOLETZKY, Karl Martell und Grifo (wie Anm. 25) S. 145, spricht vom „Haß der Quellen gegen die Frau".
[58] Hans SCHNYDER, Bonifatius und Alemannien, Der Geschichtsfreund. Mitteilungen des Historischen Vereins der fünf Orte Luzern, Uri, Schwyz, Unterwalden ob und nid dem Wald und Zug 124 (1971) S. 97-163; Jörg JARNUT, Studien über Herzog Odilo (736-748), MIÖG 85 (1977) S. 273-284; JAHN, Ducatus (wie Anm. 16) S. 125 ff.
[59] Vgl. JARNUT, Herzog Odilo (wie Anm.58) S. 278 ff.; Egon BOSHOF, Agilolfingisches Herzogtum und angelsächsische Mission: Bonifatius und die bayerische Bistumsorganisation von 739, Ostbairische Grenzmarken 31 (1989) S. 11-26, S. 19 f.; Wilhelm STÖRMER, Die bayerische Herzogskirche, in: Der heilige Willibald – Klosterbischof oder Bistumsgründer?, hgg. von Harald DICKERHOF/Ernst REITER/Stefan WEINFURTER (Eichstätter Studien, NF 30, 1990) S. 115-142, S. 124; JAHN, Ducatus (wie Anm. 16) S. 132 ff.; DENS., Hausmeier und Herzöge. Bemerkungen zur agilolfingisch-karolingischen Rivalität bis zum Tode Karl Martells, in: Karl Martell (wie Anm. 9) S. 317-344, S. 337 f.

gegen dieses Reformwerk war so stark, daß Odilo sogar kurzzeitig aus seinem Herzogtum fliehen mußte und Zuflucht am Hof Karl Martells und Swanahilds fand.

Deutlicher wird Swanahilds Einfluß innerhalb der *Francia* faßbar. Zu einem nicht näher bestimmbaren Zeitpunkt veranlaßte Swanahild in Zusammenarbeit mit dem Grafen Gairefrid von Paris, möglicherweise einem weiteren Mitglied ihrer weitverzweigten Verwandtschaft[60], ihren Gatten dazu, den Kaufleuten, die die Messe des Klosters Saint-Denis besuchten, hohe Zölle aufzuerlegen. Diese Maßnahme ist uns aus einer Gerichtsurkunde ihres Stiefsohnes Pippin bekannt, der zwei Jahre nach seiner Thronbesteigung den diesbezüglichen Klagen Abt Fulrads von Saint-Denis über den schweren Schaden dieser Regelung stattgab[61]. Der König charakterisierte das Verhalten seiner einstigen Feindin eindeutig negativ. Die Forschung glaubte lange Zeit, aus dem Diplom gehe hervor, Swanahild und Gairefrid hätten Karl Martell aus Paris vertrieben[62], doch

---

[60] So STÖRMER, Adelsgruppen (wie Anm. 49) S. 45; vgl. auch JAHN, Ducatus (wie Anm. 16) S. 175 mit Anm. 239; Régine LE JAN-HENNEBICQUE, Prosopographica neustrica: les agents du Roi en Neustrie de 639 à 840, in: La Neustrie. Les pays au nord de la Loire de 650 à 850. Colloque historique international, hg. von Hartmut ATSMA, Bd. 1 (Beihefte der Francia 16/1, 1989) S. 231-269, S. 250 (Nr. 124), identifiziert Gairefrid mit Grifo; JAHN, Ducatus (wie Anm. 16) S. 279, deutet den Namen „Grifo" als Kurzform von „Garibald".

[61] Diplomata Karolinorum I, Pippini, Carlomanni, Caroli magni Diplomata, ed. Engelbert MÜHLBACHER (MGH DD 2,1, 1906) Nr. 6 (8. Juli 753) S. 10: *Et [Folradus abba vel monachy sancti Dionisii] hoc dicebant, quod ante hos annos, quando Carlus fuit e[iect]us per Soanachylde cupiditate et Gairefredo Parisius comite insidiante, per eorum consensu ad illos necuciantes vel marcadantes per deprecacionem unumquemque hom[inem ing]enuum dinarius quattuor dare fecissent, et hoc eis malo ordine tullerunt*; Chartae Latinae antiquiores, edd. Albert BRUCKNER/Robert MARICHAL, Bd. 15, bearb. von Hartmut ATSMA/Jean VEZIN (1986) Nr. 598, S. [16]: ... *[eiec]tus* .. statt *e[iect]us*; Pippins Urkunde wurde bestätigt von seinem Sohn Karlmann, DD Karol. I, Nr. 43 (Januar 769) S. 62 f., und seinem Enkel Ludwig dem Frommen, BM² = Die Regesten des Kaiserreichs unter den Karolingern 751-918, ed. Johann Friedrich BÖHMER, neubearb. von Engelbert MÜHLBACHER, vollendet von Johann LECHNER, ND mit Ergänzungen von Carlrichard BRÜHL und Hans KAMINSKY (1966) Nr. 552 (1. Dezember 814).

[62] HAHN, Jahrbücher (wie Anm. 15) S. 17; Theodor BREYSIG, Jahrbücher des fränkischen Reiches 714-741 (1869) S. 102.

ist das entscheidende Wort der Handschrift verderbt, so daß dies nicht die einzig mögliche Emendation des Textes darstellt[63]. Doch selbst wenn man ihre Richtigkeit unterstellt, müßte man damit rechnen, daß Pippins Kanzlei Swanahild eventuell sogar wider besseres Wissen ein schlechtes Verhältnis zu Karl Martell unterstellen wollte[64]. Dafür spricht auch, daß Swanahilds und Gairefrids Verfügungen von dessen Nachfolger Gairehard – auch er eventuell ein Verwandter Swanahilds – übernommen wurden[65]. Wenn die genannten Regelungen bereits für die Zeitgenossen erkennbar gegen den Willen des amtierenden Hausmeiers erlassen worden wären, hätte er davon wohl Abstand genommen. Zudem scheint Swanahilds Verhältnis zu Saint-Denis nicht gelitten zu haben, stimmte sie doch 741 einer Schenkung ihres Gatten an das Kloster ausdrücklich zu[66]. Vor diesem Hintergrund drängt sich eine andere Interpretation auf: Möglicherweise erreichte 753 Abt Fulrad, daß den Messebesuchern der

---

[63] Ingrid HEIDRICH, Titulatur und Urkunden der karolingischen Hausmeier, AfD 11/12 (1965/66) S. 71-280, S. 202 Anm. 611, störte sich mit Recht an *eiectus*, da eine Ortsangabe fehlt und diskutierte weitere mögliche Emendationen: *elusus, excitatus, excessus, eversus, elicitus*, was die Ereignisse von Paris weniger spektakulär erscheinen läßt; vgl. SCHÜSSLER, Reichsteilung (wie Anm. 27) S. 56 mit Anm. 71; Josef SEMMLER, Saint-Denis: Von der bischöflichen Coemeterialbasilika zur königlichen Benediktinerabtei, in: La Neustrie. Les pays au nord de la Loire de 650 à 850. Colloque historique international, hg. von Hartmut ATSMA, Bd. 2 (Beihefte der Francia 16/2, 1989) S. 75-123, S. 93; anders JAHN, Ducatus (wie Anm. 16) S. 175; KASTEN, Königssöhne (wie Anm. 10) S. 115; JOCH, Legitimität (wie Anm. 9) S. 60 mit Anm. 335; vgl. auch Ralf PETERS, Die Entwicklung des Grundbesitzes der Abtei Saint-Denis in merowingischer und karolingischer Zeit (1993) S. 141.
[64] In diesem Sinne Herwig WOLFRAM, Die neue Faksimile-Ausgabe der originalen Karolingerurkunden, MIÖG 96 (1988) S. 133-138, S. 135.
[65] MGH DD Karol. I, Nr. 6 (8. Juli 753) S. 10: *Et ipse Gairehardus hoc dicebat, quod alia consuetudine in ipso marcado non misisset, nisi qualem antea per emissione Soanechyldae vel iam dicto Gairefredo missa fuisset et ibidem invenisset*; zu Gairehard vgl. STÖRMER, Adelsgruppen (wie Anm. 49) S. 45; LE JAN-HENNEBICQUE, Prosopographica neustrica (wie Anm. 60) S. 248 f. (Nr. 106)
[66] Diplomata maiorum domus e stirpe Arnulforum, ed. Karl A. F. PERTZ (MGH DD 1, 1872) Nr. 14 S. 101 f.; jetzt auch: Die Urkunden der Arnulfinger, ed. Ingrid HEIDRICH (2001) Nr. 14; DIES., Titulatur (wie Anm. 63) S. 242 (Regest Nr. A 12); vgl. dazu auch unten, bei Anm. 82.

erwähnte Zoll erlassen wurde, indem er diese Abgabe als ungerechtfertigt und Swanahild als ihre Urheberin hinstellte. Wichtig an der Nachricht über Saint-Denis ist daher, daß sie Swanahilds bedeutende Position in Karls Spätzeit belegt.

Von der starken Stellung seiner Mutter am Hofe profitierte auch Grifo, dem Karl Martell als jüngstem Sohn vielleicht in besonderer Weise zugetan war. Als Parallele wird man etwa auf das Verhältnis Ludwigs des Frommen zu Karl dem Kahlen, seinem Sohn aus zweiter Ehe, verweisen können[67]. Die Verbundenheit Karl Martells mit seinem jüngsten Sohn verdeutlicht etwa eine Episode, die in der nach 850 entstandenen Vita des Abtes Leutfrid von Croix-Saint-Leufroy überliefert ist. Nachdem dieser den Hof verlassen hatte, rief ihn der Hausmeier zurück, damit er den inzwischen schwer erkrankten Grifo durch seine Gebete heile[68]. Karl residierte damals mit seiner Familie in Laon, also in der Stadt, die wenige Jahre später das Zentrum von Grifos Machtstellung war.

Laon, das seit 561 zu Austrasien gehörte, weist eine strategisch günstige Lage auf und liegt in unmittelbarer Nähe der merowingischen Hauptorte Soissons und Reims[69]. Bereits im Jahr 680 hatte sich Martin, der

---

[67] Vgl. Egon BOSHOF, Ludwig der Fromme (Gestalten des Mittelalters und der Renaissance, 1997) S. 152 f.

[68] Vita Leutfredi abbatis Madriacensis c. 17, ed. Wilhelm LEVISON, (MGH SS rer. Merov. 7, 1920) S. 15: *Post quem praefatus princeps [Karolus] festinanter direxit, qui eum [Leutfredum] ad se celeriter reducerent: nam filius eius Grippho gravissimis febribus torqubatur, cui mortem vicinam adesse credebant. Propter quod princeps multis precibus virum Dei flagitabat, ut ei sanitatem pristinam orationibus suis reformabat*; vgl. Hans-Werner GOETZ, Karl Martell und die Heiligen. Kirchenpolitik und Maiordomat im Spiegel der spätmerowingischen Hagiographie, in: Karl Martell (wie Anm. 9) S. 101-118, S. 108.

[69] Carlrichard BRÜHL, Palatium und Civitas. Studien zur Profantopographie spätantiker Civitates vom 3. bis zum 13. Jahrhundert, Bd. 1: Gallien (1975) S. 73 ff.; Reinhold KAISER, Bischofsherrschaft zwischen Königtum und Fürstenmacht: Studien zur bischöflichen Stadtherrschaft im westfränkisch-französischen Reich im frühen und hohen Mittelalter (Pariser Historische Studien 17, 1981) S. 580 ff.; DERS., Königtum und Bischofsherrschaft im frühmittelalterlichen Neustrien, in: Herrschaft und Kirche. Beiträge zur Entstehung und Wirkungsweise episkopaler und monastischer Organisationsformen, hg. von Friedrich PRINZ (1988) S. 83-108; Annie DUFOUR, Laon, Lex. MA 5 (1991) Sp. 1709; Jackie LUSSE, Naissance d'une cité. Laon et le Lanonais du Ve au Xe siècle (1992) beson-

wichtigste Bundesgenosse Pippins des Mittleren, nach ihrer gemeinsamen Niederlage gegen Ebroin in Laon verschanzt. Bei Laon liegt auch die Pfalz Samoussy, später der bevorzugte Aufenthaltsort König Karlmanns, in der dieser auch am 4. Dezember 771 verschied[70]. Nicht weit entfernt von Laon ist mit Quierzy außerdem diejenige Pfalz zu finden, in der Karl Martell am 15. oder 22. Oktober des Jahres 741 verstarb[71]. Als Graf von Laon fungierte damals Charibert, ein Enkel des Pfalzgrafen Hugbert und der Irmina von Oeren und daher ein Vetter Swanahilds. Chariberts Tochter Bertrada heiratete im Jahr 744 Pippin, was diesem nach den Forschungen Karl Ferdinand Werners auf lange Sicht ein Übergewicht gegenüber Karlmann geben sollte[72]. Die Verbindung Grifos mit Laon ist als Beleg für die überragende Rolle zu werten, die er nach den Plänen Karls und Swanahilds nach dem Tod des Hausmeiers spielen sollte.

In dieses Bild fügt sich auch ein, daß Karl Martell dem päpstlichen Missions-Erzbischof Bonifatius ganz besonders die *memoria* seines Sohnes ans Herz gelegt hatte[73]. Swanahilds und Grifos Stellung verbesserte sich noch dadurch, daß um 740 Swanahilds Onkel Odilo den Hof des Hausmeiers aufsuchte[74]. Möglicherweise war die Organisation der bayerischen

---

ders S. 234, mit der Vermutung, daß Laon sogar eine merowingische Residenz gewesen sei.

[70] BM² (wie Anm. 61 Nr. 130a; vgl. Carlrichard BRÜHL, Fodrum, gistum, servitium regis. Studien zu den wirtschaftlichen Grundlagen des Königtums im Frankenreich und in den fränkischen Nachfolgestaaten Deutschland, Frankreich und Italien vom 6. bis zur Mitte des 14. Jahrhunderts, (Kölner Historische Abhandlungen 14/1-2, 1968) S. 19 mit Anm. 58; LUSSE, Naissance (wie Anm. 69) S. 265.

[71] Cont. Fred. (wie Anm. 4) c. 24 (S. 179), zum Datum vgl. BREYSIG, Jahrbücher (wie Anm. 62) S. 103 mit Anm. 1; Wilhelm LEVISON, A propos du calendrier de S. Willibrord, in: DERS., Aus rheinischer und fränkischer Frühzeit. Ausgewählte Aufsätze (1948) S. 342-346, S. 343 (zuerst in: Révue Benedictine 50 [1938] S. 37-41).

[72] Karl Ferdinand WERNER, Das Geburtsdatum Karls des Großen, Francia 1 (1973) S. 115-157, S. 156 f.

[73] Epistolae Bonifatii Nr. 48, ed. Michael TANGL (MGH Epp. sel. 1, ²1955) S. 77, zit. unten Anm. 102.

[74] Vgl. hierzu und zum folgenden JARNUT, Herzog Odilo (wie Anm. 58) S. 281 ff.; JAHN, Ducatus (wie Anm. 16) S. 172 ff.

Kirche – sie war in enger Abstimmung zwischen Odilo, Karl Martell und Bonifatius erfolgt – der Grund dafür, daß eine oppositionelle Gruppe den Herzog aus dem Land trieb[75]. Odilo verstärkte jedenfalls die Partei seiner Nichte vor Ort. Möglicherweise bereits damals, und nicht, wie in der Fortsetzung Fredegars behauptet, nach dem Tod Karl Martells, heiratete er auf Vermittlung Swanahilds die Tochter des Frankenherrschers aus erster Ehe namens Hiltrud[76], zumindest aber wurde diese Hochzeit bei jener Gelegenheit verabredet. Damals kamen der Hof des Hausmeiers und der Herzog wohl auch über die Gründung des Klosters Niederaltaich überein, dessen Gründungskonvent Odilo unter Zustimmung König Pippins und mit Unterstützung des Bischofs Heddo von Straßburg 740/41 nach Bayern gebracht haben soll[77]. Diese Darstellung dürfte insofern zu korrigieren sein, als Pippin weder König war, noch überhaupt regierte und schon gar nicht in Alemannien, das ja 742 an seinen Bruder Karlmann fiel[78]. Zudem ist wenig wahrscheinlich, daß Pippin oder Karlmann damals mit ihrem Feind Odilo zusammenarbeiteten, gegen dessen Heirat mit ihrer Schwester sie opponiert hatten und gegen den sie 743 zu Felde zogen, weil er auf Seiten Swanahilds und Grifos stand[79]. Vielmehr

---

[75] Zur Organisation der bayerischen Kirche vgl. auch die in Anm. 59 angegebene Literatur.
[76] Cont. Fred. (wie Anm. 4) c. 25 (S. 180); BECHER, Geburtsjahr (wie Anm. 16) S. 3 ff.; zustimmend: JARNUT, Genealogie (wie Anm. 55) S. 13; JAHN, Hausmeier und Herzöge (wie Anm. 59) S. 339; vgl. auch Rudolf SCHIEFFER, Karl Martell und seine Familie, in: Karl Martell (wie Anm. 9) S. 305-315, S. 314; Hiltrud schloß ihre Ehe nach Auskunft der zweiten Fortsetzung Fredegars nicht nur gegen den Willen ihrer leiblichen Brüder, sondern engagierte sich auch später noch auf Seiten Grifos, vgl. BECHER, Eid (wie Anm. 2) S. 25 ff.
[77] Breviarius Urolfi c. 1, ed. Heinrich TIEFENBACH, Die Namen des Breviarius Urolfi. Mit einer Textedition und zwei Karten, in: Ortsname und Urkunde. Frühmittelalterliche Ortsnamenüberlieferung. Münchener Symposion 10. bis 12. Oktober 1988, hg. von Rudolf SCHÜTZEICHEL (1990) S. 60-96, Edition S. 86-91, S. 86; vgl. JARNUT, Herzog Odilo (wie Anm. 58) S. 282 f.; JAHN, Ducatus (wie Anm. 16) S. 193 ff.; DERS., Hausmeier (wie Anm. 76) S. 340 f.
[78] Zur Konkurrenz der beiden Brüder um Alemannien vgl. JARNUT, Alemannien (wie Anm. 16) S. 59 ff.
[79] Vgl. BECHER, Geburtsjahr (wie Anm. 16) S. 6 ff.; JAHN, Ducatus (wie Anm. 16) S. 186

Eine verschleierte Krise. Die Nachfolge Karl Martells 741 119

wird man eine spätere Korrektur anzunehmen haben, die Karl Martell durch den zum König aufgestiegenen Pippin ersetzte[80]. Odilos Aktivitäten am Hofe sind damit jedoch noch nicht vollständig beschrieben. Nach einer späten, aber durchaus glaubwürdigen Nachricht Aventins erhielt Odilo damals sogar das Amt eines *comes omnium expeditionum*[81]. Trifft dies zu, dann räumte Karl Martell dem Onkel seiner Frau eine militärische Schlüsselstellung ein, was sich nach Lage der Dinge vor allem gegen seine volljährigen Söhne, aber auch gegen seinen Halbbruder Childebrand richtete.

Kurz vor Karls Tod wurde Swanahilds und Grifos großer Einfluß offenkundig. Am 17. September 741, auf dem Krankenlager in der Pfalz Quierzy, schenkte der Hausmeier die merowingische Königspfalz Clichy an das merowingische Königskloster Saint-Denis. Unter die betreffende Urkunde setzten Swanahild und Grifo ihre Konsensunterschriften[82]. Die Zustimmung der beiden zu dieser großzügigen Gabe sollte ihnen die Unterstützung des Klosters und seines Patrons, des hl. Dionysius, sichern. Wir haben hier also einen deutlichen Hinweis auf Karls Vorstel-

---

ff.
[80] Der Breviarius Urolfi ist am Ende des 8. Jahrhunderts entstanden, vermutlich nach der Eingliederung Bayerns ins Frankenreich, vgl. TIEFENBACH, Namen (wie Anm. 77) S. 65 ff.
[81] Aventin, Annales 2 (wie Anm. 53) fol. 118 Nachtrag, zit. bei Siegmund RIEZLER, Ein verlorenes bairisches Geschichtswerk des achten Jahrhunderts, (Sitzungsberichte d. königl.-bayer. Akad. d. Wiss. zu München, philos.-philol. Klasse, 1881) Bd. 1, S. 247-291, S. 272; zu diesem Aufenthalt unter ausdrücklichem Verweis auf Tassilos „Kanzler" Kranz vgl. auch Aventin, Annales 2, fol. 126, zit. bei RIEZLER, S. 253; vgl. ebda. (wie Anm. 53) S. 259; JAHN, Ducatus (wie Anm. 16) S. 175 f., der in diesem Zusammenhang auch auf die bayrischen Großen verweist, die Mitte des 8. Jahrhunderts Besitzungen der Kirche von Auxerre erhielten, angeblich von Pippin; vgl. dazu Joachim WOLLASCH, Das Patrimonium beati Petri in Auxerre. Ein Beitrag zur Frage der bayerisch-westfränkischen Beziehungen, in: Studien und Vorarbeiten zur Geschichte des großfränkischen und frühdeutschen Adels, hg. von Gerd TELLENBACH (Forschungen zur Oberrheinischen Landesgeschichte 4, 1957) S. 185-224, S. 219; STÖRMER, Adelsgruppen (wie Anm. 49) S. 105 f.; SEMMLER, Episcopi potestas (wie Anm. 38) S. 350 f.
[82] Diplomata maiorum domus (wie Anm. 66) Nr. 14.

lungen über die Regelung seiner Nachfolge vor uns[83]. Mehr noch: Swanahild erhielt dabei den Titel *inlustris matrona*, der einmal mehr ihre herausragende Stellung am Hofe belegt. Bereits Plectrud, die man beinahe als Mitregentin ihres Gemahls Pippin des Mittleren bezeichnen kann, hatte diesen Titel ebenfalls in der letzten überlieferten Urkunde ihres Gatten erhalten[84]. Zudem kann man aus der Urkunde folgern, daß Karls ältere Söhne Karlmann und Pippin in diesen entscheidenden Wochen am Hof des Vaters nicht präsent waren[85]. Sie konnten daher im Gegensatz zu ihrem Bruder und ihrer Stiefmutter auch nicht an Karls Begräbnis in der wichtigen merowingischen Grablege Saint-Denis teilnehmen[86]. Der feier-

---

[83] HEIDRICH, Titulatur (wie Anm. 63) S. 150 f., DIES., Die Urkunden Pippins d. M. und Karl Martells. Beobachtungen zu ihrer zeitlichen und räumlichen Streuung, in: Karl Martell (wie Anm. 9) S. 23-33, S. 31 f.; SEMMLER, Saint-Denis (wie Anm. 63) S. 93; SCHIEFFER, Karl Martell und seine Familie (wie Anm. 76) S. 313 f.; KASTEN, Königssöhne (wie Anm. 10) S. 116 f.; FOURACRE, Charles Martel (wie Anm. 8) S. 162 f., S. 165 f.; NELSON, Funerals (wie Anm. 6) S. 141; in der Zeugenliste werden die drei Grafen Radbert, Rayganbald und Salaco genannt, die aus Austrasien stammten, so jedenfalls LE JAN-HENNEBICQUE, Prosopographica neustrica (wie Anm. 60) S. 261 f. (Nr. 232 u. 238), S. 263 (Nr. 256).

[84] MIKOLETZKY, Karl Martell und Grifo (wie Anm. 25) S. 145; HEIDRICH, Urkunden (wie Anm. 83) S. 32; zu Plectrud vgl. auch oben Anm. 50.

[85] NELSON, Funerals (wie Anm. 6) S. 141, deren Spekulation, Pippin sei überraschend auf dem Begräbnis erschienen, allerdings nicht zu belegen ist, zumal nicht einmal sicher ist, daß Saint-Denis zu seinem und nicht zu Grifos künftigem Teilreich gehören sollte.

[86] Zum Grab Karls Karl Heinrich KRÜGER, Königsgrabkirchen der Franken, Angelsachsen und Langobarden bis zur Mitte des 8. Jahrhunderts. Ein historischer Katalog (Münstersche Mittelalter-Schriften 4, 1971) S. 179, S. 181; BRÜHL, Palatium (wie Anm. 69) S. 28; Alain ERLANDE-BRANDENBURG, Le roi est mort. Etude sur les funérailles, les sépultures et les tombeaux des rois de France jusqu'à la fin du XIIIe siècle (Bibliothèque de la Société française d'archéologie 7, 1975) S. 70 f.; Alain STOCLET, Evindicatio et petitio. Le recouvrement des biens monastiques en Neustrie sous les premiers Carolingiens, in: La Neustrie (wie Anm. 63) S. 125-149, S. 136 ff. mit Anm. 54; bezeichnend ist, daß Pippin seinem Wunsch gemäß ebenfalls in Saint-Denis bestattet wurde, Cont. Fred. (wie Anm. 4) c. 53 (S. 193); vgl. Alain DIERKENS, La mort, les funerailles et la tombe du roi Pépin le Bref (768), Médiévales 31 (1996) S. 37-52; NELSON, Funerals (wie Anm. 6) S. 142; auch Karl der Große wollte sich dort begraben lassen, MGH DD Karol. I, Nr. 55, S. 81, und ließ tatsächlich seine Mutter Bertrada dort bestatten; vgl. KRÜGER, Königsgrabkirchen S.

liche Akt bot seiner Witwe und vor allem dem gemeinsamen Sohn die Gelegenheit, seine Stellung als künftiger Herrscher des Frankenreiches an einem dafür besonders geeigneten Ort zu offenbaren[87]. Das verdeutlicht, wer am Hofe des todkranken Hausmeiers das Sagen gehabt hatte: seine Gemahlin Swanahild. Spätestens kurz vor dem Tod ihres Gemahls hat sie wahrscheinlich durchgesetzt, daß Grifo dessen Haupterbe sein sollte.

Diesem Ergebnis entspricht, daß zwei unserer Quellen, die Metzer und die sogenannten Einhardsannalen, Swanahild eine massive Einflußnahme zu Gunsten ihres Sohnes Grifo unterstellen. Sie hatte eine starke Stellung und zwar vor allem solange Karl Martell lebte, wie dies auch der Metzer Annalist deutlich herausarbeitet: Seiner Darstellung nach warf der alte *princeps* die ursprüngliche Erbordnung um und kreierte für ihren Sohn Grifo angeblich ein aus Teilen Neustriens, Austrasiens und Burgunds bestehendes Teilreich *in medio principatus sui*. Die letzten Worte legen den Gedanken nahe, dieses Teilreich sei recht klein gewesen, und diesen Eindruck wollte der Metzer Annalist wohl auch vermitteln. Unabhängig davon hätte eine solche Lösung für Grifo erhebliche Probleme mit sich gebracht. Er hätte sich in seinem neu geschaffenen Reich auf keine gewachsenen Strukturen stützen können und somit erhebliche Schwierigkeiten beim Aufbau seiner Herrschaft gehabt: Neue Teilreichsgrenzen zerschnitten die gewachsenen Familienverbindungen und vor allem auch den Besitz des Adels, was für dessen Loyalität nicht förderlich war. Wollten Karl Martell und Swanahild tatsächlich ihrem gemeinsamen Sohn derart schlechte Startbedingungen verschaffen?[88] Oder weist die

---

182, mit sämtlichen Quellenbelegen.

[87] Zum frühmittelalterlichen Beisetzungsritual vgl. Joachim EHLERS, Grablege und Bestattungsbrauch der deutschen Könige im Früh- und Hochmittelalter, Jahrbuch der Braunschweigischen Wissenschaftlichen Gesellschaft (1990) S. 39-74; speziell zur Sterbeliturgie Damien SICARD, La liturgie de la mort dans l'Église latine des origines à la réforme carolingienne (Liturgiewissenschaftliche Quellen und Forschungen 63, 1978); Arnold ANGENENDT, Geschichte der Religiosität im Mittelalter (1997) S. 659 ff.

[88] Vgl. etwa HASELBACH, Aufstieg (wie Anm. 6) S. 97 ff.; SCHÜSSLER, Reichsteilung (wie Anm. 27) S. 57, der Grifo einen relativ schwachen Anhang zuspricht, aber S. 57 auch bemerkt, daß dieser den im fränkischen Kerngebiet gelegenen reichen Fiskalbesitz erhal-

Beschreibung *in medio principatus sui* vielleicht vom Metzer Annalisten ungewollt in eine ganz andere Richtung? Bedenkt man die starke Stellung Swanahilds am Ende der Herrschaft ihres Mannes, und nimmt man die Aussage der sogenannten Einhardsannalen hinzu, Grifo habe unter Swanahilds Einfluß nach der Alleinherrschaft gestrebt, so liegt der Gedanke nahe, sein Teilreich sollte den Löwenanteil des Erbes ausmachen, während seine älteren Brüder mit einigen Randgebieten abgefunden werden sollten.

Karl Martell soll also seine älteren Söhne hinter den jüngeren zurückgesetzt haben? Hierfür läßt sich ein Bericht Childebrands heranziehen, demzufolge Pippin nach der Reichsteilung durch Karl an der Spitze eines Heeres in das ihm zugedachte Burgund zog und das Land besetzte. Er war in Begleitung vieler führender Großer, an deren Spitze Childebrand selbst stand[89]. Im Gegensatz zu anderen Berichten ist dieses Mal nicht verzeichnet, welchem Zweck dieses Unternehmen diente. Die anderen Feldzüge nach Burgund schloß Karl Martell laut der Fortsetzung Fredegars siegreich bzw. mit der Unterwerfung der Bevölkerung unter die fränkische Herrschaft ab[90]. Diese Meldung unterblieb in diesem Fall, und man fragt sich nach dem Grund. Sollte Pippin aus einem anderen Anlaß nach Burgund gezogen sein? Schließlich hatte sein Vater das Land bereits weitgehend befriedet, und auch in den folgenden Jahren erfahren wir nichts über Aufstände gegen seine oder Pippins Herrschaft. Darüber hinaus war Childebrand in Burgund reich begütert[91]. Sein Schützling Pippin hatte es daher gar nicht nötig, einen Feldzug dorthin zu unternehmen[92]. Warum zog Pippin aber dann dorthin, und warum betont

---

ten hätte.
[89] Cont. Fred. (wie Anm. 4) c. 24 (S. 179).
[90] Cont. Fred. (wie Anm. 4) c. 14 (S. 175), c. 18 (S. 177).
[91] Vgl. die in Anm. 24 genannte Literatur.
[92] Bereits BREYSIG, Jahrbücher (wie Anm. 62) S. 101, MIKOLETZKY, Karl Martell und Grifo (wie Anm. 25) S. 147 f., werteten die Stelle als Hinweis auf Widerstände gegen Karls Nachfolgepläne, ohne ein Zerwürfnis zwischen Karl und Pippin in Betracht zu ziehen; zur Situation in Burgund, vgl. Annalena STAUDTE-LAUBER, *Carlus princeps regionem Burgundie sagaciter penetravit.* Zur Schlacht von Tours und Poitiers und dem Eingreifen

Childebrand, ebenfalls gegen seine Gewohnheit, Pippin sei von zahlreichen Vornehmen und ihm selbst begleitet worden[93]. Das klingt fast so, als ob Pippin sich nach Burgund zurückgezogen habe. Mußte er die *Francia* etwa verlassen? War dort nach Karls Teilungsanordnung kein Platz mehr für ihn?[94] Diese Fragen stellte sich anscheinend bereits der Metzer Annalist, als er auf der Basis der Fortsetzung Fredegars seinen Bericht über Pippins Unternehmen verfaßte. Ihm zufolge zog Pippin *iam princeps factus pro quibusdam causis corrigendis* nach Burgund[95]. Er sah sich also genötigt, die Unklarheiten über Pippins Stellung im Bericht seiner Vorlage zu beseitigen, wohl ohne daß ihm darüber nennbare nähere Informationen zur Verfügung gestanden hätten, denn den Grund des Feldzuges konnte oder wollte auch er nicht nennen. So bleibt nur der Schluß, daß der Augenzeuge Childebrand absichtlich eine klare Aussage vermieden hat, vermutlich um die Spannungen innerhalb der arnulfingisch-pippinidischen Familie zu überspielen.

Ein weiteres Indiz für Grifo als Haupterben Karl Martells ist den sogenannten Einhardsannalen zu entnehmen: In Vieux-Poitiers, während eines Feldzuges gegen Aquitanien und rund ein halbes Jahr nach ihrem Sieg über Grifo, teilten Karlmann und Pippin das Reich, *quod communiter habuerunt*[96]. Die Forschung tat sich schwer mit dieser Formulierung: Sie galt als rätselhaft und wurde nicht weiter beachtet[97] oder auf die Er-

---

Karl Martells in Burgund, in: Karl Martell (wie Anm. 9) S. 79-100.
[93] Möglicherweise übergab er damals sechs bayerischen *principes* das konfiszierte Kirchengut des Bistums Auxerre; vgl. SEMMLER, Episcopi potestas (wie Anm. 38) S. 350 f.; DENS., Die Aufrichtung der karolingischen Herrschaft im nördlichen Burgund im 8. Jahrhundert, in: Aux origines d'une seigneurie ecclésiastique. Langres et ses évêques VIIIe-IXe siècles. Actes du Colloque Langres - Ellwangen 28 Juin 1985 (1986) S. 19-41, S. 33; DENS., Bonifatius (wie Anm. 37) S. 3-49, S. 16.
[94] Vgl. KASTEN, Königssöhne (wie Anm. 10) S. 112, die freilich an eine Herrschaftsübernahme durch Pippin in Folge von Karl Martells Teilungsanordnung denkt.
[95] Annales Mettenses priores (wie Anm. 5) a. 741 (S. 31).
[96] Annales qui dicuntur Einhardi (wie Anm. 7) a. 742 (S. 5).
[97] BM² (wie Anm. 61) Nr. 44b; verschiedene Deutungen bei HAHN, Jahrbücher (wie Anm. 15) S. 22 Anm. 9.

oberungen der beiden Brüder in Aquitanien gedeutet[98]. Näher liegt es, an Grifos Reichsteil zu denken[99], dessen Umfang allerdings zu klären wäre. Immerhin sprechen die Reichsannalen in diesem Zusammenhang davon, die Brüder hätten das *regnum Francorum* geteilt. Daran anknüpfend dachte Maurice Chaume an das Abstecken von Einflußzonen durch die beiden Brüder, nachdem sie das Reich nach ihrem Sieg über Grifo gemeinsam beherrscht hatten und auch in der Folgezeit eng zusammengearbeitet hätten[100]. Unabhängig von diesem Problem dürfte sich die Fortsetzung Fredegars in ihrem Bericht über die letzte Verfügung Karl Martells inhaltlich auf den Vertrag von Vieux-Poitiers beziehen. Diese Grenzziehung war zum Zeitpunkt ihrer Abfassung um 751 doch noch virulent[101], zumindest aber nicht in Vergessenheit geraten. Vor diesem Hintergrund erhält auch die Bemerkung der sogenannten Einhardsannalen über den Vertrag zwischen Karlmann und Pippin in Vieux-Poitiers ihren Sinn: Sie konnten sich nach ihrem Sieg über Grifo an keine ältere Teilungsverfügung ihres Vaters zu ihren alleinigen Gunsten anlehnen. Was hätte sie daran hindern sollen, eine ältere Bestimmung ihres Vaters aufzugreifen, wenn eine solche existiert hätte? Wäre es unter dieser Prämisse nicht einfacher und auch der Lage angemessener gewesen, sofort nach dem Sieg über ihren Halbbruder – etwa noch in Laon – das Reich zu teilen, um so behaupten zu können, sie würden lediglich das ursprüngliche Vermächtnis ihres Vaters wieder in Kraft setzen? Da dieses gar nicht existierte, haben die Brüder statt dessen das Reich zunächst gemeinsam verwaltet und erst dann geteilt, als sie ihren ersten wichtigen Feldzug gemeinsam hinter sich gebracht hatten.

Die Summe unserer Überlegungen ist daher, daß Karl Martell kurz vor seinem Tode Grifo, seinen Sohn aus zweiter Ehe, zum Haupt- oder sogar

---

[98] Pierre RICHÉ, Die Karolinger. Eine Familie formt Europa (1991) S. 75.
[99] SCHÜSSLER, Reichsteilung (wie Anm. 27) S. 59 ff., S. 103; SCHIEFFER, Karolinger (wie Anm. 3) S. 52; FOURACRE, Charles Martel (wie Anm. 8) S. 167 f.
[100] CHAUME, Les origines (wie Anm. 24) S. 93 ff.; die beiden Brüder gingen aber spätestens seit 744 getrennte Wege, vgl. JARNUT, Alemannien (wie Anm. 16) S. 62 ff.
[101] Vgl. BECHER, Drogo (wie Anm. 25) S. 141 f.

zum alleinigen Erben bestimmt hat. Für diesen Hergang spricht ein anderes, von der offiziösen Historiographie unabhängiges Zeugnis. Noch aus dem Jahr 741 stammt ein Brief des päpstlichen Legaten und Missions-Erzbischofs Bonifatius an Grifo, in dem er ihn bat, die Priester, Mönche und Nonnen in Thüringen gegen die Heiden zu schützen, falls Gott ihm die Macht gebe[102]. Heinrich Hahn wertete den Brief als Beleg dafür, daß

---

[102] Epistolae Bonifatii Nr. 48 S. 77 f.: *Bonifatius servus servorum Dei Griponi filio Carlo optabilem in Christo salutem*. *Obsecro et adiuro pietatem vestram per Deum patrem omnipotentem et per Iesum Christum filium eius et per spiritum sanctum, per sanctam trinitatem et unitatem Dei, ut si tibi Deus potestatem donaverit, ut adiuvare studeas servos Dei sacerdotes, presbiteros, qui sunt in Thuringia, et monachos et ancellas Christi defendere contra paganorum malitiam et adiuvare christianum populum, ut eos pagani non perdant, ut ante tribunal Christi mercedem habeas perpetuam. Et cognoscite, quod memoria vestra nobiscum est coram Deo, sicut et pater vester vivus et mater iam olim mihi commendarunt. Deprecamur Deum salvatorem mundi, ut dirigat viam vestram et vitam ad salutem animae vestrae, ut in gratia Dei semper hic et in futuro saeculo permaneatis. Interea mementote, filii carissimi, quia iuxta vocem psalmigrafi ,homo sicut foenum dies eius est, et sicut flos agri ita floriet'* (Psalm 102,15). *Et apostolus ait: ,Totus mundus in maligno positus est'* (1. Joh. 5,19), *et item in evangelio veritas dixit: ,Quid enim proderit homini, si lucretur universum mundum animae vero suae detrimentum patiatur?'* (Marc. 8,36). *Et iterum in evangelio de gloria iustorum: ,Tunc fulgebunt iusti sicut sol in regno patris eorum'* (Matth. 13,43). *Et Paulus apostolus de beatitudine vitae aeternae: ,Quod oculos non vidit nec auris audivit nec in cor hominis acendit, quod praeparavit Deus diligentibus se'* (1. Kor. 2,9). *Facite ergo, filii, ut mercedis vestrae praemia in alta caelorum culmine clarescant et crescant. Valere vos in longitudine dierum in Christo optamus*. Zur Übersetzung der Passage *servos Dei sacerdotes, presbiteros, qui sunt in Thuringi*, vgl. Andreas BIGELMAIR, Die Gründung der mitteldeutschen Bistümer, in: St. Bonifatius. Gedenkausgabe zum zwölfhundertsten Todestag (²1954) S. 247-287, S. 282; Heinz LÖWE, Bonifatius und die bayerisch-fränkische Spannung. Ein Beitrag zur Geschichte der Beziehungen zwischen dem Papsttum und den Karolingern, Jahrbuch für fränkische Landesforschung 15 (1955) S. 85-127, S. 113 f.; Kurt-Ulrich JÄSCHKE, Die Gründungszeit der mitteldeutschen Bistümer und das Jahr des Concilium Germanicum, in: Festschrift für Walter Schlesinger, hg. von Helmut BEUMANN, Bd. 2 (Mitteldeutsche Forschungen 74/2, 1974) S. 71-136, S. 100 f., die das Wort *sacerdotes* mit „Bischöfe" übersetzen, was für die Gründungszeit der mitteldeutschen Bistümer von Bedeutung ist; anders etwa SCHIEFFER, Winfrid-Bonifatius (wie Anm. 38) S. 334 f.; Helmut MICHELS, Das Gründungsjahr der Bistümer Erfurt, Büraburg und Würzburg, Archiv für mittelrheinische Kirchengeschichte 39 (1987) S. 11-42, S. 27 ff.; zum Unterschied zwischen Bischof und Presbyter allgemein vgl. Odilo ENGELS, Der Pontifikatsantritt und seine Zeichen, in: Segni e riti nella chiesa altomedievale occidentale (Settimane di studio del centro Italiano di Studi sull'alto Medioevo 33, 1987) S. 707-766, S. 711 ff.

Bonifatius Sympathien für die Sache Grifos gehabt habe[103]. Dem widersprach Ludwig Oelsner und erklärte sein Eintreten für Thüringen mit dem starken Engagement des Bonifatius in diesem Gebiet; weiter zeige der Wechsel der Anrede von der Einzahl zur Mehrzahl und insbesondere die zweimal verwandte Anrede *filii*, daß der Brief an mehrere Adressaten gerichtet gewesen sei; bei den weiteren Empfängern könne es sich nach Lage der Dinge nur um Karlmann und Pippin gehandelt haben: Bonifatius habe alle drei Brüder zum Regierungsantritt beglückwünscht[104]. Oelsners Auffassung setzte sich durch, vor allem seit Hanns Leo Mikoletzky mit Nachdruck die Ansicht verfocht, Grifo habe neben seinen Brüdern ein legitimes Anrecht auf die Nachfolge seines Vaters besessen[105].

Dagegen rechnet Walter Mohr mit zwei Briefen, die irrtümlich zusammengeworfen worden seien[106]. Der zweite sei an Karlmann und Pippin gerichtet gewesen und beginne mit dem Satz: *Interea mementote filii carissimi ...*, da hier zum ersten Mal erkennbar zwei oder mehr Personen angesprochen würden[107]. Karl-Heinrich Krüger wandte gegen diese Überlegungen ein, daß sich bereits der vorhergehende Satz an mehrere Adressaten wende, und verteidigte mit diesem Argument Oelsners Auffassung[108]. Doch die Anrede im Plural setzt zwei Sätze eher ein. Dort

---

[103] HAHN, Jahrbücher (wie Anm. 15) S. 216 f.
[104] Ludwig OELSNER, Jahrbücher des fränkischen Reiches unter König Pippin (1871) S. 77 Anm. 4; zustimmend etwa Michael TANGL, Studien zur Neuausgabe der Bonifatius-Briefe 1, in: DERS., Das Mittelalter in Quellenkunde und Diplomatik. Ausgewählte Schriften, Bd. 1 (1966) S. 164 Anm. 337; DERS., Studien 2, ebda. S. 199 (Acta deperdita Nr. 11 u. 12), der darauf hinweist, daß in den Schreiben an Karlmann und Pippin selbstverständlich der Hinweis auf Grifos Mutter gefehlt haben müsse; SEMMLER, Bonifatius (wie Anm.37) S. 18.
[105] MIKOLETZKY, Karl Martell und Grifo (wie Anm. 25) S. 148, S. 151.
[106] MOHR, Fränkische Kirche (wie Anm. 30) S. 17 f.
[107] Interessant ist, daß diese Stelle – *mementote filii carissimi, quia iuxta vocem psalmigrafi: ‚Homo, sicut foenum dies eius, et sicut flos agri ita floriet'* (Ps. 102,15). *Et apostolus ait: ‚Totus mundus in maligno positus est'* (1. Ioh. 5,19) – benützt ist in den Dekretalen Pseudoisidors, ed. Paul HINSCHIUS, (1863) ep. Stephani secunda, c. 13 (S. 187); vgl. dazu allgemein Horst FUHRMANN, Einfluß und Verbreitung der pseudoisidorischen Fälschungen, 3 Bde. (Schriften der MGH 24/1-3, 1972).
[108] Karl Heinrich KRÜGER, Königskonversionen im 8. Jahrhundert, FmSt 7 (1973) S. 169-

erwähnt Bonifatius die ihm einst von Vater und Mutter auferlegte Gebetsverpflichtung für den Adressaten Grifo. Diese Passage gehörte daher vermutlich nicht zu den an Karlmann und Pippin gerichteten Fassungen[109]. Bonifatius gebraucht also an dieser Stelle den Pluralis majestatis wie etwa in seinen Schreiben an König Aethelbald von Mercien (um 746) und an Pippin (753)[110]. Gleichlautende Schreiben an alle drei Brüder können nach den vorstehenden Überlegungen ausgeschlossen werden. Aber in welchen Punkten unterschieden sich die einzelnen Fassungen?

Zunächst bietet es sich an, mit dem Satz *Interea mementote filii carissimi* tatsächlich einen Einschnitt zu setzen. Hier werden zum ersten Mal eindeutig mehrere Adressaten angesprochen, und zudem beginnt hier eine Folge von Bibelzitaten. Ist dieser Absatz jedoch nichtssagend, wie Mohr meinte?[111] Bonifatius weist auf die Vergänglichkeit des Lebens und die Allgegenwart des Bösen hin und fordert die Adressaten zur Bescheidenheit, also zu einem Leben in Christus auf. Ein gerechtes Leben werde belohnt und sei gleichbedeutend mit einem seligen Leben. Diese Auswahl an Bibelstellen paßt sehr gut zu einer Trauerpredigt. Bonifatius geht sonst an keiner Stelle darauf ein, daß Karl Martell jüngst verstorben war. An sich wäre eine Beileidsbezeugung in einem kurz nach diesem traurigen Ereignis an dessen Sohn oder Söhne gerichteten Brief wohl zu erwarten. Daher liegt der Gedanke nahe, daß der Erzbischof im gesamten zweiten Teil den Söhnen des Verstorbenen sein Mitgefühl ausdrückte. Diese Passage ging vermutlich unverändert auch Karlmann und Pippin zu.

Dagegen ist der erste Abschnitt wesentlich politischer als der zweite. Daher ist zunächst nach dem Stellenwert des Absenders zu fragen. Bonifatius war kein beliebiger, am Schicksal des Reiches kaum interessierter Geistlicher, sondern der vom Papst ernannte Missions-Erzbischof, der unter dem Schutz Karl Martells gestanden und der bei der Mission

---

222, S. 192 Anm. 114.
[109] So bereits TANGL, Studien 2 (wie Anm. 104) S. 199.
[110] Epistolae Bonifatii Nr. 73 u. 107, S. 146 ff. u. S. 233.
[111] MOHR, Fränkische Kirche (wie Anm. 30) S. 18.

der Sachsen und der Reform der bayerischen Kirche eng mit diesem und Herzog Odilo zusammengearbeitet hatte[112]. Selbst wenn man dieses gemeinsame Wirken bestreiten wollte und sein Verhältnis zu Karl Martell eher als kühl bewertet, war er doch der wichtigste Geistliche des Reiches und zudem päpstlicher Legat. Man kann daher voraussetzen, daß er über die Nachfolgepläne Karl Martells und die sich anbahnende Auseinandersetzung unter seinen Söhnen wenigstens grob orientiert war. Wenn Bonifatius gegenüber Grifo offenlegte, daß er mit seiner Herrschaftsübernahme – gleich ob nun zusammen mit seinen Brüdern oder allein – rechnete, dann war er sich der politischen Konsequenzen seiner Aussage durchaus bewußt.

Den ersten Teil kann Bonifatius in vorliegender Form eigentlich nur an Grifo geschrieben haben, denn die Worte *pater vester vivus et mater* richteten sich eindeutig an ihn. Denn Swanahild lebte zu diesem Zeitpunkt noch, und es kann zugleich bezweifelt werden, ob Karl Martell bereits zu Lebzeiten seiner ersten, 725 verstorbenen Gemahlin Chrotrud die Gebetshilfe des Angelsachsen in Anspruch genommen hatte. Bei der Lektüre des ersten Teils überrascht zunächst, daß Bonifatius sofort, ohne eine an sich übliche Eingangsformel[113], insbesondere ohne *captatio benevolentiae*, auf sein Anliegen zu sprechen kommt: Er beschwört Grifo bei der heiligen Dreifaltigkeit um Unterstützung für alle Geistlichen in Thüringen gegen die Heiden, falls Gott ihm die Macht gebe[114]. Bonifatius rechnet also durchaus mit der Möglichkeit, daß Grifo zum Herrscher aufsteigt, wenn er auch deutlich zu erkennen gibt, daß es nicht selbstverständlich dazu kommen muß[115]. Indirekt gibt der Erzbischof also zu erkennen, daß ihm die Spannungen innerhalb des arnulfingisch-

---

[112] Grundlegend nach wie vor: SCHIEFFER, Winfrid-Bonifatius (wie Anm. 38); vgl. auch die in Anm. 59 genannte Literatur; weiter: Lutz E. von PADBERG, Wynfreth-Bonifatius (1989); Arnold ANGENENDT, Bonifatius, LThK 2 (³1994) Sp. 575-577.
[113] Vgl. Franz-Josef SCHMALE, Brief, Lex. MA 2 (1983) Sp. 653.
[114] Zur Bedeutung des Begriffs *potestas* im Frühmittelalter vgl. Eugen EWIG, Zum christlichen Königsgedanken im Frühmittelalter, in: Das Königtum. Seine geistigen und rechtlichen Grundlagen (Vorträge und Forschungen 3, 1956) S. 7-73, S. 31 ff.
[115] Vgl. MIKOLETZKY, Karl Martell und Grifo (wie Anm. 25) S. 148.

pippinidischen Hauses bekannt waren. Wie stellt er sich dazu? Indem er auf seine besondere Beziehung zu Grifo hinweist, die einst auf Wunsch Karl Martells und Swanahilds zustande gekommen war, läßt er seine Vorliebe durchscheinen: Er will dafür beten, daß Grifo immer in der Gnade Gottes verbleibt – und zwar im Diesseits wie im Jenseits. Kurz: Bonifatius ergreift Partei für Grifo. Warum aber kommt der Erzbischof am Anfang so schnell zur Sache? Gerade weil Grifo die Hilfe des Bonifatius fast ebenso dringend braucht wie er die seine und weil die beiden in einem besonderen Verhältnis zueinander standen, konnte er in der damaligen Situation gegenüber Grifo auf jede Förmlichkeit verzichten. Dafür spricht auch die Adresse, die ähnlich schmucklos gehalten ist: Grifo heißt einfach „Sohn Karls". Wiederum wird deutlich, wie offen die Lage damals war, denn einen Titel verwendet Bonifatius nicht. Ihm genügt es, die Kontinuität zwischen Karl und Grifo durch die Hervorhebung ihrer Verwandtschaft zu betonen, die gerade durch den Verzicht auf ein anderes Epitheton deutlich hervortritt. Insgesamt betont Bonifatius also seine Parteinahme für Grifo.

Wie steht es jedoch mit den an Karlmann und Pippin gerichteten Briefen? Bei ihnen gibt es mehr Fragen als Antworten: Was hatte Bonifatius den Brüdern mitgeteilt? Hat er angesichts der Frontstellung zwischen ihnen einerseits und Grifo sowie Swanahild andererseits überhaupt an beide geschrieben oder ihnen nur einen an beide gemeinsam adressierten Brief zukommen lassen? Bat er sie beide um den Schutz der Geistlichkeit in Thüringen oder nur einen von ihnen, möglicherweise Karlmann? Oder war der Inhalt des ersten Abschnitts ein völlig anderer? Versuchen wir wenigstens diese, die wichtigste Frage zu beantworten. Wie aus dem Schreiben an Grifo hervorgeht, war sich Bonifatius der Spannungen im arnulfingisch-pippinidischen Hause durchaus bewußt. Es ist daher in Betracht zu ziehen, daß er sich an jede der streitenden Parteien wandte, um sich nach beiden Seiten abzusichern, kurz: daß er ein doppeltes Spiel trieb. Doch konnte Bonifatius dann einem der Kontrahenten zu erkennen geben, daß er auch an die andere Partei geschrieben hatte, wie er es im zweiten Abschnitt seines Briefes an Grifo getan hatte? Das wäre eine grobe politische Ungeschicklichkeit gewesen, die man Bonifatius zutrauen kann oder nicht. Wir sind jedenfalls der Auffassung, daß der

Erzbischof sich klüger verhielt und nur einer Partei seine Sympathien zu erkennen gab, während er sich der anderen gegenüber wenigstens nach außen hin neutral und korrekt verhielt. Vermutlich waren daher die an Karlmann und Pippin gerichteten Briefe im Wesentlichen mit dem politisch nichtssagenden zweiten Abschnitt des Grifo-Briefes identisch. Bezeichnenderweise wurden sie nicht in die Sammlung der Briefe des Bonifatius aufgenommen, die Lul, dessen Schüler und Nachfolger als Bischof von Mainz, nach dessen Tod veranlaßte[116]. Vielleicht ließen diese Schreiben daher sogar einen Gegensatz zwischen Bonifatius und den beiden älteren Brüdern erkennen[117]. Lul tat im übrigen alles, um die Leistungen des Bonifatius in einem hellen Licht erstrahlen zu lassen[118]. Eine Parteinahme seines Lehrers gegen den späteren König Pippin paßte da jedenfalls nicht gut ins Bild.

Das Schreiben des Bonifatius erschüttert im entscheidenden Punkt – der Stellung Grifos beim Tod seines Vaters – die Glaubwürdigkeit der erzählenden Quellen, insbesondere die der Fortsetzung Fredegars und der Reichsannalen, die Grifo gänzlich verschweigen. Ferner stellt der Brief den Bericht des Metzer Annalisten über Grifos Herrschaftsgebiet in Frage. Zunächst einmal war Grifo dem Brief nach zu urteilen volljährig, zumindest aber handlungsfähig, während der Annalist das Gegenteil behauptet. Weiter sollte Grifos Teilreich dessen Darstellung gemäß aus Teilen Neustriens, Austrasiens und Burgunds gebildet werden, während er ihm das Grenzland Thüringen nicht zuordnet. Bonifatius war anderer Auffassung, denn er bat Grifo um Schutz für die Geistlichkeit im thüringischen Missionsgebiet. Thüringen sollte also nach seinem Kenntnisstand dem Sohn der Swanahild unterstellt sein[119]. Das zeitgenössische Zeugnis

---

[116] TANGL, Studien 1 (wie Anm. 104) S. 76 ff.; der Brief an Grifo wurde erst nach Luls Tod 786 aus einer zweiten, älteren Briefsammlung in seine übernommen (S. 96).
[117] Vgl. jetzt auch STAAB, Knabenvasallität (wie Anm. 26) S. 68 Anm. 7.
[118] Theodor SCHIEFFER, Angelsachsen und Franken. Zwei Studien zur Kirchengeschichte des 8. Jahrhunderts (Abh. Mainz 20, 1950) S. 1487 ff.
[119] MIKOLETZKY, Karl Martell und Grifo (wie Anm. 25) S. 151; SCHIEFFER, Winfrid-Bonifatius (wie Anm. 38) S. 192; HEIDRICH, Titulatur (wie Anm. 63) S. 151; vgl. auch LÖWE, Bonifatius (wie Anm. 102) S. 113; wenig überzeugend MOHR, Fränkische Kirche (wie

des Bonifatius ist höher zu bewerten als die nachträgliche und interessengeleitete Darstellung des Metzer Annalisten[120]. Damit aber steht auch dessen gesamter zweiter Teilungsbericht zur Disposition – es sei denn, man interpretiert die Worte *in medio principatus sui* sehr extensiv. Läßt man alle Quellen über die Nachfolgeordnung Karl Martells Revue passieren, drängt sich angesichts der Verschleierungsversuche, Halbwahrheiten und falschen Darstellungen der hofnahen Quellen eine bereits mehrfach geäußerte Vermutung auf: Grifo sollte nach dem Willen Karl Martells sein Haupt- oder sogar Alleinerbe sein, was die sogenannten Einhardsannalen wenigstens andeuten, aber zugleich als unrechtmäßig verurteilen.

Fassen wir nochmals kurz zusammen: Die Nachfolge Karl Martells wird von den vier wichtigsten pro-karolingischen erzählenden Quellen des 8. und beginnenden 9. Jahrhunderts in verschiedenen Versionen dargestellt. Dies ist um so bemerkenswerter, als alle vier Geschichtswerke aus dem Umkreis des Hofes stammen und voneinander abhängen: Die Fortsetzung Fredegars diente sowohl den Metzer Annalen als auch den Reichsannalen und über diese auch indirekt den sogenannten Einhardsannalen als Quelle. Die Metzer Annalen hängen außer von der Fortsetzung Fredegars auch von den Reichsannalen ab. Childebrand, der Verantwortliche für die Fortsetzung Fredegars, überging Karl Martells Sohn aus zweiter Ehe aus persönlichen Motiven völlig und behauptete eine Reichsteilung durch Karl Martell zu Gunsten der beiden Söhne aus erster Ehe. Diese Nachricht erweist sich bereits deshalb als wenig zuverlässig, weil der Reichsannalist sie nicht übernimmt und kommentarlos den Tod des Hausmeiers meldet. Dies zeigt, daß man sogar noch 50 Jahre später am Hof Karls des Großen von den tatsächlichen Verfügungen seines

---

Anm. 30) S. 18, der Thüringen Karlmann zugeordnet sein läßt und die Auffassung vertritt, Bonifatius habe vorgeschlagen, dieses Gebiet Grifo zu überantworten; vgl. dazu AFFELDT, Königserhebung (wie Anm. 23) S. 114.

[120] Nach SCHÜSSLER, Reichsteilung (wie Anm. 27) S. 57 f., sei Thüringen für die Umschreibung von Grifos Zuständigkeitsbereich uninteressant gewesen und in dem Brief nur genannt worden, weil Bonifatius sich damals gerade dort aufgehalten habe, was indes wenig überzeugend ist.

Großvaters peinlich berührt war. Eine andere Strategie wählte der Metzer Annalist, indem er eine weitere Verfügung Karl Martells ins Spiel brachte. Da dieser Geschichtsschreiber jedoch zusätzlich die Neigung zeigt, verschiedene Berichte über ein und denselben Gegenstand kommentarlos nebeneinander zu stellen, verstärkt seine Berichterstattung die Zweifel an Childebrands Version über Karls Verfügung.

In den Reichsannalen und ihnen folgend auch in den Metzer Annalen ist aber noch von einer weiteren Reichsteilung die Rede: Im Jahr 742 teilten die beiden älteren Brüder nach ihrem Sieg über Grifo das Reich unter sich auf. Hätten Karlmann und Pippin aber bereits von ihrem Vater festumrissene Gebiete erhalten, von denen sie beide lediglich Teile nach der späteren Verfügung des Vaters an Grifo abzugeben hatten, warum haben sie dann überhaupt nochmals geteilt? Warum haben sie nicht einfach nach ihrem Sieg über den Halbbruder die alten Teilreichsgrenzen stillschweigend wiederhergestellt? Warum haben sie bis 742 das ganze Reich gemeinsam verwaltet, wie die sogenannten Einhardsannalen bemerken? Unterstellt man Childebrand nun die Tendenz, die Kontinuität zwischen Karl Martell und seinen älteren Söhnen Karlmann und Pippin zu betonen, bleibt nur der Schluß, daß er die Reichsteilung von 742 auf Karls letzten Willen projizierte. Der Verfasser der sogenannten Einhardsannalen spricht schließlich einfach von drei legitimen Erben und unterstellt Grifo, er habe unter dem Einfluß seiner Mutter Swanahild nach der Alleinherrschaft gestrebt. Betrachtet man aber Swanahilds Einfluß auf den alternden Karl Martell, so drängt sich die Vermutung auf, daß sie ihren Gemahl dazu gebracht hat, den gemeinsamen Sohn zu Lasten der beiden älteren zum Haupt- oder sogar zum Alleinerben zu bestimmen. Die Konfusion der pro-karolingischen Autoren über Karls Nachfolgeregelung wird so jedenfalls erklärlich: Sie standen vor der Schwierigkeit, daß die wirklichen Nachfolger Karl Martells von diesem nicht zu seinen Erben bestimmt worden waren. Nicht einfacher wurde ihre Aufgabe schließlich durch die Tatsache, daß Karl der Große über seine Mutter Bertrada mit Swanahild und Grifo verwandt war. Jeder der genannten Geschichtsschreiber verfiel daher auf eine andere Lösung, um eine Kontinuität innerhalb der Herrscherfamilie zu betonen und zu behaupten, die Nachfolge der älteren Söhne Karlmann und Pippin sei im Sinne Karl Martells gewesen.

ZEITGESCHICHTSSCHREIBUNG UND HOFHISTORIOGRAPHIE UNTER DEN FRÜHEN KAROLINGERN

von
JOSEF SEMMLER

Kurz nach der Mitte des 8. Jahrhunderts wechselten die Franken nicht nur die Person ihres Königs aus. Sie entzogen auch der seit einem Vierteljahrtausend regierenden Herrscherdynastie die königliche Würde und übertrugen sie dem, dem die *summa imperii pertinebat*[1]. Über diesen grundstürzenden Vorgang in der fränkischen Geschichte, aus staatsrechtlicher Sicht trotz seines relativ friedlichen Verlaufs[2] als revolutionärer Staatsstreich zu werten[3], ist nur ein einziger zeitgenössischer Bericht auf uns gekommen[4], erstellt von Childebrand[5], Graf, Mentor und Heerführer des neuen Königs und zugleich sein Onkel[6].

---

[1] Einhardi Vita Karoli Magni, ed. Oswald HOLDER-EGGER (MGH SS rer. Germ. [25], 61991) S. 3.

[2] Vgl. Engelbert MÜHLBACHER, Deutsche Geschichte unter den Karolingern (1896) S. 55.

[3] So z.B. Ferdinand LOT/Christian PFISTER/François L. GANSHOF, Histoire du moyen âge I, 1 (1940) S. 406 f.; Louis HALPHEN, Charlemagne et l'Empire carolingien (1968) S. 28 ff.; Robert FOLZ, De l'antiquité au monde médiéval (Peuples et Civilisations 5, 1972) S. 305 f.; Rosamond MC KITTERICK, The Frankish Kingdoms under the Carolingians, 751-987 (1983) S. 36 ff.; Ian WOOD, The Merovingian Kingdoms 450 - 751 (1994) S. 291 f.; Reinhard SCHNEIDER, Das Frankenreich (Oldenbourg Grundriß der Geschichte 5, 1995) S. 21; Johannes FRIED, Der Weg in die Geschichte. Die Ursprünge Deutschlands bis 1024 (1998) S. 288; Rudolf SCHIEFFER, Die Karolinger (Urban Taschenbücher 411, 32000) S. 58 f. – Die Begründung dieser Wertung bei vorgenannten Autoren hängt von ihrer Einschätzung der Bedeutung und verfassungsrechtlichen Wirkung der fraglos vorausgesetzten Königssalbung von 751 ab.

[4] Fredegarii Chronicarum continuationes, ed. Bruno KRUSCH (MGH SS rer. Merov. 2, 1888) S. 182: *Quo tempore una cum consilio et consensu omnium Francorum missa relatione ad sede (!) apostolica (!), auctoritate praecepta, praecelsus Pippinus electione totius Francorum (sic!) in sedem regni cum consecratione episcoporum et subiectione principum una cum regina Bertradane, ut antiquitus ordo deposcit, sublimatur in regno.* – Zu diesem Bericht John M. WALLACE - HADRILL, The Fourth Book of the Chronicle of Fredegar with its Continua-

Wann sein Neffe Pippin zum König der Franken erhoben wurde, gibt Childebrand nur indirekt an. Denn nach der Niederschrift des Berichts über den Dynastiewechsel übergab er die Feder seinem Sohne Nibelung[7], damit er die von ihm begonnene Fortsetzung der sog. Fredegar-Chronik weiterführe[8]. Während Nibelung aus dem Jahre 753 über das erste datierbare Ereignis berichtet[9], zählt Childebrand vom Zeitpunkt der Erhebung des ersten karolingischen Königs zwei Jahre zurück[10] und gelangt über die Schilderung der Revolte von Sachsen und eines großangelegten Feldzuges Pippins nach Bayern zum Rückzug König Karlmanns, des Bruders Pippins, ins Kloster[11], der auf 747 zu fixieren ist[12]. Um den genauen Zeitpunkt des Wechsels im fränkischen Königtum zu bestimmen, sind wir daher auf das Zeugnis anderer Quellen angewiesen. Diese aber datieren uneinheitlich, teils auf 750[13], teils auf 751[14], teils auf 752[15] oder gar auf

---

tions (1960) S. XXVI ff.; Werner AFFELDT, Untersuchungen zur Königserhebung Pippins. Das Papsttum und die Begründung des karolingischen Königtums im Jahre 751, FmSt 14 (1980) S. 101 f.

[5] Über Childebrand Eduard HLAWITSCHKA, Die Vorfahren Karls des Großen, in: Karl der Große. Lebenswerk und Nachleben I, hg. von Wolfgang BRAUNFELS (³1967) S. 78 f.; vgl. auch Brigitte KASTEN, Erbrechtliche Verfügungen des 8. und 9. Jahrhunderts, ZRG Germ. 107 (1990) S. 299-302; jetzt auch Waltraud JOCH. Legitimität und Integration. Untersuchungen zu den Anfängen Karl Martells (Historische Studien 456, 1999) S. 22 ff.

[6] Vgl. Léon LEVILLAIN, Les Nibelungen et leurs alliances de famille, Annales du Midi 49 (1937) S. 338-343.

[7] Über den Grafen Nibelung Régine HENNEBICQ-LE JAN, Prosopographia neustrica. Les agents du roi en Neustrie de 639 à 840, in: La Neustrie. Les pays au nord de la Loire de 650 à 850 I, hg. von Hartmut ATSMA (Beihefte der Francia 16/I, 1988) S. 260.

[8] Fredegarii Chronicarum continuationes (wie Anm. 4) S. 182.

[9] Fredegarii Chronicarum continuationes (wie Anm. 4) S. 182.

[10] Ebda. S. 182: *...et quievit terra a proeliis annis duobus.*

[11] Ebda. S. 181.

[12] Annales s. Amandi ad a. 747, edd. Georg Heinrich PERTZ u. a. (MGH SS 1, 1826) S. 10; BM² 52a.

[13] Annales regni Francorum inde ab a. 741 usque ad a. 829, qui dicuntur Annales Laurissenses maiores et Einhardi, ed. Friedrich KURZE (MGH SS rer. Germ. [6], 1895) S. 8-11; Chronicon Laurissense breve ad a. 750, ed. Hans SCHNORR VON CAROLSFELD, NA 36 (1911) S. 27 f.; Annales Mettenses priores ad a. 750, ed. Bernhard VON SIMSON (MGH SS rer. Germ. [10], 1905) S. 42; Annales Lobienses ad a. 750, ed. Georg WAITZ (MGH SS 13,

753[16]. Die Urkunden schaffen Abhilfe: Königs- und Privaturkunden engen die Zeitspanne für die Erhebung Pippins auf die Wochen zwischen dem November 751 (?)[17] und dem 23. Januar 752 ein[18]. Mittelt man diese etwa 70 Tage, trifft man auf das Weihnachtsfest 751[19], wofür spricht, daß schon in merowingischer Zeit[20] und vielleicht auch noch im 8. Jahrhundert Königserhebungen an kirchlichen Hochfesten stattfanden[21].

Dieser Zeitpunkt schien gut gewählt: Nach Pippins Eingriff in Bayern 749 ruhte das Land zwei Jahre lang von den Kämpfen aus, vermeldet unser zeitgenössischer Gewährsmann mit den Worten des Buches Josue[22]. Pippins älterer Bruder Karlmann hatte 747 – aus welchen Motiven auch immer – abgedankt[23]. Sein regnum, das er als Hausmeier verwaltete, über-

---

1881) S. 228; Gesta ss. patrum Fontanellensis coenobii, edd. Fernand LOHIER/Jean LAPORTE (1936) S. 77.

[14] Annales s. Amandi (wie Anm. 12) ad a. 751 (S. 10); Annales Alamannici ad a. 751, ed. Walter LENDI, Untersuchungen zur frühalamannischen Annalistik. Die Murbacher Annalen (Scrinium Friburgense 1, 1971) S. 152; Annales Prumienses ad a. 751, ed. Lothar BOSCHEN, Die Annales Prumienses (1972) S. 79.

[15] Annales Mosellani ad a. 752, ed. Johann Martin LAPPENBERG (MGH SS 16, 1859) S. 495; Annales Sangallenses Baluzii ad a. 752, edd. Georg Heinrich PERTZ u. a. (MGH SS 1, 1826) S. 63.

[16] Annales Petaviani ad a. 753, edd. Georg Heinrich PERTZ u. a. (MGH SS 1, 1826) S. 11.

[17] Ingrid HEIDRICH, Die Urkunden der Arnulfinger (2001) S. 113-117 Nr. 23. Dieses Original, möglicherweise die letzte von Pippin als Hausmeier ausgestellte Urkunde, datiert die Herausgeberin „751, vor Sept. 23/Okt. 22, vielleicht sogar vor dem 20. Juni", dem Datum von Heidrich, S. 111 ff. Nr. 22. ChLA XV Nr. 595/596 datieren „751, vor November".

[18] Vgl. edd. Bruno KRUSCH/Wilhelm LEVISON (MGH SS rer. Merov. 7, 1920) S. 510 f.

[19] So bereits KRUSCH/LEVISON (wie Anm. 18) S. 511; vgl. auch Léon LEVILLAIN, L'avènement de la dynastie carolingienne et les origines de l'Etat pontifical (749-757), BECh 94 (1933) S. 228 f.

[20] Gregor von Tours, Historiae, edd. Bruno KRUSCH/Wilhelm LEVISON (MGH SS rer. Merov. 1, I, ²1951) S. 194 und 377.

[21] Margarethe WEIDEMANN, Zur Chronologie der Merowinger im 7. und 8. Jahrhundert, Francia 25,1 (1998) S. 206: Erhebung Theuderichs IV. zwischen dem 31. Januar und dem 13. Mai 721, Ostern am 20. April.

[22] Fredegarii Chronicarum continuationes (wie Anm. 4) S. 182; Jos 11, 32 und 14, 15.

[23] Breviarium Erchanberti, edd. Georg Heinrich PERTZ u. a. (MGH SS 2, 1829) S. 328; Vita Zachariae papae, ed. Louis DUCHESNE, Le Liber pontificalis I (1889) S. 433; Chronicon Moissiacense, edd. Georg Heinrich PERTZ u. a. (MGH SS 1, 1826) S. 292.

trug er seinem Bruder Pippin, den er zum Schutz seines ältesten Sohnes Drogo und seiner Brüder verpflichtete mit der Maßgabe, sobald sie das erforderliche Alter erreicht hätten, ihnen zur Nachfolge in der Herrschaft des Vaters zu verhelfen[24]. In der Tat trat Drogo das väterliche Erbe an; im regnum Karlmanns versuchte er, eine Teilreichsynode in Fortführung der austrasischen Reformsynoden zu versammeln[25]. Der zum Vormund bestimmte Onkel muß dies im Ansatz unterbunden haben, was der *comes* Childebrand mit dem Satz abtut: *Qua successione Pippinus roboratur in regno*[26]. Karlmann und Pippin, beide Söhne Karl Martells aus erster Ehe, hatten unmittelbar nach dem Tode des Vaters ihren Halbbruder Grifo, den der Verstorbene zum Miterben bestimmt und in ein Herrschaftsgebiet eingewiesen hatte[27], gefangengesetzt. Anders als Karlmann[28] dachte Pippin daran, ihn irgendwie doch an der Herrschaft zu beteiligen. Aber Grifo lehnte jede sedative Kompensation ab und rebellierte[29], zuerst in Thüringen mit sächsischen Anhängern[30]. Dann wandte er sich ins Heimatland seiner Mutter, wo er mit den Parteigängern, die er dort fand, die gerade erst installierte Regentschaft der Schwester des Hausmeiers und ihres Sohnes Tassilo unterminierte[31]. Pippin zog wiederum nach Bayern und setzte die gefährdete Regentschaft wieder ein[32]. Grifo indes verpflanzte er nach dem neustrischen Westen

---

[24] Fredegarii Chronicarum continuationes (wie Anm. 4) S. 181.

[25] S. Bonifatii et Lulli epistolae, ed. Michael TANGL (MGH Epp. sel. 1, 1916) S. 171 f. Nr. 79; dazu Matthias BECHER, Drogo und die Königserhebung Pippins, FmSt 23 (1989) S. 134-140.

[26] Fredegarii Chronicarum continuationes (wie Anm. 4) S. 181; vgl. Paul FOURACRE, The Age of Charles Martel (2000) S. 170.

[27] Annales Mettenses priores (wie Anm. 13) ad a. 741 (S. 321); dazu Rudolf SCHIEFFER, Karl Martell und seine Familie, in: Karl Martell und seine Zeit, hgg. von Jörg JARNUT/ Ulrich NONN/Michael RICHTER (Beihefte der Francia 37, 1994) S. 313 ff.

[28] Annales qui dicuntur Einhardi (wie Anm. 13) ad a. 741 (S. 3).

[29] Annales Mettenses priores (wie Anm. 13) ad a. 747 (S. 39 f.).

[30] Annales Petaviani (wie Anm. 16) ad a. 748 (S. 11).

[31] Annales Alamannici (wie Anm. 14) ad a. 749 (S. 152 f.); Annales regni Francorum (wie Anm. 13) ad a. 748 (S. 6 ff.).

[32] Annales Lobienses (wie Anm. 13) ad a. 749 (S. 228); vgl. auch Gebhard RATH/Erich REITER, Das älteste Traditionsbuch des Klosters Mondsee (Forschungen zur Geschichte Oberösterreichs 16, 1989) S. 130 f., S. 218 f. und S. 228 Nr. 31, 114 und 123 sowie Breves

und unterstellte ihm im Maine den Herrschaftsbereich eines *ducatus*³³. Vom Hausmeier und seinen Beauftragten wohl allzu streng überwacht³⁴, knüpfte Grifo Beziehungen mit dem damals gefährlichsten Gegner der

---

Notitiae, ed. Fritz LOŠEK, Mitteilungen der Gesellschaft für Salzburger Landeskunde 130 (1990) S. 118 ff.; dazu Joachim JAHN, Ducatus Baiuvariorum (Monographien zur Geschichte des Mittelalters 35, 1991) S. 279 f.

³³ Annales regni Francorum (wie Anm. 13) ad a. 748 (S. 8); Annales Mettenses priores (wie Anm. 13) ad a. 749 (S. 42).

³⁴ Trotz eines Sieges über Raganfrid 724 (BM² 37a) beließ Karl Martell den Rivalen im Anjou und im Maine (Paulus Diaconus, Historia Langobardorum, edd. Ludwig BETHMANN/Georg WAITZ [MGH SS rer. Lang. 1, 1878] S. 179). Grifo erhielt offenbar die Position des 731 verstorbenen Raganfrid (Annales Petaviani [wie Anm. 16] ad a. 731 [S. 9]). Im Maine indes behauptete seit etwa 690 die Familie des Grafen Rotgar die gräfliche Position (vgl. Jean-Pierre BRUNTERC'H, Le duché du Maine et la marche de Bretagne, in: ATSMA, La Neustrie [wie Anm. 7] S. 41 ff.; Margarethe WEIDEMANN, Bischofsherrschaft und Königtum in Neustrien, in: ebda. S. 183 f.). Nach 721, Juni war der Bischofssitz von Le Mans jahrelang vakant (Actus pontificum Cenomannis in urbe degentium, edd. Georges BUSSON/Ambroise LEDRU, Archives historiques du Maine 2 [1901] S. 240 ff. und 244); die Bischofskirche wurde geleitet von dem *vir illuster* Charivius (Actus, ebda. S. 242 ff.), der sich mit dem Grafen Rotgar, seinem Vater, in die potestas über die *res episcopii* einschließlich der *cellulae et monasteriola* teilte. Rotgar bestimmte seinen zweiten Sohn Gauciolenus für das bischöfliche Amt, der Bischof von Rouen weihte ihn (Actus, ebda. S. 244 ff.). Der Hausmeier Pippin aber fuhr dazwischen: Von Köln aus schickte er den Hofkleriker Herlemundus als Bischof nach Le Mans, den Rotgar und Gauciolenus anerkennen mußten (Actus, ebda. S. 256 f.). Doch ließ Gauciolenus Herlemundus blenden; Pippin verhängte die gleiche Strafe über ihn (Actus, ebda. S. 258). Obwohl Gauciolenus mit Genehmigung Pippins von Chorbischöfen in seinem liturgisch-pastoralen Aufgabenbereich vertreten wurde (Actus, ebda. S. 258-262), ist er vom März 749 an als amtierender Bischof bezeugt (Actus, ebda. S. 252 f.), verfügte 751 (?) über Güter des Bischofsklosters St-Calais (Actus, ebda. S. 248 ff. - nach Walter GOFFART, The Le Mans Forgeries [Harvard Historical Studies 76, 1966] S. 306 eine Fälschung) und 752 über Güter der Kathedrale als *precariae verbo regis* auf Befehl des König Pippins (Gesta domni Aldrici Cenomannicae urbis episcopi, edd. Robert CHARLES/Louis FROGER [1898] S. 177 ff.). Im gleichen Jahr erschien der Abt von St-Calais vor König Pippin und kommendierte *de sua propria potestate* sich, seinen Konvent und sämtlichen Klosterbesitz in die Hand des Königs, der die Immunität, den königlichen Schutz, die Wahl des Abtes aus der hauseigenen Gemeinschaft und das Appellationsrecht an das Königsgericht gewährte (MGH DD Karol. I 2). St-Calais war damit der *potestas* des Bischofs Gauciolenus entzogen. Zu den Prekaristen *verbo regis*, die Gauciolenus annehmen mußte, zählten auch die Grafen Adalbert und Hagano. Zum ganzen Reinhold KAISER, Bischofsherrschaft zwischen Königtum und Fürstenmacht (Pariser Historische Studien 17, 1981) S. 448 f.

Karolinger, dem in der Gascogne residierenden aquitanischen Herzog, bei dem er Aufnahme fand und der die Auslieferung des Asylanten, die Pippin vom ihm verlangte, ablehnte[35]. In periphere Regionen des Reiches abgedrängt bzw. von dort aus agierend, konnte Grifo da nicht in Erscheinung treten, wo der Dynastiewechsel vonstatten ging, in der Ile-de-France[36].

Unserer zeitgenössischen Quelle zufolge waren dem Wechsel auf dem fränkischen Königsthron zwei Abläufe vorgeschaltet: (1) Kraft des Beschlusses und mit Zustimmung „aller Franken", d.h. derer, die diesen Beschluß mittrugen, schickte man (2) einen Bericht zum Apostolischen Stuhl und brachte von dort ein autoritatives Gutachten zurück. Den Zeitpunkt des Austauschs der beiden Schriftstücke mit Rom versteckt Childebrand hinter der den Evangelienlesungen eigentümlichen Angabe „zu dieser Zeit", hier nach den zwei Friedensjahren für Pippin und seine Franken. Der überknappen Formulierung entnehmen wir vermutungsweise, daß Boten den Bericht der Franken in die Ewige Stadt brachten, ihn dort vorlegten und wohl auch mündlich erläuterten, Boten, die das autoritative Gutachten des Hl. Stuhles entgegennahmen. Wer diese Boten waren, gibt Graf Childebrand nicht preis. Erst die *Annales regni Francorum* benennen etwa 40 Jahre später[37] die von den Franken nach Rom entsandten Legaten, Bischof Burchard von Würzburg und den *capellanus* Fulrad[38], im Vergleich zu den von den fränkischen Hausmeiern 739 und 740 zum Papst abgeordneten Gesandten[39] prominente Persönlich-

---

[35] Annales regni Francorum (wie Anm. 13) ad a. 748 (S. 8); Annales Mettenses priores (wie Anm. 13) ad a. 750 (S. 42 f.).

[36] Vgl. dazu auch FOURACRE, The Age of Charles Martel (wie Anm. 26) S. 170-174.

[37] Zur Abfassungszeit der Annales regni Francorum, besonders des bis etwa 790 reichenden Abschnitts Wilhelm WATTENBACH/Wilhelm LEVISON/Heinz LÖWE (Hgg.), Deutschlands Geschichtsquellen im Mittelalter. Vorzeit und Karolinger II: Die Karolinger vom Anfang des 8. Jahrhunderts bis zum Tode Karls des Großen (1953) S. 250 ff.; vgl. AFFELDT, Untersuchungen (wie Anm. 4) S. 102 f.; Rosamond MC KITTERICK, Constructing the Past in the Early Middle Ages. The Case of the Royal Frankish Annals (Transactions of the Royal Historical Society 6th ser. 7, 1997) S. 114-118; DIES., The Illusion of Royal Power in the Carolingian Annals, English Historical Review 105 (2000) S. 8.

[38] Annales regni Francorum (wie Anm. 13) ad a. 748 (S. 8).

[39] 739 führten Abt Grimo von Corbie und der Inkluse Sigibert aus Saint-Denis eine Gesandtschaft Karl Martells nach Rom an (Fredegarii Chronicon continuationes [wie Anm.

keiten⁴⁰: Der Würzburger Bischof hielt sich im Frühjahr 738 längere Zeit in Rom auf⁴¹, kannte somit den regierenden Papst Zacharias und das lateranensische *patriarchium*, was ihn als Delegationsleiter empfahl. Der *capellanus* Fulrad galt den Päpsten als *consiliarius* Pippins III.⁴² Wann er an die Spitze der Abtei St-Denis trat, wissen wir nicht genau⁴³. Manches spricht dafür, daß Fulrad bereits Abt von St-Denis war, als er mit Burchard von Würzburg die Romreise antrat. Mit dieser Annahme muß die Zeitangabe der *Annales regni Francorum*, die die Gesandtschaft schon 749 aufbrechen sehen⁴⁴, korrigiert werden, ist doch Fulrad erst am 17. August 750 als Vorsteher des *monasterium s. Dionysii* bezeugt⁴⁵. Das gegenüber den Reichsannalen ein gutes Jahrzehnt jüngere *Chronicon Laurissense breve*⁴⁶ datiert die Burchard-Fulrad-Mission auf 750⁴⁷. Ein im Original erhaltenes urkundliches Zeugnis, das in der Forschung auf die Zeit

---

4] S. 179). 735/40 und 746/47 machten sich zwei anonym bleibende bzw. sonst unbekannte fränkische Boten auf den Weg in die Ewige Stadt (JE 2250 und 2252 = MGH Epp. 3, ed. Wilhelm GUNDLACH [1892] S. 476-479 Nr. 1 und 2; JE 2278 = MGH Epp. sel 1 (wie Anm. 25) S. 159 ff. Nr. 77).

⁴⁰ Alain STOCLET, Autour de Fulrad de Saint-Denis (v. 710 - 784) (Ecole Pratique des Hautes Etudes. Sciences historiques et philologiques V. Etudes médiévales et modernes 72, 1993) S. 454-462, erörtert ausführlich die möglichen Gründe für die Auswahl gerade dieser beiden Legaten.

⁴¹ JE 2286 = MGH Epp. sel. 1 (wie Anm. 25) S. 172-180 Nr. 80; dazu Michael TANGL, Studien zur Neuausgabe der Bonifatius-Briefe, NA 40 (1916) S. 784 f.

⁴² Vgl. JE 2322 = MGH Epp. 3 (wie Anm. 39) S. 488 ff. Nr. 6.

⁴³ Fulrads Vorgänger Amalbert ist zuletzt bezeugt am 11. Februar 748 (HEIDRICH [wie Anm. 17] S. 102 f. Nr. 18). Als seinen Todestag gibt Josef FLECKENSTEIN, Fulrad von Saint-Denis und der fränkische Ausgriff in den süddeutschen Raum, in: Studien und Vorarbeiten zur Geschichte des großfränkischen und frühdeutschen Adels, hg. von Gerd TELLENBACH (Forschungen zur oberrheinischen Landesgeschichte, 1957) S. 45 Anm. 5 ohne Beleg den 6. Juni 749 an.

⁴⁴ Annales regni Francorum (wie Anm. 13) ad a. 749 (S. 8).

⁴⁵ HEIDRICH, Urkunden (wie Anm. 17) S. 107-111 Nr. 21.

⁴⁶ Zur Entstehungszeit des Chronicon Laurissense breve Wilhelm WATTENBACH/ Wilhelm LEVISON/Heinz LÖWE (Hgg.), Deutschlands Geschichtsquellen im Mittelalter. Vorzeit und Karolinger I: Die Karolinger vom Anfang des 8. Jahrhunderts bis zum Tode Karls des Großen (1953) S. 264 f.

⁴⁷ Chronicon Laurissense breve (wie Anm. 13) ad a. 750 (S. 27 f.).

vor dem November, wenn nicht gar vor dem 20. Juni 751 datiert wird[48], läßt erkennen, daß Fulrad zur Zeit der Ausstellung des Diploms von St-Denis abwesend war, beauftragte er doch Mönche seines Klosters und Verwalter Sandionysianer *villae*, beim Hausmeier eine Bestätigung entfremdeten Klosterbesitzes zu erwirken[49]. Sollte der Abt damals auf seiner römischen Dienstreise gewesen sein?

Das *Breviarium Erchanberti*, eine Quelle, die uns gelegentlich hinter die Kulissen des Aufstieges der Karolinger schauen läßt[50], ehe Notker der Stammler es 840 übernahm, die Aufzeichnungen bis 881 in Carolingian correctness zu Ende zu führen[51], überliefert eine in eine chronologisch und sachlich wirre Rahmenhandlung eingebettete Anekdote, die um 750 den karolingischen Hausmeier als Befehlsempfänger des merowingischen Königs vorstellt, der nach eigenem Eingeständnis weder über die königliche *dignitas* noch die *potestas* eines Herrschers verfüge[52]. Um 750 müßte demnach eine Grundfrage fränkischer Herrschaft und Verfassung aufgeworfen worden sein. Sollte sie tatsächlich im Mittelpunkt des von Burchard von Würzburg und Fulrad von St-Denis in Rom erstatteten Berichts (*relatio*) gestanden haben, dann traten die hochkarätigen Legaten der Franken ihre Reise zum Hl. Stuhl an, solange der Merowinger Childerich III. noch als Frankenkönig anerkannt wurde. Seine vielleicht vorletzte Hausmeierurkunde, ein im Original erhaltenes *placitum* zugunsten Fulrads und seines Klosters, datierte Pippin am 20. Juni 750 nach

---

[48] Zur Datierung der in der folgenden Anm. zu nennenden Urkunde oben Anm. 17.
[49] HEIDRICH, Urkunden (wie Anm. 17) S. 113-117 Nr. 23.
[50] Das Breviarium Erchanberti (wie Anm. 23) S. 328 referiert als einzige Quelle über die Hintergründe des Widerstandes der süddeutschen *duces* gegen die königsgleiche Vorherrschaft der karolingischen Hausmeier sowie über die nur schwer zu überwindende Opposition des Merowingerkönigs Theuderich IV. gegen den Plan Karl Martells, die Hausmeierwürde geteilt auf seine (zwei) Söhne zu vererben.
[51] Vgl. Wilhelm WATTENBACH/Wilhelm LEVISON/Heinz LÖWE (Hgg.), Deutschlands Geschichtsquellen im Mittelalter. Vorzeit und Karolinger III: Die Karolinger vom Tode Karls des Großen bis zum Vertrag von Verdun (1957) S. 349 f. und VI: Die Karolinger vom Vertrag von Verdun bis zum Herrschaftsantritt der Herrscher aus dem sächsischen Hause, das Ostfränkische Reich (1990) S. 754 f.
[52] Breviarium Erchanberti (wie Anm. 23) S. 328 f.

dem 9. Königsjahr Childerichs III.⁵³. Für Bonifatius war Pippin im Sommer/Herbst 750 noch immer *princeps Francorum*⁵⁴. Der Bischof von Würzburg und der Abt von St-Denis dürften somit im Frühjahr/Sommer 751 ihre römische Mission durchgeführt haben.

Kannte Graf Childebrand die Veranlassung dieser Mission tatsächlich oder vorgeblich nicht, die *Annales regni Francorum* wissen es umso besser, was die fränkische Delegation erfragte und welche Weisung Papst Zacharias dem Hausmeier zukommen ließ. Das *Chronicon Laurissense breve* schmückt Frage (*relatio*) und Antwort (*auctoritas praescripta*) ein wenig aus⁵⁵; in der Formulierung der Reichsannalen sind sie allgemein bekannt, fehlen sie doch in keiner Gesamtdarstellung, in keinem Schulbuch. Pippins Abgesandte fragten wegen der Könige im Frankenreich an, die zu dieser Zeit keine *potestas* besaßen, ob dies gut sei oder nicht. Der Papst bedeutete den Fragenden, es sei besser, daß der König genannt werde, der die *potestas* besitze, denn der, der ohne königliche *potestas* bliebe. Folglich sollte Pippin König werden, *ut non conturbaretur ordo*⁵⁶. Frage und Antwort mit erwünschter Weisung sind in diesem Text so nahtlos einander angepaßt, daß man sich des Eindrucks nicht erwehren kann, die Formulierung der *Annales regni Francorum* stamme aus einer Hand, von einem fränkischen Autor⁵⁷.

Längst machte die Forschung darauf aufmerksam, daß im Texte der Reichsannalen Überlegungen über ein christliches Königtum, über eine durch das christliche Sittengesetz gerechtfertigte, mit der göttlichen Weltordnung konforme Königsherrschaft ihren Niederschlag fanden, Gedanken, die die Kenntnis der Hauptwerke des hl. Augustinus, der Schriften Isidors von Sevilla und des Pseudo-Cyprian voraussetzten⁵⁸.

---

⁵³ HEIDRICH, Urkunden (wie Anm. 17) S. 111 ff. Nr. 22.
⁵⁴ MGH Epp. sel. 1 (wie Anm. 25) S. 191 f. Nr. 86.
⁵⁵ Chronicon Laurissense breve (wie Anm. 13) ad a. 750 (S. 27 f.).
⁵⁶ Annales regni Francorum (wie Anm. 13) ad a. 749 (S. 8).
⁵⁷ AFFELDT, Untersuchungen (wie Anm. 4) S. 146 ff. erwog dies bereits. Berechtigten Zweifel an der Darstellung der Ereignisse von 751 in den Annales regni Francorum äußert Roger COLLINS, Charlemagne (1998) S. 33-36.
⁵⁸ Vgl. vor allem Heinrich BÜTTNER, Aus den Anfängen des abendländischen Staatgedankens. Die Erhebung Pippins, HJb 71 (1952) S. 82-86; Eugen EWIG, Zum christlichen Königsgedanken im frühen Mittelalter (Vorträge und Forschungen 3, 1956) S. 44 f.; Hans

Daß jedoch zwischen dem Bericht der *Annales regni Francorum* zum Jahre 749 bzw. des *Chronicon Laurissenses breve* zu 750 einerseits und dem Faktum des Personenwechsels an der Spitze des Frankenreiches andererseits eine Zeitlücke von fast einem halben Jahrhundert klafft, wird bis heute allgemein übersehen; die wenigen Gelehrten, die diese Zeitlücke konstatierten, zogen aus ihrer Beobachtung keine Konsequenzen[59].

Der erste rückblickende Teil der Reichsannalen, zu dem unser Text gehört, wurde zwischen 787 und 793 in den Kreisen am Hofe Karls des Großen niedergeschrieben, höchstwahrscheinlich in der Hofkapelle[60]. Das *Chronicon Laurissenses breve* entstand im ersten Jahrzehnt des 9. Jahrhunderts in dem dem Hofe nahestehenden Kloster Lorsch[61]. In dem unmittelbar vor und nach 800 überaus aktiven Kreisen des karolingischen Hofes[62] kannte man Augustinus' Gottesstaat[63] und die Etymologien Isidors von Sevilla[64] sowie den Traktat *De XII abusivis saeculi* des Pseudo-

---

Hubert ANTON, Fürstenspiegel und Herrscherethos in der Karolingerzeit (Bonner Historische Forschungen 32, 1968) S. 392 ff.; Reinhard SCHNEIDER, Königswahl und Königserhebung im Frühmittelalter (Monographien zur Geschichte des Mittelalters 3, 1972) S. 188 ff.; Pierre RICHÉ, Les Carolingiens. Une famille qui fit l'Europe (1983) S. 73-76; Janet L. NELSON, Kingship and Empire, in: Cambridge History of Medieval Thought, c. 350 – c. 1450, hg. von James H. BURNS (²1991) S. 213 f.

[59] Vgl. Kurt Ulrich JÄSCHKE, Bonifatius und die Königssalbung Pippins des Jüngeren, AfD 23 (1977) S. 30-37; Konrad BUND, Thronsturz und Herrscherabsetzung im Frühmittelalter (Bonner Historische Forschungen 44, 1979) S. 375 f.; AFFELDT, Untersuchungen (wie Anm. 4) S. 102 f.; zuletzt MC KITTERICK, The Illusion (wie Anm. 37) S. 5-10.

[60] Vgl. oben Anm. 37.

[61] Zuletzt Matthew INNES, Kings, Monks and Patrons. Political Identities and the Abbey of Lorsch, in: La royauté et les élites dans l' Europe carolingienne (début IXᵉ siècle aux environs de 920), hg. von Régine LE JAN (Centre d'histoire de l' Europe du Nord-Ouest 17, 1998) S. 316 f.

[62] Vgl. Donald A. BULLOUGH, Aula renovata: The Carolingian Court before the Aachen Palace, in: Carolingian Renewal. Sources and Heritage, hg. von DEMS. (1991) S. 124-136.

[63] Augustinus, De civitate Dei V, 12, edd. Bernhard DOMBART/Alfons KALB (CC 47, 1955) S. 143: *appellati sunt ... reges a regendo*; Augustinus, De civitate Dei XIX, 13, edd. Bernhard DOMBART/Alfons KALB (CC 48, 1955) S. 679: *Pax omnium rerum est tranquillitas ordinis. Ordo est parium disparumque rerum sua cuique loca tribuens dispositio.*

[64] Isidor von Sevilla IX, 3, 1 und 4, ed. William M. LINDSAY (1911): *reges a regnando vocati ... Rex eris, si recte facias; si non facias, non eris. Regiae virtutes duae: iustitia et pietas.*

Cyprian⁶⁵; vor allem verfügte man über die Handschriften dieser Werke⁶⁶. Auf eben diese Kreise geht auch die Version D der *Lex Salica* mit dem bekannten Langen Prolog⁶⁷ zurück⁶⁸; die älteste handschriftliche

---

⁶⁵ Ps.-Cyprianus, De XII abusionibus saeculi, ed. Siegmund HELLMANN (Texte und Untersuchungen zur Geschichte der altchristlichen Literatur 34 Heft 1, 1909): *Sextus abusionis gradus est dominus sine virtute, quia nihil proficit dominandi habere potestatem, si dominus ipse non habeat et virtutis rigorem ... animi interiorem fortitudinem per bonos mores exercere* (43) – *Nonus abusionis gradus est rex iniquus. Quem cum iniquorum correctorem esse oportuit, licet in semetipso nominis sui dignitatem non custodit. Nomen enim regis intellectualiter hoc retinet, ut subiectis omnibus rectoris officium procuret. Sed qualiter alios corrigere poterit qui proprios mores, ne iniqui sint, non corrigit? Quoniam in regis iustitia exaltatur solium et in veritate solidantur gubernacula populorum ... regis iniustitia non solum praesentis imperii faciem fuscat, sed etiam filios suos et nepotes, ne post se regni hereditatem teneant, obscurat* (51 ff.).

⁶⁶ Augustinus, De civitate Dei: z. B. CLA VII Nr. 852 = Freiburg/Br., Univ.-Bibl. Ms 483 Nr. 12 und Basel, Univ.-Bibl. Ms N I. 4. A, geschrieben saec. VIII in der Gegend von Laon nach Vorlage aus Corbie (Rosamond MC KITTERICK, The Scriptoria in Merovingian Gaul, in: Columbanus and Merovingian Monasticism, hgg. von Howard B. CLARKE/Michael BRENNAN [British Archaeological Reports, International Series 113, 1981] S. 154 und S. 205); CLA X Nr. 1545 = Brüssel, BR 9641 geschrieben saec. VIII/IX in einem kontinentalen Zentrum, das unter insularem Schrifteinfluß stand: Rosamond MC KITTERICK, The Diffusion of insular Culture in Neustria between 650 and 850, in: ATSMA, La Neustrie (wie Anm. 7) S. 400 und S. 417. Zur handschriftlichen Überlieferung der Etymologiae Isidors von Sevilla allgemein Bernhard BISCHOFF, Mittelalterliche Studien 1 (1966) S. 171-194. In den Umkreis des Hofes Karls des Großen hinein führen die Handschriften CLA X Nr. 1554 = Brüssel, BR 4656 II, geschrieben in Corbie saec. VIII ex. sowie ein verschollener Codex saec. VIII aus Tours (BISCHOFF, ebda. S. 178 f.) und CLA V Nr. 567 = Paris, BN lat. 6413, geschrieben saec. VIII med. in Chelles (Rosamond MC KITTERICK, Nuns' Scriptoria in England and Francia in the Eighth Century, Francia 19/1 [1989] S. 6 ff.). Am Hofe Ludwigs des Frommen befand sich der Text Pseudo-Cyprians in der Handschrift St. Gallen 277 geschrieben saec. IX ²/⁴ in Südwestdeutschland (Weißenburg?) (Bernhard BISCHOFF, Mittelalterliche Studien 3 [1981] S. 196). Exzerpte dieses Textes haben sich erhalten in Codex Paris, BN lat. 2718, fol. 135 ʳ⁻ᵛ, geschrieben in enger Verbindung mit dem Hof Ludwigs des Frommen ca. 830 in Tours (Hubert MORDEK, Bibliotheca capitularium regnum Francorum manuscripta [MGH Hilfsmittel 15, 1995] S. 422 ff.).

⁶⁷ Lex Salica, Versio Pippina, ed. Karl August ECKHARDT (MGH LL nat. Germ. 4, 2, 1969) S. 3 f.: *Gens Francorum inclita auctore Deo condita ... nobilitas eius incolumna ... ad catholicam fidem firmiter conversa emunis quidem ab omni herese dum adhuc teneretur barbara ... desiderans iustitiam pervenit ad lucem scientiae custodiens pietatem ...*

Bezeugung weist wiederum in die Jahre zwischen 790 und 810[69]. Auch die frühesten karolingischen *Laudes regiae* wurden im Umkreis des Hofes Karls des Großen im letzten Jahrzehnt des 8. Jahrhunderts niedergeschrieben[70], wie ihre handschriftliche Überlieferung zeigt[71].

Erfahren wir somit von den Hofkreisen Karls des Großen, wie sie den Personenaustausch auf dem fränkischen Königsthron im Jahre 751 sahen und theologisch begründet hätten, so ist es doch *a priori* fraglich, ob zwei Generationen früher lebende Zeitgenossen eine solche Stellungnahme zu

---

[68] Vgl. WATTENBACH/LEVISON/LÖWE, Geschichtsquellen I (wie Anm. 46) S. 95 mit Anm. 205. Die von Karl A. ECKHARDT, Pactus legis Salicae 1,2 (Germanenrechte N. F., 1957) S. 306 ff. für den von 757 bis 766 in der Königskanzlei nachweisbaren (MGH DD Karol. I 9, 10, 13, 16, 18, 21 und 22) Rekognoszenten Badilo (vgl. Josef FLECKENSTEIN, Die Hofkapelle der deutschen Könige 1 [MGH Schriften 16, 1, 1959] S. 230 f.) postulierte Verfasserschaft dieses Textes ist alles andere als gesichert, vgl. BULLOUGH, Aula renovata (wie Anm. 62) S. 125 mit S. 149 Anm. 11.

[69] Wenn der Textauszug in Paris, BN lat. 4403 B., geschrieben ca. 800 in Luxeuil (BISCHOFF, Mittelalterliche Studien 3 [wie Anm. 66] S. 19) außer acht bleibt, sind die ältesten Handschriften dieser Textversion Paris BN lat. 4404, geschrieben nach 804 wohl in Tours (MORDEK, Bibliotheca [wie Anm. 66] S. 456-463), Paris BN lat. 4627, geschrieben nach 818 im Umkreis des Hofes (MORDEK, ebda. S. 482-485), Vat. Reg. lat. 846, geschrieben im Umkreis des Hofes saec. IX$^{1/4}$ (MORDEK, ebda. S. 830-833). – St. Gallen 731, geschrieben 793 in der Westschweiz (CLA VII Nr. 950 und MORDEK, ebda. S. 670-676) scheint zu weit vom Hof Karls des Großen entfernt. Ausführlich zu den Handschriften der *Lex Salica* Rosamond MC KITTERICK, The Carolingians and the written word (1989) S. 48-55.

[70] Die ältesten karolingischen Laudes sind überliefert in Paris, BN lat. 13159, fol. 163^r, ediert bei Henri LECLERCQ, Dictionnaire d'Archéologie et de Liturgie Chrétienne 8, 2 (1929) Sp. 1902 f., und Bernhard OPFERMANN, Die liturgischen Herrscherakklamationen im Sacrum Imperium des Mittelalters (1953) S. 102 f., sowie in Codex Montpellier, Bibliothèque Interuniversitaire (Section Médecine) 409, fol. 344^v, Einhardi Vita Karoli Magni (wie Anm. 1) S. 46 f.; vgl. dazu Ernst H. KANTOROWICZ, Laudes regiae. A Study of Liturgical Acclamations and Medieval Rulership (^{2}1958) S. 33-60 und MC KITTERICK, The Carolingians (wie Anm. 69) S. 253 ff.

[71] Paris, BN lat. 13159 wurde 796/800 im Umkreis des Hofes Karls des Großen geschrieben (BISCHOFF, Mittelalterliche Studien 3 [wie Anm. 66] S. 3 f.), der Psalter Montpellier, Bibliothèque Interuniversitaire (Section Médecine) 409 hingegen in Mondsee, die Litanei aber in St-Amand verkürzt und 788/94 die Fürbitte für die Königin Fastrada sowie ein Segensgebet für die Karlstochter Rotrud angehängt, das bei OPFERMANN, Die liturgischen Herrscherakklamationen (wie Anm. 70) fehlt (Bernhard BISCHOFF, Die südostdeutschen Schreibschulen und Bibliotheken der Karolingerzeit 2 [1980] S. 16 ff.).

einem hochpolitischen Problem, das staatsrechtliche und schwierige theologische Fragen aufwarf, hätten erarbeiten können und durch die Veröffentlichung zur Diskussion stellen wollten. Um die Person des Königs auszuwechseln, bedurften die Franken vor 751 einer päpstlichen *auctoritas praescripta* nicht[72]. Warum es im Ernstfall von 751 unabdingbar erschien, mit dem Papst Fühlung aufzunehmen, sollte wohl das Staatsgeheimnis der Handelnden und ihrer Zeitgenossen bleiben.

In seiner 813 abgeschlossenen *Chronographia* berichtet jedoch der byzantinische Chronist Theophanes Confessor (ca. 760 - 817/18)[73], der Papst (Theophanes nennt ihn Stefan, der die Franken um Hilfe gegen die Langobarden Aistulfs bat) habe Pippin von dem Eid gelöst, den er dem Merowingerkönig geleistete hatte[74]. Seit dem 6. Jahrhundert verlangten die merowingischen Herrscher beim Regierungsantritt von dem *populus* bzw. den *pagenses*, über die zu herrschen sie sich anschickten, als Zeichen der Anerkennung einen Eid (*sacramentum*)[75], der *fidelitas* und *leudesamium* beinhaltete[76] und in Formen der Huldigung abgelegt wurde[77]. In der zweiten Februarhälfte, wahrscheinlich am 1. März 743, setzten die Hausmeier Karlmann und Pippin Childerich III. als König ein[78]. Wenn

---

[72] Vgl. BUND, Thronsturz (wie Anm. 59) S. 320-338.

[73] Zur Entstehung der Chronographia des Theophanes Confessor vgl. Johannes KARAYANNOPULOS/Günter WEIß, Quellenkunde zur Geschichte von Byzanz (Schriften zur Geistesgeschichte des östlichen Europa 14, 1982) S. 338 f.

[74] Theophanes Confessor, Chronographia ad a. mundi 6216 = a.D. 724, ed. Carolus de BOOR I (1883) S. 403: ... λύσαντος αὐτὸν τῆς ἐπιορκίας τῆς πρὸς τὸν ῥῆγα τοῦ αὐτοῦ Στεφάνου ... ; dt. Übersetzung der ganzen Stelle Leopold BREYER, Byzantinische Geschichtsschreiber 6 (²1964) S. 36 f.; engl. Übersetzung Harry TURTLEDOVE, The Chronicle of Theophanes (602-813) (1982) S. 94 f. ad a. D. 723/24.

[75] Vgl. Gregor von Tours, Historiae (wie Anm. 20) S. 110, S. 180, S. 184, S. 216, S. 281 f., S. 330, S. 333, S. 344 f., S. 358 und S. 448 f.; Liber historiae Francorum, ed. Bruno KRUSCH (MGH SS rer. Merov. 2, 1882) S. 309.

[76] Markulf I, 40, ed. Karl ZEUMER (MGH Formulae Merowingici et Karolini aevi) S. 68; vgl. Theo KÖLZER, Huldigung, Lex. MA 5 (²1999) Sp. 184.

[77] Matthias BECHER, Huldigung, Reallexikon der germanischen Altertumskunde 15 (²2000) S. 205 ff.

[78] Vgl. Annales Saxonici ad a. 743, ed. Ludwig Konrad BETHMANN (MGH SS 16, 1994) S. 80; MGH DD Mer. 191; dazu Bruno KRUSCH in: MGH SS rer. Merov. 7, S. 507 f.; WEIDEMANN, Zur Chronologie der Merowinger (wie Anm. 21) S. 210.

im 8. Jahrhundert der aquitanische Herzog die Huldigung seiner Untertanen mit Eidesleistung einforderte[79], wäre es sonderbar, wenn der Merowingerkönig gegenüber seinen Hausmeiern nicht auch auf dem Treueid bestanden hätte, den Theophanes bezeugt. Eidbruch pflegte der merowingische Herrscher zu bestrafen, wenn sich die Gelegenheit dazu bot[80]; nur merowingerzeitliche Bischöfe weigerten sich, den ihrem König geleisteten Treueid zu brechen[81].

751 standen Pippin selbst und auch seine Parteigänger vor der Entscheidung, ihren Childerich III. geschworenen und nach dem Zeugnis des Theophanes jährlich wohl auf dem Märzfeld erneuerten Eid[82] zu brechen, denn nach seiner Erhebung zum König würde Pippin den Treueid auf seine Person von ihnen fordern, die von Childebrand apostrophierte *subiectio principum*[83]. Das Gewissen ließ die politisch Handelnden und vor allem den Hausmeier vor dem *periurium* und seinen Folgen zurückschrecken[84]. Da nach der Auffassung der Zeit nur Gott den von ihm ga-

---

[79] Miracula Austregisili episcopi Biturigi, ed. Bruno KRUSCH (MGH SS rer. Merov. 4, 1902) S. 206; Miracula S. Martialis, ed. Oswald HOLDER-EGGER (MGH SS 15, 1, 1887) S. 281.

[80] Z. B. Gregor von TOURS, Historiae (wie Anm. 20) S. 344 (585); HEIDRICH, Urkunden (wie Anm. 17) S. 87 ff. Nr. 13; vgl. auch MGH DD Mer. Dep. 392 und die Fälschung MGH DD Mer. 120; dazu Theo KÖLZER, Merowingerstudien 2 (MGH Studien und Texte 26, 1999) S. 10-17.

[81] Vgl. das Testament des Bischofs Berthramn von Le Mans, ed. Margarethe WEIDEMANN, Das Testament des Bischofs Berthramn von Le Mans (Monographien des Römisch-Germanischen Zentralmuseums 9, 1986) S. 8, S. 11, S. 15; Passio Leudegarii episcopi Augustodunensis I, edd. Bruno KRUSCH/Wilhelm LEVISON (MGH SS rer. Merov. 5, 1910) S. 305 f.

[82] Theophanes Confessor, Chronographia (wie Anm. 74) 402 f.: Der ... Merowingerkönig κατὰ Μάϊον μῆνα πρώτῃ τοῦ μηνὸς προκαθέζεσθαι ἐπὶ παντὸς τοῦ ἔθνους καὶ προσκυνεῖν αὐτοὺς καὶ προσκυνεῖσθαι ὑπ' αὐτῶν.

[83] Vgl. Otto DIPPE, Gefolgschaft und Huldigung im Reiche der Merowinger (1889) S. 45 f.

[84] Das gallische Kirchenrecht bestrafte Meineid mit Exkommunikation u. U. auf Lebenszeit, vgl. Concilium Aurelianense (538) can. 9 und Concilium Matisconense (581/83) can. 18, ed. Carlo DE CLERCQ, CC 148 A (1967) S. 118 und S. 227 f.; Collectio vetus Gallica L, 1-4, ed. Hubert MORDEK, Kirchenrecht und Reform im Frankenreich (Beiträge zur Geschichte und Quellenkunde des Mittelalters 1, 1975) S. 566, S. 569; Klaus HOCK/John T. FITZGERALD, Eid, Religion in Geschichte und Gegenwart II (⁴1999) Sp. 1122 und 1125 f.;

rantierten Eid lösen konnte[85], galt es, eine Instanz zu finden, der Gott die Vollmacht erteilt hatte, es in Seinem Auftrag zu tun. Die fränkischen Bischöfe, selbst in die Eidesproblematik eingebunden[86], kamen hierfür als Individuen nicht in Frage, und der Episkopat in den von den Karolingern herrschaftlich mit unterschiedlicher Intensität erfaßten Teilreichen stand noch lange nicht geschlossen hinter Pippin[87]. Seit Generationen waren die Pippiniden-Karolinger mit dem römischen Bischof verbunden, dem Nachfolger des hl. Petrus[88]. Ihm hatte Christus mit den Schlüsseln des Himmelreiches die Vollmacht übertragen, auf Erden zu lösen, was damit auch im Himmel gelöst sei[89]. Die an Petri Grab gefeierte Liturgie begann, die einheimische liturgische Praxis zu überlagern[90]; man hatte gerade die Berechnung des Ostertermins auf die in Rom übliche umgestellt[91]. Frän-

zur Problematik auch Tilmann STRUVE, Das Problem der Eideslösung in den Streitschriften des Investiturstreites, ZRG Kan. 75 (1989) S. 110 ff.

[85] Vgl. Augustinus, Sermo 180, Migne PL 38, S. 975 f.; Burchard v. Worms, Decretum lib. XII, Cap. 10, Migne PL 140, 878; Marcel DAVID, Le serment du sacre du IXe au XVe siècle, Revue du moyen âge latin 6 (1950) S. 16 f. und S. 68-75; Hans-Werner GENSICHEN, Eid I, TRE IX (1982) S. 374 f.; Manfred GERWING, Eid, Lex. MA 2 (²1999) Sp. 1673 f.

[86] Vgl. Gregor v. TOURS, Historiae (wie Anm. 20) S. 222 und S. 281; Capitulare missorum (792), ed. Alfred BORETIUS (MGH Capit. 1, 1883) S. 66 cap. 1 und 2; Lothar KOLMER, Promissorische Eide im Mittelalter (Regensburger Historische Forschungen 12, 1989) S. 76 f.; Matthias BECHER, Eid und Herrschaft. Untersuchungen zum Herrscherethos Karls des Großen (Vorträge und Forschungen. Sonderband 39, 1993) S. 100.

[87] Vgl. Josef SEMMLER, Bonifatius, die Karolinger und „die Franken", in: Mönchtum – Kirche – Herrschaft 750-1000, hgg. von Dieter R. BAUER u. a. (1998) S. 43 ff.

[88] Vgl. dazu Theodor ZWÖLFER, Sankt Peter. Apostelfürst und Himmelspförtner (1929) S. 79-98 und S. 113-123; vgl. auch Kassius HALLINGER, Römische Voraussetzungen der bonifatianischen Wirksamkeit im Frankenreich, in: Sankt Bonifatius. Gedenkgabe zum 1200. Todestag (²1954) S. 339-360.

[89] Matth. 16, 18 f.; vgl. auch Matth. 18, 17 f.

[90] Vollständigste Übersicht noch immer bei Cyrille VOGEL, Les échanges liturgiques entre Rome et les pays francs jusqu'à l'époque de Charlemagne, in: Le chiese nei regni dell'Europa occidentale e i loro rapporti con Roma sino all'800 (Settimane di studio del Centro Italiano di Studi sull'Alto Medioevo 7, 1960) S. 188-246.

[91] Fredegarii Chronicarum continuationes (wie Anm. 4) S. 179. Es wäre aufschlußreich, erführen wir, wer diese Umstellung in die Wege leitete. Vgl. Bruno KRUSCH, Die Einführung des griechischen Paschalritus im Abendland, NA 9 (1884) S. 138; DERS., Das älteste fränkische Lehrbuch der dionysianischen Zeitrechnung, in: Mélanges offerts à Emile Châtelain (1910) S. 232-242.

kische Bischöfe, Priester und Laien wandten sich in kirchenrechtlichen Fragen an den Nachfolger Petri, um von ihm – teilweise mit Erfolg – Entscheidungen zu erlangen, die das Votum fränkischer Instanzen abänderten oder gar aufhoben[92]. Warum sollte Pippin nicht auch diesen Weg beschreiten? Theophanes zufolge jedenfalls löste der Papst Pippins dem Merowingerkönig geschworenen Treueid und wohl auch die von seinen Anhängern Childerich III. geleistete Eide.

Die Kenntnis von diesen Vorgängen ging den Franken offenbar verloren, konnte doch niemand von ihnen die Chronographie des Theophanes lesen, wenn er sie denn in die Hände bekam. In den sechziger Jahren des 9. Jahrhunderts übersetzte Anastasius Bibliothecarius das griechische Werk und fügte seine Übersetzung in seine *Chronographia tripertita* ein[93]. Dort las[94] um 1080 Anselm von Lucca von der Pippin III. erteilten päpstlichen Absolution und der dadurch ermöglichten Erhebung des fränkischen Hausmeiers zum König[95]. Davon hatte auch Landolfus Sagax gehört[96]; die Kunde erreichte sogar Frutolf von Michelsberg/Bamberg[97]. Zuvor war Papst Gregor VII. diese Stelle der *Chronographia tripertita* des Anastasius Bibliothecarius bekannt geworden. Dieser folgerte daraus, daß Papst Zacharias damit einen kirchenrechtlichen Präzedenzfall entschied, indem er einst alle Franken vom Treueid gegenüber ihrem König löste, den er daraufhin kraft seiner Binde- und Lösegewalt habe absetzen kön-

---

[92] JE 2239 = MGH Epp. sel 1(wie Anm. 25) S. 49-52 Nr. 28; MGH Epp. sel 1 (wie Anm. 25) S. 80-86 Nr. 50; JE 2264 = MGH Epp. sel 1 (wie Anm. 25) S. 86-92 Nr. 51; JE 2274 = MGH Epp. sel 1 (wie Anm. 25) S. 120-125 Nr. 60.

[93] Vgl. August POTTHAST (Hg.), Repertorium fontium historiae medii aevi II (1967) S. 221.

[94] Anastasius Bibliothecarius, Chronographia tripertita ad a. mundi 6234 = a. Domini 734 (!), ed. Carolus DE BOOR, Theophanis Chronographia II (1885) S. 272 f.

[95] Anselm von Lucca, Collectio canonum, ed. Friedrich THANER (1906) S. 51; vgl. Werner AFFELDT, Die Königserhebung Pippins und die Unauflöslichkeit des Eides im Liber de unitate ecclesiae conservanda, DA 25 (1969) S. 332 f.

[96] Landolfus Sagax, Historia Romana lib. XXIV cap. 9, ed. Amadeo CRAVELLUCCI, Fonti per la storia d'Italia 50 (1913) S. 209.

[97] Frutolf von Michelsberg, Chronica, ed. Ludwig C. BETHMANN (MGH SS 6, 1844) S. 160; vgl. dazu Alain J. STOCLET, Zur politisch-religiösen Tendenz der Chronik Frutolfs von Michelsberg, DA 40 (1981) S. 200-208.

nen[98]. Da vor allem nach der zweiten Exkommunikation des deutschen Königs Heinrich IV. durch Gregor VII. verstärkt Stimmen laut wurden, die die Befugnis des Papstes bestritten, einen König durch den Bann aus der Kirche auszuschließen[99], unternahm es Gregor VII., in einem an Bischof Hermann von Metz gerichteten ausführlichen Lehrschreiben sein Vorgehen zu rechtfertigen: Aufgrund der Verheißung Christi besitze der Papst die Vollmacht, die auch Könige einschließe, Treueide zu lösen. Diese *potestas* sei nicht nur durch die Hl. Schrift und die kirchliche Lehrtradition, sondern auch in historischen Quellen sicher beglaubigt, habe doch sein (Gregors) Vorgänger Zacharias rechtens davon Gebrauch gemacht und *omnes Francigenae* von dem dem Merowingerkönig geleisteten *iuramentum fidelitatis* gelöst[100].

Sobald der Hausmeier und seine Umgebung sich der von Papst Zacharias erteilten Absolution vergewissert hatten, schufen sie vollendete Tatsachen: Dem merowingischen König Childerich III. entzog man im Kloster St-Médard vor Soissons seine Würde, seine Insignien und seinen Titel[101]. Zum Mönch geschoren, internierte man ihn im *monasterium Sithiu* (St-Omer)[102]. Seinen Sohn Theuderich wies man nach der Erteilung

---

[98] JL 5000 = Gregor VII., Register IV, 2 (1076), ed. Erich CASPAR (MGH Epp. sel 2, 1, ³1967) S. 293-297: *Considerent* (sc. die, die die schon im Dictatus papae cap. 28 und cap. 12 [MGH Epp. sel 2, 1, S. 208 und S. 204] formulierten päpstlichen Vollmachten bestreiten), *cur Zacharias papa regem Francorum deposuerit et omnes Francigenas a vinculo iuramenti quod sibi fecerant absolverit.*
[99] Vgl. JL 5000 = MGH Epp. sel 2, 1 (wie Anm. 98) S. 293 f. und besonders Liber de unitate ecclesiae conservanda, edd. Ernst DÜMMLER/Friedrich THANER/Ernst SACKUR (MGH SS Libelli de lite imperatorum et pontificum 2, 1892) S. 185 f., S. 188 f. und S. 208 f.; AFFELDT, Die Königserhebung Pippins (wie Anm. 95) S. 314-330 und 336-344.
[100] JL 5201 = Gregor VII., Register VIII, 21 (1081) (MGH Epp. sel 2, 2 [wie Anm. 98]) S. 546-562; hier S. 548 ff. und 553 f.
[101] Annales regni Francorum (wie Anm. 13) ad a. 750 (S.10); Chronicon Laurissense breve (wie Anm. 13) ad a. 750 (S. 28); Annales Lobienses (wie Anm. 13) ad a. 750 (S. 195): *Hildricus rex depositus in monasterio s. Medardi est attonsus.*
[102] Vgl. Klaus SPRIGADE, Das Abschneiden des Königshaares und die kirchliche Tonsur bei den Merowingern, Welt als Geschichte 22 (1962) S. 158 f.; Karl Heinrich KRÜGER, Sithiu/St-Bertin als Grablege Childerichs III. und der Grafen von Flandern, FmSt 8 (1974) S. 71-78.

der klerikalen Tonsur in St-Wandrille ein[103]. Der Erhebung Pippins stand nichts mehr im Wege.

Nachdrücklich betont Childebrand, unser zeitgenössischer Gewährsmann, daß man bei diesem Staatsakt bestrebt war, die Handlungen und Rituale, die ihn seit alters umgaben, peinlich genau zu beachten: *Pippinus ..., ut antiquitus ordo deposcit, sublimatur in regno* (!). Es ist A. T. Hacks Verdienst, gegenüber der gesamten Forschungstradition[104] klargestellt zu haben, daß dieser *ordo* nichts mit dem von den *Annales regni Francorum* berufenen *ordo*, der von Gott gesetzten Weltordnung im Sinne Augustins, zu tun hat, sondern den vom Herkommen bestimmten ordnungsgemäßen Verlauf der Königserhebung im Frankenreich meint[105]. In Weiterführung von Überlegungen R. Schneiders[106] postuliert Hack daher, daß der Staatsakt der Königserhebung Pippins in traditionell festgelegten Handlungen und Zeremonien ablief[107], die in der Tat fast ein Jahrhundert vor dem Dynastiewechsel von 751 als *mos* bezeichnet wurden[108].

Einzelheiten des *solemniter ut mos est ... sublimare in regnum* verraten merowingerzeitliche Quellen nicht. Als konstituierende Bestandteile des Gesamtvorganges nennt Childebrand *electio totius Francorum (!) in sedem regni, consecratio episcoporum* und *subiectio principum*. Die *electio* dürften die, die der Einladung zur Wahl Folge leisteten, durch Akklamation vorgenommen haben. Daran schloß sich die *subiectio principum* gemäß dem Ritus der Huldigung unter Leistung des Treueides für den neuen König an. Vom herkömmlichen *ordo* wich man jedoch offensichtlich ab,

---

[103] Gesta ss. patrum Fontanellensis coenobii (wie Anm. 13) S. 77.

[104] Die von Achim Thomas HACK abgelehnte *communis opinio* geht zurück auf den vielzitierten, wiederholt abgedruckten Aufsatz von BÜTTNER, Aus den Anfängen des abendländischen Staatsgedankens (wie Anm. 58) S. 77-90, bes. S. 82-85.

[105] Achim Thomas HACK, Zur Herkunft der karolingischen Königssalbung, ZKG 110 (1999) S. 170-190, hier S. 177-185.

[106] SCHNEIDER, Königswahl und Königserhebung (wie Anm. 58) S. 183-226.

[107] Zwei Jahrzehnte zuvor warf Janet L. NELSON, Inauguration rituals, Politics and ritual in early medieval Europe (1986) S. 291, diesen Gedanken in die Debatte, ohne ihn weiter zu verfolgen.

[108] Passio Leudegarii episcopi Augustodunensis I (MGH SS rer Mer V, 287) zum Jahre 673. Auch die Annales regni Francorum (wie Anm. 13) ad a. 750 (S. 8) betonen, daß die *electio* Pippins *secundum morem Francorum* verlaufen sei.

indem *consecratio* und *subiectio principum* Bertrada, Pippins Gemahlin, miteinbezogen. Über die Rolle der Gattin des neuen Herrschers bei der Erhebung ihres Gemahls ist aus merowingischer Zeit nichts zu erfahren[109]. Die Einbeziehung Bertradas in die *subiectio principum* kam ihrer Anerkennung als fränkische Königin gleich; die *consecratio*, die auch ihr zuteil wurde, galt wohl der Mutter zweier Söhne aus der Ehe mit Pippin[110]. Die *beati sacerdotes Galliarum* sprachen damit die Anerkennung Pippins als König und seiner Familie als königlicher Dynastie der Franken aus.

Von einer *consecratio episcoporum*, vollzogen an einem Merowingerkönig, weiß keine Quelle. Wesen und Zeremoniell der *consecratio episcoporum* bleiben somit im Dunkel, wenngleich Graf Nibelung, der letzte Fortsetzer des sog. Fredegar, die *sacerdotes* am 18. September, richtiger am Festtag des hl. Dionysius, dem 9. Oktober 768, die *consecratio* an Karl dem Großen und seinem Bruder Karlmann, den Söhnen und Nachfolgern des am 24. September 768[111] verstorbenen Königs Pippin, noch einmal vollziehen läßt[112], was im ersten Jahrzehnt des 9. Jahrhunderts die *Annales Mettenses priores* nachschreiben[113]. Wohl kurz zuvor jedoch ersetzten die knappen *Annales Sangallenses Baluzii* den von Childebrand benutzten Terminus *consecratio* durch *benedictio* (*regalis*)[114]. Werten wir

---

[109] Vgl. Athanasius WINTERSIG, Zur Königinnenweihe, Jb für Liturgiewissenschaft 5 (1925) S. 150-153.

[110] Karl der Große wurde am 2. April 748 geboren (Matthias BECHER, Neue Überlegungen zum Geburtsdatum Karls des Großen, Francia 19,1 [1992] S. 37-60). Sein Bruder Karlmann 751 (Annales Petaviani [wie Anm. 16] ad a. 751 [S. 11]; vgl. Jörg JARNUT, Karlmann, frk. Kg., Lex. MA 5 [²1999] Sp. 996).

[111] Annales regni Francorum (wie Anm. 13) ad a. 768 (S. 28); Annales s. Amandi (wie Anm. 12) ad a. 768 (S. 12); Annales Petaviani (wie Anm. 16) ad a. 768 (S. 13); Hinkmar v. Reims, De villa Nobiliaco (MGH SS XV) S. 1167.

[112] Fredegarii Chronicarum continuationes (wie Anm. 4) S. 193: *Carlus ... et Carlomannus ... partiter uno die a proceribus eorum et consecrationem* (!) *sacerdotum sublimati sunt in regno.*

[113] Annales Mettenses priores (wie Anm. 13) ad a. 768 (S. 56).

[114] Annales Sangallenses Baluzii (wie Anm. 15) ad a. 752 (S. 63): *Pippinus rex apud Suessionis civitatem benedictio* (!) *regalem suscepit.* Es handelt sich um ein Exzerpt aus den Annales regni Francorum (WATTENBACH/ LEVISON/LÖWE Geschichtsquellen II [wie Anm. 37] S. 183 f. Anm. 56).

diesen Worttausch als Erklärungsversuch, sollten wir uns daran erinnern, daß Königserhebungen in merowingischer Zeit entweder an kirchlichen Hochfesten[115] oder doch im Kirchenraum stattfanden[116]. Es wäre schon seltsam, wenn die zu Königsakklamation und Treueidleistung anwesenden und am heiligen Tag bzw. am heiligen Ort pontifizierenden Bischöfe[117] nicht ein Segens- und Fürbittgebet für den die Regierung antretenden Herrscher in das Proprium der Festmesse eingeschaltet hätten, verlangten doch die merowingischen Könige und Bischöfe von allen, denen sie ihre Privilegien erteilten, eben dieses Gebet für den König, sein Haus und sein Reich[118]. Solche Fürbitt- und Segensgebete für den fränkischen König sind erhalten geblieben, aus dem burgundischen Raum um 700[119], ebenso aus der ersten Hälfte des 8. Jahrhunderts[120] wie einige Jahre

---

[115] Gregor von Tours, Historiae (wie Anm. 20) S. 194 und S. 373: Erhebung Childerichs II. zu Weihnachten 575.

[116] Liber historiae Francorum (wie Anm. 75) S. 309: Erhebung Theuderichs II. in St. Gereon/Köln 612.

[117] Daß in der Merowingerzeit Bischöfe bei Königserhebungen mitwirkten, postulierte bereits Cornelius A. BOUMAN, Sacring and crowning (Bijdragen van het Instituut vor middeleeuwse Geschiedenis der Rijksuniversiteit te Utrecht 30, 1957) S. 127. NELSON, Inauguration rituals (wie Anm. 107) S. 286 f. stimmte zu.

[118] Vgl. Eugen EWIG, La prière pour le roi et le royaume dans les privilèges épiscopaux de l'époque mérovingienne, Mélanges offerts à Jean Dauvilliers (1979) S. 253-267; DERS., Die Gebetsklausel für König und Reich in den merowingischen Königsurkunden, in: Tradition als historische Kraft, hgg. von Norbert KAMP/Joachim WOLLASCH (1982) S. 87-99.

[119] Missale Gothicum, ed. Leo Cunibert MOHLBERG, Rerum ecclesiasticarum documenta. Series maior V (1961): *Oracio pro pace regum* Praefacio, S. 64: ... *Dominus (!) dominancium et regem regnancium ... dipraecimor (!), ut nobis ... pacem regum tribuere dignetur, ut mitigatis eorum mentibus requies nobis congregacionis istius perseveret* ... Osterpräfation, S. 71: ... *poscentes eius misericordiam, ... ut tribuat ... regum pagabilitatem (!), iudicum mansuetudinem, hostium infirmitatem.* Das Missale Gothicum entstand zwischen 690 und 710 (Mohlberg, ebda. S. XXII f.); die Handschrift Vat. Reg. lat. 317 ist in Luxeuil-Schrift saec. VIII in. geschrieben und zwar für Autun (CLA I Nr. 106; MC KITTERICK, Nuns' Scriptoria [wie Anm. 66] S. 187 f.).

[120] Missale Gallicanum vetus, ed. Leo Cunibert MOHLBERG, Rerum ecclesiasticarum documenta. Series maior III (1958): *Oracio pro regibus et pace* (S. 38): ... *Dominum deprecemur (!), ut regum nostrorum exercitum ... ita conroboret, ut ... gentibus subditis vel fugatis Deo vivo iugiter serviamus ... Respice famulos tuos quibus orbis regiminum (!) et rerum advenas (= habenas) dedisti et praesta, ut ... populum tuum summa filicitate (!) defendant ...* Das Missale Gallicanum vetus entstand saec. VIII in. im Umkreis von Luxeuil (Flavigny?); vgl. Jean

später[121], aus der Ile-de-France etwa 750[122] und ausgangs des 8. Jahrhunderts[123].

DESHUSSES, Le bénédictionnaire gallican du VIIIe siècle, Ephemerides liturgicae 77 [1963] S. 180 ff.) Der erste Teil der Handschrift Vat. Pal. lat. 493 wurde saec. VIII in. in Burgund geschrieben, der zweite Teil, dem die o.g. Oration entnommen ist, wohl in der région parisienne (vgl. CLA I Nr. 92 und 93; Bernhard BISCHOFF, Die Abtei Lorsch im Spiegel ihrer Handschriften [²1989] S. 124; Rosamond MC KITTERICK; Frankish Unical: a new Context for the Work of the Echternach Scriptorium, in: Willibrord, zijn wereld en zijn werk, hgg. von Antoon G. WEILER/ Petty BANGE [1990] S. 380).

[121] Missale Bobbiense, ed. Elias A. LOWE, A Gallican mass-book (Henry Bradshaw Society 58 und 61 [1920/24; Reprint 1991]) S. 115: *Missa pro principe:* Gebetsintention: ... *deprecemur, ut princepum nostrum ... iugiter tueatur* wie Abraham und Melkisedek, Collectio: *Domine Deus ... qui ita disposuisti mundum, ut absque regebus et princepebus nulla cum pace subsisterent climactera saeculi ..., ... pro famulo tuo princepe nostro X adque pro huniverso exercito* (!) *illius,* Ad pacem: Der *princeps noster* stellt den Frieden sicher wie einst David durch seinen Sieg über Goliath. Es ist nicht eindeutig festzulegen, ob das Missale Bobbiense in Norditalien oder Südfrankreich entstand (vgl. Cyrille VOGEL, Medieval Liturgy. An Introduction to the Sources [1986] S. 323 f.). Die Handschrift datiert saec. VIII; die *missa pro principe,* nicht-römischen Ursprungs, wurde von zweiter Hand wohl in Burgund eingetragen (CLA V Nr. 653; LOWE, ebda. S. 143 f.).

[122] Liber sacramentorum Romanae ecclesiae ordinis anni circuli (Sacramentarium Gelasianum), ed. Leo Cunibert MOHLBERG, Rerum ecclesiasticarum documenta. Series maior IV (1960) *Orationes* und *missa* für die *rectores/principes Romani imperii* (S. 215-217), dazu Gerd TELLENBACH, Römischer und christlicher Reichsgedanke in der Liturgie des frühen Mittelalters (Sitzungsberichte der Akademie der Wissenschaften zu Heidelberg, phil.-hist. Klasse Jahrgang 1934/35 1. Abhandlung [1934]) S. 18-22. *Item missa pro regibus* (S. 217 f.): Oratio: *Deus regnorum omnium et Romani maximae* (!) *imperii protector, da servis tuis regibus nostris ... triumphum virtutis tuae scienter excolere, ut cuius constitutione sunt principes, eius semper munere sint potentes ...* Secreta et infra accionem: *Suscipe Domine, praeces* (!) *et hostias ... pro salute famuli tui X subplicantes* (!) *... pro eo quod in ipsum potestatem imperii conferre dignatus es ... concede, ut maiestatis tuae protectione confidens et evo augeatur et regno ...* Postcommunio: *Deus ... pretende famulis tuis NN principibus nostris arma caelestia et pax aecclaesiarum nullo* (!) *turbetur tempestate bellorum ...* Das Sacramentarium Gelasianum, in einer einzigen Handschrift erhalten, bietet die ca. 750 vorgenommene fränkische Überarbeitung mit Ergänzungen eines römischen Sakramentars saec. VII ex./VIII in. (VOGEL, Medieval Liturgy [wie Anm. 121] S. 64-69). Die Handschrift Vat. Reg. lat. 316 + BN lat. 7193, fol. 41-56 wurde um die Mitte des 8. Jahrhunderts im Kloster Chelles geschrieben (BISCHOFF, Mittelalterliche Studien 1 [wie Anm. 66] S. 16-34; ausführlich Rosamond MC KITTERICK, Women and Literacy in the Early Middle Ages, in: DIES., Books, Scribes and Learning in the Frankish Kingdoms, 6th - 9th Centuries [Collected Studies Series CS 452, 1994] Nr. XIII S. 4 ff. mit weiterer Literatur).

Fragen wir indes die Sekundärliteratur, so schallt uns lautstark und unisono die Antwort entgegen, die *consecratio episcoporum* von 751 habe in einer an Pippin vollzogenen Salbung bestanden[124]. Von dieser homophonen Partitur weicht nicht eine Stimme ab; Mitwirkende, denen Zweifel kamen, die richtigen Noten zu spielen, geben ihre Dissonanz schon lange vor dem harmonischen Schlußakkord auf[125].

---

[123] Liber sacramentorum Gellonensis, ed. André DUMAS, CC 159 (1981): *Benedictiones regales*, gespendet von einem Bischof (S. 296 ff.). *Missa tempore belli* (S. 430). *Missa in profectionem hostium eontibus* (!) *in prohelium* (!) (S. 431): Oratio: *Te lecit (!) anxia tota supplix gemensque postolat, omnipotens, cum regibus et principibus patriae gentium infidelium barbararum debellationem contrita ... ut qui Gedeon cum trecentis adfuisti, trinitas victrix, hostium in conflictu, adsis regibus nostris proeliantibus victoria cum adversariis in affectum, nec gens perfida exultet de victoria qui se sine te suis viribus extollit inanem gloriam* ... Praefatio: ... *Sed similium tuarum virtutum agmine roborata tibi Domino gloriam refferant* (!) *triumphantes, dum fidelissime christianae fidei Francorum gentem protegis, dum infidelium gentium tua potentia bella prosternis ..., ut pus* (=post) *tam immensis beneficiis devictis hostium cum eis affectu Gedionis proeliante utatur et dicat: Gladius Domini et clarissimi Francorum regis N.* (S. 432) *Missa ubi gens contra gente* (!) *consurgunt* (!) (S. 433 f.) Der Gellonensis wurde nach der Mitte des 8. Jahrhunderts kompiliert und zwar für eine Bischofskirche. Außer Änderungen im Karfreitagsgebet *pro christianissimo rege Francorum* (Text S. 88 f.) hielt man sich strikt an die römische Vorlage (Jean DESHUSSES, Liber sacramentorum Gellonensis, CC 159 A [1981] S. XVIII f.). Dieser beste Repräsentant des Sacramentarium Gelasianum Francorum wurde offenbar in Flavigny zusammengestellt (DESHUSSES, ebda. XXIII ff.). Die Handschrift BN lat. 12048 wurde wohl in Chelles oder in Ste-Croix de Meaux saec. VIII ex. geschrieben (CLA V NR. 618; MC KITTERICK, Women and Literacy [wie Anm. 120] S. 6 f. mit Anm. 15; vgl. auch CLA VI Nr. 739).

[124] Genannt seien nur die Stimmen, die zuletzt an autoritativer Stelle unter Berufung auf die sorgsam aufgelisteten „Vorsänger" laut wurden: Ulrich NONN, Pippin d. Jüngere, TRE 26 (1996) S. 641; Rudolf SCHIEFFER, Pippin III., LThK VIII (³1999) Sp. 310; Philippe CONTAMINE, Sacre und Hans Hubert ANTON, Salbung II, Lex. MA 7 (²1999) Sp. 1246 und Sp. 1290. Maßgebliche englische Autoren lassen den Terminus *consecratio* der zeitgenössischen Quellen ohne Übersetzung stehen: Rosamond MC KITTERICK, England and the Continent; Paul FOURACRE, Frankish Gaul to 814; Janet L. NELSON, Kingship and royal government, sämtlich in The New Cambridge Medieval History II (1995) S. 76, S. 96, S. 389 und S. 424.

[125] So Eva MÜLLER, Die Anfänge der Königssalbung im Mittelalter und ihre historisch-politischen Auswirkungen, HJb 58 (1938) S. 317-360, hier S. 326 Anm. 44; Janet L. NELSON, Inauguration rituals, in: Early medieval kingship, hgg. von Peter H. SAWYER/Ian N. WOOD (1977) S. 57 ff.; Rainhard ELZE; Consecrazioni regie, in: Segni e riti nella chiesa altomedievale occidentale (Settimane di studio del Centro Italiano di Studi sull'Alto Me-

Diese *opinio universalis* beruht freilich auf einer Quellengrundlage, die sich keineswegs so uniform darstellt: Die *Annales Alamannici, Laureshamenses* und *Mosellani* begnügen sich zum Jahre 751 mit der Kurzmitteilung: *Pippinus rex elevatus*[126]. Die *Annales regni Francorum* berichten zu 750 von Pippins Salbung[127], und das *Chronicon Laurissense breve*[128], die *Annales Mettense priores*[129] und die *Annales qui dicuntur Einhardi*[130] übernehmen dies vollinhaltlich. Es sind dieselben Jahresberichte, die zwischen 785 und etwa 814 in den Kreisen um den Hof Karls des Großen kompiliert wurden und die bekannte Begründung für den Wechsel von königlicher Person und Dynastie im Jahre 751 liefern[131].

Jene Kreise, die wohl mit Augustinus die Salbung als geistliche Handlung mit sakramentaler Wirkung verstanden[132], konnten sich schlecht vorstellen, daß fränkische Bischöfe, deren übler Ruf noch nicht vergessen war[133], Pippin zum König gesalbt haben sollten[134]. Einen heiligen Akt

---

dioevo 33, 1987) S. 41-61, hier S. 49; zuletzt HACK, Zur Herkunft (wie Anm. 105) S. 170 Anm. 2, Anm. 176, Anm. 178, Anm. 182 f., Anm. 185 und Anm. 189 f.

[126] Annales Alamannici (wie Anm. 14) ad a. 751 (S. 153); Annales Lauresbamenses ad a. 752, edd. Georg Heinrich PERTZ u. a. (MGH SS 1, 1826) S. 26; Annales Mosellani (wie Anm. 15) ad a. 752 (S. 495).

[127] Annales regni Francorum (wie Anm. 13) ad a. 750 (S. 8 ff.): *Pippinus ... electus est ad regem et unctus ... et elevatus a Francis in regno.*

[128] Chronicon Laurissense breve (wie Anm. 13) ad. a. 750 (S. 27 f.): *... Quod ita factum est per unctionem ... Suessionis civitate.*

[129] Annales Mettenses priores (wie Anm. 13) ad a. 750 (S. 42): *Hoc anno ... Pippinus princeps ... unctus rex Francorum constituitur.*

[130] Annales qui dicuntur Einhardi (wie Anm. 13) ad a. 750 (S. 9 ff.): *Hoc anno ... Pippinus rex Francorum appellatus est et ... unctus sacra unctione ... et elevatus est in solium regni.*

[131] Dazu auch Rosamond MC KITTERICK, L'idéologie politique dans l'historiographie carolingienne, in: La royauté et les élites dans l'Europe carolingienne (Du début du IXe siècle aux environs de 920), hg. von Régine LE JAN (Centre d'histoire de l'Europe du Nord-Ouest 17, 1998) S. 63-70.

[132] Vgl. Herbert VORGRIMLER, Sakrament, LThK VIII (^{3}1999) Sp. 1440 f.

[133] Vgl. JE 2168 = MGH Epp. sel 1 (wie Anm. 25) S. 41 ff. Nr. 24 (724); MGH Epp. sel 1 (wie Anm. 25) S. 80-86, S. 129-132 und S. 137 f. Nr. 50, Nr. 63 und Nr. 65 (742/46); JE 2274 = MGH Epp. sel 1 (wie Anm. 25) S. 120-125 Nr. 60 (742); JE 2411 = edd. Bruno KRUSCH/Wilhelm LEVISON (MGH SS rer Merov. 7, 1919-1920) S. 71 und ed. Martina STRATMANN (MGH SS 36, 1998) S. 165 f. (775); dazu Eugen EWIG, Milo et eiusmodi similes, in: Sankt Bonifatius (wie Anm. 88) S. 412-440.

von solcher Bedeutung konnte nur ein Gottesmann vollziehen[135]. Als solcher bot sich Bonifatius an, der durch seinen gewaltsamen Tod die Krone des Martyriums errungen hatte, nicht in grauer Vorzeit oder irgendwo in der mediterranen Welt, sondern als Zeitgenosse König Pippins und im frühkarolingischen Frankenreich. So erhielt Bonifatius seinen Platz in der karolingischen und nachkarolingischen Historiographie und in zahlreichen Darstellungen als der, der als erster einem karolingischen Herrscher die Königssalbung spendete und so die Anfänge des karolingischen Königtums heiligte.

Dieser posthum verliehene Ruhmestitel des hl. Bonifatius, dürftig bezeugt, wurde von den gleichen Quellen dem Heiligen zugesprochen, die den Dynastiewechsel von 751 im Widerspruch zu den zeitgenössischen Zeugnissen durch eine Königssalbung überhöhen wollten. Sie versuchten, dieses Ziel mit Hilfe einer vielleicht absichtlich irreführenden sprachlichen Gleichung zu erreichen: Zum Jahre 771 berichten die *Annales Mettenses priores*, die bedeutendste Kompilation aus der genannten Quellengruppe, nach dem plötzlichen Tode seines Bruders Karlmann habe Karl der Große in der *villa publica* Corbeny an der Aisne die Repräsentanten aus Karlmanns Teilreich empfangen[136], die *unxerunt super se dominum suum Carolum gloriosissimum regem*[137]. Schon vor mehr als einem Jahrhundert merkte G. Waitz dazu an, diese Nachricht dürfe man nicht wörtlich nehmen[138]. Denn die, die Karl den Großen „zu ihrem

---

[134] Die Behauptung, Bonifatius habe Pippin zum König gesalbt, wurde zuerst 787/93 von den Annales regni Francorum (wie Anm. 13) ad a. 750 (S. 8 ff.) aufgestellt. Sie wurde übernommen vom Chronicon Laurissense breve (wie Anm. 13) ad a. 750 (S. 27 f.), den Annales qui dicuntur Einhardi (wie Anm. 13) ad a. 750 (S. 9 ff.) und den Annales Mettenses priores (wie Anm. 13) S. 42.

[135] Dazu grundlegend Peter BROWN, The rise and function of the Holy Man in late Antiquity, Journal of Roman Studies 61 (1971) S. 80-101; vgl. auch Marc VAN UYTFANGHE, Heiligenverehrung II, Reallexikon für Antike und Christentum (¹⁴1988) Sp. 155-168 und Arnold ANGENENDT, Geschichte der Religiosität im Mittelalter (²2000) S. 163 ff.

[136] Annales regni Francorum (wie Anm. 13) ad a. 771 (S. 71), danach Annales Mettenses priores (wie Anm. 13) ad a. 771 (S. 57).

[137] Annales Mettenses priores (wie Anm. 13) ad a. 771 (S. 57 f.).

[138] Georg WAITZ, Deutsche Verfassungsgeschichte III (1864, zitiert nach Neudruck 1954) S. 100 Anm. 2. Die sich anbietende Gleichung *ungere* = zum König erheben ist vorgege-

König salbten", werden namentlich aufgezählt: Erzbischof Wilchar von Sens, *capellanus* Fulrad von St-Denis und zwei Grafen, die mit anderen Bischöfen, Priestern und *principes* gekommen waren. Von ihnen besaßen den erforderlichen Weihegrad, um eine Personensalbung vornehmen zu können, weder der *capellanus* Fulrad noch die genannten Grafen und übrigen *principes*. Recht verstanden wird man den Satz „*unxerunt super se dominum suum Carolum ... regem*" übersetzen mit „sie erhoben ihren Herrn Karl zum König". Setzen also die repräsentativen *Annales Mettenses priores* statt des sachlich richtigen Verbs *elevare* den Terminus *ungere*, dann dürfen wir unterstellen, daß ihre Vorlagen, die zur gleichen Quellengruppe gehörenden und im gleichen Milieu entstandenen *Annales regni Francorum*[139], ihre Zweitfassung, die sog. Einhardsannalen[140], und das *Chronicon Laurissense breve*[141] ebenfalls so vorgingen. Diese Quellen verwischen freilich den Befund, indem sie den inkriminierten Satz passivisch formulieren bzw. die Verbform *unxerunt* durch die substantivische Wendung *per unctionem* wiedergeben. Alle späteren Quellen, die die genannten Berichte übernehmen, mit den *Annales s. Amandi* beginnend, überliefern diese Version: *Pippinus in regem unctus est*[142]. Die problematische *Clausula de unctione Pippini regis*, die sich als zeitgenössisch ausgibt[143], aber erst am Ende des 10. Jahrhunderts sowohl einer heute in

---

ben in Ps. 44, 8: *Dilexisti iustitiam et odisti iniquitatem, propterea unxit te Deus, Deus tuus, oleo exultationis prae participibus tuis.*
[139] Annales regni Francorum (wie Anm. 13) ad a. 771 (S. 32).
[140] Annales qui dicuntur Einhardi (wie Anm. 13) ad a. 750 (S. 9 ff.): *Pippinus rex Francorum appellatus est et ad huius dignitatem honoris unctus sacra unctione ... et elevatus a Francis.*
[141] Chronicon Laurissense breve (wie Anm. 13) ad a. 750 (S. 28): *Mandavit ... Papst Zacharias ... ut Pippinus ... rex appellaretur et in sede regali constitueretur. Quod ita factum est per unctionem ... appellatur Pippinus rex.*
[142] Annales s. Amandi (wie Anm. 12) ad a. 751 (S. 16); Annales Mosellani (wie Anm. 15) ad a. 751 (S. 495); Annales Prumienses (wie Anm. 14) ad a. 751 (S. 79); Gesta ss. patrum Fontanellensis coenobii (wie Anm. 13) S. 77.
[143] *Si nosse vis, lector, quibus hic libellus temporibus videatur esse conscriptus ..., invenies anno ab incarnatione Domini septingentesimo sexagesimo, temporibus ... Pippini regis francorum et patricii romanorum ... anno ... regni eius ... decimo sexto indictione quinta.* Diese Selbstaussage des Kolophons, ed. Alain J. STOCLET, La Clausula de unctione Pippini regis: mises au point et nouvelles hypothèses, Francia 8 (1980) S. 2 f., akzeptieren trotz verbleibender Be-

Brüssel aufbewahrten Handschrift mit den Werken Gregors von Tours als auch einem Stuttgarter Codex mit ähnlichem Inhalt angefügt wurde[144], macht davon keine Ausnahme: *Pippinus rex ... per unctionem sancti chrismatis per manus beatorum sacerdotum Galliarum tribus annis antea* (von seinem 13. Regierungsjahr an gerechnet) *in regni solio* (!) *sublimatus est*[145].

Näher als die *Clausula de unctione Pippini* und die genannten Annalen führen liturgische Texte an das Jahr 751 heran, jene Segens- und Fürbittgebete für den königlichen Herrscher, die in Burgund und der Ile-de-

---

denken Léon LEVILLAIN, De l'authenticité de la Clausula de unctione Pippini, BECh 88 (1927) S. 20-27; WATTENBACH/LEVISON/LÖWE Geschichtsquellen II (wie Anm. 37) S. 163; Walter SCHLESINGER, Beobachtungen zur Geschichte und Gestalt der Aachener Pfalz in der Zeit Karls des Großen (1968), in: Zum Kaisertum Karls des Großen, hg. von Gunther WOLF (Wege der Forschung 38, 1972) S. 407 f. Anm. 88; Repertorium fontium historiae medii aevi III (1971) S. 191; Josef FLECKENSTEIN, Clausula de unctione Pippini, in: Lex. MA 2 (²1999) Sp. 2134 f. Weitere positive Voten, aber auch Fälschungsverdikte verzeichnet STOCLET, La Clausula, ebda. S. 2 f. Anm. 4-7. Die Enstehungszeit der Clausula in den dreißiger Jahren des 9. Jahrhunderts verteidigt Irene HASELBACH, Aufstieg und Herrschaft der Karlinger in der Darstellung der sog. Annales Mettenses priores (Historische Studien 412, 1970) S. 193-200.

[144] Vgl. die Beschreibung der Handschrift Brüssel, BR 7666-71 und des Codex Stuttgart, Theol. Fol. 188 bei STOCLET, La Clausula (wie Anm. 143) S. 2 f. Aufgrund dieser Tatsache und wegen des ostfränkischen Dynastiewechsels von 911 läßt STOCLET, ebda. S. 34-41, die *Clausula* erst zu Beginn des 10. Jahrhunderts entstanden sein. Seine Argumentation ist freilich alles andere als schlüssig.

[145] Clausula de unctione Pippini regis (wie Anm. 143) S. 2 f. AFFELDT, Untersuchungen (wie Anm. 4) S. 109 ff. rät, diese Nachricht „nicht Wort für Wort für bare Münze zu nehmen", d.h. die *Clausula* kann nicht als zeitgenössische Quelle gelten. In unserem Zusammenhang erhebt sich die Frage, woher die Clausula diese auf Pippin allein bezogene und von ihr genau datierte (tribus annis antea) Nachricht bezog, eine Nachricht, die sie in ihre Darstellung der Salbungen Pippins, seiner Söhne und (ausführlich) seiner Gemahlin 754 durch den Papst einflicht. Eben diese Darstellung gibt die Clausula, wenn Alain J. STOCLET, La Clausula de unctione Pippini regis, vingt ans après, Revue Belge de philologie et d'histoire 78 (2000) S. 719-771, recht behalten sollte, an die Relevatio quae ostensa est sancto papae Stephano et memoria de consecratione altaris ss. Petri et Pauli quod situm est ante sepulchrum sanctissimi Dionysii sociorumque eius, ed. Georg WAITZ (MGH SS 15, 1, 1887) S. 2 f. (zur Kompilation dieses Textes BM² 951, ed. Ernst DÜMMLER [MGH Epp. 5, 1898/99] S. 325 ff. Nr. 19) weiter. Sollte, was Stoclet, ebda., S. 749 f. Anm. 167 theoretisch (!) für möglich hält, die Clausula aus der Relevatio geschöpft haben, die Nachricht von Pippins Salbung durch gallische Bischöfe im Jahre 751 fand sie dort nicht.

France in der zweiten Hälfte des 8. Jahrhunderts aufgezeichnet wurden. Von der Salbung des Königs ist in ihnen ebenso wenig die Rede wie etwa in den Segensformeln des Benedictionale von Freising aus der Zeit um 800[146]. Das enttäuschende Fazit dieser Analyse kann nur lauten: Für die Salbung Pippins im Jahre 751 durch wen auch immer gibt es weder zeitgenössische noch vertrauenswürdige spätere Quellen.

Von 755 an sprechen indes die Päpste Stephan II. (752-757)[147], Paul I. (757-767)[148] und Stephan III. (767-772)[149], 757 auch Senat und Volk von Rom[150] von einer Salbung, die König Pippin, seinen Söhnen Karl und Karlmann von Gott, seinem Apostel, dem hl. Petrus, und dessen Stellvertreter zuteil wurde. Sie spielen damit auf die Salbung an, die Papst Stephan II. am 28. Juli 754 im Kloster St-Denis an Pippin und seinen Söhnen vollzog. Das Zeugnis des zeitgenössischen Liber Pontificalis[151] stützt die detailliertere Nachricht der *Clausula de unctione Pippini*, deren Angaben über die Erhebung Pippins zum König drei Jahre zuvor wir für nicht beglaubigt halten. Die Clausula beschreibt nicht nur den Ritus der Salbung, die der Papst auch der Königin Bertrada spendete, sondern präzisiert auch dessen theologischen Gehalt und sakramentale Bedeutung: *Bertradam ... venerabilis pontifex ... simulque Francorum principes benedictione Sancti Spiritus gratia confirmavit*[152]; d.h. er spendete – modern gesprochen – dem karolingischen König, seiner Gemahlin und seinen Söh-

---

[146] Vgl. die Teiledition des Benedictionale Frisingense vetus, ed. Walter DÜRIG, Archiv für Liturgiewissenschaft 4, 2 (1956) S. 223-244 nach Clm 6430, einer Handschrift aus der Domschule Freising saec. VIII/IX (Bernhard BISCHOFF, Die südostdeutschen Schreibschulen und Bibliotheken der Karolingerzeit I [²1960] S. 114).
[147] JE 2322, 2323 und 2326 = MGH Epp. 3 (wie Anm. 39) S. 488-498 Nr. 6, 7 und 8.
[148] JE 2340, 2344, 2347, 2351, 2353, 2359, 2360, 2362 und 2372 = MGH Epp. 3 (wie Anm. 39) S. 513 f., S. 519 f., S. 522 ff., S. 528 f., S. 530 f., S. 538 ff., S. 542 f. und S. 554 ff. Nr. 16, Nr. 19, Nr. 21, Nr. 24, Nr. 26, Nr. 32, Nr. 33, Nr. 35 und Nr. 42.
[149] JE 2381 und 2387 = MGH Epp. 3 (wie Anm. 39) S. 560-563 und S. 565 f. Nr. 45 und Nr. 47.
[150] Schreiben von Senat und Volk von Rom an König Pippin (MGH Epp. 3 [wie Anm. 39]) S. 509 f. Nr. 13.
[151] Vita Stephani II papae, ed. Louis DUCHESNE, Le Liber Pontificalis I (wie Anm. 23) S. 448: *Pippinus rex ab eodem sanctissimo papa ... cum duobus filiis suis reges uncti sunt Francorum*.
[152] Clausula de unctione Pippini regis (wie Anm. 143) S. 2 f.

nen das den Hl. Geist vermittelnde Sakrament der Firmung[153]. Des Papstes langer Aufenthalt im Frankenreich 754/55 gab dem Pontifex maximus reichlich Gelegenheit, auf die Angleichung der gallischen Liturgiepraxis an die stadtrömisch-päpstliche Liturgie zu drängen[154]. Mit der Firmung der Königsfamilie erreichten diese Bemühungen einen demonstrativen Höhepunkt, war doch die *confirmatio sancta unctione* eine originäre Schöpfung der römischen Liturgie[155], entwickelt, wie A. Angenendt zeigte, aus der zweiten, der postbaptismalen Taufsalbung, die Rom dem Bischof vorbehielt und bis heute vorbehält[156]. Der autochthonen Liturgie Galliens waren Ritus und bischöflicher Vollzug unbekannt[157]. Wenn auch Isidor von Sevilla und Beda gelegentlich darauf hinweisen[158], erst Bonifatius spendete im Frankenreich die Firmung, nachdem ihn der Papst wiederholt darauf verpflichtet hatte[159]. Wir dürfen daher supponieren, daß die karolingische Königsfamilie, nach einheimischem Ritus getauft, 754 noch nicht gefirmt war, was Stephan II. gleichsam nachholte.

---

[153] Vgl. Josef ZERNDL, Firmung, LThK III (³1995) Sp. 1299 f.

[154] Vgl. Opus Caroli regis contra synodum (Libri Carolini), ed. Ann FREEMAN (MGH Conc. 2 Supplementum I, 1998) S. 135 f.; Walafrid Strabo, De exordiis et incrementis rerum ecclesiasticarum, edd. Alfred BORETIUS/Victor KRAUSE (MGH Capit. 2, 1887) S. 508; dazu Pius ENGELBERT, Papstreisen ins Frankenreich, in: Römische Quartalschrift für christliche Altertumskunde und Kirchengeschichte 88 (1993) S. 89 f.

[155] Der römische Basis- oder Referenztext ist der Ordo Romanus XI cap. 96-103, ed. Michel ANDRIEU, Les Ordines Romani du haut moyen âge II (Spicilegium sacrum Lovaniense 23, 1971) S. 446 ff., entstanden etwa 650/700 als Taufordnung römischer Titelkirchen (VOGEL, Medieval Liturgy [wie Anm. 121] S. 164 f.; Eric PALAZZO, Histoire des livres liturgiques. Le moyen âge des origines au XIIIe siècle [1993] S. 191); vgl. Arnold ANGENENDT, Rex et Sacerdos. Zur Genese der Königssalbung, in: Tradition als historische Kraft (wie Anm. 118) S. 111 ff.

[156] Arnold ANGENENDT, Bonifatius und das Sacramentum initiationis, Römische Quartalschrift für christliche Altertumskunde und Kirchengeschichte 72 (1977) S. 142-145.

[157] Arnold ANGENENDT, Kaiserherrschaft und Königstaufe (Arbeiten zur Frühmittelalter-Forschung 15, 1984) S. 77-81.

[158] Isidor von Sevilla, Etymologiae VI, ed. Wallace Martin LINDSAY (1911) S. 19 und S. 54; Ders., De ecclesiasticis officiis, ed. Christopher M. LAWSON (CC 113, 1989) S. 107 f.; Beda Venerabilis, In psalmorum librum exegesis, ps. 26, Beda Venerabilis: Opera omnia IV (MIGNE PL 93) S. 613 f.

[159] ANGENENDT, Bonifatius (wie Anm. 156) S. 150-158; DERS., Das Frühmittelalter (²1995) S. 329 ff.

Darüber hinaus sanktionierte der Papst nach der anderweitig nicht bestätigten Mitteilung der *Clausula de unctione Pippini*, was die *beati sacerdotes Galliarum* und *omnes Franci* drei Jahre zuvor vereinbart hatten, an der Familie Pippins als der neuen fränkischen Dynastie festzuhalten[160].
    Die von den Päpsten des dritten Viertels des 8. Jahrhunderts an die karolingischen Könige gerichteten Schreiben, die im *Codex Carolinus* gesammelt wurden, geben wie die fast zeitgleiche Vita Stephans II. der an Pippin, Karl dem Großen und Karlmann 754 *per manus ... Stephani papae* vollzogenen *consecratio*, der *gratia septiformis Spiritus benedictio*[161] eine Deutung, die über den liturgischen Ritus und seinen zeichenhaften Verweis auf die sakramentale Wirklichkeit hinausreicht: *.... Dominus Deus noster ... vos* (Karl den Großen und Karlmann) *sanctificans, ad tam magnum regale provexit culmen, mittens apostolum suum beatum Petrum, per eius nempe vicarium, et oleo sancto vos vestrumque ... genitorum unguens replevit benedictionibus*[162]. Diese mehrere Male während dreier Jahrzehnte variierte, im *Codex Carolinus* festgehaltene Aussage läßt nur einen Schluß zu: Die fränkische Königssalbung, eine eigens adaptierte postbaptismale Taufsalbung, die sich liturgisch verselbständigt hatte, wurde von Papst Stephan II. eingeführt[163]. Die Bemerkung der *Annales Mettenses*

---

[160] Clausula de unctione Pippini regis (wie Anm. 143) S. 3: ... *et omnes tali interdictu et excommunicationis lege constrinxit, ut nunquam de alterius lumbis regem in evo presumerent eligere* ...

[161] Clausula de unctione Pippini regis (wie Anm. 143) S. 3 Z. 6 ff. und Z. 19 f.

[162] JE 2360 = MGH Epp. 3 (wie Anm 39) S. 539 f. Nr. 33.

[163] Die vom Pontifex maximus Pippin und seinen Söhnen gespendete postbaptismale Taufsalbung des römischen Ritus, die Firmung, als Königssalbung zu deuten, ging vom Papst (Stephan II.) aus; vgl. JE 2322 = MGH Epp. 3 (wie Anm. 39) S. 488 ff. Nr. 6: ... *coniuro* (sc. Stephan II.) *vos ... per beatum Petrum ... qui vos in reges unxit*; JE 2356 = MGH Epp. 3 (wie Anm. 39) S. 494-499 Nr. 8: ... *adiutorium sumas* (sc. König Pippin) *a Deo omnipotente* (!) *qui te unxit ... per institutionem beati Petri in regem*; JE 2340 = MGH Epp. 3 (wie Anm. 39) S. 513 f. Nr. 16: *Deus ... te* (i.e. Pippin) *praedestinatum habens ideo benedicens et in regem ungueus*; JE 2353 = MGH Epp. 3 (wie Anm. 39) S. 530 f. Nr. 26: *Vos* (Karl d.Großen und Karlmann) ... *Domnus elegit ... in reges per manus beati Petri ungui dignatus est*; vgl. auch die Aussage des Liber Pontificalis oben Anm. 151. – Fränkische Quellen greifen diese Deutung auf: DD Karol. I 16: *Divina nobis proventia in solium regni unxisse manifestum est*; Chronicon Laurissense breve (wie Anm. 13) ad a. 754 (S. 28): *Stephanus papa unxit ... in reges Karolum et Karlomannum*; Annales qui dicuntur Einhardi

priores, sie sei *secundum morem maiorum* vollzogen worden[164], ist ebenso tendenziös wie sachlich falsch[165].

(wie Anm. 13) ad a. 754 (S. 13): *Stephanus papa ... ipsum* (i.e. Pippin) *sacra unctione ad regiae dignitatis honorem consecravit et cum eo duos filios eius Karlum et Carlomannum...*

[164] Annales Mettenses priores (wie Anm. 13) ad a. 754 (S. 45 f.): *ordinavit* (sc. Stephan II.) *...secundum morem maiorum unctione sacra Pippinum ... principem Francis in regem ... et filios eius duos ... Carolum et Carlomannum eodem honore*; wörtlich nachgeschrieben vom Chronicon Moissiacense (wie Anm. 23) S. 293.

[165] Während der Drucklegung erschien und konnte daher im Vorstehenden nicht mehr berücksichtigt werden: Rosamond MC KITTERICK, Die Anfänge des karolingischen Königtums und die Annales regni Francorum, in: Integration und Herrschaft, hgg. von Walter POHL/Maximilian DIESENBERGER (Österreichische Akademie der Wissenschaften, philosophisch-historische Klasse. Denkschriften 301, 2002) S. 151-168.

Zu frühmittelalterlichen Personenbeschreibungen im Liber Pontificalis und in römischen hagiographischen Texten

von

Klaus Herbers

Harald Zimmermann zur Vollendung des 75. Lebensjahres zugeeignet

1. Einleitung

„Er war nämlich hervorragender Herkunft, reinen Glaubens, sehr freimütig im Predigen, demütig vor Gott, berühmt unter den Menschen, lebhaft in seinen Gesichtszügen, noch lebhafter in seinem Verstand, ein Lenker der Kirchen, Rächer des einfachen Volkes, Schützer der Armen, Schirm und Tröster der Witwen, Beschenker der Bedürftigen, Versammler der Versprengten, Hüter der Versammelten, ein Verächter der weltlichen Dinge, begierig verliebt nur in die Schätze der Weisheit", so preist der Verfasser einer Passage im *Liber pontificalis* Papst Sergius II. nach dessen Erhebung 844[1].

---

[1] *Erat enim origine insignis, fide purus, praedicatione liberior, Deo humilis, hominibus clarus, vultu alacris, mente alacrior, ecclesiarum gubernator, plebium ultor, pauperum fauctor, viduarum tegmen et consolator, indigentium largitor, dispersorum congregator, congregatorum conservator, inanium seculariumque rerum contemptor, solis sapientiae divitiis avidus et amator*, Le Liber pontificalis. Texte, introduction et commentaire 1-2, ed. Louis DUCHESNE (1886/1892), 3, ed. Cyrille VOGEL (1957); vgl. die Edition der Rezensionen mit späteren Zufügungen: Liber pontificalis nella recensione di Pietro Guglielmo e del card. Pandolfo, glossato da Pietro Bohier, vescovo di Orvieto, 1-3, ed. Ulderico PŘEROVSKÝ (Studia Gratiana 21-23, 1978); das Zitat DUCHESNE Bd. 2, S. 87. Die Übersetzung folgt weitgehend dem Vorschlag von Walter BERSCHIN, Biographie und Epochenstil im lateinischen Mittelalter, 2. Merowingische Biographie: Italien, Spanien und die Inseln im frühen Mittelalter (Quellen und Untersuchungen zur lateinischen Philologie des Mittelalters 9, 1988) S. 130. – Die hier gedruckten Überlegungen wurden bei der Tagung in Düsseldorf und in etwas veränderter Fassung beim Festkolloquium zu Ehren von Harald Zimmermann in Tübingen im November 2001 vorgetragen. Den jeweiligen Zuhörern danke ich für Anregungen.

Ein richtiger Papst besaß diese Eigenschaften. Ist dies nur ein Tugendkatalog, dem man keine weitere Bedeutung beimessen muß, weil er einfach zu Texten wie dem *Liber pontificalis* gehörte? Wurde vielleicht jeder Papst so charakterisiert? Die Frage nach dem topischen Charakter sowie nach dem Verhältnis von Typus und Individuum drängt sich bei diesem Quellenmaterial auf. Sowohl für die Skizzen des *Liber pontificalis* wie auch für hagiographische Texte – aber nicht nur für diese – ist häufig unterstrichen worden, daß Typen, keine Individuen vorgestellt würden. Beschrieben werde in dieser Zeit und speziell in diesen Texten nicht der Mensch als Individuum, sondern der Typus, der in bestimmten sozialen Rollen als Papst, als Bischof, als Heiliger oder wie auch immer fungiere[2]. Die Folgen sind nicht unerheblich: Gibt es – nachweisbare – Individualität erst seit der Renaissance, wie ja für viele seit Jakob Burckhardt feststeht[3]? Vielleicht allenfalls seit dem 11. und 12. Jahrhundert[4]? Gestatten

---

[2] In dieser Richtung etwa Oskar KÖHLER, Das Bild des geistlichen Fürsten in den Viten des 10., 11. und 12. Jahrhunderts (Abhandlungen zur Mittleren und Neueren Geschichte 77, 1935) zusammenfassend S. 135-139.

[3] Jacob BURCKHARDT, Die Kultur der Renaissance in Italien, ein Versuch. Die letzte noch von Burckhardt durchgesehene (2.) Auflage, Leipzig 1869. Am bequemsten heute in der 11. Aufl., hg. von Konrad HOFFMANN (Kröners Taschenausgabe 53, 1988) zu benutzen. – Die von den Grundvorstellungen einer – zumindest in weiten Teilen – im Mittelalter fehlenden Individualität prägen auch beispielsweise die Überlegungen von Aaron J. GURJEWITSCH, Das Individuum im europäischen Mittelalter (1994) bes. S. 9-128. Kritik an solchen auch in anderer Form von Karl Lamprecht vertretenen Ansätzen mit Durchsicht der früh- und hochmittelalterlichen Geschichtsschreiber bei Franz MÜNNICH, Die Individualität der mittelalterlichen Geschichtsschreiber bis zum Ende des 11. Jahrhunderts (Diss. Halle, 1907), der jedoch die römischen Quellen nicht berücksichtigt.

[4] Vgl. beispielsweise die Vorschläge, die bereits Bernhard F. SCHMEIDLER, Italienische Geschichtsschreiber des XII. und XIII. Jahrhunderts: Ein Beitrag zur Kulturgeschichte (Leipziger Historische Abhandlungen 11, 1909), zur Differenzierung der Burkhardtschen These gemacht hat; dazu Klaus HERBERS, Von Venedig nach Nordeuropa. Bernhard F. Schmeidler und die europäische Mittelalterforschung in Erlangen seit 1921, in: Geschichtswissenschaft in Erlangen, hg. von Helmut NEUHAUS (Erlanger Studien zur Geschichte 6, 2000) S. 71-102, bes. S. 83. Zu Möglichkeiten, schon bei Geschichtsschreibern des 10./11. Jahrhunderts individuelle Züge zu entdecken, vgl. bereits Rudolf TEUFFEL, Individuelle Persönlichkeitsschilderung in den deutschen Geschichtswerken des 10. und 11. Jahrhundert (Beiträge zur Kulturgeschichte des Mittelalters und der Renaissance 12, 1914), der bei den Viten solche ohne persönliche Züge von anderen unterscheidet (S. 77-121).

Texte der früheren, der sogenannten „archaischen" Zeit, besonders aber Texte wie der *Liber pontificalis* oder hagiographische Viten[5], überhaupt den Blick auf Einzelpersonen?

Die gängige Sichtweise, bis ins hohe Mittelalter erschienen in den überlieferten Quellen fast ausschließlich Typen, keine Individuen, ist inzwischen mehrfach kritisiert worden. So beruht die Annahme einer archaischen Zeit unter anderem auf spezifischen modernen Vorstellungen über das Mittelalter. Hiergegen hat sich unter anderen Otto G. Oexle gewandt und am Beispiel der Vita des Johannes von Gorze auch durch die Untersuchung empirischen Materials individuelle Züge freigelegt[6]. Ebenso scheint die erneute Beschäftigung mit Bischofsviten inzwischen zu differenzierteren Urteilen zu kommen[7]. Der 1996 erschienene stattliche 24. Band der Miscellanea Mediaevalia mit dem Titel „Individuum und Indivi-

---

[5] Marc VAN UYTFANGHE, Die Vita im Spannungsfeld von Legende, Biographik und Geschichte, in: Historiographie im frühen Mittelalter, hgg. von Anton SCHARER/Georg SCHEIBELREITER (Veröffentlichungen des Instituts für Österreichische Geschichtsforschung 32, 1994) S. 194-221, und inzwischen DERS., Artikel Biographie II (spirituelle), Reallexikon für Antike und Christentum, Suppl. 1 Lfg. 7-8 (2000) Sp. 1088-1364 (Überblick über die Traditionen von der griechisch-römischen Antike bis ins 6. Jahrhundert). In der Hagiologie werden (mindestens) zwei Grundtypen der hagiographischen Vita unterschieden: die „rhetorisch idealisierende Form der christlichen Biographie", die den Tugendbegriff im traditionellen Sinn versteht, und die aretalogische, hagiographisch stilisierende Vita, in der die *virtutes* die göttliche Kraft darstellen, vgl. Friedrich LOTTER, Methodisches zur Gewinnung historischer Erkenntnisse aus hagiographischen Quellen, HZ 229 (1979) S. 298-356, hier S. 311, und Martin HEINZELMANN, Die Funktion des Wunders in der spätantiken und frühmittelalterlichen Historiographie, in: Mirakel im Mittelalter, hgg. von DEMS./Klaus HERBERS/Dieter R. BAUER (Beiträge zur Hagiographie 3, 2002) S. 23-61, hier: S. 32 bei Anm. 42 (im Druck).
[6] Otto Gerhard OEXLE, Individuen und Gruppen in der lothringischen Gesellschaft des 10. Jahrhunderts, in: L'abbaye de Gorze au Xᵉ siècle, hgg. von Michel PARISSE/DEMS. (1993) S. 105-139.
[7] Vgl. Stephanie COUÉ, Hagiographie im Kontext. Schreibanlaß und Funktion von Bischofsviten aus dem 11. und vom Anfang des 12. Jahrhunderts (Arbeiten zur Frühmittelalterforschung 24, 1997) oder jüngst Stephanie HAARLÄNDER, Vitae episcoporum. Eine Quellengattung zwischen Hagiographie und Historiographie, untersucht an Lebensbeschreibungen von Bischöfen des Regnum Teutonicum im Zeitalter der Ottonen und Salier (Monographien zur Geschichte des Mittelalters 47, 2000). Hier geht es jedoch – ähnlich wie bei Studien zur réécriture – um eine stärkere Würdigung der diskursiven Elemente, um einen Blick in die Werkstatt der jeweils schreibenden Autoren.

dualität im Mittelalter"⁸ hat vor allem das Verdienst, auch die theoretischen mittelalterlichen Diskussionen um das Individuelle eingehend gesichtet zu haben. Die Mehrzahl der Beiträge behandelt aber die Zeit ab dem 12. Jahrhundert und bringt die hier in den Blick genommenen Quellengruppen nicht ins Spiel⁹.

Der vorgegebene Terminus „Personenbeschreibungen" bedarf der kurzen Erläuterung. Walter Berschin versteht hierunter die Beschreibung des Äußeren einer Person¹⁰. Mir geht es allgemein um personenbezogene Merkmale, die das Äußere und weitere Charaktereigenschaften betreffen können, sowie um die Frage, inwieweit Handeln hierauf zurückgeführt wird¹¹. Ob diese Beschreibungen Wirklichkeit abbilden, steht zunächst nicht zur Diskussion.

---

⁸ Individuum und Individualität im Mittelalter, hgg. von Jan A. AERTSEN/Andreas SPEER (Miscellanea Mediaevalia 24, 1996).
⁹ Vgl. jedoch zum frühen Mittelalter den Beitrag von Wilhelm KÖLMEL, Autobiographien der Frühzeit, in: Individuum und Individualität (wie Anm. 8) S. 667-682.
¹⁰ Walter BERSCHIN, Personenbeschreibung in der Biographie des frühen Mittelalters, in: Historiographie im frühen Mittelalter (wie Anm. 5) S. 186-193.
¹¹ Damit wird ein „retour au sujet" eingeschlossen, vgl. hierzu Roger CHARTIER, L'Histoire Culturelle entre „Linguistic Turn" et Retour au Sujet, in: Wege zu einer neuen Kulturgeschichte. Mit Beiträgen von Rudolf VIERHAUS und Roger CHARTIER, hg. von Hartmut LEHMANN (1995) S. 29-58; Otto Gerhard OEXLE, Geschichte als Historische Kulturwissenschaft, in: Kulturgeschichte Heute, hgg. von Wolfgang HARDTWIG/Hans-Ulrich WEHLER (Geschichte und Gesellschaft, Sonderheft 16, 1996) S. 14-40. Vgl. auch Manfred FRANK, Die Unhintergehbarkeit von Individualität: Reflexionen über Subjekt, Person und Individuum aus Anlaß ihrer „post-modernen" Toterklärung (Edition Suhrkamp 1377, 1986); Wolfgang Christian SCHNEIDER, Ruhm, Heilsgeschehen, Dialektik. Drei kognitive Ordnungen in Geschichtsschreibung und Buchmalerei der Ottonenzeit (Historische Texte und Studien 9, 1988) untersucht an Beispielen der Ottonenzeit, welche Denkvorstellungen hinter beschriebenen menschlichem Handeln bei Geschichtsschreibern und Bildern der Ottonenzeit ausgemacht werden können (gegenüber der häufigen bisherigen Annahme zweckrationalen Handelns Ottos I. in der Forschung, S. 22 u. ö.). Diese Ansätze werden im folgenden - vor allem wegen der spezifischen Quellenstruktur des Liber pontificalis - nur in eingeschränktem Maße berücksichtigt. Für die unten herangezogene Gregorvita (S. 183-189) verdienten sie jedoch einen eingehenderen Umsetzungsversuch.

2. Quellenproblematik der Viten

Ich behandele Passagen aus dem *Liber pontificalis* und exemplarisch eine hagiographisch bestimmte Vita, die jedoch auch in den Bereich der Papstgeschichte gehört. Diese Texte werden gemeinhin gerade nicht unter der skizzierten Fragestellung gelesen. Welche quellenkritischen Voraussetzungen sind zu bedenken?

Für die hagiographisch bestimmten Viten fallen generalisierende Bemerkungen schwer, denn die Vielfalt dieser Texte ist gerade in jüngster Zeit immer wieder nachdrücklich unterstrichen worden; sie stehen in einer spätantiken Tradition mit paganen, jüdischen und christlichen Elementen[12]. Ihre Zielsetzungen erschließen sich oft erst nach Zusammenstellung eines „Dossier hagiographique", nach der Untersuchung der jeweiligen Kontexte und nach der Ermittlung der Traditionen in verschiedenen hagiographischen Regionen[13]. Gerade der hier im Zentrum stehende italische Raum verweist auf zahlreiche antike und spätantike Traditionen.

Der *Liber pontificalis* wird häufig als Steinbruch benutzt, seltener wird der spezifische Charakter des Werkes berücksichtigt. Entstehung, Struktur und Verbreitung müßten nicht nur für das gesamte Werk, sondern im

---

[12] Vgl. oben Anm. 5 und unten Anm. 89.

[13] Vgl. den auf vier Bände konzipierten Aufriß: Hagiographies. Histoire internationale de la littérature hagiographique latine et vernaculaire en Occident des origines à 1550, hg. von Guy PHILIPPART (CC Teil 1 [1994] und Teil 2 [1996]), der räumlich und zeitlich differenziert. Vgl. hierzu die Rezension von Klaus HERBERS, Francia 25/1 (1998) S. 291-294. Zu den räumlichen, zeitlichen und überlieferungsgeschichtlichen Kontexten vgl. das Projekt zu hagiographischen Dossiers in der Gallia: Martin HEINZELMANN, Les sources hagiographiques narratives composées en Gaule avant l'an mil (SHG). Inventaire, examen critique, datation, Francia 15 (1987) S. 701-714; vgl. schon Francia 9 (1981) S. 887-890. Kurz hierzu auch DERS., Préface, in: Manuscrits hagiographiques et travail des hagiographes, hg. von DEMS. (Beihefte der Francia 24, 1992) S. 7 f.; vgl. auch zusammenfassend: Klaus HERBERS, Hagiographie im Kontext – Konzeption und Zielvorstellung, in: Hagiographie im Kontext. Wirkungsweisen und Möglichkeiten historischer Auswertung, hgg. von Dieter R. BAUER/DEMS. (2000) S. IX–XXVIII, hier S. XIV f.; jüngst: L'hagiographie du haut moyen âge en Gaule du Nord. Manuscrits, textes et centres de production, hg. von Martin HEINZELMANN (Beihefte der Francia 52, 2001) mit zahlreichen Einzelstudien.

Grunde auch für die Vita jedes Papstes gesondert untersucht werden[14]. Schon seit dem Ende des 19. Jahrhunderts wurde darüber gestritten[15], wie und seit wann dieses Buch in Rom kontinuierlich geführt wurde. Für die hier interessierenden Aspekte ist wichtig, daß spätestens seit dem 7. Jahrhundert die Papstviten des *Liber pontificalis* fortlaufend von Zeitgenossen[16] verfaßt wurden[17].

---

[14] Zwar sind die einzelnen Viten grundsätzlich ähnlich strukturiert, aber dennoch in vielen Punkten unterschiedlich, die zumeist von verschiedenen Verfassern geschrieben wurden.

[15] Vgl. die Vorworte der jeweiligen Edition: Liber pontificalis, ed. DUCHESNE (wie Anm. 1); vgl. auch die Nachträge von VOGEL in Band 3 (wie Anm. 1); dazu außerdem Cyrille VOGEL, Le „Liber Pontificalis" dans l'édition de Louis Duchesne. Etat de la question in: Monseigneur Duchesne et son temps, Actes du colloque 23-25 mai 1973 (Collection de l'École Française de Rome 23, 1975) S. 99-127. Übersetzung mit Kommentar bei Raymond DAVIS, The Book of Pontiffs (Liber pontificalis). The Ancient Biographies of the First Ninety Roman Bishops to A. D. 715. (Translated Texts for Historians, Latin series 5, 1989); DERS., The Lives of the Eigth-Century Popes (Liber pontificalis). The Ancient Biographies of nine Popes from A. D. 715 to A. D. 817 (Translated Texts for Historians 13, 1992); DERS., The Lives of Ninth-Century Popes (Liber pontificalis): The Ancient Biographies of ten Popes from A. D. 817—891 (Translated Texts for Historians 20, 1995); zusammenfassende Stellungnahmen bei Albert BRACKMANN, Der Liber Pontificalis, Realenzyklopädie für protestantische Theologie und Kirche (^{3}1902) S. 439-446, ND in: DERS., Gesammelte Aufsätze (^{2}1967) S. 383-396, hier S. 387; Harald ZIMMERMANN, Das Papsttum im Mittelalter. Eine Papstgeschichte im Spiegel der Historiographie (UTB 1151, 1981) bes. S. 11-15; BERSCHIN, Biographie und Epochenstil (wie Anm. 1) 2, S. 115-138; Harald ZIMMERMANN, Liber Pontificalis, Lex. MA 5 (^{2}1999) Sp. 1946 f.; Françoise MONFRIN, Liber pontificalis, Dictionnaire Historique de la Papauté (1994) S. 1042-1043; weitere Literatur bei Klaus HERBERS, Leo IV. und das Papsttum in der Mitte des 9. Jahrhunderts. Möglichkeiten und Grenzen päpstlicher Herrschaft in der späten Karolingerzeit (Päpste und Papsttum 27, 1996), S. 12-17; allgemein Horst FUHRMANN, Papstgeschichtsschreibung. Grundlinien und Etappen, in: Geschichte und Geschichtswissenschaft in der Kultur Italiens und Deutschlands. Wissenschaftliches Kolloquium zum hundertjährigen Bestehen des DHI in Rom (1989) S. 141-191. – Zur Bedeutung für Byzanz vgl. Peter SCHREINER, Der Liber Pontificalis und Byzanz. Mentalitätsgeschichte im Spiegel einer Quelle, mit einem Exkurs: Byzanz und der Liber Pontificalis (Vat. Gr. 1455), in: Forschungen zur Reichs-, Papst- und Landesgeschichte. Peter Herde zum 65. Geburtstag, hgg. von Karl BORCHARDT/Enno BÜNZ, Bd. 1 (1998) S. 33-48.

[16] Diverse Einschnitte sind sogar in den erhaltenen Handschriften abgrenzbar, so bei Konstantinus († 715), bei Stephan II. († 757), bei Stephan III. († 772) sowie bei Hadrian I. († 795). Vgl. BRACKMANN, Liber pontificalis (ND) (wie Anm. 15) S. 389 f. Zu den Hand-

Die Struktur der Viten ähnelt sich. Maximal setzen sie sich aus folgenden Elementen zusammen: Herkunft, Werdegang und Erhebung des jeweiligen Papstes, Charaktereigenschaften, Dauer des Pontifikates, Rechtsbestimmungen, Bautätigkeit, Gründungen, Schenkungen, politische und kirchenpolitische Informationen, Tod und Begräbnisort, Sedisvakanz, Ordinationen[18]. Bedenkt man diese Grundstruktur, die im einzelnen variieren konnte, so wird klar, daß der Ausdruck „Vita" nur als eine Art „Verabredungsbegriff" verwendet werden darf[19], denn es geht vor allem um die Amtshandlungen der römischen Bischöfe. Mittelalterliche Autoren haben deshalb mit „Gesta" oder ähnlichen Bezeichnungen treffender die eigentliche Zielsetzung umschrieben[20].

---

schriften dieses Teiles des *Liber pontificalis* vgl. die Einleitung von DUCHESNE (wie Anm. 1) 1, S. CLXIV-CCVI und 2, S. I-VIII.

[17] Selbst Manuskripte, die beispielsweise im Frankenreich vorhanden waren, wurden eventuell weiter aktualisiert. So bat Hinkmar von Reims im September 866 den Abgesandten der Synode von Soissons, Egilo von Sens, die *gesta pontificum* vom Pontifikat Sergius' II. an mitzubringen, da diese *in istis regionibus* nicht verfügbar seien: Die Briefe des Erzbischofs Hinkmar von Reims 1, ed. Ernst PERELS (MGH Epp. 8.1, 1939) Nr. 186, S. 194: ... *ut non obliviscamini impetrare gesta pontificum ab initio gestorum Sergii papae, in quibus invenitur Ebo fuisse damnatus, usque ad praesentem annum istius praesulatus, quia nos in istis regionibus satis hoc indigemus*. Vgl. zum Konzil von Soissons: Die Konzilien der karolingischen Teilreiche 860-874, ed. Wilfried HARTMANN (MGH Conc. 4, 1998) S. 201-228. Zur Verbreitung vgl. schon Max BUCHNER, Zur Überlieferungsgeschichte des „Liber pontificalis" und zu seiner Verbreitung im Frankenreiche im 9. Jahrhundert, Römische Quartalschrift 34 (1926) S. 141-165.

[18] Vgl. Michel SOT, Gesta episcoporum. Gesta abbatum (Typologie des sources du moyen âge occidental 37, 1981) S. 32 f. zu den frühen Papstviten, deren Schematismus stärker ausgeprägt ist und bei denen in der Regel die Frage des Martyriums eine Rolle spielte.

[19] Franz-Josef SCHMALE, Funktion und Formen mittelalterlicher Geschichtsschreibung. Eine Einführung (1985) S. 116 zieht die Bezeichnung „Gesta" vor. Vgl. auch Heinz HOFMANN, Artikulationsformen historischen Wissens in der lateinischen Historiographie des hohen und späten Mittelalters, in: La Littérature historiographique des origines à 1500, hg. von Hans Robert JAUSS (Grundriß der romanischen Literaturen des Mittelalters 11.2, 1987), hier S. 367-687, bes. S. 603 und SOT, Gesta episcoporum (wie Anm. 18), der S. 32 f. den *Liber pontificalis* als Prototyp für weitere Bischofs-Gesta ansieht. Unter dem Etikett der „Biographie" wird der *Liber pontificalis* allerdings bei BERSCHIN, Biographie und Epochenstil (wie Anm. 1) 2, S. 115-138 behandelt.

[20] Vgl. außer der in der vorigen Anm. zitierten Literatur die Sichtung in den Quellen bei Ottorino BERTOLINI, Il „Liber Pontificalis", in: La Storiografia altomedievale (Settimane di Studio 17.1, 1970) S. 387-456, bes. S. 403-416, der Bezeichnungen wie *gesta* oder ähnlich

Bis heute wird gestritten, wo die Viten abgefaßt wurden, ob im *Vestiarium* oder in der „Kanzlei" – soweit diese überhaupt schon in dieser Zeit ausgeprägt war[21]. Wegweisende Abhandlungen von Geertman und de Blaauw haben insbesondere für das 8. und 9. Jahrhundert die Struktur und Funktion derjenigen Teile der Viten genauer ermittelt, welche die jeweils begünstigten römischen Kirchen betrafen. Bestimmte Listen der Hauptkirchen, Titelkirchen und Diakonien in den Registern könnten der kirchlich römischen Verwaltung vorgelegen haben[22]. Noble[23] kam bei einer kurzen Untersuchung der Viten von 530-816 zu dem Schluß, ein pragmatischer Charakter zeichne die Texte aus[24]. Die Viten seien vielleicht sogar zu Schulzwecken verwendet worden. Deshalb sei das Buch in der „Kanzlei" entstanden beziehungsweise aufbewahrt worden[25]. Schon Caspar hatte dies für die Zeit nach Papst Zacharias (741-752) vertreten[26], nachdem noch Duchesne von einer Redaktion im *Vestiarium* ausgegan-

---

häufig nachweisen kann; vgl. auch BRACKMANN, Liber Pontificalis (wie Anm. 15) (ND) S. 383; insofern nehmen die in der vorigen Anm. genannten modernen Autoren eine mittelalterliche Tradition auf.

[21] Vgl. grundlegend Hans-Walter KLEWITZ, Cancellaria. Ein Beitrag zur Geschichte des geistlichen Hofdienstes, DA 1 (1937) S. 44-79, auch in: DERS., Ausgewählte Aufsätze zur Kirchen- und Geistesgeschichte des Mittelalters (1971) S. 13-48. Zum 9. Jh. vgl. HERBERS, Leo (wie Anm. 15) S. 243-246; zum 10. Jahrhundert: Hans Henning KORTÜM, Zur päpstlichen Urkundensprache im frühen Mittelalter. Die päpstlichen Privilegien 896-1046 (Beiträge zur Geschichte und Quellenkunde des Mittelalters 17, 1995), der S. 425 von einem „niedrigen Organisationsgrad" spricht.

[22] Sybil DE BLAAUW, Cultus et decor. Liturgie en architectuur in laataniek en meddeleeuws Rome. Basilica Salvatoris, Sanctae Mariae, Sancti Petri (1987); dabei hat er die Lateranbasilika, S. Maria Maggiore sowie St. Peter und das Wechselverhältnis von Liturgie und Ausstattung von der Spätantike bis ins 14. Jh. in den Blick genommen. Vgl. weiterhin Herman GEERTMAN, More Veterum. Il Liber pontificalis e gli edifici ecclesiastici di Roma nella tarda antichità e nell'alto medioevo (1975) bes. S. 130-153.

[23] Thomas F. X. NOBLE, A New Look at the Liber Pontificalis, AHP 23 (1985) S. 347-358; wiederholt bei DEMS., Literacy and the Papal Government in Late Antiquity and the Early Middle Ages, in: The Uses of Literacy in Early Mediaeval Europe, hg. von Rosamond MCKITTERICK (1990) S. 82-108, bes. S. 97.

[24] So im Anschluß an Erich CASPAR, Geschichte des Papsttums, 2 (1933) S. 316.

[25] NOBLE, New Look (wie Anm. 23) S. 354; Noble verwendet den Ausdruck „Kanzlei" mit der gebotenen Vorsicht.

[26] Vgl. CASPAR, Geschichte 2 (wie Anm. 24) S. 732 und 775.

gen war²⁷. Dieser Streit ist hier nicht für alle Viten generell zu entscheiden. Sicher gehören aber die Listen der von den Päpsten übereigneten Geschenke eher in den Zusammenhang des *Vestiarium*, die oft spärlichen Notizen zu Person, Rechtssetzungen oder im engeren Sinne „politische" Informationen hingegen in die Nähe von Archiv und Kanzlei.

3. Tugendkataloge und andere personenenbezogene Bemerkungen im *Liber pontificalis*.

Vor dem Hintergrund dieser Struktur der „Viten", die weniger als hagiographische Viten des frühen Mittelalters der paganen, jüdischen und frühchristlichen Tradition der Spätantike verpflichtet sind²⁸, wird deutlich, daß nicht nur die Zuordnung zu einer Gattung problematisch ist, sondern auch die Tatsache, daß personenbezogene Angaben eher in den Passagen zum „politischen Wirken", seltener in den sogenannten Geschenklisten erscheinen. Wie sind zunächst die Aufzählungen der Eigenschaften, die ich verkürzend und nicht ganz treffend als „Tugendkataloge" bezeichne, zu interpretieren? Die Tradition solcher Charakterisierungen, von denen eine zu Beginn angeführt wurde, ist vielfach nachgewiesen. Über die pagane Literatur im Imperium Romanum, die *„Passiones apostolorum"* und andere Texte können diese bis ins hellenistische Griechenland zurückverfolgt werden. Elogien finden sich in klassischen Texten vielfach am Ende einer Personenwürdigung²⁹, im *Liber pontificalis* stehen sie oft am Anfang, spätestens nach der Erhebung des Papstes.

Zu den dort angesprochenen Eigenschaften kann zuweilen auch die Charakterisierung des Äußeren zählen. Gerhard B. Ladner nennt dies

---

[27] Vgl. z. B. Liber pontificalis, ed. DUCHESNE (wie Anm. 1) S. CLXII und CCXLIII-CCXLV.
[28] Vgl. die zusammenfassenden Bemerkungen zum frühen Mittelalter von Sofia BOESCH GAJANO, L'agiografia, in: Morfologie sociali e culturali in Europa fra tarda antichità e alto medioevo II (Settimane di Studio 45, 1998) S. 797-843 und den Überblick von Martin HEINZELMANN, Funktion des Wunders (wie Anm. 5); vgl. auch oben Anm. 5.
[29] Paul KIRN, Das Bild des Menschen in der Geschichtsschreibung von Polybios bis Ranke (1955) S. 44-48, auch mit mittelalterlichen Beispielen aus dem Frankenreich des 9. Jahrhunderts.

"Ikonismus" und versteht darunter die Beschreibung einiger äußerer Merkmale, die nicht ausgesprochen individuell sein müssen, sondern eher in Form eines relativ formalisierten Steckbriefes aufgezeichnet wurden[30]. Daß trotz solcher nur knappen Merkmale zur Person nicht ein Typus, sondern das Individuum erfaßt werden sollte, und der Ikonismus zugleich auf Bild und Text zielt, belegt eine Passage des um 840 geschriebenen *„Liber pontificalis ecclesiae Ravennatis"*. Dort heißt es sinngemäß: Wenn jemand frage, woher man dies alles wisse, so sollte er erfahren, daß die bildliche Darstellung es den Schreiber gelehrt habe[31]. Der römische *Liber pontificalis* scheint auf den ersten Blick in dieser Hinsicht jedoch weniger einschlägig als der Ravennater zu sein.

Hier geht es nicht nur um Beschreibungen des Äußeren. Daher seien zunächst einige Beobachtungen hervorgehoben, die zugleich das schubweise Eindringen personenbezogener Bemerkungen in das Textcorpus des *Liber pontificalis* verdeutlichen. Die dürren Texte zu den frühen Päpsten werden erstmals unter Severinus (640-642) mit Angaben tugendhafter Eigenschaften zur Person erweitert: „Er war heilig, gütig gegenüber allen Menschen, ein Liebhaber der Armen, freigiebig und sehr milde"[32]. Seit dieser Zeit werden solche Tugendkataloge ein fast fester Bestandteil der

---

[30] Gherardo LADNER, I ritratti dei papi nell'antichità e nel medioevo, 1: Dalle origini fino alla fine della lotta per le investiture (Monumenti di antichità cristiana 2, 4, 1941) S. 67 f. (hier nach der italienischen Ausgabe zitiert, vgl. die deutsche Ausgabe: Gerhart B. LADNER, Die Papstbildnisse des Altertums und des Mittelalters, 1: Bis zum Ende des Investiturstreits [Monumenti di antichità cristiana 2, 4, 1941]) (bei Ladner Rückgriff auf J. Fürst und A. Schenk), vgl. auch den 3. Band mit aktualisierten Nachträgen, DERS., Die Papstbildnisse des Altertums und des Mittelalters 3: Addenda et corrigenda, Anhänge und Exkurse; Schlußkapitel: Papstikonographie und allgemeine Porträtikonographie im Mittelalter (Monumenti di antichità cristiana 2, 4, 1984) S. 18-35; BERSCHIN, Personenbeschreibung (wie Anm. 10) S. 190.

[31] Agnellus: Liber pontificalis ecclesiae Ravennatis, ed. Oswald HOLDER-EGGER (MGH SS rer. Lang., 1878) S. 265-391, S. 348: *Et si fortasse quis secum cogitet, dicat aut alios interroget, quomodo iste vel unde scire poterat horum sanctorum effigies, quales fuerunt illi, si macilentes, si pingues, nulla dubitatio inde adcrescat, quia pictura insinuat mihi illorum vultus.*

[32] *Erat autem sanctus, benignus super omnes homines, amator pauperum, largus, mitissimus.* Liber pontificalis, ed. DUCHESNE (wie Anm. 1) 1, S. 329; vgl. auch die knappen Bemerkungen der insgesamt stärker auf das Spätmittelalter zielenden Beobachtungen von Heinrich SCHMIDINGER, Das Papstbild in der Geschichtsschreibung des späteren Mittelalters, Römische Historische Mitteilungen 1 (1958) S. 106-129, bes. S. 110 f.

knappen Skizzen. Ob der seit dem Pontifikat des folgenden Papstes, Theodor (642-649), zunehmende griechisch-orientalische Einfluß in Rom diese Tendenz verstärkte, ist unsicher, aber durchaus denkbar.

Die Elogien sind keinesfalls immer gleichförmig; so hebt etwa der Autor der Vita Leos II. (682-683) dessen Qualitäten in Gesang und Psalmodie oder dessen Kompetenz in der griechischen Sprache hervor[33]. Johannes VII. (705-707), griechischer Herkunft, wird als Freund der Künste und bildlicher Darstellungen charakterisiert. Sein Bild, so steht es im *Liber pontificalis*, könne man in der Basilica S. Maria Antica in Rom sehen[34]. Die Vita verzeichnet weiterhin, Johannes sei im Gegensatz zu seinem Vorgänger Sergius I. (687-701) *humana fragilitate timidus* gewesen. Hiermit fügte der Schreiber ein weiteres, freilich von Rufin entlehntes[35] persönliches Merkmal hinzu[36]. Obwohl Sansterre diese Charakteristik durch eingehende Interpretation des ikonographischen Programms nicht bestätigen kann[37], so bleibt interessant, wie der Schreiber durch personenbezogene Aussagen politisches Handeln verdeutlichen, nicht unbedingt nur literarisches Wissen dokumentieren will. Es geht hier weniger um „Wahrheit" als um neue Formen der Wahrnehmung.

Schon diese wenigen Hinweise zeigen: Die Tugendkataloge der Päpste heben nicht notwendigerweise immer dasselbe hervor, sind nicht nur „Schablonen". Dennoch bleibt richtig, daß sich viele Elogien ähneln, auf biblische Modelle oder andere literarische Vorlagen zurückgeführt werden können, ohne daß ich dies hier im einzelnen vorführen kann[38]. Trotz

---

[33] Liber pontificalis, ed. DUCHESNE (wie Anm.1) 1, S. 359, vgl. BERSCHIN, Biographie und Epochenstil (wie Anm. 1) 2, S. 118 f.
[34] LADNER, Ritratti (wie Anm. 30) S. 88-95 mit den entsprechenden Abbildungen.
[35] Rufinus, Hom. in Iud. IX 1: *duo quaedam dicta sunt, quibus arguitur humana fragilitas, id est timidi et formidolosi corde.* Ich danke Herrn Dr. B. Vogel für die Feststellung dieser und weiterer Similien.
[36] Liber pontificalis, ed. DUCHESNE (wie Anm. 1) 1, S. 386, zu Abschluß der Vita.
[37] Jean-Marie SANSTERRE, Jean VII. (705-707). Idéologie pontificale et réalisme politique, in: Rayonnement grec. Hommage à Ch. Delvoye, hgg. von Lydie HADERMANN-MISGUICH/Georges RAEPSAET/Guy CAMBIER (1982) S. 377-388, korrigiert das Bild vom schwachen Papst, vgl. HERBERS, Leo (wie Anm. 15) S. 188.
[38] Da mit Hilfe der neuen elektronischen Möglichkeiten Similien leichter festzustellen sind, könnte eine derartige Revision aller „Viten" durchaus weitere eindrückliche Funde

bisheriger Nachweise verbleiben als Aufgaben, die Similien und Abhängigkeiten oder modern, die „Intertextualität" einzelner Passagen noch besser als bisher zu verdeutlichen[39].

Die für mein Thema ergiebigeren „Viten" des 8. und 9. Jahrhunderts lassen neue Tendenzen erkennen. Einen weiteren Schritt zur individuelleren Gestaltung hat die Forschung für die Zeit seit 715 erkennen wollen[40], schon die zunehmende Ausführlichkeit der Texte sticht ins Auge. Seit Hadrian I. (772-795) gibt es nicht nur tüchtige, sondern sogar schöne Päpste: *elegans et nimis decorabilis persona,* heißt es. Ähnliches wird über Paschalis I. (817-824), Gregor IV. (831-841), ja auch von Nikolaus I. (858-867) berichtet, der *aspectu pulcher* gewesen sei. Für manche war dies ein Grund für sehr weitreichende Schlüsse. So hat der Ausdruck *aspectu pulcher* vor einiger Zeit eine Autorin dazu verleitet zu behaupten, hiermit könne ursprünglich nur die Päpstin Johanna gemeint gewesen sein, denn Schönheit sei keine Bezeichnung für einen männlichen Papst. Die Tradition solcher Charakterisierungen spricht jedoch gegen ihre Ansicht[41].

Ein weiterer Aspekt gewinnt seit der zweiten Hälfte des 8. Jahrhunderts, besonders seit der Vita Hadrians I., an Bedeutung. Nun werden sogar die Bemerkungen zu päpstlichen Stiftungen mit Bestandteilen aus Elogien versehen. Es heißt, dieser oder jener heiligmäßige Papst habe aus Liebe für eine bestimmte Institution diesen oder jenen Gegenstand gestiftet[42].

---

zutage fördern, die zugleich auch die Diskussion über die Entstehung des *Liber pontificalis* erneut anregen könnten.

[39] Vgl. hierzu vor allem Gérard GENETTE, Palimpsestes. La littérature au second degré (1982). – Vgl. zur Aufbereitung der hagiographischen Literatur unter dem Konzept der réécriture, unten Anm. 71.

[40] So will Walter Berschin ab 715 individuellere Züge im Papstbuch feststellen: BERSCHIN, Biographie und Epochenstil (wie Anm. 1) 2, S. 122.

[41] Joan MORRIS, Pope John VIII – an English Woman alias Pope Joan (1985); vgl. Klaus HERBERS, Die Regesten des Kaiserreiches unter den Karolingern 751-918 (926/962), Band 4 Papstregesten 800-911, Teil 2: 844-872, Lieferung 1: 844-858 (Johann Friedrich BÖHMER, Reg. Imp., I., 1999), n. † 335 mit weiterer Literatur.

[42] Vgl. zum Beispiel zu Hadrian: *Erat enim saepefatus beatissmus pontifex amator ecclesiarum Dei .... Hic enim coangelicus vir fecit,* ..., Liber pontificalis, ed. DUCHESNE (wie Anm. 1) 1, S. 409.

Ein guter oder heiligmäßiger Papst wirkt entsprechend auch thaumaturgisch. Schon mit der Vita Martins I. (649-653) waren Wundergeschichten erstmals in eine Papstvita aufgenommen worden[43]; Wunder, die am Papst geschehen oder die er sogar selbst erwirkt, bieten vor allem die Viten von Leo III., Paschalis I. und Leo IV.: Leo III. wird 799 wunderbar errettet, Paschalis I. bekämpft eine Feuersbrunst, die hl. Caecilia verrät ihm ihren Ruheort, Leo IV. gebietet – wie schon Paschalis – einem Brand Einhalt und bezähmt einen Basilisken[44].

Einige dieser generellen Tendenzen seien nun noch am Beispiel der Vita Sergii. II. im *Liber pontificalis* erläutert; sie gewährt nicht nur durch zwei überlieferte Fassungen Einblick in die Werkstatt der Schreiber, sondern erschließt auch Dimensionen einer persönlichkeitsbezogenen Darstellung. Deshalb seien zunächst drei Textpassagen aus der Edition von Duchesne eingefügt.

I.
Sergius, natione Romanus, ex patre Sergio, regionis quarte, sedit annos III. Hic cum inlustri editus a matre fuisset, castis nutrimentis eum erudire ingenti coepit cum studio, ut nihil obscenum vel libidinis ab eo quisquis audire aut videre non poterat. Puerilia oblectamenta contempnebat non breviter, ita ut actibus pollere videretur piis ab omnibus, et moribus clarescere maiorum coepit nobilium, puris munitus instructusque maternis ingeniis. Igitur mater exultabat cotidie, omnipotenti Deo gratias referebat alacriter, qui talem sibi superno prole concessit auxilio. Duodecimo quidem aetatis suae anno obiit mater eius, migravitque ad Dominum. Qui relictus a matre, pater iam olim luce caruerat, parentum cum suis morabatur in aede fratribus. Eodem tempore urbis Rome primatum regebat ecclesiae Leo tercius, papa benignus atque praecipuus, qui generositatem huius praeclari pueri reminiscens, ac parentum eius nobilitatem recolens, ad suam iussit magno cum amore duci praesentiam. Itaque cum adductus fuisset, hilari vultu eum serenaque mente contemplare coepit, et suo supra modum placuit animo. Tunc praesul eum scolae cantorum ad erudiendum communes tradidit litteras et ut mellifluis instrueretur canti-

---
[43] BERSCHIN, Biographie und Epochenstil (wie Anm. 1) 2, S. 117
[44] HERBERS, Mirakel im Liber pontificalis, in: Mirakel im Mittelalter (wie Anm. 5) S. 114-134.

laenae melodiis. Insignis idem et sollertissimus puer celeriter omne litterarum disciplinae sumpsit ingenium, ut omnes ipsius praecelleret scolae puerulos. His auditis optimus pontifex inexplebili replebatur cotidie gaudio pro pueritiae eius benignis profectibus. Tunc eum acolitum in sancta constituit Romana aecclesia. Vicesimo autem pontificatus sui anno cum decessisset officio, Romane sacerdotium Stephanus suscepit ecclesiae; quem etiam ipse amplo cum cordis diligebat affectu, et cum eum strenue in divinis Scripturis nobiliter contemplaret velocem, protinus illi subdiaconatus concessit officium, parvoque tempore episcopatus sui administratum regimen, ecclesiae gubernacula Paschalis suscepit. A quo idem vir per omnia prudentissimus, vita, eruditione, moribus adhornatus, tituli beati Silvestri confessoris atque pontificis presbiter consecratur. Qui super omnes misericordia, studio, vigilantia atque omnibus optimis institutionibus claruit. Paschali vero defuncto, praesulatus culmen accepit Eugenius. Igitur pontifitio cum tribus perdurasset Eugenius annis, Valentinus saedis ipsius pontifex consecratur; cuius post casum ecclesiae apicem suscepit Gregorius. A quo cum diligentius praedictus vir amaretur, archipresbiterum cum in sancta ordinavit ecclesia. Qui vero cum per XVI sollertissime gubernasset ecclesiam annos, ad extrema ductus occubuit[45].

II.
Erat enim origine insignis, fide purus, praedicatione liberior, Deo humilis, hominibus clarus, vultu alacris, mente alacrior, ecclesiarum gubernator, plebium ultor, pauperum fauctor, viduarum tegmen et consolator, indigentium largitor, dispersorum congregator, congregatorum conservator, inanium seculariumque rerum contemptor, solis sapientiae divitiis avidus et amator[46].

III.
Cum enim esset idem pontifex imbecillis membris ob humorem podagricum, incessu pedum et pene manuum officio carebat; attamen animosus, ore incomptus et convitiis deditus, actu et sermonibus instabilis, leviter omnia faciens. Unde et adnullabant ipsum optimates Romanorum. Erat denique illius pontificis frater quidam, nomine Benedictus, brutus et stolidus valde,

---

[45] Liber pontificalis, ed. DUCHESNE (wie Anm. 1) 2, S. 86.
[46] Ebda. S. 87.

qui propter imbecillitatem illius pontificis curam ecclesiasticam et publicam immerito usurpaverat. Cum vero esset insulsus et operibus rusticis deditus, curam ecclesiasticam et publicam necessitatem omnia in muris parietum et aedificiis diversis expendere caepit, in tantum ut diu noctuque incessanter laborando et vexando, non deficeret.[47]

In der relativ ausführlichen Beschreibung zum Werdegang (Nr. I) verweisen die ersten Daten auf die vornehme Herkunft (es war dieselbe Familie, der auch Stephan IV. und später Hadrian II. angehörten). Sie wird ausschließlich auf die mütterliche Linie zurückgeführt. Kindliche Spiele interessieren den künftigen Papst nicht, sondern das Vorbild der edlen Vorfahren. Die Mutter erzieht, bis sie im 12. Lebensjahr des Sohnes stirbt. Mit seinen Brüdern lebt Sergius im Haus seiner Eltern. Papst Leo III. wird auf das Kind aufmerksam, auf dessen *generositas* und auf die *nobilitas* der Eltern, bestellt Sergius zu sich und mustert ihn *hilari vultu ... serenaque mente*, er kommt zu einem positiven Ergebnis. Zur Erziehung gelangt Sergius in die *Schola cantorum*, um die *litterae* und den Gesang zu studieren. Sergius lernt schnell, überragt schon bald seine Mitschüler. Täglich freut sich Leo III. über den Jungen. Sergius wird Akolyth, und nach dem Tod Leos III. verfolgt Stephan IV. die Entwicklung und die Laufbahn ebenso wohlwollend. Wenig später macht Paschalis I. ihn zum Kardinalpriester von S. Martino ai Monti. Nach Eugen und Valentinus wird Sergius dann unter Gregor IV. Erzpresbyter.

Diese Beschreibung des Werdegangs, die nicht mit Hinweisen auf Charaktereigenschaften – auch bei den ihn fördernden Mentoren – spart, führt zwangsläufig zur Wahl und Erhebung des Sergius, auch gegen den Konkurrenten Johannes. Nach dem Bericht über die Erhebung folgt ein weiteres Elogium (Nr. II[48]), das insgesamt sehr viel schematischer wirkt. Dieser Eindruck entsteht vielleicht nicht ganz ohne Grund, weil der Verfasser hier wesentlich stärker aus der Patristik zu schöpfen scheint[49].

---

[47] Liber pontificalis, ed. DUCHESNE (wie Anm. 1) 2, S. 97.
[48] Vgl. bereits oben S. 178 mit Anm. 46.
[49] Vgl. besonders Rufinus, Hist. eccl. XI 9: *ille in fide purus, hic in praedicatione liberior, ille deo humilis, hic etiam hominibus erat* (Dank an Dr. B. Vogel für die Feststellung dieser Similie).

Die weiteren Passagen lassen weniger Persönliches erkennen, die Stiftungsnotizen führen den Papst fast durchgehend mit Bemerkungen wie *idem vero sanctissimus praesul* oder ähnlich ein. Auffällig ist jedoch, daß vor allem Orte der eigenen Erziehung oder Karriere bedacht werden, so die *Schola cantorum* oder die ehemalige Titelkirche S. Martino ai Monti. Über mehrere Kapitel zieht sich die Geschenkliste für diese Kirche hin: Der Vitenschreiber überschlägt sich dabei fast in preisenden Bezeichnungen für den Schenker[50].

Wenig später folgt in einer von zwei überlieferten Vitenfassungen[51] die Notiz über die Krankheit Sergius II. (Nr. III): „Da dieser Papst wegen einer Podagra kränkelte, konnte er nicht gehen und kaum seine Hände gebrauchen. Dabei war er hitzig, redete ungepflegt, suchte Streit, war unzuverlässig in Taten und Worten und tat alles leichthin"[52]. Es folgt eine nicht weniger deutliche Charakterisierung des Bruders Benedikt, der als Usurpator bezeichnet wird[53].

Warum äußert sich der Vitenschreiber auf einmal so negativ? Hatte Sergius Gegner? Wird dies nur an dieser Stelle ausnahmsweise, gegen den Charakter der Quellenart und nur wegen der Gunst der Überlieferung greifbar? Verweist dies auf einen Umschwung der allgemeinen Stimmung? Diese Fragen stehen hier nicht zur Entscheidung an. Wichtig ist, daß auch hier politisches Handeln auf persönliche Eigenschaften bezogen wird. Die individuellen Gebrechen führen zur Usurpation, sie sollen auch erklären, warum Benedikt Erfolg hat. Für unsere Fragestellung bleibt zweitrangig, ob diese zutrafen oder nicht.

---

[50] Schon an dieser Stelle sind zwei abweichende Fassungen der Sergiusvita überliefert, in einer folgt der Schreiber bezeichnenderweise der Schenkungsnotiz Paschalis' I. für S. Prassede, vgl. HERBERS, Regesten (wie Anm. 41) n. 47.
[51] Vgl. zu diesen Fassungen Detlev JASPER, Romanorum Pontificum Decreta vel Gesta. Die Pseudoisidorischen Dekretalen in der Papstgeschichte des Pseudo-Liudprand, AHP 13 (1975) S. 85-119, und DERS., Die Papstgeschichte des Pseudo-Liudprand, DA 31 (1975) S. 17-107, bes. S. 54-73 und die Bemerkungen bei HERBERS, Regesten (wie Anm. 41) n. 52 mit weiterer Literatur.
[52] Liber pontificalis, ed. DUCHESNE (wie Anm. 1) 2, S. 97, vgl. zur Übersetzung BERSCHIN, Biographie und Epochenstil (wie Anm. 1) 2, S. 131.
[53] Liber pontificalis, ed. DUCHESNE (wie Anm. 1) 2, S. 97 (vgl. oben S. 178 Nr. III).

Was läßt sich nach diesem kurzen Blick auf die Sergiusvita im Vergleich mit weiteren Lebensabrissen hervorheben? Elogienähnliche Charakterisierungen finden sich oft – wenn auch nicht immer – zu Beginn der Vita im Zusammenhang mit Jugend und Karriere und mehrfach ein zweites Mal nach dem Bericht über die Erhebung. Dieses durchaus übliche, manchmal sogar – wie bei Nikolaus I. – gedoppelte *Elogium* (Typus II[54]) wirkt schematischer, schöpft häufig aus literarischen Traditionen, wird jedoch variiert und nur selten in völliger Gleichförmigkeit wiederverwendet. Hingegen wirken die Charakterisierungen zu Jugend und früher Karriere zumindest partiell individueller. Obwohl die Verweigerung kindlicher Spiele dies bei Sergius II. nicht belegt, so dürfte die sonst völlig unübliche Hervorhebung der Prägung durch die Mutter zumindest in gebrochener Form auch auf Realitäten verweisen. Sofern Elogien dem Bericht über Wahl und Weihe folgen, erscheinen sie dagegen meist schematischer. Sind sie in dem Bericht über Jugend und Ausbildung integriert, wirken sie individueller. Wenn man überspitzt formulieren will: Ein Papst entwickelt sich als Kind individuell, ist er gewählt und erhoben, besitzt er einen festen Katalog an Eigenschaften.

Persönliche Charakteristika läßt weiterhin besonders die Passage zum Jahr 846 (Nr. III) erkennen. Bei allen Erklärungen, warum das Verhältnis Sergius' II. und seines Bruders Benedikt so und nicht anders dargestellt wird, bleiben der Hinweis auf Krankheit und körperliche Defekte sowie weiterhin das vernichtende Urteil über Benedikt, der im übrigen zu Anfang der Vita – als von der Erziehung Sergius' im Hause der Eltern mit seinen Brüdern die Rede ist – gar nicht näher gewürdigt wird.

Wie schon erwähnt, finden sich solche Bemerkungen vor allem in den eher erzählenden, weniger in den die Geschenke auflistenden Passagen der Vita. Die Bemerkungen zu Karriere und zum persönlichen Lebensweg erscheinen jedoch in den Geschenklisten teilweise verkürzt und verändert wieder. Sergius stiftet für die Institutionen, die ihn in seiner Jugend und zu Beginn seiner Karriere so geprägt hatten. Sergius beschenkt besonders die *Schola cantorum* und seine ehemalige Titelkirche. Die in den letzten Jahren intensivierten Forschungen zum Stiftungswe-

---

[54] Zu Nikolaus und der Doppelung vgl. Liber pontificalis, ed. DUCHESNE (wie Anm. 1) 2, S. 151 Z. 2-19 und 152 Z. 29 f.

sen⁵⁵ haben gezeigt, in welchem Maße die Stiftungen auch den Willen der jeweiligen Auftraggeber und Stifter ausdrücken und in anthropologischer Perspektive Geberfreude und Suche nach Anerkennung verbinden⁵⁶. Aus einigen dieser Schenkungen werden sogar – soweit ein Bildprogramm erwähnt wird – ikonographische Schwerpunkte der Päpste deutlich, so für Johannes VII.⁵⁷, für Leo III.⁵⁸ oder Leo IV.⁵⁹

Für den Nachfolger des Sergius, für Leo IV. (847-855), ist eine hohe Zahl an Stifterbildern nachzuweisen. Bei insgesamt zehn Objekten findet sich der Hinweis im *Liber pontificalis: de nomine domini Leonis quarti papae* oder ähnlich. Diese Bezeichnungen waren nicht neu, aber die Quantität sticht hervor und läßt für die Herrschaft, aber auch die Person Leos IV. Rückschlüsse zu⁶⁰.

Im Fall Leos IV. mag dieser persönliche Zug noch kurz weiter erläutert werden: Die Leostadt in Rom und Leopolis, die während seines Pontifikates vor allem zum Schutz gegen die Sarazenen neu befestigt worden waren, trugen seinen Namen. Aber wie wurde diese Namensgebung eingeführt? Bei der Einweihung der Leostadt 852 soll der Papst drei Orationen gesprochen haben, und in der letzten steht auffälligerweise: *pro civitate hac, quam ego famulus tuus, Leo quartus episcopus, te auxiliante, novae operae dedicavi, meoque ex nomine Leoniana vocatur ...*⁶¹. Der Vitenschreiber unterstrich den Anteil des Papstes, und der Text erscheint als Oration zumindest merkwürdig⁶². Wichtiger in unserem Zusammenhang ist

---

⁵⁵ Vgl. Michael BORGOLTE, Die Stiftungen des Mittelalters in rechts- und sozialgeschichtlicher Sicht, ZRG Kan. 74 (1988) S. 71-94; Stiftungen und Stiftungswirklichkeiten vom Mittelalter bis zur Gegenwart, hg. von DEMS. (Redaktion: Wolfgang Eric WAGNER) (Stiftungsgeschichten 1, 2000); Ralf LUSIARDI, Stiftung und städtische Gesellschaft. Religiöse und soziale Aspekte des Stiftungsverhaltens im spätmittelalterlichen Stralsund (Stiftungsgeschichten 2, 2000).
⁵⁶ Michael BORGOLTE, Totale Geschichte des Mittelalters? Das Beispiel der Stiftungen. Antrittsvorlesung 2. Juni 1992 (1993) S. 17.
⁵⁷ Vgl. SANSTERRE, Jean (wie Anm. 37).
⁵⁸ L. Edward PHILIPPS, A Note on the Gifts of Leo III to the Churches of Rome: „Vestes cum storiis", Ephemerides Liturgicae 102 (1988) S. 72-78.
⁵⁹ HERBERS, Leo (wie Anm. 15) S. 188-194.
⁶⁰ Vgl. hierzu HERBERS, Leo (wie Anm. 15) S. 186.
⁶¹ Liber pontificalis, ed. DUCHESNE (wie Anm. 1) 2, S. 124.
⁶² Zur Interpretation vgl. HERBERS, Leo (wie Anm. 15) bes. S. 145 f.

jedoch, daß der Schreiber hiermit zugleich das Selbstbewußtsein Leos hervorhob.

4. Ein Beispiel römischer Hagiographie im 9. Jahrhundert: die Vita Gregors des Großen

Der alte *Liber Pontificalis* brach in der Zeit kurz nach 870 ab. Waren damit die skizzierten Ansätze zu Ende? Es ist schon mehrfach hervorgehoben worden, daß in den 70er und 80er Jahren des 9. Jahrhunderts eine literarische Renaissance in Rom ihrem Höhepunkt zustrebte[63]. Ein wichtiger Träger dieser „Renaissance" war Johannes Hymmonides, den einige Forscher sogar als Autor der *Vita Hadriani* im *Liber pontificalis* ansehen[64]. Sicher ist er jedoch der Verfasser einer Vita Gregors des Großen. Im *Liber pontificalis* nahm die Vita dieses bedeutenden Papstes nur etwa 15 Zeilen ein, und Erich Caspar urteilte schon: „In den bürokratischen Amtsstuben, aus denen die offiziöse Papstchronistik hervorging, fehlte es an Verständnis für den besonderen Wert dieser Persönlichkeit und ein Stockwerk darüber, im Diakonenkolleg, herrschte sogar [...] ein gewisses

---

[63] Vgl. statt anderer Walter BERSCHIN, Biographie und Epochenstil im lateinischen Mittelalter, 3. Karolingische Biographie 750-920 n. Chr. (Quellen und Untersuchungen zur lateinischen Philologie des Mittelalters 10, 1991) S. 372.
[64] Zur möglichen, aber eher unwahrscheinlichen Autorschaft vgl. Girolamo ARNALDI, Giovanni Immonide e la cultura a Roma al tempo di Giovanni VIII, Bulletino dell'Istituto Storico Italiano per il Medio evo 68 (1956) S. 33-89, S. 49 Anm. 2; Wilhelm WATTENBACH/Wilhelm LEVISON/Heinz LÖWE, Deutschlands Geschichtsquellen im Mittelalter. Vorzeit und Karolinger, Heft 4: Die Karolinger vom Vertrag von Verdun bis zum Herrschaftsantritt der Herrscher aus dem sächsischen Hause. Italien und das Papsttum (1963) S. 461 Anm. 307; BERSCHIN, Biographie und Epochenstil 2 (wie Anm. 1) S. 138 und bes. 3 (wie Anm. 63) S. 372 Anm. 88. Vgl. zu Autor und Werk außerdem die Studie von Helmut GOLL, Die Vita Gregorii des Johannes Diaconus. Studien zum Fortleben Gregors des Großen und zu der historischen Bedeutung der päpstlichen Kanzlei im 9. Jahrhundert (Diss. Freiburg 1940); Claudio LEONARDI, La „Vita Gregorii" di Giovanni Diacono, in: Roma e l'età carolingia (1976) S. 381-393; DERS., L'agiografia romana nel secolo IX, in: Hagiographie. Cultures et sociétés: IVᵉ-XIIᵉ siècles: actes du colloque organisé à Nanterre et à Paris (2-5 mai 1979) Centre de recherches sur l'Antiquité tardive et le haut Moyen Âge, Université de Paris X (1981) S. 471-490; BERSCHIN, Biographie und Epochenstil (wie Anm. 63) 3, S. 372-387 (mit weiteren Literaturangaben).

Ressentiment gegen sein Andenken"[65]. Vielleicht dauerte es deshalb bis zum 9. Jahrhundert, bis Johannes Diaconus (oder Hymmonides) im Auftrag Papst Johannes' VIII. eine neue Vita Gregors des Großen verfaßte. Welches waren die *causae scribendi*? Das Widmungsschreiben nennt verschiedene Punkte: Es verweist zunächst auf liturgische Bedürfnisse, denn zur *Vigil* des hl. Gregor (am 11. März 873) habe keine ausführliche Vita vorgelegen[66]. Außerdem seien die vorhandenen Viten des Mönches von Whitby[67] und des Paulus Diaconus[68] zu kurz gewesen. Weiter heißt es, Papst Johannes VIII. habe den römischen Autor beauftragt, entsprechende Materialien des römischen Archivs zu benutzen; gemeint sind die Jahresbände des Briefregisters, die der Autor wohl in den unter Einfluß Hadrians I. angefertigten Auszügen konsultierte[69]. Johannes Hymmonides unterstreicht weiterhin, er habe die Lebensbeschreibung nicht chronologisch, sondern systematisch aufgebaut und außerdem durch bis heute erfahrbare Wunder angereichert[70]. Was in der fast 200 Spalten bei Migne umfassenden Vita aufgezeichnet wird, ist hier nicht im einzelnen vorzustellen. Unter anderem gingen Vorstellungen und Wirklichkeiten des

---

[65] CASPAR, Geschichte des Papsttums (wie Anm. 24) 2, S. 515.
[66] Vgl. den einleitenden Widmungsbrief, ed. MIGNE PL 75, Sp. 61: *Nuper ad vigilias beati Gregorii, Romani pontificis, Anglorum gentis apostoli, lectione de Paulino civitatis Nolanae praesule consuetudinaliter personante, visus es a venerabilibus episcopis, divino quodam instinctu commotus, requirere cur tantus pontifex, qui multorum sanctorum Vitas texuerat, gestis propriis in propria duntaxat Ecclesia caruisset; praesertim cum et apud Saxones, et apud Langobardorum sibi prorsus infensissimam gentem, gestis propriis ubique polleret.*
[67] The Earliest Life of Gregory the Great by an anonymous monk of Whitby, hg. und übers. von Bertram COLGRAVE (1968, ²1985).
[68] Hartmann GRISAR, Die Gregorbiographie des Paulus Diakonus in ihrer ursprünglichen Gestalt, nach italienischen Handschriften, Zeitschrift für katholische Theologie 11 (1887), Edition S. 162-173.
[69] Der Hinweis auf Hadrian I. findet sich in der Vita IV 71, ed. MIGNE PL 75 Sp. 223: *Ex quorum multitudine primi Hadriani papae temporibus quaedam epistolae decretales per singulas indictiones excerptae sunt et in duobus voluminibus, sicut modo cernitur, congregatae.* Vgl. allgemein GOLL, Vita Gregorii (wie Anm. 64) S. 15-35 (mit Diskussion der Thesen von Peitz) und Ernst PITZ, Papstreskripte im frühen Mittelalter. Diplomatische und rechtsgeschichtliche Studien zum Brief-Corpus Gregors des Großen (Beiträge zur Geschichte und Quellenkunde des Mittelalters 14, 1989), vor allem S. 33-36.
[70] Vgl. hierzu GOLL, Vita Gregorii (wie Anm. 64) S. 65-68, weiterhin die Beiträge im Sammelband Mirakel im Mittelalter (wie Anm. 5).

päpstlichen Rom zur Zeit Johannes VIII. in literarischer Verarbeitung in den Text ein; diese Beobachtung ist nicht nur unter dem Gesichtspunkt hagiographischer Réécriture sehr interessant[71]. In diesem Sinne meinte Neufassung auch neues Erinnern und bedeutete, die aufgrund der neuen Zeitbedürfnisse empfundenen Defizite bisheriger Vitenfassungen auszugleichen. Päpstliche Vergangenheit wurde so auch von der Gegenwart her konstituiert[72]. Die Ausführlichkeit ermöglichte unter anderem weitere Ausgestaltungen. Die Gregorvita vermittelte einen menschlichen Papst, einen Papst zum Anfassen. Dies wird schon allein bei der Passage zur Mission bei den Angeln deutlich.

Gregor der Große sieht Händler mit Knaben von heller Hautfarbe und schöner Gestalt, die in Rom auf dem Forum zum Verkauf angeboten werden. Als er die Händler fragte, woher die jungen Männer kämen, und er zur Antwort erhielt, von der Insel Britanniens, fragte der Papst, ob denn die Bewohner dieser britischen Insel noch Heiden seien. Nach Beantwortung seufzte Gregor tief und sagte: „Oh weh, wie schöne Gesichter besitzt jetzt der Fürst der Finsternis, eine so schöne Stirn trägt einen Sinn bar der Gnade Gottes"[73]. *Acriter ingemiscens* heißt es. Zwar bleibt unbestritten, daß Seufzen und Klagen, aber auch das Bittgebet unter Trä-

---

[71] Vgl. zum Aspekt von réécriture und *causae scribendi* auch meinen Beitrag: Le Liber Pontificalis comme source de réécritures hagiographiques (IXe et Xe siècles), in: La réécriture hagiographique dans l'occident médiéval. Transformations formalles et idéologiques, hgg. von Monique GOULLET/Martin HEINZELMANN (Beihefte der Francia 58, 2002).

[72] Vgl. allgemein Johannnes FRIED, *Gens* und *regnum*. Wahrnehmungs- und Deutungskategorien politischen Wandels im früheren Mittelalter. Bemerkungen zur doppelten Theoriebildung des Historikers, in: Sozialer Wandel im Mittelalter. Wahrnehmungsformen, Erklärungsmuster, Regelungsmechanismen, hgg. von Jürgen MIETHKE/Klaus SCHREINER (1994) S. 73-104; DERS., The Veil of Memory. Anthropological Problems when considering the Past (German Historical Institute London. The 1997 Annual Lecture, 1998); Bernd SCHNEIDMÜLLER, Constructing the Past by Means of the Present. Historiographical Foundations of Medieval Institutions, Dynasties, Peoples and Communities, in: Ritual, Memory, Historiography: Concepts of the Past, hgg. von Patrick J. GEARY/ Johannes FRIED/Gerd ALTHOFF/Eckhardt FUCHS (Publications of the German Historical Institute, 2002) (im Druck) und die weiteren dort versammelten Beiträge.

[73] Vgl. Vita I 21, ed. MIGNE PL 75 Sp. 71: *Tunc Gregorius acriter ingemiscens: Heu! Proh dolor! inquit, quam splendidas facies princeps tenebrarum nunc possidet, tantaque frontis species vacuam ab interna Dei gratia mentem gestat.* Die deutsche Übersetzung folgt BERSCHIN, Biographie und Epochenstil (wie Anm. 63) 3, S. 375.

nen seit der Spätantike zur Charakterisierung von Asketen, Mönchen, Bischöfen oder Päpsten verwendet wurde[74], jedoch dürfte Seufzen und Weinen als menschliches Verhalten akzeptiert worden sein[75]. Ein Papst, der seufzt, erscheint für den Leser der Vita als Mensch[76].

Bekannt ist die Beschreibung Gregors und seiner Eltern aufgrund der Gemälde im römischen Hauskloster der Familie[77]. Diese Passage der Vita hat Walter Berschin folgendermaßen übertragen:

„Es wird dann auch in einer kleinen Apsis hinter dem Vorratsraum der Brüder der von der Meisterhand desselben Künstlers auf eine runde Gipsscheibe gemalte Gregor gezeigt. Er hat eine rechte und wohlgebildete Gestalt, ein Antlitz, das zwischen der Länge des väterlichen und der Rundheit des mütterlichen so die Mitte hält, daß es zugleich mit einer gewissen Rundung auf das angenehmste gelängt erscheint. Der Bart ist nach väterlicher Art rötlich und mäßig stark. Das Vorhaupt ist dermaßen kahl, daß er nur in der Mitte der Stirn zwei spärliche, nach rechts zurückgestrichene Löckchen hat. Er trägt eine runde, große Tonsur, schwärzliches, geziemend gekämmtes, bis zur Mitte des Ohrs herabreichendes Haar, hat eine schöne Stirn, hohe und lange, aber schwache Augenbrauen, zwar nicht große, aber offene Augen mit dunkler Pupille, ausgeprägte Tränensäcke. Die Nase geht von der Wurzel der zusammenneigenden Brauen fein auf, wird zur Mitte zu breiter, ist dann ein wenig

---

[74] Zu den Gaben der Tränen vgl. HERBERS, Leo (wie Anm. 15) S. 160 f. mit weiterer Literatur. – Nicht ganz sicher ist, ob der Autor der Gregorvita die Worte eines seufzenden Papstes sogar aus Gregors eigener *Regula pastoralis* entlehnte.

[75] Vgl. hierzu Matthias BECHER, *Cum lacrimis et gemitu*. Das Weinen der Sieger und der Besiegten im frühen und hohen Mittelalter, in: Formen und Funktionen öffentlicher Kommunikation im Mittelalter, hg. von Gerd ALTHOFF (VuF 51, 2001) S. 25-52, bes. S. 29, der auf die Akzeptanz gezeigter Emotionalität verweist.

[76] Es geht hier vor allem um eine Wirkungsebene des Textes. Dies berührt nur am Rande die Frage, wie echt die Emotionen überhaupt dargestellt werden konnten und inwieweit sie ausgesprochen demonstrativ waren, vgl. hierzu Gerd ALTHOFF, Empörung, Tränen, Zerknirschung. „Emotionen" in der öffentlichen Kommunikation des Mittelalters, FmSt 30 (1996) S. 60-79, bes. S. 63. Vgl. auch die Sammlung der einschlägigen Arbeiten: DERS., Spielregeln der Politik im Mittelalter. Kommunikation in Friede und Fehde (1997). Die dort beschriebenen Beispiele zeigen, daß auch inszenierte Emotionen deshalb wirkten, weil sie tatsächlich menschliche Eigenschaften evozierten.

[77] Vita IV 83 und 84, ed. MIGNE PL 75 Sp. 230 f. Vgl. die nachstehende Abbildung.

Gregor der Große und seine Eltern:
Miniatur aus Cod. Vat. lat. 5408, fol. 27r der Biblioteca Apostolica Vaticana in Rom (nach LADNER, Ritratti 1, Tafel VII b).

gebogen und springt am Ende mit offenen Nüstern vor. Er hat einen roten Mund mit vollen und gegliederten Lippen, wohlgebildete Wangen, ein von der Ecke der Kinnladen schicklich vorspringendes Kinn, dunkle und lebhafte Hautfarbe, noch nicht, wie das später eintrat, die Blässe des Magenkranken. Er hat eine sanfte Miene, schöne Hände und feine, zum Schreiben geschickte Finger ..."[78]

Schon Gerhard Ladner hatte unter anderem mit dieser Passage seine These vom Ikonismus weiter erläutert, eine bildliche Darstellung hatte bereits 1597 Angelo Rocca rekonstruiert[79]. Trotzdem bietet der Diakon Johannes keinen puren Ikonismus, denn er weiß mehr als das Bild verraten kann: Die Bemerkung zur Blässe des Magenkranken beruht auf der Kenntnis der Krankheit Gregors, über die Johannes vor allem im vierten Buch berichtet[80].

Johannes Hymmonides schuf mit seiner Vita ein monumentales Werk, für die biographische Literatur hat Walter Berschin den Text an die Seite von Einhards *Vita Karoli* gestellt[81]. Heiligkeit und ekklesiologische Muster finden hier zusammen, schließen sich nicht aus, wie Claudio

---

[78] Vita IV 84, ed. MIGNE PL 75 Sp. 230 f.: *Sed et in absidula post cellarium Gregorius eiusdem artificis magisterio in rota gypsea pictus ostenditur: statura iusta et bene formata facie de paternae faciei longitudine et maternae rotunditate ita medie temperata, ut cum rotunditate quadam decentissime videatur esse deducta, barba paterno more subfulva et modica, ita calvaster, ut in medio frontis gemellos cincinnos raruscolos habeat, et dextrorsum reflexos, corona rotunda et spatiosa, capillo subnigro et decenter intorto sub auriculae medium propendente, fronte speciosa, elatis et longis, sed exilibus superciliis, oculis pupilla furvis non quidem magnis, sed patulis, subocularibus plenis, naso a radice vergentium superciliorum subtiliter directo, circa medium latiore, deinde paululum recurvo et in extremo patulis naribus prominente, ore rubeo, crassis et subdividuis labiis, genis compositis, mento a confinio maxillarum decibiliter prominente, colore aquilino et vivido, nondum, sicut ei postea contigit, cardiaco, vultu mitis, manibus pulchris, teretibus digitis et habilibus ad scribendum ...*; zum dt. Text vgl. BERSCHIN, Personenbeschreibung (wie Anm. 10) S. 191; vgl. auch DERS., Biographie und Epochenstil (wie Anm. 63) 3, S. 382 f. Vgl. außerdem LADNER, Ritratti (wie Anm. 30) 1, S. 70-74.

[79] Vgl. LADNER, Ritratti (wie Anm. 30) 1, S. 72 f.

[80] Vgl. z. B. Vita II 18 und fast wortgleich mit Rückverweis IV 74, MIGNE PL 75 Sp. 94 und Sp. 224.

[81] BERSCHIN, Biographie und Epochenstil (wie Anm. 63) 3, S. 387.

Gregor der Große und seine Eltern:
Stich von Angelo Rocca aus dem Jahre 1597 (nach LADNER, Ritratti 1, S. 73, Fig. 84).

Leonardi hervorhebt[82]. Johannes aber zeigte *humilitas*. Papst Nikolaus I. und Gregor I. erscheinen zum Schluß dem Schreiber in einer Vision mit dem Vorwurf: Du schreibst von Toten, die Du zuvor im Leben nie gesehen hast[83]. Johannes Hymmonides ist kein Zeitgenosse, und mit der literarischen Form der Vision entschuldigt sich der Verfasser gleichsam, daß er das Leben aus dem Abstand skizziert. Zugleich wird angedeutet, wie sehr Gregor auch für den zeitgenössischen Papst, heiße er nun Nikolaus I., Hadrian II. oder Johannes VIII., steht. Die letzten Abschnitte der Vita zeigen durchaus aktuelle Bezüge. Die Gegenwart stiftet in dieser Gregorvita des 9. Jahrhunderts die Einheit der Vergangenheit.

Gleichzeitig hat Johannes Hymmonides Möglichkeiten genutzt, dem vor langer Zeit lebenden Gregor I. menschliche Züge zu verleihen und ihm dadurch näher zu kommen, daß er Materialien wie Briefe und Werke seines Helden selbst zu Rate zog. Besonders erschloß er dessen Persönlichkeit jedoch durch die Art der Komposition. Wie schon angedeutet, ordnete er sein Werk nicht chronologisch, sondern systematisch: Die Regula pastoralis Gregors diente ihm als Gliederungsprinzip seiner Vita; hier griff er in subtiler Weise Persönliches dadurch auf, daß er den Aufbau eines zentralen Werkes seines Helden imitierte[84].

Die Übernahme der Struktur und die Erweiterung auf der Basis von Gregors eigenen Schriften steht auf der einen Seite, auf der anderen ergeben sich sogar Bezugspunkte zum *Liber pontificalis*: Eine Personenbeschreibung in ikonistischer Weise lag im *Liber pontificalis* schon zu Johannes VII. ansatzweise vor, bildliche Darstellungen etwa von Paschalis I. und Leo IV. könnten hinzugefügt werden, Heiligkeit und Wundertätigkeit römischer *Pontifices* wurden seit Martin I. (649-53), besonders aber im 9. Jahrhundert seit den Viten Leos III., Paschalis I. oder Leos IV. her-

---

[82] Claudio LEONARDI, Pienezza ecclesiale e santità nella "Vita Gregorii" di Giovanni Diacono, Renovatio 12 (1977) S. 51-66, bes. S. 59.
[83] Vgl. u. a. Vita IV 100, MIGNE PL 75 Sp. 241.
[84] Vgl. den Widmungsbrief, MIGNE PL 75, Sp. 61-62: ... *et secundum distributionem ejusdem doctoris, qua librum Regulae patoralis quadripartita ratione distinxerat*. Die Edition der *Regula*: Grégoire le Grand, Règle pastorale, introduction, notes et index par Bruno JUDIC, 2 Bde. (Sources chrétiennes 381-382, Paris 1992). Ein Problem bestand darin, daß die Regula im vierten Buch kaum mehr als den Prolog des Autors bietet, vgl. ebda. 2, S. 534-541.

vorgehoben. Die zunehmende Beschreibung körperlicher Merkmale trifft sich vielleicht mit den Entwicklungen der Papstbildnisse in der bildenden Kunst[85] oder mit Charakterisierungen auf den Epitaphien der Päpste[86], wie noch eingehender untersucht werden müßte.

Trotzdem geht die Gregorvita des Johannes Hymmonides weit über die Skizzen des *Liber pontificalis* hinaus. Es gibt keine Abfolge der Amtsinhaber, es gibt keine Chronologie: Gregor ist zwar ein Musterpapst, der aber unter anderem durch die sachlich angeordnete Darstellungsweise individueller wirkt.

5. Fazit

Ziehen wir eine kurze Bilanz:

Die biographische Ausgestaltung bis hin zur ikonistischen Beschreibung Gregors I. bei Johannes Hymmonides hebt ein teilweise hagiographisches Werk hervor, das sich dem alten *Liber pontificalis* nur bedingt beigesellen ließ. Die ausgeklügelte Struktur deutet wesentlich stärker auf ältere Traditionen.

Die antike Unterscheidung zwischen Geschichte und Biographie will Walter Berschin mit Sulpicius Severus am Ende des vierten Jahrhunderts fortgesetzt sehen: als Verfasser der *Chronica* sei dieser Historiker, als Verfasser der Martinsvita werde er Biograph. In der Martinsvita reduzierten sich Namen und Fakten auf Exemplarisches, die Chronologie trete in

---

[85] Vgl. beispielsweise die Darstellungen in S. Paolo fuori le mura, die in diesem Zusammenhang auch von kunsthistorischer Seite noch einmal erneut zu untersuchen wären, vgl. die Abb. bei LADNER, Ritratti (wie Anm. 30) 1, S. 39-51 und DERS., Papstbildnisse (wie Anm. 30) 3, S. 160-166.

[86] Zu den Epitaphien vgl. allgemein Michael BORGOLTE, Petrusnachfolge und Kaiserimitation: Die Grablegen der Päpste, ihre Genese und Traditionsbildung (Veröffentlichungen des Max-Planck-Instituts für Geschichte 95, 1989) und die von Sebastian SCHOLZ (Mainz) zu erwartende Habilitationsschrift; vgl. einstweilen DERS., Karl der Große und das „Epitaphium Hadriani". Ein Beitrag zum Gebetsgedenken der Karolinger, in: Das Frankfurter Konzil von 794. Kristallisationspunkt karolingischer Kultur, hg. von Rainer BERNDT (Quellen und Abhandlungen zur mittelrheinischen Kirchengeschichte 80, 1997) S. 273-294; S. 377 f. mit Anm. 19 f. werden hier zur Beschreibung der Person Verse des Epitaphs Theodulfs zitiert. Verse 5-10 erinnern sehr an die behandelten Elogien des Liber pontificalis.

den Hintergrund[87]. Wenn Johannes die *Vita Gregorii* nicht chronologisch, sondern systematisch anordnete, dann griff auch er den alten Unterschied auf. Das Klima für die offensichtlich stärkere Rezeption antiker Modelle bot jedoch gerade die oft als Renaissance bezeichnete Epoche Papst Johannes' VIII., in der in Rom und Neapel ähnliche Werke geschrieben, aber auch griechische Texte ins Lateinische übersetzt wurden.

Die *Vita Gregorii* wurde zudem von den Entwicklungen hagiographischer Schriften beeinflußt. Das Widmungsschreiben gibt Auskunft über verschiedene *causae scribendi*. Andere, nicht von mir vorgestellte Viten wurden aus verschiedenen Gründen verfaßt: zur Förderung eines Kultes, einer Institution, zur Erbauung oder aus anderen Gründen, über die in letzter Zeit viel diskutiert worden ist. Deshalb habe ich mit der Gregorvita nicht unbedingt einen repräsentativen hagiographischen Text interpretiert. Die Vita ist offensichtlich schwer einzuordnen, jedoch bezieht sie den in der jüngeren Forschung oft beschworenen „hagiographischen Diskurs" ein, der sich in den verschiedensten Schriftsorten belegen läßt[88]. Neben diesem stehen aber andere Diskurse, zum Beispiel der biographische.

Nähert man sich den Lebensskizzen aus dieser Perspektive, so gehören auch die Viten des *Liber pontificalis* keinesfalls nur in eine biographische Tradition, sondern basieren gerade in ihren Geschenklisten in großem

---

[87] Walter BERSCHIN, Biographie und Epochenstil im lateinischen Mittelalter, 1. Von der Passio Perpetuae zu den Dialogi Gregors des Großen (Quellen und Untersuchungen zur lateinischen Philologie des Mittelalters 8, 1986) S. 211.

[88] Insofern entspricht die Vita nicht den in Anm. 5 vorgestellten Typen einer hagiographischen Vita. – Zum hagiographischen Diskurs vgl. Marc VAN UYTFANGHE, L'hagiographie: un 'genre' chrétien ou antique tardif?, Analecta Bollandiana 111 (1993) S. 135-188, bes. 147 f.; Martin HEINZELMANN, Hagiographischer und historischer Diskurs bei Gregor von Tours?, in: Aevum inter utrumque. Mélanges offerts à Gabriel Sanders, publiés par Marc VAN UYTFANGHE/Roland DEMEULENAERE (Instrumenta patristica 23, 1991) S. 237-258; mit anderem Akzent Felice LIFSHITZ, Beyond Positivism and Genre: „Hagiographical" Texts as Historical Narrative, Viator 25 (1994) S. 95-113, bes. S. 98-99; Marc VAN UYTFANGHE, Le remploi dans l'hagiographie: Une „loi du genre" qui étouffe l'originalité?, in: Ideologie e pratiche del reimpiego nell'alto Medioevo (Settimane di Studio 46, 1999) S. 359-411, S. 362: „L'hagiographie comme telle, en effet, n'est pas un genre littéraire, c'est plutôt un langage, une écriture, un discours pouvant se greffer sur plusieurs genres ou sous genres".

Maße auf Verwaltungsschriftgut, gehören teilweise zur „pragmatischen Schriftlichkeit". Aber der biographische, persönlichkeitsbezogene Diskurs nimmt ab dem 7. Jahrhundert zu, er überlagert im 9. Jahrhundert in den letzten „Viten" fast die zunächst noch dominierenden Geschenklisten. Wenn die Vita Leos IV. beispielsweise die Chronologie außer Kraft setzt, um über die mehrere Jahre dauernde Erbauung und Einweihung der Leostadt zu berichten, dann findet sich sogar hier ein Indiz für den Wechsel von einer durch Verwaltungsnotizen bestimmten Chronologie zur Systematik. Es geht dann nicht mehr nur um das Amt, sondern auch um den persönlichen Anteil, den ein Papst aufgrund eigener Voraussetzungen und Prägungen einbrachte und während seines Pontifikates umsetzte.

Ob dies mit einem neuen Zielpublikum einherging, ist fraglich. Jedoch bereiteten die letzten Viten des alten *Liber pontificalis* – und dies könnte eine genauere Analyse von Similien und Vorlagen weiter präzisieren – die römische literarische Renaissance der 70er Jahre des 9. Jahrhunderts, für die Johannes Hymmonides u. a. steht, vielleicht vor, deuten zumindest Entwicklungen an.

Die Texte sagen sicherlich oft mehr über die Schreiber als über die Beschriebenen, Autoren zeigen ihre literarische Bildung, aber die Schriften müssen nicht ausschließlich als Metatexte gelesen werden. Es geht weniger um historische Fakten als um Vorstellungen. Ob Sergius II. wirklich freimütig im Predigen war, wissen wir nicht, denn es wurde gerade an dieser Stelle nicht nur aufgeschrieben was war, sondern was sein sollte. Schon Cicero sagte ja, daß die *narratio* von den geschehenen Dingen berichtet, den *res gestae*, so wie sie sich ereignet haben oder ereignet haben könnten[89].

Aber daß im päpstlich bestimmten Rom im 8. und 9. Jahrhundert zunehmend Personen in Aussehen und persönlichem Verhalten beschrieben wurden, gehört auch zur Entwicklung von Vorstellungen über Individuen und individuelles Handeln. Das Individuum erscheint aus dieser Perspektive nicht eine „Erfindung" des 12. Jahrhunderts oder der Renaissance gewesen zu sein.

---

[89] Cicero, Marcus Tullius, De inventione I, ed. Theodor NÜßLEIN (1998), 19, 22

WIDUKIND VON CORVEY UND DIE DEUTSCHE GESCHICHTSWISSENSCHAFT

von

JOHANNES LAUDAGE

Egon Boshof zum 65. Geburtstag*

Einem schönen Diktum zufolge sind wir Historiker den Ärzten weit überlegen: Die Ärzte können bestenfalls Kranke heilen, wir Historiker dagegen Tote zu neuem Leben erwecken. In der Tat steckt darin bereits der Kern des Problems. Denn das „neue Leben" ist mit dem „alten" nie identisch. Der Soziologe Norbert Elias hat dazu einmal bemerkt, Historiker würden ständig „aus den Trümmern von Bauten früherer Zeiten ... Häuser im Stile der eigenen Zeit"[1] errichten, und gerade Widukind ist dafür ein Musterbeispiel. Seine „Sachsengeschichte"[2] ist nicht nur die mit Abstand wichtigste Quelle der Ottonenzeit — es haben sich auch ganze

---

* Der folgende Text wurde erstmals am 11. Januar 2000 als Düsseldorfer Antrittsvorlesung vorgetragen und war ursprünglich für den Sammelband: Von Sacerdotium und Regnum. Geistliche weltliche Gewalt im frühen und hohen Mittelalter. Festschrift für Egon Boshof, hgg. von Franz-Reiner ERKENS/Hartmut WOLFF (2002) bestimmt. Aus thematischen Gründen schien er jedoch besser in den vorliegenden Band zu passen, so daß die Veröffentlichung nun mit einer gewissen Verzögerung erfolgt.

[1] Norbert ELIAS, Die höfische Gesellschaft. Untersuchungen zur Soziologie des Königtums und der höfischen Aristokratie mit einer Einleitung: Soziologie und Geschichtswissenschaft (1969) S. 17. Das vollständige Zitat lautet: „In der Geschichtsschreibung bestimmen die außerwissenschaftlichen Gruppierungen, die Parteiungen und Ideale, mit denen sich der einzelne Forscher in seiner eigenen Gesellschaft identifiziert, zu einem erheblichen Teil, was er an den Geschichtsquellen ins Licht hebt, was er im Schatten läßt und wie er ihren Zusammenhang sieht. Das Verfahren erinnert an das, bei dem Menschen aus Trümmern von Bauten früherer Zeiten sich ihre eigenen Häuser im Stile der eigenen Zeit bauen. Hier liegt der Hauptgrund, aus dem, wie Ranke schrieb, die ‚Historie immer umgeschrieben wird'. Jede Generation wählt sich Trümmer aus der Vergangenheit und fügt sie entsprechend den eigenen Idealen und Wertungen zu Häusern eigener Art zusammen" (S. 16 f.).

[2] Die Sachsengeschichte des Widukind von Korvei (Widukindi monachi Corbeiensis Rerum gestarum Saxonicarum libri III), edd. Paul HIRSCH/Hans-Eberhard LOHMANN (MGH SS rer. Germ. [60], 1935).

Generationen von Historikern mit ihr beschäftigt[3]. Sie eignet sich also

---

[3] Folgende Titel seien dabei besonders hervorgehoben: Rudolf KÖPKE, Widukind von Korvei. Ein Beitrag zur Kritik der Geschichtsschreiber des zehnten Jahrhunderts (Ottonische Studien zur deutschen Geschichte im zehnten Jahrhundert I, 1867); Hermann BLOCH, Die Sachsengeschichte Widukinds von Corvei, NA 38 (1913) S. 97-141; Martin LINTZEL, Die politische Haltung Widukinds von Korvei, Sachsen und Anhalt 14 (1938) S. 1-39, ND in: DERS., Ausgewählte Schriften II (1961) S. 316-346; Edmund E. STENGEL, Die Entstehungszeit der „Res Gestae Saxonicae" und der Kaisergedanke Widukinds von Korvei, in: Corona Quernea. Festgabe Karl Strecker zum 80. Geburtstag dargebracht (Schriften des Reichsinisituts für ältere deutsche Geschichtskunde [Monumenta Germaniae historica] 6, 1941) S. 136-158, ND in: DERS., Abhandlungen und Untersuchungen zur mittelalterlichen Geschichte (1960) S. 328-341; Martin LINTZEL, Die Entstehungszeit von Widukinds Sachsengeschichte, Sachsen und Anhalt 17 (1941-43) S. 1-13, ND in: DERS., Ausgewählte Schriften II (1961) S. 302-311; Helmut BEUMANN, Widukind von Korvei als Geschichtsschreiber und seine politische Gedankenwelt, „Westfalen"-Hefte für Geschichte, Kunst und Volkskunde 27 (1948) S. 161-176, ND in: Geschichtsdenken und Geschichtsbild im Mittelalter, hg. von Walther LAMMERS (Wege der Forschung 21, 1961) S. 135-164; DERS., Widukind von Korvei. Untersuchungen zur Geschichtsschreibung und Ideengeschichte des 10. Jahrhunderts (Abhandlungen über Corveyer Geschichtsschreibung 3 = Veröffentlichungen der Historischen Kommission des Provinzialinstituts für westfälische Landes- und Volkskunde X, 3, 1950); Edmund E. STENGEL, Widukind von Corvey und das Kaisertum Ottos des Großen, in: DERS., Abhandlungen und Untersuchungen zur Geschichte des Kaisergedankens im Mittelalter (1965) S. 56-91; Helmut BEUMANN, Historiographische Konzeption und politische Ziele Widukinds von Corvey, in: La storiografia altomedievale (Settimane di studio del centro italiano di studi sull'alto medioevo 17, 1970) S. 857-894, ND in: DERS., Wissenschaft vom Mittelalter. Ausgewählte Aufsätze (1972) S. 71-108; Ernst KARPF, Herrscherlegitimation und Reichsbegriff in der ottonischen Geschichtsschreibung des 10. Jahrhunderts (Historische Forschungen 10, 1985) S. 144-174; DERS., Von Widukinds Sachsengeschichte bis Thietmars Chronicon. Zu den literarischen Folgen des politischen Aufschwungs im ottonischen Sachsen, in: Angli e Sassoni al di qua e al di là del mare (Settimane di studio del centro italiano di studi sull'alto medioevo 32, 1986) S. 547-584; Gerd ALTHOFF, Widukind von Corvey. Kronzeuge und Herausforderung, FmSt 27 (1993) S. 253-272; Johannes FRIED, Die Kunst der Aktualisierung in der oralen Gesellschaft. Die Königserhebung Heinrichs I. als Exempel, GWU 44 (1993) S. 493-503; Hagen KELLER, *Machabaeorum pugnae*. Zum Stellenwert eines biblischen Vorbilds in Widukinds Deutung der ottonischen Königsherrschaft, in: Iconologia sacra. Mythos, Bildkunst und Dichtung in der Religions- und Sozialgeschichte Alteuropas. Festschrift für Karl Hauck zum 75. Geburtstag, hgg. von DEMS./Nikolaus STAUBACH (Arbeiten zur Frühmittelalterforschung 23, 1994) S. 417-437; Gerd ALTHOFF, Verformungen durch mündliche Tradition. Geschichten über Erzbischof Hatto von Mainz, ebda. S. 438-450; Johannes FRIED, Die Königserhebung Heinrichs I. Erinnerung, Mündlichkeit und Traditionsbildung im 10. Jahrhundert, in: Mittelalterforschung nach

bestens zur Probe aufs Exempel. Allerdings ist es nicht möglich, das Gemisch aus „Fakten" und „Fiktionen" vollständig zu analysieren. Ich beschränke mich deshalb auf vier ausgewählte Fragen und hoffe, Ihnen damit „Widukind und die deutsche Geschichtswissenschaft" etwas näher zu bringen.

I.

Die erste dieser Fragen betrifft das Verhältnis von *rex*, *dux* und *gens*. Sie ist erst vor kurzem von Matthias Becher behandelt worden[4], aber es gibt auch ältere Deutungsversuche. „Princeps und Populus" heißt es etwa in einem Buchtitel von 1954[5], und schon in Rudolf Köpkes Buch von 1867 trägt der eigentliche Hauptteil die Überschrift: „Volk und Staat nach Widukind"[6]. Was ist nun der Unterschied zwischen älteren und jüngeren Sichtweisen? Man kann es mit wenigen Worten sagen: Die ältere For-

---

der Wende 1989, hg. von Michael BORGOLTE (HZ, Beihefte N. F. 20, 1995) S. 267-318; Hagen KELLER, Widukinds Bericht über die Aachener Wahl und Krönung Ottos I., FmSt 29 (1995) S. 390-453; Lars Boje MORTENSEN, Stylistic Choice in a Reborn Genre. The National Histories of Widukind of Corvey and Dudo of St. Quentin, in: Dudone di San Quintino, hgg. von Paolo GATTI/Antonnella DEGL'INNOCENTI (Labirinti 16, 1995) S. 78-102; Bernd SCHNEIDMÜLLER, Widukind von Corvey, Richer von Reims und der Wandel politischen Bewußtseins im 10. Jahrhundert, in: Beiträge zur mittelalterlichen Reichs- und Nationsbildung in Deutschland und Frankreich, hgg. von Carlrichard BRÜHL/Bernd SCHNEIDMÜLLER (HZ, Beihefte N. F. 24, 1997) S. 83-102; Karl F. MORRISON, Widukind's Mirror for a Princess – An Exercise in Self-Knowledge, in: Forschungen zur Reichs-, Papst- und Landesgeschichte. Peter Herde zum 65. Geburtstag von Freunden, Schülern und Kollegen dargebracht I, hgg. von Karl BORCHARDT/Enno BÜNZ (1998) S. 49-71; Klaus NASS, Widukind von Corvey, in: VL 10 (²1998) Sp. 1000-1006; zuletzt auch: Ludger KÖRNTGEN, Königsherrschaft und Gottes Gnade. Zu Kontext und Funktion sakraler Vorstellungen in Historiographie und Bildzeugnissen der ottonisch-frühsalischen Zeit (Orbis medievalis. Vorstellungswelten des Mittelalters 2, 2001) S. 74-101 und Johannes LAUDAGE, Otto der Große (912-973). Eine Biographie (2001) bes. S. 53-64 und S. 96-103.

[4] Matthias BECHER, Rex, Dux und Gens. Untersuchungen zur Entstehung des sächsischen Herzogtums im 9. und 10. Jahrhundert (Historische Studien 444, 1996); DERS., Volksbildung und Herzogtum in Sachsen während des 9. und 10. Jahrhunderts, MIÖG 108 (2000) S. 67-84.

[5] Joseph Otto PLASSMANN, Princeps und Populus. Die Gefolgschaft im ottonischen Staatsaufbau nach den sächsischen Geschichtsschreibern des 10. Jahrhunderts (1954).

[6] Vgl. dazu KÖPKE, Widukind (wie Anm. 3) S. 76-169.

schung war vor allem vom organischen Nationalgedanken der deutschen Romantik bestimmt[7]. So lesen wir etwa bei Köpke: „Die nationale Grundeinheit, aus der sich alle übrigen Formen des volksthümlichen Daseins entwickeln, ist die *gens*, der Volksstamm; sie ist das Volk schlechthin. Sie ist eine enge Blutsverbindung, eine Familie höherer Ordnung; die Volksgenossen sind Brüder, Söhne einer Mutter. Für die unmittelbare Einigung der Sachsen mit den Franken ... giebt es daher keine bessere Anerkennung, als [Widukind] I. 15 *iam fratres et quasi una gens*"[8].

Was bei Köpke nur in nuce angelegt war, nämlich die Vorstellung, daß die deutschen Stämme als die eigentlichen Gründer des deutschen Reiches anzusehen seien, das verdichtete sich bald zu einem allgemeinen Geschichtsbewußtsein[9]. Noch 1960 konnte Walter Schlesinger daher den

---

[7] Vgl. dazu einführend Ernst Wolfgang BÖCKENFÖRDE, Die deutsche verfassungsgeschichtliche Forschung im 19. Jahrhundert. Zeitgebundene Fragestellungen und Leitbilder (Schriften zur Verfassungsgeschichte 1, 1961) S. 23 ff., bes. S. 75-79; Otto W. JOHNSTON, Der deutsche Nationalmythos. Ursprung eines politischen Programms (1990); Benedict ANDERSON, Die Erfindung der Nation. Zur Karriere eines folgenreichen Konzepts (1993); Walter POHL, Die Germanen (Enzyklopädie deutscher Geschichte 57, 2000) bes. S. 45-65; Patrick J. GEARY, Europäische Völker im frühen Mittelalter. Zur Legende vom Werden der Nationen (2002) bes. S. 25-52.
[8] KÖPKE, Widukind (wie Anm. 3) S. 78.
[9] Vgl. dazu etwa Johannes HALLER, Die Epochen der deutschen Geschichte (1923, ND 1962) S. 17-19 mit den Worten: „Seit wann gibt es eine deutsche Geschichte? Die richtige Antwort lautet: seit es Deutsche und ein deutsches Volk gibt. Aber seit wann gibt es das? ... Eine deutsche Geschichte kann es erst geben, wenn die unter sich verbundenen deutschen Stämme sich vom Gesamtverband des fränkischen Reiches lösen und eine Einheit für sich bilden. Auch das ist bekanntlich erst nach und nach eingetreten ... Konrad I. gilt darum als der erste deutsche König, und beim Jahr 911 darf man – wenn man nach festen Zahlen fragt, die freilich immer etwas Äußerliches behalten – die erste Epoche der deutschen Geschichte ansetzen: *die Entstehung des deutschen Staates*". Ähnlich, wenngleich mit unterschiedlichen Akzentsetzungen: Gerd TELLENBACH, Königtum und Stämme in der Werdezeit des Deutschen Reiches (Quellen und Studien zur Verfassungsgeschichte des Deutschen Reiches in Mittelalter und Neuzeit VII, 4, 1939) S. 70-100; DERS., Die Entstehung des Deutschen Reiches. Von der Entwicklung des fränkischen und deutschen Staates im neunten und zehnten Jahrhundert (²1940) S. 55-138, bes. S. 121 ff.; Walter SCHLESINGER, Kaiser Arnulf und die Entstehung des deutschen Staates und Volkes, HZ 163 (1941) S. 457-470, ND in: Die Entstehung des Deutschen Reiches (Deutschland um 900), hg. von Hellmut KÄMPF (Wege der Forschung 1, 1956) S. 94-109; Walther KIENAST,

Satz formulieren: „Das Primäre ist nicht das deutsche Reich, sondern das deutsche Volk"[10], doch zuvor hatten sich schon Robert Holtzmann und Martin Lintzel darüber beklagt, daß Widukind von einem Deutschen Reich nur wenig wisse und „das Gefühl für die Zusammengehörigkeit aller deutschen Stämme" bei ihm nur selten hervortrete[11].

Umso eifriger widmete man sich deshalb dem, was man als „Sächsisches Nationalgefühl" bezeichnete. Widukind „schreibt nicht die Geschichte der sächsischen Könige, sondern des sächsischen Stammes", heißt es bei Lintzel, und danach fällt das Urteil: „sein Held ist das sächsische Volk"[12]. Von hier aus ist es nur ein Schritt zu der Auffassung, daß es gerade das Stammesbewußtsein gewesen sei, welches das sächsische Herzogtum hervorgebracht habe. Angeregt von Walther Kienast hat Herfried Stingl diese Position noch im Jahre 1974 vertreten[13]. Wenn man so

---

Deutschland und Frankreich in der Kaiserzeit. 900-1270 (1941) S. 15-25; Martin LINTZEL, Die Anfänge des deutschen Reiches. Über den Vertrag von Verdun und die Erhebung Arnulfs von Kärnten (1942); Gerd TELLENBACH, Wann ist das Deutsche Reich entstanden?, DA 6 (1943) S. 1-41, Neufassung in: Die Entstehung des Deutschen Reiches (wie oben) S. 171-212; Robert HOLTZMANN, Geschichte der sächsischen Kaiserzeit (⁵1967, ND 1971) S. 14-19; Theodor SCHIEFFER, Die deutsche Kaiserzeit (900-1250) (1973) S. 11-19 u.v.a.

[10] Walter SCHLESINGER, Die Grundlegung der deutschen Einheit im frühen Mittelalter, in: Die deutsche Einheit als Problem der europäischen Geschichte, hgg. von Carl HINRICHS/Wilhelm BERGES (1960) S. 44, ND in: DERS., Beiträge zur deutschen Verfassungsgeschichte des Mittelalters 1 (1963) S. 284. Ganz ähnlich schon DERS., Kaiser Arnulf (wie Anm. 8) S. 465, ND S. 109 mit den Worten: „... am Anfang der deutschen Geschichte steht der Gedanke der Einheit der deutschen Stämme. Ein deutsches Volksbewußtsein schickt sich an, einen deutschen Staat zu gestalten".

[11] Vgl. dazu HOLTZMANN, Geschichte (wie Anm. 9) S. 229 und LINTZEL, Haltung (wie Anm. 3) S. 27-32, ND S. 336-341, das Zitat ebda. S. 32, ND S. 340.

[12] Alle Zitate ebda. S. 25 f., ND S. 335; vgl. auch DERS., Miszellen zur Geschichte des zehnten Jahrhunderts (Abh. Leipzig, 100, 2, 1953) S. 96-101, ND in: DERS., Ausgewählte Schriften II (1961) S. 283-286, wo der älteren Mathildenvita eine vergleichbare Grundtendenz zugeschrieben wird.

[13] Vgl. Herfried STINGL, Die Entstehung der deutschen Stammesherzogtümer am Anfang des 10. Jahrhunderts (Untersuchungen zur deutschen Staats- und Rechtsgeschichte N. F. 16, 1974) S. 36-45, S. 155-161, S. 169-172 und S. 217, wo der Begriff des Stammesherzogtums definiert wird „als eine dauerhafte Führerstellung in den Stämmen, die nicht auf königlicher Einsetzung beruhte, sondern durch persönliche Macht und Fähigkeit und durch die Zustimmung des Stammesvolkes (= Stammesadels) errungen wurde". Vgl. auch den

will, hat das Nationaldenken der deutschen Romantik also ziemlich lange nachgewirkt.

In scharfem Kontrast dazu betont die heutige Forschung weit eher die Bedeutung der fränkischen Verwaltungsstrukturen[14]. Für sie ist Widukinds Sachsengeschichte nur das Produkt politischer Vorgänge, gewissermaßen das Ergebnis eines gewaltigen „Ego-Push", den die sächsische *gens* nach 919 erlebt habe[15]. Zuvor aber habe stets das mit den Reichstei-

---

kritischen Forschungsrückblick von Hans-Werner GOETZ, „Dux" und „Ducatus". Begriffs- und verfassungsgeschichtliche Untersuchungen zur Entstehung des sogenannten „jüngeren" Stammesherzogtums an der Wende vom neunten zum zehnten Jahrhundert (Diss. phil., 1977) S. 23 ff., bes. S. 50 ff.

[14] Vgl. dazu etwa Josef SEMMLER, Francia Saxoniaque oder Die ostfränkische Reichsteilung von 865/76 und die Folgen, DA 46 (1990) S. 337-374; Karl Ferdinand WERNER, Volk, Nation, Nationalismus, Masse (Mittelalter), in: Geschichtliche Grundbegriffe. Historisches Lexikon zur politisch-sozialen Sprache in Deutschland 7, hgg. von Otto BRUNNER/Werner CONZE/Reinhard KOSELLECK (1992) S. 171-281; Carlrichard BRÜHL, Deutschland – Frankreich. Die Geburt zweier Völker (²1995) S. 243-350, bes. S. 303-329; BECHER, Rex (wie Anm. 4) S. 110-250; Karl Ferdinand WERNER, Von den „Regna" des Frankenreiches zu den „deutschen Landen", in: Zeitschrift für Literaturwissenschaft und Linguistik 24 (1994) S. 69-81; DERS., Völker und Regna, in: Beiträge zur mittelalterlichen Reichs- und Nationsbildung (wie Anm. 3) S. 15-43; Joachim EHLERS, Die Entstehung des deutschen Reiches (Enzyklopädie deutscher Geschichte 31, ²1998); Bernd SCHNEIDMÜLLER, Völker – Stämme – Herzogtümer. Von der Vielfalt der Ethnogenesen im ostfränkischen Reich, MIÖG 108 (2000) S. 31-47 und BECHER, Volksbildung (wie Anm. 4) S. 67-84. – Wichtige Wegmarken für die Herausbildung dieser Sichtweise waren u. a. Karl Ferdinand WERNER, Die Entstehung des Fürstentums (8.-10. Jahrhundert). Studien zur fränkischen Reichsstruktur, zum Fürstenbegriff und zur Geschichte des nichtköniglichen Herrschertums (ungedruckte Heidelberger Habil.-Schrift von 1961); DERS., Missus – Marchio – Comes. Entre l'administration centrale et l'administration locale de l'Empire carolingien, in: Histoire comarée de l'administration (IXᵉ-XVIIIᵉ siècles), hgg. von Werner PARAVICINI/Karl Ferdinand WERNER (Beihefte der Francia 9, 1980) S. 191-229; Reinhard WENSKUS, Sächsischer Stammesadel und fränkischer Reichsadel (Abh. Göttingen, 3. Folge 93, 1976); Karl BRUNNER, Der fränkische Fürstentitel im neunten und zehnten Jahrhundert, in: Intitulatio II, hg. von Herwig WOLFRAM, MIÖG Ergänzungsband 24 (1973) S. 179-340, bes. S. 183 ff.; DERS., Oppositionelle Gruppen im Karolingerreich (Veröffentlichungen des Instituts für Österreichische Geschichtsforschung 25, 1979) S. 149-193; Karl Ferdinand WERNER, La genèse des duchés en France et en Allemagne, in: Nascita dell'Europa ed europa carolingia. Un'equazione da verificare (Settimane di studio del centro italiano di studi sull'alto medioevo 27, 1981) S. 175-223.

[15] Vgl. dazu insbesondere BECHER, Rex (wie Anm. 4) S. 26-66, der seine Untersuchungen mit dem Fazit abschließt: „Die Sachsen entwickelten erst mit der Erhebung Heinrichs I.

lungen von 866-76 geschaffene Teilreich, die *Francia Saxoniaque*, im Vordergrund gestanden[16]. Zu einem sächsischen Herzogtum sei es deshalb erst relativ spät gekommen, und der Sache nach sei dabei genau dasselbe passiert, was sich auch in anderen *regiones* des Frankenreiches beobachten lasse[17]. Unterhalb der Ebene der Teilreiche habe es nämlich noch von Fürsten geleitete, kleinere Herrschaftsgebilde gegeben, die stets aus mehreren Grafschaften oder Gauen bestanden hätten und ebenfalls *regna* genannt worden seien. Diese *regna* aber seien im Laufe der Zeit, zumal in Ostfranken, in die Hände von *duces* übergegangen, ohne daß man letztere von den *principes* unterscheiden könne[18]. Das Primäre sei daher nie —

zum König im Ostfrankenreich ein Selbstbewußtsein, das über die gentile Identität hinaus auch eine politische Komponente besaß. Vor ihm konnte die sächsische *gens* nur als eine Einheit verstanden werden, die ihr Entstehen und ihr Land vor allem ihrem Engagement auf Seiten des fränkischen Königs verdankte. Das wird besonders bei Rudolf von Fulda deutlich, während der rund 100 Jahre später schreibende Widukind von Corvey die Verdienste des fränkischen Königs bereits relativiert. Dies korrespondiert mit seinem Bemühen, die sächsische *gens* auch als politische Größe darzustellen. Hier reflektiert der Geschichtsschreiber indes lediglich Veränderungen, die als Folge des Aufstiegs der sächsischen Liudolfinger zum Königtum zu werten sind: Die Sachsen waren vor 919 zwar eine gentile Einheit, die aber keine eigenständige politische Qualität besaß, sondern lange Zeit auf den fränkischen König hin konzentriert war. Eine grundsätzliche Veränderung ergab sich erst mit der Wahl Heinrichs I. zum König, da nun in dessen Person das politische Zentrum der Sachsen in ihrem Land selbst angesiedelt war" (S. 66).

[16] Vgl. dazu grundlegend SEMMLER, Francia Saxoniaque (wie Anm. 14) S. 337-374 und BECHER, Rex (wie Anm. 4) S. 110-250; zu den spätkarolingischen Voraussetzungen zuletzt auch Brigitte KASTEN, Königssöhne und Königsherrschaft. Untersuchungen zur Teilhabe am Reich in der Merowinger- und Karolingerzeit (MGH Schriften 44, 1997) S. 524-557, bes. S. 524 f., die den Beginn der Entwicklung auf die Zeit nach der Versöhnung zwischen Ludwig dem Deutschen und Ludwig dem Jüngeren im November 866 datiert und damit eine wichtige chronologische Korrektur vornimmt.

[17] Vgl. dazu grundlegend BECHER, Rex (wie Anm. 4) S. 251-301; bestätigend: Joachim EHLERS, Besprechung zu M. Becher, Rex, Dux und Gens. Untersuchungen zur Geschichte des sächsischen Herzogtums im 9. und 10. Jahrhundert. (Historische Studien 444, 1996), in: Rheinische Vierteljahrsblätter 62 (1998) S. 386-389.

[18] In besonders komprimierter Form findet sich diese Anschaung bei BRÜHL, Deutschland - Frankreich (wie Anm. 14) S. 302-329; begründet wurde sie jedoch vor allem durch die in Anm. 14 zitierten Untersuchungen von WERNER und BRUNNER. Zur Übertragung dieses Modells auf Sachsen, das während des 9. Jahrhunderts nur von Grafen verwaltet wurde und erst unter Otto dem Großen ein Amtsherzogtum erhielt, siehe vor allem BECHER, Rex (wie Anm. 4) bes. S. 20-24, S. 193-195, S. 249 f. und S. 299-307 sowie DERS., Volksbil-

und das ist hier zu betonen — in einem gentilen Bewußtsein zu sehen, sondern stets in der Existenz bestimmter Herrschaftsstrukturen[19].

Auch diese Position ist erkennbar von einer neuzeitlichen Denkfigur bestimmt, und diesmal sind es Ideen der französischen Spätaufklärung, welche die Deutung beeinflussen. Nicht zufällig haben die meisten Vertreter der sogenannten *regna*-Theorie einen Großteil ihres Forscherlebens in Frankreich zugebracht und sich mit französischer Geschichte beschäftigt. Was sie dabei antrafen, war nicht nur der bekannte Satz von Bernard Guenée: „In Frankreich hat der Staat die Nation geschaffen" (*En France, l'État a creé la nation*)[20], sie begegneten auch einer etatistischen Denktradition, die in Enzyklopädisten vom Schlage eines Denis Diderot ihre Protagonisten hatte und in allen vier Verfassungen der Französischen Revolution verankert war[21]. „Nation", das hieß für Diderot: „ein

---

dung (wie Anm. 4) S. 67-84, bes. S. 71 ff., der nachdrücklich hervorhebt, daß die *Saxonia* erst nach 919 zu einem *regnum* geworden sei und daß man deshalb von einer „verspäteten" Ethnogenese ausgehen müsse. Zustimmend aufgenommen wurde dieser Gedanke zuletzt von EHLERS (wie Anm. 17) S. 386-389.

[19] In diesem Punkt treffen sich fast alle jüngeren Interpreten. Vgl. dazu etwa das auf Sachsen bezogene Fazit von BECHER, Rex (wie Anm. 4) S. 302-307 mit den generalisierenden Wertungen von BRÜHL, Deutschland – Frankreich (wie Anm. 14) S. 714 f.: „Es ist jedoch mein Eindruck, daß zumindest in aller Regel und unter Beschränkung auf die abendländische Geschichte zunächst der Staat da war, aus dem eine Nation hervorgegangen ist"; EHLERS, Entstehung (wie Anm. 14) S. 10: „Offensichtlich falsch ist deshalb die Annahme, daß am Beginn der Geschichte einer Nation das Volk als bewirkende Ursache stünde, daß ein Volk sich seinen Staat schaffe. Es scheint sich vielmehr in aller Regel umgekehrt zu verhalten: Die politische Organisation, die Verfassung, hat, wenn die Reichsbildung eine gewisse Dauerhaftigkeit erlangt, erst in einem zweiten Schritt ethnogenetische Konsequenzen"; Bernd SCHNEIDMÜLLER, Die mittelalterlichen Konstruktionen Europas. Konvergenz und Differenzierung, in: „Europäische Geschichte" als historiographisches Problem, hgg. von Hein DUCHARDT/Andreas KUNZ (1997) S. 22: „Das vielleicht wichtigste Ergebnis der neuesten Revision solcher Ansichten ist die Einsicht, daß die mittelalterlichen Nationen als supragentile Einheiten bei gleichzeitiger Fortexistenz und Umbildung der älteren Völker erst aus politischen Strukturen heraus erwachsen sind: Völker und Nationen als Produkte von Geschichte"; DERS., Völker (wie Anm. 14) S. 38 f.; WERNER, Völker (wie Anm. 14) S. 29 (Anm. 40): „Gentes wie ‚Neustämme' entstehen und leben aus ihrer staatlichen Gestalt, germanische, dann deutsche ebenso wie die andern".

[20] Bernard GUENÉE, État et nation en France au Moyen Âge, Revue Historique 237 (1967) S. 30.

[21] Vgl. dazu Titel II, Art. 1-5 der Verfassung vom 3. September 1791, Verfassungsurkunde

kollektiver Ausdruck, dessen man sich bedient, um eine größere Anzahl von Menschen zu bezeichnen, die ein bestimmtes, durch feste Grenzen eingeschlossenes Gebiet bewohnen und ein und derselben Regierung gehorchen"[22]. Nichts ist hier von gemeinsamer Sprache, gemeinsamer Kultur und gemeinsamer Geschichte zu lesen, die Nationsbildung wird allein auf die Existenz staatlicher Strukturen zurückgeführt[23]. Man trifft also auf denselben Grundgedanken wie bei Joachim Ehlers, der im Jahre 1995 mit Blick auf das Frühmittelalter von einer generellen „Priorität des politischen Rahmens gegenüber ethnogenetischen Prozessen"[24] gesprochen hat.

Art. 4 der Verfassung vom 24. Juni 1793, Titel II, Art. 10 der Verfassung vom 22. August 1795 und Titel I, Art. 1-4 der Verfassung vom 13. Dezember 1799, in: Les constitutions de la France depuis 1789, hg. von Jacques GODECHOT (1970) S. 37-38, S. 80, S. 104 und S. 151; (deutsch: Walter GRAB, Die Französische Revolution, eine Dokumentation [Nymphenburger Texte zur Wissenschaft, 1973] S. 60-93, S. 150-162, S. 237-278 und S. 289-300).
[22] Denis DIDEROT, Nation, in: Encyclopédie, ou Dictionnaire Raisonné des sciences des arts et des métiers, par une société de gens de lettres 22, hg. von DEMS. (1780) S. 221 mit der Begriffsbestimmung von „Nation" als „mot collectif dont on fait usage pour exprimer une quantité considérable de peuple, qui habite une certaine étendue de pays, renfermée dans de certaines limites, & qui obéit au même gouvernement".
[23] Vgl. dazu Eberhard WEIS, Zur Bedeutung von Absolutismus und Revolution für den französischen Nationalstaat und das französische Nationalbewußtsein, in: Nationalismus in vorindustrieller Zeit, hg. von Otto DANN (Studien zur Geschichte des 19. Jahrhunderts 14, 1986) S. 101-112, bes. S. 111; zu den Hintergründen siehe vor allem: DERS., Geschichtsschreibung und Staatsauffassung in der französischen Enzyklopädie (Veröffentlichungen des Instituts für Europäische Geschichte in Mainz 14, 1956) S. 141 ff. und S. 203 ff.; zu den Unterschieden gegenüber dem deutschen Nationaldenken vgl. etwa Franz SCHNABEL, Deutsche Geschichte im 19. Jahrhundert I (1937) S. 115-126 und S. 283-315; Eugen LEMBERG, Geschichte des Nationalismus in Europa (1950) S. 144-152 und S. 165-170; Hans ROTHFELS, Die Nationsidee in westlicher und östlicher Sicht (Osteuropa und der deutsche Osten. Beiträge aus Forschungsarbeiten und Vorträgen des Landes Nordrhein-Westfalen I, 1956) S. 7-18; BÖCKENFÖRDE, Forschung (wie Anm. 7) S. 75-79; M. Rainer LEPSIUS, Nation und Nationalismus in Deutschland, in: Nationalismus in der Welt von heute (Geschichte und Gesellschaft, Sonderheft 8, 1982) S. 12-27 u.v.a.
[24] Joachim EHLERS, Das früh- und hochmittelalterliche Sachsen als historische Landschaft, in: Papstgeschichte und Landesgeschichte. Festschrift für Hermann Jakobs zum 65. Geburtstag, hgg. von Joachim DAHLHAUS/Armin KOHNLE (Beihefte zum AKG 39, 1995) S. 24, Anm. 29.

Vor diesem Hintergrund empfiehlt es sich, die Frage nach der Ausbildung des sächsischen Herzogtums und der Entstehung gentiler Vergangenheitsbilder ein wenig pragmatischer anzugehen, denn die Quellen zeigen uns mit hinreichender Klarheit, daß die historisch legitimierte Identität der Sachsen und ihr Herzogtum nicht über Nacht entstanden sind, sondern nur aus einer Wechselwirkung von politischen Strukturen und einer allmählich voranschreitenden gentilen Bewußtseinsbildung erklärt werden können[25]. In „einem Konglomerat politisch-sozialer Rahmenbedingungen und mental-politischer Identitätsbildung"[26] ist also, um mit Bernd Schneidmüller zu sprechen, der Prozeß der sächsischen Ethnogenese und Herrschaftsbildung am besten zu begreifen, und gerade Bechers Buch von 1996 liefert dazu reichhaltiges Anschauungsmaterial.

Alles in allem dürfen wir uns die Position der von Widukind erwähnten älteren *duces* deshalb weder als solche eines Leiters einer königlichen Regionalbehörde noch als diejenige eines bloßen Stammesfürsten vorstellen. Denn der oft gebrauchte Begriff der „intermediären Gewalt" postuliert einen Instanzenzug und eine allein vom König bestimmte Abgrenzung von Kompetenzen, die es in Sachsen ebensowenig gab wie ein aus dem königlichen Herrschaftsverband herausgelöstes, „autonomes" Stammesherzogtum, das die gesamte *gens* beherrschte. Zwar darf man nicht vergessen, daß die *tota Saxoniae regio* schon in der Zeit Kaiser Arnulfs († 899) als eigene militärische Größe begriffen wurde[27], daß uns für das beginnende zehnte Jahrhundert innerhalb der *Francia Saxoniaque* zumindest zwei Dukate sicher bezeugt sind[28] und daß man demzufolge zum Jahre 915 ganz zwanglos von einem *dux Saxonum* sprechen konnte, der feindlich in Franken eingefallen sei[29]. Aber all das heißt im Grunde nur,

---

[25] Vgl. dazu zuletzt LAUDAGE, Otto (wie Anm. 3) S. 43 f. und S. 65-76. Siehe jetzt auch Hans-Werner GOETZ, Staatlichkeit, Herrschaftsordnung und Lehnswesen im ostfränkischen Reich als Forschungsprobleme, in: Il feudalismo nell'alto medioevo (Settimane di studio del centro italiano di studi sull'alto medioevo 47, 2000) S. 85-147, bes. S. 123-130.
[26] SCHNEIDMÜLLER, Widukind (wie Anm. 3) S. 85.
[27] Vgl. dazu MGH D Arn. S. 117 Nr. 78.
[28] Vgl. dazu MGH D Kon. I., S. 15 Nr. 15.
[29] Vgl. dazu Annales Alamannici (Codex Turicensis) ad a. 915, ed. Walter LENDI, Untersuchungen zur frühalemannischen Annalistik. Die Murbacher Annalen (Scrinium Friburgense 1, 1971) S. 190, wo es heißt: *chuonradus castellum tuiel obsedit et einricho saxonum*

daß Otto der Erlauchte und sein Sohn Heinrich die übrigen Adligen Sachsens und Thüringens an Machtmitteln überragten, es kann jedoch nicht als Beleg für einen gentilen Ursprung ihrer Position bewertet werden. Lediglich ein gentiler Bezug der Herzogsherrschaft ist bereits vor dem Jahre 919 erkennbar[30]; zur Etablierung eines vizeköniglichen Dukats kam es indes erst unter Otto dem Großen[31], und erst jetzt entwickelte sich der *dux* zur „ständig präsenten Identifikationsfigur"[32]. Wir dürfen Widukinds Sachsengeschichte in dieser Hinsicht getrost als Seismographen für die politische Stimmung ihrer Abfassungszeit betrachten. Aber ihre Vergangenheitskonstruktion ist doch alles andere als ein verläßlicher Führer durch die sächsische Ethnogenese.

II.

Damit bin ich aber bereits bei der zweiten Station meiner Reise durch die modernen Widukind-Interpretationen, und das ist die Frage nach dem allgemeinen Erkenntniswert der Sachsengeschichte für die Struktur der ottonischen Gesellschaft. Auch dieses Problem hat inzwischen eine Unzahl von Stellungnahmen evoziert. Aber anders als bei meinem ersten Gegenstand kann man nicht einfach von der Bildung eines neuen Grundmodells sprechen. Vielfalt, nicht Gleichförmigkeit hat die ältere Forschungsmeinung abgelöst, man könne an Widukinds Sachsengeschichte die Reichsverfassung der frühen Ottonenzeit ablesen; doch fragen wir uns zunächst, wie diese ältere Sicht zustandekam.

Ausschlaggebend war im Grunde eine anachronistische Auffassung vom Wesen frühmittelalterlicher Staatlichkeit. Zwar hat man schon früh bemerkt, daß man das Reich der Ottonen als „Personenverband" und

---

duce franciam invadente regreditur.
[30] Vgl. dazu außer den in Anm. 25-27 genannten Belegstellen vor allem den Bericht der Annales Fuldenses ad a. 880, ed. Friedrich KURZE (MGH SS rer. Germ. [7], 1891) S. 94; Agius von Corvey, Vita Hathumodae, ed. Georg Heinrich PERTZ (MGH SS 4, 1841) c. 2, S. 167 und die bei LAUDAGE, Otto (wie Anm. 3) S. 311 gesammelten Zeugnisse zu den Ämtern und Besitzungen Ottos des Erlauchten. Zur Interpretation siehe zuletzt ebda. S. 65-72 und S. 310 f. mit weiteren Literatur- und Quellenhinweisen.
[31] Vgl. dazu BECHER, Rex (wie Anm. 4) S. 251-301, bes. S. 274 ff.
[32] Ebda. S. 307.

nicht etwa als „territorialen Flächenstaat" interpretieren müsse[33]. Aber ansonsten wurde nur der von Köpke[34] unternommene Versuch variiert, aus Widukinds Sachsengeschichte eine mehr oder minder statische Reichsverfassung abzuleiten. Ich brauche hier nur an Joseph Otto Plassmann zu erinnern, der das bei Widukind beschriebene Reich vor allem als Gefolgschaftsverband begriff[35]. Doch es gibt auch andere Beispiele[36], und so konnte Josef Fleckenstein noch im Jahre 1974 die Worte formulieren: „Die neue Ausgangslage zeigt sich uns bei der Wahl und Krönung Ottos des Großen im Jahr 936, über die wir durch den Bericht des adligen Mönchs Widukind von Korvey gut unterrichtet sind. Sein Bericht hat den Vorzug, daß die von ihm geschilderten Vorgänge des Herrschafts-

---

[33] Vgl. dazu vor allem Theodor MAYER, Geschichtliche Grundlagen der deutschen Verfassung (1933), hier zitiert nach dem ND in: DERS., Mittelalterliche Studien. Gesammelte Aufsätze (1959) S. 92 und DERS., Die Ausbildung der Grundlagen des modernen deutschen Staates im hohen Mittelalter, HZ 159 (1939) S. 457-497, bes. S. 462 f., ND in: Herrschaft und Staat im Mittelalter, hg. von Hellmut KÄMPF (Wege der Forschung 2, 1956) S. 284-331, bes. S. 289 f.; ergänzend: Walter SCHLESINGER, Herrschaft und Gefolgschaft in der germanisch-deutschen Verfassungsgeschichte, HZ 176 (1953) S. 225-275, ND in: Herrschaft und Staat im Mittelalter, S. 135-190.
[34] Vgl. KÖPKE, Widukind (wie Anm. 3) S. 87-160.
[35] Vgl. PLASSMANN, Princeps (wie Anm. 5) S. 36-52, S. 58-96 und S. 117-139.
[36] Vgl. etwa Eugen ROSENSTOCK-HUESSY, Königshaus und Stämme in Deutschland zwischen 911 und 1250 (1914) S. 91-106; Hermann HEIMPEL, Bemerkungen zur Geschichte König Heinrichs des Ersten (Abh. Leipzig, 88, 4, 1936) S. 1-45, bes. S. 14 ff., ND in: Königswahl und Thronfolge in ottonisch-frühdeutscher Zeit, hg. von Eduard HLAWITSCHKA (Wege der Forschung 178, 1971) S. 1-45, bes. S. 11 ff.; TELLENBACH, Königtum (wie Anm. 9) S. 82 ff. und S. 101-108; HOLTZMANN, Geschichte (wie Anm. 8) S. 30-218; Walter SCHLESINGER, Die Anfänge der deutschen Königswahl, ZRG Germ 66 (1948) S. 381-440, bes. S. 407-413, ND in: KÄMPF, Entstehung (wie Anm. 9) S. 344-350; Karl Gottfried HUGELMANN, Stämme, Nation, Nationalstaat im Mittelalter (Nationalstaat und Nationalitätenrecht im Mittelalter 1, 1955) bes. S. 93 ff.; Percy Ernst SCHRAMM, Ottos I. Königskrönung in Aachen (936), in: Kaiser, Könige und Päpste. Gesammelte Aufsätze zur Geschichte des Mittelalters 3, hg. von DEMS. (1969) S. 33-58; Hermann JAKOBS, Zum Thronfolgerecht der Ottonen, in: Königswahl und Thronfolge, S. 509-528; Walter SCHLESINGER, Die Königserhebung Heinrichs I. zu Fritzlar im Jahre 919, in: Fritzlar im Mittelalter. Festschrift zur 1250-Jahrfeier, hg. vom Magistrat der Stadt Fritzlar (1974) S. 121-143, ND in: Ausgewählte Aufsätze von Walter Schlesinger. 1965-1979, hgg. von Hans PATZE/Fred SCHWIND (VuF 34, 1987) S. 199-220; Eduard HLAWITSCHKA, Vom Frankenreich zur Formierung der europäischen Staaten- und Völkergemeinschaft. 840-1046 (1986) S. 103-131 und S. 201-220 u.v.a.

beginns uns die Kräfte verdeutlichen, welche die Herrschaft trugen ... Es ist charakteristisch, daß bei der Wahl die Stammesherzöge die Führung übernehmen: Ihre Führungsstellung schließt die rechtliche Anerkennung der Stämme als Grundeinheiten der Reichsverfassung ein ... So spiegelte sich in der Aachener Wahl und Krönung Ottos des Großen im Jahre 936 die neue Konstellation der ottonischen Reichsverfassung"[37].

Im Unterschied dazu betont die jüngere Forschung vor allem, daß der Bericht Widukinds „ein quellenkritisches Problem ersten Ranges"[38] sei, und negiert zugleich die Vorstellung, daß man an dieser Stelle auf die Wurzeln der föderalistischen Struktur Deutschlands im 19. und 20. Jahrhundert treffe. „Nicht mehr als Symbole für Deutschlands frühe Macht und Größe treten uns heute die ersten Ottonen entgegen", heißt es etwa in einem vielgelesenen Buch von 1985, „sondern eher als ferne Repräsentanten einer archaischen Gesellschaft, deren Überwindung ein erster Schritt auf dem Weg zur Moderne war"[39]. Es ist also vornehmlich der Gedanke der Alterität archaischer Gesellschaften, der den Interpreten die Feder führt.

Dem entspricht es, wenn man Widukind in den letzten Jahren nicht mehr unreflektiert als Leitquelle benutzt hat, sondern ihn an anderen Zeugnissen zu kontrollieren suchte. Anfangs geschah das vor allem mit der Frage nach den Funktionsweisen und Rahmenbedingungen ottonischer Königsherrschaft, d. h. mit Blick auf die sozialen Trägergruppen politischen Handelns und ihre jeweiligen Legitimationsgrundlagen[40]. Seit

---

[37] Josef FLECKENSTEIN, Grundlagen und Beginn der deutschen Geschichte (Deutsche Geschichte 1, [1974] ³1988) S. 141 und S. 143.
[38] Gerd ALTHOFF/Hagen KELLER, Heinrich I. und Otto der Große. Neubeginn auf karolingischem Erbe (Persönlichkeit und Geschichte 124/25, 1985) S. 117.
[39] Ebda. S. 14.
[40] Kennzeichnend für diese Fragestellung waren etwa Arbeiten wie Karl LEYSER, Rule and Conflict in an Early Medieval Society. Ottonian Saxony (1979), deutsch unter dem Titel: Herrschaft und Konflikt. Adel und König im ottonischen Sachsen (Veröffentlichungen des Max-Planck-Instituts für Geschichte 76, 1984); DERS., Ottonian Government, English Historical Review 96 (1981) S. 721-753, ND in: DERS., Medieval Germany and its Neighbours. 900-1250 (History Series 12, 1982) S. 69-101; Eckhard MÜLLER-MERTENS, Die Reichsstruktur im Spiegel der Herrschaftspraxis Ottos des Großen (Forschungen zur Mittelalterlichen Geschichte 25, 1980); Gerd ALTHOFF, Adels- und Königsfamilien im Spiegel ihrer Memorialüberlieferung. Studien zum Totengedenken der Billunger und Ot-

dem Siegeszug der modernen Medien und Datenträger versucht man sich das Funktionieren der „archaischen Gesellschaft" aber auch mit ihren ganz anders gearteten Kommunikationsbedingungen zu erklären. Vor

---

tonen (Münstersche Mittelalter-Schriften 47, 1984), DERS./KELLER, Heinrich I. und Otto der Große (wie Anm. 36), Gerd ALTHOFF, Verwandte, Freunde und Getreue. Zum politischen Stellenwert der Gruppenbindungen im frühen Mittelalter (1990); DERS., Amicitiae und Pacta. Bündnis, Einung, Politik und Gebetsgedenken im beginnenden 10. Jahrhundert (MGH Schriften 37, 1992); Franz-Reiner ERKENS, Fürstliche Opposition in ottonisch-salischer Zeit. Überlegungen zum Problem der Krise des frühmittelalterlichen deutschen Reiches, AKG 64 (1982) S. 307-370; Hagen KELLER, Reichsstruktur und Herrschaftsauffassung in ottonisch-frühsalischer Zeit, FmSt 16 (1982) S. 74-128; DERS., Grundlagen ottonischer Königsherrschaft, in: Reich und Kirche vor dem Investiturstreit. Vorträge beim wissenschaftlichen Kolloquium aus Anlaß des 80. Geburtstags von Gerd Tellenbach, hg. von Karl SCHMID (1985) S. 17-34; DERS., Zum Charakter der 'Staatlichkeit' zwischen karolingischer Reichsreform und hochmittelalterlichem Herrschaftsaufbau, FmSt 23 (1989) S. 248-264; DERS., Reichsorganisation, Herrschaftsformen und Gesellschaftsstrukturen im Regnum Teutonicum, in: Il secolo di ferro: mito et realtà del secolo X (Settimane di studio del centro italiano di studi sull'alto medioevo 38, 1, 1991) S. 159-195; Rudolf SCHIEFFER, Der ottonische Reichsepiskopat zwischen Königtum und Adel, FmSt 23 (1989) S. 291-301; Winfrid GLOCKER, Die Verwandten der Ottonen und ihre Bedeutung in der Politik. Studien zur Familienpolitik und zur Genealogie des sächsischen Kaiserhauses (Dissertationen zur Mittelalterlichen Geschichte 5, 1989); Stefan WEINFURTER, Idee und Funktion des „Sakralkönigtums" bei den ottonischen und salischen Herrschern (10. und 11. Jahrhundert), in: Legitimation und Funktion des Herrschers, hgg. von Rolf GUNDLACH/Hermann WEBER (Schriften der Mainzer Philosophischen Fakultätsgesellschaft 13, 1992) S. 99.-127; DERS., Zur „Funktion" des ottonischen und salischen Königtums, in: Mittelalterforschung nach der Wende (wie Anm. 3) S. 349-361; Johannes LAUDAGE, Hausrecht und Thronfolge. Überlegungen zur Königserhebung Ottos des Großen und zu den Aufständen Thankmars, Heinrichs und Liudolf, HJb 112 (1992) S. 23-71; DERS., „Liudolfingisches Hausbewußtsein". Zu den Hintergründen eines Kölner Hoftages von 965, in: Köln. Stadt und Bistum in Kirche und Reich des Mittelalters. Festschrift für Odilo Engels zum 65. Geburtstag, hgg. von Hanna VOLLRATH/Stefan WEINFURTER (Kölner Historische Abhandlungen 39, 1993) S. 23-59; Egon BOSHOF, Königtum und Königsherrschaft im 10. und 11. Jahrhundert (Enzyklopädie deutscher Geschichte 27, 1993); Rudolf SCHIEFFER, Karolingische und ottonische Kirchenpolitik, in: Mönchtum – Kirche – Herrschaft. 750-1000. Josef Semmler zum 65. Geburtstag, hgg. von Dieter R. BAUER/Rudolf HIESTAND/Brigitte KASTEN/Sönke LORENZ (1998) S. 311-325; DERS., Der geschichtliche Ort der ottonisch-salischen Reichskirchenpolitik (Nordrhein-Westfälische Akademie der Wissenschaften. Geisteswissenschaften, Vorträge G 352, 1998).

allem die große Bedeutung nonverbaler Symbolhandlungen ist dabei in den Vordergrund getreten[41].

Dafür aber bot Widukinds Sachsengeschichte genügend Beweismaterial, das man überdies mit anderen Zeugnissen leicht vernetzen konnte. Ausgehend vom französischen Postulat der „longue durée" entstand so Gerd Althoffs Bild von den „Spielregeln der Politik im Mittelalter"[42]. Die

---

[41] Angebahnt wurde diese zweite Phase im Grunde schon durch Gerd ALTHOFF, Das Bett des Königs in Magdeburg. Zu Thietmar II, 28, in: Festschrift für Berent Schwineköper zu seinem 70. Geburtstag, hgg. von Helmut MAURER/Hans PATZE (1982) S. 141-153 und Hagen KELLER, Herrscherbild und Herrscherlegitimation. Zur Deutung der ottonischen Denkmäler, FmSt 19 (1985) S. 290-311. Zu einer regelrechten Häufung entsprechender Forschungen kam es aber erst seit dem Bamberger Historikertag von 1988. Vgl. dazu etwa Gerd ALTHOFF, Königsherrschaft und Konfliktbewältigung im 10. und 11. Jahrhundert, FmSt 23 (1989) S. 265-290; DERS., *Colloquium familiare - Colloquium secretum - Colloquium publicum*. Beratung im politischen Leben des früheren Mittelalters, FmSt 24 (1990) S. 145-167; DERS., Demonstration und Inszenierung. Spielregeln der Kommunikation in mittelalterlicher Öffentlichkeit, FmSt 27 (1993) S. 27-50; DERS., Verformungen (wie Anm. 3) S. 438-450; DERS., Empörung, Tränen, Zerknirschung. Emotionen in der öffentlichen Kommunikation des Mittelalters, FmSt 30 (1996) S. 60-79; DERS., Zur Bedeutung symbolischer Kommunikation für das Verständnis des Mittelalters, FmSt 31 (1997) S. 370-389; DERS., Das Privileg der „deditio". Formen gütlicher Konfliktbeendigung in der mittelalterlichen Adelsgesellschaft, in: Nobilitas. Funktion und Repräsentation des Adels in Alteuropa, hgg. von Otto Gerhard OEXLE/Werner PARAVICINI (Veröffentlichungen des Max-Planck-Instituts für Geschichte 133, 1997) S. 27-52; Karl J. LEYSER, Ritual, Zeremonie und Gestik: das ottonische Reich, FmSt 27 (1993) S. 1-26; DERS., Communications and Power in Medieval Europe I: The Carolingian and Ottonian Centuries, hg. von Timothy REUTER (1994); FRIED, Kunst (wie Anm. 3) S. 493-503; DERS., Königserhebung (wie Anm. 3) S. 267-318; Hagen KELLER, Die Investitur. Ein Beitrag zum Problem der „Staatssymbolik" im Hochmittelalter, FmSt 27 (1993) S. 51-86; DERS., Ottonische Herrschersiegel. Beobachtungen und Fragen zur Gestalt und Aussage und zur Funktion im historischen Kontext, in: Bild und Geschichte. Studien zur politischen Ikonographie. Festschrift für Hansmartin Schwarzmaier zum 65. Geburtstag, hgg. von Konrad GRIMM/Herwig JOHN (1997) S. 3-51; DERS., Zu den Siegeln der Karolinger und Ottonen. Urkunden als „Hoheitszeichen" in der Kommunikation des Königs mit seinen Getreuen, FmSt 32 (1998) S. 400-441; KÖRNTGEN, Königsherrschaft (wie Anm. 3) sowie die Aufsatzbände: Herrschaftsrepräsentation im ottonischen Sachsen, hgg. von Gerd ALTHOFF/Ernst SCHUBERT (VuF 46, 1998); Ottonische Neuanfänge. Symposion zur Ausstellung „Otto der Große, Magdeburg und Europa", hgg. von Bernd SCHNEIDMÜLLER/Stefan WEINFURTER (2001); Formen und Funktionen öffentlicher Kommunikation im Mittelalter, hg. von Gerd ALTHOFF (VuF 51, 2001).
[42] Gerd ALTHOFF, Spielregeln der Politik im Mittelalter. Kommunikation in Frieden und

ottonische „Staatlichkeit" konnte darin nicht mehr allein von ihren Defiziten begriffen werden. Man gewann vielmehr neue Erklärungsmodelle, um sich soziale Verhaltensnormen in einer Zeit verständlich zu machen, „in der staatliche Strukturen und Institutionen das Zusammenleben noch nicht dominierten"[43].

Dabei ist freilich in den letzten Jahren auch ein prinzipieller Dissens hervorgetreten. Dieser bezieht sich nicht auf die Grundannahme der Alterität der ottonischen Gesellschaft, wohl aber auf die Axiome eines danach einsetzenden geradlinigen Zivilisationsprozesses und der Regelhaftigkeit menschlichen Handelns. Etwas überspitzt kann man sagen, daß die Sachsengeschichte heute sowohl von jenen Forschern in Anspruch genommen wird, die den Menschen vor allem als von äußeren Strukturen bestimmtes Gruppenwesen und Teil einer übergeordneten Geschichtsentwicklung wahrnehmen, als auch von solchen, die seine Individualität akzentuieren, von der Leitvorstellung der Pluralität ausgehen und die Planlosigkeit von Geschehensbündeln und Einzelereignissen herausarbeiten.

Letztlich steckt hinter all dem auch ein wenig der Streit zwischen Moderne und Postmoderne. Denn „die Aufgabe des Konzepts von Einheit, Ganzheit und Totalität zugunsten der Pluralität, der Spannungen, ja der unvereinbaren Widersprüche" gehört nach Michael Borgolte zu den Hauptforderungen postmoderner Geschichtsbetrachtung[44]: „Postmoderne Historiker sind überzeugt, daß sie Geschichte niemals aus einem Prinzip erklären und darstellen dürfen ... An die Stelle einer teleologischen Betrachtungsweise der Geschichte ..., ja an den Platz einer ganzheitlichen Entwicklungsgeschichte der Gesellschaften muß eine Geschichte des sozialen Wandels treten, die stets nur Segmente der Wirklichkeit erfassen kann. Andererseits käme es darauf an, in ein und derselben historischen Analyse oder Darstellung immer wieder auf das

---

Fehde (1997). Die dort gedruckten Beiträge decken sich zum Teil mit seinen in Anm. 41 zitierten Aufsätzen.

[43] ALTHOFF, Spielregeln (wie Anm. 42) S. 2; vgl. auch DERS., Die Ottonen. Königsherrschaft ohne Staat (Urban-Taschenbücher 473, 2000) bes. S. 230-247.

[44] Vgl. dazu Michael BORGOLTE, Mittelalterforschung und Postmoderne. Aspekte einer Herausforderung, Zeitschrift für Geschichtswissenschaft 43 (1995) S. 615-627, Zitat S. 620.

Nebeneinander heterogener Prozesse aufmerksam zu machen"[45]. Johannes Fried hat diese Postulate in seinem großen Buch von 1994 zum ersten Mal erzählerisch verwirklicht, und die Ottonenzeit dient dabei wie bei Althoff als Paradebeispiel[46]. Zwar steht Widukinds Werk hier nicht unbedingt im Mittelpunkt. Es ist aber erneut zum Gegenstand übergreifender Interpretationsansätze geworden, indem es sowohl den „Weg in die Geschichte" als auch die „Spielregeln der Politik" zu verdeutlichen half.

III.

Vor diesem Hintergrund hat es fast etwas Zwangsläufiges, daß inzwischen auch der Quellenwert Widukinds wieder ganz grundsätzlich zur Debatte steht, und damit bin ich beim dritten Punkt meines Vortrages. Man hat sich nämlich in den letzten Jahren wiederholt gefragt, ob man nicht zu Wilhelm Gundlachs altem Bild vom „Spielmann in der Kutte"[47] zurückkehren müsse, und die Antworten darauf sind recht unterschiedlich ausgefallen. Den Anfang machte Gerd Althoff. Sein Geburtstagsvortrag für Helmut Beumann endete 1992 mit dem Fazit: „Der Kronzeuge ist vertrauenswürdig"[48]. Zum Beleg verwies Althoff darauf, daß man die Sachsengeschichte im Jahre 968 immerhin für geeignet gehalten habe, „einem Mitglied des Herrscherhauses in einer nicht unprekären Situation die notwendigen Informationen bereitzustellen"[49]. Dieses „Mitglied" aber war die damals 13jährige Königstochter Mathilde, die in der sogenannten Widmungsfassung angesprochene Adressatin der Sachsenge-

---

[45] BORGOLTE, Mittelalterforschung (wie Anm. 44) S. 620; vgl. auch DERS., Einheit, Reform, Revolution. Das Hochmittelalter im Urteil der Modernen, Göttingische Gelehrte Anzeigen 248 (1996) S. 225-258, bes. S. 249 ff. und Hans-Werner GOETZ, Moderne Mediävistik. Stand und Perspektiven der Mittelalterforschung (1999) S. 117 ff.
[46] Vgl. Johannes FRIED, Der Weg in die Geschichte. Die Ursprünge Deutschlands bis 1024 (Propyläen Geschichte Deutschlands 1, 1994, ND 1998) bes. S. 113-198 und S. 551-902; dazu analysierend: Michael BORGOLTE, Eine Anthropologie der Anfänge Deutschlands, Göttingische Gelehrte Anzeigen 247 (1995) S. 88-102 und DERS., Mittelalterforschung (wie Anm. 42) S. 625-627.
[47] Wilhelm GUNDLACH, Heldenlieder der deutschen Kaiserzeit 1 (1894) S. 112.
[48] Vgl. ALTHOFF, Widukind (wie Anm. 3) S. 253-272, Zitat S. 272.
[49] Ebda. S. 272. Zur Datierung der Widmung auf die Zeit nach dem Tode der alten Königin Mathilde († 14. März 968) vgl. insbesondere ebda. S. 271 mit Anm. 70.

schichte. Aufbauend auf Helmut Beumanns Überlegungen zur Entstehung des Werkes in den Jahren 967/68[50], schloß Althoff also aus der *causa dedicationis* auf einen recht hohen Realitätsgehalt[51].

Damit war Johannes Fried nicht einverstanden. Für ihn war nicht der Widmungsgrund maßgeblich, sondern die Art und Weise, wie Widukind seine Informationen erhielt. Angeregt durch die Kölner Antrittsvorlesung von Hanna Vollrath[52], hielt er deshalb 1993 in Berlin einen bahnbrechenden Vortrag, der sich nur vordergründig mit der Königserhebung Heinrichs I. beschäftigte. In Wirklichkeit ging es um „Die Kunst der Aktualisierung in der oralen Gesellschaft", und die Quellen über den Herrscherwechsel von 919 dienten nur als Beispiel, um das Verhältnis von „Erinnerung, Mündlichkeit und Traditionsbildung im 10. Jahrhundert" zu beleuchten[53]. Vor allem Widukind kam dabei schlecht weg. Seine Darstellung, so konnte Fried zeigen, griff nämlich zum großen Teil auf orale Überlieferung zurück[54]. Das geschichtliche Wissen und Erinnern der damaligen Menschen aber unterlag einem ständigen Wandlungsprozeß. Immer wieder paßte man die Erzählungen der eigenen Gegenwart an[55]. Die Sachsengeschichte, so folgerte Fried, sei deshalb nicht zuletzt als Zeugnis für das kulturelle Gedächtnis ihrer Abfassungszeit zu verstehen. Signifikant sei dabei, daß die Vergangenheit nicht als abgeschlossener Zeitraum, sondern als Bestandteil der eigenen Gegenwart begriffen werde. Mit einem Wort: „Es kam nicht auf die objektive, ereignisgetreue Rekonstruktion vergangener Zeiten und Ereignisse an, sondern auf die Fundierung der Gegenwart in einer legitimierenden Vergangenheit"[56].

---

[50] Vgl. BEUMANN, Widukind (wie Anm. 3) S. 7-11 und S. 178-204.
[51] Vgl. ALTHOFF, Widukind (wie Anm. 3) S. 257-272, bes. S. 261 ff. und S. 267 ff.
[52] Hanna VOLLRATH, Das Mittelalter in der Typik oraler Gesellschaften, HZ 233 (1981) S. 571-594.
[53] Dieser Vortrag wurde in zwei Fassungen gedruckt: FRIED, Kunst (wie Anm. 3) S. 493-503 repräsentiert den in Berlin vorgetragenen Redetext; DERS., Königserhebung (wie Anm. 3) S. 267-318 stellt eine erheblich erweiterte Version zur Diskussion. Die beiden Zitate stammen aus den Überschriften der beiden Aufsätze.
[54] Vgl. FRIED, Königserhebung (wie Anm. 3) S. 281-311; DERS., Kunst (wie Anm. 3) S. 494-500.
[55] Vgl. FRIED, Königserhebung (wie Anm. 3) S. 273-280; DERS., Kunst (wie Anm. 3) S. 493 f.
[56] FRIED, Königserhebung (wie Anm. 3) S. 285; fast wortgleich DERS., Kunst (wie Anm. 3)

In einer ersten Reaktion habe ich damals zu bedenken gegeben, daß ich zwar die Einschätzung vom Wesen oraler Vergangenheitsbewältigung teilen könne, nicht jedoch alle Bestandteile der neuen Widukind-Interpretation[57]. Widukind habe immerhin in Buch I, 2 seines Werkes die Meinung vertreten, daß der *fama*, zumal dann, wenn sie alt sei, keinerlei Gewißheit abzugewinnen sei[58]. Es komme also auch auf die Verarbeitung der mündlichen Traditionen an. An dieser Position halte ich auch heute noch fest, nur würde ich inzwischen hinzufügen, daß es bei Widukind eine Differenz zwischen nach außen hin bekundetem „Methodenbewußtsein" und tatsächlichem Vorgehen gibt[59]. Besonders deutlich kann man das an Buch I, 8[60] ablesen. Hier kennen wir nämlich die schriftliche Vorlage Widukinds[61], und das Vergleichsergebnis ist niederschmetternd: Zwar hat Widukind kaum neue Fakten erfunden, sondern sich im wesentlichen damit begnügt, seine Vorlage zu kürzen. Aber an zwei Stellen arbeitet er mit fingierten Einschüben, und genau diese Einschübe sind es, die dem Text einen neuen Sinn verleihen[62]. Mit sparsamsten Mitteln hat der Autor also sein Ziel erreicht; doch an seiner gestalterischen Absicht ist nicht zu zweifeln.

Unabhängig davon hat Frieds Vortrag auch von anderer Seite Kritik erfahren. Vor allem seine „Annahme naiver Erzählung", wie Hagen Kel-

---

S. 495 f.
[57] Diskussionsbeitrag auf dem Berliner Kongreß „Mittelalterforschung nach der Wende 1989"; der Sache nach festgehalten in: Johannes LAUDAGE, Hausbewußtsein (wie Anm. 40) S. 27 f.
[58] Vgl. Widukind, Sachsengeschichte (wie Anm. 2) I, 2, S. 4 f.; siehe auch ebda. I, 35, S. 50, Z. 9 bis S. 51, Z. 1; III, 74, S. 151, Z. 15-20 und BEUMANN, Widukind (wie Anm. 3) S. 56-63.
[59] Vgl. dazu LAUDAGE, Otto (wie Anm. 3) S. 53-64; siehe auch allgemein Marie SCHULZ, Die Lehre von der historischen Methode bei den Geschichtsschreibern des Mittelalters (VI.-XIII. Jahrhundert) (Abhandlungen zur Mittleren und Neueren Geschichte 13, 1909) S. 5-66.
[60] Widukind, Sachsengeschichte (wie Anm. 2) I, 8, S. 8-10.
[61] Beda Venerabilis, Historia ecclesiastica gentis Anglorum = Bede's Ecclesiastical History of the English People, edd. Bertram COLGRAVE/R.A.B. MYNORS (Oxford Medieval Texts, 1969) I, 12-15, S. 40-52.
[62] Vgl. LAUDAGE, Otto (wie Anm. 3) S. 56 f. mit Verweis auf Widukind, Sachsengeschichte (wie Anm. 2) I, 8, S. 9 f. und Beda, Historia (wie Anm. 61) I, 15, S. 52, wo die Erzählintention der Vorlage besonders deutlich zum Vorschein kommt.

ler es genannt hat⁶³, wurde dabei zurückgewiesen⁶⁴, und man hat man sich deshalb bemüht, die Darstellungsabsichten Widukinds etwas schärfer zu profilieren. Im Ergebnis wurden dabei zwei Dinge besonders deutlich, nämlich: 1. daß die Konkurrenzsituation zwischen Corvey und Magdeburg während des Schreibprozesses eine bedeutende Rolle spielte und Widukind offenbar ein Gegner der Slawenmission und der Aufwertung Magdeburgs zum Erzbistum war⁶⁵, und 2., daß er auch gegen die sakrale Fundierung des Herrscheramtes opponierte und den Vorgang der Salbung und Krönung deshalb zum bloßen Konfirmationsakt degradierte⁶⁶.

Beide Dinge waren schon in der älteren Forschung angeklungen⁶⁷, und gleichwohl wurde die Argumentationsbasis jetzt erheblich erweitert. Insbesondere Hagen Kellers Neuinterpretation von Widukinds Schilderung der Aachener Königserhebung von 936⁶⁸ hat dabei — ungeachtet des Widerspruchs von Hartmut Hoffmann⁶⁹ — zu einer veränderten Ge-

---

⁶³ KELLER, Bericht (wie Anm. 3) S. 406.
⁶⁴ Vgl. dazu ebda. S. 390-453, bes. S. 406-421.
⁶⁵ Vgl. Matthias BECHER, Vitus von Corvey und Mauritius von Magdeburg. Zwei sächsische Heilige in Konkurrenz, Westfälische Zeitschrift 147 (1997) S. 235-249 und LAUDAGE, Otto (wie Anm. 3) S. 212-230.
⁶⁶ Vgl. KELLER, Bericht (wie Anm. 3) S. 390-453, bes. S. 410 ff.
⁶⁷ Vgl. dazu etwa STENGEL, Widukind (wie Anm. 3) S. 56-91; Carl ERDMANN, Forschungen zur politischen Ideenwelt des Frühmittelalters, hg. von Friedrich BAETHGEN (1951) S. 44 ff.; Helmut BEUMANN, Widukind (wie Anm. 3) S. 228 ff.; DERS., Konzeption (wie Anm. 3) S. 862-865 und S. 885-888, ND S. 76-79 und S. 99-102; DERS., Laurentius und Mauritius. Zu den missionspolitischen Folgen des Ungarnsiegs Ottos des Großen, in: Festschrift für Walter Schlesinger 2, hg. von Helmut BEUMANN (Mitteldeutsche Forschungen 72/II, 1974) S. 269 f.; DERS., Imperator Romanorum, rex gentium. Zu Widukind III, 76, in: Tradition als historische Kraft. Interdisziplinäre Forschungen zur Geschichte des früheren Mittelalters, hgg. von Norbert KAMP/Joachim WOLLASCH (1982) S. 214-230, ND in: DERS., Ausgewählte Aufsätze aus den Jahren 1966-1986, hgg. von Jürgen PETERSOHN/Roderich SCHMIDT (1987) S. 324-340; DERS., Entschädigungen von Halberstadt und Mainz bei der Gründung des Erzbistums Magdeburg, in: Ex Ipsis Rerum Documentis, Beiträge zur Mediävistik. Festgabe für Harald Zimmermann zum 65. Geburtstag, hgg. von Klaus HERBERS/Hans-Henning KORTÜM/Carlo SERVATIUS (1991) S. 390-398.
⁶⁸ Widukind, Sachsengeschichte (wie Anm. 2) I, 1 f., S. 63-67.
⁶⁹ Vgl. Hartmut HOFFMANN, Ottonische Fragen, DA 51 (1995) S. 60-69, der sich zwar vordergründig nur mit BRÜHL, Deutschland – Frankreich (wie Anm. 14) S. 465-469 auseinandersetzt, implizit aber auch Hagen Keller kritisiert, weil Brühls Ausführungen auf

samteinschätzung geführt: Es ist nunmehr kaum noch zu bezweifeln, daß Widukinds Bericht in Wahrheit ein Erlebnis des Jahres 961 verarbeitet, nämlich die Königserhebung des kleinen Otto II.[70], und daß er somit als literarische „Stellungnahme zu aktuellen Fragen"[71] zu gelten hat. Nicht die an Otto dem Großen vollzogene Salbung ist demnach für seinen Aufstieg zum Kaisertum maßgeblich. In Analogie zur Schilderung der Regierungszeit Heinrichs I. sind es vielmehr kriegerisches Können, unmittelbare Erwählung durch Gott und die Fürsprache des Corveyer Klosterheiligen, die den Erfolg garantieren. Widukind schreibt also argumentierend; seine Vergangenheitsbilder sollen auf Gegenwart und Zukunft Einfluß nehmen[72].

Um solchen Deutungen den Boden zu entziehen, hat sich Johannes Fried jüngst in einem Münsteraner Vortrag erneut mit Widukinds Umgang mit der mündlichen Überlieferung beschäftigt[73]. Dabei spielt Buch I, 22 eine zentrale Rolle, denn dieses Kapitel wird in den drei Textklassen der Sachsengeschichte höchst unterschiedlich gestaltet[74]. Die B-Version berichtet uns von zwei Anschlägen, die Erzbischof Hatto I. von Mainz auf das Leben seiner Gegner verübt habe. Die C-Fassung reduziert diese Geschichten auf eine Erzählung, in der sich der spätere König Heinrich I. erfolgreich gegen die Heimtücke Hattos wehrt, und erklärt die Tilgung

---

einem unveröffentlichten Manuskript desselben aufbauen.
[70] Vg. dazu KELLER, Bericht (wie Anm. 3) S. 416-421.
[71] Ebda. S. 440.
[72] Vgl. KELLER, Bericht (wie Anm. 3) S. 397-453, bes. S. 440 ff.
[73] Vortrag vom 28. Mai 1999 auf dem Internationalen Kolloquium des Sonderforschungsbereichs 231 der Westfälischen Wilhelms-Universität Münster. Vgl. dazu demnächst Johannes FRIED, „... vor fünfzig oder mehr Jahren". Das Gedächtnis der Zeugen in Prozeßurkunden und in familiären Memorialtexten, in: Pragmatische Dimensionen mittelalterlicher Schriftkultur, hg. von Hagen KELLER (im Druck). Ich danke Herrn Kollegen Fried herzlich für den intensiven Gedankenaustausch im Anschluß an seinen Vortrag sowie für die Erlaubnis, sein Manuskript schon vor der Veröffentlichung partiell einsehen zu dürfen.
[74] Vgl. Widukind, Sachsengeschichte (wie Anm. 2) I, 22, S. 30-35; zur Interpretation siehe u.a. ebda. S. XXVII f. (Einleitung); Carl ERDMANN, Beiträge zur Geschichte Heinrichs I. (VI), Sachsen und Anhalt 17 (1941-43) S. 48-61, ND in: DERS., Ottonische Studien, hg. von Helmut BEUMANN (1968) S. 117-130; BEUMANN, Widukind (wie Anm. 3) S. 81, S. 213 f. und S. 223; KARPF, Herrscherlegitimation (wie Anm. 3) S. 151 ff.; ALTHOFF, Verformungen (wie Anm. 3) S. 438-450; LAUDAGE, Otto (wie Anm. 3) S. 59-61 und S. 72-75.

der zweiten Episode mit dem Hinweis, daß sie als größtenteils vom Volksmund erfunden (*vulgi rumore magis fictum*)[75] zu gelten habe. Die Textgestalt A überliefert ebenfalls nur die Geschichte vom Anschlag auf das Leben Heinrichs, schreibt diesen Anschlag jedoch nicht mehr dem Erzbischof Hatto, sondern irgendwelchen obskuren „Freunden" König Konrads I. (*amicis regiis*)[76] zu.

Diese Unterschiede werden nun von Fried wie folgt erklärt: Widukind schrieb seine Widmungsfassung der Sachsengeschichte um 972/73 und wollte sie zunächst mit der gemeinsamen Himmelfahrt der Königin Mathilde und des Bischofs Bernhard von Halberstadt beenden. Dann jedoch hörte er vom Tode Ottos des Großen und fügte noch zwei Kapitel an. Diese erste gewidmete Fassung wird durch die Textklasse B repräsentiert, danach kam es zu einer weiteren Redaktion C, die wohl noch von Widukind stammt. Die Version A jedoch ist wesentlich später entstanden, ihr Redaktor nicht näher zu bestimmen. Insgesamt sind die Unterschiede in Buch I, 22 nach Fried ausschließlich auf die „Brisanz der mündlichen Überlieferung" zurückzuführen. Noch lange nach dem Tode Ottos des Großen habe der Hatto-Stoff die Menschen beschäftigt; jede Verformung gehe deshalb auf das Konto oraler Traditionsbildung.

Wie sind diese Thesen zu beurteilen? Zunächst ist wohl darauf hinzuweisen, daß sie mit erheblichen Konsequenzen verbunden sind. Denn man kann natürlich nicht mehr von einer „Stellungnahme zu aktuellen Fragen"[77] und einer politisch motivierten Darstellung sprechen, wenn Widukind erst in den Jahren 972/73 schrieb und sein Werk den Tod Wilhelms von Mainz, Bernhards von Halberstadt und der Königin Mathilde zur Voraussetzung hat, ja im Grunde erst fertig wurde, als Otto der Große schon gestorben war. Mit der als viertes zu besprechenden Datierungsproblematik steht mithin nicht mehr und nicht weniger zur Debatte als die Grundsatzfrage, welche Darstellungsintentionen den Autor leiteten. Wollte er lediglich die ottonische *memoria* pflegen? Oder war sein Werk auch von konkreten politischen Absichten bestimmt?

---

[75] Widukind, Sachsengeschichte (wie Anm. 2) I, 22, S. 35, Z. 5 f.
[76] Ebda. I, 22, S. 32, Z. 31.
[77] Wie Anm. 71.

IV.

Diese Fragen lassen sich nur nach nochmaliger Prüfung aller Argumente beantworten, und dabei ist Fried zumindest insofern Recht zu geben, als alle überlieferten Fassungen gewidmet sind, und die Textklasse B die Priorität vor A und C besitzt[78]. Aber damit ist noch nichts über die Entstehungszeit des Widmungsplans und seine Voraussetzungen gesagt, und auch die zeitliche Abfolge von A und C noch nicht geklärt. Noch komplizierter wird die Lage dadurch, daß B offensichtlich Spuren einer vor der gewidmeten Version liegenden Konzeptfassung aufweist[79], andererseits aber bei der Schilderung der Himmelfahrt der Königin Mathilde die um 973/75 in Nordhausen oder Quedlinburg entstandene ältere Mathildenvita voraussetzt, während diese umgekehrt schon einen mindestens bis Buch III, 12 reichenden Text der Sachsengeschichte verarbeitet[80].

---

[78] Vgl. dazu Widukind, Sachsengeschichte I, 22, S. 30-35 und III, 2, S. 105 f.; zur Interpretation siehe ebda. S. XXVII-XXX (Einleitung); BEUMANN, Konzeption (wie Anm. 3) S. 859-861, ND S. 73-75 und NASS, Widukind (wie Anm. 3) Sp. 1001 f.

[79] Vgl. dazu KÖPKE, Widukind (wie Anm. 3) S. 11-34; BLOCH, Sachsengeschichte (wie Anm. 3) S. 95 ff.; LINTZEL, Entstehungszeit (wie Anm. 3) S. 1-13, ND S. 302-311; BEUMANN, Widukind (wie Anm. 3) S. 7-11 und S. 178-204; DERS., Konzeption (wie Anm. 3) S. 860 f., ND S. 74 f.; DERS. Entschädigungen (wie Anm. 67) S. 390 f.; ERDMANN, Forschungen (wie Anm. 67) S. 46; STENGEL, Widukind (wie Anm. 3) S. 66 mit Anm. 69. Skeptisch dagegen: DERS., Entstehungszeit (wie Anm. 3) S. 136-158, bes. S. 140-150; Bernhard SCHMEIDLER, Rezension zu: Die Sachsengeschichte des Widukind von Korvei (Widukindi monachi Corbeiensis Rerum gestarum Saxonicarum libri III), edd. Paul HIRSCH/Hans-Eberhard LOHMANN (MGH SS rer. Germ. [60], 1935), HZ 154 (1936) S. 344-347 sowie NASS, Widukind (wie Anm. 3) Sp. 1002.

[80] Vgl. dazu Die Lebensbeschreibungen der Königin Mathilde, ed. Bernd SCHÜTTE (MGH SS rer. Germ. 66, 1994) S. 16-18 (Einleitung) und DERS., Untersuchungen zu den Lebensbeschreibungen der Königin Mathilde (MGH Studien und Texte 9, 1994) S. 13 f. Folgende Passagen der Mathildenvita beruhen demnach auf Widukind-Lektüre: Vita Mathildis reginae antiquior c. 1, S. 111 (Widukind, Sachsengeschichte I, 16, S. 26 f., bes. S. 27, Z. 4 f.); c. 1, S. 112 (I, 27, S. 27); c. 3, S. 117 (I, 34, S. 48 und I, 40, S. 59); c. 4, S. 119 (I, 31, S. 43 f. und II, 36, S. 97); c. 4, S. 120 (II, 1, S. 64); c. 4, S. 121 (I, 41, S. 60 f.); c. 6, S. 124 (I, 30, S. 43); c. 7, S. 125 (III, 7, S. 108 und III, 9 f., S. 109); c. 7, S. 126 (III, 12, S. 110 f.). Die Abhängigkeit Widukinds von der älteren Mathildenvita (in: III, 74, S. 150 f.) läßt sich vor allem daran ablesen, daß verstreut überlieferte Passagen der Lebensbeschreibung (c. 3, S. 118, Z. 4-12; c. 8, S. 128, Z. 2-16; c. 9, S. 130, Z. 4 f.; c. 2, S. 114, Z. 14 f.) zu einer biographischen Gesamtwürdigung zusammengezogen werden. – Zur bis heute nicht ganz

Diesen Umstand könnte man damit erklären, daß B auf ein in Corvey verbliebenes Arbeitsexemplar Widukinds zurückgeht, und in der Tat zeigt eine Marginalie zur Corveyer Überarbeitung der Chronik Thietmars von Merseburg, daß um 1120 herum in Corvey noch eine Handschrift der B-Klasse vorhanden war[81].

In dieser Gemengelage ist es wohl das Beste, zunächst bei der aus dem überlieferten Textgut zu erschließenden literarischen Gesamtkomposition und ihren verschiedenen Variationen anzusetzen. Dazu hat Hermann Bloch schon im Jahre 1913 einen wertvollen Hinweis gegeben. Er machte nämlich darauf aufmerksam, daß die beiden ersten Bücher der Sachsengeschichte jeweils mit dem Ableben eines wichtigen Mitglieds der Herrscherfamilie schließen und Buch III deshalb eigentlich mit dem Tod des im Mainzer Eigenkloster St. Alban begrabenen Königssohns Liudolf enden müsse[82]. Dieser Tod wurde von Widukind nach dem Muster der Schlußkapitel von Buch I und II stilisiert[83]. Dennoch versäumte es Bloch, hieraus den naheliegenden Gedanken eines ursprünglich geplanten vierten Buchs abzuleiten, und orientierte sich lieber am heute überlieferten Text.

Dieser läßt nur fünf Kapitel nach dem Bericht über den Tod Liudolfs einen tiefen Einschnitt erkennen; denn auf die Erwähnung der 958 erfolgten Genesung Ottos I. von schwerer Krankheit[84] folgt mit Buch III, 63 ziemlich unvermittelt ein Kapitel, welches Ereignisse der Jahre 961-967 in ganz geraffter Form anspricht und mit einem literarisch auf Buch

---

eindeutig geklärten Provenienzfrage siehe außer ebda. S. 70-75 vor allem Gerd ALTHOFF, Causa scribendi und Darstellungsabsicht. Die Lebensbeschreibungen der Königin Mathilde und andere Beispiele, in: Litterae medii aevi. Festschrift für Johanne Authenrieth zu ihrem 65. Geburtstag, hgg. von Michael BORGOLTE/Herrad SPILLING (1988) S. 117-133 und die Rezension von Johannes LAUDAGE, Niedersächsisches Jahrbuch für Landesgeschichte 66 (1994) S. 362-366, bes. S. 364 f.

[81] Vgl. dazu Klaus NASS, Die Reichschronik des Annalista Saxo und die sächsische Geschichtsschreibung im 12. Jahrhundert (MGH Schriften 41, 1996) S. 145 mit Verweis auf Die Chronik des Bischofs Thietmar von Merseburg und ihre Korveier Überarbeitung, ed. Robert HOLTZMANN (MGH SS rer. Germ. N. S. 9, 1935) I, 7, S. 11 und II, 22, S. 65.

[82] Vgl. BLOCH, Sachsengeschichte (wie Anm. 3) S. 104 f.

[83] Vgl. Widukind, Sachsengeschichte (wie Anm. 2) I, 41, S. 60 f.; II, 41, S. 99 f. und III, 57, S. 185 f.

[84] Vgl. ebda. III, 62, S. 137.

I, 1 zurückweisenden Widmungstopos für die Königstochter Mathilde endet[85]. Hier ist demnach der Schluß der ersten Widmungsfassung zu vermuten; Buch III, 62 bezeichnet dagegen das Ende der vor dem Widmungsplan zu postulierenden Konzeptfassung, die offenbar mitten im Schreibprozeß abgebrochen wurde[86]. Damit sind die Beobachtungen aber noch nicht ganz vollständig. Nach der Niederschrift des Widmungstopos fügte Widukind nämlich noch einen weiteren Textblock an, der mit dem Vers *At finis cívilis bélli términus sít libélli* in Buch III, 63[87] beginnt und in III, 69 mit dem Satz *Is finis Wichmanno, talis omnibus fere, qui contra imperatorem arma sumpserunt*[88] endet und in A um die Schlußversalien *PATREM TUUM*[89] ergänzt wird. Die in den übrigen Handschriften anschließenden Kapitel 70-76[90] sind offenbar in einem Zuge geschrieben und setzen — wie gesagt — den Tod Ottos des Großen, aber auch die Fertigstellung der älteren Mathildenvita in den Jahren 973/75 voraus.

Dieser aus der literarischen Form zu gewinnende Gesamteindruck muß nun mit dem Überlieferungsbefund kombiniert werden. Dabei fällt sofort ins Auge, daß A offenbar eine um einen ersten Nachtrag erweiterte Widmungsfassung repräsentiert, während B bis Buch III, 63 den Wortlaut der ersten gewidmeten Version tradiert. A steht dem Text von B nämlich an vielen Stellen des Werkes näher als C[91]; Fassung B aber weist gegenüber den Versionen A und C in Buch I, 22 und III, 2 ein erzählerisches Plus von beachtlichem Ausmaß auf[92]. Dieses Plus führt uns auf eine neue Fährte; denn die Textgestalt A eliminiert nicht nur die beiden gehässigen Erzählungen über den Mainzer Erzbischof Hatto I., sie unterdrückt auch die Lobrede auf die drei mit den älteren Babenbergern und

---

[85] Vgl. ebda. III, 63, S. 137-139, bes. S. 139, Z. 1-3 und I, 1, S. 4, bes. Z. 6 f.
[86] Vgl. dazu schon KÖPKE, Widukind (wie Anm. 3) S. 32 f. und S. 69 sowie BLOCH, Sachsengeschichte (wie Anm. 3) S. 103 ff., bes. S. 106.
[87] Widukind, Sachsengeschichte (wie Anm. 2) III, 63, S. 139, Z. 4.
[88] Ebda. III, 69, S. 145, Z. 23 f.
[89] Widukind, Sachsengeschichte III (wie Anm. 2) S. 145, Z. 25.
[90] Ebda. III, 70-76, S. 146-154.
[91] Vgl. dazu etwa ebda. I, 13, S. 22, Z. 7; I, 24, S. 24, Z. 1; II, 1, S. 66, Z. 6; II, 9, S. 73, Z. 5; II, 16, S. 81, Z. 4 f. und Z. 20; III, 2, S. 105, Z. 11.
[92] Wie Anm. 78.

den Liudolfingern verwandten Corveyer Äbte namens Bovo[93]. Es wäre also möglich, daß diese Fassung für einen Verwandten Hattos I. bestimmt war, vielleicht für Hatto II., der in den Jahren 968-970 als Erzbischof von Mainz amtierte[94] und nicht unbedingt an Unliebsames aus seiner Familiengeschichte erinnert werden sollte[95]. Zweifelsfrei ist allerdings nur zu erkennen, daß A in Buch I, 22 eine inkongruente Überarbeitung der B-Version darstellt[96]. Die dabei erfolgende Hinzufügung des Ortsnamens Kassel ist vielleicht damit zu erklären, daß Widukind inzwischen eines der im Februar 913 dort ausgestellten Diplome[97] Konrads I. zu Gesicht bekommen hatte[98].

---

[93] Zu dieser Verwandtschaft vgl. Wolfgang METZ, Die Abstammung König Heinrichs I., HJb 84 (1964) S. 271-287, bes. S. 276 ff. und Gerd ALTHOFF, Der Corveyer Konvent im Kontakt mit weltlichen und geistlichen Herrschaftsträgern des 9. und 10. Jahrhunderts, in: Der Liber vitae der Abtei Corvey 2, hgg. von Karl SCHMID/Joachim WOLLASCH (Veröffentlichungen der Historischen Kommission für Westfalen 40 = Westfälische Gedenkbücher und Nekrologien 2, 2, 1989) S. 31.
[94] Vgl. dazu zuletzt Ernst Dieter HEHL, Die Mainzer Kirche in ottonisch-salischer Zeit (911-1122), in: Handbuch der Mainzer Kirchengeschichte 1,1, hg. von Friedhelm JÜRGENSMEISER (Beiträge zur Mainzer Kirchengeschichte 6, 1, 2000) S. 220 f.
[95] Als wirklich ernsthafte Alternative für diese Überlegung bietet sich allerdings die Vermutung an, daß die A-Fassung für Mathildes Klostergründung Nordhausen bestimmt war, denn der von Widukind, Sachsengeschichte (wie Anm. 2) III, 64-69, S. 139-145 ausführlich gewürdigte Graf Wichmann der Jüngere war ein leiblicher Neffe der alten Königin Mathilde, und die vermutlich in Nordhausen entstandene Mathildenvita benutzte ein Exemplar dieser Fassung der Sachsengeschichte. Vgl. dazu u.a. SCHÜTTE, Untersuchungen (wie Anm. 80) S. 13 f.; Josef SEMMLER, Vita religiosa und Bischof bis gegen 1200, in: Handbuch der Mainzer Kirchengeschichte (wie Anm. 94) 1, 2 (2000) S. 595 f. und oben, Anm. 80.
[96] Vgl. dazu ebda. S. XXVII f. (Einleitung) mit Verweis auf Widukind, Sachsengeschichte I, 22, S. 16 ff., wo vom Scheitern der *artes* Hattos I. von Mainz die Rede ist, obwohl der Erzbischof zuvor gar nicht erwähnt wurde.
[97] MGH DD K I. 15 f.
[98] Welches der beiden Diplome dafür am ehesten in Frage kommt, ist schwer zu sagen, doch ist wegen der Schreibweise des Ortsnamens in: Widukind, Sachsengeschichte (wie Anm. 3) I, 22, S. 33, Z. 13 (*Cassala*) vielleicht an MGH DK I. 15 zu denken, zumal dem Kloster Hersfeld nach MGH DO I. 356 und MGH DO II. 17 am 15. Februar 968 die Immunität bestätigt wurde. Allerdings wurden die Vorurkunden dafür offenbar nicht vorgelegt, da sich keine wörtlichen Anklänge finden lassen.

Ob man sich die Dinge derart konkret zurechtlegen darf, muß dahingestellt bleiben, doch ist immerhin klar, daß C eine für Memorialzwecke der Königsfamilie umgearbeitete Version darstellt, und B dafür die Vorlage lieferte. Die einfachste Erklärung für diese Schlußredaktion ergibt sich aus der durch die ältere Mathildenvita bekannten Tatsache, daß die Kaisertochter Mathilde seit 968 für die *memoria* der Königsfamilie verantwortlich war[99]. C wäre dann die nach Quedlinburg verschickte Fassung, B ginge auf das in Corvey verbliebene und um die Schlußkapitel ergänzte Arbeitsexemplar Widukinds zurück[100].

Vor den erhaltenen Versionen aber muß die Sachsengeschichte noch zwei weitere Entwicklungsstufen durchlaufen haben, denn Helmut Beumann hat bereits 1950 gezeigt, daß der Widmungsplan nicht von Anfang an vorhanden war[101], und Gerd Althoff hat mit Recht ergänzt, der Widmungstopos in Buch III, 63[102] könne in der vorliegenden Form erst nach dem Tod der Königin Mathilde verfaßt worden sein[103]. Damit aber wird es ungeheuer spannend, denn es ist keineswegs gesichert, daß Konzeptfassung und erste Widmungsfassung zeitlich unmittelbar aufeinander folgten, ja man kann sogar noch einen Schritt weitergehen und nach dem oder den ursprünglichen Adressaten fragen. Diese Frage muß nun mit den vorhin erwähnten Befunden zu den Darstellungsintentionen der Sachsengeschichte verknüpft werden, d. h. die eigentliche Problemstellung lautet: Wann und wie lange war es sinnvoll, gegen die Errichtung des Magdeburger Erzbistums anzukämpfen und das Konzept eines mit der Lechfeldschlacht von 955 begründeten Kaisertums zu vertreten? Und wer kam dafür als Adressat in Betracht?

---

[99] Vgl. dazu Vita Mathildis reginae antiquior, in: Die Lebensbeschreibungen (wie Anm. 80) c. 13, S. 138.
[100] Das Hauptargument dafür ist die Anfügung von Widukind, Sachsengeschichte (wie Anm. 2) III, 70-76, S. 146-154, wo uns die Sterbefälle der alten Königin Mathilde, Bernhards von Halberstadt, Wilhelms von Mainz und Ottos des Großen geschildert werden. Die Priorität der B-Fassung ist auch hier anhand des Variantenapparates leicht nachzuvollziehen.
[101] Vgl. BEUMANN, Widukind (wie Anm. 3) S. 7-11 und S. 178-204; siehe auch oben Anm. 79.
[102] Wie Anm. 85.
[103] Vgl. ALTHOFF, Widukind (wie Anm. 3) S. 271, Anm. 70.

Die Antwort ergibt sich zumindest teilweise aus Kellers Neuinterpretation von Widukinds Schilderung der Königserhebung von 936. Denn es muß zwar offen bleiben, ob der Geschichtsschreiber die Wahl, Salbung und Krönung des kleinen Otto II. im Frühjahr 961 persönlich miterlebte oder ob er davon erst einige Wochen später erfuhr, als der ottonische Hof mitsamt Wilhelm von Mainz über den Hellweg nach Sachsen zog, das Mainzer Pontifikale im Gepäck und die Vorgänge von Worms und Aachen in frischer Erinnerung[104]. Fest steht aber in jedem Fall, daß Otto der Große nach der Wormser Wahl seines gleichnamigen Sohnes in einem Originaldiplom gleich dreimal verfrüht als Kaiser bezeichnet wurde, und Wilhelm dabei als Leiter der Hofkapelle fungierte[105]. Dieser höchst ungewöhnliche Vorgang dürfte Anfang Juni 961 in Corvey[106] wohl laut diskutiert worden sein, und da Wilhelm damals bei seinem Vater in so hohem Ansehen stand, daß ihm für die Zeit des Italienzugs von 961-965 die Erziehung und Beschirmung des jungen Mitkönigs anvertraut wurde[107], wäre es denkbar, daß Widukind vorrangig für ihn schrieb, denn der *summus pontifex* saß seiner Meinung nach nicht in Rom, sondern in Mainz[108], und er verfügte offenbar über den größtmöglichen Einfluß auf Otto den Großen.

---

[104] Vgl. dazu LAUDAGE, Otto (wie Anm. 3) S. 98 f. mit Verweis auf den Bericht der Continuatio Reginonis zu 961, in: Reginonis abbatis Prumiensis Chronicon cum contiuatione Treverensi, ed. Friedrich KURZE (MGH SS rer. Germ. [50], 1890) S. 171 und MGH DD O I. 227 ff.
[105] Vgl. MGH DO I. Nr. 225, S. 309, Z. 40 und S. 310, Z. 26 f. und Z. 30.
[106] Zur Datierung des Corvey-Aufenthalts vgl. MGH DO I. 227, wonach Otto der Große am 7. Juni 961 schon in Brüggen weilte. Zum Straßenverlauf: Hans Jürgen RIECKENBERG, Königsstraße und Königsgut in liudolfingischer und frühsalischer Zeit (919-1056), AUF 17 (1942) S. 32-154, hier S. 51, S. 70 und S. 73.
[107] Vgl. dazu Continuatio Reginonis zu 961 (wie Anm. 104) S. 171; MGH DD O II. Nr. 2-10; Ruotger, Vita Brunonis archiepiscopi Coloniensis, ed. Irene OTT (MGH SS rer. germ. N. S. 10, 1951) c. 41, S. 43; Vita Mathildis reginae posterior, in: Lebensbeschreibungen (wie Anm. 80) c. 21, S. 186.
[108] Vgl. dazu zuletzt KELLER, Bericht (wie Anm. 3) S. 397 f., Anm. 30 mit Verweis auf Widukind, Sachsengeschichte (wie Anm. 2) I, 21 f., S. 31; I, 26, S. 39; II, 1, S. 65; II, 24, S. 87; II, 25, S. 87; II, 37, S. 98; III, 13, S. 111; III, 16, S. 112; III, 27, S. 117; III, 32, S. 119; III, 41, S. 122; III, 73, S. 150.

Zusätzlich gestützt wird eine solche Vermutung durch den Umstand, daß der Magdeburg-Plan ja 955 am Widerstand Wilhelms gescheitert war[109] und dieser nach Thietmars Chronik in enger Beziehung zu Corvey stand[110]. Widukind dürfte in ihm also einen Bundesgenossen und wohlwollenden Mentor vermutet haben. Wovon er jedoch noch nichts ahnte, das war der Schwenk Wilhelms in der Magdeburg-Frage. Die Forschung hat diese Kehrtwendung bisher mit Beumann auf die Jahre 965/66 datiert[111], doch dürfte die prinzipielle Weichenstellung schon entscheidend früher erfolgt sein. Sieht man sich nämlich die Magdeburg-Urkunden Ottos des Großen an, so begegnet man Interventionen Wilhelms bereits ab dem 25. Juli 961[112] — im Heerlager von Augsburg ausdrücklich verbunden mit dem Kaiser-Titel[113]. Es darf also angenommen werden, daß die römischen Pläne mit Wilhelm detailliert abgestimmt wurden[114], zumal das in seinem Eigenkloster St. Alban entstandene Pontifikale auch einen Ordo für die Kaiserkrönung enthielt[115]. Beides, so können wir festhalten, die Gründung des Erzbistums Magdeburg und die Krönung in Rom, wurden höchstwahrscheinlich von Otto dem Großen und seinem

---

[109] Vgl. dazu zuletzt Helmut BEUMANN, Theutonum nova metropolis. Studien zur Geschichte des Erzbistums Magdeburg in ottonischer Zeit, hg. von Jutta KRIMM-BEUMANN (Quellen und Forschungen zur Geschichte Sachsen Anhalts 1, 2000) S. 47-69; LAUDAGE, Otto (wie Anm. 3) S. 173 f. mit Verweis auf Epistolae Moguntinae, in: Monumenta Moguntinae, ed. Philipp JAFFÉ (Bibliotheca rerum Germanicarum 3, 1866) Nr. 18, S. 347-350 und JL 3690/Papsturkunden 896-1046 I, ed. Harald ZIMMMERMANN (1984) Nr. 154, S. 281-284.
[110] Vgl. Thietmar, Chronik (wie Anm. 81) II, 18, S. 60.
[111] Vgl. dazu zuletzt BEUMANN, Entschädigungen (wie Anm. 67) S. 384.
[112] Vgl. MGH DDO I. 230, 232a und b sowie 233.
[113] Vgl. dazu MGH DO I. 233, S. 319.
[114] Wichtigstes Indiz hierfür ist MGH DO I. 230, S. 316, Z. 5-7; vgl. aber auch Johann Friedrich BÖHMER, Regesta Imperii II, 1: Die Regesten des Kaiserreiches unter Heinrich I. und Otto I. 919-973, neubearb. von Emil VON OTTENTHAL mit Ergänzungen von Hans H. KAMINSKY (1967) Nr. 300a mit Verweis auf MGH DO I. 226 und MGH DO II. 9, woraus sich ein schon im Vorfeld der Wormser Königswahl Ottos II. in Ingelheim abgegebenes Schenkungsversprechen für St. Alban ableiten läßt.
[115] Vgl. dazu Die Ordines für die Weihe und Krönung des Kaisers und der Kaiserin (Ordines coronationis imperialis), ed. Reinhard ELZE (MGH Fontes iuris Germanici antiqui 9, 1960) Nr. I, S. 1-3.

Sohn Wilhelm in den Jahren 960/61 gemeinsam geplant. Aber Widukind besaß davon keinerlei Kenntnis.

Die Nachrichten über die römische Kaiserkrönung brachten somit irgendwann eine Hiobsbotschaft nach Corvey: Der Papst hatte der Errichtung des Erzbistums Magdeburg in einer auf Empfängerdiktat zurückgehenden Urkunde am 12. Februar 962 zugestimmt[116]. Kaisertum und Missionsgedanke wurden darin auf das engste miteinander verknüpft, die Erzbischöfe von Mainz, Trier, Köln, Salzburg und Hamburg aufgefordert, ebenfalls ihren Konsens zu erteilen, und zur Kompensation des damit verbundenen Verlustes an *honor* wurde Wilhelm höchstwahrscheinlich der Primat „bei allen kirchlichen Handlungen in Germanien und Gallien, das heißt bei der Königssalbung und beim Abhalten von Synoden" zugestanden, denn auf eine solche Formulierung verweist uns eine spätere Bestätigungsurkunde für Willigis von Mainz aus dem Jahre 975[117].

Wann nun all das in Corvey bekannt wurde und ein Eintreten gegen die Förderung Magdeburgs und ein sakramental fundiertes Kaisertum sinnlos erschien, wissen wir nicht. Es dürfte jedoch spätestens nach der Rückkehr Ottos des Großen im Jahre 965 der Fall gewesen sein, als Wilhelm erneut für Magdeburg intervenierte und dort sogar einem Hoftag beiwohnte[118]. Zuvor wollte Widukind seine Sachsengeschichte wohl bis zur Kaiserkrönung Ottos I. führen, um auf diese Weise nach dem Muster seiner Schilderung der Königserhebungen von 919 und 936 literarisch zu beweisen, daß der Aufstieg des Herrschers zum Kaisertum nicht durch ei-

---

[116] Vgl. dazu JL 3690/Papsturkunden (wie Anm. 109) Nr. 154, S. 281-284.

[117] JL 3784/Papsturkunden Nr. 237, S. 472; dazu zuletzt BEUMANN, Metropolis (wie Anm. 109) S. 7-22 und S. 81-87; LAUDAGE, Otto (wie Anm. 3) S. 183.

[118] Vgl. dazu zuletzt LAUDAGE, Otto (wie Anm. 3) S. 209-212 mit Verweis auf MGH DO I. 278, S. 295, wo uns Wilhelm als Intervenient begegnet und ausdrücklich von Erzbischöfen die Rede ist, die demnächst die Magdeburger Kirche leiten würden. Zur Teilnahme Wilhelms am Magdeburger Hoftag von 965 vgl. zuletzt BEUMANN, Entschädigungen (wie Anm. 67) S. 384 mit Verweis auf BÖHMER/VON OTTENTHAL, Regesten (wie Anm. 114) Nr. 403 und Urkundenbuch des Hochstifts Halberstadt und seiner Bischöfe 1, hg. von Gustav SCHMIDT (Publikationen aus den königl.-preußischen Staatsarchiven 65, 1896) Nr. 35, S. 17 f. = Urkundenbuch des Erzstifts Magdeburg 1, hgg. von Friedrich ISRAEL/ Walter MÖLLENBERG (Geschichtsquellen der Provinz Sachsen, Neue Reihe 18, 1937) Nr. 45, S. 63-65.

nen sakramentalen Akt bewirkt wurde, sondern bereits aus der Fürsprache des Corveyer Klosterheiligen, der persönlichen Erwählung durch Gott und kriegerischer Stärke resultierte. Buch II, 1 bis III, 62 seines Werks sind jedenfalls frühestens in den Jahren 961/62 entstanden, und die Darstellung wurde augenscheinlich deshalb mit dem Jahre 958 abgebrochen, weil Otto der Große inzwischen auch durch sein neues Siegelbild die sakramentale Fundierung des Kaisertums propagierte[119] und sich in seiner unmittelbaren Umgebung kein wirksamer Förderer Corveys auf Kosten Magdeburgs mehr erkennen ließ. Widukinds genuin sächsische Perspektive fand damals allenfalls noch bei den ewig Gestrigen Anklang: bei der alten Königin Mathilde und bei Bischof Bernhard von Halberstadt[120]. In das Zentrum des ottonischen Hofes aber konnte sie nicht mehr vordringen, und erst mit der Situation des Jahres 968 ergab sich somit ein neuer Verwendungszweck.

Mit diesem Versuch einer Neudatierung von Widukinds Sachsengeschichte möchte ich schließen. Er verträgt sich bestens mit den Forschungen von Beumann, Keller und Althoff[121], erkennt aber auch den Wert der Frage nach dem Umgang mit der mündlichen Überlieferung an[122]. Die *fama* war gerade an einem Verkehrsknotenpunkt wie Corvey[123] der wichtigste „Faktenlieferant", literarische Fiktionen gingen aber nicht nur auf das Konto der mündlichen Traditionsbildung. Sie konnten selbst im Rahmen der oralen Gesellschaft noch von intentionalen Faktoren beeinflußt werden — und vielleicht liegt gerade darin der eigentliche Reiz Widukinds. Als Kronzeuge für die Zeit Heinrichs I. und Ottos des Großen verdient er jedenfalls nach wie vor unsere Aufmerksamkeit, aber na-

---

[119] Vgl. dazu KELLER, Herrschersiegel (wie Anm. 41) S. 3-51; DERS., Zu den Siegeln (wie Anm. 41) S. 400-441, bes. S. 417-424; DERS., Entscheidungssituationen und Lernprozesse in den „Anfängen der deutschen Geschichte". Die „Italien- und Kaiserpolitik" Ottos des Großen, FmSt 33 (1999) S. 20-48, bes. S. 44-46; DERS., Das neue Bild des Herrschers. Zum Wandel der „Herrschaftsrepräsentation" unter Otto dem Großen, in: Ottonische Neuanfänge (wie Anm. 41) S. 189-211.
[120] Vgl. dazu LAUDAGE, Otto (wie Anm. 3) S. 212-214.
[121] Vgl. dazu insbesondere ihre in Anm. 3 zitierten Arbeiten.
[122] Vgl. dazu FRIED, Kunst (wie Anm. 3) S. 493-503 und DERS., Königserhebung (wie Anm. 3) S. 267-318.
[123] Zur Verkehrs- und Kommunikationssituation in Corvey vgl. zuletzt zusammenfassend LAUDAGE, Otto (wie Anm. 3) S. 46-49, bes. S. 48 f.

türlich bin ich mir bewußt, daß auch die oft postulierte „Mediävistik 2000" nur „Häuser im Stile der eigenen Zeit"[124] errichten kann. Spätere Generationen werden unsere Verstehensansätze ohne Zweifel wieder relativieren, und vieles bleibt somit hypothesenhaft.

---

[124] ELIAS, Gesellschaft (wie Anm. 1) S. 17.

"KONSTRUKTION DER VERGANGENHEIT".
GESCHICHTSBEWUSSTSEIN UND "FIKTIONALITÄT" IN DER HOCHMITTELALTERLICHEN CHRONISTIK, DARGESTELLT AM BEISPIEL DER ANNALES PALIDENSES

von

HANS-WERNER GOETZ

I.

Die „Fiktionalität" der (oder in der) Geschichtsschreibung, zu der ich mich im Kontext des Tagungsbandes und in Absprache mit dem Herausgeber hier äußern soll, scheint – aus heutiger Sicht – ein ebenso altes wie modernes Thema zu sein, denn daß jede Geschichtsschreibung in dem Bemühen, die Vergangenheit zu „rekonstruieren"[1], tatsächlich ein – zeitgemäßes – Geschichtsbild „konstruiert", ist uns, bei aller unterschiedlichen Akzentuierung und Einstellung dazu, seit langem bewußt: Geschichtsverlauf und Geschichtserzählung stimmen keineswegs überein. Es ist daher nur natürlich, auch die mittelalterliche Chronistik als „Geschichtskonstrukt" zu betrachten und nach deren Hintergründen, Zielen und Vorgehensweisen zu fragen. Das Thema erhält um die zweite Jahrtausendwende eine besondere Aktualität, weil unser eigenes Tun (als Historiker/innen), wie uns zunehmend bewußt wird, Wandlungen ebenso wie Angriffen ausgesetzt ist, die vorweg angesprochen werden müssen, denn die hier aufgegriffene Frage entspringt zunächst ganz unseren (veränderten) Vorstellungen und nicht den mittelalterlichen Maßstäben. Hatte man früher, in „historistischer" Tradition, vor allem nach der „Tendenz" eines Autors gefragt, um auf diese Weise der „Quellenkritik" – als einer der drei „Grundoperationen" historischen Arbeitens[2] – zu genügen, und geglaubt, durch die Eliminierung der autorbedingten

---

[1] So noch Jörn RÜSEN, Rekonstruktion der Vergangenheit. Grundzüge einer Historik II: Die Prinzipien der historischen Forschung (Kleine Vandenhoeck-Reihe 1515, 1986). Vgl. demgegenüber Chris LORENZ, Konstruktion der Vergangenheit. Eine Einführung in die Geschichtstheorie (Beiträge zur Geschichtskultur 13, 1997).
[2] Vgl. ebda. S. 95 ff. und S. 102 ff. (zu den „prozessuralen Operationen").

„Zutaten" (oder Weglassungen) aus den Berichten die Verzerrungen der historischen Realität beseitigen und diese, bei genügend günstiger Quellenlage, einigermaßen wahrheitsgetreu erfassen zu können, so haben wir uns in dem vergangenen, posthistoristischen und zunächst historismuskritischen und dann gar „postmodernen" Jahrhundert von solcher Zuversichtlichkeit inzwischen weit entfernt und sind in dieser Hinsicht sehr viel vorsichtiger geworden: „Historische Wirklichkeit" ist für uns zu einem Phänomen geworden, das nicht recht faßbar ist, ja dessen reale Existenz sogar (wohl zu Unrecht) ganz bestritten oder aber dessen Relevanz für die Geschichtswissenschaft zumindest (wohl zu Recht) in Frage gestellt worden ist[3]. Wir erfassen die Wirklichkeit ja immer nur über gefilterte Aussagen (wir nennen das bekanntlich – übrigens noch gar nicht so lange – „Quellen"[4]; im Mittelalter sprach man hingegen von „Zeugen" oder „Zeugnissen"), und es hat sich längst als Illusion erwiesen zu glauben, man brauche nur genügend Quellen als Vergleichsmaterial, um der historischen Wahrheit auf die Spur zu kommen. Mehr noch: Wir w o l l e n gar nicht mehr d i e vergangenen Wirklichkeiten erfassen, wir wollen die Geschichte vielmehr jeweils unter unserer Perspektive betrachten (sei das nun die „Politik", die „Gesellschaft", das „Geschlecht" oder die „Kultur") und aus der Fülle des Geschehenen gegenwartsrelevante Aspekte auswählen, ein anthropologisch begründbares, gleichzeitig aber gefährliches Unterfangen, weil es stets die Gefahr in sich birgt,

---

[3] Vgl. RÜSEN, Historische Vernunft. Grundzüge einer Historik I: Die Grundlagen der Geschichtswissenschaft (Kleine Vandenhoeck-Reihe 1489, 1983) S. 59: „Geschichte wird die Vergangenheit erst, wenn sie als solche gedeutet wird." Rudolf VIERHAUS, Über die Gegenwärtigkeit der Geschichte und die Geschichtlichkeit der Gegenwart (Vortragsreihe der niedersächsischen Landesregierung zur Förderung der wissenschaftlichen Forschung in Niedersachsen 59, 1987) S. 17: „Geschichte ist nicht einfach das vergangene Geschehen, sondern dessen Zusammenhang im Horizont gegenwärtigen Wissens und Verstehens." Am bekanntesten ist die Definition Johan HUIZINGAS, Wege der Kulturgeschichte (1930, ND. 1961) S. 86: „Geschichte ist die geistige Form, in der sich eine Kultur über ihre Vergangenheit Rechenschaft gibt."
[4] Zum Quellenbegriff, der im heutigen Sinn erst durch Bernheim in der Geschichtswissenschaft Verbreitung fand, vgl. Ludolf KUCHENBUCH, Sind mediävistische Quellen mittelalterliche Texte? Zur Verzeitlichung fachlicher Selbstverständlichkeiten, in: Die Aktualität des Mittelalters, hg. von Hans-Werner GOETZ (Herausforderungen. Historisch-politische Analysen 10, 2000) S. 317-354, hier S. 326 ff.

der Vergangenheit selbst (und ihren Zeitgenossen) damit nicht mehr gerecht zu werden.

Wenn wir aber u n s e r e Vergangenheit für u n s e r e Bedürfnisse „konstruieren", so geraten auch unsere eigenen wissenschaftlichen Erzeugnisse gefährlich in die Nähe der „Fiktion". Extrempositionen, die gern als „postmodern" apostrophiert werden, zum guten Teil aus dem sogenannten „linguistic turn" resultieren und, gegenüber dem „Strukturalismus" der 60er und 70er Jahre, „dekonstruieren" (das heißt den Text nicht mehr als ein in sich geschlossenes „System" betrachten) wollen und die auch die Ergüsse der Historiker, mit Hayden White, als „verbal fictions" verstehen („Auch Klio dichtet") oder, als Konsequenz, der Geschichtswissenschaft gar die Wissenschaftlichkeit absprechen wollen[5], werden (nicht nur) hierzulande allerdings (zu) wenig ernst genommen. Versuche, sich entweder mit ihnen auseinanderzusetzen[6] oder sie umgekehrt für die Geschichtswissenschaft nutzbar zu machen oder sie, wie bei Gabrielle Spiegel, gar auf die mittelalterliche Geschichtsschreibung anzuwenden[7], sind verhältnismäßig selten. Entsprechende geschichtstheoretische Erkenntnisse werden seitens der Geschichtswissenschaft und besonders seitens der Mediävistik daher nur verhalten aufgegriffen und

---

[5] Vgl. Hayden WHITE, Tropics of Discourse: Essays in Cultural Criticism (⁶1994) (deutsche Fassung unter dem bezeichnenden Titel: Auch Klio dichtet oder Die Fiktion des Faktischen. Studien zur Tropologie des historischen Diskurses [Sprache und Geschichte 10, 1986]). Vgl. DERS., Metahistory: The Historical Imagination in Nineteenth-Century Europe (1973) (dt. Metahistory. Die historische Einbildungskraft im 19. Jahrhundert in Europa [1991]). Dazu: Hayden White's *Metahistory* twenty years after, Storia della storiografia 25 (1994) S. 3-152. Zur Rezeption und späteren Wandlung der Position Hayden Whites vgl. Richard T. VANN, The Reception of Hayden White, History and Theory 37 (1998) S. 143-161.

[6] Vgl. vor allem Richard EVANS, In Defense of History (1997) (dt. Fakten und Fiktionen. Über die Grundlagen historischer Erkenntnis [1998]). Zur Diskussion Otto Gerhard OEXLE, Im Archiv der Fiktionen, Rechtshistorisches Journal 18 (1999) S. 511-525; DERS., Kultur, Kulturwissenschaft, Historische Kulturwissenschaft. Überlegungen zur kulturwissenschaftlichen Wende, in: Mediävistik als Kulturwissenschaft?, hg. von Hans-Werner GOETZ (= Das Mittelalter. Perspektiven mediävistischer Forschung 5, 2000) S. 13-33. Zur „Postmoderne" in der heutigen Mediävistik: Michael BORGOLTE, Mittelalterforschung und Postmoderne. Aspekte einer Herausforderung, Zs. f. Geschichtswissenschaft 43 (1995) S. 615-627; zur phantasievollen Ausgestaltung historischer Darstellungen: Johannes FRIED, Wissenschaft und Phantasie. Das Beispiel der Geschichte, HZ 263 (1996) S. 291-316.

[7] Vgl. ihre Aufsatzsammlung: Gabrielle M. SPIEGEL, The Past as Text. The Theory and Practice of Medieval Historiography (Parallax. Re-Visions of Culture and Society, 1997).

haben noch kaum zur Reflexion der geschichtswissenschaftlichen Methode und nur bedingt zur konsequenten Anwendung auf unsere Quellen geführt. Das liegt zum einen wohl daran, daß eine unmittelbare Anwendung in der Geschichtswissenschaft sehr viel schwieriger ist als in den Literaturwissenschaften, wo die – durchaus kritische – Resonanz, soweit ich sehe, weit schneller voranschreitet[8], zum andern aber eben an den – polarisierenden – Extrempositionen. Der Angriff gilt schließlich nicht nur unseren Quellen – das wäre noch erträglich –, sondern uns selbst. Er trifft tief und fordert zu Entgegnungen heraus. (Erwiderungen wie die wohl ausführlichste von Richard Evans[9] sind allerdings unzureichend, weil sie an der Sache vorbeigehen und die Existenz von „events" voraussetzen, anstatt die eigene Position zu reflektieren.) Zum einen könnte gerade die Bewußtheit solcher Bedingungen unserer Wissenschaft zu einem höheren Reflexionsgrad führen[10]. Zum andern wäre es sicher zu einseitig gedacht, wollte man der Geschichtswissenschaft die Wissenschaftlichkeit nur wegen der Literazität ihrer Produkte absprechen. Sie ist anders begründet (etwa in der gewissenhaften Prüfung der Quellenaussagen und in einem behutsamen Bemühen, der Vergangenheit gerecht zu werden, sowie, nicht zuletzt, in der Reflexion des eigenen Tuns). Ob die Geschichte „Wachs in den Händen des Historikers" ist, der sie „formt, wie er sie will", wie Johannes Fried kürzlich meinte[11], sei folglich dahingestellt. Noch gibt es nachvollziehbare Verfahren bei der Auswertung der Quellen, denen allein wir Kenntnis über die Vergangenheit verdanken, und es gilt gerade diesen „Verfahren" – auch der mittelalterlichen Autoren – nachzuspüren. Ich vermag daher nicht recht einzusehen, weshalb die – nur allzu logische – Erkenntnis, daß auch wissen-

---

[8] Vgl. Ursula SCHAEFER, Von Schreibern, Philologen und anderen Schurken. Bemerkungen zu *New Philology* und *New Medievalism* in den USA, in: Mediävistik als Kulturwissenschaft? (wie Anm. 6) S. 69-81; Werner ROCKE, Text und Ritual. Spielformen des Performativen in der Fastnachtkultur des späten Mittelalters, ebda. S. 83-100, bes. S. 83-89.

[9] Vgl. oben Anm. 6.

[10] Überzeugend scheint mir daher die Position von Georg Iggers zu sein, der in den postmodernen Anfechtungen die Chance einer Erweiterung wissenschaftlicher Rationalität, wissenschaftlicher Beschäftigung mit der Geschichte und einer Vermehrung der Perspektiven erblickt. Vgl. Georg G. IGGERS, Geschichtswissenschaft im 20. Jahrhundert. Ein kritischer Überblick im internationalen Zusammenhang (^{2}1996) S. 87, S. 99 und S. 101.

[11] So FRIED, Wissenschaft (wie Anm. 5) S. 305.

schaftliche Arbeiten „Texte" sind, die (mindestens) ebensoviel über den Autor wie über die Sache aussagen, die Geschichtswissenschaft unwissenschaftlich machen soll; sie wird nur andere wissenschaftliche Kriterien zugrunde legen müssen als die frühere Historie; ein formales Vorgehen à la Droysen reicht heute längst nicht mehr aus, auch wenn es nach wie vor als Basis dienen kann (und Droysen selbst in aller Regel sehr weit und vorsichtig formulierte). Daß die Darstellung stets sowohl autor- wie zeitspezifisch und somit subjektiv ist, ist uns seit langem bekannt und will bedacht sein. Ein Hindernis bildet das nur dann, wenn wir uns an einer einstmals „objektiv" abgelaufenen Realität orientieren wollen. Hingegen ist es geradezu notwendig, wenn wir die Geschichte zeitgemäß darstellen wollen, und bildet somit die wichtigste Voraussetzung für eine „Aktualität" der Vergangenheit. Wenn die Geschichtswissenschaft u n s e r e Sicht der Vergangenheit für u n s e r e Gegenwart erarbeitet, kann der literarische Charakter ihrer Erzeugnisse nicht als störend empfunden werden; er ist vielmehr konstitutiv für die Ergebnisse.

Ich breche damit keine Lanze für sogenannte „postmoderne" Verfahren wie die Diskursanalyse, zumindest dann nicht, wenn sie einen Verzicht auf Quellenkritik impliziert: Jeder Text steht – natürlich – in einem historischen Kontext; ihn dort herauszulösen, bleibt eine schlimme Sünde gegen j e d e geschichtswissenschaftliche Methode. Ein Vorteil der heutigen Geschichtswissenschaft ist es gerade, daß sie diesen Kontext zur Kenntnis nimmt. Früher beschränkte sich das – negativ – auf die Feststellung der (politischen) „Tendenz" bzw. auf den politischen Kontext. Welche wichtigen Entdeckungen sind aber gemacht worden, seit wir (nur als Beispiel) begonnen haben, das (primäre) religiöse Weltbild oder auch die literarische Gestaltung zu berücksichtigen! Die „Dichte" der Äußerungen hingegen – ein wesentliches Merkmal der Diskursanalyse – ist unbedingt zu berücksichtigen. Viel zu lange haben Historiker Einzelstellen hin- und hergewendet, deren Repräsentativität allein von der Glaubwürdigkeit ihres Autors abhängt. Hier können wir also durchaus von den neuen Ansätzen lernen.

In dieser Hinsicht wirkt der Perspektivenwandel der Geschichtswissenschaft aber auch erkennbar auf die Behandlung unserer Quellen zurück. Die Einsicht, daß jede Quelle – teils gezielte, teils unreflektierte – sprachliche Umsetzung und damit (literarische) Konstruktion der Wahrnehmung des Autors von den Vorgängen seiner Zeit und seiner Geschichte ist, führt zwangsläufig dazu, die Geschichtsschreibung von ihrer narrativen Struktur her, als „Erzählung", zu durchdringen. Ich verweise etwa auf Walter Goffarts Untersuchung zu den frühmittelalterlichen Volksgeschichten[12] – bei aller Problematik wegen mancher Fehleinschätzungen und der nicht unberechtigten Kritik durch Hans Hubert Anton[13] –, auf Martin Heinzelmanns Analyse der Historien Gregors von Tours[14] oder auf eine in Kürze erscheinende Monographie des Norwegers Sverre Bagge zur hochmittelalterlichen deutschen Historiographie[15]. Den Autoren und ihren Absichten einerseits sowie ihren Texten und deren (erzählerischer) Gestaltung, der „Narrativität", andererseits widmen wir daher weit größere, längst nicht mehr nur quellenkritisch bedingte Aufmerksamkeit als früher, ja aus einer anthropologisch angehauchten Geschichtswissenschaft (einer „Humanwissenschaft", wie man das euphemisierend benannt hat) heraus richten wir unser Interesse unmittelbar auf die Vorstellungen der Menschen selbst und auf deren Wahrnehmung ihrer Gegenwart (wie auch ihrer Vergangenheit) und fragen nach ihrem „Geschichtsbild" und ihrem „Geschichtsbewusstsein", nach dem „Gebrauch" und „Mißbrauch" der Vergangenheit für aktuelle Zwecke[16], The-

---

[12] Walter GOFFART, The Narrators of Barbarian History (A.D. 550-800). Jordanes, Gregory of Tours, Bede, and Paul the Deacon (1988).

[13] Hans Hubert ANTON, Origo gentis – Volksgeschichte. Zur Auseinandersetzung mit Walter Goffarts Werk „The Narrators of Barbarian History", in: Historiographie im frühen Mittelalter, hgg. von Anton SCHARER/Georg SCHEIBELREITER (Veröffentlichungen des Instituts für Österreichische Geschichtsforschung 32, 1994) S. 262-307. Die Kontroverse resultiert aus der Tatsache, daß beide Autoren Historiographie und „Fiktionalität" als Gegensätze begreifen, und verliert an Schärfe, wenn man den Konstruktionscharakter auch der Geschichtsschreibung anerkennt.

[14] Martin HEINZELMANN, Gregor von Tours (538-594). „Zehn Bücher Geschichte". Historiographie und Gesellschaftskonzept im 6. Jahrhundert (1994).

[15] Sverre BAGGE, Kings, Politics, and the Right Order of the World in German Historiography c. 950-1150 (Studies in the history of Christian Thought 103, 2002).

[16] Mehrere Arbeiten sind in auffälliger Häufung in den letzten Jahren zu solchen Themen erschienen. Vgl. etwa Paul MAGDALINO (Hg.), The Perception of the Past in Twelfth-Century Europe (1992); Amy G. REMENSNYDER, Remembering Kings Past: Monastic Foundation Legends in Medieval Southern France (1995); Hans-Werner GOETZ (Hg.), Hochmittelalterliches Geschichtsbewußtsein im Spiegel nichthistoriographischer Quellen (1998); Hans-Werner GOETZ, Geschichtsschreibung und Geschichtsbewußtsein im hohen Mittelalter (Orbis mediaevalis. Vorstellungswelten des Mittelalters 1, 1999); Yitzhak HEN/Matthew

men, die mich selbst seit meinen wissenschaftlichen Anfängen beschäftigen, hierzulande aber nur allmählich an Gewicht gewinnen und bezeichnenderweise – fast schlagartig – erst durch die Anwendung auf ein Beispiel der politischen Geschichte in ein breiteres mediävistisches Bewußtsein der deutschen „Zunft" gerückt wurden[17]. Noch immer sind die meisten Mediävisten (zu sehr) geneigt, nach der historischen Wahrheit zu fragen[18]. Auch dann sind solche Fragestellungen unverzichtbarer Bestandteil der Quellenkritik. Einen besonderen Wert aber gewinnen sie dann, wenn man nicht mehr nach der „historischen Realität", sondern unmittelbar nach deren Wahrnehmung durch die Zeitgenossen fragt. Das führt – in anthropologischer Ausrichtung – zu den Menschen des Mittelalters und ihrer geistigen und mentalen Befindlichkeit, spürt aber auch den Traditionen unseres eigenen Tuns (als Geschichtswissenschaft) nach und

---

INNES (Hgg.), The Uses of the Past in the Early Middle Ages (2000); Gerd ALTHOFF/Johannes FRIED/Patrick J. GEARY (Hgg.), Ritual, Memory, Historiography. Medieval Concepts of the Past (2002).

[17] Vgl. Johannes FRIED, Die Königserhebung Heinrichs I. Erinnerung, Mündlichkeit und Traditionsbildung im 10. Jahrhundert, in: Mittelalterforschung nach der Wende 1989, hg. von Michael BORGOLTE (HZ Beih. 20, 1995) S. 267-318.

[18] Selbst Johannes Fried, der zuletzt mehrfach Wahrnehmung und literarische Gestaltung in den Mittelpunkt seiner Arbeiten gestellt und deren Berücksichtigung angemahnt hat (vgl. Johannes FRIED, Gens und regnum. Wahrnehmungs- und Deutungskategorien politischen Wandels im früheren Mittelalter. Bemerkungen zur doppelten Theoriebindung des Historikers, in: Sozialer Wandel im Mittelalter. Wahrnehmungsformen, Erklärungsmuster, Regelungsmechanismen, hgg. von Jürgen MIETHKE/Klaus SCHREINER [1994] S. 73-104) und der mit seiner Skepsis gegenüber der beschränkten Wahrnehmung unserer Quellen gewiß am weitesten geht (vgl. Johannes FRIED, Erinnerung und Vergessen. Die Gegenwart stiftet die Einheit der Vergangenheit, HZ 273 (2001) S. 561-593), geht es letztlich — ganz konventionell — immer noch um ein Abweichen von der Wahrheit (also letztlich: um die Tendenz), wenn er beispielsweise die Nachfolgeordnung von 813 e n t g e g e n ihrer Überlieferung in unserer Hauptquelle, den *Annales regni Francorum*, untersucht, weil diese das Ereignis falsch wiedergeben; vgl. Johannes FRIED, Elite und Ideologie oder Die Nachfolgeordnung Karls des Großen vom Jahre 813, in: Le royauté et les élites dans l'Europe carolingienne (du début du IXe au environs de 920), hg. von Régine LE JAN (1998) S. 71-109. Wenn er schließt: „Nicht einmal eine vage Vorstellung der Kategorie ‚Faktum' existierte. So wurde die Wahrheit der ‚Wahrheit', die Friedens- und Nachfolgeordnung Karls des Großen vom Jahre 813 Ludwigs Kampfansage von 817 geopfert" (ebda. S. 107), so ist das quellenkritisch korrekt, wahrnehmungsgeschichtlich hingegen zu destruktiv. Wir müssen vielmehr konstruktiv fragen: Was für eine Wahrnehmung steckt hinter solchem Umgang mit der Vergangenheit?

hilft, im Vergleich, Mittelalter und Moderne zu kontrastieren[19].

Unter solchem Blickwinkel aber läßt sich die Frage nach der „Fiktionalität" der Quellen heute zwangsläufig ganz anders sehen und bewerten als in historistischer Tradition: nicht mehr abschätzig („Fiktionen" sind wertlos für die Geschichtskonstruktion), sondern, im Gegenteil, als höchst erhellend für die Geistes- und Gedankenwelt unserer Autoren und (damit) für die Mentalität mittelalterlicher Menschen insgesamt. Im Endeffekt ist j e d e Geschichtsdarstellung (eine Art) „Fiktion", insofern sie die Interessen, Sichtweisen, Überzeugungen und Wahrnehmungen des Autors (und gegebenenfalls, unter Berücksichtigung der Adressaten und der Rezeption des Werkes, auch seines Publikums) weit deutlicher widerspiegelt als das historische Geschehen selbst, nach dem man früher ausschließlich gefragt hat (und oft immer noch vorrangig fragt). Damit sind die Grenzen zwischen „Historiographie" und „Dichtung" oder – spezifischer – zwischen Geschichtsschreibung und Geschichtsdichtung fließender geworden (und ein Großteil der mittelalterlichen Dichtung, wie auch der mittelalterlichen Historiographie, ist „Geschichtsdichtung"), ohne daß damit allerdings sämtliche Unterschiede verwischt werden dürfen.

„Fiktionalität" aber scheint, wie die vorangestellten theoretischen Überlegungen zeigen sollten, insofern ein inadäquater Begriff für historiographische Erzeugnisse, als hier (immer noch) „Fiktion" und „Wahrheit" einander gegenübergestellt werden. Wenn die „Fiktion" den ureigensten Überzeugungen ihres Autors entspringt, so i s t sie dessen Wahrheit, und, insofern der Autor Teil der Geschichte ist, entspricht sie zumindest in Teilen auch der „historischen Wahrheit" (oder „Realität"), auch wenn diese sich vielfach ganz anders zugetragen haben mag. Mentalitätsgeschichtliche Überlegungen haben ja längst klar gemacht – und das ist, soweit ich sehe, weithin akzeptiert –, daß „Fälschungen" im Mittelalter ein trotz dickleibiger Sammelbände und erhellender Aufsätze zwar immer noch nur schlaglichtartig bekanntes, aber jedenfalls ein Phänomen ist, dem man mit unserem Wahrheitsbegriff nicht beizukommen vermag

---

[19] Zur theoretischen Grundlegung der Ansätze, vgl. Hans-Werner GOETZ, „Vorstellungsgeschichte": Menschliche Vorstellungen und Meinungen als Dimension der Vergangenheit. Bemerkungen zu einem jüngeren Arbeitsfeld der Geschichtswissenschaft als Beitrag zu einer Methodik der Quellenauswertung, AKG 61 (1979) S. 253-271.

und das nicht einfach als Unrecht oder Betrug abgeurteilt werden darf. Das schließt im Einzelfall bewußte „Fälschungen" oder „Fiktionen" durch den Autor natürlich nicht aus, und wir brauchen, um das abzuklären, weiterhin eine Quellenkritik, die nun, in wahrnehmungsgeschichtlicher Perspektive, allerdings andere Akzente setzen muß als die historistische und sich vor allem auf alle erdenklichen historischen Kontexte und Aspekte der Geschichte ausweiten muß, seit sich auch die historische Interpretation allen möglichen Aspekten der Geschichte geöffnet hat. Nicht „Fiktionalität", sondern „(Geschichts-) Konstruktion" scheint mir daher der passende Begriff wissenschaftlicher Geschichtsdarstellungen zu sein (wobei „konstruieren" immer noch konstruktiver ist als „dekonstruieren"). Keinem mittelalterlichen Autor wäre es allerdings in den Sinn gekommen, daß er letztlich ein Geschichtsbild „konstruiert". Mittelalterliche Autoren mochten „Geschichten spinnen" oder „weben" (*contexere historiam*), aber nicht „konstruieren". Bei der Anwendung solcher Überlegungen auf die mittelalterliche Historiographie ist folglich Vorsicht geboten.

Unterscheiden wir also erstens „Fiktionalität" (im Sinne einer bewußten Erfindung oder Fälschung) und inhaltliche ebenso wie narrative „Konstruktion" des (bzw. jedes) Geschichtsberichts. Setzen wir zweitens nicht einfach „Fiktion" versus „Wahrheit", sondern betrachten die Geschichtserzählung als Ausdruck einer (bewußten) literarischen Gestaltung auch der historiographischen Erzeugnisse[20] durch den Autor sowie deren Prägung durch den mentalitätsgeschichtlichen Hintergrund: die Vorstellungen, Überzeugungen und Wahrnehmungsmuster des Autors. Und lassen wir drittens Vorsicht walten bei der vorschnellen Feststellung einer „Fiktionalität" in mittelalterlichen Quellen, die nicht einfach an unseren, sondern – zumindest auch – an mittelalterlichen Maßstäben zu messen ist. Unter solchen Prämissen sollen nun resümierend und thesenhaft einige wesentliche Grundzüge einer „Konstruktion der Vergangenheit" in hochmittelalterlichen Chroniken verdeutlicht und anschließend an einem Fallbeispiel veranschaulicht werden.

---

[20] Narrative Muster sind jedem Geschichtswerk inhärent und daher heute Gegenstand auch geschichtswissenschaftlicher Analysen, allerdings, anders als in der Literaturwissenschaft, nicht deren Ziel, sondern ihre Vorbedingung.

II.

Wenn mittelalterliche Geschichtsschreibung wie jede Geschichtsschreibung zeitgemäße „Konstruktion der Vergangenheit" ist, so folgte sie natürlich – ihrer Zeit verhaftet – ganz anderen Maßstäben als die moderne Geschichtswissenschaft. Wir haben folglich die literarische Gestaltung oder Kompilation des einzelnen Geschichtswerks zu analysieren und nach dem Selbstverständnis der Geschichtsschreiber von ihrer Geschichtsschreibung und den an sie angelegten Kriterien (also, wenn man so sagen darf, nach der mittelalterlichen „Geschichtstheorie" oder „Historik") sowie nach den daraus zu ziehenden Folgerungen auf den Geschichtsbericht selbst (als „Konstruktion") im Hinblick auf das mittelalterliche Verständnis von Geschichtsschreibung und „Fiktionalität" zu fragen. Welches sind also die mittelalterlichen Kriterien der Geschichtskonstruktion, und waren sich die Chronisten ihrer Eigenarten bewußt?

Daß die literarische Gestaltung des Geschichtswerks vor allem durch die beiden Faktoren der Auswahl und der Anordnung bestimmt wird, hat Gert Melville bereits vor nunmehr 25 Jahren dargelegt[21] und muß hier nicht mehr näher ausgeführt werden. Diesen beiden Faktoren ist allerdings ein wesentlicher dritter, nämlich die Deutung, hinzuzufügen[22], und diese Faktoren sind nun im Hinblick auf die mittelalterlichen Kriterien und die zugrundeliegenden Bedingungen zu betrachten. Die Kriterien der Auswahl lassen sich anhand der Selbstaussagen der Chronisten scheinbar schnell erkennen: Es sind die *gesta memorabilia*, die den Inhalt eines Geschichtswerkes bilden, das heißt, das Berichtete muß „Faktum" (*res gesta*) und es muß erinnerungswürdig sein, wobei jede konkrete Entscheidung darüber natürlich sowohl individuell wie gattungs- und zweckbedingt unterschiedlich ausfällt. Was „erinnerungswürdig" ist, hängt folglich vom Autor und vom Werk ab, wenngleich sich insgesamt sicherlich auch typische Charakterzüge der mittelalterlichen Chronistik darbieten, die sich beispielsweise mit Schlagwörtern wie Geschichte der Amtsträger und Großen, politische Geschichte, institutionelle Anbindung, ethische Aussagekraft sowie Heilsbezug und heilsge-

---

[21] Gert MELVILLE, System und Diachronie. Untersuchungen zur theoretischen Grundlegung geschichtsschreiberischer Praxis im Mittelalter, HJb 95 (1975) S. 33-67 und S. 308-341.
[22] Vgl. GOETZ, Geschichtsschreibung (wie Anm. 16) S. 143 ff.

schichtliche Bedeutung kennzeichnen lassen. *Ad historiam* – als häufig gebrauchte Wendung – zurückzukehren, zeigt zudem, daß die Autoren klare Vorstellungen davon besaßen, was noch Geschichtsbericht war und was sich davon abgrenzte, auch wenn beides in ein und demselben Werk Aufnahme finden konnte.

Die mittelalterlichen Geschichtsschreiber waren sich demnach ihres Tuns durchaus bewußt. In ihrem Selbstverständnis war Geschichtsschreibung nicht nur weit entfernt von Fiktionen, sondern sie hob sich von fiktiven Texten, trotz inhaltlicher Überschneidungen[23], geradezu per Definition ebenso wie methodisch ab, indem der Inhalt der *narratio rerum gestarum* eben aus den *res gestae* und damit aus wahren, historischen Fakten besteht. Ein Bericht ist wahr oder falsch, *factum an fictum*[24]. Ist er *fictum*, so ist er nicht geschehen und folglich nicht Geschichte. Die *fabula* ist nicht *historia*[25]. Der in mittelalterlichen Geschichtswerken unermüdlich wiederholte Wahrheitsanspruch des Geschichtsberichts muß daher als ein konstituierendes Kriterium der Geschichtsschreibung gelten. „Wir übergehen vieles," so schrieb Ortlieb von Zwiefalten, „was falsch oder zweifelhaft scheinen könnte, und glauben, daß das als wahr Erwiesene genügt."[26] *Res gestae*, so wird man somit resümieren dürfen, können nicht unwahr (und somit ungeschichtlich) sein, und eine solche Vorstellung verstärkt sich noch dadurch und findet letztlich ihre Erklärung darin, daß die Geschichte als von Gott gewirkte Heilsgeschichte verstanden wurde. Vom mittelalterlichen Geschichtsdenken und von der mittelalterlichen „Geschichtstheorie" her war eine Fiktionalität der „Geschichte" folglich unmöglich.

Das bedeutet allerdings nicht, daß die mittelalterlichen Autoren keine

---

[23] Immer wieder angewandt wurde beispielsweise der Topos, daß die Geschichte in schlimmen Zeiten einer Tragödie gleiche.
[24] Vgl. Cosmas von Prag, Chronica Boemorum 1,13, ed. Bertold BRETHOLZ (MGH SS rer. Germ. 2, ²1955) S. 32: *Et quoniam hec antiquis referuntur evenisse temporibus, utrum sint facta an ficta, lectoris iudicio relinquimus.*
[25] Zur Verwobenheit vgl. aber Peter G. BIETENHOLZ, Historia and Fabula. Myths and Legends in Historical Thought from Antiquity to the Modern Age (Brill's Studies in Intellectual History 59, 1994).
[26] Ortlieb von Zwiefalten, Chronik prol., edd. Luitpold WALLACH/Erich KÖNIG/Karl Otto MÜLLER (Schwäbische Chroniken der Stauferzeit 2, 1941 [ND ²1978]) S. 6: *Omisimus etiam plurima, quae videri poterant falsa vel dubia, sufficere vera credentes atque probata.*

Probleme bei der Abfassung ihrer Werke gesehen hätten, ganz im Gegenteil. Diese setzten jedoch nicht – wie für uns heute – am Geschichtsbegriff oder an den Vorstellungen von „der" Geschichte – „was eigentlich ist ‚Geschichte'?" –, sondern an den Unzulänglichkeiten des Autors an, der diesem Anspruch längst nicht immer nachkam und das Ideal des wahren Berichterstatters von tatsächlich Vorgefallenem nicht erreichte (oder auch: letztlich nicht erreichen konnte): Die massenweise begegnenden Bescheidenheits- und Gefahrentopoi der Prologe sind durchaus a u c h als Ausdruck eines solchen Bewußtseins zu verstehen. Die Vollkommenheit mochte dabei sowohl an mangelndem Wissen wie an mangelnden Tugenden scheitern. „Die Wahrheit", so schrieb der Biograph Heinrichs II., „erreicht der Geschichtsschreiber nur dann, wenn er mit aller Kraft vier Dinge vermeidet oder aus dem Sinn verbannt: Haß und fleischliche Liebe, Neid und höllische Schmeichelei."[27] Gar manchem mochte es an dieser Kraft mangeln, so daß Helmold von Bosau beklagen konnte, daß man unter den Geschichtsschreibern nur wenige finde, die bei der Beschreibung der Ereignisse völlig zuverlässig seien, und er warf seinen Kollegen bewußtes Abweichen aus Liebe oder Haß, Schmeichelei und Buhlen um die Gunst, Gewinnsucht oder auch kleinmütiger Angst vor[28]. Der mittelalterliche Autor fragte durchaus nach der Zuverlässigkeit seiner Quellen und berief sich deshalb stets auf vertrauenswürdige Zeugen – wobei Augenzeugenschaft als sicherste Überlieferung galt (Augenzeugen können nicht irren) –, aber er fragte nicht unbedingt nach der Tendenz des Autors; er interessierte sich sehr wohl für das Faktum, aber mehr noch für dessen Bedeutung, allerdings weniger für seinen Stellenwert im Geschichtsprozeß selbst als vielmehr für die Bedeutung (die *significatio*) im Heilsplan.

War das gut belegte Faktum demnach unbestreitbar, so durfte man sehr wohl dem Bericht mißtrauen oder vorliegende Berichte aus besserem Wissen heraus auch verbessern und immer neue Geschichtswerke schrei-

---

[27] De *Vita Heinrici II imperatoris* van bisschop Adelbold van Utrecht praelocutio, hg. von Hans VAN RIJ (Nederlands Historisch Genootschap 3, 1983) S. 44: *Sed scriptor veritatem tenere nequit, nisi haec quatuor aut penitus devitaverit aut aliquatenus a mente deposuerit: odium et carnalem dilectionem, invidiam et infernalem adulationem.*

[28] Helmold von Bosau, Cronica Slavorum II, 96, ed. Bernhard SCHMEIDLER (MGH SS rer. Germ. [32], 1937) S. 188 f.

ben, trugen die Chronisten selbst, wie die erhaltenen Autographen zeigen, immer wieder Nachrichten an den Rändern der Handschriften nach. Die A n o r d n u n g des Stoffs, der zweite Faktor, vollzog sich zwar zwangsläufig in den Traditionen der Historiographie, die dank ihrer Vielfalt jedoch viel Spielraum gewährten, und es scheint mir – gegen ältere Ansichten – gerade bezeichnend, daß die mittelalterliche Chronistik trotz ihres Traditionsbewußtseins immer neue, individuelle Werke hervorgebracht hat, weil das Vorhandene den – sich wandelnden – Bedürfnissen nicht mehr genügte (und von dieser Seite her betrachtet unterscheidet sich solches Tun nicht prinzipiell von unserem heutigen, auch wenn die Produkte selbstverständlich ganz anders aussehen). Dem mittelalterlichen Geschichtsschreiber war somit durchaus bewußt, daß er durch seine Kompilation, seine Zusammenstellung aus den Vorlagen (einschließlich der gezielten Auswahl und Weglassung, der Hinzufügungen und der Kombination) eine je eigene Geschichtsschreibung lieferte. Er hätte sie, sofern sie dem Ethos des Geschichtsschreibers und dem Wahrheitsanspruch entsprach, allerdings nicht als „Konstruktion" und schon gar nicht als „Fiktion" bezeichnet, sondern er strebte dem Ideal des wahren Geschichtsberichts nach. Wenn wir folglich – von außen bzw. heute her – die mittelalterliche Chronistik als „Geschichtskonstruktion" betrachten (wie das hier geschieht) und nach deren Inhalten, Formen und Kontexten fragen, so ist – relativierend – zu bedenken und zu beachten, daß diese im Selbstverständnis anderen Kriterien entspringen.

Wesentliches Kriterium der Anordnung ist der Zeitfaktor, die Chronologie, die sich bereits in der verbreiteten annalistischen Berichtsweise niederschlägt. Auch wenn sie in vielen Werken durch eine Kapitelzählung abgelöst und durch Nachträge und Exkurse unterbrochen wird – ich erinnere an die Scholien Adams von Bremen oder die Nachträge und Randbemerkungen in den Autographen Thietmars von Merseburg oder Bernolds von St. Blasien –, war dem mittelalterlichen Chronisten die Bedeutung des Zeitbezugs doch stets bewußt und unmittelbar mit der *historia* als *narratio rerum gestarum* verknüpft[29]. Der Zeitbezug ging so weit, daß die – auch optisch sichtbar gemachte – Chronologie in einigen Chroniken das Grundgerüst der Faktenanordnung bildete. Ich habe das

---

[29] Näheres dazu bei GOETZ, Geschichtsschreibung (wie Anm. 16) S. 193 ff.

kürzlich an einigen Beispielen vorgeführt[30] (im übrigen auch als Beweis, daß ein Blick in die Handschriften sich auch bei gut edierten Werken lohnt) und greife zur Verdeutlichung hier nur zwei Beispiele heraus:

- Hermann von Reichenau führte - nach der Karlsruher Handschrift[31] - beispielsweise bis zum Kaiser Valens, das heißt bis zum Ende der Chronik des Hieronymus, der Hermann vor allem folgte, jeweils am linken Rand die Inkarnationsjahre und am rechten Rand, jeweils zum Herrschaftsantritt, die Herrschernamen und die Regierungszeiten der römischen Kaiser nach Jahren und Monaten (und gegebenenfalls Tagen) an, so daß beide das Geschehen gleichsam einrahmten. Jedes Jahr begann außerdem mit einer - später herausgerückten - Initiale.

- Frutolf von Michelsberg - in der Jenaer Handschrift im Autograph erhalten[32] - bot in der vorchristlichen Epoche sogar seine gesamte Chronik in parallelen Zeittafeln dar, die jeweils die Herrscherjahre der Regenten der großen Reiche festhielten. Diese Zeittafeln bildeten das Gerüst, in das Herrscherwechsel und wichtige Ereignisse am Rand oder in Unterbrechung der Tafeln eingefügt wurden und das, als primäres Strukturprinzip, selbst dort konsequent weitergeführt wurde, wo keine weiteren Nachrichten vorlagen. Neue Reiche bedingten eine neue Zeitspalte. Die I für das erste Regierungsjahr war ebenso wie der Anfangsbuchstabe des Herrschernamens rot ausgezeichnet. In christlicher Zeit (seit 428) ordnete Frutolf seine Nachrichten stringent nach Inkarnationsjahren („Anno d."), mit rotem, herausgerücktem „A", denen er auf recto-Seiten am rechten, auf verso-Seiten am linken Rand das Herrscherjahr beifügte und zudem alle 15 Jahre den Beginn einer neuen Indiktion verzeichnete. Bei Herrscherwechseln wurde zusätzlich nach Jahren *Ab urbe condita* datiert.

- Die im 12. Jahrhundert aufkommenden kompendienhaften „Weltchroniken" lösten nicht die Chronologie, wohl aber die *contemporalitas* der Reiche und Ereignisse zugunsten sachlich geordneter Tabellen auf.

---

[30] Die hochmittelalterliche Chronik als *gesta temporum*: Zeitbewußtsein und Zeitvorstellung im 12. Jahrhundert, in: Organizing the Written Word: Scripts, Manuscripts and Texts. Proceedings of the First Utrecht Symposium on Medieval Literacy, Utrecht 5-7 June 1997, hg. von Marco MOSTERT (Utrecht Studies in Medieval Literacy 2 [im Druck]).
[31] Karlsruhe, Badische Landesbibliothek, Aug. 175.
[32] Jena, Universitätsbibliothek, Bose q. 19.

Der dritte Faktor schließlich, die *Deutung*, leitet bereits zu den zugrundeliegenden Bedingungen der Gestalt des Geschichtswerks über. Hier läßt sich sicherlich eine ganze Reihe von Faktoren anführen: die persönlichen Überzeugungen und Ideologien ebenso wie der intellektuelle und soziale Hintergrund des Autors, die Intention der Abfassung (die in letzter Zeit vielfach beschworene *causa scribendi*[33]) ebenso wie die materiellen Bedingungen (z. B. der Zustand der eigenen Bibliothek)[34]. Solche (und andere) Faktoren bündeln sich und kulminieren, wie ich meine, aber im Geschichtsbewußtsein des Autors, dem daher besondere Aufmerksamkeit zu widmen ist, nämlich in den Vorstellungen von der Geschichte und (mehr noch) den Einstellungen dazu, dem Verständnis von Geschichte (und Geschichtsschreibung) und dem Geschichtsinteresse sowie den – daraus erwachsenden – Darstellungen. Prägnanter ausgedrückt: das Geschichtsbewußtsein regelt den Gegenwartsbezug der Vergangenheitsbetrachtung, die aus den Interessen und Bedürfnissen der Gegenwart resultiert. Das habe ich im Hinblick auf die hochmittelalterliche Historiographie anderwärts ausführlich dargelegt[35], und es kann und muß hier nicht wiederholt werden. Für den hier verfolgten Aspekt der „Fiktionalität" genügt es, Folgerungen aus dem mittelalterlichen Selbstverständnis für die Geschichtsdarstellung als „Geschichtskonstruktion" zu ziehen.

Die angebliche „Fiktionalität" eines Berichts entspringt tatsächlich zum guten Teil der Geschichtskonstruktion, nämlich der Diskrepanz zwischen der *res gesta* und der *narratio rerum gestarum*[36] und ist daher oft nichts anderes als die zeitgenössische Interpretation durch den Autor (und auch das unterscheidet den mittelalterlichen Chronisten noch in keiner Weise vom modernen Historiker). Es mag mittelalterliche Fälschungen (oder „Fiktionen") auch in der Historiographie geben – bei aller Problematik des Begriffs im Hinblick auf diese Textgattung, wenn

---

[33] Vgl. Gerd ALTHOFF, Causa scribendi und Darstellungsabsicht: Die Lebensbeschreibungen der Königin Mathilde und andere Beispiele, in: Litterae Medii Aevi. Festschrift Johanne Autenrieth (1988) S. 117-133.
[34] Franz-Josef SCHMALE, Mentalität und Berichtshorizont, Absicht und Situation hochmittelalterlicher Geschichtsschreiber, HZ 226 (1978) S. 1-16 betont die vier im Aufsatztitel genannten Aspekte. Vgl. DERS., Funktion und Formen mittelalterlicher Geschichtsschreibung. Eine Einführung (Die Geschichtswissenschaft, 1985) bes. S. 19 ff.
[35] Vgl. GOETZ, Geschichtsschreibung (wie Anm. 16).
[36] Vgl. ebda. S. 135 ff.

der verbürgte Autor nämlich selbst der Fälscher ist[37] –, aber sie wurden im Mittelalter kaum als solche verstanden oder, selbst in Streitschriften gegenüber den Gegnern, als solche behandelt. „Fälschung" in der Historiographie ist nicht all das, was nicht stimmt, sondern nur das, was gegen jedes bessere Wissen falsch berichtet ist. Angebliche „Fiktionen" aber können durchaus verbürgt oder vom Autor geglaubt oder als Deutung vorgetragen sein. Mittelalterliche „Fiktionen", bzw. was uns als solche erscheinen mag, sind im mittelalterlichen Verständnis in der Regel also gar keine Fiktionen, sondern Bestandteil der *narratio rerum gestarum*, die sich aus einem spezifischen Geschichtsverständnis und einem anderen Geschichtsbewußtsein erklärt. Das kann hier nur noch an wenigen Aspekten veranschaulicht werden.

– Die „Fiktionen" entspringen einem anderen Geschichtsbegriff, wenn beispielsweise Mythen und Sagen ebenso Bestandteil der Chroniken werden können wie Wunderberichte oder typologische Vergleiche und allegorische Deutungen (etwa: die Franken als Gottesvolk; der siegreiche König als zweiter Judas Makkabäus etc.).

– Sie entspringen ferner einem anderen Zeitverständnis, wenn man sich zur Abstützung aktueller Ansprüche – anachronistisch – auf vergangene Zustände berufen und beispielsweise die Bischofsinvestitur aus dem Alten Testament rechtfertigen oder Karl den Großen als Kreuzfahrer feiern konnte. Das Mittelalter hatte keinen Sinn für die Andersartigkeit der Epochen, obwohl es einen politischen Wandel der Herrschaft als Aufstieg und Niedergang durchaus in den Mittelpunkt der Chronistik stellte.

– Sie entspringen sodann einem anderen Geschichtsverständnis, wenn Ursprungsmythen einen wesentlichen Bestandteil einer gern auf die Anfänge zurückblickenden Geschichtsschreibung bildeten und nach Möglichkeit weit in die Vergangenheit zurückverlegt oder gar regelrecht „erfunden" wurden. Entscheidend ist, daß solche Mythen geglaubt (oder zumindest für möglich gehalten) wurden. Daß, um ein bekanntes Extrembeispiel zu bemühen, der assyrische Königssohn Trebetas nach dem Bericht der *Gesta Treverorum* an die Mosel kam und hier Trier

---

[37] Vgl. dazu Franz-Josef SCHMALE, Fälschungen in der Geschichtsschreibung, in: Fälschungen im Mittelalter, Bd. 1 (Schriften der MGH 33/I, 1988) S. 121–132; GOETZ, Geschichtsschreibung (wie Anm. 16) S. 287 ff.

gründete³⁸, ist natürlich ein unhistorischer „Mythos", aber ist es deshalb „fiktional" (oder „fiktiv")? Der Mythos wurde nicht vom Autor „erfunden", sondern aus einer vorhandenen Tradition aufgegriffen³⁹ und geglaubt und folglich vom mittelalterlichen Schreiber und Leser selbst kaum als „Mythos" empfunden. Weder unser Wahrheits- noch unser Geschichtsbegriff helfen hier weiter. Das mythische Ursprungsdenken repräsentiert vielmehr ein anderes Geschichtsbild.
- Schließlich (und vor allem) entspringen „Fiktionen" einem anderen Geschichtsinteresse, wenn solche Mythen (und andere Berichte) - wie der ganze Geschichtsbericht - aus aktuellen Problemen heraus zur Aktualisierung und gezielten Nutzung der Vergangenheit oder zur Parteinahme herangezogen wurden, weil Geschichte nämlich legitimierte. Selbst wenn der mittelalterliche Geschichtsschreiber einzelne „Mythen" erfunden haben mag (oder sie einfach nur aufgegriffen hat), so geschah das offensichtlich deshalb, weil er das für notwendig erachtete: Das mittelalterliche Ursprungsdenken bedurfte der „Mythen" und einer langen, glorreichen Vergangenheit zur Stützung des Rechtes und Status der eigenen Institution in der Gegenwart. Die Geschichtsschreibung diente nach außen der Propaganda und der Rechtfertigung, nach innen der Selbstfindung (einem historischen Traditionsbewußtsein) ihrer Trägerinstitutionen. Der Mythos eines trojanischen Ursprungs der Stadt Trier wurde entsprechend gezielt aufgegriffen, um das Alter und damit den Vorrang Triers v o r den anderen rheinischen Metropolen nachzuweisen.

Meinen zweiten Teil (und damit das Anliegen des gesamten Beitrags) noch einmal thesenhaft zusammenfassend, kann man demnach festhalten:
1. Wie jede Geschichtsschreibung ist auch die mittelalterliche Chronistik Geschichtskonstruktion.
2. Diese Konstruktion erfolgte jedoch keineswegs willkürlich, sondern war zeitgenössischen Kriterien und Regeln verhaftet, die zu beachten sind. Die mittelalterlichen Autoren grenzten die *historia* bewußt von anderen „Gattungen" ab, deren Inhalt nicht die *res gestae* waren (auch wenn

---

³⁸ Gesta Treverorum 1 ff., ed. Georg WAITZ (MGH SS 8, 1848) S. 130 f. Vgl. GOETZ, Geschichtsschreibung (wie Anm. 16) S. 222 ff.
³⁹ Zur Tradition vgl. Ilse HAARI-OBERG, Die Wirkungsgeschichte der Trierer Gründungssage vom 10. bis 15. Jahrhundert (Europäische Hochschulschriften III/607, 1994).

sich beides in einem Werk vereinigen ließ). Da für die mittelalterlichen Autoren – neben dem Zeitaspekt (Chronologie) als Grundstruktur und den erinnerungswürdigen Taten (*gesta memorabilia*) als Gegenstand jeder Geschichtsschreibung – gerade das Wahrheitskriterium wichtig war, läßt sich auch hier nicht einfach „Fiktionalität" gegen „Wahrheit" setzen.
3. (und hauptsächlich): Die „Fiktionalität" (im Sinne einer literarischen Umsetzung des historischen Wissens) entspringt nicht einem Erfindungswillen, sondern dem deutenden Geschichtsbild und dem funktionalen Geschichtsbewußtsein und Geschichtsinteresse des Autors und seiner Zeitgenossen (bzw. der potentiellen Leser- oder Hörerschaft).

III.

Ich möchte diese Thesen zur „Fiktionalität" als einer aus dem zeit- und autorspezifischen Geschichtsbewußtsein entspringenden Geschichtskonstruktion abschließend an einem Fallbeispiel veranschaulichen und habe dazu die sogenannten Pöhlder Annalen (oder besser: das *Chronicon Palidense*) ausgewählt, nicht nur, weil sie bislang in der Forschung kaum Beachtung fanden, sondern vor allem, weil sie weit von den Grundsätzen abweichen, die wir von der Chronistik erwarten. Zur Quelle[40]: Die im Original erhaltene[41], von der Schöpfung bis zum Jahr 1182 reichende Weltchronik, die sich für die Zeit nach 462 auf die Chronik eines Theodor beruft (tatsächlich aber Ekkehard von Aura und anderen Quellen folgt), war bislang lediglich von Interesse, weil der Kompilator, wohl ein Prämonstratenser, verlorene Werke benutzte und im Verbund einer „sächsischen Annalistik" stand; ansonsten wurde sie wegen ihrer sagenhaften, auf mündliche Überlieferung zurückgeführten Erzählungen

---

[40] Vgl. WATTENBACH-SCHMALE, Bd. 1, S. 388 f. Das Bild beruht noch weithin auf Bernhard SCHMEIDLER, Abt Arnold vom Kloster Berge und Reichskloster Nienburg (1119-1166) und die Nienburg-Magdeburgische Geschichtsschreibung des 12. Jahrhunderts, Sachsen und Anhalt 15 (1939) S. 88-167, bes. S. 130 ff.

[41] Cambridge Bodl. Laud. Misc. 633 aus dem 12. Jahrhundert. Die Edition von Georg Heinrich PERTZ (MGH SS 16, 1859) S. 48-96, folgt hingegen nur der Göttinger Abschrift. Zur Oxforder Handschrift vgl. Georg WAITZ, Reise nach England und Frankreich im Herbst 1877, NA 4 (1879) S. 9-42, hier S. 28-30, und Hermann HERRE, Beiträge zur Kritik der Pöhlder Chronik, Zeitschrift für Geschichtswissenschaft 11 (1894) S. 46-62.

über die deutschen Könige und Kaiser (wie die längst *ad acta* gelegte Erzählung vom ersten Sachsenkönig als „Heinrich dem Vogler") als „Sagenchronik" und „geschichtlich wertlos" geschmäht[42]. So übernahm der Autor zu Otto I. aus der Chronik Ekkehards zwar auch die Nachricht über den Herrschaftsantritt, fügte dem aber ausführlicher die wundersame Geschichte einer Hirschkuh hinzu, die sich jammernd zur Königin Edgith flüchtete, weil ihr Junges sich in einer Falle verstrickt hatte[43]. Später wollte Otto seine allzu freigebige Gemahlin auf die Probe stellen, verkleidete sich als Bettler und ließ sich einen Ärmel ihres neuen Gewandes geben. Als er am Abend das Kleid zu sehen wünschte, war es unversehrt[44].

Erscheinen uns die Pöhlder Annalen im Kern also anekdoten- bis sagenhaft und geschwätzig[45], so muß es erstaunen, daß der Autor nicht nur dieselben Wahrheitsansprüche an seine Kollegen stellte, sondern die Vorlagen geradezu des sorglosen Umgangs mit den Fakten, der falschen Zuordnung von Datum, Faktum und handelnden Personen und der mangelnden Übereinstimmung bezichtigte: Es gebe zwar viele (Geschichts-) Bücher, doch „wer sie genauer betrachtet, wird sie so unterschiedlich finden, daß kaum eines mit dem andern übereinstimmt."[46] Der Annalist stellte sich seinerseits in die Tradition eines Eusebius und Hieronymus (mit ihrem System der gleichzeitigen *regna*), eines Hydatius (mit seinem *cursus annorum rerumque gestarum*) und jenes ominösen, vielumrätselten Theodor (mit seinem System der *pontificum et regum nomina ingesta, tempora quoque observata*), und er bestätigt (in bezug auf Hydatius) die gängigen Ansichten vertretbarer Quellen (schriftliche Vorlagen,

---

[42] Vgl. Wilhelm WATTENBACH im Vorwort der Übersetzung in Geschichtsschreiber der deutschen Vorzeit 61 (²1894) S. VIII.

[43] Annales Palidenses ad a. 936, ed. Georg Heinrich PERTZ (MGH SS 16, 1859) S. 62 Z. 28 ff.

[44] Ebda. ad a. 936 (S. 62) Z. 34 ff.

[45] Diese Sagen haben die ältere Forschung beschäftigt; vgl. Ernst BERNHEIM, Die Sage von den treuen Weibern zu Weinsberg und der Zusammenhang sächsischer Annalen, Forschungen zur deutschen Geschichte 15 (1875) S. 239-288; Julius Paul VOIGT, Die Pöhlder Chronik und die in ihr enthaltenen Kaisersagen (Diss. 1879).

[46] Annales Palidenses prol. (wie Anm. 42) S. 51 Z. 35 ff.: *Sed attendendum de his quae postea descripta sunt, quosdam ordinare cupientes seriem temporum minus diligenter considerasse, a quibus operis sui viam debuerant assumsisse. Plurimi enim libri in augmento vel diminutione numerorum, in transpositione vel omissione nominum, aut cum ab alio gesta alteri attribuuntur, in tantum a considerantibus variati inveniuntur, ut vix sit aliquis qui concordet cum altero.*

mündlicher Bericht, eigene Anschauung)[47]. Die genannten Autoren sind ihm die „Führer zur Wahrheit" (*duces veritatis*), weil sie den *ordo historie* beachten[48]. Die „Liebhaber der Wahrheit", so mahnte er, sollten daher ihnen folgen und andere Vorlagen hintanstellen[49]. Die *librarii* sollen mit aller Sorgfalt auf die „gefundene Wahrheit" achten[50]. Mit der chronologischen Ordnung und dem Wahrheitsanspruch – und beide sind erkennbar aufeinander bezogen! – folgte der Annalist nach eigener Einschätzung also – trotz seiner sagenhaften Erzählungen – den vorhin beschriebenen, mittelalterlichen Kriterien der Historiographie. Mit der Wendung *inventam veritatem* verdeutlicht er zugleich den Unterschied zu unserem Verständnis: *inventus* ist für den mittelalterlichen Autor eben nicht „erfunden" (und demnach „fiktiv"), sondern „aufgefunden" und als wahr befunden. Das *vicium scriptoris* hingegen verfälsche den wahrhaften Autor und öffne der Nachwelt den Weg des Irrtums[51].

---

[47] Annales Palidenses (wie Anm. 42) S. 51 Z. 19 ff.: *Eusebius Cesariensis episcopus, qui ecclesiasticam conscribit historiam, librum cronicorum, hoc est de temporibus, confecit, et a Nino, qui primus regnavit in Assiriis, et a patriarcha Abraham, a quo Hebrei sumsere principium, reliquorum regnorum et regum contemporales annos usque in vicesimum imperii Constantini augusti annum Graeci sermonis concludit historia. Post hunc successor perfectus universis factorum dictorumque monimentis presbyter Ieronimus, cognomento Eusebius, examinans et collaudans opus ipsius, et de Graeco in Latinum transferens, a vicesimo anno supradicti regis usque ad quartum decimum Valentis annum texuit historiam, nonnulla adiciens quae intermissa videbantur in Romana maxime historia, quam Eusebius non tam ignorasse ut eruditus, sed ut Graece scribens parum suis necessariam perstrinxisse videtur. Deinde Idacius Flaviensis episcopus a Graciano et Theodosio qui post Valentem imperavit, cursum annorum rerumque gestarum partim ex studio scriptorum, partim ex certo aliquorum relatu, partim ex propria cognitione quae subsecuntur adiecit usque ad decimum Leonis imperatoris annum. Postea sequitur opus Theodori, deinde ab ecclesiasticis viris pontificum et regum nomina ingesta, tempora quoque observata et descripta sunt.*
[48] Ebda. S. 51 Z. 39 ff.: *Quorum auctores computationibus suis fidentes, et catalogis pontificum et ordini regum a quibusdam inconsiderate compositis adtendentes, a directo tramite deviaverunt; qui si omissis omnibus ceteris Eusebium in cronicorum opere, quem sanctus Ieronimus commendat transfert et augmentat, et ecclesiasticum historie ordinem inspexissent, profecto duces veritatis secuti, plurimis quaestionibus suos sequaces absolvissent.*
[49] Ebda. S. 51 Z. 44 ff.: *Idcirco veritatis amatores sint admoniti, ut quia his doctoribus omnis ecclesia fidem iure accommodat, caeteris postpositis libris ac auctoribus, ab his ordinem et numerum personarum et annorum assumant.*
[50] Ebda. S. 51 Z. 46 f.: *Scriptores quoque, qui librarii dicuntur, studiose attendant, ut inventam veritatem sua diligentia conservent.*
[51] Ebda. S. 51 f. Z. 47 ff.: *quia ut dicit sanctus Ieronimus, saepe vicium scriptoris imponitur auctori, et sciant Iudici vero se negligentia debitores, quorum vitio veridicus auctor falsificatur et*

Vor diesem Hintergrund betrachtet, erscheinen die Pöhlder Annalen (einschließlich ihrer sagenhaften Berichte) aber keineswegs abstrus, sondern sie legen ihren Schwerpunkt – in auffälliger Dichte – bewußt auf ganz bestimmte Aspekte, die ihre spezifische „Geschichtskonstruktion" ausmachen. Das kann hier nur noch kurz skizziert werden. Zu den charakteristischen Merkmalen zählen – vielleicht sogar an vorderster Stelle – (insgesamt 26) Wunder und Prophezeiungen, (elf) Himmelszeichen und Vorzeichen sowie (fünfzehn) Naturkatastrophen und Seuchen, die nicht nur integrativer Bestandteil, sondern Angelpunkt solcher Geschichtsschreibung sind.

So übernahm der Verfasser die Erzählung von der Bistumsgründung in Hildesheim durch Ludwig den Frommen an Stelle des von Karl dem Großen dazu vorgesehenen Eltze (*Aulicense*) aufgrund eines Wunders (die Reliquien Marias wiesen auf Hildesheim)[52]. Der heilige Bischof Udalrich von Augsburg erschien den Seinen, um sie – allerdings vergeblich – zum Widerstand gegen die „teuflischen" Ungarn zu ermahnen[53], und Heilungswunder bewiesen die Wirkkraft Godehards von Hildesheim[54]. Auch die Übertragung der heiligen drei „Könige" (Magier) von Mailand nach Köln schien dem Autor erwähnenswert[55]. Wendungen wie *mirabile dictu* leiten, die eigentliche Bedeutung verblassend, sogar „weltliche" Episoden ein: *Mirabile dictu* färbte sich das Meer rot vom Blut der Toten in der Seeschlacht Ottos II. gegen die Sarazenen[56]. Die Wunder aber mahnten zur christlichen Lebensführung: Als eine Frau die Hostie vom Abendmahl im Mund behielt und mit nach Hause nahm, verwandelte sich jene in blutiges Fleisch[57]. Als ein Kaplan die Messe zelebrierte, floß plötzlich Blut aus seinen Händen, und er beendete noch in derselben Woche sein Leben[58]. Der erschlagene Liudger erschien dem Kleriker, der die Totenmesse hielt,

---

posteris via erroris et contentionis aperitur.
[52] Annales Palidenses (wie Anm. 42) ad a. 817 (S. 58) Z. 41 ff.
[53] Ebda. ad a. 924 (S. 60) Z. 57 ff.
[54] Ebda. ad a. 1134 (S. 79) Z. 9 ff.
[55] Ebda. ad a. 1165 (S. 93) Z. 30 ff.: *Reinoldus Coloniensis electus largiente inperatore trium magorum corpora et sanctorum martirum Naboris et Nazarii de Mediolano cum maximo plebis tripudio transtulit Coloniam.*
[56] Ebda. ad a. 980 (S. 64) Z. 54 ff.
[57] Ebda. ad a. 1150 (S. 84) Z. 45 ff.
[58] Ebda. ad a. 1151 (S. 85) Z. 51 ff.

und erzählte ihm von einem Buch, das er der heiligen Maria vermacht und nach seinem Tod von ihr zurückerhalten habe, um die Kleriker damit an ihre Aufgabe der Totenmemoria für sein Seelenheil zu erinnern[59].

Prophezeiungen aber verkündeten Unglücksfälle in der Geschichte. Otto dem Großen wurde (von einer Frauenerscheinung namens „Bauchfluß") der Tod vorhergesagt[60]; Heinrich II. wurde die Wahrsagung *post sex* zuteil (er starb nach sechs Jahren)[61]; einer Überschwemmung folgte der Tod des Königssohnes[62]. Breit ausgeführt wird die Prophezeiung über Hildebrand, er werde Papst werden, und der (als Sohn eines *architectus*!) daraufhin überhaupt erst eine Schulbildung erhielt. Am Königshof (!) verfolgte ihn der junge Heinrich IV. wegen seiner braunen Hautfarbe. Der Kaiser aber träumte, daß Hildebrand zwei Hörner wuchsen, mit denen er seinen Sohn auf das Bett warf (das heißt, mit denen der künftige Papst den König seines Reichs beraubte). Als er den Schüler daraufhin im Gefängnis verhungern lassen wollte, rettete ihn die Königin[63]: Prophezeiungen verkünden (und gewährleisten) hier gleichsam den Gang der Geschichte im Investiturstreit! Oder anders ausgedrückt: Entscheidende historische Prozesse werden im Spiegel von (wunderbaren) Prophezeiungen vorweggenommen, geschildert u n d gedeutet. Besonders herausgehoben wird die Sehergabe zweier Frauen: Elisabeths von Schönau und Hildegards von Bingen[64].

Als entsprechend „geschichtsträchtig" erwiesen sich auch die zahlreichen Himmelszeichen: Ein Komet „verkündete" die Verwüstungen durch die Ungarn[65]; Feuerkugeln am Himmel, *aliquid antea nec visum nec auditum seculis*, die der Autor für Engel hielt, leiteten den Bericht über den Ersten Kreuzzug ein[66]; blutige Himmelszeichen begleiteten die Kämpfe zwischen

---

[59] Annales Palidenses (wie Anm. 42) ad a. 1153 (S. 86 f). Z. 42 ff.; vgl. (S. 87) Z. 29 ff.: *His dictis clericus expergefactus visumque retractans gavisus est, ac deinceps nulla die vel nocte pretermisit singulares orationes cum genuflexionibus misericordi domine exhibere, ut quod inchoaverat dignaretur in perpetuum consummare.*

[60] Ebda. ad a. 968 (S. 64) Z. 29 ff.

[61] Ebda. ad a. 1000 (S. 65) Z. 53 ff.

[62] Ebda. ad a. 1150 (S. 84) Z. 51 ff.

[63] Ebda. ad a. 1074 (S. 69) Z. 9 ff.; vgl. ad a. 1074 (S. 70) Z. 25 ff.

[64] Ebda. ad a. 1158 (S. 90) Z. 26 ff. Im folgenden beschreibt der Annalist verschiedene Offenbarungen dieser Seherinnen.

[65] Ebda. ad a. 898 (S. 60) Z. 8 ff./15 f.

[66] Ebda. ad a. 1096 (S. 71) Z. 51 ff.: *Die quadam advesperascente, sicut hi qui viderunt testati sunt, nulla in aere parente nubecula, diversis in locis globi ut videbatur ignei emicuerunt, rursumque in*

Lothar III. und Konrad III.⁶⁷, und eine Sonnenfinsternis symbolisierte die Katastrophen des Zweiten Kreuzzugs⁶⁸, der an der Uneinigkeit der Fürsten scheiterte. Schließlich deutete ein *mirabile signum*, als drei regenbogenartige Lichterstreifen sich untereinander und mit der Sonne verbanden, auf den Streit dreier großer Fürsten, nämlich des Kaisers, des Kölner Erzbischofs und des Herzogs von Sachsen, voraus⁶⁹.

Hier ist wohl auch das Interesse des Annalisten an Naturkatastrophen einzuordnen: Im Jahre 1151 erlebten die Menschen die größte Hungersnot und Seuche ihres Zeitalters⁷⁰; Sturm und Unwetter bedrohten die Menschen auch im Jahre 1158⁷¹; 1164 glichen Sturm und Unwetter mit berghohen Wellen, die – *dictu mirum* – viele Opfer forderten, gar der Sintflut und ließen die Menschen den Untergang erwarten⁷². Als der Einnahme Magdeburgs durch die Slawen im selben Jahr ein neuerlicher Sturm mit einem Gewitter, dessen Blitze selbst Schwerter schmelzen ließen, und ein Erdbeben folgten und gleichzeitig Sonnen- und Mondzeichen beobachtet wur-

---

alia celi parte se recondiderunt. Quod non ignem sed angelicas fuisse potestates, denotatum est, vagatione sua eam, que postea totum pene corripuit occidentem, signantes commotionem et de locis suis populorum premonstrantes profectionem.

[67] Annales Palidenses (wie Anm. 42) ad a. 1128 (S. 78) Z. 20: *Signum quoddam sanguinei coloris in celo apparuit, et multa talia signa ipso anno visa sunt.*

[68] Ebda. ad a. 1147 (S. 83) Z. 21 ff. Vgl. auch ad a. 1153 (S. 86) Z. 40 f.

[69] Ebda. ad a. 1179 (S. 95) Z. 13 ff.: *Incipiente quadragesima in die sanctarum Perpetue et Felicitatis sole iam ad occasum propinquante, visum est signum mirabile. Non longe enim a sole ad austrum apparuit splendor quidam minor sole, a quo usque ad solem arcus incurvatus, alium super se, sed et ille unum super se habebat, ordine contrario se tangentes, omnes vero tres secundum speciem iris refulgentes: ipsam formam quibusdam interpretantibus collisionem trium principum futuram, sicut et factum est, scilicet episcopi Coloniensis ducis et inperatoris.*

[70] Ebda. ad a. 1151 (S. 86) Z. 4 ff.: *Aeris inequalitas et temporum inmutatio famis ac pestilencie pericula tanta mundo intulerunt, quanta tunc viventes in generacione sua fuisse non meminerunt.*

[71] Ebda. ad a. 1158 (S. 90) Z. 24 ff.: *Eodem anno sevissima tempestas extitit; ventus turbinis fortissimus arbores inmensas radicitus evulsit, ecclesias cum domibus aliisque edificiis subvertit; aquarum quoque inundantia infinitam multitudinem hominum et pecorum extinxit.*

[72] Ebda. ad a. 1164 (S. 92 f.) Z. 55 ff.: *Mirabiles siquidem facte sunt elationes maris horrida vi ventorum et commotione aeris, et instar montium elevaverunt flumina fluctus suos, omnibus in circuitu nationibus interitum quasi in diluvio expectantibus. Per triduum enim aque de profundo abissi exagitate ibant et intumescebant, et omnia circa maritima flumina alveos suos pre inundatione excedentes, multas insulas cum hominibus et iumentis villis domibus edificiis substantiis ecclesiis et, quod dictu mirum, agris et domorum areis et cimiteriis cum soliditate alias transpositis, miserabiliter suffocaverunt.*

den, deutete man das erneut als Zeichen des Weltuntergangs[73].

Zeigen sich in solchen Berichten die religiösen Anschauungen und die geschichtstheologischen Interessen des Autors, so ging es ihm an anderen Stellen – entsprechend – oft um Christentum und Christenheit, um Kirchengründungen (wie Gandersheim 919, Magdeburg 936)[74], um Heidenkämpfe gegen Ungarn und Slawen – so wurden 1147 *operante Deo* die Slawen bekehrt[75] – und um die beiden ausführlicher behandelten Kreuzzüge sowie um das Seelenheil (wie in der Erzählung vom Tod Heinrichs II., der aus der Hand der frohlockenden Dämonen gerettet wurde, weil ein Einsiedler dank einer Vision den für das Seelenheil fehlenden Becher des Laurentius wiederbeschaffen konnte, eine versteckte Anspielung auf die Wiederherstellung des Bistums Merseburg)[76]. Der Ausführlichkeit seines Berichts nach zu urteilen, war dem Autor die „Konversion" hoher Laien zum Mönchtum besonders wichtig: Als *factum laudabile* erzählte er die lange Geschichte vom Klostereintritt des Grafen Hermann, der als armer Pilger nach Cluny wandern wollte (die nötige Unterstützung aber erst erhielt, nachdem er sich von seinem Begleiter, der entgegen seiner Mahnung sicherheitshalber Geld mitgenommen hatte, getrennt hatte), und der nach seiner Aufnahme in das Kloster niedrigste Dienste verrichtete und, als er erkannt wurde, floh und nie mehr gesehen wurde[77]. Wenig später berichtete der Annalist kurz von der Mönchung zweier Grafen kurz vor ihrem Tod[78]! Er bedauerte zutiefst Kirchenspaltungen, wie das Papstschisma im Jahre 1046, welches das „Kleid Gottes", die Kirche, in drei Teile zerriß[79], den Streit zwischen Gregor VII. und Heinrich IV., wobei er die Bischöfe, die sich in Worms und wieder in Brixen gegen den

---

[73] Annales Palidenses (wie Anm. 42) S. 93 Z. 14 ff.: *Ea etiam die venti violentia et crebra fulgura horrendaque tonitrua, et concusse terre vasti mugitus exorti sunt; certumque erat hominum exicio mundi statum esse turbandum, neque parvum quendam casum hec signa portendere, et maxime cum relatione fidelium innotuerit, multos ictu fulminis prostratos vaginisque illesis gladios ipsorum ut ceram pene liquefactos, quorundam etiam crura salvis ocreis nigredinem cum ambustione contraxisse. Signa quedam in sole et luna visa referuntur.*

[74] Vgl. ebda. ad a. 1022 (S. 68) Z. 5 ff.

[75] Ebda. ad a. 1147 (S. 82) Z. 42 ff.

[76] Ebda. ad a. 1024 (S. 67) Z. 14 ff.

[77] Ebda. ad a. 1121 (S. 76 f.) Z. 56 ff.

[78] Ebda. ad a. 1121 (S. 77) Z. 38 f.: *Wichbertus et Lodewigus comites, facti monachi obierunt.*

[79] Ebda. ad a. 1045 (S. 68) Z. 57 ff.: *Tempore huius Heinrici tunica Domini inconsutilis, id est sancta ecclesia, scissa est et in tres partes divisa, singulas earum singulari papa sorciente.*

Papst verschworen, zu Häretikern stempelte[80], oder das Schisma zwischen Roland und Octavian, nämlich Alexander III. und Victor IV.: „Siehe," so klagte der Annalist, „da hat sich in unseren Zeiten der Streit über die Fürsten der fürstlichen Kirche ergossen, welche das Haupt aller ist, und sie haben die Einheit des obersten Priestertums gespalten und das Band des kirchlichen Friedens zerrissen, so daß sie sich gegenseitig anfallen und gegenseitig töten, indem einer den anderen verdammt." Und auch die weltlichen Fürsten wurden von dem Schisma erfaßt, bekämpften sich und erregten so Gottes Zorn[81]. Dem Ende des Schismas (dem Tod Viktors) aber folgten wiederum die Heilung einer jahrelang gelähmten Frau in Lucca[82] und weitere Wunder[83]. Besonders geschmäht wurde Heinrich IV., „der unglücklich lebte, weil er lebte, wie er es wollte", und dem der Autor mehrfach sogar Götzenverehrung vorwarf (er habe ein Bild in Fingergröße aus Ägypten verehrt; er müsse, so orakelte dieses, entweder einen Christen opfern oder am Festtag Unzucht treiben)[84]. „Verkehrt" (*perversus*) wie er selbst war, wollte er auch das ganze Reich „verkehren"[85]. Er brach den Frieden gegenüber den Sachsen und versuchte, den Bischof Bucco (Burchard) von Halberstadt zu erpressen. Später warf ihm

---

[80] Annales Palidenses (wie Anm. 42) ad a. 1076 (S. 70) Z. 34 f.: *Concilium apud Wormaciam hereticorum episcoporum adversus papam Gregorium perverse congregatur.* Ebda. ad a. 1080 (S. 70) Z. 44 f.: *Apud Brixinam Noricam item hereticorum contra papam Gregorium conventus iniuste habitus est.*
[81] Ebda. ad a. 1159 (S. 91). Vgl. ebda. Z. 39 ff.: *Ecce effusa est nostris temporibus contentio super principes principalis ecclesie, que est caput omnium, et sciderunt unitatem summi sacerdocii, ruperunt vinculum pacis ecclesiastice, ita ut invicem mordeant et invicem se interficiant, anathematizando alterutrum. ... Sed et seculi reges et optimates omnium regnorum suo motu suaque perturbatione calicem ire Dei universe ecclesie propinant, furiose eam concuciendo ac devorando, et est videre miseria, omnem ecclesiasticam censuram per hanc discordiam translatam in inperatoris curiam.*
[82] Ebda. ad a. 1159 (S. 91) Z. 52 ff.
[83] Ebda. ad a. 1159 (S. 92) Z. 21: *Plura quoque miracula ante mortem eius et postea facta memorantur.*
[84] Ebda. ad a. 1068 (S. 70) Z. 2 ff.: *Per immoderatam autem carnis petulantiam in tantum a Deo fuit alienatus, quod etiam quandam imaginem ad mensuram digiti, ex Egipto allatam venerabatur, ab illa quotiens oracula quesivit, necesse habebat aut christianum immolare aut maximam fornicationem in summa festivitate procurare. Infeliciter ergo vixit, quia sicut voluit vixit.*
[85] Ebda. ad a. 1068 (S. 70) Z. 7: *Hic velut ipse fuerat perversus, ita regnum universum pervertere curavit.*

der Autor sogar Inzest mit seiner Nichte vor[86]. In diesen Kontext (nicht nach Canossa wie bei Lampert von Hersfeld) verlegte der Autor nun die vom Papst angeordnete Abendmahlsprobe, deren Verweigerung zur erneuten Bannung des Königs führte[87]. Erneut erklärt sich die (politische) Geschichte hier erst aus den Sünden des Königs und aus den wunderartigen Geschehnissen, während die (eigentlichen) Auseinandersetzungen des sogenannten Investiturstreits für den Autor ganz in den Hintergrund rücken. Dabei hebt er das Schisma des Saliers bewußt von dem zeitgenössischen, „staufischen", ab: Hingegen sei, wie der Autor nämlich ausdrücklich versichert, das Schisma zur Zeit Friedrich Barbarossas nicht dem Kaiser anzulasten, da es ohne dessen Wissen zustandegekommen sei und er sich stets um die Einheit der Kirche bemüht habe[88]. Doch erst im Frieden von Venedig wurde auch dieses Schisma beigelegt[89].

In dieser Chronik herrscht, deutlich erkennbar, ein besonderes, aber doch ein konsistentes Geschichtsverständnis vor: Die Sagen, Wunder und Prophezeiungen, die der Autor in den Bericht seiner Vorlage, der Chronik Frutolf-Ekkehards, einfügte, werden zum integrativen Bestandteil der Geschichte und der Geschichtserzählung (die im übrigen gelesen und gehört werden kann, wenn der Annalist an einer Stelle nämlich den *lector et auditor* anspricht)[90]. Sie verschmelzen geradezu mit der politischen Ereignisgeschichte und erklären erst eigentlich deren Zustandekommen. So hatte ein kindlicher Streich Ottos III. – er stellte sich tot – zur Folge, daß

---

[86] Annales Palidenses (wie Anm. 42) ad a. 1097 (S. 72) Z. 1 f.: *Heinricus inperator adhuc in Italia positus a papa pulsatur, quod reus idolatrie cum filia sororis sue perpetravit incestum.*
[87] Ebda. ad a. 1097 (S. 72) Z. 13 ff.: *Cesar autem utpote quem conscientia remomordit, super hoc consilium captare promisit; et non plus rediens, quam non fuerit innocens, incognitum non reliquit. Secundo igitur et tercio eliminatus ab ecclesia.*
[88] Ebda. ad a. 1159 (S. 92) Z. 24 f.: *Adtendat ergo lector et auditor, hoc scisma cesari non iuste inponi, cum sine ipsius conscientia ceptum, sepius dissipare et ad unitatem reformare laboraverit.* Vgl. auch ebda. ad a. 1162 (S. 92) Z. 39 ff.: *inperator cum rege Francie et rege Danorum curiam sollemnem Bisuncie indixit, ut in facie totius ecclesie et inperii examinatis duobus apostolicis, corpus ecclesie in unitatem redigeret.*
[89] Ebda. ad a. 1177 (S. 94 f) Z. 54 ff.: *Eodem mense scilicet Augusto inperator Venetiam veniens celebrandi causa concilii ad reformandam unitatem ecclesie, gloriose ab Alexandro papa multisque aliis religiosis viris suscipitur. Habito itaque concilio, universalis ecclesie consilio papatus Calixto destituitur, Alexandro confirmatur, et inter alios quibus honor in scismate ablatus est.*
[90] Ebda. ad a. 1159 (S. 92) Z. 24 ff.: *Adtendat ergo lector et auditor, hoc scisma cesari non iuste inponi, cum sine ipsius conscientia ceptum, sepis dissipare et ad unitatem reformare laboraverit.*

die Vormundschaft vom Kölner auf den Mainzer Erzbischof überging[91]! In den Wundern und Prophezeiungen griff Gott selbst (wie auch sonst) sichtbar in die Geschichte ein: So konnte dank einer göttlichen Offenbarung gegenüber der heiligen Elisabeth sogar die bisherige Geschichtskenntnis berichtigt werden (nämlich über die elftausend „Jungfrauen", die ihre Passion nicht erst zur Zeit Attilas, sondern, „in Betrachtung der Wahrheit", lange vorher erlitten und unter denen sich nicht nur Frauen befanden)[92]!

Dahinter steht nicht minder aber ein anderes Geschichtsinteresse: Die Anekdoten erfüllten – wie alle mittelalterliche Geschichtsschreibung – einen ethischen Zweck; sie wollten erziehen. Immer wieder werden Fehlschläge als Sündenstrafe gedeutet (etwa, wenn nicht einmal der so reichlich Wunder wirkende heilige Udalrich, der, Jesus gleich, über den Lech wandeln konnte, Gott gnädig zu stimmen und den Augsburgern gegen die Ungarn zu helfen vermochte)[93]. Den Selbstmord eines Jünglings kommentierte der Annalist mit dem Psalmvers (Ps. 39,6): *Itaque meror et indeficiens omnis homo misere moriens, et vere universa vanitas omnis homo vivens*[94]. Ein Erfurter Propst starb eines plötzlichen Todes, weil er sich Reichtümer angeeignet hatte[95]. Das Unwetter von 1164 – ein *mirabile spectaculum inter misericordiam Dei et iudicium* – war ebenso ein Strafgericht Gottes[96] wie ein Blitzschlag[97]. Als von Dämonen Verführte in

---

[91] Annales Palidenses (wie Anm. 42) ad a. 983 (S. 64) Z. 63 ff.
[92] Ebda. ad a. 1158 (S. 90) Z. 30 ff.: *Huic autem Elisabeth virgini in coenobio cum aliis sincere et laudabiliter conversanti, de exercitu sanctarum undecim milium revelationes ostense, necessario diligenter sunt a fidelibus advertende. Nam quibusdam et fere omnibus tempore Attile et ab ipso virgines passas estimantibus, ante ipsum secundum veri considerationem longo tempore fuisse inveniuntur.*
[93] Ebda. ad a. 924 (S. 61) Z. 1 ff.: *O mira Dei providentia! Non poterat sanctus ille, qui miraculis coruscavit, Dominum flectere precibus; non poterat, qui Lichum superambulavit, suis a Domino impetrare victoriam. Certe beneficio miserentis Dei actum est, qui omnem filium flagellat quem recipit, ut hic quoque filius suus occisis in prima congressione fratre et duobus patruelibus flagella sustineret; certe beneficio irascentis Dei actum est, ut non solum Augustam, verum etiam Romanum imperium conculcatum Ungari tributarium facerent, et fedum.*
[94] Ebda. ad a. 1154 (S. 88) Z. 39 f.
[95] Ebda. ad a. 1154 (S. 88) Z. 44 ff.
[96] Ebda. ad a. 1164 (S. 93) Z. 7 ff.: *Eratque mirabile spectaculum inter misericordiam Dei et iudicium, cum per iudicium fieret interitus hominum et iumentorum et ad 20 miliaria secus ripas fluminum viderentur cadavera suffocatorum, et e converso per misericordiam lactentes in cunis ex*

einem Hügel bei Halberstadt nach Schätzen gruben, fanden sie nur den hämisch spottenden Teufel in Gestalt eines Reiters, und einige wurden unter den Erdmassen begraben[98]. Und auch der Teufel, so bestätigt der Annalist gegen Ende der Chronik im Hinblick auf den Prozeß und die Verurteilung Heinrichs des Löwen, handle nicht ohne Gottes gerechtes Urteil[99].

Auffällig ist die Häufung von Erzählungen, welche die Keuschheit der Königinnen unter Beweis stellen: Edgith war *castissima*[100]; Heinrich II. liebte die Kaiserin Kunigunde wie eine Schwester[101], und auch Lothar III. und Gertrud lebten nach der Geburt ihrer Tochter Gertrud in Enthaltsamkeit (und benutzten im Bett ihre eigenen Decken)[102]. Kunigunde reinigte sich vom Vorwurf der Unkeuschheit durch ein Gottesurteil (sie überstand die Probe der glühenden Pflugscharen)[103]. Agnes – der Annalist verwechselte hier Frau und Mutter Heinrichs IV. – war, obwohl *moribus erat honestissima* und *castissima*, verleumderisch des Ehebruchs mit einem Adligen bezichtigt worden, weil der König sie prüfen wollte; als er sich in Verkleidung bei ihr einschlich, wurde er jedoch von ihren Dienern verprügelt. Es ist bezeichnend, daß der Autor diesen Vorfall – neben der Aneignung von Bistumsgut – für die Exkommunikation des Königs

---

alvis eriperentur, natantes multi in lignis edificiorum vel in vasculis constituti ventorum vi et fluctuum longe in alias regiones vivi deferrentur.

[97] Annales Palidenses (wie Anm. 42) ad a. 1129 (S. 78) Z. 27 ff.

[98] Ebda. ad a. 1153 (S. 88) Z. 13 ff. — Dämonen mischten sich auch unter die Mönche, wurden aber vertrieben. Die Episode hatte immerhin zur Folge, daß man dem toten Papst (Viktor) nun den Gehorsam leistete, den man dem Lebenden verweigert hatte (ebda. ad a. 1159 [S. 92] Z. 15 f.: *Talibus admoniti, quod vivo noluerunt, obedientiam mortuo promiserunt, successori quoque eius se obsecuturos, utpote saniori parti, spondentes.*)

[99] Ebda. ad a. 1179 (S. 95) Z. 35 ff.: *Sed quia scriptum est: 'Nichil in terra sine causa fit', credendum est, non sine iusto Dei iudicio hec patrata, humani quoque generis hoste, qui de periculis hominum gratulatur, incitante. Civibus enim narrantibus, hostes advenientes voces velut in chorea letis ac sonoris cantibus concrepantes audierunt.*

[100] Ebda. ad a. 936 (S. 62) Z. 28.

[101] Ebda. ad a. 1001 (S. 66) Z. 1 f.

[102] Ebda. ad a. 1125 (S. 78) Z. 2 ff.: *continencium se lege vincientes voluptatem in posterum abdicarunt, in tantum ut strato cubitantes singulari velamine uterentur, ut cubicularium eorum hoc admiratum narrantem audivimus, qui testis est carnali copula non eos ultra fuisse coniunctos.*

[103] Ebda. ad a. 1001 (S. 66) Z. 3 ff.

verantwortlich machte[104] und somit erneut (kirchen-) politische Handlungen von weltgeschichtlichem Ausmaß nicht aus der Politik, sondern aus der (Un-)Moral heraus deutete.

Zwei ständig wiederkehrende Motive sind, ganz im Sinne dieser Ausrichtung, zum einen die Gerechtigkeit, zum anderen das Gottvertrauen (meist im Zusammenhang mit einem Wunder): Letzteres rettete Edgith vor dem Zorn des Königs, weil ein Wunder ihr zertrenntes Kleid wiederherstellte[105], und Kunigunde, die sich im Gebet auf die biblischen Beispiele Susannas und Daniels berief, vom Vorwurf der Unkeuschheit[106]. Der Sieg, so ermahnte Heinrich I. seine Krieger vor der Ungarnschlacht, liege nicht in der Volksmenge, sondern bei Gott[107]. Heinrichs Heldentum – er griff die Ungarn gegen den Rat der ängstlichen Fürsten an – erwuchs hier aus seinem Gottvertrauen[108]. Es sei nicht gerecht, so schalt auch der erwähnte Graf Hermann seinen Begleiter auf der Pilgerschaft nach Cluny, auf Gott zu vertrauen und doch als Rückversicherung noch Reichtümer mitzunehmen. Hermann selbst setzte sein ganzes Vertrauen auf Gott[109].

Das andere Motiv, die Gerechtigkeit, durchzieht die ganze Chronik. Es war ein Sieg der Gerechtigkeit, daß Heinrich, der (angeblich) enterbte Bruder, die anderen überlebte und König wurde[110]. Otto I. war so sehr um

---

[104] Annales Palidenses (wie Anm. 42) ad a. 1092 (S. 71) Z. 16 ff. Zur Exkommunikation: ebda. Z. 40 ff.: *Rex igitur ob hanc rem, et quia dona episcopalia sibi usurpavit, excommunicationi subiacuit.*
[105] Ebda. ad a. 936 (S. 62) Z. 51 ff.: *Qui semel et iterum cum falli mutatoriis non posset, tandem illa anxiata sed in Domino confisa, quod rex poposcit, e latibulo protractam presentari iussit.*
[106] Ebda. ad a. 1001 (S. 66) Z. 8 ff.: *posita spe in eo qui bonus est sperantibus in se, libera voce professa est: 'Deus eterne, qui absconditorum es cognitor, cui hoc idem est posse quod velle, et nichil velle quod non posse, qui Susannam de falso crimine, Danielem de lacu leonum ineffabili tua potentia liberasti, causam meam recto decerne iudicio, et hoc ipsum dimitte illis, qui iniuste iniquitatem fecerunt in me.'*
[107] Ebda. ad a. 934 (S. 62) Z. 4 ff.: *Donum victorie non in multitudine populi sed de supernis est. Memineritis mirabilium Dei, quibus suam fidelibus semper ostendit potenciam, quia non est differentia in conspectu eius, liberare in multis et in paucis. State ergo viriliter pro cultu divino, pro uxoribus vestris et filiis, vosque populus unus quis? et quid? factis ostendite. Et quia Deus in causa, ideo Deus merces operis!*
[108] Eine andere Heldentat erzählt der Annalist ad a. 1155 (S. 89) Z. 32 ff.
[109] Ebda. ad a. 1121 (S. 77) Z. 8: *seque sciens in Domino confisum.*
[110] Ebda. ad a. 924 (S. 61) Z. 18 ff.: *Maluit iuste non habendo egere, quam iniuste habendo non egens esse. ... Ecce enim defunctis fratribus, tota in ipsum ducem iam regem hereditas derivatur.*

Gerechtigkeit in seinem Reich bemüht, daß er auch an Festtagen Recht sprach[111]; den Mailändern, die sich gegen seine neue Münze gewehrt hatten, zahlte er mit gleicher Münze heim, indem er ihnen zur Strafe gestempeltes Leder gegen Geld verkaufte[112]; ein Vergewaltiger entging auch dann nicht der königlichen Strafe, als er die Tat durch eine Heirat mit der vergewaltigten Frau „gesühnt" und diese sich sogar selbst für ihn verwendet hatte[113]. Eine gerechte Strafe war es wohl auch, wenn Otto III. von der Witwe des Crescentius vergiftet wurde (allerdings nicht wegen der Hinrichtung ihres Gatten, sondern weil er ihre Liebe verschmähte)[114]. Die Versammlungen gegen Gregor VII. hingegen waren *iniuste*[115]. Ein Stadtbrand wiederum war die Folge eines Aufstands der Augsburger gegen den König[116]; die Reliquientranslation der Goslarer Heiligen büßte Bischof Bernhard von Hildesheim mit dem Verlust seines Augenlichts[117], und Bischof Heinrich von Minden wurde gelähmt, weil seine Leute einen Kleriker geblendet hatten[118]. Die Hinrichtung Arnolds von Brescia komentierte der Annalist hingegen beschwichtigend mit dem Satz: „Durch das Leiden, welches er im Tode ertrug, hat er die Schuld seines Irrtums abezahlt."[119] Erzbischof Arnold von Köln wiederum starb unehrenhaft bei einem gegen die priesterliche Würde unternommenen Wettlauf am heiligen Ostertag, so daß sein elender Tod ein Zeichen für das hinfällige Menscheneben war[120]. Als der griechische Basileus hingegen die Lähmung Wilhelms von Apulien zu einem Angriff nutzte, wurde dieser geheilt und besiegte

---

[111] Annales Palidenses (wie Anm. 42) ad a. 936 (S. 63) Z. 4 f.: *in tantum autem iustitie inservivit, ut bipennim eius iudiciariam in media curia infigi nulla dies quantumvis festiva interceperit.*
[112] Ebda. ad a. 950 (S. 63) Z. 40 ff.: *Mediolanenses velut ab inicio subigens, ad hoc eos coegit, ut quia monetam eius in metallis contemserant, quidquid veteris corii de bursis vel ocreis habere potuit, solummodo inpresso numismate, argentum inde ab ipsis emi paterentur.*
[113] Ebda. ad a. 949/950 (S. 63) Z. 34 ff./46 ff.
[114] Ebda. ad a. 999 (S. 65) Z. 49 ff.
[115] Vgl. oben Anm. 80.
[116] Ebda. ad a. 1132 (S. 78) Z. 47 ff.
[117] Ebda. ad a. 1144 (S. 81) Z. 17 ff.
[118] Ebda. ad a. 1153 S. 88 Z. 8 ff.
[119] Ebda. ad a. 1155 (S. 89) Z. 26 f.: *qui per mala que moriens pertulit, erroris debita solvit.*
[120] Ebda. ad a. 1156 (S. 89) Z. 49 ff.: *Quam sit hominum vita labilis, indicio est Arnoldi Coloniensis presulis mors miserabilis, qui sollemnitate paschali postposita gravitate sacerdotali currens in vadio, incurrit mortem casu valido.*

den Kaiser[121]. Gerechtigkeit zeigte sich in der gerechten Strafe (dem gerechten Tod), aber auch im Sieg der gerechten Sache.

Ethische Motive (um Frömmigkeit, Keuschheit, Gerechtigkeit und Frieden) bilden also eine deutliche Klammer um die vielen anekdotenhaften Erzählungen. Besonders der jüngere Teil der Annalen (falls es sich überhaupt noch um denselben Verfasser handelt) reiht auffällig zum einen Todesfälle (insgesamt 92)[122], zum andern Berichte von Schlachten (49), Aufständen (18) und Fehden (18) aneinander[123]. Letztlich ging es

---

[121] Annales Palidenses (wie Anm. 42) ad a. 1156 (S. 89) Z. 51 ff.

[122] Vgl. ebda. ad a. 924 (S. 61) Z. 12 f.; ad a. 968 (S. 64) Z. 34 ff.; ad a. 980 (S. 64) Z. 59 ff.; ad a. 998 (S. 65) Z. 51 f.; ad a. 1022 (S. 67) Z. 5, Z. 26, Z. 28; (S. 69) Z. 53; ad a. 1080 (S. 70) Z. 49; ad a. 1087 (S. 71) Z. 9; ad a. 1100 (S. 72) Z. 32 f., Z. 37 ff.; ad a. 1123 (S. 77) Z. 38 f.; ad a. 1125 (S. 78) Z. 6 f.; ad a. 1130 (S. 78) Z. 31 f., Z. 34 f., Z. 36 f.; ad a. 1137 (S. 79) Z. 55 f.; ad a. 1139 (S. 80) Z. 23 f.; ad a. 1141 (S. 80) Z. 47; ad a. 1142 (S. 81) Z. 1, Z. 4 f.; ad a. 1143 (S. 81) Z. 11 f., Z. 12; ad a. 1144 (S. 81) Z. 14 f., Z. 15, Z. 16; ad a. 1145 (S. 81) Z. 34; ad a. 1146 (S. 81) Z. 36, Z. 46, Z. 47; (S. 82) Z. 2, Z. 9; ad a. 1147 (S. 82) Z. 17 f.; (S. 83) Z. 3, Z. 13 f.; ad a. 1148 (S. 84) Z. 3, Z. 10 f.; ad a. 1149 (S. 84) Z. 14 f., Z. 20, Z. 23; ad a. 1150 (S. 84) Z. 51 f., Z. 52; (S. 85) Z. 1, Z. 1 f., Z. 2; ad a. 1151 (S. 85) Z. 39, Z. 54 f.; (S. 86) Z. 3 f., Z. 6; ad a. 1152 (S. 86) Z. 9, Z. 10 f., Z. 14 f., Z. 26, Z. 37 f.; ad a. 1153 (S. 86) Z. 41 f., Z. 42 ff.; (S. 87) Z. 36; (S. 88) Z. 6, Z. 11 f.; ad a. 1154 (S. 88) Z. 29, Z. 32 f., Z. 39, Z. 42, Z. 54; ad a. 1155 (S. 89) Z. 25, Z. 26 f.; ad a. 1156 (S. 89) Z. 40 f., Z. 49 ff., Z. 54; ad a. 1157 (S. 90) Z. 7, Z. 11 f., Z. 14, Z. 16; ad a. 1158 (S. 90) Z. 50; ad a. 1159 (S. 90) Z. 54; (S. 91) Z. 1 f.; ad a. 1160 (S. 91) Z. 52; (S. 92) Z. 27, Z. 28, Z. 28 ff., Z. 33; ad a. 1164 (S. 93) Z. 4 ff., Z. 26; ad a. 1165 (S. 93) Z. 28; ad a. 1167 (S. 94) Z. 11 ff.; ad a. 1168 (S. 94) Z. 21, Z. 22; ad a. 1170 (S. 94) Z. 32 f.; ad a. 1172 (S. 94) Z. 36 f.; ad a. 1179 (S. 95) Z. 13; ad a. 1180 (S. 95) Z. 46.

[123] *Schlachten*: ebda. ad a. 814 (S. 58) Z. 33 ff.; ad a. 906 (S. 60), Z. 22 ff.; ad a. 924 (S. 60) Z. 57 ff.; ad a. 934 (S. 62) Z. 13 ff.; ad a. 980 (S. 64) Z. 54 ff.; ad a. 1068 (S. 70) Z. 9 ff.; ad a. 1079 (S. 70) Z. 40 ff.; ad a. 1080 (S. 70) Z. 45 f.; ad a. 1099 (S. 72) Z. 23 ff.; ad a. 1115 (S. 76) Z. 19 ff.; ad a. 1125 (S. 77) Z. 43 ff.; ad a. 1126 (S. 78) Z. 10 ff.; ad a. 1127 (S. 78) Z. 16 f.; ad a. 1129 (S. 78) Z. 22 f.; ad a. 1130 (S. 78) Z. 37 f.; ad a. 1134 (S. 79) Z. 32 ff.; ad a. 1138 (S. 80) Z. 4 ff.; ad a. 1139 (S. 80) Z. 20 f.; ad a. 1140 (S. 80) Z. 34 f.; ad a. 1147 (S. 82) Z. 23 ff., Z. 33 ff.; (S. 83) Z. 31 f.; ad a. 1148 (S. 83) Z. 42 ff., Z. 46 ff., Z. 53 f.; ad a. 1149 (S. 84) Z. 13 f.; ad a. 1152 (S. 86) Z. 17 ff.; ad a. 1153 (S. 88) Z. 12; ad a. 1154 (S. 88) Z. 18 f., Z. 51 ff.; ad a. 1155 (S. 89) Z. 6 ff., Z. 33; ad a. 1156 (S. 89) Z. 52 ff.; (S. 90) Z. 1 f.; ad a. 1157 (S. 90) Z. 9 f., Z. 13 f., Z. 15 f.; ad a. 1158 (S. 90) Z. 20 ff., Z. 23 f.; ad a. 1160 (S. 92) Z. 30 ff., Z. 32 ff.; ad a. 1162 (S. 92) Z. 45 ff.; ad a. 1163 (S. 92) Z. 49 f.; ad a. 1164 (S. 93) Z. 13 f., Z. 22 ff.; ad a. 1172 (S. 94) Z. 36; ad a. 1177 (S. 94) Z. 51 ff.; ad a. 1180 (S. 95) Z. 47 ff.; ad a. 1181 (S. 96) Z. 3 ff.; — *Aufstände*: ad a. 947 (S. 63) Z. 26 ff.; ad a. 949 (S. 63) Z. 33 f.; ad a. 952 (S. 63) Z. 55 ff.; ad a. 1022 (S. 67) Z. 43 ff.; ad a. 1103 (S. 72) Z. 41 ff.; ad a. 1127 (S. 78) Z. 17 f.; ad a. 1132 (S. 78) Z. 48; ad a. 1140 (S. 80) Z. 27 ff.; ad a. 1150 (S. 84) Z. 40 ff.; ad a. 1152 (S. 86) Z. 12 ff.; ad a. 1153 (S. 87) Z. 42 f.; ad a. 1154 (S. 88) Z. 51 f.; ad a. 1155 (S. 89) Z. 6 ff.; ad a. 1159 (S. 90) Z. 51 ff.; ad a. 1160 (S. 92) Z. 28 ff.; ad a. 1167

dem Autor aber auch hier nicht um die Aufstände an sich, sondern um den Frieden als Ideal: Lothar III. wurde als Friedensfürst gefeiert, der den Streit der Salier mit der Kirche beendete[124]; und den Frieden im Reich Barbarossas beantwortete der Annalist mit einem Reimvers: „Der ersehnte Friede wurde gewährt und der König fortan verehrt."[125] Nach zahllosen Berichten über die Fehden Heinrichs des Löwen mit Bischöfen und Fürsten, bei denen stets der Friedensschluß lobend hervorgehoben wurde[126], und zuletzt mit dem König selbst beendete der Autor seine Annalen mit der Absetzung und Verbannung des Herzogs nach England im Jahre 1182. Ein Zufall? Wohl kaum. Es scheint, daß der aus dem Kloster, das Friedrich Barbarossa 1158 Heinrich dem Löwen übereignet hatte, stammende Annalist, der die Konflikte zwischen dem Kaiser und dem Herzog scheinbar tendenzlos berichtet, seine Chronik in dem Augenblick beschloß, als das Kloster mit dem neuen Herrn wieder den alten erhielt, als damit aber auch in Sachsen endlich Frieden einkehrte. Nur wenn man die Pöhlder Annalen von ihrem Selbstverständnis her liest, ihre fiktiv anmutenden Erzählungen ernst nimmt und aus dem werkeigenen wie mittelaltergemäßen Geschichtsbewußtsein heraus deutet, erschließt sich der spezifische Charakter ihrer - durchdachten - Geschichtskonstruktion, die sich weit von unserer Vorstellung (und auch vom mittelalterlichen „Normalfall") entfernt, sich selbst jedoch als ganz in der zeitgenössischen Geschichtskonzeption stehend verstand und die deren Eigenarten und Abgrenzungen erst richtig zu verdeutlichen vermag.

(S. 93) Z. 52 ff.; ad a. 1176 (S. 94) Z. 48 f. — *Fehden:* ad a. 1137 (S. 79) Z. 40 ff.; ad a. 1145 (S. 81) Z. 29 ff.; ad a. 1149 (S. 84) Z. 18 ff.; ad a. 1150 (S. 85) Z. 7 ff.; ad a. 1151 (S. 86) Z. 1 ff.; ad a. 1152 (S. 86) Z. 31 ff.; ad a. 1164 (S. 93) Z. 20 f.; ad a. 1165 (S. 93) Z. 32 f.; ad a. 1166 (S. 93) Z. 39 ff.; ad a. 1168 (S. 94) Z. 16 f.; ad a. 1170 (S. 94) Z. 31 f.; ad a. 1175 (S. 94) Z. 46 f.; ad a. 1178 (S. 95) Z. 6 ff.; ad a. 1179 (S. 95) Z. 21 ff., Z. 25 ff., Z. 40 ff.; ad a. 1180 (S. 95) Z. 44 ff.; ad a. 1181 (S. 95) Z. 54 ff.

[124] Annales Palidenses (wie Anm. 42) ad a. 1125 (S. 77) Z. 54 f.: *Nam diebus ipsius ecclesia pace gaudebat.*

[125] Ebda. ad a. 1156 (S. 89) Z. 46: *Pax optata datur, et rex hinc magnificatur.* Vgl. auch ad a. 1169 (S. 94) Z. 24 f.: *inperator curiam habuit Walehusen in purificatione sancte Marie, ubi denuo pacem renovavit, violatoribus pacis secum abductis.*

[126] Vgl. ebda. ad a. 1167 (S. 93) Z. 43 ff.; ad a. 1168 (S. 94) Z. 16 f.; ad a. 1181 (S. 96) Z. 3 ff.

***

Wenn mittelalterliche Chronisten ihr Geschichtsbild konstruierten, dann folgten sie i h r e n Vorstellungen und Interessen. Es ist folglich – das wollte ich aufzeigen – das aus zeitgenössischen und vielfach auch aktuellen Interessen erwachsene und für die Verknüpfung sowohl von Vergangenheit und Gegenwart wie von Geschichtswissen und dessen Umsetzung in Geschichtsdarstellung verantwortliche Geschichtsbewußtsein, das die Eigenarten des mittelalterlichen Geschichtsdenkens und Geschichte-Schreibens, also die literarisch durchgestaltete Geschichtsdarstellung (als Geschichtskonstruktion) oder, anders ausgedrückt, die „literalisierte" Geschichtswahrnehmung mittelalterlicher Autoren bestimmt und das folglich auch uns Mediävisten brennend interessieren muß.

Die mittelalterliche Geschichtsschreibung läßt sich angesichts der Umbrüche unseres eigenen Wissenschaftsverständnisses – wenn ich abschließend noch einmal auf meine theoretische Einleitung zurückkommen darf – längst nicht mehr so einfach als „vorwissenschaftlich" abwerten, wie das lange Zeit im historistischen Bewußtsein, erst jetzt das Stadium einer kritischen Wissenschaft erreicht zu haben, üblich war. Angemessener ist es daher, ohne verzerrende Werturteile die – nicht zu verkennende – Andersartigkeit und Eigenart der mittelalterlichen „Konstruktion von Geschichte" und deren anderes Verhältnis zur Frage einer „Fiktionalität" aufzudecken. Wenn mein Aufsatz dazu einen kleinen Teil beitragen wollte, so bin ich mir doch bewußt, daß bis zu einer wirklichen Durchdringung dieser Materie noch viel Forschungsgeist zu investieren ist.

Geschichtliche Erinnerung in der deutschen Literatur des 12. Jahrhunderts

von

Barbara Haupt

I.

Das 12. Jahrhundert zeichnet sich durch eine reiche Produktion historiographischer Werke aus[1]. Das gilt keineswegs nur im Hinblick auf die lateinische Geschichtsschreibung, die, wenn ich recht sehe, allemal die Präferenz der modernen Historiker für sich beanspruchen darf. Denn das 12. Jahrhundert bringt auch eine Fülle volkssprachig-historiographischer Werke hervor, die zwar als bloße „Dichtung" den Tummelplatz der Literaturwissenschaftler ausmacht, die aber zweifellos das Geschichtsbewußtsein einer laikalen feudalen Oberschicht geprägt hat, und in dieser Hinsicht sollte ihre Bedeutung nicht unterschätzt werden. Mit Blick auf die chanson-de-geste-Dichtung in Frankreich bemerkt Jean Dunbabin mit Recht: „When French knights turned their minds to what had once been, they peopled the past with Roland and Oliver, Raoul of Cambrai, William of Orange, Ogier and others of their sort", und, so fügt er hinzu, es wären jene „French knights" wenig dankbar gewesen, hätte man versucht, diese Geschichtswelt zu demythologisieren[2].

Die volkssprachig-deutsche erzählende Literatur von der zweiten Hälfte des 11. bis gegen Ende des 12. Jahrhunderts ist durch ein deutliches Interesse charakterisiert, den Raum der Geschichte zu erschließen; sehr klar hat Gisela Vollmann-Profe die Entwicklung nachgezeichnet:

---

[1] Siehe Richard W. Southern, Aspects of the European Tradition of Historical Writing: 4. The Sense of the Past (Transactions of the Royal Historical Society, 5th Series, Vol. 23, 1973) S. 243-263, bes. S. 256; James Campbell, Essays in Anglo-Saxon History (1986) S. 209; Jean Dunbabin, Discovering a Past for the French Aristocracy, in: The Perception of the Past in Twelfth-Century Europe, hg. von Paul Magdalino (1992) S. 1-14; Timothy Reuter, Past, Present and No Future in Twelfth-Century Regnum Teutonicum, in: The Perception of the Past, S. 15-36.
[2] Jean Dunbabin, Discovering (wie Anm. 1) S. 1.

„Herrscht am Anfang die unmittelbar heilsgeschichtliche Ausrichtung fast uneingeschränkt, so tritt diese nach und nach in den Hintergrund; geschichtliche Vergangenheit wird in sich selbst, außerhalb des theologischen Verbundsystems, als interessant [...] empfunden, kann ihrerseits Normen stiften."[3] Im folgenden werde ich volkssprachig-historiographische Werke vorstellen, wobei ich die religiös-heilsgeschichtlichen Texte nur anhand ausgewählter Beispiele behandle und das Hauptaugenmerk auf die profangeschichtlichen Erzählungen richte; mein Interesse zielt dabei auf allgemeine Charakteristika, vor allem auf die jeweilige Zeitvorstellung. Aus der Zusammenschau versuche ich zu ermitteln, welches Bild von Vergangenheit ein laikales Publikum anhand dieser Texte, die allemal „Erinnerungsfiguren" des kulturellen Gedächtnisses sind[4], gewinnen konnte.

Der erste Abschnitt der frühmittelhochdeutschen Geschichtsdichtung steht im Zeichen der Heilsgeschichte. Wie sich bei aller Verschiedenheit der Stoffe und Formen leicht erkennen läßt, richten sich die Fragen, auf die diese Texte antworten, auf ganz elementare Dinge: Woher kommt der Mensch? Wohin geht er? Wie kam das Böse in die Welt, und kann der Mensch errettet werden?

Das wahrscheinlich älteste Zeugnis der frühmittelhochdeutschen Dichtung ist das *Ezzolied* (*Ezzos Cantilena de miraculis Christi*, bald nach 1060), ein Hymnus auf die Heilstaten Gottes in der Geschichte von der Schöpfung an bis zur Erlösung durch den Kreuzestod Christi. Die geistige Heimat des Liedes ist Bamberg zur Zeit des Bischofs Gunther (1057-1065). Gunther selbst nahm, wie wir aus den rügenden Briefen des Domscholasters Meinhard wissen, großes Interesse an den volkssprachig-mündlichen Geschichtsüberlieferungen von Etzel und Dietrich von Bern, *sc.* Attila und Theoderich[5]. Dem gegenüber steht das geistlich-schriftlite-

---

[3] Gisela VOLLMANN-PROFE, Wiederbeginn volkssprachiger Schriftlichkeit im hohen Mittelalter, in: Geschichte der deutschen Literatur von den Anfängen bis zum Beginn der Neuzeit, hg. von Joachim HEINZLE (^{2}1994) Bd. I/2, S. 14.
[4] Jan ASSMANN, Kollektives Gedächtnis und kulturelle Identität, in: Kultur und Gedächtnis, hgg. von Jan ASSMANN/Tonio HÖLSCHER (Suhrkamp-Taschenbuch Wissenschaft 742, 1988) S. 9-19, hier S. 12.
[5] *Numquam ille Augustinum, numquam ille Gregorium recolit, semper ille Attalam, semper Amalungum et cetera id genus portare tractat*, in: Briefsammlungen der Zeit Heinrichs IV.

rarische *Ezzolied*, das in der 1. Hälfte des 12. Jahrhunderts noch einmal bearbeitet wurde[6]. Der Dichter richtet sich an ein adliges Publikum — *iu herron* S, V. 1 —, dem er wahren Bericht erstatten will vom Anfang der Menschheit und von der mannigfaltigen Weisheit, die in den biblischen Büchern zur Ehre dieser Welt geoffenbart ist. Das Lied setzt mit einer weiten Bogenlinie an, die von Schöpfung und Sündenfall in die Nachtherrschaft des Teufels führt, in der aber dennoch das Licht der Sterne leuchtet, die auf die Patriarchen und Propheten gedeutet werden — worauf das Lied abbricht. In der späteren Aufzeichnung V aus der 2. Hälfte des 12. Jahrhunderts wird der Bogen weitergeführt bis hin zu den Vorboten Christi, es folgt ein Abriß der sechs Weltalter, gegen Ende des sechsten erscheint Christus, die Sonne, dessen Erdenleben und Erlösungstat ausführlich geschildert werden und der am Ende aller Zeiten als Weltenrichter wiederkehren wird. Worauf es hier ankommt, ist die lineare Strukturierung der Heilsgeschichte, die mittels der von Augustinus' *De civitate Dei* 22, 30 u.ö. übernommenen Einteilung in 6 *aetates mundi* vorgenommen wird (Str. 13).

Die sogen. *Wiener Genesis*[7], eine freie Bearbeitung des 1. Buches Moses, steht gleichfalls am Beginn der frühmittelhochdeutschen Literatur (ca. 1060/1065). Bei aller Vorlagentreue greift der Verfasser am Anfang und am Schluß seines Werkes über den biblischen Text hinaus: Einerseits setzt er vor das Sechstagewerk noch den Bericht von der Erschaffung der Engel, von ihrer Ordnung in 10 Chöre, von Luzifers Empörung und Sturz und von dem Plan, daß der Mensch einst den leeren Chor der abtrünnigen Engel einnehmen soll. Andererseits läßt er am Schluß den seine Söhne segnenden Jacob Weissagungen aussprechen, die auf Christus und das künftige Heil hin interpretiert werden. Erzählte biblische Geschichte wird somit universalhistorisch eingeordnet[8]: Geschichte besitzt

---

edd. Carl ERDMANN/Norbert FICKERMANN (MGH Briefe d. dt. Kaiserzeit 5, 1950) Nr. 73, S. 121.
[6] Beide Texte (Hss. S und V) abgedruckt in: Kleinere deutsche Gedichte des 11. und 12. Jahrhunderts. Nach der Auswahl von Albert WAAG neu hg. von Werner SCHRÖDER, 2 Bde. (Altdeutsche Textbibliothek 71 und 72, 1972) S. 1-26.
[7] Die altdeutsche Genesis nach der Wiener Handschrift, hg. von Viktor DOLLMAYR (1932).
[8] Siehe VOLLMANN-PROFE, Wiederbeginn (wie Anm. 3) S. 67.

einen absoluten Anfang und ist final auf das Erscheinen Christi und die Errettung des Menschen hin angelegt.

Das frühmittelhochdeutsche *Annolied*[9] (2. Hälfte 11.Jh.) präsentiert in seinem ersten Teil (Abschnitt 1-33) einen Abriß von Heils- und Weltgeschichte, die beide auf die Figur des heiligen Bischofs Anno von Köln, seine Vita und die Mirakel nach seinem Tod hinführen, d. h. Weltgeschichte und Heilsgeschichte werden perspektivisch miteinander verbunden. Anno fungiert dann als *exemplum* für den Menschen, der „vor dem Eschaton" steht[10], und er ist zugleich als Heiliger „eine Garantie für die Möglichkeit der Versöhnung" von Welt und Heil[11]. Während der Abriß der Heilsgeschichte von *der werilde aneginne*, „vom Anfang der Welt" (2,1), bis zur Erlösungstat Christi und zu den Heiligen und insbesondere zum heiligen Anno in der Stadt Köln hinführt, läuft der Weg der Weltgeschichte von der Städtegründung durch Ninus über die Abfolge der vier Weltreiche in Anlehnung an Daniel 7 wiederum zur Stadt Köln und zu Anno. Auch hier wird der Geschichtsverlauf linear dargestellt, was sich bereits im Prolog ankündigt:

> *nû ist cît, daz wir dencken,*
> *wî wir selve sulin enden*
> *[...]*
> *wante wir noch sulin varin*
> *von disime ellendin lîbe hin cin êwin,*
> *dâ wir îmer sulin sîn*
>
> (1, 7 ff.),

(„Jetzt ist Zeit, daß wir daran denken, wie wir selbst einst enden werden, denn wir werden noch von diesem Leben in der Fremde in das ewige Leben eingehen, wo wir immer bleiben werden".)

---

[9] Das Annolied. Mittelhochdeutsch und neuhochdeutsch, hg., übers. und komm. von Eberhard NELLMANN (Reclam Universal-Bibliothek Nr. 1416, 1975).
[10] Walter HAUG, Literaturtheorie im deutschen Mittelalter. Von den Anfängen bis zum Ende des 13. Jahrhunderts. Eine Einführung (1985) S. 63.
[11] HAUG, ebda.

Mit der Fokussierung auf das *exemplum* deutet sich an, daß das Partielle wichtig wird und zur Darstellung kommt[12], aber Geschichte wird damit nicht etwa zum bloßen Steinbruch, aus dem man beliebig Beispiele beziehen kann[13], denn Geschichte behält einen linearen und finalistischen Verlauf durch die perspektivische Ausrichtung auf das *exemplum*, das selbst wieder linear, nämlich als Vita angelegt ist.

Ähnlich verhält es sich mit der frühmittelhochdeutschen *Kaiserchronik*[14] (Mitte 12. Jh.), die eine bunte Mischung aus historischem, legendarischem, fabulistischem und heldenepischem[15] Material darstellt. Die *Kaiserchronik* will bekanntlich nach Aussage des Prologs *exempla* für gute und schlechte Herrschaft über das Römische Reich präsentieren, wobei sich gute Herrschaft stets an dem Verhältnis der jeweiligen Herrscher zum Christentum bemißt. Die Beispiele, ob historisch abgesichert oder erfunden, werden freilich nicht als eine beliebige Sammlung dargeboten, sondern sie werden in eine chronologische Abfolge gebracht. Die Linearität des Geschichtsverlaufs wird unterstrichen durch die Lehre von der Abfolge der vier Weltreiche, die, in Variation der Darstellung des *Annoliedes*[16], im Eingang des Werkes darauf verweist, daß die Fortdauer des Römischen Reiches die Herrschaft des endzeitlichen Antichrist verzögert. Die herrscherlichen *exempla* sind demnach zugleich in ein finalistisch konzipiertes Geschichtsbild integriert.

Geschichtliche Erinnerung ist in der heilsgeschichtlich orientierten Dichtung nicht nur Erinnerung an einen Anfang, an einen absoluten Anfang oder, wie in der *Kaiserchronik*, an den Anfang des Römischen Reichs, sondern es geht immer auch um Vor-Erinnerung. Vom Ziel der Heilsgeschichte, also von einer letzten Zukunft, kündet das *Himmlische*

---

[12] Siehe VOLLMANN-PROFE, Wiederbeginn (wie Anm. 3) S. 153.
[13] Zur *Jüngeren Judith* vgl. HAUG, Literaturtheorie (wie Anm. 10) S. 55: „Die Historie splittert sich gegenüber dem Absoluten in ein Arsenal von Exempelfällen auf."
[14] Deutsche Kaiserchronik, ed. Edward SCHRÖDER (MGH Dt. Chron. 1, 1, ³1969).
[15] Siehe dazu besonders Ernst HELLGARDT, Dietrich von Bern in der deutschen Kaiserchronik. Zur Begegnung mündlicher und schriftlicher Traditionen, in: Deutsche Literatur und Sprache von 1050-1200. Festschrift für Ursula Hennig, hgg. von Annegret FIEBIG/Hans-Jochen SCHIEWER (1995) S. 93-110.
[16] Siehe Ernst Friedrich OHLY, Sage und Legende in der Kaiserchronik. Untersuchungen über Quellen und Aufbau der Dichtung (1968) S. 44 ff.

Jerusalem[17], und die gleiche finale Ausrichtung auf Zukunft findet sich im *Linzer Antichrist*[18], der *von kunftigin dingen* (V. 14) erzählt, nämlich von der Schreckensherrschaft des Antichrist, von dessen Sturz und dem darauf folgenden Jüngsten Gericht. Solche Erinnerung an die Zukunft schreibt eine finalistische Geschichtskonzeption fest, die das Ziel aller Geschichte und die Bestimmung des Menschen für eine Ewigkeit nach aller Geschichte im Bewußtsein der Laien präsent hält.

II.

Eine solche finalistische Geschichtskonzeption, wie sie an den bisherigen Beispielen mittelhochdeutscher Geistlichendichtung ablesbar ist, steht im Gegensatz zu Geschichtsbildern, wie sie die mündliche Heldensage tradiert. Der Prolog des *Annoliedes* macht deutlich, daß die mündlich tradierten Heldenepen — von denen wir *per definitionem* keine direkten Zeugnisse besitzen — nur von Vergangenem und damit von dem Vergänglichen berichten[19], was durch die Besinnung auf die wahre Bestimmung des Menschen zur göttlichen Ewigkeit zu überwinden sei:

> *VVir hôrten ie dikke singen*
> *von alten dingen:*
> *wî snelle helide vuhten,*
> *wî si veste burge brêchen,*
> *wî sich liebin vuiniscefte schieden,*
> *wî rîche kunige al zegiengen.*
>
> (*Annolied* 1, 1-6)

(„Wir hörten immer wieder singen von alten Begebenheiten: wie starke Helden kämpften, wie sie feste Städte zerstörten, wie liebe Freundschaften zerbrachen, wie mächtige Könige ganz zugrunde gingen.")

---

[17] SCHRÖDER, Kleinere deutsche Gedichte, Bd. 1 (wie Anm. 6) S. 92-111.
[18] Die religiösen Dichtungen des 11. und 12. Jahrhunderts, hg. von Friedrich MAURER, Bd. III (1970) S. 361-427.
[19] Siehe Susanne GERHAHER, Der Prolog des Annoliedes als Typus in der frühmittelhochdeutschen Literatur (1965) S. 3.

Sehr ähnlich wird zu Beginn des 13. Jahrhunderts das *Nibelungenlied* (Fassung C) einsetzen:

> *Uns ist in alten maeren   wunders vil geseit,*
> *von helden lobebaeren,   von grôzer arebeit,*
> *von fröuden, hôchgezîten,   von weinen und von klagen,*
> *von küener recken strîten   muget ir nu wunder hoeren*
> > *sagen.*
>
> (*NL* Str. 1)[20]

(„Uns ist in Geschichten aus alter Zeit viel Erstaunliches berichtet worden: von ruhmwürdigen Helden, von großer kriegerischer Mühsal, von Freuden, Festen, von Weinen und Klage. Von den Kämpfen kühner Helden werdet ihr nun Erstaunliches erzählen hören.")

In beiden Werken, im *Annolied* wie im *Nibelungenlied*, werden die heroischen Taten der Vergangenheit unter dem Aspekt der Vergänglichkeit präsentiert, im *Annolied*, um die heroische Vergangenheit zu überbieten, im *Nibelungenlied*, um das Vergängliche um seiner selbst willen zu preisen und zu beklagen[21].

Aus der Sicht geistlicher Autoren, die den Laien ein christliches Geschichtsbild vermitteln wollen, haben die Geschichten der Heldenlieder „aus alten Zeiten" nicht nur das Manko, daß sie keine Vor-Erinnerung an ein Ziel der Geschichte haben, sondern auch, daß sie keine überprüfbare Chronologie aufweisen. Einer der Verfasser der *Kaiserchronik* besteht darauf, daß Etzel (Attila) und Dietrich von Bern (Theoderich d. Gr.) keineswegs Zeitgenossen gewesen sein können[22], da Attilas Tod 43 Jahre vor Theoderichs Geburt gelegen habe. Um seiner Aussage Gewicht zu verleihen, beruft sich der Autor auf ein *buoch* (V. 14178), auf eine schriftliche Quelle, und sein Fazit lautet: *hie muget ir der luge wol ein ende haben* (V. 14187), „hier werdet ihr wohl endlich mit den Lügen fertig!" Mit dem

---

[20] Das Nibelungenlied, hgg. von Karl BARTSCH/Helmut de BOOR. 22. rev. und von Roswitha WISNIEWSKI ergänzte Aufl. (1988).
[21] GERHAHER, Prolog (wie Anm. 19).
[22] HELLGARDT, Dietrich von Bern (wie Anm. 15).

Beharren auf einer chronologischen Abfolge steht der Autor dieser Passage nicht allein: Vergleichbare Kritik an den mündlichen Helden- und Ereignisliedern und ihren Geschichtsbildern findet sich bei Frutolf von Michelsberg (Wende 11./12. Jh.) in dessen Weltchronik oder auch in der Chronik Ottos von Freising[23]. Den Vorwurf der Lüge formuliert die *Kaiserchronik* nicht nur im Kontext der Dietrichsage (*Kchr.* V. 13825-14193), sondern auch an ganz exponierter Stelle, nämlich im Prolog:

> *Nu ist leider in disen zîten*
> *ein gewoneheit wîten:*
> *manege erdenchent in lugene*
> *unt vuogent si zesamene*
> *mit scophelîchen worten.*
> *nû vurht ich vil harte*
> *daz diu sêle dar umbe brinne:*
> *iz ist ân gotes minne.*
> *sô lêret man die luge diu chint:*
> *die nâch uns chunftich sint,*
> *die wellent si alsô behaben*
> *unt wellent si iemer fur wâr sagen.*
> *lugene unde ubermuot*
> *ist niemen guot.*
> *die wîsen hôrent ungerne der von sagen.*
> *nû grîfe wir daz guote liet an.*
> (*Kchr.* V. 27 ff.)

(„Nun ist leider in unserer Gegenwart eine Gewohnheit weit verbreitet: Manche denken sich Lügengeschichten aus und fügen sie mit gleisnerischen Worten zusammen. Nun fürchte ich sehr, daß die Seele deshalb brennen wird, denn es fehlt an Gottesliebe. So lehrt man die Kinder solche Lügen: und so werden die, die nach uns kommen, sie im Gedächtnis

---

[23] Siehe Ekkehardi Chronicon Universale, ed. Georg Heinrich PERTZ (MGH SS 6, 1844) S. 130, Z. 33-45; Ottonis Episcopi Frisingensis Chronica sive Historia de duabus civitatibus, ed. Adolf HOFMEISTER (MGH SS rer. Germ. [45], 1912) Lib. V, S. 232, Z. 20 - S. 233, Z. 5.

behalten und als Wahrheit ausgeben. Lügen und Übermut sind für niemanden gut. Die Einsichtigen hören ungern dergleichen. Nun beginnen wir diese gute und wahre Dichtung.")

Faßt man die Kritik der geistlichen Autoren an den mündlichen Heldenliedern zusammen, so ergeben sich folgende Punkte: 1. Die Heldenlieder sind heidnisch (*ân gotes minne*). 2. Das sprachliche Medium, die Nur-Mündlichkeit, wird beanstandet und gegen die Schriftlichkeit, gegen die jederzeit überprüfbaren *buoche*, abgesetzt, und 3. unterliegt eine spezifische Eigenart mündlicher Geschichtsüberlieferung der Kritik, und das ist die Homöostasie.

Homöostasie meint bekanntlich eine Anverwandlung des Vergangenen an die Gegenwart, meint Ausgliederung des nicht mehr Aktuellen aus dem Gedächtnis des Kollektivs. Das vielberufene Beispiel von der Ursprungssage der Gonja steht dafür[24]. Demgegenüber sind Kennzeichen von Schriftlichkeit die Distanz zur Vergangenheit als eines von der Gegenwart Verschiedenen und zugleich auch die Möglichkeit, eine Zukunft in Distanz zur Gegenwart zu denken, von der aus gesehen die Gegenwart schon wieder Vergangenheit ist[25].

Die geistlichen Verfasser propagieren ein Geschichtsbild, das sich in der Tradition von Schriftkultur und Buchreligion herausgebildet hat. „Eine der Wurzeln unserer abendländischen Erkenntnis von der wesentlichen Bedeutung der Geschichte für das Leben auf Erden liegt in der [...] Bibel, und zwar vor allem im Alten Testament"[26], der Religions- und Geschichtsüberlieferung des Volkes Israel. Das Alte Testament berichtet nicht nur vom Anfang der Geschichte, d. h. von einer absoluten Vergangenheit, sondern auch vom Fortgang der Geschichte in der Dimension der Zeit, zunächst in den Genealogien der Söhne Noahs, im Sinne von

---

[24] Siehe u. a. Walter J. ONG, Oralität und Literalität. Die Technologisierung des Wortes (1987) S. 52 f.
[25] Siehe Hanna VOLLRATH, Das Mittelalter in der Typik oraler Gesellschaften, HZ 233 (1981) S. 571-594, insbes. S. 574 f., S. 580 und S. 582; zur Homöostasie siehe auch ONG, Oralität (wie Anm. 24) S. 51-53.
[26] Martin NOTH, Das Geschichtsverständnis der alttestamentlichen Apokalyptik, in: Geschichtsdenken und Geschichtsbild im Mittelalter. Ausgewählte Aufsätze und Arbeiten aus den Jahren 1933-1959, hg. von Walther LAMMERS (Wege der Forschung 21, 1965) S. 30-54, bes. S. 30.

Menschheitsgeschichte überhaupt, dann in der Geschichte der Erzväter und ihrer von Gott verheißenen Nachkommenschaft, die dann das Volk des Alten Bundes bildet, dessen Geschichte von den Christen als dem Volk des Neuen Bundes adaptiert wird. Geschichte wird gemäß dieser Überlieferung nach mittelalterlich-christlichem Verständnis als intentional ausgerichtet verstanden, der Verlauf der Geschichte führt nach der Apokalypse des Johannes auf eine vorhergesagte Zukunft, auf eine Endzeit der Geschichte, an deren Ende „Gott ebenso stand wie an ihrem Beginn."[27] Zwischen Anfang und Ende der Geschichte ist ein linearer Verlauf der Zeit gedacht, der — auch dies ein Ergebnis der Schriftkultur[28] — in meßbare Abschnitte unterteilt ist und dem zufolge jedes geschichtliche Ereignis einen festgesetzten Stellenwert besitzt.

In nicht-literalen Kulturen gibt es keine distinkte Trennung von Vergangenheit und Gegenwart, vielmehr wird das Vergangene „fast ausschließlich unter dem Gesichtspunkt der Gegenwart" gesehen[29], d.h. die Zeitebenen werden gleichsam ineinander projiziert. Unter dem Aspekt von Homöostasie oder auch: struktureller Amnesie also können Attila und Theoderich durchaus als Zeitgenossen erscheinen, wie sie auch noch das bereits schriftlich fixierte *Nibelungenlied* präsentiert, und eine derartige geschichtliche Erinnerung ist vor dem Anspruch mündlicher Kultur, der der laikale Adel noch weitgehend verhaftet ist, ohne weiteres plausibel. Auch für die Heldenepen, die in die Schriftlichkeit mutiert sind und folglich nicht in ihrer ursprünglich oralen Gestalt fortexistieren, gilt als ein primäres Gattungsmerkmal, daß in ihnen „u.U. verschiedene Epochen in für unsere Begriffe a-historischer Weise" ineinandergeschoben werden[30].

---

[27] Siehe Franz-Josef SCHMALE, Funktion und Formen mittelalterlicher Geschichtsschreibung. Eine Einführung (1985) insbes. S. 39 ff. (Zitat von S. 40).
[28] Siehe SCHMALE, Geschichtsschreibung (wie Anm. 27) S. 31 ff; Jack GOODY/Ian WATT/Kathleen GOUGH, Entstehung und Folgen der Schriftkultur (Suhrkamp-Taschenbuch Wissenschaft 600, 1986) insbes. S. 91 ff. und S. 116 f.
[29] GOODY/ WATT/GOUGH, Schriftkultur (wie Anm. 28) S. 72.
[30] Michael CURSCHMANN, Dichter *alter maere*. Zur Prologstrophe des 'Nibelungenliedes' im Spannungsfeld von mündlicher Erzähltradition und laikaler Schriftkultur, in: Grundlagen des Verstehens mittelalterlicher Literatur. Literarische Texte und ihr historischer Erkenntniswert, hgg. von Gerhard HAHN/Hedda RAGOTZKY (1992) S. 55-71, hier S. 57.

Geschichtliche Erinnerung

Bei der Abwehr mündlich überlieferter Geschichtsbilder durch geistliche Autoren geht es freilich nicht nur um die Präferenz des Mediums Schrift und um eine lineare Zeitvorstellung, es geht ganz besonders auch um die Inhalte, die als erinnerungswürdig oder nicht erachtet werden. Was z. B. das *Annolied* als keineswegs erinnerungswürdig geringschätzt, das sind die, wie Horaz es formuliert hatte, *res gestae regumque ducumque et tristia bella* — die heroischen Kämpfe der Heldenlieder[31].

III.

Genau in dem Spannungsfeld von mündlicher und schriftlicher Tradition situiert sich dann ein neuer Typus von geschichtlicher Erinnerung in Gestalt des *Alexanderlieds* des Klerikers Lamprecht (Mitte 12. Jh.). Hatte das *Annolied* Weltgeschichte in ein heilsgeschichtliches Konzept integriert und hatte die *Kaiserchronik* weltliche Geschichte immer auf das Heilswerk Gottes bezogen, so löst sich, wie ich es — gegen eine überwiegende Forschungsmeinung, aber keineswegs allein — sehe, mit Lamprechts *Alexanderlied* Profangeschichte ganz von der Heilsgeschichte ab durch den Anschluß an die bis dahin mündlich überlieferten Geschichtsbilder der Heldenepik[32]. Während der gebildete Kleriker Lamp-

---

[31] Quintus Horatius Flaccus, Sämtliche Werke. Lateinisch und Deutsch, ed. Hans FÄRBER, Teil 2 übers. und zusammen mit Hans Färber bearbeitet von Wilhelm SCHÖNE (Sammlung Tusculum, ¹¹1993); *De arte poetica*, S. 538-575, V. 73.
[32] Siehe Barbara HAUPT, *Altiu maere* aus *alten zîten*. Historische Erinnerung im Spannungsfeld von Oralität und Literalität. Zu Lamprechts 'Alexander'. Demnächst in dem Band: Memoria und Literatur im Mittelalter, hgg. von Ulrich ERNST/Klaus RIDDER [in Vorbereitung]; vgl. Karl BERTAU, Deutsche Literatur im europäischen Mittelalter, Bd. 1: 800-1197 (1972) S. 331 f. Auf eine Auflistung von Forschungspositionen darf ich hier verzichten, da mit der neuen Arbeit von Christoph Mackert eine hervorragende Aufarbeitung der Forschungstradition vorliegt, siehe Christoph MACKERT, Die Alexandergeschichte in der Version des ‚Pfaffen' Lambrecht. Die frühmittelhochdeutsche Bearbeitung der Alexanderdichtung des Alberich von Bisinzo und die Anfänge weltlicher Schriftepik in deutscher Sprache (Beihefte zu Poetica 23, 1999) S. 23-48. Obwohl ich Mackerts Interpretation weitgehend zustimme, verstehe ich Lamprechts *Alexanderlied* dennoch nicht als eine prinzipielle „Gegenwendung gegen die mündliche Profandichtung" (MACKERT, ebda. S. 342), denn von dem von Mackert herausgearbeiteten Doppel-Ideal *sapientia et fortitudo* (ebda. S. 336, Hervorhebung Christoph Mackert) bleibt „*fortitudo* als Wert grundsätzlich nicht in Zweifel gezogen" (DERS., ebda. S. 337).

recht im *prologus ante rem* ganz dezidiert auf eine volkssprachig-literarische Traditionsbildung abhebt[33], so versteht er es gleichwohl, eine schriftliche, lateinische und dann volkssprachige (francoprovenzalische) Geschichtserinnerung — Erinnerung an die Taten Alexanders des Großen — mit einer mündlichen heldenepischen Tradition zu vermitteln. Im *prologus praeter rem* erklärt der Verfasser, er wolle von einem Helden berichten,

> *der in alten zîten*
> *mit sturme oder mit strîte*
> *î sô manec lant gewunne*
> *oder sô manegin kunic bedwunge,*
> *herzogen irslûge*
> *unde andere vursten genûge,*
> *sô der wunderlîche Alexander:*
> *im ne gelîchet nehein ander.*
> (Lampr. *Alex.* V. 39 ff.)[34]

(„der in alten Zeiten mit Kriegssturm oder mit Kampf so viele Länder erobert oder so viele Könige bezwungen, Herzöge und andere Fürsten erschlagen habe, [nämlich vom] erstaunliche[n] Alexander. Ihm kommt keiner gleich.")

Das liest sich wie eine Synopse der heldenepischen Zitate im Prolog des *Annoliedes* und in der Programmstrophe des *Nibelungenliedes*. Ge-

---

[33] Siehe Peter K. STEIN, Ein Weltherrscher als *vanitas*-Exempel in imperial-ideologisch orientierter Zeit? Fragen und Beobachtungen zum ‚Straßburger Alexander', in: Stauferzeit: Geschichte, Literatur, Kunst, hgg. von Rüdiger KROHN/Bernd THUM/Peter WAPNEWSKI (Karlsruher kulturwissenschaftliche Arbeiten 1, 1979) S. 144-180, S. 163 und Barbara HAUPT, Schriftlichkeit der Volkssprache und Inszenierung von Literalität. Zwei rheinische Antikenromane des 12. Jahrhunderts, in: Anknüpfungen. Kulturgeschichte — Landesgeschichte — Zeitgeschichte. Gedenkschrift für Peter Hüttenberger, hgg. von Volker ACKERMANN/Bernd A. RUSINEK/ Falk WIESEMANN (Düsseldorfer Schriften zur neueren Landesgeschichte und zur Geschichte Nordrhein-Westfalens 39, 1995) S. 81-96, hier S. 83 f.

[34] Lamprechts Text nach der Vorauer Hs. Ausgabe: Lamprechts Alexander. Nach den drei Texten mit dem Fragment des Alberic von Besançon und den lateinischen Quellen hg. und erklärt von Karl KINZEL (Germanistische Handbibliothek VI, 1884).

schichtliche Erinnerung wird hier nach heldenepischer Manier aktualisiert, und wenn der Verfasser erstmals in der deutschen Literaturgeschichte auf eine schriftliche französische Vorlage zurückgreift, so womöglich auch deshalb, weil die Volkssprache — im Vergleich zum Latein — seit jeher der Mündlichkeit nähersteht. Eine heilsgeschichtliche Dimension der Geschichtserinnerung wird ausgeschlossen, denn Lamprecht erklärt, die Erzählung berichte von einem heidnischen Helden und ein Vergleich mit dem christlich vereinnahmten König Salomon sei nicht relevant[35]. Geschichte wird hier nicht *sub specie aeternitatis* aufbereitet, es geht einzig um das Hier und Jetzt, denn Alexanders Taten werden im Hinblick auf ein feudaladliges Publikum aktualisiert, das sich mit diesem Helden, seinen kriegerischen und herrscherlichen Qualitäten identifizieren konnte und ihn als vorbildlich für die eigene Lebenswirklichkeit annehmen durfte, wobei darauf hinzuweisen ist, daß Lamprechts Aufbereitung des Stoffes keineswegs nur affirmativ ist, sondern auf Reflexion seitens des Publikums zielt, weil, wie Mackert zeigt, dem epischen Arrangement eine unterschwellige didaktische Intention innewohnt[36]. Geschichtliche Erinnerung wird nicht einfach archivarisch dokumentiert, fungiert auch nicht als Vorbereitung auf eine ferne Zukunft, sondern ist konzipiert aus einem unmittelbaren Interesse an Gegenwart, ganz ähnlich wie die mündlichen Heldenepen, die die alten Geschichten immer wieder neu für eine jeweilige Gegenwart erzählen. Möglicherweise hat das von Gert Kaiser zum hochmittelalterlichen Literaturbegriff herausgearbeitete Phänomen der Assimilation, das meint u. a. die Einkleidung antiker Helden in Ritterrüstungen[37], seinen Ursprung in mündlicher Erzähltra-

---

[35] *Salemon der was ûz getân* (V. 62) und: *man mûste in wol ûz sceiden, / wande Alexander was ein heiden.* (V. 69 f.). Siehe demnächst HAUPT, *Altiu maere* (wie Anm. 32); MACKERT, Alexandergeschichte (wie Anm. 32) S. 105 ff. versteht die Salomon-Passage des Prologs in gleicher Weise wie ich.
[36] Zu den identifikationswürdigen Werten des Textes siehe Hartmut KOKOTT, Literatur und Herrschaftsbewußtsein. Wertstrukturen der vor- und frühhöfischen Literatur. Vorstudien zur Interpretation mittelhochdeutscher Texte (Europäische Hochschulschriften Reihe 1, 232, 1978) S. 119-126; differenzierend: MACKERT, Alexandergeschichte (wie Anm. 32) S. 181 ff. *passim*.
[37] Siehe Gert KAISER, Textauslegung und gesellschaftliche Selbstdeutung. Die Artusromane Hartmanns von Aue (²1978) S. 26 ff.

dition. Gleichzeitig aber — und das stammt aus literarischer Tradition — bietet das *Alexanderlied* eine Horizonterweiterung in geographischer Hinsicht, in der Richtung von West nach Ost, bis in den Vorderen Orient hinein (was auch wieder dem Verstehenshorizont des Publikums assimiliert wird[38]) und nach Persien.

Einen anderen Weg als der Pfaffe Lamprecht schlägt der anonyme Verfasser des *König Rother* (um 1165) ein[39]. Hier wird ein tatsächlich wohl mündlich verbreiteter Stoff buchmäßig ausgeformt und schriftlich fixiert[40]. Es ist die Geschichte der Brautwerbung des mächtigen westlichen Königs Rother um die Tochter des Königs von Constantinopel. Die bunte, welthaltige Erzählung reflektiert „in relativ allgemeiner Form politische Konstellationen und Ereignisse"[41] der historischen Gegenwart, „so z. B. die spannungsvolle Beziehung zwischen westlichem und östlichem Kaisertum, das gesteigerte Interesse an Süditalien, das Verhältnis des Reiches zu Rom"[42], und darüber hinaus zielt die Erzählung auf bayrische Zeitgeschichte, indem die Bedeutung der mutmaßlichen Auftraggeber, der Nachfahren der Tengelinger, besonders hervorgehoben wird[43]. Zeitgeschichtliches Kolorit wird dabei rückversetzt in die Vergangenheit, das meint: die Erzählung erscheint am Ende als Vorgeschichte der Genealogie der Karolinger[44], denn der Erbe, der aus der Verbindung

---

[38] Siehe Jürgen BRUMMACK, Die Darstellung des Orients in den deutschen Alexandergeschichten des Mittelalters (Philologische Studien und Quellen 29, 1966) S. 42; BERTAU, Deutsche Literatur (wie Anm. 32) S. 333.
[39] König Rother, hgg. von Theodor FRINGS/Joachim KUHNT (Rheinische Beiträge und Hülfsbücher zur germanischen Philologie und Volkskunde 3, 1922).
[40] Siehe Hans FROMM, Die Erzählkunst des ‚Rother'-Epikers, in: Spielmannsepik, hg. von Walter Johannes SCHRÖDER (Wege der Forschung 385, 1977) S. 351-396 *passim*.
[41] VOLLMANN-PROFE, Wiederbeginn (wie Anm. 3) S. 101.
[42] Ebda.
[43] Siehe Uwe MEVES, Studien zu König Rother, Herzog Ernst und Grauer Rock (Orendel) (Europäische Hochschulschriften Reihe 1, 181, 1976) S. 63 f. und S. 80 ff.
[44] Generell zum genealogischen Denken siehe Howard BLOCH, Genealogy as a Medieval Mental Structure and Textual Form, in: La littérature historiographique des origines à 1500, Bd. 1, hgg. von Hans Ulrich GUMBRECHT/Ursula LINK-HEER/Peter-Michael SPANGENBERG (Grundriß der romanischen Literaturen des Mittelalters XI, 1, 1986) S. 135-156; siehe neuerdings: Genealogie als Denkform in Mittelalter und Früher Neuzeit, hgg. von Kilian HECK/Bernhard JAHN (2000); siehe auch unten Anm. 65.

Rothers mit der Prinzessin hervorgeht, ist Pippin, der Vater Karls des Großen. Ähnlich wie bei den Heldenepen werden Gegenwart und Vergangenheit in-eins-gesetzt, und ähnlich wie bei Lamprechts *Alexanderlied* setzt sich hier ein heldenepisch-mündliches Muster gegen ein heilsgeschichtliches Konzept durch — freilich mit dem Unterschied, daß die Geschichte von König Rother einen prinzipiell christlichen Helden präsentiert, der allerdings nach durchaus heldenepischer Manier agiert. Auf der Erzählerebene wird zudem die Geschichte ganz explizit mit dem Hinweis auf den vorbildhaft christlichen Kaiser Karl und seine Schwester (!), die Heilige Gertrud von Nivelles (V. 3476 ff.), christlich-heilsgeschichtlich angebunden. In den Versen 4782-4788 erfolgt dann noch einmal eine christlich akzentuierte Wahrheitsbeteurung[45], wahrscheinlich sogar im Hinblick auf die Heiligsprechung Karls des Großen im Jahre 1165:

> *Sin beslif it* [sc. Pippin] *berten.*
> *Eine urouen uile gut.*
> *Die sit karlen getruch.*
> *Von du ne sulit ir dit lit.*
> *den andren gelichin nit.*
> *Wandit so manich recht hat.*
> *Danne imme die warheit instat.*
> (V. 4782-4788).

---

[45] Rüdiger SCHNELL, Zur Karlsrezeption im ‚König Rother' und in Ottes ‚Eraclius', Beiträge zur Geschichte der dt. Sprache und Literatur 104 (1982) S. 345-356 versteht die „Verbindung der Rother-Figur mit der historisch bekannten Gestalt Karls d. Gr." im Sinne von beglaubigter Wahrheit, als *historia* (S. 346), insofern die Erzählung auf „sichere historische Koordinaten bezogen" wird (S. 347). Das kann man zweifellos so sehen, auch wenn seine Belegstellen weitgehend dem Spätmittelalter entstammen, doch gerade im Hinblick auf das Lamprecht-Problem der Forschung (siehe MACKERT, Alexanderdichtung [wie Anm. 32] S. 23 ff.), die ja nie die rein historische Wahrheit des von Alexander Berichteten ernsthaft bestritten hat, möchte ich im Bezug auf den „König Rother" die – mit dem Hinweis auf die heilige Gertrud von Nivelles ganz deutliche - christlich-heilsgeschichtliche Akzentuierung der Wahrheitsbeteuerung hervorheben.

(„Später hatte es [sc. das Kind Pippin] Verkehr mit Bertha, einer sehr edlen Dame, die dann mit Karl schwanger war. Deswegen dürfte ihr dieses Gedicht nicht mit den anderen auf eine Stufe stellen. Denn es enthält so vieles, was recht und geziemend ist, weil in ihm die Wahrheit steht.")

Auch der *König Rother* bietet in geographischer Hinsicht eine gewisse Horizonterweiterung, indem der Raum zwischen West (Bari) und Ost (Constantinopel) überbrückt werden muß.

Im *Rolandslied* des Pfaffen Konrad[46] (um 1170) wird — darin dem *Alexanderlied* vergleichbar — das kriegerisch-militärische Moment akzentuiert, speziell geht es um den Heidenkrieg, und die Erzählung wird dominiert durch die Herrschaftsthematik. Geschichtliche Erinnerung geht hier zurück auf die Zeit Karls des Großen und wird auf die Interessen und leitenden Normen einer herrschenden Kriegerkaste hin aktualisiert. Trotz der feudaladlig-profanen Ausrichtung der Erzählung wird diese gleichwohl in starkem Maße christlich-heilsgeschichtlich überformt[47]. Der Heidenkrieg geschieht im Auftrag Gottes, die christlichen Krieger, *milites Christi*, suchen das heilversprechende Martyrium des Heidenkampfes, und nicht zuletzt wird im Epilog die *süeze* der *matteria* (V. 9020 f.), d. h. der religiöse Aspekt des Stoffes betont. Auch das *Rolandslied* greift, wie das *Alexanderlied*, auf eine französische literarische Vorlage zurück. Während die französische Chanson de geste, die nach Forschungskonsens letztlich in mündlicher Tradition wurzelt, in ihrer literarischen Form auch durchaus „mündliche Kommunikationssituationen" inszeniert[48], rückt dagegen der Kleriker Konrad seine lateinische Buchgelehrsamkeit ins Licht — er hat seine französische Vorlage zunächst ins Lateinische übersetzt, bevor er sie ins Deutsche übertrug (V. 9080 ff.)

---

[46] Das Rolandslied des Pfaffen Konrad. Mittelhochdeutsch/Neuhochdeutsch, hg., übers. und kommentiert von Dieter KARTSCHOKE (Reclam Universal-Bibliothek Nr. 2745, 1993).
[47] Siehe KOKOTT, Literatur und Herrschaftsbewußtsein (wie Anm. 36) S. 149.
[48] Hans Ulrich GUMBRECHT, Schriftlichkeit in mündlicher Kultur, in: Schrift und Gedächtnis. Beiträge zur Archäologie der literarischen Kommunikation, hgg. von Aleida ASSMANN/Jan ASSMANN/Christof HARDMEIER (1983) S. 158-174, hier S. 168 (Hervorhebung: Ulrich Gumbrecht).

—, und er gibt stolz den besonderen ästhetischen Anspruch seiner Geschichtsdichtung zu erkennen (scoene V. 9020).

Der Straßburger Alexander[49], eine Bearbeitung und Fortsetzung von Lamprechts Alexanderlied, ist dann wieder ganz wesentlich einem profangeschichtlichen Konzept verpflichtet, wenngleich die Schlußpartie eine christlich-religiöse Einfärbung besitzt, die aber m. E. keineswegs dazu berechtigt, das gesamte Werk unter dem Aspekt von Heilsgeschichte zu interpretieren[50]. In den Lamprechts Werk erweiternden Partien greift der Straßburger Alexander auf lateinische Schrifttradition zurück; zwar übernimmt er, in Angleichung an Lamprechts z. T. der Mündlichkeit verpflichtetes poetologisches Konzept, stellenweise auch heldenepisches Vokabular[51], prinzipiell aber wird geschichtliche Erinnerung an Buch und Schriftlichkeit gebunden[52], und die Benutzung von Quellen, die über Lamprechts Text hinausführen[53], zeugt von einem Streben nach Vollständigkeit. — Hervorzuheben ist, daß profangeschichtliche Orientierung für die Adressaten zugleich auch diesseitig-geographische Orientierung in umfassendem Rahmen bietet; nicht daß der Orient topographisch im einzelnen beschrieben würde — beschrieben werden vielmehr die Wunder des Orients, fremde Flora und Fauna, fremde Völker und vor allem spezielle zivilisatorische Leistungen —, aber das Werk erschließt einen Horizont bis zu dem die Kontinente umschließenden Ozean (V. 5.492 ff.) und bis zu dem am östlichsten Rand Asiens gelegenen irdischen Paradies (Iter ad paradisum). Wie den großen Mappae

---

[49] Ausgabe wie Anm. 34.
[50] Siehe HAUPT, Altiu maere (wie Anm. 32).
[51] In der Überleitung zu Alexanders ausführlichem Briefbericht über seine Orientabenteuer werden heldische nôt und arbeit deutlich betont (V. 4892, V. 4897 und V. 4903); vgl. die „Programmstrophe" des Nibelungenliedes und NL 2379,4.
[52] Vgl. Klaus GRUBMÜLLER, Das buoch und die Wahrheit. Anmerkungen zu den Quellenberufungen im Rolandslied und in der Epik des 12. Jahrhunderts, in: bickelwort und wildiu maere. Festschrift für Eberhard Nellmann, hgg. von Dorothea LINDEMANN/Berndt VOLKMANN/Klaus-Peter WEGERS (Göppinger Arbeiten zur Germanistik 618, 1995) S. 37-50, hier S. 45.
[53] D. s. vor allem die lateinische Fassung des Alexanderromans des Pseudo-Kallisthenes durch den Erzpriester Leo von Neapel (10. Jh.) (Ausgabe: Der Alexanderroman des Archipresbyters Leo, hg. von Friedrich PFISTER [1913]) und dann das sogen. Iter ad paradisum (Ausgabe: Alexandri Magni Iter ad Paradisum, hg. von Julius ZACHER [1859]).

Mundi ein Geschichtskonzept eingeschrieben ist, was Hartmut Kugler am Beispiel der Ebstorfer Weltkarte gezeigt hat[54], so ist hier dem historiographischen Bericht ein geographisches Bild unterlegt. Gleiches gilt auch für den *Herzog Ernst* (A: nach 1170), auf den ich hier nicht näher eingehen kann, der aber in seiner Erzählstruktur dem *Straßburger Alexander* folgt[55].

Als letztes Werk ist der *Eneasroman* Heinrichs von Veldeke[56] zu nennen (nach 1170 bis bald nach 1184). Wiederum geht es um einen antiken Stoff und ganz dezidiert um Profangeschichte, wobei es dem Autor nicht mehr wichtig erscheint, ob er von *kristen* oder *heiden* (V. 12.807) handelt. Die Vorlage ist der *Roman d'Enéas*, die Bearbeitung von Vergils *Aeneis* durch einen französischen (anglonormannischen) Anonymus[57]. Die beiden volkssprachigen Autoren assimilieren das antike nationalepische Werk der mittelalterlichen Gegenwart, und ein besonderer Zug von Aktualisierung wird bei Veldeke greifbar in dem zweiten großen Geschlechtsregister am Ende des Romans: Eneas ist der Gründervater eines Geschlechts, das über Romulus und Remus und über Julius Caesar bis zu Augustus reicht, unter dessen Herrschaft der christliche Erlöser geboren wurde — und damit läßt sich gedanklich eine Linie fortführen bis zum Römischen Reich der mittelalterlichen Gegenwart, denn mit dem Hinweis auf Christus und dessen Erlösungswerk wird ein klarer Bogen bis hin zur Gegenwart von Autor/Vortragendem und Publikum gespannt (V. 13415-13428). Mit dem deutschen *Eneasroman* ist ein vorläufiger Höhepunkt der bereits mit Lamprechts *Alexanderlied* einsetzenden Entwick-

---

[54] Siehe Hartmut KUGLER, Die Ebstorfer Weltkarte. Ein europäisches Weltbild im deutschen Mittelalter, ZfdA 116 (1987) S. 1-29.

[55] Siehe Barbara HAUPT, Von der bewaffneten Pilgerfahrt zur Entdeckungsreise. Die mittelhochdeutsche Dichtung von Herzog Ernst (B), in: Pilger und Pilgerreisen in Mittelalter und Renaissance, hg. von Hans HECKER (Studia humaniora, im Druck).

[56] Heinrich von VELDEKE, Eneasroman. Mittelhochdeutsch/Neuhoch-deutsch. Nach dem Text von Ludwig Ettmüller ins Neuhochdeutsche übersetzt, mit einem Stellenkommentar und einem Nachwort von Dieter KARTSCHOKE (Reclam Universal-Bibliothek Nr. 8303, 1989).

[57] Le Roman d'Enéas. Französisch/Deutsch. Übers. und eingel. von Monica SCHÖLER-BEINHAUER (Klassische Texte des Romanischen Mittelalters in zweisprachigen Ausgaben 9, 1972).

lung profanhistoriographischen Erzählens markiert[58], denn obwohl sich bald darauf mit dem Artusroman Chrestien-Hartmann'scher Prägung ein neues poetologisches Konzept Bahn bricht[59], gilt Heinrichs Roman bei den nachfolgenden Dichtern als ein Gründungsakt höfischer, d. h. auch: weltlicher Erzählkunst[60]. Profanes Erzählen ist jetzt endgültig schrift- und buchwürdig geworden, wobei Buchwürdigkeit sich nicht zuletzt am Repräsentationswillen adliger Gönner und an deren Interesse an der modernen französchen Literatur bemißt[61] sowie an der Nachfrage nach Handschriften. Heinrichs *Eneasroman* ist, im Vergleich zu den voraufgegangenen weltlichen historiographischen Werken, außerordentlich reich überliefert, und zwar vom ausgehenden 12. bis ins 15. Jahrhundert[62]. — Ein Interesse an Vollständigkeit ist im übrigen diesmal auf seiten des Mäzens zu registrieren, denn einer der Gönner Heinrichs, der spätere Landgraf Hermann von Thüringen, hat mit dem *Liet von Troye* auch noch die Vorgeschichte zum *Eneasroman* in Auftrag gegeben[63].

IV.

Zusammenfassend läßt sich sagen: Die frühmittelhochdeutsche Geistlichendichtung, daneben auch Predigt und Seelsorge, hat zweifellos das heilsgeschichtliche, auch für den einzelnen relevante Wissen verfestigt,

---

[58] Zum *Eneasroman* siehe besonders Karen OPITZ, Geschichte im höfischen Roman. Historiographisches Erzählen im ‚Eneas' Heinrichs von Veldeke (Germanisch-romanische Monatsschrift, Beiheft 14, 1998).
[59] Siehe HAUG, Literaturtheorie (wie Anm. 10) besonders S. 105 f.
[60] Vgl. besonders Gottfried von Straßburg, *Tristan und Isold*, hg. von Friedrich RANKE ([10]1966) V. 4738 f.: *er inpfete daz erste ris / in tiut[i]scher zungen.*
[61] Dazu umfassend Joachim BUMKE, Mäzene im Mittelalter. Die Gönner und Auftraggeber der höfischen Literatur in Deutschland 1150-1300 (1979).
[62] Siehe KARTSCHOKE (wie Anm. 56) S. 856 f.
[63] Herbort von Fritzlar, Liet von Troye, hg. von Ge. Karl FROMMANN (Bibliothek der gesammten deutschen National-Literatur 5, 1837); siehe BUMKE, Mäzene (wie Anm. 61) S. 71. Die Heidelberger Handschrift Cod. pal. germ. 368, Anfang 14. Jh., verbindet die beiden Epen des 12. Jahrhunderts miteinander, und zwar so, daß der *Trojaroman*, obwohl jünger, dem *Eneasroman* vorangestellt ist. Siehe Hans FROMM, Der Eneasroman Heinrichs von Veldeke, in: DERS., Arbeiten zur deutschen Literatur des Mittelalters (1989) S. 80-100, hier S. 80.

daß die Geschichte ihren Anfang in Gottes Handeln nimmt und daß am Ende der Geschichte Gottes Gericht steht, der große heilsgeschichtliche Entwurf war also in Grundzügen den Laien bekannt. Daß seit dem Eintritt des Menschen in die Geschichte durch die Vertreibung aus dem Paradies die ganz diesseitig-weltliche Geschichte in solchem Rahmen ihren Platz hat, bezeugen schon *Annolied* und *Kaiserchronik*. Solche Profangeschichte gewinnt in den Dichtungen seit Mitte des 12. Jahrhunderts zunehmend an Interesse. Durch das *Annolied* und besonders durch die *Kaiserchronik*, die noch im 12. Jahrhundert eine „ungewöhnlich reiche Überlieferung"[64] gefunden hat, konnte auch die Lehre von der Abfolge der vier Weltreiche als ein lineares Muster bekannt sein. Einen linearen Verlauf von Geschichte und Kontinuität vermitteln außerdem die Abfolge römischer Herrscher in der *Kaiserchronik* sowie die Genealogien im *König Rother* und im *Eneasroman*. Gerade auch solchen Genealogien hat vermutlich ein adliges Publikum besonderes Interesse entgegengebracht, denn „Herrschaft braucht Herkunft"[65], und mit der Erinnerung an die Herkunft der Herrschaft im Reich konnte das an den Text gebundene kulturelle Gedächtnis politische und soziale Identität stabilisieren[66].

Obwohl die volksprachig-historiographischen Texte in ihrer Gesamtheit ein relativ buntes, vielseitiges Bild darbieten, läßt sich an ihnen dennoch eine deutliche Tendenz zur Vernetzung ablesen. Wenn *Annolied* und *Kaiserchronik* die erstaunlichen Taten Alexanders des Großen erwähnen, so wird dieser mit Lamprechts *Alexanderlied* und mit dem *Straßburger Alexander* zum Protagonisten, und wenn die *Kaiserchronik* Karl dem Großen mit nahezu 800 Versen immerhin schon einen sehr breiten Raum zumißt (V. 14308-15091), so wird Karl im *Rolandslied* sogar zur zentralen Figur. Darin bestätigt sich eine Beobachtung Vollmann-Profes, daß nämlich die „Einzelpersönlichkeit als Handlungsträger" zunehmend eine Rolle spielt[67]. Gleichwohl bleiben die jeweiligen Protago-

---

[64] BUMKE, Mäzene (wie Anm. 61) S. 84.
[65] Jan ASSMANN, Das kulturelle Gedächtnis. Schrift, Erinnerung und politische Identität in frühen Hochkulturen (Beck'sche Reihe 1307, 1999) S. 71. Zur politischen Bedeutung genealogischen Denkens im Mittelalter siehe Arnold ANGENENDT, Geschichte der Religiosität im Mittelalter (1997) S. 338 ff.
[66] Siehe ASSMANN, Kollektives Gedächtnis (wie Anm. 4) S. 13.
[67] VOLLMANN-PROFE, Wiederbeginn (wie Anm. 3) S. 169.

nisten nicht völlig isoliert voneinander. Der *König Rother* erinnert an den Alexanderstoff, denn beim repräsentativen Auftritt des alten Berchter von Meran, immerhin einer der wichtigsten Berater König Rothers, wird in aller Breite (V. 4947-55) ein leuchtender Edelstein beschrieben, *Den brachte alexander. Von uremidime lande* (V. 4951 f.). Zudem ist der *König Rother* über die Karlsgenealogie am Ende sowohl mit der *Kaiserchronik* als auch mit dem *Rolandslied* verbunden. Entsprechend der Abfolge der vier Weltreiche wird das Reich des griechischen Alexander durch das Römische Reich mit seinen Herrschern abgelöst, das dann in der *Kaiserchronik*, wie schon der Prolog erklärt[68], die zentrale Rolle spielt. Hier schließt nun wieder der *Eneasroman* als Gründungsgeschichte des Römischen Reiches an. — Die seit Mitte des 12. Jahrhunderts erkennbare lockere Vernetzung der verschiedenen Werke ist offenbar — das läßt sich hier nur andeuten — in Zusammenhang zu sehen mit der Herausbildung einer mitteldeutschen Literatursprache. Diese ist allerdings in sich nicht homogen, sondern erscheint in drei Haupttypen[69], d. s. die mittelfränkische Literatursprache (Lamprechts *Alexanderlied*[70]), diejenige der hochdeutsch schreibenden Niederdeutschen (*König Rother*[71]) und die variantenreiche thüringisch-hessische Literatursprache (*Straßburger Alexander, Liet von Troye, Eneasroman*[72]).

Die Eröffnung eines historischen Horizonts geht einher mit der literarischen Erschließung des Raumes, des Raumes zunächst der biblischen Geschichte und der Kreuzzüge, wie er in Lamprechts *Alexanderlied* präsentiert wird oder auch — hier nicht behandelt — in den Erzählungen von *St. Oswald*, von *Orendel* und von *Herzog Ernst*[73]. Dieser Raum weitet

---

[68] V. 15 f.: *Ein buoch ist ze diute getihtet, / daz uns Rômisces rîches wol berihtet [...].*
[69] Thomas KLEIN, Heinrich von Veldeke und die mitteldeutschen Literatursprachen. Untersuchungen zum Veldeke-Problem, in: Thomas KLEIN/Cola MINIS, Zwei Studien zu Veldeke und zum Straßburger Alexander (Amsterdamer Publikationen zur Sprache und Literatur 61, 1985) S. 1-121, hier S. 1 ff.
[70] KLEIN (wie Anm. 69) S. 81.
[71] KLEIN, Zur Thidreks Saga, in: Arbeiten zur Skandinavistik, hg. von Heinrich BECK (Texte und Untersuchungen zur Germanistik und Skandinavistik 11, 1985) S. 487-565, hier S. 507.
[72] KLEIN, Heinrich von Veldeke (wie Anm. 69) S. 2 f. und S. 85.
[73] Siehe Walter Johannes SCHÖDER, Spielmannsepik (Sammlung Metzler, D Nr. 19, 1962).

sich dann im *Straßburger Alexander* wie im *Herzog Ernst* aus bis in den fernsten Orient. — Insgesamt zeichnet sich, ähnlich wie in den *Mappae Mundi*, ein raumzeitliches Kontinuum von einer gewissen Kohärenz ab.

Die Verlagerung des Interesses in der 2. Hälfte des 12. Jahrhunderts von der Heilsgeschichte zur Profangeschichte hat bereits Vollmann-Profe herausgearbeitet[74]. Die Entfaltung profangeschichtlicher volkssprachiger Literaturtypen ist trotz der Distanznahme, gar Abwehrhaltung, die man in heilsgeschichtlich konzipierten Texten findet, nicht zuletzt zurückzuführen — und da setze ich den Akzent — auf eine gewisse Affinität volkssprachig schreibender Autoren und ihres Publikums zur mündlich-heroischen Überlieferung. Von dem Zeitpunkt an, wo Momente einer „oral poetry" in die Schriftlichkeit übernommen werden, kommt aber zugleich auch eine — z. T. sehr bewußte — volkssprachig-literarische Traditionsbildung in Gang, was nicht zuletzt an der aufgezeigten Tendenz zur Vernetzung ablesbar ist.

Die bunte Vielfalt der diesseitigen Welt und ihrer Geschichte wird durch die Verschiedenartigkeit der historiographischen Werke des 12. Jahrhunderts repräsentiert, und wenn ein literarisches Publikum ein Werk kennengelernt hatte, so konnte die geschichtliche Erinnerung der Rezipienten angesichts solcher Vernetzung bei der Rezeption dann eines anderen Werkes leicht Verbindungen herstellen, „andocken" sozusagen, und es konnte auch durch Hinweise auf jeweils weitere Geschichtsräume die Neugier auf andere Geschichtserzählungen wachgehalten werden.

---

[74] VOLLMANN-PROFE, Wiederbeginn (wie Anm. 3) insbes. S. 14.

Volkssprachliche Geschichtsdichtungen im Deutschen Reich im späten 13. Jahrhundert Melis Stoke und Gottfried Hagen

von
Manfred Groten

Die volkssprachlichen Geschichtsdichtungen des Spätmittelalters sind lange Zeit sowohl von der historischen als auch von der germanistischen Forschung kaum beachtet worden. Dafür glaubte man gute Gründe zu haben. J. W. J. Burgers resümierte vor einigen Jahren in seiner Untersuchung über die holländische Reimchronik:

„Rijmkronieken zijn tot voor kort stiefmoederlijk behandeld in het historisch en literatuur-historisch onderzoek: voor de literatuurwetenschap hadden ze te weinig waarde als poezie, voor de geschiedswetenschap te weinig waarde als historisch bron. Ondanks het feit dat ze op rijm waren, konden ze geen anspraak maken op het predikaat ‚literatuur', en juist vanwege het rijm waren ze verdacht in de ogen van historici"[1].

Solange die historische Forschung den Wert einer Quelle vornehmlich nach der Dichte und der Zuverlässigkeit ihres Faktengehalts bemaß, mußten die meisten volkssprachlichen Reimchroniken zwangsläufig auf der Strecke bleiben, strotzen sie doch vor grotesken Fehlinformationen, phantastischen Episoden und fiktiven Dialogen. Der wahre Kern schält sich bisweilen nur mühsam heraus, wenn es nicht gar taube Nüsse sind, die der Historiker mit großen Aufwand zu knacken hat. Im Zuge der Behandlung der Zeitgeschichte liefern manche Chroniken ungemein dichte Beschreibungen der Ereignisse, allerdings mit dem Schönheitsfeh-

---

[1] Johannes W. J. Burgers, De Rijmkroniek van Holland en zijn auteurs. Historiografie in Holland door de Anonymus (1280-1282) en de grafelijke klerk Melis Stoke (begin veertiende eeuw) (1999) S. 13; vgl. zum Thema auch Antonie L. H. Hage, Sonder favele, sonder lieghen. Onderzoek naar vorm en functie van de Middelnederlandse rijmkroniek als historiografisch genre (1989); Helmut de Boor/Richrad Newald, Die deutsche Literatur im späten Mittelalter: 1250-1350 (Geschichte der deutschen Literatur von den Anfängen bis zur Gegenwart 3, 1, 1964) S. 187–220.

ler, daß die Fülle von Informationen durch keine anderen Quellen kontrolliert werden kann.

Die Geringschätzung der volkssprachlichen Geschichtsdichtung läßt sich schon am Editionsstand ablesen. Nur wenige einschlägige Texte wurden für wert befunden, in die bislang sechs Bände umfassende Abteilung „Deutsche Chroniken" der Scriptores-Serie der MGH aufgenommen zu werden[2]. Nur noch ein Teilband dieser Reihe ist nach dem 1. Weltkrieg erschienen, nämlich 1923[3]. Gottfried Hagens „Buch von der Stadt Köln", auf das ich später eingehen werde, wurde nicht in den Editionsplan der MGH aufgenommen, vielleicht aus Respekt vor der von Everhard von Groote veranstalteten Ausgabe von 1834[4]. Aus anderen Gründen überging man die literarischen Erzeugnisse der Region des mittelalterlichen Reiches, in der die volkssprachlichen Reimchroniken im späten 13. und frühen 14. Jahrhundert eine besondere Blüte erlebten, nämlich die des heutigen belgisch-niederländischen Raums. Hier entstanden als Hauptwerke der Spiegel historiael von Jacob van Maerlant (um 1285)[5], die

---

[2] MGH Deutsche Chroniken und andere Geschichtsbücher des Mittelalters (Scriptores qui vernacula lingua usi sunt): Deutsche Kaiserchronik, ed. Edward SCHRÖDER (MGH Dt. Chron. 1, 1, 1892); Der Trierer Sylvester, ed. Carl KRAUS, Das Annolied, ed. Max RÖDIGER (MGH Dt. Chron. 1, 2, 1895); Sächsische Weltchronik. Eberhards Reimchronik von Gandersheim. Braunschweigische Reimchronik. Chronik des Stifters St. Simon und Judas zu Goslar. Holsteinische Reimchronik, ed. Ludwig WEILAND (MGH Dt. Chron. 2, 1877); Jansen Enikels Werke. Weltchronik. Fürstenbuch, ed. Philipp STRAUCH (MGH Dt. Chron. 3, 1891-1900); Die Limburger Chronik des Tilemann Elhen von Wolfhagen, ed. Arthur WYSS (MGH Dt. Chron. 4, 1, 1883); Die Kreuzfahrt des Landgrafen Ludwigs des Frommen von Thüringen, ed. Hans NAUMANN (MGH Dt. Chron. 4, 2, 1923); Ottokars Österreichische Reimchronik, ed. Joseph SEEMÜLLER (MGH Dt. Chron. 5, Teil 1 1890, Teil 2 1893); Österreichische Chronik von den 95 Herrschaften, ed. Joseph SEEMÜLLER (MGH Dt. Chron. 6, 1906-1909). Die umfangreichsten Texte stammen aus dem österreichischen Raum (Bd. 3, 5, 6).

[3] Die Kreuzfahrt des Landgrafen Ludwigs des Frommen von Thüringen (wie Anm. 2).

[4] Everhard VON GROOTE, Des Meisters Godefrit Hagen, der Zeit Stadtschreibers, Reimchronik der Stadt Cöln aus dem 13. Jahrhundert (1834).

[5] Jacob van Maerlant's Spiegel historiael, met de fragmenten der later toegevoegde gedeelten, edd. Matthias DE VRIES/Eelco VERWIJS (1863). Zur Fortsetzung des Werks bis zum Jahre 1316 durch Lodewijk van Veltem, ed. Herman VAN DER LINDEN (Collection de chroniques belges inedites 38, 1-3, 1906); vgl. Antonie L. H. HAGE, Veltem, Lodewijk van, Lex. MA 8 ([2]1999) Sp. 1451 f.

Reimchronik über die Schlacht von Worringen von Jan van Heelu (um 1290)[6] und die Brabantsche Yeesten von Jan van Boendale (um 1316) mit ihren Fortsetzungen[7]. Die historisch kaum zu rechtfertigende Abtrennung des mittelniederländischen Sprachgebiets von dem des Deutschen in allen seinen Ausprägungen findet sich übrigens noch in den einschlägigen Artikeln des Lexikons des Mittelalters[8].

Im folgenden möchte ich versuchen zu zeigen, daß es sich für den Historiker durchaus lohnt, die volkssprachliche Geschichtsschreibung in Versform näher zu untersuchen. Als Ermutigung und Wegweiser mag dabei der Satz dienen, den Hermann Hesse an den Anfang seines Romans vom Glasperlenspiel gestellt hat:

„[Wir] wollen nicht vergessen, daß Geschichte schreiben, auch wenn es noch so nüchtern und mit noch so gutem Willen zur Sachlichkeit getan wird, immer Dichtung bleibt und ihre dritte Dimension die Fiktion ist."[9]

Ich gehe in drei Schritten vor: Erstens stelle ich nach einleitenden Überlegungen zwei Vertreter der Gattung der volkssprachlichen Reimchroniken vor: Die *Rijmkroniek van Holland* von Melis Stoke[10] und *Das Buch von der Stadt Köln* von Gottfried Hagen[11]. Der erste Text, der in Wirklichkeit aus zwei Dichtungen besteht, kann als Beispiel für eine für

---

[6] Rymkronyk van Jan van Heelu betreffende den slag van Woeringen, van het jaer 1288, ed. Jan Frans WILLEMS (1836).
[7] De Brabantsche Yeesten of Rymkronyk van Braband, door Jan de Klerk, van Antwerpen, ed. Jan Frans WILLEMS, 1 (1839), 2 (1843) und ed. Jean Henri BORMANS, 3 (1869); vgl. Alphonsus van BUUREN/Hans van DIJK, Boendale, Jan van, Lex. MA 2 (²1999) Sp. 307 f.
[8] Chronik, Lex. MA 2 (²1999): Karl SCHNITH, C. Imperium/Deutschland, Sp. 1963 ff., Walter PREVENIER, F. Flandern/Niederlande/burgundischer Staat Sp. 1979 ff.; Reimchronik, Lex. MA 7 (²1999): Ursula LIEBERTZ-GRÜN, II. Deutsche Literatur, Sp. 650 f., Antonie L. H. HAGE, III. Mittelniederländische Literatur Sp. 651 f.
[9] Hermann HESSE, Das Glasperlenspiel (1967) S. 36 zu Beginn des Kapitels „Die Berufung".
[10] Rijmkroniek van Melis Stoke 2 Bde., ed. Willem Gerard BRILL (Werken van het historisch genootschap gevestigt te Utrecht, nieuwe serie 40, 42, 1885).
[11] Die Chroniken der niederrheinischen Städte, Cöln 1, ed. Eduard HEGEL (Die Chroniken der deutschen Städte vom 14. bis ins 16. Jahrhundert 12, 1875). Eine Neuedition in der Reihe der Publikationen der Gesellschaft für Rheinische Geschichtskunde unter der Leitung von Kurt GÄRTNER (Trier) steht kurz vor dem Abschluß.

ein höfisches Publikum verfasste Chronik dienen, der zweite gehört in die städtisch-bürgerliche Sphäre.

Zweitens soll die Frage, welche Werke eigentlich der hier behandelten Gattung zuzurechnen sind, kurz diskutiert und versuchsweise beantwortet werden.

Drittens will ich zusammenfassend Folgerungen aus dem Vorausgehenden ziehen und Forschungsperspektiven andeuten.

Die Beschränkung auf das späte 13. Jahrhundert hat verschiedene Gründe. Einerseits wurde sie durch das Tagungsprogramm nahegelegt, das einen eigenen Beitrag zur deutschen Literatur des 12. Jahrhunderts vorsah[12]. Andererseits darf man die Zeit ab etwa 1270 mit gutem Recht als eine erste Blütezeit der volkssprachlichen Reimchroniken bezeichnen, die Wurzeln der Gattung reichen aber bis in das späte 11. Jahrhundert zurück.

Ich möchte schließlich noch eine salvatorische Klausel anbringen: Wenn ich im folgenden charakteristische Züge der Reimchroniken herauszustellen versuche, will ich damit nicht behaupten, daß die angesprochenen Merkmale ausschließlich dieser Textgattung zukommen. Die volkssprachlichen Reimchroniken stellen ein Segment im Gesamtspektrum der mittelalterlichen Historiographie dar und haben bei aller Eigenständigkeit Anteil am Grundkonsens dieser Geschichtsschreibung[13].

Bevor wir uns der Rijmkroniek van Holland zuwenden, müssen wir uns die Implikationen der Tatsache ins Gedächtnis rufen, daß sich alle hier zu besprechenden Texte in der literarischen Form der epischen Dichtung präsentieren. Damit tritt zur bloßen Vermittlung historischen Wissens eine ästhetische Komponente hinzu. Die Geschichtsschreibung unterwirft sich den Regeln der literarischen Gattung, die schon vordergründig wahrnehmbar durch Metrum und Reim Distanz sowohl zur Alltagssprache als auch zur Sprache öffentlichen Handelns schaffen. So sind die Urkundentexte, die in der Rijmkroniek van Holland vorgetragen

---

[12] Barbara HAUPT, Geschichtliche Erinnerung in der deutschen Literatur des 12. Jahrhunderts (Beitrag in diesem Band S. 259-280).
[13] Vgl. dazu Hans-Werner GOETZ, Geschichtsschreibung und Geschichtsbewußtsein im hohen Mittelalter (1999).

werden, eben keine getreuen Übersetzungen der lateinischen Vorlagen, sondern nach den Regeln der Dichtkunst verformt. Beispiel:

In der Drivoudicheden name
Kaerle – want Gode is bequame –,
De coninc is van Vrancrike:
Billic isset sekerlike
Der hoecheit (van) der coninccrone ...[14]

In der Vorlage lautet der Passus: *In nomine sancte et individue trinitatis. Karolus divina propitiante clementia rex Francorum. Regalis celsitudinis est mos ...*[15]

Eine solche Verformung mag Aufmerksamkeit wecken, die Gefälligkeit der sprachlichen Gestaltung das Memorieren der Texte erleichtern.

Die literarische Form legt auch die primären Rezeptionsbedingungen der Reimchronik fest: das Verhältnis zwischen Erzähler und Publikum. Die Reimchroniken sind zunächst zum Vortrag vor einem dem Dichter wohlbekannten Zuhörerkreis bestimmt. Die Erwartungen des Publikums beeinflussen die Darstellung, der Erzähler muß seine Botschaften den Interessen der Hörer anpassen. Daß die Zahl der gereimten Geschichtswerke in der Volkssprache die in Prosa geschriebenen bei weitem übersteigt, ein im Vergleich zur lateinischen Historiographie bemerkenswerter Befund, erklärt sich wohl aus der eben angesprochenen Vermittlungssituation historischen Wissens in Laienkreisen. Die spezifische Art und Weise der Beschäftigung mit Geschichte, der die Reimchroniken dienten, vollzog sich im Rahmen höfischer oder bürgerlicher Versammlungen, und bei solchen Gelegenheiten war man gewohnt, Vorträge in dichterisch gebundener Sprache zu hören. Wohl häufiger noch als Reimchroniken wurden im selben Kontext literarische Werke vorgetragen, die keine historiographischen Ziele verfolgten. Weiter unten wird noch auf die Frage einzugehen sein, inwieweit sich Geschichtsdichtungen über-

---

[14] Rijmkroniek van Melis Stoke 1 (wie Anm. 10) S. 19 (I, 333–337).
[15] Recueil des actes de Charles III le Simple roi de France (893–923), ed. Philippe LAUER (Chartes et diplômes relatifs à l'histoire de France, 1949) Nr. CXXI vom 15. Juni 922.

haupt von anderen epischen Dichtungen abheben lassen, vor allem im Hinblick auf ihre didaktischen Intentionen.

In manchen Texten wird der Hauptadressat der Reimchronik unmittelbar angesprochen, so im ersten Teil der Rijmkroniek van Holland Graf Floris V.:

> *Dese pine ende dit ghepens*
> *Sendic u, heer grave Florens.*
> *Dat ghi sien moghet ende horen,*
> *Waen dat ghi sijt gheboren,*
> *Ende bi wat redenen ghi in hant*
> *Hebbet Zeelant ende Hollant,*
> *Ende bi wat redenen dat ghi soect*
> *Vrieslant, dat u so sere vloect*[16].

Jan van Heelu widmet seine Dichtung über Herzog Johann I. von Brabant dessen Schwiegertochter Margareta von York, der Tochter König Eduards I. von England, unter anderem, um ihr einen Anreiz zu bieten, Deutsch zu lernen:

> *Vrouwe Margriete van Inghelant,*
> *Die seker hevet van Brabant*
> *Tshertoghen Jans sone Jan,*
> *Want si dietsche tale niet en can,*
> *Daer bi willic haer ene gichte*
> *Sinden van dietschen Gedichte,*
> *Dar si dietsch in leeren moghe*[17].

Die Publikumsorientierung ist für die Auswertung der Chroniken von erheblicher Bedeutung. Lässt sich die intendierte Zielgruppe ermitteln, kann man aus der Dichtung erschließen, wie man in diesem Kreis geschichtliches Wissen erworben und wie man aufgrund dieser Schulung

---

[16] Rijmkroniek van Melis Stoke 1 (wie Anm. 10) S. 2 (I, 27–34).
[17] Rymkronyk van Jan van Heelu (wie Anm. 6) S. 1 (I, 1–7).

politische Vorgänge der eigenen Zeit wahrgenommen, erinnert und interpretiert hat.

Kommen wir nach diesen vorbereitenden Überlegungen zum ersten Beispieltext. Nach den Forschungen von Burgers[18] sind bei der Rijmkroniek van Holland, wie sie W. G. Brill 1885 herausgegeben hat[19], zwei Entstehungsstufen zu unterscheiden. Zunächst hat ein unbekannter Autor zwischen 1280 und 1282 am Hof Graf Floris V. von Holland eine Reimchronik verfasst, die die Geschichte der Grafschaft bis 1205 behandelte[20]. Diese Chronik ist über weite Strecken eine volkssprachliche Bearbeitung des *Chronicon Egmundanum*[21], das seinerseits eine um 1270 entstandene Redaktion der Egmonder Annalen[22] darstellt. Die anonyme Reimchronik wurde dann etwa in den Jahren 1301/02 von dem gräflichen Notar Melis Stoke bis zum Jahre 1301 fortgesetzt und einige Jahre später bis 1305 geführt. Melis Stoke, der zwischen 1296 und 1299 als Stadtschreiber von Dordrecht nachzuweisen ist, trat Ende 1299 in die Dienste des Grafen Johann II.[23] Nach 1308 soll Stoke noch einmal eine Überarbeitung seiner Dichtung in Angriff genommen haben, die aber in den Anfängen stecken blieb.

Die Rijmkroniek van Holland liefert uns also zwei verschiedene Ausprägungen der Gattung der spätmittelalterlichen volkssprachlichen Geschichtsdichtung in einem Text. Die ältere Stufe ist noch eng mit der traditionellen lateinischen Historiographie verbunden. Dennoch werden in der neuen Präsentation der Chronik über den an sich schon signifikanten Wechsel von Prosa zu Dichtung hinaus charakteristische Eigenschaften der volkssprachlichen Geschichtsschreibung sichtbar.

---

[18] BURGERS, De Rijmkroniek van Holland en zijn auteurs (wie Anm. 1) S. 117 ff.
[19] Rijmkroniek van Melis Stoke 1(wie Anm. 10).
[20] Diese erste Redaktion soll bis Buch III, 584 der Ausgabe von BRILL, Rijmkroniek van Melis Stoke 1(wie Anm. 10) S. 159 gereicht haben.
[21] Dazu BURGERS, De Rijmkroniek van Holland en zijn auteurs (wie Anm. 1) S. 165 ff. und S. 195 ff.
[22] Fontes Egmundenses, ed. Otto OPPERMANN (Werken uitgegeven door het historisch genootschap gevestigd te Utrecht, derde serie 61, 1933) S. 111 ff.
[23] Zu seiner Karriere vgl. BURGERS, De Rijmkroniek van Holland en zijn auteurs (wie Anm. 1) S. 43 ff.

Die Reimchronik hat ihre sachliche Vorlage zu einem unverblümt parteiischen Text umgeformt, der seinen Hörern in immer neuen Anläufen einige wenige grundlegende Lehren vermitteln will. Sie sind schon in der oben zitierten Anrede an Graf Floris enthalten[24]. Es geht darum, die von den Friesen beanspruchte Freiheit, die ihnen Karl der Große gewährt haben soll, als Fiktion zu entlarven und gleichzeitig den Herrschaftsanspruch der Grafen von Holland über Friesland zu legitimieren. Weiterhin sollen die edle Herkunft und der hohe Rang der holländischen Grafen aufgezeigt werden[25].

Die Beweisführung erfolgt in einer für die Gattung typischen Weise. Eine entscheidende Rolle spielen in diesem Zusammenhang vier Diplome, die der Dichter aus der Egmonder Überlieferung entnommen hat. Es handelt sich um Urkunden der westfränkischen Könige Karl der Einfältige von 922[26] und Lothar von 969[27], die in Egmond im Zuge einer Verfälschungsaktion auf 863 bzw. 868 rückdatiert und Karl dem Kahlen[28] und Ludwig dem Deutschen[29] zugeschrieben worden sind, sowie um ein Diplom König Arnulfs von 889[30] und ein Privileg Ottos III. von 985[31].

Dem Dichter geht es nun nicht in erster Linie um den Rechtsinhalt der Diplome, die er vollständig übersetzt, weil er sie als Schlüsseldokumente für seinen Beweisgang betrachtet. Die beiden ersten Urkunden dienen ihm vielmehr zum Nachweis des Adelsrangs des Stammvaters des hollän-

---

[24] Vgl. Anm. 16.
[25] Vgl. BURGERS, De Rijmkroniek van Holland en zijn auteurs (wie Anm. 1) S. 234 ff.
[26] Recueil (wie Anm. 15). Übersetzung bei BRILL, Rijmkroniek van Melis Stoke 1 (wie Anm. 10) S. 18 ff. (I, 333–388).
[27] Recueil des actes de Lothaire et de Louis V rois de France (954–987), ed. Louis HALPHEN (Chartes et diplômes relatifs à l'histoire de France, 1908) Nr. XXXII vom 13. April 969. Übersetzung bei BRILL, Rijmkroniek van Melis Stoke 1 (wie Anm. 10) S. 22 ff. (I, 405–445)
[28] OPPERMANN, Fontes Egmundenses (wie Anm. 22) S. 213 ff. Nr. 2.
[29] Ebda. S. 215 ff. Nr. 3.
[30] MGH D Arnolf 57 zu 889 August 4 (?) = OPPERMANN, Fontes Egmundenses (wie Anm. 22) S. 211 ff. Nr. 1 zu 889 Augustus 4 (of: Juli 4). Zusammenfassung des Inhalts bei BRILL, Rijmkroniek van Melis Stoke 1 (wie Anm. 10) S. 28 (I, 520–529).
[31] MGH D Otto III Nr. 19 = OPPERMANN, Fontes Egmundenses (wie Anm. 22) S. 219 ff. Nr. 5. Übersetzung bei BRILL 1, Rijmkroniek van Melis Stoke (wie Anm. 10) S. 38 ff. (I, 709–760).

dischen Grafenhauses Dietrich, der als Empfänger der in den Diplomen dokumentierten königlichen Schenkungen gesehen wird. Wenn Dietrich in den beiden Königsurkunden auch nur unbestimmt als *fidelis noster* bezeichnet wird, so muß er nach Ansicht des Dichters dennoch zwangsläufig aus edlem Geschlecht stammen, denn – so argumentiert er — großzügige königliche Schenkungen gehen nicht an einen *ongheboerne joncgelinc*[32]. Die Urkunden gewinnen in der Reimchronik also erst im Kontext höfischer Normen ihre eigentliche Bedeutung, die die ihres konkreten Rechtsinhalts weit übersteigt. Dietrich, der seine fromme Gesinnung durch die Stiftung des Klosters Egmond unter Beweis stellt, muß aus der Sicht des Chronisten aufgrund seiner Bezeugung in den Diplomen geboren sein *in manieren ende bi ghelike Vanden gheslachte van Vrancrike*[33], ja der Dichter deutet sogar Verwandtschaft zur Königin Emma an, die im Lothardiplom als Intervenientin genannt wird[34]. Mit Kaiser Otto III. verbindet die Grafen von Holland enge Verwandtschaft: Lutgaert, die Gemahlin Graf Arnolds, ist eine Tochter des Griechenkönigs Teofanus, deren Schwester Teofana Kaiser Otto II. zur Frau gegeben wurde[35]. Die Verwandtschaftsbeziehung liefert dem Chronisten die Erklärung für das Diplom von 985.

Als weitere Beweisstücke für die edle Herkunft der Grafen von Holland werden eine mit Silber, Gold und Edelsteinen geschmückte Altartafel und ein Evangelienbuch mit edelsteinbesetzten Deckeln angeführt, die Hildegart, die Ehefrau von Dietrichs gleichnamigem Sohn dem Kloster Egmond geschenkt hat[36]. Urkunden und kostbare Gegenstände werden gleichberechtigt als beweiskräftige Überreste adliger Lebensweise interpretiert.

Der Umgang des Dichters mit seinen Urkunden darf als ein instruktives Beispiel für eine Art von Quellenexegese betrachtet werden, die uns außerhalb der volkssprachlichen Reimchroniken kaum zugänglich ist, weil sie in der Regel nicht schriftlich niedergelegt wurde. Die oben be-

---

[32] Rijmkroniek van Melis Stoke 1 (wie Anm. 10) S. 25 (I, 461).
[33] Ebda. S. 24 (I, 451 f.).
[34] Ebda. S. 24 (I, 453).
[35] Ebda. S. 36 f. (I, 683–693).
[36] Ebda. S. 32 f. (I, 606–650).

sprochenen Textpassagen führen explizit aus, was für den gebildeten Leser in deren Vorlagen implizit enthalten war. Man wird sich lateinische historiographische Texte wie die Annales Egmundenses als ein Faktenfundament vorstellen dürfen, auf dem ein geschulter Interpret nach den Regeln seiner Kunst ganz unterschiedliche Argumentationsgebäude errichten konnte. Eine Niederschrift solcher Textausdeutungen war aus der Sicht des Kundigen nicht erforderlich, weil sie mit Hilfe der erlernten exegetischen Methode jederzeit erstellt werden konnten, ja nicht einmal tunlich, weil jede schriftliche Festlegung das Spektrum der möglichen Interpretationen unnötig eingeengt hätte. Zur Unterrichtung von Laien mochte es hingegen als nützlich erscheinen, mit den Fakten zugleich auch die gewünschten Schlußfolgerungen zu präsentieren.

So entlarvt die Urkunde König Arnulfs in den Augen des Dichters den Freiheitsanspruch der Friesen. Angeblich hat Karl der Große das friesische Volk als Belohnung für seine Hilfe bei der Eroberung Roms von jeglicher Herrschaft befreit. Gegen diese Behauptung spricht aber schon allein die Tatsache, daß die friesische Freiheit in der Geschichtsschreibung nicht verbürgt ist:

Dat wi ghevinden niet en konnen
In ghenen ystorien bescreven[37].

Die dem Dichter vorliegende Urkunde bezeugt darüber hinaus ausdrücklich, daß König Arnulf über Teile Frieslands zugunsten eines Grafen Gerolf verfügt hat. Folglich sind die Friesen auch nach der Zeit Karls des Großen noch der Herrschaft des Königs und seines Grafen unterworfen. Die Grafen von Holland sind aber Erben Gerolfs. Beweis: Das Diplom Arnulfs liegt im holländischen Hauskloster Egmond[38]. Damit ist der Schlußstein in das Argumentationsgebäude eingefügt. Es wird noch flankiert durch die Folgerungen, die sich aus dem Privileg Ottos III. von 985 ziehen lassen: Auch Otto verfügt noch als König, vor seiner Kaiserkrönung, über Güter in Friesland zugunsten Graf Dietrichs von Hol-

---

[37] Rijmkroniek van Melis Stoke 1 (wie Anm. 10) S. 13 (I, 248 f.).
[38] Ebda. S. 30 (I, 553 f.).

land[39]. Der Chronist sieht sich berechtigt, die Friesen als unwissendes Volk zu schmähen:

> ... *dit onscamel vriessche diet,*
> *Dat van ystorien en weet niet*[40].

Mit diesen Beispielen breche ich die Vorführung der für die Reimchroniken charakteristischen Argumentationsweise ab. Sie durchzieht den gesamten Text, der auf diese Weise einen ausgesprochen didaktischen Zug erhält. Die Lehren aus der Geschichte sollen in der Gegenwart Anwendung finden. Graf Floris V. und seiner Hofgesellschaft wird die Rechtmäßigkeit der holländischen Ansprüche auf Friesland in historischer Begründung vor Augen geführt. Auf diese Weise wird die aggressive Friesenpolitik des Grafen legitimiert[41].

Die Argumentation des Dichters erhält Gewicht durch den Wahrheitsanspruch, den seine Chronik erhebt. Wahres zu berichten, ist das zentrale Anliegen jeder volkssprachlichen Geschichtsdichtung, aller mittelalterlichen Historiographie[42].

Der Autor bittet Gott, ihn zu lehren,

> *Dat ic de waerheit so verclare*
> *Dat men weten moete dat ware*[43].

---

[39] Rijmkroniek van Melis Stoke 1 (wie Anm. 10) S. 40 (I, 761–776).
[40] Ebda. S. 29 (I, 531 f.). Vgl. zur friesischen Freiheit die Quellen- und Literaturangaben bei Wilfried EHBRECHT, *uppe dat sulck grot vorderffenisse jo nicht meer enscheghe*. Konsens und Konflikt als eine Leitfrage städtischer Historiographie, nicht nur im Hanseraum, in: Städtische Geschichtsschreibung im Spätmittelalter und in der frühen Neuzeit, hg. von Peter JOHANEK (Städteforschung A/47, 2000) S. 51-109, hier S. 103 mit Anm. 249.
[41] BURGERS, De Rijmkroniek van Holland en zijn auteurs (wie Anm. 1) S. 117 ff.
[42] GOETZ, Geschichtsschreibung (wie Anm. 13) S. 146 ff.
[43] Rijmkroniek van Melis Stoke 1 (wie Anm. 10) S. 3 (I, 39 f.); vgl. I, 10 ff.:
Alsoo als icket bescreven vant
In den cloester tEcghemonde,
In latine in vraier orconde,
Sonder favele sonder lieghen
Ende sonder iement te bedrieghen.

Ebenso beteuert etwa Jan van Heelu:

> *God latet my alsoe volbringen*
> *Na die waerheit van den dingen;*
> *Want ic wille op die waerheit bliven*[44].

Er setzt sich dabei deutlich von denjenigen ab, die die von ihm besungenen Ereignisse nicht wahrheitsgemäß dargeboten haben:

> *Maer dese yeeste was te voren,*
> *(Beide in dietsch ende oec en walsch)*
> *Van vele lieden gedicht valsch,*
> *Die der waerheit daer misten,*
> *Want si dystorie niet en wisten*[45].

Der geschichtliche Stoff macht also noch nicht die *historia* aus. Es kommt auf die Art der Darstellung an.

Im Versprolog der in Prosa verfassten sächsischen Weltchronik heißt es an die Adresse zukünftiger Chronisten:

> *swer so leve vorebaz,*
> *swaz dan gesche, der scrive daz*
> *unde achtbare warheit.*
> *logene sal uns wesen leit*[46].

Einige Zeilen weiter wird betont, daß die Lüge eine schwere Sünde ist:

> *unvergeven blivet*
> *diu logelike sunde*[47].

Weitere Wahrheitsbeteuerungen S. 35 (I, 668) und S. 95 (II, 636).
[44] Rymkronyk van Jan van Heelu (wie Anm. 6) S. 2 (I, 17-19).
[45] Ebda S. 3 f. (I, 58-62).
[46] Sächsische Weltchronik (wie Anm. 2) S. 66 (V. 85-88).
[47] Ebda. V. 93 f.

Die religiös begründete Wahrheitsliebe ist Kern des Auftrags und des Selbstverständnisses des Geschichtsschreibers. Der Wahrheitsanspruch kann aber natürlich nicht ohne weiteres reklamiert, er muß auch überzeugend eingelöst werden. Der Wahrheit gemäß berichten kann der Historiograph im strengsten Sinne nur aufgrund eigener Zeugenschaft. Sobald er sich auf fremde Beobachtung und fremdes Urteil verlassen muß, sieht er sich mit methodischen Problemen konfrontiert, die mit wachsender Entfernung vom berichteten Geschehen an Schärfe zunehmen. Gegenstand der Geschichtsschreibung kann daher eigentlich nur die Zeitgeschichte sein. Aussagen über weiter zurückliegende Ereignisse sind dem Historiker nur möglich aufgrund von Berichten von Zeitgenossen, die nach den Regeln der historiographischen Methode erstellt worden sind. Durch die Berufung auf solche Quellen kann sich der Geschichtsschreiber salvieren. Der Quellenberufung kommt also in der historiographischen Methode zentrale Bedeutung zu. Aber nicht jeder Text erfüllt den Anspruch des Historikers, sondern nur eine den Gattungen der Geschichtsschreibung zuzurechnende Quelle. Mündliche Überlieferung kann allerdings neben schriftlichen Quellen subsidiär herangezogen werden, wie es etwa Eberhard von Gandersheim in seiner Reimchronik bezüglich des „Herzogs" Liudolf, des Gründers von Gandersheim, tut:

ok en is sin hochnisse nicht vermeden
an einem boke, dat het Cronika.
wer will, de mach vinden alda.

Aber:

nochtan is siner werde vele vorgeten,
de nu in boke worden gescreven,
unde sin idoch vor war te habende[48].

---

[48] Eberhards Reimchronik von Gandersheim (wie Anm. 2) S. 398 (V. 86–88 und V. 89–91); vgl. zum Werk Volker HONEMANN, Eberhard von Gandersheim, VL 2 (1980) Sp. 277–282. Zum Umgang des Autors mit seinen Quellen vgl. ebda. Sp. 279 f.

Der stets drohende Verlust historischen Wissens durch die Unterbrechung der Kette verbürgter Berichte veranlaßte den Verfasser der sächsischen Weltchronik zu dem oben zitierten Appell an die Gebildeten der kommenden Generationen, sich der Aufgabe der Geschichtsschreibung nicht zu entziehen. Auch der Autor der Rijmkroniek van Holland klagt:

> *Wantet dinket mi wesen scande*
> *Dat de lieden vanden lande*
> *Ander giesten vele weten*
> *Ende si des hebben vergheten,*
> *Wanen si selve sijn gheboren*[49].

Die einzelnen historischen Lehrstücke werden in der Rijmkroniek van Holland nicht in einen geschlossenen Zusammenhang, einen weltgeschichtlichen Entwurf eingearbeitet. Der Text weist eine episodische Grundstruktur auf. Der einzige durchlaufende Leitfaden ist die Genealogie der holländischen Grafen. Eine konsequente Einbindung des regionalen Geschehens in die Reichsgeschichte wird nicht angestrebt. Die didaktische Zielsetzung bestimmt die Auswahl historisch verbürgter Ereignisse, die Interpretation von Überresten. Dem Dichter geht es nicht um die Vermittlung eines geschlossenen Geschichtsbildes, er will dem Hörer vielmehr Erklärungsmuster für gegenwärtiges Geschehen und einen Leitfaden für das eigene Handeln an die Hand geben.

Melis Stoke geht es in seiner Fortsetzung der Rijmkroniek van Holland nicht mehr um die Unterwerfung der Friesen, er will in erster Linie die Rechtmäßigkeit des Erwerbs der Grafschaft Holland durch das Haus Hennegau im Jahre 1299 erweisen. Der didaktische Grundzug der ersten Reimchronik offenbart sich in seiner Dichtung in gewandelter Form. Schon in dem älteren Text gewinnt die Darstellung seit dem Auftreten Saladins und der Kreuznahme Floris III. zunehmend an Breite[50]. Melis Stoke schildert dann die Zeitgeschichte mit einer solchen Liebe zum

---

[49] Rijmkroniek van Melis Stoke 1 (wie Anm. 10) S. 1 f. (I, 15–19). Zu beachten ist hier auch der Hinweis auf die Verbreitung von volkssprachlichen Texten der Gattung der Gesta.
[50] Ebda. S. 98 ff. (II, 707 ff.).

Detail, daß die Konturen des komplexen Geschehen häufig verschwimmen. Dieser Übergang zu einer ausufernden Darstellung der Zeitgeschichte ist auch für andere volkssprachliche Geschichtsdichtungen charakteristisch.

Zunächst erfüllt die dichte Beschreibung natürlich die Aufgabe, die Taten der Grafen von Holland und ihrer Widersacher in Erinnerung zu halten. Es wird also auf einer ersten Ebene Faktenwissen vermittelt.

Die Berichte über Kriegszüge, Verhandlungen und höfisches Zeremoniell benutzt Melis Stoke aber auch dazu, an konkreten Beispielen explizit vorzuführen, wie sich politisches Handeln vollzieht, wie bestimmte Vorgänge zu interpretieren, einzelne Taten zu beurteilen sind. In solchen Passagen kommt die didaktische Zielsetzung zum Vorschein. Politische Lehren werden prägnant formuliert:

> *Mi dinct dat in minen ghedochte,*
> *dat een here in sinen lande*
> *Bejaghen mach ere ende scande.*
> *Berecht hi de ghemeente wel,*
> *Die onnosel was ende niet fel?*
> *Entie wreet is wederstaet*
> *Die altoos begheert overdaet.*
> *Ende sinen gheburen si ghelike,*
> *Sijn si arm ofte rike,*
> *Ende overdaet met crachte were,*
> *Ende hebbe altoos sulke ghere,*
> *Dat hi de sine te rechte houde;*
> *Rechte over hem wies is de scoude,*
> *Si hi cleine ofte groot:*
> *Verboort hi tlijf, men slane doot;*
> *Verboort hi anders, neme sijn goet*[51].

---

[51] Rijmkroniek van Melis Stoke 1 (wie Anm. 10) S. 169 f. (III, 826–841); vgl. im früheren Teil Formulierungen wie
Die tlant mach winnen, sijn is tlant,
Mach hijt behouden mitter hant. (S. 158, III, 567 f.).

Die Dichtung erhält auf diese Weise stellenweise den Charakter eines Fürstenspiegels. Herrschaftslegitimierung ist das zentrale Anliegen der Dichtung. Schon der anonyme Dichter des ersten Teils der Reimchronik spricht Gott an als dem,

> ... de noeit began
> Ende over ghemene man
> Om te berechtene sette lansheren.[52]

Aber nicht allein die Taten der Fürsten sind Gegenstand der Darstellung, auch die anderen am politischen Leben beteiligten Stände werden berücksichtigt: Bauern, Bürger, Ritterschaft und Adel. Vor allem Ritter und Edelleute sollen aus der Dichtung politische Klugheit und höfische Gesittung lernen. Ihre Treue zum Grafenhaus wird durch lobende Erwähnung belohnt[53]. Ihre Loyalität verhilft ihnen zu einem Platz in der *historie*, der tradierten Geschichte, dies wiederum verspricht Bewahrung der Standesqualität. Mit Schimpf und Schande überhäuft werden Verräter am Fürsten, vor allem solche, denen der Landesherr zuvor Wohltaten erwiesen hatte. So klagt Melis Stoke Hermann van Woerden an, der sich 1296 in das Mordkomplott gegen Graf Floris V. hineinziehen ließ:

> *Ay Herman! bi wat zaken*
> *Wiltstu der quader name ontfaen?*
> *Was di niet ghenoech ghedaen?*
> *De grave hade di ghemaket rike*
> *Ende dinen buren al ghelike.*[54]

Für die Interpretation der Rijmkroniek van Holland ist noch ein weiterer Aspekt von Bedeutung. Melis Stoke verwendet mit Vorliebe Kon-

---

[52] Rijmkroniek van Melis Stoke 1 (wie Anm. 10) S. 3 (I, 35–37).
[53] Beispiele etwa *Heren Aelbrechte, here van Voren*, Burggraf von Zeeland (1 S. 216, IV, 171), *Doedijn van Everinghe* und die *van Barselen* als Kämpfer gegen die Flamen (1 S. 246, IV, 946 ff.), *Her Niclaes, here van Putte* (2 S. 248, VIII, 1148 ff.), *Boude van Yerseke* und *Jan van Cruninghen* (2 S. 261, IX, 17 ff.).
[54] Ebda. S. 269 (IV, 1176–1180).

ventionen der Ritterliteratur, um den Auftritten seiner Protagonisten einen heroischen Anstrich zu geben. Der höfischen Stilisierung dienen hin und wieder auch Dialoge, die die reale Kommunikation nicht einfach abbilden, sondern überhöhen. In dieser Überhöhung scheinen die Leitbilder der adligen Gesellschaft hinter den realen Personen auf. Die literarische Verformung will dabei keine Fiktion erzeugen, sondern vielmehr die Wahrheit über die beschriebenen Personen, die der Historiker darzustellen hat, hervortreten lassen. Die Orientierung an literarischen Mustern stellt eine Dimension höfischen Verhaltens dar. Unter diesen Voraussetzungen würde eine strikte Scheidung von Fiktion und Realität dem Wesen der spätmittelalterlichen höfischen Kultur nicht gerecht.

Die ritterliche Stilebene wird aber keineswegs ungebrochen durchgehalten. Von den Höhen steigt Melis Stoke immer wieder in die Niederungen hinab, um die Hinfälligkeit und Vergänglichkeit des irdischen Lebens auszumalen. Mit dem nüchternen Sinn des Bürgersohns beobachtet er gerne kleine Begebenheiten, aus denen er nach den Mustern der Exempelliteratur Lehren ableitet[55]. So erzählt er von den zwei Windspielen, die nach der Ermordung des Grafen Floris im Jahre 1296 nicht von der Seite ihres toten Herrn wichen:

Kerstijn mensche, hoer dit wonder,
Dat de hondekijn bisonder,
Minden haren here alsoe.
Dat si bi hem bleven doe,
Daer menne vinc ende sloech;
Daer togheden si hem ghenoech,
Dat sine minden van rechter scout;
Maer de morders waren so bout,
Dat si morden haren rechten here,
De hem ghedaen hadde menich ere,

---

[55] Vgl. dazu auch Harald TERSCH, Unruhe im Weltbild. Darstellung und Deutung des zeitgenössischen Lebens in deutschsprachigen Weltchroniken des Mittelalters (1996) S. 91 ff.

*Te menigher tijt te menigher stonde.
Hier waren si quader, dan de honde.*[56]

Mit dieser eindringlichen Szene breche ich die Untersuchung der Rijmkroniek van Holland ab.

Der zweite Text, den ich kurz vorstellen möchte, ist im städtischen Milieu entstanden. Adressaten des *Buches von der Stadt Köln*, das der spätere Stadtschreiber Gottfried Hagen im Jahre 1270 gedichtet hat[57], waren die Overstolzen und die mit ihnen verbündeten Geschlechter, die 1268 die Herrschaft in der Stadt Köln in ihre Hände gebracht hatten[58]. Gottfried Hagen schildert in seiner Reimchronik die innerstädtischen Kämpfe und die Auseinandersetzungen der Kölner Bürger mit den Erzbischöfen Konrad von Hochstaden und Engelbert von Valkenburg, die dem Umsturz von 1268 vorausgegangen waren.

Wie die Rijmkroniek van Holland zerfällt auch das *Buch von der Stadt Köln* in zwei Teile: der breit und episodenreich erzählten Zeitgeschichte seit 1250 ist ein geraffter historischer Rückblick vorgeschaltet, der die Grundzüge des städtischen Selbstverständnisses vor Augen führen soll[59]. Gottfried Hagen bietet dabei keine zusammenhängende Geschichte der Stadt Köln, er reiht im ersten Teil seiner Dichtung vielmehr einige wenige aussagekräftige Episoden aneinander. Es geht ihm darum zu zeigen, daß die Bürger von Köln von jeher frei gewesen sind und ein legitimes Stadtregiment geführt haben, während den Erzbischöfen über ihre geistlichen Amtskompetenzen hinaus nur fest umschriebene Regalienrechte in der Stadt zu Gebote standen.

Zur Begründung dieser den stadtherrlichen Ansprüchen konträr zuwiderlaufenden Aussagen verwendet Gottfried Hagen ähnliche Argumentationsmuster wie der Autor des ersten Teils der Rijmkroniek van Holland. Gottfried konnte sich allerdings nicht auf einschlägige Dokumente

---

[56] Rijmkroniek van Melis Stoke 2 (wie Anm. 10) S. 7 (V, 139–150).
[57] Chroniken 12 (wie Anm. 11).
[58] Zum Autor und seinen Intentionen vgl. Manfred GROTEN, Köln im 13. Jahrhundert. Gesellschaftlicher Wandel und Verfassungsentwicklung (Städteforschung A/36, ²1998) S. 228 ff., die jüngere Literatur zu Gottfried Hagen dort S. XLI.
[59] Chroniken 12 (wie Anm. 11) S. 23–41 V. 30–686.

aus der Kölner Überlieferung stützen. Deshalb bezog er seine Argumente aus der fast ausschließlich in hagiographischen Werken bruchstückhaft überlieferten legendären Frühgeschichte der Stadt.

In dieser Vorgehensweise Gottfried Hagens tritt ein Zug des mittelalterlichen Wahrheitsverständnisses hervor, der für uns nur schwer nachzuvollziehen ist. Wahrheit läßt sich in dieser Sicht nicht auf Faktizität reduzieren, die Wahrheitsvermutung kommt vielmehr allen Aussagen zu, die dem, was als zu Recht bestehend angesehen wird, entsprechen[60]. Suzanne Fleischman greift etwas zu kurz, wenn sie das Wahrheitsverständnis der mittelalterlichen Geschichtsschreiber auf die Formel „History was what was willingly believed" bringen will[61]. Um auf das konkrete Kölner Beispiel zurückzukommen: Gottfried Hagen definiert die Freiheit der Stadt als ein unabdingbares Wesensmerkmal dieses Gemeinwesens. Aufgrund dieser Setzung muß alles als wahr gelten, was die städtische Freiheit begründet und stützt. Unter dieser Voraussetzung interpretiert Gottfried Hagen die ihm zugänglichen historischen Nachrichten.

Aus der Maternuslegende wußte er, daß der Petrusjünger Maternus die heidnischen Kölner zum Christentum bekehrt hatte und der erste Bischof der Stadt war[62]. Daß Maternus über sein geistliches Amt hinaus Herrschaftsrechte in Köln ausgeübt hätte, war den einschlägigen Quellen nicht zu entnehmen. Damit war ein erster Ansatz für die Behauptung städtischer Freiheitsrechte gegenüber den Nachfolgern des Maternus gewonnen. Mit diesem Negativbefund wollte Gottfried Hagen sich aber nicht zufrieden geben. Er konstruierte vielmehr eine Geschichte, die die städtische Freiheit Kölns als gottgewollt erscheinen ließ[63]. Köln, so be-

---

[60] Vgl. die Ausführungen zu der Konstruktion der Familiengeschichte des frühneuzeitlichen Kölner Chronisten Hermann von Weinsberg bei Gregor ROHMANN, Der Lügner durchschaut die Wahrheit: Verwandtschaft, Status und historisches Wissen bei Hermann von Weinsberg, Jahrbuch des Kölnischen Geschichtsvereins 71 (2000) S. 43–76, hier S. 51.
[61] Suzanne FLEISCHMAN, On the Representation of History and Fiction in the Middle Ages, History and Theory 22 (1983) S. 278–310, hier S. 305 und S. 306 „collective belief".
[62] Zur Maternuslegende vgl. Die Regesten der Erzbischöfe von Köln im Mittelalter 1, bearb. von Wilhelm OEDIGER (Publikationen der Gesellschaft für Rheinische Geschichtskunde 21, 1954 – 1961) Nr. 1.
[63] Chroniken 12 (wie Anm. 11) S. 23-26 (V. 44–151).

richtet er, war schon in vorchristlicher Zeit eine freie Stadt mit legitimem bürgerlichen Regiment. Als das Heer der Christenheit, das schon die Stadt Rom unterworfen hatte, auch Köln erobern wollte, gebot Gott selbst der Erstürmung Einhalt. Die Bekehrung der Kölner sollte nach Gottes Willen friedlich vonstatten gehen. Tatsächlich wurden die Kölner aus freien Stücken Christen und nahmen Maternus als ihren ersten Bischof an. Auf diese Weise bewahrten sie ihre Freiheit, Maternus und seine Nachfolger erhielten nur die Aufgabe für das Seelenheil der Bürger Sorge zu tragen. Erst sehr viel später verliehen die Kaiser den Erzbischöfen nutzbare Rechte, die aber die prinzipielle Freiheit der Kölner nicht schmälern konnten[64].

Auch die Heiligkeit der *Sancta Colonia* ist nach Gottfried Hagen kein Werk und Verdienst der Kölner Kirche, sie ist unmittelbar von Gott gestiftet. Die Martyrien der hl. Ursula und ihrer 11.000 Jungfrauen, der Thebäer und der hl. Mauri ereigneten sich nach göttlichem Plan in Köln, um die Stadt zu einem Ort des Heils zu machen[65]. So sind es die Bürger, *rich, arm, grois unde clein*[66], die die von den Hunnen abgeschlachteten hl. Jungfrauen begraben. Der Bischof tritt in der Ursulaepisode nicht in Erscheinung, obwohl Gottfried deutlich macht, daß Köln zur Zeit des Martyriums schon seit langem eine christliche Stadt ist. Die Leiber der in Köln ruhenden Heiligen schützen die Stadt, denn *got de enwilt sine heilgen neit enterven*[67]. Als Erzbischof Engelbert die Stadt belagert, sieht der Graf von Kleve in der Nacht die hl. Ursula und ihre Gefährtinnen mit Kerzen in den Händen die Stadtmauer umschreiten und die Tore segnen[68].

In der Behandlung der jüngsten Vergangenheit zeigen Melis Stoke und Gottfried Hagen enge Verwandtschaft. Gottfried Hagen rückt die ritterlich lebenden Kölner Patrizier in den Mittelpunkt seiner Darstellung. Er porträtiert ihre herausragenden Vertreter als tapfere Kämpfer und gewandte Politiker und macht sie so zu Personen der Zeitgeschichte, von

---

[64] Vgl. dazu Chroniken 12 (wie Anm. 11) S. 39–41 (V. 605–686) und S. 42 (V. 700–722).
[65] Ebda. S. 26–34 (V. 152–426).
[66] Ebda. S. 33 (V. 372).
[67] Ebda. S. 33 (V. 396).
[68] Ebda. S. 133-135 (V. 3903–3972).

denen nachfolgende Generationen ihren Anspruch auf gesellschaftliche Geltung herleiten sollten[69]. Mit Liebe zum Detail, häufig in Dialogform, führt Gottfried Hagen die Rituale politischen Handelns vor und erteilt vor allem den Patriziern Lehren zur guten Regierung der Stadt Köln. Er zeigt ihnen an konkreten Beispielen, wie sie sich gegenüber dem Stadtherrn und der Kölner Gemeinde zu verhalten haben. Dem Erzbischof gebührt Respekt als einem der vornehmsten Fürsten des Reiches, solange er die Freiheit der Bürger achtet. Innerhalb der Bürgerschaft gilt es Frieden und Einigkeit zu wahren, denn Arm und Reich sind aufeinander angewiesen. Auch den Gegnern der Overstolzen versucht Gottfried gerecht zu werden, solange sie den städtischen Konsens wahren. Gottfried Hagens Chronik ergreift Partei, aber diese Parteinahme ist von den übergeordneten Interessen der Stadt als Heimat aller Bürger bestimmt[70]. Gottfried artikuliert seine didaktische Zielsetzung noch deutlicher als Melis Stoke. Er bezeichnet seine Dichtung ausdrücklich als *warninge der vil heilger stede* und wünscht sich für sein Buch, *dat it uns allen nutzlich werde*[71]. Dabei weiß er das Unterhaltsame mit dem Nützlichen zu verbinden. Ein schönes Beispiel für seine humorvolle, zuweilen auch kauzige Erzählweise ist die Episode, in der er schildert, wie Gottschalk Overstolz im Kerker der Burg Altenahr eine Maus zum Zeitvertreib der gefangenen Patrizier abrichtet[72].

Ich wende mich nun dem zweiten Teil meiner Überlegungen zu. Die Zahl der volkssprachlichen Reimchroniken, die vornehmlich Zeitgeschichte behandeln, ist insgesamt recht bescheiden. Wenn man nur die überlieferten Texte berücksichtigt, wird man kaum behaupten können, daß diese Textgattung viel zur Prägung des Geschichtsbildes des nicht lateinkundigen Publikums im 13. Jahrhundert beigetragen hat. Nun stellt sich allerdings die Frage, welche epischen Dichtungen im Spätmittelalter überhaupt als historische und politische Lehrtexte gedient haben können. Wenn man alle Texte heranzieht, die im Verständnis der Zeitgenossen historischen Stoff behandeln, für dessen Darstellung der jeweilige Autor

---

[69] Vgl. GROTEN (wie Anm. 58) S. 275 ff.
[70] Vgl. GROTEN (wie Anm. 58) S. 254.
[71] Chroniken 12 (wie Anm. 11) S. 22 f. (V.16 und 29).
[72] Ebda. S. 72 f. (V. 1775 ff).

den Wahrheitsanspruch des Geschichtsschreibers erhebt, dann erweitert sich das Korpus der einschlägigen Texte allerdings beträchtlich. Die Masse der historischen Dichtungen beschäftigt sich nicht mit der Zeitgeschichte, sondern mit der Geschichte ferner Zeiten. Die beliebtesten Sujets waren die Kämpfe um Troja[73] sowie die Taten Alexanders des Großen und Karls des Großen. Auch die Erzählungen über König Artus und die Ritter der Tafelrunde verdienen – zumindest als Problemfälle – Beachtung[74]. Als Beispiele für Dichtungen, die in zeitlicher Nähe zu den oben behandelten Texten entstanden sind, nenne ich nur die Trojaepen von Herbort von Fritzlar[75], Konrad von Würzburg[76] und Jacob van Maerlant[77], die Alexanderdichtungen von Rudolf von Ems[78], Jacob van Maerlant[79] und Ulrich von Etzenbach[80] und die im Karlmeinet[81] überlieferten Texte. Die Vorbilder, die Melis Stoke und Gottfried Hagen in ihre eigenen Welten übertragen haben, entstammen in großem Umfang den eben angesprochenen Heldendichtungen. Wie man sich im Kampf, in der politischen Auseinandersetzung oder bei Hof zu verhalten hatte, konnte man ebenso gut am trojanischen wie am holländischen Beispiel lernen. Wenn man die Zahl und die Verbreitung der einschlägigen Texte ins Auge faßt, wird man vermuten dürfen, daß der auf volkssprachliche

---

[73] Vgl. Die deutsche Trojaliteratur des Mittelalters und der frühen Neuzeit, ed. Horst BRUNNER (1990).
[74] Vgl. zu diesem Themenkomplex Peter JOHANEK, König Arthur und die Plantagenets. Über den Zusammenhang von Historiographie und höfischer Epik in mittelalterlicher Propaganda, FmSt 21 (1987) S. 346–389; Piet AVONDS, Koning Artur in Brabant (12e–14e eeuw), Studies over ridderkultuur en vorstenideologie (1999).
[75] Ed. Ge. Karl FROMMANN (1837); vgl. Hans-Hugo STEINHOFF, Herbert von Fritzlar, VL 3 (1981) Sp. 1027–1031.
[76] Ed. Adelbert VON KELLER (1858); vgl. Horst BRUNNER, Konrad von Würzburg, VL 5 (1985) Sp. 272–3034, v.a. Sp. 297–299.
[77] Dit is die istory van Troyen van Jacob van Maerlant, edd. Napoleon DE PAUW/Edward GAILLIARD (1889–1892).
[78] Ed. Victor JUNK (1928/29), vgl. Wolfgang WALLICZEK, Rudolf von Ems, VL 8 (1992) Sp. 322–345, v.a. Sp. 332–334.
[79] Alexanders geesten van Jacob van Maerlant, ed. Johannes FRANCK (1882).
[80] Ed. Wendelin TOISCHER; vgl. Hans-Joachim BEHR, Ulrich von Etzenbach, VL 9 (1995) Sp. 1256–1264, v.a. Sp. 1257–1260.
[81] Ed. Adelbert VON KELLER (1858); vgl. Hartmut BECKERS, Karlmeinert-Kompilation, VL 4 (1983) Sp. 1012–1028.

Vermittlung angewiesene Hörer im 13. Jahrhundert sein historisches Wissen und sein Verständnis geschichtlicher Ereignisse in der Regel aus Heldendichtungen bezogen hat, die die moderne Geschichtswissenschaft nicht mehr im gleichen Sinne als historische Quellen betrachten kann.

Daß diese Vorbilder vielerorts präsent waren, lässt sich durchaus zeigen. Melis Stoke beschreibt an einer Stelle die Überlegenheit der Holländer über die Friesen folgendermaßen:

Ic wane dat nie Alexander
Noch Priamos vochten so.[82]

Zur Verdammung der Mörder des Grafen Floris bemüht er Beispiele aus der Alexanderdichtung und dem Merlin Jakobs van Maerlant:

Alexander wilde niet ghedoghen,
Dat si quamen voer sinen ogen,
De Darius doden haren here, ...
In distorie van Meerline
Vinden wi tghelijk an scine,
Hoe Vertigier gaf den raet
Ende toebrachte al de daet,
Dat si den coninc morden soude...[83].

In einem (möglicherweise fingierten) Aufruf Konrads von Hochstaden an seine westfälischen Ministerialen aus dem Jahre 1240 heißt es, der Herzog von Brabant schicke sich an, die Stadt Köln zu belagern *et sic tanta videtur velle Neoptolemus, que vix expleret Achilles*[84].

Von den Mittelalterhistorikern sind Epen über den Troja- oder Alexanderstoff oder andere Sagenkomplexe im Zusammenhang mit der Frage, wie Adlige oder Bürger historisches Wissen erworben haben, kaum beachtet worden. Sie haben solche Dichtungen dem Bereich der Literatur

---

[82] Rijmkroniek van Melis Stoke 1 (wie Anm. 10) S. 229 (IV, 412 f.).
[83] Ebda. S. 21 f. (V. 425–427 und V. 437–441).
[84] Die Regesten der Erzbischöfe von Köln im Mittelalter 3, 1 bearb. von Richard KNIPPING (Publikationen der Gesellschaft für Rheinische Geschichtskunde 21, 1909) Nr. 981.

zugeordnet und sie höchstens als kulturgeschichtliche Quellen gelten lassen.

Tatsächlich sind die Grenzen zwischen der Wahrheit verpflichteter Geschichtsschreibung und Fiktion im Verständnis der Zeitgenossen nicht leicht zu ziehen[85]. Möglicherweise kann eine solche Grenze sogar mitten durch einen Text verlaufen. Zu solchen Überlegungen könnte jedenfalls eine Dichtung wie die über Mauritius von Craûn Anlaß geben[86]. Im Moriz von Craûn ist die Einleitung, die die Entstehung und die Pflege der Ritterschaft von Troja über Alexander und Julius Caesar bis zu Karl dem Großen und den Franken verfolgt, sicher als *warliche mere*[87] (wie es im Text heißt), als Geschichtsdichtung aufzufassen[88]. Gilt der gleiche Anspruch aber auch noch für die Darstellung der problematischen Beziehung des Helden Maurice de Craon zur Gräfin von Beaumont? Immerhin handelt es sich bei den Protagonisten um identifizierbare Personen[89]. Mit ähnlichen Fragen hat sich von germanistischer Seite Cora Dietl am Beispiel des Wilhelm von Österreich Johanns von Würzburg beschäftigt[90].

Unabhängig davon, wie man den Text insgesamt einschätzt, kann er als Beispiel für die Tatsache herangezogen werden, daß historiographisches Material im Mittelalter nicht ausschließlich gattungsimmanent entfaltet werden konnte. Die Darstellung historischer Persönlichkeiten oder die Schilderung geschichtlicher Ereignisse konnten ebenso Ausgangspunkt für die Diskussion ethischer Fragen oder gesellschaftlicher Probleme sein wie Anstoß für Schwänke oder Phantastereien. So berechtigt

---

[85] FLEISCHMAN, Representation of History and Fiction (wie Anm. 61).
[86] Ed. Ulrich PRETZEL (Altdeutsche Textbibliothek 45, ⁴1973); Heimo REINITZER (Altdeutsche Textbibliothek 113, 2000). Dazu von Heimo REINITZER, Mauritius von Craûn Kommentar (Zeitschrift für deutsches Altertum und deutsche Literatur, Beiheft 2, 1999). Reinitzer bezeichnet den Text als Exempeldichtung; vgl. auch Hans-Joachim ZIEGELER, Moritz von Craûn, VL 6 (1987) Sp. 692–700.
[87] Pretzel (wie Anm. 86) S. 10 (V. 3); Reinitzer (wie Anm. 86) S. 1
[88] Pretzel (wie Anm. 86) S. 10–24 (V. 1–261); Reinitzer (wie Anm. 86) S. 1–14.
[89] Vgl. Heinz THOMAS, Zur Datierung, zum Verfasser und zur Interpretaion des Moriz von Craûn, Zeitschrift für deutsche Philologie 103 (1984) S. 321–365, hier S. 325–327.
[90] Cora DIETL, Minnerede, Roman und *historia*. Der „Wilhelm von Österreich" Johanns von Würzburg (1999) vor allem S. 57 ff. (Roman und historia, Die Wahrheit des höfischen Romans, Fiktionalität und Historizität im „Wilhelm von Österreich").

das Anliegen ist, historiographische Texte von anderen zu unterscheiden, geht es doch letztlich an den Gegebenheiten vorbei. Die volkssprachlichen Geschichtsdichtungen lassen sich nur unvollkommen aus ihrer Einbettung in einen weiteren kulturellen Kontext herauslösen. Für den spätmittelalterlichen Hörer werden sich die Grenzen zwischen Fakten und Fiktionen häufig verwischt haben. Es wäre noch zu untersuchen, ob sich hinsichtlich der vermittelten Lehren Unterschiede zwischen Reimchroniken und anderen epischen Dichtungen ausmachen lassen. Grundsätzlich dürfte die Grenze von der Geschichte zur Fiktion erst da überschritten sein, wo der Wahrheitsanspruch des Historikers implizit oder bewußt preisgegeben wird. Max Wehrli, der die verschiedenen Gattungen durch „denselben Wahrheits- und Wirklichkeitsbegriff" verbunden sieht, formuliert: „Zwischen dokumentarischem Bericht und erzählerischer Fiktion wird ja bis ins moderne wissenschaftliche Zeitalter hinein nur selten scharf unterschieden."[91] Tatsächlich gibt kaum ein mittelalterlicher Autor den Wahrheitsanspruch für sein Werk explizit preis. In den meisten Fällen wird auf die Thematisierung der Wahrheitsfrage einfach verzichtet. Manche Dichter spielen hingegen ganz bewußt mit dem Wahrheitsbegriff. Wenn sich etwa Konrad von Würzburg im Heinrich von Kempen auf eine *wâre schrift* als Quelle für die Erzählung über seinen Helden beruft[92], dann beansprucht er keineswegs historische Treue für seine Dichtung, sondern lediglich Treue zu seiner Vorlage, deren historischer Wahrheitsgehalt damit noch nicht bestimmt ist. Wolfram von Eschenbach stellt die Entscheidung, ob seine Schilderung des Turniers vor Kanvoleis wahr ist oder nicht in höfischer Manier dem Hörer anheim:

ine sagez iu niht nâch wâne:
gebiet ir, sô ist ez wâr[93].

---

[91] Max WEHRLI, Geschichte der deutschen Literatur im Mittelalter (³1997) S. 177 f.
[92] Ed. Edward SCHRÖDER (1968) S. 26 V. 390; vgl. auch die Untersuchung von Roger DRAGONETTI, Le mirage des sources. L'art du faux dans le roman médiéval (1987); vgl. DIETL (wie Anm. 90) S. 60 ff.
[93] Ed. Karl LACHMANN (⁶1926) S. 39 (V. 59 und V. 26 f).

Hier eröffnen sich grundlegende Fragen, deren Klärung nur in interdisziplinärer Zusammenarbeit zwischen Historikern und Germanisten erfolgen kann.

Fassen wir – drittens – zusammen, welche spezifischen Einsichten uns die volkssprachlichen Geschichtsdichtungen gewähren:

Erstens geben sie Auskunft darüber, welche historischen Kenntnisse zu bestimmten Zeiten in bestimmten Kreisen verfügbar waren. So unterrichten etwa sowohl Gottfried Hagen als auch Melis Stoke ihre Hörer über die Entstehung des Kurfürstenkollegs. Ihre Ausführungen über diesen Prozeß, der für die meisten von uns heute noch rätselhaft ist[94], zeigen in den Grundzügen eine bemerkenswerte Übereinstimmung.

Gottfried Hagen berichtet, daß Kaiser Konstantin Papst Silvester das römische Reich überantwortet hat (*dat alle paise weren / vurwert des roimschen riches heren*[95]). Die zu Rate gezogenen Kardinäle erklären dem Papst jedoch, daß er als Geistlicher die Gerichtsgewalt über Leib und Leben nicht in eigener Person ausüben kann. Es muß deshalb weiterhin ein Kaiser bestellt werden, aber der Papst verfügt, daß die weltliche Herrschaft nicht mehr vom Vater auf den Sohn vererbt werden soll. Hervorragende Fürsten sollten jeweils den neuen Kaiser wählen. Die Kardinäle schlagen daraufhin folgende Wähler vor: für die erste Kur den Erzbischof von Köln in Würdigung der Heiligkeit seiner Bischofsstadt, sodann die Erzbischöfe von Mainz und Trier sowie vier Laien: den Pfalzgrafen vom Rhein, den König von Böhmen, den Herzog von Sachsen (*der herzoge van Sassenlant / de here van Anehalt is genant*[96]) und den Markgrafen von Brandenburg[97].

Melis Stoke betont die erbliche Übertragung der Herrschaft von Otto I. bis zu Otto III.[98]. Nach dem Tode Ottos III. beschloß die römische Kirche (*De Roomsche kerke*) jedoch gemeinsam mit den Großen des

---

[94] Vgl. dazu die wiederholten Ausführungen von Armin WOLF, zuletzt: Die Entstehung des Kurfürstenkollegs 1198 – 1298. Zur 700-jährigen Wiederkehr der ersten Vereinigung der sieben Kurfürsten (Historisches Seminar NF 11, 1998) und die durchweg kritischen Besprechungen seiner Thesen.
[95] Chroniken 12 (wie Anm. 11) S. 38 (V. 558 f).
[96] Ebda. S. 39 (V. 623 f).
[97] Ebda. S. 38-40 (V. 579-643).
[98] Rijmkroniek van Melis Stoke 1 (wie Anm. 10) S. 49-51 (I, 961-994).

Reiches (*de heren van den rike*), den Kaiser fortan von *seven prensen* wählen zu lassen. Es sind dies die drei Erzkanzler (*cancelier*) die Erzbischöfe von Mainz (*van Almaenghen*), Trier (*van Gallen*) und Köln (*van Ytale*) und die Inhaber der Erzämter, der Pfalzgraf vom Rhein als *drussaten des rikes*, der Herzog von Sachsen, *die ... dat zweert voert van den rike*, der Markgraf von Brandenburg als *des rikes camerlync* und der König von Böhmen als *scinke des riken*.

Abgesehen vom unterschiedlichen zeitlichen Ansatz stimmen beide Berichte darin überein, daß die Initiative zur Begründung des Kurfürstenkollegs vom Papst ausgegangen ist. Als Motiv wird die Beseitigung des Erbrechts am Kaisertum herausgestellt. Das Wahlrecht der Kurfürsten steht unantastbar unter dem Schutz der römischen Kirche. Die von ihnen vollzogene Wahl wird als Kaiserwahl aufgefaßt. Solche Vorstellungen müssen als verbürgtes historisches Wissen seit etwa 1270 weit verbreitet gewesen sein[99].

Zweitens geben die volkssprachlichen Reimchroniken Auskunft über die Frage, in welcher Weise man im 13. Jahrhundert im Rahmen von Verhandlungen oder Kontroversen historische Quellen zu Hilfe genommen und in der Argumentation verwendet hat. Urkunden, Denkmäler, Historiographie und – etwa bei Gottfried Hagen – auch mündliche Tradition werden in den Dichtungen zur Untermauerung bestehender Zustände oder zur Legitimation von Veränderungen im Sinne einer Wiederherstellung der gestörten rechten Ordnung herangezogen. Hier verdient vor allem die hohe Wertschätzung der Historiographie als Quelle wahren Wissens über die Vergangenheit Beachtung. Durch den Vergleich der Beweisführungen in verschiedenen Chroniken lassen sich Gemeinsamkeiten ermitteln und so aus den Einzelfällen weiter verbreitete Argumentationsmuster ableiten.

Drittens werden in den Reimchroniken detaillierter als in anderen Texten politische Handlungsweisen, gesellschaftliche Rituale und Leitbilder vorgeführt.

Viertens ergibt sich daraus, daß uns die Reimchroniken zeigen, wie deren Hörer Geschichte wahrgenommen haben und wie sie aufgrund

---

[99] Vgl. Max BUCHNER, Die Entstehung und Ausbildung der Kurfürstenfabel, HJb 33 (1912) S. 54–100 und S. 255–322.

dieser Wahrnehmung gegenwärtiges Geschehen aufgefaßt und gedeutet haben können. Wir sehen in den Texten vergangenes Geschehen sozusagen durch die Brille der Autoren und des Publikums der Dichtungen.

Zum Schluß muß natürlich hervorgehoben werden, daß wir die historische Wahrnehmung der Menschen des 13. Jahrhunderts in den besprochenen Texten nicht unmittelbar erfassen, sondern nur in literarischer Brechung. Die historischen Informationen und die Lehren, die uns in den Reimchroniken dargeboten werden, wurden im Alltag des 13. Jahrhunderts in erster Linie mündlich vermittelt. Nur ausnahmsweise wurden sie in dichterische Form gekleidet und dabei zugleich verfremdet.

Durch die literarische Gestaltung wird der Gegenstand stilisiert, überhöht, idealisiert. Doch auch noch in dieser Brechung vermitteln uns die volkssprachlichen Reimchroniken Einsichten, die uns keine andere Quellengattung zu bieten vermag. Deshalb sollten wir uns intensiver mit ihnen beschäftigen, als wir das bisher getan haben.

GESCHICHTSDARSTELLUNGEN IM ITALIENISCHEN GRABMAL DES SPÄTEN MITTELALTERS

von

HANS KÖRNER

I.

In seinen späten Vorlesungen zur Geschichte der „Grabplastik" unterschied Erwin Panofsky Grabmäler mit „prospektivem" (auf die Erlösungshoffnung bezogenem) Gehalt von solchen mit „retrospektiver" (das irdische Wirken des Verstorbenen erinnernder) Absicht[1]. Ein Beitrag, der zum Thema die „Geschichtsdarstellungen im italienischen Grabmal des späten Mittelalters" hat, wird sich mit der retrospektiven Ikonographie zu beschäftigen haben. Doch dies führt bereits mitten in eine grundsätzliche Problematik. Wo verläuft im mittelalterlichen Grabmal die Grenzlinie zwischen prospektiver und retrospektiver Ikonographie?

Zunächst ist festzuhalten, daß Geschichtsdarstellungen in italienischen Grabmälern des späten Mittelalters ausgesprochen selten sind. Ein frühes Beispiel findet sich auf dem Sarkophagdeckel des Grabmals für den Bischof von Brescia, Berardo Maggi, vielleicht das früheste Beispiel, wenn Jean-François Sonnays Datierung des Monuments kurz nach dem Tod des Bischofs im Jahr 1308 sich halten läßt[2]. Der Sarkophagkasten ist ohne figürlichen Schmuck. Umso reicher ist der in Form eines Satteldachs gebildete Sarkophagdeckel. Auf der einen Schräge des Deckels liegt die Grabfigur, die die Rechte zum Segensgestus erhoben hat. In einem schmalen Reliefstreifen seitlich der Grabfigur wird das Leichenbegängnis erzählt, ein im frühen 14. Jh. bereits konventionelles Motiv, wenn auch nicht an dieser Stelle. Die Liegefigur des zwar aktiv, weil segnend, aber

---

[1] Erwin PANOFSKY, Grabplastik. Vier Vorlesungen über ihren Bedeutungswandel von Alt-Ägypten bis Bernini, hg. von Horst W. JANSON (dt. von L. L. MÖLLER) (1964) passim.
[2] Jean-François SONNAY, Paix et bon gouvernement: à propos d'un monument funéraire du Trecento, Arte médiévale, II. Serie, Bd. IV, Nr. 2 (1990) S. 190.

mit geschlossenen Augen und mit veristischem Leichenantlitz porträtierten Toten in Verein mit der Schilderung der Exequien ist gewiß retrospektiv. Memoriert wird die Situation der Aufbahrung der Leiche während der Totenmesse. Doch diese Erinnerung macht nur Sinn in Hinblick auf die Erlösungshoffung des Verstorbenen. Die letzte Absolution, die über der aufgebahrten Leiche gesprochen wurde, wird als Unterpfand des erhofften Seelenheils im Grabmal perpetuiert. Wollte man die Panofykische Terminologie beibehalten, müßte die Ikonographie dieser Sargdeckelhälfte als retrospektive mit prospektiver Funktion charakterisiert werden.

Eindeutig retrospektiv scheint demgegenüber die Reliefdarstellung auf der gegenüberliegenden Deckelschräge (Abb. 1). Links tritt eine Personengruppe aus einer Kirche, angeführt von einem die Hand zum Segen erhebenden Bischof, zweifellos Berardo Maggi selbst[3]. Vom rechten Rand des Reliefs nähert sich eine Menschenmenge. Beide Gruppen wenden sich der mittleren Nische zu, in der ein Schwur geleistet wird. Ein Kleriker weist einem knienden Patrizier Kreuz und Evangelium. Mit der Hand auf der Bibel beschwört dieser wohl das, was ein dritter eben aus einer Pergamentrolle vorliest. 1275 wurde Berardo Maggi Bischof von Brescia. 1298 stieg er zum Signore der Stadt auf, und wenig später gelang es ihm, Frieden zwischen den die Stadt beherrschenden Guelfen und den emigrierten Ghibellinen zu stiften. Dieser Friedenschluß von 1298 ist – vermutlich – Thema des Reliefs.

Sonnay wies darauf hin, daß dieser Friedenschluß, das Thema des Friedenschlusses im allgemeinen, über die historische Dimension hinausweist. Der – politische – Friedenschluß wurde im Mittelalter gemeinhin auch auf den himmlischen Frieden bezogen[4]. Grundlegend blieb die von Augustinus vollzogene Gleichsetzung des „mystischen Namens" des himmlischen Jerusalems mit dem Wort „Friedensschau". „So könnten wir denn sagen, unser höchstes Gut oder, wie wir es vorhin nannten, das ewige Leben sei der Friede" (Augustinus)[5]. Das Relief des Brescianer

---

[3] Hierzu und zum folgenden SONNAY, Paix et bon gouvernement (wie Anm. 2) S. 184.
[4] Ebda. S. 189.
[5] Aurelius Augustinus, Vom Gottesstaat, Buch 19 (1978) S. 546.

Grabmals preist das irdische Verdienst des Bischofs und Signore Maggi, und ohne von der politischen Semantik etwas abzuziehen, wird diese in die allgemeine Heilsgeschichte eingebettet und mit der individuellen Hoffnung des Verstorbenen auf himmlischen Frieden verbunden.

II.

1262 hatte die Familie Della Scala im Kampf um die Macht in Verona den Sieg davongetragen. Zu ihrer Pfarrkirche wählten die neuen Herren der Stadt die nahe ihrem Palast gelegene S. Maria Antica. Auf dem Friedhof von S. Maria Antica wurden im Trecento drei Herrschern dieses Geschlechtes aufwendige Monumente errichtet (Abb. 2). Die Grabmäler für Mastino II. della Scala und für dessen Sohn Cansignorio sind freistehend. Den Sarkophag mit der Liegefigur des toten Mastino überhöht ein von vier Säulen getragener Baldachin, der reich mit Wimpergen, Tabernakeln und Skulpturen geschmückt ist. Über dem Grabmal erhebt sich eine Pyramide, die wiederum die Basis für die Reiterstatue Mastinos abgibt. Reicher noch ist das Grabmal für den 1375 verstorbenen Cansignorio della Scala. Der Grundriß ist sechseckig. Von der Fülle an architektonischen Zierformen – Wimpergen und Tabernakeln – wird die Pyramide regelrecht zugestellt. Zwischen Pyramide und Reiter ist im Cansignorio-Grabmal ein sechseckiges Postament eingeschoben.

Der berühmteste und mächtigste Scaliger, Cangrande della Scala, starb 1329 auf dem Höhepunkt seiner Macht und seines Ruhmes[6]. Ob er sein Grabmal – so wie es sich heute darstellt – kurze Zeit nach seinem Tod bereits erhielt oder erst zwischen 1340 und 1350 und damit annähernd zeitgleich mit dem noch zu Lebzeiten errichteten Grabmal seines Neffen Mastino II., ist in der Forschung seit längerem umstritten[7]. Im Grabmal

---

[6] Peter SEILER, Untersuchungen zur Entstehungsgeschichte des Grabmals von Cangrande I. della Scala, Marburger Jahrbuch für Kunstwissenschaft 25 (1998) S. 69.
[7] Vgl. Otto von SIMSON, Das Mittelalter II (Propyläen-Kunstgeschichte Bd. 6, 1972) S. 359. Neuerdings brachte Peter Seiler überzeugende Argumente dafür, daß das Cangrande-Grabmal in seiner heutigen Gestalt erst in Zusammenhang mit der Konzeption des

des Cangrande della Scala finden sich die nach dem Friedensschlußrelief des Maggi-Grabmals in Brescia zeitlich nächsten Geschichtsdarstellungen der italienischen Grabmalskunst. Insgesamt 16 Darstellungen erzählen von den historischen Taten des Signore. Die Reliefs besetzen die Zwickel, die an Vorder- und Rückseite des Sarkophags zwischen der Sarkophagrahmung und den Vierpässen ausgespart sind. Die oberen Zwickel enthalten jeweils szenische Darstellungen, denen (mit einer Ausnahme) unten die zugehörigen Städtebilder beigegeben sind[8]. Den chronologischen Abschluß des Historienprogramms markieren die Zwickelreliefs auf der rechten Seite der Sarkophagrückwand (Abb. 3). Dem Höhepunkt in der politischen Karriere des Cangrande, der Eroberung von Treviso, ist unten als einzige Ausnahme kein reines Stadtbild zugeordnet, sondern das Stadttor von Treviso, aus dem ein von Pferden gezogener Karren fährt, beladen mit dem Sarg des wenige Tage nach der Einnahme von Treviso verstorbenen Cangrande della Scala.

Die Literatur zu den Scaligergrabmälern neigt dazu, den religiösen Aspekt zu vernachlässigen. Man muß ernstnehmen, daß die Res gestae auf dem Sarkophag des Cangrande im Wortsinne im Hintergrund und am Rand bleiben. Die biographischen Reliefs sind an der Sarkophagfront deutlich dem - um mit Panofsky zu reden – „prospektiven" Anliegen subordiniert[9]. Vor die Flachreliefs treten im Zentrum der Sarkophagwand die Halbfigur des Schmerzensmannes und seitlich die Maria und der Erzengel der Verkündigung. Schmerzensmann und Verkündigung sind Argumente, starke und deshalb ikonographisch entsprechend beliebte Argumente zugunsten des Sünders, wenn er nach seinem Tod vor das besondere Gericht treten muß. Die den großen Vierpaß an der Rück-

---

Grabmals für Mastino II. entstanden sein kann. SEILER, Untersuchungen (wie Anm. 6) S. 67 ff.

[8] Hierzu und zum folgenden Peter SEILER, Mittelalterliche Reitermonumente in Italien. Studien zu personalen Monumentsetzungen in den italienischen Kommunen und Signorien des 13. und 14. Jahrhunderts, Dissertationsmanuskript Bd. 1 (1989) S. 280 ff. u. Peter SEILER, Mittelalterliche Reitermonumente in Italien. Studien zu personalen Monumentsetzungen in den italienischen Kommunen und Signorien des 13. und 14. Jahrhunderts, Dissertationsmanuskript Bd. 2 (1989) S. 192 ff.

[9] Vgl. Hans KÖRNER, Grabmonumente des Mittelalters (1997) S. 97.

seite des Sarkophags füllende Darstellung ist verloren; eine profane Darstellung wird dieser Vierpaß schon aus topologischen Gründen mit Sicherheit nicht enthalten haben.

Im vorhergehenden war die Rede von Vorder- und Rückseite des Sarkophags. Diese Beschreibung wird dem historischen Kontext des Monuments nicht ganz gerecht. Angemessener wäre die Rede von der Friedhofs- und der Kirchenseite des Sarkophags: Typologisch nimmt das Grabmal des Cangrande della Scala eine Zwischenstellung ein. Die von den Bologneser Professorengrabmälern adaptierte „Mausoleums"-Form wurde hier mit dem Typus des Wandgrabmals verschränkt. Der Baldachin mit Sarkophag und Grabfigur erhebt sich über dem Seitenportal von S. Maria Antica. Das Grabmal war ursprünglich jedoch nicht in dem Maße mit der Kirche vermauert, wie dies heute der Fall ist. Sarkophag und Grabbild waren vom Kircheninneren her sichtbar. Diese Öffnung der Kirche auf Sarkophag und Liegefigur hin war nicht nur eine optische, sondern ließ den Toten am liturgischen Geschehen teilhaben. Daß mit der Überführung der Leiche Cangrandes von Treviso nach Verona der Zyklus der Geschichtsdarstellungen an diesem Grabmal abschließt, ist in biographischer Hinsicht logisch, daß sich diese Darstellung an der vom Kirchenraum ursprünglich sichtbaren Seite befindet, ist ebenfalls logisch, jetzt allerdings im Sinne einer eschatologischen Logik.

Die in der Literatur dominante Interpretation des Cangrande-Grabmals als weitgehend profanes Denkmal darf freilich nicht leichthin beiseite geschoben werden. Jakob Burckhardts Beurteilung ist ernst zu nehmen: „Kulturgeschichtlich sind diese Gräber ebenso merkwürdig als in betreff der Kunst. Außerhalb der Kirche in mehr politisch-monumentaler als in religiöser Absicht von den Gewaltherrschern Veronas errichtet, sind sie die Vorstufe jener ganz profanen Reiterdenkmäler, wie sie später von den Venezianern als politische Belohnung für die Feldherrn gesetzt wurden."[10] Für das Grabmal des Cangrande della Scala trifft das von Burckhardt für den profanen Anspruch geltend gemachte „Außerhalb der Kirche" nur bedingt zu. Das Verhältnis von Innen, d. h. Kirchenraum, d. h. Liturgie, und Außen ist, wie schon angemerkt, komplexer. Es gibt

---

[10] Zit. nach SEILER, Untersuchungen (wie Anm. 6) S. 53.

aber weitere Argumente für Burckhardts These: Über dem Baldachin über dem Sarkophag des Cangrande und seiner Nachfolger steigt jeweils eine Pyramide auf. Magister Gregorius stellte im 12. Jh. lapidar fest: „Pyramiden sind nämlich die Grabmäler der Mächtigen"[11]. Andererseits versprechen nicht nur in der ägyptischen Kultur Pyramiden das ewige Leben. Magister Gregorius' englischer Landsmann Boleth rühmte die Pyramide als die „allerbedeutendste Grabmalsgattung" (*altissimus genus sepulture*), begründete dies aber mit der ethymologischen Herleitung der Pyramide von *Pyr quod est ignis*. Diese Vergleichung des Aufsteigens der Flamme mit dem Aufgipfeln der Pyramide deckt gleichermaßen den weltlichen wie den (erhofften) jenseitigen Aufstieg[12].

Als weiteres Argument für eine den retrospektiven, profanen Charakter des Gesamtmonuments hervorhebende Interpretation gilt das die Pyramiden krönende Bild des Toten in Form einer Reiterstatue. Die Referenz auf das antike Reiterstandbild, wie es dem Trecento mit dem bronzenen Marc-Aurel vor Augen stand, ist offensichtlich. Mit dieser Referenz verband sich gewiß der politische Anspruch. Daß Cangrande einem solchen Anspruch sich durchaus gewachsen fühlte und daß das Grabmonument diesen Anspruch durchaus unbescheiden nach außen trägt, wird man nicht bestreiten können, zumal wenn man die Aussage der Grabinschrift hinzunimmt: „Cangrande hat einzigartige Taten vollbracht / wofür die Mark Zeugnis ablegt, die er in gewaltigem Kampf unterworfen hat / Er hätte das Haus der Scaliger durch seinen Ruhm über die Sterne gehoben / wenn die Parze ihm ein längeres Leben gegeben hätte."[13]

Doch wird man selbst dem Reiterstandbild im mittelalterlichen Grabmonument mit dem ausschließlichen Verweis auf profane Voraussetzungen und profane Intentionen nicht ganz beikommen. Eine mindestens gleichberechtigte Voraussetzung für das Reiterstandbild des Cangrande della Scala ist mit der Tradition des Votivbildes gegeben.

---

[11] Zit. nach Renzo GRANDI, I Monumenti dei Dottori e la Scultura a Bologna (1267 - 1348) (1982) S. 59.
[12] Zit. nach GRANDI, Monumenti (wie Anm. 11) S. 59.
[13] Zit. nach SEILER, Mittelalterliche Reitermonumente I (wie Anm. 8) S. 284.

Schon für das 9. Jh. ist ein lebensgroßes Reitervotiv in den Quellen erwähnt: Weil er die gelobte Pilgerfahrt nach Rom nicht antreten konnte, ließ sich der bretonische König Salomon 871 durch ein vergoldetes Reiterbildnis vetreten, das er als Votivgabe an Papst Hadrian II. sandte[14]. Lebensgroße Wachsfiguren zu Pferde kamen im 14. Jh. als Votivgaben in die Florentiner Kirchen S. Croce und S. Reparata[15]. Aus der Tradition des Reitervotivs, springt der reitende Cangrande nicht einfach heraus. Erlösungshoffnung und Monumentalisierung von irdischer Größe, von Geschichte also, sind selbst im Motiv des Reiterdenkmals über dem Grab noch unlösbar verschränkt[16].

Die Grabmäler von Cangrandes Nachfolger lösen sich vom Kirchenbau, und, obwohl man nicht vernachlässigen sollte, daß Friedhof immer noch Kirche ist, dies legt den Verdacht einer zumindest in diesen Grabmonumenten Mastinos und Cansignorios weitergehenden Profanisierung nahe. Vielleicht ist dem sogar so. Die ikonographisch am ehesten der Profanität verdächtigen Teile des Cangrande-Grabmals, die Geschichtsdarstellungen, sind allerdings nicht in die aufwendigen Monumente Mastinos II. und Cansignorios übertragen. Peter Seiler wies mit begründetem Nachdruck die These zurück, Mastino II. habe wegen des Verlusts der Trevisaner Mark an Venedig Bescheidenheit walten lassen und deshalb auf die Integration von *Res gestae* in sein Grabmonument verzichtet. Die Grabinschrift läßt keinen Zweifel, daß Mastino II. als ein dem Cangrande ebenbürtiger Herrscher im Gedächtnis der Nachwelt bleiben wollte. Peter Seilers Erklärung für das Fehlen der Geschichtsdarstellungen am Grabmal Mastinos II. ist nüchtern, liegt unterhalb der ikonologisch relevanten Ebene, und hat eben deshalb Plausibilität für sich. Die Geschichtsdarstellungen des Cangrande-Grabmals seien für den Betrach-

---

[14] Alain ERLANDE-BRANDENBURG, Le roi est mort. Etude sur les funérailles, les sépultures et les tombeaux des rois de France jusqu'à la fin du XIIIe siècle (1975) S. 103 f.
[15] Susann WALDMANN, Die lebensgroße Wachsfigur. Eine Studie zu Funktion und Bedeutung der keroplastischen Porträtfigur vom Spätmittelalter bis zum 18. Jahrhundert (1990) S. 28. Zu den *homines illustrissimi a cavallo* des 15. Jh. in der SS. Annunziata WALDMANN, Lebensgroße Wachsfigur S. 31 f.
[16] Vgl. KÖRNER, Grabmonumente (wie Anm. 9) S. 168.

ter schwer lesbar, weshalb Mastino II. auf diese wenig öffentlichkeitswirksamen Bilder Verzicht geleistet habe[17].

Hinzu kommt, daß die Geschichtsdarstellungen im Cangrande-Monument keine Bilder im neuzeitlichen Sinne sind. Wären sie dies, dann wären sie im übrigen auch besser lesbar. Die neuzeitliche Geschichtsdarstellung hat mit dem neuzeitlichen Bildbegriff zu tun. Für diese These wird im folgenden kein Beweis geführt werden können, doch sollen Argumente für diese These zumindest werben.

Das neuzeitliche Bild ist in wesentlichen Teilen eine Leistung des Florentiner Malers Giotto. Mit Blick auf ein Wandkompartiment aus der Capella degli Scrovegni in Padua, dessen unteres Bildfeld die Beweinung Christi (Abb. 4) zeigt, sollen einige Kriterien von Giottos neuem Bildbegriff zumindest skizziert sein:

Ein aufwendiges Rahmensystem faßt die einzelnen Bilder ein. Rahmungen um Bilder sind für sich genommen nichts Neues. Neu ist, in welchem Maße hier die Rahmen die Bilder distanzieren, damit aber auch die Bildwirklichkeit als eine von der Wirklichkeit des Betrachters und der Wirklichkeit des Bildträgers – der Wand – unterschiedene suggerieren. Gleichzeitig schließt der Rahmen die Bildwirklichkeit zusammen. Der Satz, daß ein Bild eine Welt für sich sei, gehört zu den bildungsbürgerlichen Gemeinplätzen, aber wenn damit gemeint ist, daß ein Bild innerhalb seiner Rahmengrenzen ein Ganzes ist, dem im Sinne der aristotelischen Dramentheorie nichts hinzugefügt und nichts weggenommen werden kann, dann hat diese Aussage hier Gültigkeit.

Sieht man, wie in Giottos „Beweinung Christi" die stabilisierende Macht des Rahmens von den links und rechts stehenden Figuren aufgenommen ist, die solcherart die Szene nochmals einfassen, vollzieht man nach, wie der aufsteigende Felsen die Figuren, ihr Sich-herab-Beugen, ihre diversen Weisen, Trauer und Liebe zu zeigen, kompositorisch interpretiert und unterstützt, achtet man darauf, welche Relevanz für die Bilddramaturgie jetzt sogar die Leere, also der Raum zwischen den Figuren, beansprucht, achtet man auch auf das keineswegs uniforme aber gleichermaßen auf eine mittlere Farbhelligkeit gestimmte Kolorit, wird deut-

---

[17] SEILER, Mittelalterliche Reitermonumente I (wie Anm. 8) S. 288 f.

Abb. 1 Brescia, Dom, Grabmal des Berardo Maggi, †1308 (Relief mit Darstellung des Friedens von 1298). (Aus: Sonnay 1990, S. 185).

Abb. 2 Verona, Friedhof von S. Maria Antica, Scaliger-Grabmäler, um 1329-1374. (Aus: Simson 1972, Taf. 343).

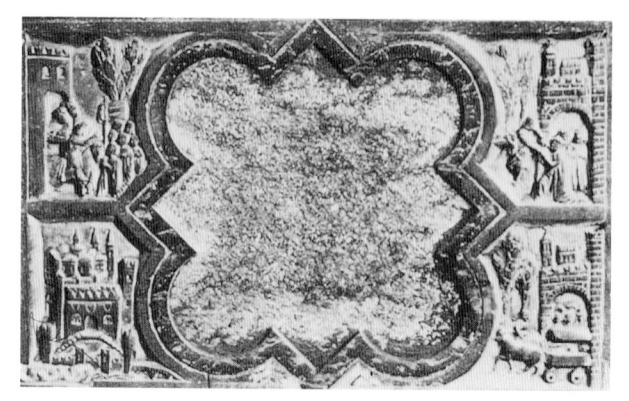

Abb. 3 Verona, Friedhof von S. Maria Antica, Grabmonument des Cangrande della Scala, †1329 (Kirchenseite des Sarkophags). (Aus: Sonnay 1990, S. 188).

Abb. 4 Giotto, Hochzeit zu Kana / Beweinung Christi, Padua, Scrovegni-Kapelle, um 1305.

Abb. 5 Arezzo, Dom, Grabmal des Guido Tarlati, †1327. (Aus: Kreytenberg 1984, Abb. 37).

Abb. 6 Arezzo, Dom, Grabmal des Guido Tarlati, †1327 (Detail: Fronzola).
(Aus: Garzelli 1969, Abb. 118).

lich, in welchem Maße diese Darstellung nach bildinternen Gesetzen funktioniert. Nur weil das Bild auf seiner eigenen Wirklichkeit besteht, kann diese im Modus der Illusion mit der Betrachterwirklichkeit in Korrespondenz geraten. Im folgenden 15. Jh. wird Leon Battista Alberti das Gemälde als Fensterscheibe definieren, auf der sich für den diesseits der Scheibe befindlichen Betrachter, das jenseits der Scheibe Sichtbare in der Flächenprojektion abzeichnet. Mit seiner Definition, die Betrachterrealität und Bildwirklichkeit vermittelt unter der Voraussetzung, daß sie zuvörderst als distinkte gesetzt sind, referierte Alberti bereits auf die beginnende Frührenaissancemalerei seiner Zeit, vor allem aber stand Alberti immer noch als paradigmatische moderne Lösung Giottos Konzeption des Bildes vor Augen.

1338 begann Francesco Petrarca mit der Arbeit an einer Sammlung von Biographien berühmter Männer. Daß mit Petrarcas *De viris illustribus* eine neue Historiographie grundgelegt wurde, erkannten die Zeitgenossen rasch. Im umfangreichen Quellenstudium Petrarcas, vor allem in seiner kritischen Auswertung der Quellen manifestiert sich in vorher unbekanntem Maße eine intentional objektive Sicht der Vergangenheit. Und diese beansprucht in ebenfalls vordem unbekanntem Maße Vollständigkeit. Die großen Taten der großen Männer werden nicht als isolierte beschrieben, sondern bleiben bezogen auf das Ganze einer historischen Persönlichkeit, auf ihren Charakter und ihr Umfeld. Erst indem Petrarca die Geschichte als ein Gewesenes ausdrücklich machte, ihr als verobjektivierte eine vom Geschichtsschreiber und Leser distante, weil selbständige und vollständige Wirklichkeit zuwies, wurde diese in neuer Weise aneigenbar und als nachzuahmendes Vorbild für die Gegenwart instrumentalisierbar.

III.

Die oben angedeutete Dialektik von Nähe und Ferne, in die Giotto die Bildwirklichkeit zur Betrachterrealität setzt, weist strukturelle Ähnlichkeiten mit Petrarcas Geschichtsdarstellung auf, so daß die These zumindest zur Diskussion gestellt sei, ob nicht beides in Zusammenhang steht. Wenn dem so sein sollte, wenn also der neuzeitliche Bildbegriff mit der neuzeitlichen literarischen Geschichtsdarstellung zu tun hat, dann muß sich dies zuerst und zunächst an der bildlichen Geschichtsdarstellung überprüfen lassen. Das Bild des historischen Friedenschlusses zwischen Ghibellinen und Guelfen in Brescia verhält sich anders zum Sarkophagdeckel als ein Fresko Giottos zur Kapellenwand. Optisch zwar homogenisiert bleiben die Bilder Giottos gleichwohl selbständige Einheiten. Die Wandfläche ist das Bildmedium im Wortsinne, d. h. sie trennt und vermittelt die Realität des Bildes und die des Betrachters. Der Sarkophagdeckel ist dagegen weit mehr als nur ein Bildträger für das Relief des Friedenschlusses. Zuerst und zunächst ist es ein Sarkophagdeckel, und das Bild ist zuerst und zunächst Schmuck des Sarkophags. In ganzer anderer Weise ist das Bild auf dem Sarkophag des Bischofs Maggi gegenwärtig, gegenwärtig im Hier und Jetzt des Grabmals, des Kirchenraums, des anwesenden Toten, des anwesenden Gläubigen, des zelebrierenden Priesters. Es genügt also nicht, nur auf ikonographischem Weg der Frage nach der Historizität eines Historienbildes nachzugehen. Und der Historiker, der sich von den Geschichtsdarstellungen an einem Grabmal Aufschluß über das politische Selbstverständnis des Verstorbenen, bzw. seiner Erben und Nachfolger verschaffen will, tut gut daran, die mediengeschichtliche Dimension miteinzubeziehen.

Guido Tarlati, 1327 als Bischof und Signore von Arezzo verstorben, herrschte gewiß nicht weniger tyrannisch als sein Amtskollege in Brescia oder als der zwei Jahre später verschiedene Herr über Verona. Er stand ihnen im Herrschaftsanspruch nicht nach, aber vermutlich übertraf er sie diesbezüglich auch nicht. Wenn, wie abschießend gezeigt werden soll, in Guido Tarlatis Grabmal (Abb. 5) Geschichtsdarstellungen insgesamt eine ungleich gesteigerte Bedeutung gewinnen, und wenn die einzelnen Geschichtsd a r s t e l l u n g e n in ganz anderer Weise G e s c h i c h t s darstellungen sind, so hat das mit dem politischen Anspruch des Herrn und seiner Nachfolger zu tun, es hat aber eben auch mit Kunst zu tun, nämlich mit einem nun auch in der Gattung des Reliefs manifesten neuen, giottesken Bildbegriff.

Im Grabmonument für Guido Tarlati im Dom von Arezzo wird der aufgebahrte Tote flankiert von Teilnehmern des Leichenbegängnisses. Ein Giebel überfängt darüber eine weiträumige Nische, von deren bildlicher Ausstattung nur mehr der geraffte Verhang des Hintergrundes geblieben ist. Wie diese Nische ursprünglich gefüllt war, ist ungewiß. Man vermutete ein Reiterbild des Verstorbenen[18]. Neuerdings favorisiert man die These, Tarlati sei als Thronender mit Begleitfiguren unter dem Wandbaldachin aufgestellt gewesen[19]. Sehr hoch ist das Bild des aufgebahrten Toten angebracht, so hoch, daß die Baldachinstützen weniger den Eindruck von tragenden Architekturgliedern als den von Wurzeln vermitteln, die das Grabmal nach unten schickt. Dank der Höhe des Grabmals bleibt viel Platz auch unterhalb der Aufbahrungsszene. Und dieser Platz wurde von den Künstlern Agostino di Giovanni und Agnolo di Ventura genutzt, um ein einzigartiges Bildprogramm zu entfalten. Man würdigte die Reliefs unter dem Konsollager als profane Entsprechung zum vielteiligen Bildprogramm der Rückseite von Duccios Maestà in Siena[20], fühlte sich erinnert an die Reliefs der Trajanssäule[21]. Jedenfalls, so viel Geschichtsdarstellung war im italienischen Grabmal noch nie, und mehr wird es nicht werden. In 16 Bildfeldern wird auf das Leben des mächtigen Bischofs und Signore zurückgeblickt.

Eine dieser Historien sei etwas genauer betrachtet, wobei das die bisherige Forschung fast ausschließlich interessierende Problem der Händescheidung beiseite bleiben soll[22]: Das rechte Relief im zweiten Register

---

[18] Werner COHN-GOERKE, Scultori senesi del Trecento (1938) S. 276 f.
[19] Gert KREYTENBERG, Das Grabmal von Kaiser Heinrich VII. in Pisa, Mitteilungen des Kunsthistorischen Institutes in Florenz XXVIII (1984) S. 51 ff. Vgl. Antje MIDDELDORF KOSEGARTEN, Grabmäler von Ghibellinen aus dem frühen Trecento, in: Skulptur und Grabmal des Spätmittelalters in Rom und Latium. Akten des Kongresses "Scultura e monumento sepolcrale del tardo medioevo a Roma e in Italia" (Rom, 4. - 6. Juli 1985). Veranstaltet vom Historischen Institut beim Österreichischen Kulturinstitut in Rom und vom Istituto della Enciclopedia Italiana, hgg. von Jörg GARMS/Angiola Maria ROMANINI (1990) S. 322.
[20] Enzo CARLI, Gli scultori senesi (1980) S. 19.
[21] John WHITE, Art and Architecture in Italy: 1250-1400, (The Pelican History of Art, hg. von Nikolaus PEVSNER) (1966) S. 288.
[22] Hierzu vor allem COHN-GOERKE, Scultori Senesi (wie Anm. 14) S. 261 ff.; Pietro TOESCA, Il Trecento (Storia dell'arte italiana, II, 1964) S. 296 ff.; CARLI, Gli scultori senesi (wie Anm. 16) S. 19 f., Gert KREYTENBERG, Agnolo die Ventura und zwei Grabmäler der Bardi in Florenz, Städel-Jahrbuch 15 (1995) S. 55 ff.

von oben stellt ein Ereignis des Jahres 1323 dar: die Einnahme von Fronzola (Abb. 6). Das Grabmal bildet ein dicht verspanntes Rahmensystem aus, das die Historien einfaßt und als Einzelbilder separiert, das seine Ordnungsmacht aber auch an die Einzelbilder weiterreicht. Das Relief der Belagerung von Fronzola bestätigt, wie viel Giottos neuem Bildbegriff verdankt ist[23]. Das Reliefbild ist ein in sich geschlossenes System. Das von Rahmen und Bildformat vorgegebene Ordnungsgerüst strukturiert auch die Figurenkomposition, die die Vertikalen und Horizontalen dieses Gerüsts entweder wiederholt oder sich dazu in Spannung setzt. Die sich nach rechts beugende Ritterfigur in der Bildmitte verklammert und dynamisiert die von links her Reitenden mit den am rechten Bildrand Kämpfenden. Daß hinter dieser bewegtesten Figur im Reliefbild sich leerer Reliefgrund besonders großzügig ausbreiten darf, ist nicht zufällig. Wie bei Giotto ist diese Fläche nicht leerer Grund, sondern Handlungsraum[24].

Fast zweieinhalb Jahrhunderte nach der Fertigstellung des Tarlati-Grabmals widmete Giorgio Vasari in seinen Künstlerviten dem Grabmal eine sehr ausführliche Beschreibung[25]; den Entwurf hielt er für das Werk Giottos. Letzteres ist sicher falsch, und ersteres erklärte man mit dem sehr ausgeprägten Lokalpatriotismus des Aretiners Vasari[26]. Trotzdem ergibt sowohl die ausführliche Würdigung des Tarlati-Grabmals als auch

---

[23] Vgl. Wilhelm R. VALENTINER, Observations on Sienese and Pisan Trecento Sculpture, The Art Bulletin IX, Nr. 3 (1927) S. 188. Die Giotto-Rezeption im Medium des Reliefs setzt, wie Antje Middeldorf gezeigt hat, in der Sieneser Skulptur bereits im ausgehenden 13. Jh. ein: Antje MIDDELDORF KOSEGARTEN, Beiträge zur sienesischen Reliefkunst des Trecento, Mitteilungen des kunsthistorischen Institutes in Florenz XII (1966) S. 211-214 und S. 221.
[24] Eine genauere Betrachtung aller Reliefs würde freilich gerade in Hinblick auf die Konstituierung von Handlungsraum erhebliche Unterschiede im Grad der Giotto-Rezeption feststellen. Siehe hierzu Roberto BARTALINI, Spazio scolpito. La novità del rilievo "pittorico" di Giovanni d'Agostino, Prospettiva. Rivista di storia dell'arte antica e moderna 45 (1986) S. 22 f.
[25] Giorgio VASARI, Leben der ausgezeichnetsten Maler, Bildhauer und Baumeister von Cimabue bis zum Jahre 1567, Bd. 1, dt. von Ludwig SCHORN/Ernst FÖRSTER (ND hg. von Julian KLIEMANN) (1983) S. 177-182.
[26] Paul BAROLSKY, Warum lächelt Mona Lisa? Vasaris Erfindungen (1995) S. 116.

die falsche Zurückführung auf einen Entwurf Giottos Sinn. Die Reliefs, „auf denen man mit einer unendlichen Menge kleiner Figuren Begebenheiten aus dem Leben und den Thaten des Bischofs dargestellt sieht, und deren Inhalt mitzutheilen mir nicht zu viel Mühe seyn soll, damit man sehe, mit welchem Fleiße jene Künstler arbeiteten, und wie sie durch Studium die gute Methode zu finden suchten", waren für Vasari eine entscheidende Voraussetzungen für die Bildgattung, die mit der Renaissance die Führungsrolle innerhalb der Gattungen der Bildkünste beanspruchte und diese Führungsrolle bis ins 19. Jh. hinein nicht mehr abgeben sollte: das Historienbild. Mit den Reliefs des Tarlati-Grabmals kommt ins italienische Grabmal eine neue Form der Geschichtsdarstellung und damit eine neue Form des retrospektiven Herrscherlobs. Dies sah Vasari sehr genau, und wenn seine Zuschreibung des Grabmalsentwurfs an Giotto auch historisch fehl geht, so zeugt doch auch sie von einem weitreichenden kunsthistorischen Verständnis für die Bedingungen der Möglichkeit der im Aretiner Grabmal erzählten Geschichten, für die neue Weise der bildlichen Geschichtsdarstellung überhaupt.

DIE UMPRÄGUNG VON GESCHICHTSBILDERN IN DER HISTORIOGRAPHIE DES EUROPÄISCHEN HUMANISMUS

von

JOHANNES HELMRATH

Konrad Celtis, den man im 19. Jahrhundert den deutschen „Erzhumanisten" nannte, Celtis, der Vielgereiste, Lebensheftige, publizierte 1502 Landesbeschreibungen – in Form von Liebesgedichten, *Quattuor libri amorum secundum quatuor latera Germaniae*[1] „nach den vier Enden Deutschlands", auf dem Titelblatt als Eckpunkte die Städte Krakau, Mainz, Regensburg und Lübeck; es sind Gedichte auf Frauen, die er zielstrebig in jeder Himmelsrichtung kennengelernt haben will, wie die feine Hasilina im unwirtlichen, dem Skythien Vergils nachgedichteten Osten (*Sarmatia*), Frauen, die fast zu Allegorien ihrer Landschaft werden, eine *Germania illustrata* des Weiblichen.

Celtis stehe hier für beide Phänomene, um die es im Folgenden geht: die Bildung nationaler Identitäten und die dabei wirksamen Prägungen und Umprägungen durch den europäischen Humanismus. Die Sektorie-

---

[1] Spätmittelalter, Humanismus, Reformation, hg. von Ludwig HEGER (Die deutsche Literatur. Texte und Zeugnisse 2/2, 1978) S. 22-28, 872f.; vgl. Stefan ZABLOCKI, Beschreibung des Ostens in den Elegien von Conrad Celtis, in: Landesbeschreibungen Mitteleuropas vom 15. bis 17. Jahrhundert., hg. von Hans-Bernd HARDER (Schriftenreihe. des Komitees der Bundesrepublik Deutschland zur Förderung der Slawischen Studien 5, 1983) S. 141-164; Harold J. SEGEL, The Humanist a-Touring: Celtis among the Sarmatians, in: Renaissance Culture in Poland, the Rise of Humanism, 1470-1543, hg. von DEMS. (1989) S. 83-106; grundlegend zu Celtis' *Germania*-Projekten MUHLACK, Geschichtswissenschaft (wie Anm. 11) S. 199-215 und jetzt Gernot Michael MÜLLER, Die ‚Germania generalis' des Konrad Celtis. Studien mit Edition, Übersetzung und Kommentar (Frühe Neuzeit 67, 2001) besonders S. 41-44 und 187-204 (forschungsgeschichtliche Verortung) 531 s.v. passim. – Nach Abschluß des Manuskripts erschien, mit wichtigen Erkenntnissen zum Thema: Markus VÖLKEL, Rhetoren und Pioniere. Italienische Humanisten als Geschichtsschreiber der europäischen Nationen. Eine Skizze, in: Historische Anstöße. Festschrift für Wolfgang Reinhard zum 65. Geburtstag, hg. von Peter BURSCHEL (2002) S. 339-362.

rung von räumlichen Einheiten, die Generierung von national wie
regional umrissenen Identifikationsrahmen nimmt in der Historiographie
– wohl analog zum fortschreitenden Territorialisierungsprozeß – gegen
Ende des 15. Jahrhundert zu. Dies schlug sich in einer wachsenden Anzahl neuartiger Spezialgeschichten, als Nations- und Landesgeschichten,
nieder: Jacob Wimpfeling verfaßte 1505 mit seiner *Epitome rerum Germanicarum* die erste „deutsche Geschichte", der Ulmer Dominikaner
Felix Fabri um 1500 eine *Historia Svevorum* – eine Geschichte der Schwaben[2], der Hamburger Domherr Albert Kranz 1505/09 eine *Saxonia* – im
Rahmen einer geplanten *Germania magna*[3]. Die Forschung wendet sich
derartigen Texten verstärkt zu. Sie fragt nach den *causae scribendi*, nach
Identitätsbildungsprozessen, den Kristallisationsmechanismen von prätendierten, gewünschten oder tatsächlich empfundenen Gemeinsamkeiten in Richtung auf einen regionalen bzw. gentilen Patriotismus, nach
der Rolle der Ursprungs-Mythen und deren Legitimierungsfunktionen,
nach Zusammenhängen von Reichs- und Landesdiskurs, nach der Rolle
der Dynasten auf der einen, der Gelehrten auf der anderen Seite in diesen
Diskursen[4].

---

[2] Zum Thema regionale Identität und Landesdiskurs am Beispiel Schwabens siehe die Arbeiten von Klaus GRAF, Das ‚Land' Schwaben im späten Mittelalter, in: Regionale Identität und soziale Gruppe im deutschen Mittelalter, hg. von Peter MORAW (ZHF Beiheft 14, 1992) S. 127-164; DERS., Geschichtsschreibung und Landesdiskurs im Umkreis Graf Eberhards im Bart von Württemberg 1459-1496, in: BDLG 129 (1993) S. 165-193; DERS., Die ‚Schwäbische Nation' in der frühen Neuzeit, in: Zs. für Württembergische Landesgeschichte 68 (2000) S. 57-69; ebenso Dieter MERTENS, ‚Bebelius... patriam Sueviam ... restituit'. Der poeta laureatus zwischen Reich und Territorium, in: Zs. für Württembergische Landesgeschichte 42 (1983) S. 145-173. Künftig auch, mit weiterer Literatur, Johannes HELMRATH, Regionale und nationale Identität in der Geschichtsschreibung des Humanismus (Reichenau-Tagung „Spätmittelalterliches Landesbewusstsein in Deutschland", hg. von Matthias WERNER) (im Druck).
[3] Ulrich ANDERMANN/Albert KRANZ, Wissenschaft und Historiographie um 1500 (1999).
[4] Hier, neben den in Anm. 1-3 genannten Titeln, nur einige wichtige Sammelwerke: HARDER, Landesbeschreibungen Mitteleuropas (wie Anm. 1); Identité régionale et conscience nationale en France et en Allemagne du moyen-âge à l'époque moderne, hgg. von Rainer BABEL/Jean-Marie MOEGLIN (Beihefte der Francia 39, 1997); Deutsche Landesgeschichtsschreibung im Zeitalter des Humanismus, hgg. von Franz BRENDLE/Dieter MERTENS/Anton SCHINDLING/Walter ZIEGLER (Contubernium 56, 2001); Diffusion des Humanismus. Studien zur nationalen Geschichtsschreibung europäischer Humanisten,

Unstrittig und hinreichend bekannt ist die bedeutende Rolle der Humanisten bei der Identitätsgenerierung. „Die Nationendiskurse in Deutschland, Italien etc." - so jüngst Münkler und Grünberger - „sind durch genuin humanistische Problem- und Fragestellungen angestoßen und intensiviert worden"[5]. Karl Ferdinand Werner hatte in diesem Zusammenhang vom „Humanismusschub eines germanisch-deutschen Nationalgefühls, der ersten Deutschtümelei unserer Geschichte" gesprochen[6]. Eric Hobsbawms bekannte Prägung der „invention of tradition" im Sinne von „nationbuilding" wäre auch im Zusammenhang mit humanistischer Historiographie leicht zu akzeptieren[7]. Ungefähr in diesem Sinne hatte ein Zeitgenosse, Nikolaus Basellius, 1515 über den schwäbischen Humanisten Heinrich Bebel gesagt: *patriam Sueviam quasi thesea fide laudibus avitis ingenii beneficio restituit*[8].

Skepsis stellt sich jedoch zunehmend darüber ein, ob es sinnvoll ist, eine genuin „humanistische" Landesgeschichtsschreibung sauber von einer - dann vor- oder nichthumanistisch zu nennenden - Geschichts-

---

hgg. von Johannes HELMRATH/Ulrich MUHLACK (2002). - Zum nationalen Diskurs: Nationale und kulturelle Identität. Studien zur Entwicklung des kollektiven Bewußtseins in der Neuzeit 1, hg. von Bernhard GIESEN (stw 940, ³1996); Nationales Bewußtsein und kollektive Identität. Studien zur Entwicklung des kollektiven Bewußtseins in der Neuzeit 2, hg. von Helmut BERDING (stw 1154, 1994); Mythos und Nation. Studien zur Entwicklung des kollektiven Bewußtseins in der Neuzeit 3, hg. von DEMS. (stw 1246, 1996).
[5] Herfried MÜNKLER/Hans GRÜNBERGER/Kathrin MAYER, Nationenbildung. Die Nationalisierung Europas im Diskurs humanistischer Intellektueller. Italien und Deutschland. (Politische Ideen 8, 1998) S. 25.
[6] Karl Ferdinand WERNER, Volk, Nation III-V: Mittelalter, in: Geschichtliche Grundbegriffe 7 (1992) S. 171-280, ebd. 235.
[7] Bernard GUENÉE, L'occident aux XIVe et XVe siècles. Les États (Nouvelle Clio 22, ⁴1991) S. 123-132, ebd. 123: „c'est sont les historiens, qui créent les nations". Ebenso der damaligen Forschung voraus, mit vielen Beispielen: František GRAUS, Lebendige Vergangenheit. Überlieferung im Mittelalter und in den Vorstellungen vom Mittelalter (1975); DERS., Funktionen der spätmitelalterlichen Geschichtsschreibung, in: Geschichtsschreibung und Geschichtsbewußtsein im späten Mittelalter, hg. von Hans PATZE (VuF 31, 1987), S. 11-55, ebd. 44-47. - Frühe Sensibilität in unvergleichlich breiter Doxographie: Arno BORST, Der Turmbau zu Babel. Geschichte der Meinungen über Ursprung und Vielfalt der Sprachen und Völker, 4 Bde. (1957-1962) [ND als Taschenbuchausgabe 1995] bes. Bd. 3,1 S. 955-1156.
[8] MERTENS, Bebelius (wie Anm. 2) S. 149, 170f.

schreibung abgrenzen zu wollen⁹. Die Übergänge in den zeitgenössischen Texten sind hier fließend; zumal es im „Mittelalter" bereits eine Historiographie mit gentilem bzw. protonationalem Horizont gab¹⁰. Andererseits wird man daran festhalten, daß es eigene humanistische Akzente und Innovationen in der Geschichtsschreibung gab.

Der Begriff der „Umprägung" bietet hier nicht nur metaphorische Möglichkeiten. Münzen zum Beispiel wurden umgeprägt als *damnatio memoriae* des alten Münzherrn, als Zeichen einer Veränderung des Münzwerts (durch Beischläge) oder bei gänzlicher Ersetzung des alten Geldes. Es geht hier um das Verhältnis der Humanisten zu den Geschichtsbildern der Vergangenheit. Als „Umprägung" können dann sowohl partielle Neuakzentuierungen wie auch grundsätzlichere Perspektivänderungen gelten, die man als „Paradigmenwechsel" zu bezeichnen sich angewöhnt hat.

Die Geschichte gehört bekanntlich – neben Poetik und Moralphilosophie – zu den neuen Disziplinen im Kanon der fünf *Humaniora*. Der folgende Versuch, einige Merkmale humanistischer Geschichtsschreibung seit Petrarca zu skizzieren, greift vornehmlich Gedanken von Ulrich Muhlack auf¹¹. Muhlack sieht in Humanismus und Aufklärung die beiden aufeinander aufbauenden Vorstufen des Historismus, mithin der

---

⁹ Notker HAMMERSTEIN, Universitäten und Landeschronistik im Zeichen des Humanismus, in: BRENDLE/MERTENS/SCHINDLING/WIEGLER, Deutsche Landesgeschichtsschreibung (wie Anm. 4) S. 33-47; Dieter MERTENS, Landeschronistik im Zeitalter des Humanismus und ihre spätmittelalterlichen Wurzeln, in: ebd. S. 19-31.
¹⁰ Norbert KERSKEN, Geschichtsschreibung im Europa der "nationes". Nationalgeschichtliche Gesamtdarstellungen im Mittelalter (Münstersche Historische Forschungen 8, 1995). – Materialüberblick für: Spanien, Normandie (nicht Frankreich), England, Schottland, Norwegen, Dänemark, Polen, Böhmen und Ungarn.
¹¹ Immer noch unentbehrlich: Paul JOACHIMSEN, Geschichtsauffassung und Geschichtsschreibung in Deutschland unter dem Einfluß des Humanismus (Beiträge zur Kultur des Mittelalters und der Renaissance 6, 1910); Eric COCHRANE, Historians and Historiography in the Italian Renaissance (1981); Donald R. KELLEY, Humanism and History, in: Renaissance Humanism 3, hg. von Albert RABIL JR. (1988) S. 236-270; Ulrich MUHLACK, Geschichtswissenschaft im Humanismus und in der Aufklärung. Die Vorgeschichte des Historismus (1991); prägnant DERS., Die humanistische Historiographie, in: BRENDLE/MERTENS/SCHINDLING/WIEGLER, Deutsche Landesgeschichtsschreibung (wie Anm. 4) S. 3-18; La storiografia umanistica. Convegno internazionale di studi Messina 22-25 Ottobre 1987, 2 Bde., hg. von Anita DI STEFANO (1992).

modernen Geschichtswissenschaft. Die Vorstellung eines Fortschritts ist dabei unverkennbar. Es stellt sich im Hinblick auf das Rahmenthema „Fakten und Fiktionen" die Frage, ob es in der (Geschichts-)Wissenschaft einen Fortschritt überhaupt gibt und wie er aussieht[12].

Zur humanistischen Geschichtsschreibung:

1. Geschichte wird aus dem Kontext der gottgeleiteten Heilsgeschichte gelöst, wird säkular und als von Menschen g e m a c h t verstanden; sie ist daher wie Petrarcas Caesar aus den Motiven der Handelnden zu erklären[13]:

2. Historie entdeckt die Darstellung als produktive schriftstellerische Aufgabe. Sie konkretisiert sich wesentlich als sprachlich-rhetorisches Kunstwerk, folgt dabei in der Regel stilistischen Vorbildern der antiken Leitkultur. Schon in diesem engeren Sinne war die Geschichtsschreibung des Humanismus „Konstrukt". Dabei wurde das Erkenntnisproblem zunächst konsequent literarisiert und erst allmählich theoretisch durchleuchtet[14].

3. Humanistische Historie hat eine Tendenz zum „nationalen" Gegenstand. Hier war sie auch gattungsmäßig innovativ: etwa in der Kombination aus lokaler Geschichte, Geo- und Ethno-, ja Hydrographie. Man denke an Flavio Biondo, der die Gewässer Italiens als Orientierungsadern

---

[12] Ich wage zu behaupten, daß unserer Wissenschaft ein energischer Schritt in die weitgehend ignorierte Wissenschaftsphilosophie hinein mindestens ebenso gut täte wie der aktuell geforderte in die Hirnforschung. Siehe etwa Ulrich CHARPA, Philologischer Fortschritt, Zs. für allgemeine Wissenschaftstheorie 17 (1986) S. 229-255; DERS., Philosophische Wissenschaftshistorie. Grundsatzfragen, Verlaufsmodelle (Wissenschaftstheorie. Wissenschaft und Philosophie 42, 1995); DERS., Wissen und Handeln. Grundzüge einer Forschungstheorie (2001) (Literatur).

[13] *Consilia, causae, dictae, factae, casus et exitus*, wie Polydore Vergil, Anglica Historia (wie Anm. 81) S. 49 sagt.

[14] Eckhard KESSLER, Die Ausbildung der Theorie der Geschichtsschreibung im Humanismus und in der Renaissance unter dem Einfluß der wiederentdeckten Antike, in: Die Antike-Rezeption in den Wissenschaften während der Renaissance, hgg. von August BUCK/Klaus HEITMANN (Kommission für Humanismusforschung, Mitteilung 10, 1983) S. 29-49.

seiner „Italia illustrata" benutzt[15], oder an die Geschichtswerke des Enea Silvio Piccolomini.

4. Die Historie sieht sich zwar dem Wahrheitspostulat verpflichtet, sie bleibt aber auch „Legitimationswissenschaft". Sie hat eine didaktisch-praktische Funktion, sie liefert *exempla*, ist *magistra vitae* (Cic. de or. II 3,6 und de leg. I 3,8); dies wäre freilich an sich kein Unterschied zur „mittelalterlichen" Historiographie gewesen, nur Art und Ziel der Didaxe verschoben sich[16].

5. Nicht zu vergessen ist ferner der – schon bei Biondo erwähnte – Schub antiquarischen Interesses, der nach und nach in fast allen europäischen Ländern die Historiographie flankierte und schließlich ihre Basis hilfswissenschaftlich verbreiterte. Zu denken ist an das Sammeln und Edieren von Inschriften und Münzen[17], das Erfassen von Gräbern und Baudenkmälern, die, wie die antiken Texte, zu Rekonstruktion und Imitation anregten. Zugleich ist das rasch wachsende technische Wissen zu betonen, etwa in der Kartographie[18], das mit dem wachsenden Weltgewinn („Entdeckungen") korrespondierte.

6. Die Humanisten verbreiteten nicht nur die Quellenbasis fast sämtlicher Wissenschaften durch ihre „scoperte" bisher vergessener antiker

---

[15] Ottavio CLAVUOT, Biondos "Italia Illustrata" – Summa oder Neuschöpfung? Über die Arbeitsmethoden eines Humanisten (Bibliothek des Deutschen Historischen Instituts in Rom 69, 1990); DERS., Flavio Biondos ‚Italia illustrata'. Portrait und historisch-geographische Legitimation der humanistischen Elite Italiens, in: HELMRATH/MUHLACK, Diffusion des Humanismus (wie Anm. 4) S. 55-76.

[16] GRAUS, Funktionen (wie Anm. 7) S. 26.

[17] Franz Josef WORSTBROCK, Hartmann Schedels 'Liber antiquitatum cum epitaphiis et epigrammatibus'. Zur Begründung und Erschließung des historischen Gedächtnisses im deutschen Humanismus, in: Erkennen und Erinnern in Kunst und Literatur, in Verbindung mit Wolfgang FRÜHWALD hgg. von Dietmar PEIL/Michael SCHILLING/Peter STROHSCHNEIDER (1998), S. 215-243; Martin OTT, Römische Inschriften und die humanistische Erschließung der antiken Landschaft: Bayern und Schwaben, in: BRENDLE/MERTENS/SCHINDLING/WIEGLER, Deutsche Landesgeschichtsschreibung (wie Anm. 4) S. 213-226. – Henning WREDE, Die Entstehung der Archäologie und das Einsetzen der neuzeitlichen Geschichtsbetrachtung, in: Geschichtsdiskurs 2: Anfänge modernen historischen Denkens, hgg. von Wolfgang KÜTTLER/Jörn RÜSEN/Ernst SCHULIN (Fischer Wissenschaft 11476, 1994), S. 95-119.

[18] Franz MACHILEK, Kartographie, Welt- und Landesbeschreibung in Nürnberg um 1500, in: HARDER, Landesbeschreibungen (wie Anm. 4) S. 1-12.

Texte; sie entwickelten bekanntlich nach und nach die philologischen Instrumentarien für deren (Text-)Kritik. Dabei wuchs die Sensibilität für Text-Anachronismen, d.h. man begann, "die" Quellen selbst historisch, bzw. sprachhistorisch, zu relativieren. Die *humanistae* gewannen Einsicht in geschichtliche Wandlungsprozesse aber auch aus dem Grundgefühl der eigenen Distanz zur unmittelbaren Vergangenheit, dem sich damit überhaupt erst epochal konstituierenden "Mittelalter", aber auch zur Antike, der Leitkultur, selbst. Es handelte sich sozusagen um eine "sentimentalische" Aneignung der Antike, die bei aller Verehrung um die unaufhebbare Differenz weiß.

Führt man sich die sechs genannten Punkte noch einmal vor Augen, so waren Humanisten als Historiker tendenziell quellenkritisch und mythenskeptisch, d.h. dekonstruktivistisch, auf dem Wege zur Verwissenschaftlichung der Historie. Andererseits machte sie der rhetorische und literarische Anspruch der Geschichtsschreibung, das erzieherische und legitimatorische Engagement des Humanismus komplementär zu Mythenbildnern und Konstrukteuren von Geschichte; kein Paradox, sondern die beiden Seiten der gleichen Medaille, die Ambivalenz, die nicht nur die Historie der Humanisten, sondern jegliche Historie konstituiert[19].

In den Handbüchern kam die humanistische Historiographie freilich lange Zeit nicht gut weg. Wissenschaftlichkeit im Sinne des Historismus (als methodisch eruierte, rational nachprüfbare Objektivität) war der Maßstab, und nach ihm wurde hemmungslos abgeurteilt, was als "bloße" Rhetorik und Restwuchern von Legenden erschien, die man doch säuberlich bis auf den harten Faktenkern hätte ausbrennen müssen. Nicht Paul Joachimsen – ihm ist das nach wie vor wichtigste Ausgangswerk für den deutschen Humanismus zu verdanken –, aber Eduard Fueters leider

---

[19] TILMANS, Historiography (wie Anm. 37) S. 209: "It would be entirely false to say that in the early sixteenth century humanist critical historiography suddenly triumphed over myth, popular fables and whimsical etymology. The major difference was, that Aurelius and his contemporaries had in their possession manuscripts and printed volumes of classical historians such as Caesar, Pliny and Tacitus, whom they considered absolute authorities." Zum Problemfeld "Mythen" statt abundanter Angaben: Mythenmächte - Mythen als Argument, hgg. von Annette VÖLKER-RASOR/Wolfgang SCHMALE (Innovationen 5, 1998).

noch nicht ersetzte „Geschichte der neueren Historiographie" ist von diesem Hang zum Notengeben für ein Mehr oder Weniger an „Objektivität" erfüllt, und selbst das weiträumig Autoren und Texte bis in das 17. Jahrhundert erschließende Basiswerk von Eric Cochrane ist davon nicht frei.[20]

Wendet man sich nun den Texten zu, bemerkt man bald: Die *origo gentis* als „Urform des Weltverstehens"[21], als „Faszination der Anfänge", als Reputationsgrund der eigenen, dynastischen oder gentilen Herkunft bleibt auch bei den Humanisten, oft trotz harscher Kritik an den Vorgängern, in veränderter Weise wichtig, ja eine wesentliche Funktion ihrer historiographischen Bemühung[22].

Der Drang, inveterierte Geschichtsbilder umzuprägen, äußert sich am nacktesten und doch kunstvoll verschleiert in der Fälschung. Die Fälschung ist Fiktion, die Faktum sein möchte, Konstrukt, das Konstruktionen erleichtert und legitimiert. Die Renaissance bietet dafür ein atemberaubendes Beispiel, dem in der vorliegenden Thematik wichtiger Raum gebührt: Annius von Viterbo.

Der Dominikaner Johannes A n n i u s (N a n n i) v o n V i t e r b o (* ca. 1437 Genua, † 1502 Rom), 1493 *magister palatii* Alexanders VI., verband profundes philologisch-archäologisches Interesse mit Zügen einer veritablen Manie des Traditionssuchens. Nanni fand und erfand neue Quellen, er verfertigte etruskische Inschriften, grub sie in Gegenwart des Papstes dann aus; vor allem aber trat er mit 17 bisher unbekannten Geschichtstexten an die Öffentlichkeit, die ihm angeblich zwei Dominikaner aus Armenien überbracht hatten. Zu den Autoren zählen der Chaldäer Berossos/Berosus (4. Jh. v. Chr.), dessen Existenz und Werktitel durchaus aus Josephus bekannt waren, der Ägypter Manetho, der Perser Metasthenes, aber auch römische Frühhistoriker wie Cato

---

[20] Eduard FUETER, Geschichte der neueren Historiographie (Handbuch der mittelalterlichen und neueren Gesch. Abt. I, ³1935) [ND mit einem Nachwort von Hans Conrad Peyer, (1985)] S. 1-306; COCHRANE, Historians (wie Anm. 11). Gute Noten erhalten hier allenfalls die Bruni, Biondo, Guicciardini und Beatus Rhenanus.

[21] Arnold ANGENENDT, Der eine Adam und die vielen Stammväter. Idee und Wirklichkeit der 'origo gentis' im Mittelalter, in: Herkunft und Ursprung. Historische und mythische Formen der Legitimation, hg. von Peter WUNDERLI (1994) S. 27-52.

[22] GRAUS, Funktionen (wie Anm. 7) S. 43; siehe auch die in Anm. 7 genannte Literatur.

und Fabius Pictor sowie Xenophon etc., zusammen publiziert und ausführlich glossiert in den *Commentaria ... super opera diversorum auctorum de Antiquitatibus loquentium* von 1498[23]. Ein dickes Pfund neuen Wachses in der Hand der Historiker.

Das Werk – ohne literarischen Anspruch verfaßt, sondern sakral simplistisch gehalten – enthält vor allem lakonische Regentenfolgen (z. B. 18 Könige der Assyrer) – mit bis dato unbekannten Namen. Und zwar aus buchstäblich vorsintflutlicher Zeit! Der Anfang des Berosus: *Ante aquarum cladem famosam, qua universus periit orbis, multa praeterierunt saecula: quae a nostris Caldaeis fideliter fuerunt servata*[24]. Konsequent wird ein Netz von Identifikationen biblischer Patriarchen und antiker Götter gespannt: Noah = Janus ist die Schlüsselfigur, sie verschafft Altitalien die Priorität vor allen, besonders auch vor Asien und Griechenland. Einer der adoptierten Söhne Noahs ist kein anderer als Tuyscon, der Gott und Urvater der Germanen bei Tacitus! Hercules ist hier der Gründerkönig von Iberien, ein gewisser Driyius der Vater der anglo-keltischen Druiden. Chaldäer, Ägypter und Perser – hier dringt auch etwas vom neuen Exotismus der Ficino und Pico durch (vgl. Hellenismus und Spätantike, Hermes Trismegistos) – sind älter und glaubhafter als die *Graecia mendax,* die lügnerischen griechischen Klassiker! Obwohl es reizt, sei hier keine Fälscherpsychologie betrieben, nur auf brilliante Arbeiten von Anthony Grafton verwiesen: „Fälscher und Kritiker" – und auf die Krite-

---

[23] Rom (Eucharius Sieber) 1498. Wichtige Passagen (Berosus, Manetho) des seltenen Frühdrucks jetzt mit englischer Übersetzung bei: Ron E. ASHER, National Myths in Renaissance France. Francus, Samothes and the Druids (1993) S. 191-233. Annio da Viterbo. Documenti e ricerche, hg. von Giovanni BAFFIONI (1981); BORST, Turmbau (wie Anm. 7) 3,1 S. 975-977, 4, S. 2151 s.v. passim; Anthony GRAFTON, Defenders of the Text. The Traditions of Scholarship in an Age of Science, 1450-1899 (1991) S. 76-103; DERS., Fälscher und Kritiker: der Betrug in der Wissenschaft (Kleine kulturwissenschaftliche Bibliothek 32, 1991) S. 30f., 42f., 102-117 zu Rezeption und Kritik; Walter STEPHEN, Giants in those days (1989) bes. S. 101ff.; Roberto BIZZOCCHI, Genealogie incredibili. Scritti di storia nell'Europa moderna (Annali dell'Istituto storico italo-germanico 22, 1995) S. 26-49. Zur Rezeption in Frankreich: ASHER, National Myths, S. 44-87; in Deutschland: MÜNKLER/ GRÜNBERGER/MAYER, Nationenbildung (wie Anm. 5) S. 242-262; MÜLLER, ‚Germania generalis' (wie Anm. 1) S. 344-348, 516 s.v.

[24] (Annius von Viterbo, Commentaria ... super opera diversorum auctorum de Antiquitatibus loquentium [Berosus]), ed. Ron E. ASHER, National myths (wie Anm. 23) S. 194.

rien von Hans-Werner Goetz in diesem Band: „Fiktion, wenn sie der ureigensten Überzeugung des Autors entspringt, also nicht wider besseres Wissen geschieht, ist Wahrheit"[25]. Fragt man nach den Motiven, ergeben sich folgende Aspekte: 1: Aufwertung seiner Heimatstadt Viterbo, dank Noah die älteste Stadt der Welt und Zentrum der ehrwürdigen Etrusker. 2: Karriere an der Kurie – vielleicht sogar Auftrag des Borgiapapsts Alexanders VI., dessen Familie sich nun auf Osiris zurückführen ließ [von dessen finsterem Sohn Cesare Nanni möglicherweise vergiftet wurde]. 3. Hauptmotiv: als besorgter Theologe die *nuda veritas*, die schmerzliche Kargheit des Überlieferungszufalls, emphatisch zu korrigieren, sein Ziel, die Lücke zwischen Altem Testament und seinen Völkerkatalogen (Frühmigration der Noahsöhne) und der bekannten antiken Migrationsgeschichte (Trojanersage etc.) zu schließen. Alles soll dann zusammenstimmen zu einem lückenlosen, aber eben durch Quellen belegbaren (!), synoptischen Stammbaum- und Vernetzungssystem (Synopsen nach Art Martins v. Troppau: assyrische, ägyptische Herrscher mit gleichzeitigen Regenten in Italien, Gallien und Spanien). Dies konnte nur ein humanistisch-antiquarisch Gebildeter, der Entdecker und Poietés zugleich war und der vor allem wußte, was seine gelehrten Kollegen an Standard erwarteten und was ihnen zuzumuten war. Man mußte sehr viel von der Antike verstehen, um so zu fälschen. Ein klassischer Kunstgriff bestand darin, durch Mixtur mit echten Belegen antiker Autoritäten – *tam Beroso quam ... Tacito testibus* – ein seriöses, ja quellenkritisch-methodisches Klima zu erzeugen. Dies führte zu einem Paradox: Das wohl profundeste humanistische Credo zur sonst nur karg thematisierten historischen Methode findet sich 1510 bei dem darum in der Forschung gepriesenen deutschen Chronisten Nauclerus. Es ist fast wörtlich aus Nanni übernommen! „Man muß aus den authentischen Quellen, in Archiven schöpfen, in Archiven freilich, die Priester – sc. wie Metasthenes! – geführt haben". Quellen, so eine weitere vertraut klingende Maxime, sind nach der Nähe zum Gegenstand zu werten[26]. Hier wird

---

[25] Vgl. Hans-Werner GOETZ, „Konstruktion der Vergangenheit". Geschichtsbewußtsein und „Fiktionalität" in der hochmittelalterlichen Chronistik, dargestellt am Beispiel der Annales Palidenses, in diesem Band, S. 225-257, hier: S. 232.
[26] Werner GOEZ, Die Anfänge der historischen Methoden – Reflexion in der italienischen

nicht nur eine Anleitung zum Verständnis der eigenen Texte bzw. Pseudepigrapha gegeben, sondern sozusagen der Historismus selbst sakral sanktioniert!

Frappant, aber nicht überraschend war der atemberaubende Erfolg. Die *Antiquitates* (sie erlebten 36 Auflagen bis 1612) wurden „eine der erfolgreichsten und folgenschwersten Fälschungen der Weltliteratur"[27]. Wollte man wissend getäuscht werden? War die *moria* des Antiplatonikers Erasmus da im Spiel, die keinen Unterschied zwischen Realität und dem Reich der Schatten mit zufriedenen Getäuschten mehr kennt? Der Bedarf war offensichtlich groß; man wollte Berosus als Reservoir für Autochthonien aller Art. Kritiker gab es – ohne größere Wirkung – nur wenige, wie den Venezianer Marcus Antonius Sabellicus und den Deutschen Beatus Rhenanus 1531[28]. Um so rasanter findet man die Texte europaweit rezipiert, in Deutschland bei Heinrich Bebel schon 1500, ebenso bei Johannes Nauclerus, Johannes Aventinus, Franciscus Irenicus etc., in Frankreich bei Jean Lemaire de Belges etc. 1512, bei Antonio de Nebrija und Lucius Marinaeus Siculus in Spanien; in Schweden wurde er noch 1727 affirmativ benutzt. Für Spaniens Frühgeschichte hatte Annius allein 24 Könige generiert – Spanien, die Heimat seines Papstes Alexander VI. Borgia. Der *Berosus* gliederte sich blitzschnell und langwierig wie eine mutierte Gensequenz in die DNS der europäischen Geschichtsschreibung ein. Man kann keinen Autor nach 1498 mehr ohne einen Nannitest benutzen! Dessen Bedeutung darf allein wegen dieser Rezeption als „umprägend" bezeichnet werden.

Das Problem, das sich hinter dem Phänomen Nanni verbirgt, hat Grafton treffend dialektisch formuliert: „Forgery and philology fell and rose together... The recovery of the classical tradition in the Renaissance was as much an act of imagination as of criticism, as much an ‚invention'

Renaissance und ihre Aufnahme in der Geschichtsschreibung des deutschen Humanismus, AKG 56 (1974) S. 25-48, ebd. 36.

[27] BORST, Turmbau (wie Anm. 7) 3,1 S. 975.

[28] Franz STAAB, Quellenkritik im deutschen Humanismus am Beispiel des Beatus Rhenanus und Wilhelm Eisengrein, in: Historiographie am Oberrhein im späten Mittelalter und in der frühen Neuzeit, hg. von Kurt ANDERMANN (Oberrheinische Studien 7, 1988), S. 155-164, bes. 157-160.

as a rediscovery"[29]. Dies gilt umgekehrt auch für die Entlarvung Nannis, an der vor allem französische Historiker des späteren 16. Jh., aber auch ein geradezu amüsierter Justus Scaliger, wiederum ihre textkritischen Methoden schärften. Der subtile Scaliger kam über Nanni (und alle vergleichbaren Konstrukte) zu der Einsicht, wie sie auch Werner Goez formulierte: gefälscht zwar, aber doch wahr[30].

Der Exkurs über Nanni leitet zielgerichtet zu dem zentralen Gegenstand über, der sich in der Historiographie des Humanismus als umprägungsrelevant erweist: Autochthonie und Indigenat. Die Kontinuitätsprämisse zwischen antiken Autoren und Verhältnissen der Gegenwart wurde kaum angezweifelt[31]. Der „taciteische Paradigmenwechsel" (Mertens), den es neben und zum Teil vernetzt zum „berosischen" auch noch gab, brachte eine Ablösung bzw. eine Entwertung der verbreiteten Migrationstheorien[32]. Diese waren vor allem in den zahllosen dynastischen und regionalen Spielarten der elitistischen, aber doch die „Überzeugung von der Gleichursprünglichkeit der Menschen" (Kugler) bewahrenden Trojanersage aufgehoben[33]. An deren Stelle tritt die Vision eines nicht mehr romvermittelten oder – wie es die Trojaner taten – mit Rom/ Hellas verbindenden Indigenats, einer auszeichnenden *stabilitas loci*, einer Art Protoautochthonie, die sich eben auf Völker vor der römischen

---

[29] GRAFTON, Defenders (wie Anm. 23) S. 103.
[30] Vgl. GOEZ, Anfänge (wie Anm. 26).
[31] GRAF, Land ‚Schwaben' (wie Anm. 2) S. 152.
[32] BORST, Turmbau (wie Anm. 7) 4, S. 2298 s.v. passim; Karl BERTAU, Kulturelle Verspätung und ‚translatio imperii'. Zu einer Semantik historischer Wanderungsbewegungen auf der eurasischen Halbinsel Europas, in: Interregionalität der deutschen Literatur im europäischen Mittelalter, hg. von Hartmut KUGLER (1995) S. 81-106.
[33] Aus der breiten Literatur nur: BORST, Turmbau (wie Anm. 7) 4, S. 2298 s.v.; GRAUS, Lebendige Vergangenheit (wie Anm. 7) S. 81-89; DERS., Troja und trojanische Herkunftssage im Mittelalter, in: Kontinuität und Transformation der Antike im Mittelalter, hg. von Willi ERZGRÄBER (1989) S. 25-43; ASHER, National Myths (wie Anm. 23) S. 9-43; Bruno LUISELLI, Il mito dell' origine troiana dei Galli, dei Franchi e degli Scandinavi, Romano-Barbarica 3 (1978) S. 89-121; Jörn GARBER, Trojaner – Römer – Franken - Deutsche. ‚Nationale' Abstammungstheorien im Vorfelde der Nationalstaatsbildung, in: Nation und Literatur im Europa der Frühen Neuzeit, hg. von Klaus GARBER (1989) S. 108-163; Richard WASWO, Our ancestors the Trojans: inventing cultural identity in the middle ages, Exemplaria 7 (1995) S. 269-290; für die fränkische Zeit: Eugen EWIG, Troja und die Franken, Rheinische Vierteljahrsblätter 62 (1998) S. 1-16.

Eroberung beruft. Hier spielen auch Komplexe von (prätendierter) kultureller Überlegenheit oder (perzipierter) Minderwertigkeit eine entscheidende Rolle. Die gallische Autochthonie war zugleich eine Emanzipation, ja Dekolonisation von der als Makel empfundenen bzw. bestrittenen italienischen Kulturüberlegenheit und von „Rom" (qua Kurie). Den größten Nachholbedarf haben wegen der universalistisch-übernationalen Reichsidentität die Deutschen. *Soli Germani,* darf nun der Tübinger Humanist Heinrich Bebel erkennnen, *a nullis nationibus pulsi patria, nullis cedentes*[34], gestützt auf d i e nun berühmte Tacitusstelle mit den Worten: *sunt indigenae.* Völker-Wanderungen *(populorum istorum emigrationes..., quas nos demigrationes vocamus),* wie sie Enea Silvio und Beatus Rhenanus – unter Ablehnung der Trojanermythen – doch sehr richtig gesehen hatten, werden nun als Defekt denunziert, es sei denn, sie gehen bis auf Noahs Zeiten zurück. Würdiger, autarker sind eigentlich diejenigen, die nicht gewandert sind. Der schwedische Bischof Ragvaldsson war es, der schon auf dem europäischen Theater des Basler Konzils 1435 verkündet hatte: die Wandergoten waren zwar überall das heldenhafteste Volk, in Schweden sitzen sie aber noch immer am alten Ort[35]! D a h e r gebühre dem König von Schweden die Präzedenz vor allen europäischen Monarchen.

Im Folgenden werden also jeweils protorömisch begegnen: 1. Die Etrusker in Italien; 2. die Germanen in Deutschland; 3. die Gallier in Frankreich; 4. die Briten in England; 5. die Goten in Spanien. Die Hunnen in Ungarn könnten den Reigen vergrößern[36]. Wesentlich erst im 16. Jahrhundert würden die Goten im neuformierten Schweden der Wasa erneut als staatstragender Mythos begegnen, in analoger Funktion, aber hier ebenso wenig thematisierbar die Sarmaten im neuformierten Adels-

---

[34] Heinrich Bebel, zitiert bei MÜNKLER/GRÜNBERGER/MAYER, Nationenbildung (wie Anm. 5) S. 240 Anm. 17.
[35] *Viget* (sc. *nostrum regnum*) *quidem hodie ut ab initio in propria patria, licet apud exteras acquisitas naciones...*; ed. Joseph SVENNUNG, Zur Geschichte des Goticismus (Skrifter utgivna av K. Humanistiska Vetenskapssamfundet i Uppsala/Acta Societatis Litterarum Humaniorum regiae Upsaliensis 44/2B, 1967) S. 40. Vgl. Harald EHRHARDT, Goticismus, in: Lex. MA 4 (1989) Sp. 1273-1275, ebd. 1275.
[36] Vgl. unten Anm. 88.

staat Polen-Litauen, als ähnliches Phänomen begegnen die Bataver in den Niederlanden, die sich überhaupt damals als Staat erst herausbildeten[37].

Nur über die ersten fünf können wir kurz sprechen. Dabei bietet sich die Chance, drei zentrale Fragekomplexe – versuchsweise! – zu koppeln: erstens Humanismus – nationale Identität – Autochthonie, zweitens die uneigentliche Dialektik von Fakten und Fiktionen und drittens das Phänomen der Diffusion. Der Humanismus, zweifellos eine Geburt von Oberitalien und Florenz, erlebte zugleich eine binnenitalienische und eine europäische D i f f u s i o n – sicher eines der nachhaltigsten Phänomene von Kulturtransfer in der europäischen Geschichte[38]. Es gab durchaus das zeitgenössische Bewußtsein einer neuen *translatio artium* von Italien her, ja, infolge der italischen Kriege seit 1494, einer Emigration[39]. Der Transfer lief natürlich nicht zwischen missionarischen Gebern hie und demütigen quasikolonialen Empfängern dort ab. Es handelt sich immer auch um Transformationsprozesse, jeweils in den intellektuellen Milieus und Traditionen vor Ort. An Reaktionen aus den „Empfänger"-ländern gegenüber „den Italienern" läßt sich, besonders bei Franzosen und Deutschen, beobachten, daß es hier um „nationale" Identität bzw. Inferiorität ging. Das Problem der Diffusion des Humanismus ist mithin stets verbunden mit demjenigen des nationalen Paragone. Dies ist auch zu beachten, wenn von Stifterfiguren wie Pier Paolo Vergerio in Ungarn,

---

[37] Kurt JOHANNESSON, The Renaissance of the Goths in Sixteenth-Century Sweden. Johannes and Olaus Magnus as Politicians and Historians (1991). – Karin TILMANS, Historiography and Humanism in Holland in the Age of Erasmus. Aurelius and the ‚Divisiekroniek' of 1517 (Bibliotheca Humanistica & Reformatorica 51, 1992); Olaf MÖRKE, Bataver, Eidgenossen und Goten. Gründungs- und Begründungsmythen in den Niederlanden, der Schweiz und Schweden in der frühen Neuzeit, in: BERDING, Mythos und Nation (wie Anm. 4) S. 104-132, bes. 117-122. Künftig auch Thomas MAISSEN, Weshalb die Eidgenossen Helvetier wurden. Die humanistische Definition einer ‚natio', in: HELMRATH/MUHLACK, Diffusion des Humanismus (wie Anm. 4) S. 210-249.

[38] Zu Begrifflichkeit und Problematik HELMRATH, Diffusion des Humanismus. Zur Einführung, in: HELMRATH/MUHLACK, Diffusion des Humanismus (wie Anm. 4) S. 9-29; Gerrit WALTHER, Nationalgeschichte als Exportgut. Mögliche Antworten auf die Frage: Was heißt 'Diffusion des Humanismus', in: ebda S. 436-446.

[39] *His temporibus perfectae similiter latinae atque graecae ex Italia bellis nefariis exclusae, exterminatae expulsae, sese trans alpes, per omnem Germaniam, Galliam, Angliam Scotiamque effuderunt;* Polydor Vergile, Anglica historia (wie Anm. 81) liber 25 (S. 609).

Enea Silvio Piccolomini, dem „Apostel des Humanismus in Deutschland" (Georg Voigt), oder Filippo Buonaccorsi, genannt Callimachos, in Polen die Rede ist[40].

Von den Italienern im Ausland waren nicht wenige als Historiker „fremder Geschichte" tätig. Gerd Tellenbach hatte sie in einem feinsinnigen Aufsatz als Ensemble vorgestellt, das zwischen Auto- und Heterostereotypen driftete[41]. Sie schrieben als Gründerautoren einer humanistischen Historiographie den Gastnationen ihre Nationalgeschichten: ein Paulo Emilio in Frankreich, ein Polidoro Vergilio in England, ein Lucio Marineo Siculo in Spanien, ein Antonio Bonfini in Ungarn. Sie gerieten in den Konflikt zwischen der nationalen Aufgabe einer vorbildhaften Ruhmesgeschichte und einer Dekonstruktion kanonisierter Mythen, zu der sie ihre philologische Schulung und das neue Wahrheitspostulat drängten, eine Spannung, die dem Humanismus selbst durchaus immanent war.

Zu beginnen ist beim Gang durch die Länder aber mit Italien selbst; es begegnet dort eine sehr frühe, sehr eigentümliche, sehr politische Autochthonie-Konstruktion, als erste regionale Umprägung eines Geschichtsbildes:

1. Toscana und Etrusker

Im Zentrum steht als sinngebender Historiograph eigener Geschichte der Florentiner Humanist und Staatskanzler Leonardo Bruni[42]. Noch in den

---

[40] Vgl. Johannes HELMRATH, ‚Vestigia Aeneae imitari'. Enea Silvio Piccolomini als „Apostel" des Humanismus, in: HELMRATH/MUHLACK, Diffusion des Humanismus (wie Anm. 4) S. 99-141.
[41] Gerd TELLENBACH, Eigene und fremde Geschichte. Eine Studie zur Geschichte der europäischen Historiographie, vorzüglich im 15. und 16. Jahrhundert, in: Landesgeschichte und Geistesgeschichte. Festschrift Otto Herding zum 65. Geburtstag, hgg. von Kaspar ELM/Eberhard GÖNNER/Eugen HILLENBRAND (1977) S. 296-317; siehe auch COCHRANE, Historians (wie Anm. 11) S. 314-359 = Kap. 12 „Italians abroad and Foreigners in Italy"; GUENÉE, L'Occident (wie Anm. 7) S. 125. Speziell: Patrick GILLI, L'histoire de France, vue par les Italiens, à la fin du Quattrocento, in: Histoires de France, Historiens de la France. Acte du colloque internat. Reims, 14 et 15 mai 1993, hgg. von Yves-Marie BERCÉ/ Philippe CONTAMINE (1994) S. 73-90; VÖLKEL (wie Anm. 1).
[42] Giovanni CIPRIANI, Il mito etrusco nella Firenze repubblicana e medicea nei secoli XV

Volgare-Chroniken etwa der Villani Mitte des 14. Jh. erscheint Florenz als römische Gründung Caesars, die durch den Goten Totila zerstört, durch Karl den Großen neugegründet worden sei[43]. Leonardo Bruni griff dann auf der Suche nach politischer und kultureller *origo* seiner streitbaren Heimatstadt von Werk zu Werk weiter in die Vergangenheit zurück[44]. 1. In der berühmten *Laudatio Florentinae urbis*, entstanden um 1403 nach dem zum Existenzkampf stilisierten Krieg gegen Mailand, dem Kerntext des Baronschen „Bürgerhumanismus"[45], stimmt Bruni einen Lobpreis auf Florenz an. Modell war der griechische „Panathinaikos", der Panegyricus des Aelius Aristides auf Athen. Die geniale Benutzung einer vorher unbekannten Vorlage öffnet der politischen Literatur Europas neue Wege. Florenz ist buchstäblich „wohl situiert" in den konzentrischen Landschaftsgürteln seines Contado, es ist schön und sauber, mit *libertas*-liebenden, die Tyrannis hassenden Bürgern, mit einer

---

e XVI, in: Ricerche storiche 2 (1975) S. 257-309; DERS., Il mito etrusco nel Rinascimento fiorentino (Biblioteca di Storia toscana moderna e contemporanea. Studi e documenti 22, 1980). Künftig: Götz-Rüdiger TEWES. Zur zweiten Phase der italienischen Etruskerforschung: Mauro CRISTOFANI, La scoperta degli etruschi. Archeologia e antiquaria nel '700 (Consiglio nazionale delle ricerche. Contributi alla storia degli studi etruschi e italici 2, 1983); DERS., Der 'etruskische Mythos' zwischen dem 16. und 18. Jahrhundert, in: Die Etrusker und Europa, hg. von Massimo PALLOTTINO (Ausstellungskatalog Berlin, Altes Museum, 1992) S. 266-291; Gabriele BICKENDORF, Die Historisierung der italienischen Kunstbetrachtung im 17. und 18. Jahrhundert (Berliner Schriften zur Kunst 11, 1998) S. 225-273. Zum Etruskismus bereits Frederick MASCIOLI, Anti-Roman and Pro-Italic Sentiment in Italian Historiography, in: The Romanic Review 33 (1942) S. 366-384.

[43] Karl der Große wurde als Figur ambivalent gesehen, er konnte mit den deutschen Kaisern (dem – ghibellinischen – Universalismus), aber auch mit Frankreich identifiziert werden. Maissen hat nachgewiesen, wie Florenz sich die Karlslegende gleichsam warmhielt, je nachdem, ob man mit Frankreich ging oder nicht. Salutati pflegte das gute Verhältnis zu Frankreich, auch und gerade im Kampf gegen die Mailänder Visconti, die er als Tyrannen stilisierte, gegen welche ganz Italien, geführt von Florenz, seine *libertas* verteidigen müsse; Thomas MAISSEN, Von der Legende zum Modell. Das Interesse an Frankreichs Vergangenheit in der italienischen Renaissance (Basler Beiträge zur Geschichtswissenschaft 166, 1994) S. 11-120.

[44] In wesentlichen Zügen schon dargelegt bei CIPRIANI, Mito etrusco (wie Anm. 42) S. 8-11; MUHLACK, Geschichtswissenschaft (wie Anm. 11) S. 98f.; DERS., Humanistische Historiographie (wie Anm. 11) S. 15 f.

[45] Zu Hans Baron und dem „civic humanism" zuletzt: Renaissance Civic Humanism. reappraisals and reflections, hg. von James HANKINS (Ideas in Context, 2000) (Literatur).

Verfassung, die Tugenden in egalitärer Kompetition freisetzt. Ein Staat als Kunstwerk. Damit liegt die Stadt in einer weit bis an die Anfänge zurückreichenden Kontinuität republikanischer, niemals monarchischer Tradition. Gegründet zwar von den Römern, also durchaus von außen, aber eben nicht von Caesar, dem Tyrannen (nicht von den *Caesares, Tiberii, Nerones - pestes atque exitia rei publicae*, die *per summum scelus rem publicam adorti sunt*), sondern in den Zeiten der römischen Republik, unter Sulla. Es war die Zeit, in der *populi Romani imperium maxime florebat*, Rom mithin bereits sein auch die florentinische Herrschaft motivierendes Weltreich besaß, aber dennoch die *libertas sancta* und *inconcussa* war[46].

2. Erst in der *Historia populi Florentini* (1415/16 ff.) verband Bruni die Aufwertung der römischen Republik als Ursprung der sullanischen Stadtgründung[47] mit einer „republikanischen" Freiheitstradition der Stadt einerseits, mit protorömischen, also autochthonen Wurzeln andererseits. Diese entdeckte Bruni im Etruskertum. Villani und Salutati waren ihm vorangegangen, wie er stark unter livianischem Einfluß[48]. Schon die alten Etrusker hatten ein mächtiges Reich, dabei eine Tradition kommunaler Städtefreiheit und eine blühende Kultur und Priesterreligion - e h e   d i e R ö m e r   k a m e n : *Ante romanum quidem imperium* (wenngleich einst

---

[46] Laudatio Florentinae urbis, ed. Paolo VITI (Opere letterarie e politiche di Leonardo Bruni, Classici Latini Utet 1996) S. 600. Ein Vergleich mit der vorhumanistischen kommunalen Geschichtsschreibung der Villlani usw. bietet sich an; siehe Jörg W. BUSCH, Die vorhumanistischen Laiengeschichtsschreiber in den oberitalienischen Kommunen und ihre Vorstellungen vom Ursprung der eigenen Heimat, in: HELMRATH/MUHLACK, Diffusion des Humanismus (wie Anm. 4) S. 35-54. Vgl. Harald TERSCH, Die Darstellung der römischen Frühgeschichte in deutschsprachigen Chroniken des Spätmittelalters, MIÖG 99 (1991) S. 23-68, bes. 59-66.
[47] Sein Geschichtswerk beginnt mit dem Satz: *Florentiam urbem Romani condidere a Lucio Sylla Faesulas deducti*; Leonardo Bruni, History of the Florentine People, Vol. 1: Books I-IV, ed. and transl. James HANKINS (The I Tatti Renaissance Library 2001) S. 8.
[48] CIPRIANI, Mito etrusco (wie Anm. 42) S. 2 f.; COCHRANE, Historians (wie Anm. 11) S. 8 wäre insofern geringfügig zu modifizieren: Bruni „was the first to evaluate positively the ancient Etruscans" und zugleich „the first - at least since Tacitus - to evaluate the Roman Empire negatively, ... to portray the principate as the death blow ... of the republic". Vgl. Gary IANZITI, Leonardo Bruni, first modern historian?, Parergon 14 (1997) S. 85-99.

selbst in Italien eingewandert) *longe maximas totius Italiae opes maximamque potentiam ac prae ceteris vel bello vel pace inclitum nomen Etruscorum fuisse, inter omnes antiquissimos rerum scriptores haud ambigue constat.*[49] Die Etrusker kämpften gegen die Römer eher kavaliersmäßig, gegen die barbarischen Gallier aus dem Norden – hier spielt das aktuelle, politisch bedingte Franzosenbild hinein – hingegen erbittert[50]. Für die Römer werden sie dann zu Kulturbringern, ein Modell, das der Römersicht des Livius nicht widersprach, der etruskische Elemente v.a. in der römischen Religion und Verfassung deutlich herausgestellt hatte[51].

3. Den letzten Schritt vollzog Bruni noch expliziter in seiner Totenrede auf den Feldherrn Nanni Strozzi (1428), die sich an den Epitaphios des Perikles bei Thukydides anlehnte, im Modell der Stammes- und Kulturfusion[52]: Zur Gründung von Florenz „kamen also die beiden vornehmsten Stämme Altitaliens zusammen" (*Ad cuius originem civitatis due*

---

[49] Bruni, Historia (wie Anm. 47) I 13 (S. 18f.).
[50] Bruni, Historia (wie Anm. 47) I 13-37 (S. 18-49) beschreibt ausführlich die Geschichte der Etrusker und ihrer Kämpfe gegen Rom. – Patrick Gilli und Thomas Maissen haben die Frankreichbilder in der gelehrten Kultur Italiens und die bedeutende Rolle von Gallophobie und Gallophilie für die lokalen Traditionen (Florenz', Sienas, Mailands etc.) und ihre politischen Umprägungen aufgewiesen. MAISSEN, Legende (wie Anm. 43) S. 47 (zu Brunis Bild der Etruskerkriege); Patrick GILLI, Au miroir du humanisme. Les représentations de la France dans la culture savante italienne à la fin du Moyen-Age (ca. 1360-1490) (Bibliothèque des Écoles Françaises d'Athènes et de Rome 296, 1997).
[51] *Nec imperii tantum insignia ceterumque augustiorem habitum sumpserunt ab Etruscis, verum etiam litteras disciplinamque. Auctores habere se Livius scribit, ut postea Romanos pueros graecis, ita prius etruscis litteris vulgo erudiri solitos;* Bruni, Historia (wie Anm. 47) I, 20 (S. 26). Vgl. Livius, Ab urbe condita 1, 2: *Tanta opibus Etruria erat et iam non terras solum, sed mare etiam per totam longitudinem ab Alpibus ad fretum Siculum fama nominis sui impleret;* ebd. 5, 33: *Tuscorum ante Romanorum imperium late terra marique opes patuere.* Eine Geschichte der Livius-Rezeption in der vorhumanistischen Stadtchronistik und in der humanistischen Historiographie seit Petrarca steht noch aus.
[52] Zum Text: Hans BARON, The Crisis of the Early Renaissance. Civic humanism and Republican Liberty in an Age of Classicism and Tyranny (²1966) S. 412-439, bes. 415 f.; John M. MCMANAMON, Funeral Oratory and the Cultural Ideals of Italian Humanism (1989) S. 23f, 41, 95-97; Clemens ZINTZEN, Leonardo Bruni und Thukydides. Bemerkungen zur Leichenrede des Leonardo Bruni auf Johannes Strozzi, in: Come l'uom s'effeta. Festschrift Ernst Loos zum 80. Geb., hgg. von Giuliano STACCIOLI u.a. (1994) S. 313-326; Susanne DAUB, Leonardo Brunis Rede auf Nanni Strozzi (Beiträge zur Altertumskunde 84, 1996) bes. S. 143-149; hier auch die jüngste, reich kommentierte Edition (S. 241-250).

nobilissime ac prestantissime totius Italie gentes coierunt): die *Tusci veteres Italiae dominatores, et Romani, qui terrarum omnium virtute sibi et armis imperium pepererunt. Est enim civitas nostra Romanorum colonia veteribus Tuscorum habitatoribus permixta*[53].

Damit erschien Florenz, als Produkt dieser Stammes- und Kulturverbindung, als kulturelle und politische (Freiheits-)Vormacht auch des aktuellen Italiens legitimiert. Die Etrusker blieben seither präsent, etwa in der *Italia illustrata* des Flavio Biondo. Nicht nur die Geschichtsschreibung, auch das antiquarisch archäologische Interesse wandte sich ihnen zu. Auch hier bewirkte Annius von Viterbo am Papsthof einen wesentlichen Schub, indem er „Überreste" zutage förderte, Genealogien auch der Etruskerkönige lieferte, vor allem aber Noe mit Janus, dem mythischen Gott Italiens, gleichsetzte und auch für das biblische Kittim eine neue Bedeutung prägte: *quam nunc Italiam nominant*[54].

Die Glorifizierung der Etrusker fand sogar Eingang in die Renaissancearchitektur. Leon Battista Alberti konstruierte, Vitruv weiterführend, im Traktat *De re aedificatoria* (VIII,4) einen „etruskischen" Tempel[55]. Um 1470, bei Planung und Bau seines Spätwerks Sant' Andrea in Mantua setzte er dessen Prinzipien zum Teil auch um, wobei er auch auf die lokale Etruskertradition der Stadt Mantua rekurrierte[56].

---

[53] Oratio in funere Nanni Strozzae, ed. Paolo VITI (Opere letterarie e politiche di Leonardo Bruni, Classici Latini Utet 1996) S. 714; DAUB, Brunis Rede (wie Anm. 52) S. 283 f.

[54] (Annius von Viterbo [Berosus]) (wie Anm. 24) S. 198.

[55] Vgl. Vitruv, De architectura III 3,5. Dazu George W. HERSEY, Alberti e il tempio etrusco. Postille a Richard Krautheimer, in: Leon Battista Alberti, hgg. von Joseph RYKWERT/Anne ENGEL (Citta di Mantua, Centro Internazionale D'Arte e di Cultura Di Palazzo Te, 1994) S. 216-223, bes. 221 f. (mit Spezialliteratur zu Sant' Andrea etc.). Vgl. Richard KRAUTHEIMER, Albertis Templum Etruscum, Kunstchronik 13 (1960) S. 364-368.

[56] Herzog Ludovico Gonzaga kündigte er das Projekt als *etruscum sacrum* im Oktober 1470 an; HERSEY, Alberti e il tempio etrusco (wie Anm. 55) S. 221 f. mit Anm. 27. Erwähnt schon bei Rudolf WITTKOWER, Grundlagen der Architektur im Zeitalter des Humanismus, 1969, S. 144, Anm. 24. Zu Sant' Andrea – statt einer Fülle von Literatur: Udo KULTERMANN, Alberti's S. Andrea in Mantua. The Prototype of a Renaissance Church, Pantheon 42 (1984) S. 107-113, bes. 108 f. zum etruskischen Planungselement und zur Etruskertradition des Orts. Weitere „Etruscica" in Kunst und Architektur, etwa die Porticus der Medici – Villa in Poggio da Caiano, wären systematisch zu sichten.

Die Großherzöge der Medici des 16. Jahrhunderts pflegten ein regionaldynastisches Toscana-Bewußtsein, indem sie immer wieder an die Etrusker erinnerten. Der Etruscismo des 18. Jahrhunderts bestand aus einer wissenschaftlich-archäologischen (1723/24 wurde das Tafelwerk des Schotten Thomas Dempsters [† 1625] *De Etruria regali libri VII* veröffentlicht) und einer gesamtitalisch-romantischen Komponente[57]; er leitete unmittelbar in das Risorgimento hinüber.

Die Etrusker, darf man resümieren, dienten als politisch-antiquarische Frühprojektion auf unterschiedlichen Identitäts-Ebenen: der Stadt (das Florenz Brunis, das Viterbo des Annius), geweitet in Gestalt ihres Contado zur „Region" Toscana, schließlich einer protonationalen italienischen Gesamtheit. Unter Mobilisierung neuentdeckter (Aelius Aristides) bzw. Remobilisierung altbekannter Texte (Livius) werden Traditionen kommunaler Geschichtsschreibung teils fortgesetzt (Römergründung), teils umgeprägt im Sinne protorömischer, sowohl politischer wie kultureller Autochthonie.

2. Deutschland und die Germanen[58]

Die *Germania* des Tacitus, die einzig erhaltene ethnographische Monographie der Antike, war um 1455 nach spannender Vorgeschichte von Kloster Hersfeld nach Italien gelangt. Wenn es eines Belegs bedürfte, daß Handschriftenströme Geistesströme bewirken können, dann wäre er hier am schlagendsten geliefert. Der erste, der diesen Klassiker bzw. die von

---

[57] CIPRIANI, Mito etrusco (wie Anm. 42); Friedrich WOLFZETTEL/Peter IHERING, Der föderale Traum: Nationale Ursprungsmythen in Italien zwischen Aufklärung und Romantik, in: BERDING, Nationales Bewußtsein (wie Anm. 4) S. 443-483, zum politisch-antiquarischen revival etrusco des 18. und 19. Jh. bes. S. 444-468.

[58] Zur Tacitus-Rezeption (Auswahl): JOACHIMSEN, Geschichtsauffassung (wie Anm. 11) passim; Ulrich MUHLACK, Die Germania im deutschen Nationalbewußtsein vor dem 19. Jahrhundert, in: Beiträge zum Verständnis der Germania des Tacitus 1, hgg. von Herbert JANKUHN/Dieter TIMPE (Abh. Göttingen, 3. Folge 175, 1986) S. 128-154; Agostino SOTTILI, Appunti sulla storiografia dell' umanesimo tedesco, in: DI STEFANO, La storiografia humanistica I 2 (wie Anm. 11) 793-823; Donald R. KELLEY, 'Tacitus noster'. The 'Germania' in the Renaissance and Reformation, in: Tacitus and the Tacitean Tradition, hgg. von Torrey J. LUCE/Anthony J. WOODMAN (1993) S. 152-167; MÜNKLER/GRÜNBERGER/MAYER, Nationenbildung (wie Anm. 5) S. 163-168, 350f. s.v.

ihm eröffnete Perspektive auf eine germanische Frühzeit argumentativ verwendete, war 1457/58 Kardinal Enea Silvio Piccolomini, der beste auswärtige Kenner Deutschlands seiner Zeit, wo er über zwanzig Jahre gelebt hatte. Erstmals in seinen großen Türkenkreuzzugsreden auf den Reichsversammlungen von Regensburg, Frankfurt und Wiener Neustadt 1454/55[59] hatte er, wie Demandt hübsch sagt, „ins Büffelhorn des Teutonenlobs gestoßen"[60]. Er, der Italiener, ruft als erster überhaupt die deutschen Fürsten an: *Vos germani, gens bellicosa* („Ihr Germanen, kriegerisches Geschlecht"), er preist wohl als erster ihren Sieg über die Römer in der Varusschlacht.

Eneas erst fünfzig Jahre als *Germania* titulierter kirchenpolitischer Brieftraktat von 1457/58 führte dies weiter aus, instrumentiert mit einer stilbildenden Serie kurzer Städtebeschreibungen. Über die Germanen brachte er nichts, was nicht bei Caesar, Strabon oder eben Tacitus belegbar war.[61] Wie Germanien zur Zeit des Romulus oder Alexander ausgesehen habe? *Non liquet: incompertum est, qualis fuerit Germaniae facies*[62]. Den Kontrast eines germanischen *olim* und gegenwärtigen *nunc* argumentativ gegenüberzustellen, findet sich bei Enea Silvio vorgeprägt: *Parum quidem ea tempestate a feritate brutorum maiorum tuorum vita distabat*[63] – sagte der Kardinal und zählt die krassen Defizite der alten Germanen an religiöser Zivilisation (Götzendienst, Menschenopfer) und Bildung (natürlich keine Spur von *litterae*) auf, um freilich das Fehlen von Metall und Geld – im Sinne des Tacitus – als moralisches *prae* zu loben: *Laudanda hec et nostris anteferenda moribus.* (sc. den dekadenten). Der Wandel kam durch die Römer (*Germanica natio in potestatem*

---

[59] Johannes HELMRATH, Pius II. und die Türken, in: Europa und die Türken in der Renaissance, hgg. von Bodo GUTHMÜLLER/Wilhelm KÜHLMANN (Frühe Neuzeit 54, 2000) S. 79-137, hier 91-97, 104-117.
[60] Alexander DEMANDT, Der Fall Roms. Die Auflösung des römischen Reiches im Urteil der Nachwelt (1984) S. 104, 106 f.
[61] *His* [sc. denWorten des Strabo] *sororia de Germania scribit Cornelius Tacitus;* Aeneas Silvius ‚Germania' und Jakob Wimpfeling: ‚Responsa et replicae ad Eneam Silvium' II 4, hg. von Adolf SCHMIDT (1962) S. 47.
[62] Ebd. II 2 (S. 46).
[63] Ebd. II 4 (S. 47).

*Romanam facta est*⁶⁴) und vor allem durch die Römerin par excellence: die römische Kirche. Das *nunc* zeigt daher blühende Städtelandschaften und materiellen Reichtum – kurzum – und das ist ja die eigentliche Schlußfolgerung: die Deutschen können spielend zahlen. Aber auch eine territoriale Expansion (*amplitudo*) der zeitgenössischen „Germanen" gegenüber der Zeit Caesars und Tacitus' wird konstatiert (c. 6). Das aktuelle Deutschland ist größer als das alte Germanien. Ein Teil der *regio Belgica*, Raetien und Noricum, Helvetien, die Alpen, Kärnten, Krain, ja sogar jenseits von Oder und Weichsel im Osten Gebiete der Sarmaten seien nun germanischen Rechts bzw. germanisch besiedelt. Fazit: *amplior est vestra natio quam umquam*⁶⁵.

In Deutschland wurde seither – aber mit einer signifikanten Zeitverzögerung von einer Generation nach Enea Silvio – die Tacituslektüre zum Maßstab für eine Beurteilung des nicht abgeschlossenen „Prozesses der Zivilisation". Die Interpretation des Enea Silvio nahmen die deutschen Humanisten freilich nur kritisch in ihren Germanen-Diskurs auf. Dieser hatte folgende Möglichkeiten:

a) die *Germania* als Beleg für einstige Barbarei und im Kontrast dazu für den seither erfolgten Fortschritt (durch die Kirche) – die Argumentation des Enea Silvio; b) die *Germania* als Beleg für die fortbestehende oder wieder durchbrechende Barbarei – die Argumentation „der Italiener"; c) die *Germania* als Beleg für schon dereinst bestehende Größe (Entbarbarisierung); „barbarische" Eigenschaften der Germanen werden positiv umgewertet, insbesondere die germanische Treue, bzw. als in der Gegenwart immer noch vorhandene bzw. neu zu erringende propagiert – die Argumentation der deutschen Humanisten (mit Ulrich von Hutten als Höhepunkt)⁶⁶.

---

⁶⁴ Ebd. II 5 (S. 48).
⁶⁵ Ebd. II 6 (S. 49).
⁶⁶ Vgl. Hans GRÜNBERGER, Frühneuzeitliche Argumentationsmuster der Entbarbarisierung Europas (Paideuma 46, 2000) S. 161–187; MÜNKLER/GRÜNBERGER/MAYER, Nationenbildung (wie Anm. 5) S. 210–234, 263–304.

3. Frankreich. Franzosen und Gallier

Die gallische Vergangenheit der Druiden und des Vercingetorix spielte im französischen Mittelalter vor 1480 so gut wie keine Rolle, sie war „totalement oublié"[67]. Zwar hätte mit Caesar seit jeher eine höchste Autorität zur Verfügung gestanden, aber diesem Werk haftete das Stigma der Gallier als Verlierer an. So waren es die Italiener, und zwar zunächst ausschließlich sie, wie Patrick Gilli nachweist[68], die den Franzosen ihre gallische Protoautochthonie (ein *Vos Galli*) vorstellten, wie es Enea Silvio und Giannantonio Campano (*Vos germani)* für die Deutschen getan hatten. Den materiellen Impuls setzten auch hier neue, sprich neu gelesene Texte, Diodor und Strabo.

Paulo Emili(o)[69] aus Verona nimmt nicht nur unter den Italienern[70], sondern überhaupt unter den Geschichtsschreibern Frankreichs eine hervorragende Stellung ein. Emile, Kleriker, wirkte seit 1488 in Paris als hochbesoldeter königlicher Hofhistoriograph, als angesehenes Mitglied des humanistischen Kreises um Lefebvre d'Étaples. Er machte 1494 sogar die Expedition Karls VIII. in sein Heimatland an der Seite des Königs mit, arbeitete dabei zeitweilig als Steuereinnehmer in Lecce. In seinem – ungedruckten – Frühwerk, der *Gallica antiquitas a primae gentis origine*

---

[67] GILLI, L'histoire de France (wie Anm. 41) S. 77 f.
[68] „Seul les Italiens"; GILLI, L'histoire de France (wie Anm. 41) S. 78, Anm. 19.
[69] Zu Paulo Emilio (Emile): Raffaella ZACCARIA, Emili, Paolo, Dizionario biografico degli italiani 42 (1993) Sp. 593-596 (unzureichende Deutung des Geschichtswerks); Corrado VIVANTI, Paulus Aemilius Gallis Condidit Historias?, Annales 19 (1964) S. 1117-1125; COCHRANE, Historians (wie Anm. 11) S. 345-348; TELLENBACH, Eigene und fremde Geschichte (wie Anm. 41) S. 297, 305; MAISSEN, Legende (wie Anm. 43) S. 176-210, 461 s.v. und passim; Franck COLLARD, Paulus Aemilis' ‚De rebus gestis Francorum'. Diffusion und Rezeption eines humanistischen Geschichtswerks in Frankreich, in: HELMRATH/MUHLACK, Diffusion des Humanismus (wie Anm. 4) S. 377-397.
[70] Allgemein: Zachary S. SCHIFFMAN, French Historiography, Encyclopedia of the Renaissance 3, hg. von Paul F. GRENDLER (1999) S. 168-172; Pascale BOURGAIN, L'historiographie humaniste en France, in: DI STEFANO, La storiografia umanistica 1, 2 (wie Anm. 11) S. 761-792; Donald R. KELLEY, Foundations of Modern Historical Scholarship. Language, Law, and History in the French Renaissance (1970); Philippe DESAN, Nationalism and History in France during the Renaissance, Rinscimento 2. ser. 24 (1984) S. 261-288; wichtig: ASHER, National Myths in Renaissance France (wie Anm. 23).

repetita (1488), nahm Emile konsequent nicht Trojaner und Franken, sondern die alten Gallier in den Blick, und zwar in ihrer vorcaesarischen Expansionsphase[71]. Heros ist der schon Johann von Salisbury – freilich für England (Brennus/Brito) – geläufige Gallier Brennus, der Rom erobert, – gleichsam als Folie für Karl VIII. Eine zweite Gabe, die Emilio den Franzosen präsentierte und die schön zeigt, wie ambivalent humanistische Quellenerforschung (hier geht es um Diodor) sein konnte, war Herkules, der Gallier, ein *homo perfectus*, womit natürlich eine Assimilation von Galliern und Griechen (nicht Römern) intendiert ist. Herkules heiratet die Tochter eines Gallierkönigs, Galathea (davon die Galater/Gallier). Es dauerte bis in die Mitte des Jahrhunderts, bis die Trojanersage unter Historikern weitgehend abgelehnt wurde und man die Gallier ganz als Vorfahren der Franzosen akzeptierte und erforschte; förderlich wirkte allerdings auch hierbei Berosus/Nanni. Einen Meilenstein setzte 1510 Jean Lemaire des Belges („Illustrations de Gaule et singularités de Troie"), den Höhepunkt dann wohl Guillaume Postel mit seiner „Apologie de la Gaule" von 1552.

Emiles Hauptwerk *De rebus gestis Francorum libri VII* (von 1516 an sukzessive, komplettiert dann nach Emiles Tod 1539 erschienen)[72] beginnt mit den Franken, erfaßt das französische Mittelalter bis in die Zeitgeschichte Karls VIII. (1488). Emile brach mit der Leitquelle, den seit dem 13. Jahrhundert in Saint-Denis, dann am Königshof selbst fortgeschriebenen, 1477 durch Pasquier Bonhomme zum Druck gebrachten, offiziösen „Grandes Chroniques de France", wesentlich konsequenter als seine französischen Kollegen, etwa 1495 der Konkurrent Robert Gaguin mit seinem *Compendium de origine et gestis Francorum*[73], obwohl die „Chroniques" neben dem humanistischen Dekadenwerk des Flavio

---

[71] Eine 'Franciae antiquitas' (1491/92), als Grundlage des späteren Hauptwerks, folgte erst danach. Zu Brennus auch MAISSEN, Legende (wie Anm. 43) S. 180 f., 321 f.

[72] Pauli Aemilii Veronensis de rebus gestis Francorum Libri VII, Paris (I. Badius Ascensius) o. J.

[73] Zu Gaguin, seiner Quellenbenutzung und Methode: Franck COLLARD, Un historien au travail à la fin du XVe siècle: Robert Gaguin (Travaux d'humanisme et Renaissance 301, 1996), ebda. S. 359 s. v. passim auch zu Paul Emile.

Biondo notgedrungen seine wichtigste Quelle bleiben müssen[74]. Er destruiert weitere Kern-Legenden der französischen Königsnation: die Taube von Reims, die Schlacht von Roncevalles, spart nicht an Kritik, etwa an den Albigenserkriegen des 13. Jahrhunderts. Anfeindungen gegen den respektlosen Ausländer blieben nicht aus, u. a. durch Jean Bodin. Emiles *Opus magnum*, an dem er skrupulös über alle politischen Unbilden hinweg vierzig Jahre hindurch immer neu feilte, stellt letztlich eine Heldengalerie von *Viri illustres* in Gestalt der französischen Könige dar, Karl der Große obenan[75]. Es ist ein besonderes Beispiel für säkularisierte innerweltliche Geschichte, in der – hierin an Machiavelli gemahnend – unberechenbar Fortuna herrscht und nur *virtus* sich bewähren kann. Kurzum: Emile bescherte den Franzosen in Umfang, Qualität und Stil ein sorgfältigst komponiertes Meisterprodukt humanistischer Nationalgeschichtsschreibung.

4. England: Engländer und Kelten/Angelsachsen[76]

In Polydoro Virgilio (Polydore Vergil) aus Urbino (1470-1555) hatte Emile geradezu einen Zwillingsbruder[77]. Auch Polidoro war 1505 wirklich

---

[74] „Emili began only with those of the Franks who were specifically mentioned in reliable late-Roman authorities." COCHRANE, Historians (wie Anm. 11) S. 348.
[75] Zur Karlsfigur vgl. oben Anm. 43.
[76] Daniel R. WOOLF, British Historiography, in: GRENDLER, Encyclopedia (wie Anm. 70) S. 172-178; Fritz J. LEVY, Tudor Historical Thought (1967) S. 53-77; Arthur B. FERGUSON, Clio Unbound. Perception of the Social and Cultural Past in Renaissance England (1979); Hugh A. MACDOUGALL, Racial Myth in English History. Trojans, Teutons and Anglosaxons (1982); The Celts and the Renaissance. Tradition and Innovation. Proceedings of the Eights Internat. Congress of Celtic Studies 1987, hgg. von G. Williams GLANMOR/R. Owen JONES (1990).
[77] The Anglica Historia of Polydore Vergil, A. D. 1485-1537, ed. Denys HAY (Camden series LCXXIV, 1950) (Ed. des letzten Buchs). – Über Polydore Vergil: ebd. S. IX-XL; DERS., Polydor Virgile (1952); COCHRANE, Historians (wie Anm. 11) S. 345-348; LEVY, Tudor Historical Thought (wie Anm. 76) S. 53-73; Antonia GRANSDEN, Historical Writing in England 2: c. 1307 to the Early Sixteenth Century (1982) S. 425-443; Frank REXROTH, Polydor Vergil als Geschichtsschreiber und der englische Beitrag zum europäischen Humanismus, in: HELMRATH/MUHLACK, Diffusion des Humanismus (wie Anm. 4) S. 415-435.

nicht als Apostel des Humanismus[78] in das England des Tudorkönigs Heinrichs VII. gekommen, sondern als Begleiter des päpstlichen Kollektors für den Peterspfennig. Wie Emile wurde er an den königlichen Hof gerufen, wo er eng in die intellektuellen Kreise um Thomas More eingebunden war. Der König selbst erteilte den Auftrag, die *Historia Anglica* zu verfassen, das aus heutiger Sicht zusammen mit Thomas Mores *Vita Heinrici VII* einzig vollhumanistische Werk der englischen Historiographie. Was zeichnete Polydore aus? Wie stand er zu den nationalen Mythen? Die Engländer bedurften durchaus weniger als die Deutschen oder Franzosen eines weckenden Zurufs im Stile *Vos Britones*. Hier hatte man bereits sein autochthones, britisches, Geschichtsbild. Seine Palladien waren als europäisches Gemeingut die Trojaner (Brutus/Brito, Urenkel des Aeneas, landet mit Trojanern auf der Insel Albion) und – als insulare Spezialität – die Artussage[79]. Wie Emile bricht auch Polidoro mit einer „Leitquelle", mit Geoffrey von Monmouth und den *aniles fabulas* seiner *Chronica regum Britanniae* (1138) und *Vita Merlini* (ca.1150)[80]. Polidoro hingegen setzt auf die antiken Texte, vor allem auf die einzige ereignisnahe Quelle der Völkerwanderungszeit, den Gildas (vor 547), den er als erster edierte, ferner auf Beda. Er ist sich bewußt, daß nach der Sichtung und Prüfung der Quellen eine *nova historia* entsteht[81]. Seine Skepsis nicht verhehlend, referiert er – quasi gegen den Strich als „on dit" – aber doch die Trojanermythen um Brito/Brutus als Vater „Britanniens",

---

[78] Nach dem ephemeren Gastspiel des Poggio Bracciolini, nach Legationen der Humanisten Gerardo Landriani und Piero da Monte setzte das historiographische Vorspiel Tito Livio Frulovisi, der im Auftrag Herzog Humphreys von Gloucester eine Vita Heinrichs V. schrieb; G. ARBIZZONI, Frulovisi, Tito Livio de, Dizionario biografico degli Italiani 50 (1998) Sp. 646-650; Susanne SAYGIN, Humphrey, Duke of Gloucester (1390-1447) and the Italian Humanists (Brill's Studies in Intellectual History 105, 2001).

[79] David A. SUMMERS, Refashioning Arthur in the Tudor Era, Exemplaria 9 (1997) S. 371-392.

[80] Herbert Pilch, Geoffrey von Monmouth, in: Lex. MA 4 (1989) Sp. 1263 f.; KERSKEN, Geschichtsschreibung (wie Anm. 10) S. 170-184, 962 s.v. passim.

[81] *Ego, qui me iam pridem ad investigandas veterum res dederam, coepi illas ipsas Anglorum ac aliarum gentium annales accuratius evolvere, legere, haurire et excribere, que ad confectionem novae historiae pertinerent*; Polydori Vergilii Urbinatis Anglicae Historiae libri XXVI (1534) S. 17.

während dann Artus provokant lakonisch auf wenigen Zeilen abgehandelt wird, eine historische Fußnote, kein Supermann.

Polydoro schreibt, wie Emile, letztlich Königsgeschichte, tastet sich an den Viten der Könige langsam und vorsichtig in die eigene Zeitgeschichte vor, zum providentiellen Aufstieg des Hauses Tudor. Dieses brauchte aber, als junge Dynastie, die unter Heinrich VIII. zudem im Begriff war, sich durch die Reformation dem traditionssichernden Mantel des Papsttums zu entziehen, gerade die mythisch-unanfechtbare Verankerung, mit anderen Worten: die Trojaner – und noch mehr den König Artus[82]. Hier wie im Valois-Frankreich brauchte Herrschaft Herkunft.

Kritik an Polidoro, dem Dekonstruktor und Beschmutzer des fremden Nests, aus dem Lande blieb nicht aus: „the moost raskal knave dogge of the worlde", tönte es aus dem Mund des Papististenjägers John Foxe[83]. John Leland verfaßt in diesem Konflikt seine „Verteidigung des ruhmreichen Königs Artus". Es war auch ein paradoxer Streit der Methoden. Leland führte – neben Berosus – als moderne Waffe zur Verteidigung seiner Geschichte nichttextuelle Quellen ins Feld, bediente sich eines Kindes des Humanismus, der Archäologie, die nun eben nicht römische Statuen, sondern Relikte und Reliquien des Königs Artus ans Licht bringen sollte. Das zweite Quellenfundament, auf welches die „nationale" Verteidigung sich stützte, war die volkssprachige englische Literatur, Munition gegen die skeptische Geschichtsschreibung des Polidoro, die sich freilich an rein historiographischen Quellen orientierte.

5. Spanien: Goten (und Iberer?)

Hier wirkte mit Lucius Marinaeus Siculus aus Vizzini (Sizilien) ebenfalls ein markanter italienischer Historiograph. Er lehrte 1484-1496 in Salamanca Poetik und Rhetorik, wie sein Rivale Antonio de Nebrija[84], der

---

[82] SUMMERS, Refashioning Arthur (wie Anm. 77) S. 373 und öfter.
[83] Zit. nach COCHRANE, Historians (wie Anm. 11) S. 349, und SUMMERS, Refashioning Arthur (wie Anm. 77) S. 377. Zum Folgenden erhellend REXROTH, Polydore (wie Anm. 77).
[84] Guter Überblick zum spanischen Humanismus: Ottavio DI CAMILLO, Humanism in Spain, in: Renaissance Humanism 2, hg. von Albert RABIL JR. (1988) S. 55-108. Zur humanistischen Historiographie Spaniens: Robert B. TATE, Ensayos sobre la historiografía

führende spanische Humanist seiner Zeit, der seinerseits in Italien die Weihen der *studia humanitatis* empfangen hatte. 1499 wurde Marinaeus Hofkaplan und Historiograph am Hofe Ferdinands des Katholischen von Kastilien. Erst 1533, im Todesjahr des Autors, erschien in Alcalà das bislang wenig erforschte nationale Geschichtswerk *De rebus Hispaniae memorabilibus libri XXII*. Es ist Kaiser Karl V. gewidmet. Bei Nebrija wie bei Marinaeus Siculus beobachtet man eine jener geradezu blitzschnellen Annius-Rezeptionen, der ja aus Ps.-Berosus eine Urgeschichte Spaniens mit 24 Königen ableitete. Ein gewisser G o t i c i s m u s, die Vorstellung einer seit den Westgoten bestehenden dynastischen – weniger ethnischen – Kontinuität, hatte in Spanien das ganze Mittelalter über Tradition; hier bedurfte es insofern kaum einer indigenen Umprägung des Geschichtsbilds[85]. Allerdings war es keine eigentlich protorömische Autochthonie[86]. Die Herkunft der Goten aus Skandinavien kannte bereits 1247 der Chronist Jiménez de Rada (und vor ihm schon Frechulf von Lisieux!)[87].

Bilanz: Die vier hier vorgestellten italienischen Humanisten und Historiker (Enea Silvio, Emilio, Polidoro, Marinaeus) – man sollte ihnen noch Antonio Bonfini aus Ascoli hinzufügen, den 1484 Kg. Mathias v. Ungarn

---

peninsular del siglo XV (Biblioteca Románica Hispánica 2: Estudios y Ensayos, 1970); DERS., The Rewriting of Historical Past in Historical Literature of Medieval Iberia, in: Historical Literature in Medieval Iberia, hg. von Alan D. DEYERMOND (Papers of the Medieval Hispanic Research Seminary 2, 1996) S. 85-104. – Zu Lucius Marinaeus Siculus: COCHRANE, Historians (wie Anm. 11) S. 345-347; Robert B. TATE, Lucio Marineo Siculo y Gonzalo García de Santa María, in: DERS., Ensayos sobre la historiografía (wie oben) S. 249-262; Erika RUMMEL, Marineo Sículo: A Protagonist of Humanism in Spain, Renaissance Quarterly 50 (1997) S. 701-722 (nur über die 'Epistulae').

[85] KERSKEN, Geschichtsschreibung (wie Anm. 10) S. 13-77.
[86] Antiquarisches Interesse für prä-römische Geschichte unter Einfluß Brunis, Biondos und Enea Silvios ist bei dem Humanisten Juan Margarit y Pau (1421-1484) zu beobachten; KELLEY, Humanism and History (wie Anm. 11) S. 249. Sein ‚Paralipomenon', eine Frühgeschichte der iberischen Halbinsel, wurde erst 1543 gedruckt; Lluis C. BATLLE, Margarit i de Pau, Joan, in: Lex. MA 7 (1993) Sp. 242. Ob im 15./16. Jahrhundert bereits ein Interesse für die autochthonen Iberer (analog zu Galliern und Briten) festzustellen ist, muß als Frage offen bleiben.
[87] KERSKEN, Geschichtsschreibung (wie Anm. 10) S. 75. Aber erst der Humanist Alonso Garcia de Cartagena (de Santa Maria) präzisierte etymologisch: Gothia/Götland etc.

als Hof-Geschichtsschreiber engagierte[88] – weisen ein partiell ähnliches Schicksal auf:

Es waren Ausländer, umworbene und verdächtigte Söhne der Renaissancevormacht Italien. Sie waren als Spezialisten engagiert worden, lebten höfisch integriert, aber ohne dem engen Machtzirkel anzugehören, und bewahrten so viel von der Distanz des Außenseiters. Das schwächere Wallen des patriotischen Herzbluts – führte es zu kühlerer Quellenkritik? Oder wurde die natürliche Distanz durch höfische Zwänge und Schutzbedürftigkeit aufgezehrt? Emilio, Polidoro, Bonfini waren Hofhistoriker, insofern der regierenden Dynastie panegyrisch verpflichtet, im zeitgeschichtlichen Urteil daher vorsichtig, aber doch keine Knechte oder Eiferer an einer der Fiktion elementar bedürftigen dynastisch-nationalen Identitätsfront. Unsere Italiener konnten sich der Dialektik von Fakten und Fiktionen nicht entziehen – wie sollte es anders sein. Sie blieben, soweit Zeitgenossen, mit Ausnahme des Marinaeus Siculus berosusresistent; sie zerstörten – als Historiker – einheimische Mythen (Troianer, Artus) und klaubten doch deren Trümmer zitierend wieder zusammen; wurden, wie Emilio und Polidoro, deshalb angefeindet. Sie konstruierten – wiederum als Historiker – zum Teil andere Mythen (Hercules der Gallier). In beiden Fällen prägten sie Geschichtsbilder um. In ihren Texten schwingt sowohl Skepsis, eine Skepsis, die wir für den Historiker als angemessen anzusehen geneigt sind, als auch nationale, dynastische Affirmation. Was für sie wirklich zur „eigenen" Geschichte geworden ist, was „fremde Geschichte" geblieben – eine Frage, die sich nicht beantworten läßt.

Ihre gelehrten Geschichtswerke jedenfalls, Kunstwerke, in makelloses Latein von funkelnder Kühle gefeilt, waren am Ende in ihren Gastländern (und darüber hinaus) Erfolge. Das Opus eines Paul Emile, eines Polydore Vergil avancierte jeweils zu d e m prägenden nationalen Geschichtsbuch für die Gebildeten. Aus Polydore pflegte auch Shakespeare zu schöpfen. Zugleich „Dokumente u n d Motoren" eines Nationen-

---

[88] Zu Bonfini und seiner ungarischen Nationalgeschichte, den *Rerum Hungaricarum decades*, jetzt László HAVAS/Sebestyén KISS, Die Geschichtskonzeption Antonio Bonfinis, in: HELMRATH/MUHLACK, Diffusion des Humanismus (wie Anm. 4) S. 281-307.

diskurses[89], wurden sie das, was bisher nur die verehrten antiken Autoren gewesen waren: Klassiker.

---

[89] „Nations are created by states and historiography is both the record and the instrument of this process": John G. A. POCOCK, The Limits and Divisions of British History, American Historical Review 87 (1982) S. 311-336, ebda. S. 321.

Thomas Castleford:
Zur städtischen Rezeption englischer Geschichte im 14. und 15. Jahrhundert[1]

von

Wilhelm Busse

Mein Titel hat eine ähnlich evasiv-diffuse Geschichte wie der Gegenstand, von dem die Rede sein soll. Ursprünglich geplant als „Rezeption englischer Geschichte im 14. und 15. Jahrhundert", dann reduziert auf eine „bürgerliche Rezeption" und schließlich nur noch Bezug nehmend auf eine große Chronik, nämlich die des Thomas Castleford, hat sich auch Verwirrung hinsichtlich der besprochenen Zeit eingeschlichen. Das Forschungsinstitut kündigte auf seinen Internetseiten das 14. Jahrhundert an, im Programm stand das 15. Die oben fixierte Version nennt nun den einen gemeinsamen Ausgangspunkt. Der Beitrag selbst hat drei ungleiche Teile: im ersten versuche ich mit einer Problembeschreibung eine erste Annäherung an meinen Gegenstand; im zweiten ziehe ich auf abstrakter Ebene Schlüsse aus dieser Annäherung; und im dritten werde ich versuchen, diese Abstraktionen dann wieder historisch zu situieren – aus Platzgründen und wegen einer ersten, vorläufigen Annäherung an die zentrale Frage kann ich all das nur als Skizze tun.

I.

Die vorübergehende Unschärfe des Vortragstitels hat ihre tiefere Ursache im Gegenstand selbst. Denn was ist *Thomas Castleford's Chronicle* überhaupt, wer ist der Autor, und wohin gehört – regional wie zeitlich – sein Text? Beide, der Name des Textes wie auch der des Autors, folgen nur einer Konvention; es ist nämlich bisher niemandem eine bessere Bezeichnung eingefallen, und nur deshalb ist auch die Herausgeberin der einzig kompletten Ausgabe des Textes noch 1996 bei der Konvention geblieben

---

[1] Die Vortragsfassung ist weitgehend bewahrt.

und hat ihre Edition – wie viele vor ihr den Text selbst – *Castleford's Chronicle* genannt[2]. Dabei ist nicht einmal sicher, ob Thomas Castleford überhaupt der Autor der rund 40.000 Verse langen Chronik Englands ist; und ob es sich wirklich um eine Chronik handelt, das steht noch auf einem ganz anderen Blatt. Der Name Thomas Castleford findet sich auf dem ersten Folio oben über der linken Kolonne des einzigen Manuskriptes, das heute in Göttingen aufbewahrt wird; das ist alles, was man weiß. Es könnte sich demnach genauso gut – und mit gleicher Wahrscheinlichkeit der Hypothese – zum Beispiel um den Namen eines früheren Besitzers des Manuskriptes handeln, oder gar nur um einen Schreibernamen. Niemand hat bisher einen potentiellen Autor Thomas aus einem Ort Castleford identifizieren können; die Suche fördert zwar eben diesen Ort Castleford in der Nähe von York zutage, der auch zu einem besonders auf Yorkshire gerichteten Interesse des Textes und zur nördlichen Varietät des Englischen paßt. Dem Autor ist man damit aber noch keinen Schritt näher gekommen.

Immerhin aber läßt sich der Text regional einordnen. Yorkshire ist eine plausible Wahl, da in der Tat an vielen Stellen im Text – vor allem für die Darstellungszeit englischer Geschichte nach der normannischen Eroberung – York und der Norden bis nach Schottland hinauf besondere Aufmerksamkeit finden. Ich will dafür nur ein Beispiel aus dem Text als Beleg angeben; es ist dies eine Passage, wo aus Anlaß des Berichts über ein Parlament in York zur Regierungszeit Stephens (das ist in der ersten Hälfte des 12. Jahrhunderts) auch folgendes ausgeführt ist:

> *And yitte he gaf þam, of his grace,*
> *Bi þe weste yiates a voide place,*
> *A bedren þaron for to mak*
> *For þase lammen hostel to tak.*
> *His willes he affermede ful faire –*
> *He bade Nigelle, Eborwikes maire,*
> *Deliuer þe place bi þe weste walle*
> *For to recette þase lammen alle,*

---

[2] Castleford's Chronicle or The Boke of Brut, ed. Caroline D. ECKHARDT (Early English Text Society 305-306, 1996).

In þe worschipe of Godde of Heuen;
*Þis almus þar bigan Kyng Stephen*³.

(„Und dazu gab er ihnen als Gnadenerweis am westlichen Stadttor ein unbebautes Stück Land, um dort ein Hospital zu errichten, damit die Lahmen dort Unterkunft nehmen könnten. Seine Absicht bestätigte er auf angemessene Weise: er bat Nigel, den Bürgermeister von York, das Land an der Westmauer zu übergeben, um all den Lahmen dort Unterschlupf zu gewähren, zum Lobpreis Gottes im Himmel; diese Almosen stiftete damals König Stephen.")

Solche und ähnliche Stellen lassen den Text also mit York verbinden; er enthält Teile dessen, was man sonst aus einer Stadtchronik kennt, und solche Teile können auch, wie hier, in der Art einer Beurkundung vorkommen.

Wo die regionale Zuordnung also noch gelingt, da ist die zeitliche Verortung hingegen ungleich schwerer. Das einzige Manuskript stammt aus der Zeit um 1400, es läßt sich nicht präziser datieren. Zugleich aber endet es im Text mit Vers 39.439 im Jahre 1327⁴, und der Bericht über die Absetzung Eduards II. durch seine Frau und beider Sohn im September eben dieses Jahres enthält keinerlei Hinweis darauf, daß der zweite Eduard kurz darauf unter mysteriösen Umständen zu Tode gekommen ist. Diese fehlende Information würde demnach dafür sprechen, die Entstehungszeit des Textes bis um 1327/8 anzusetzen, und in der Tat widersprechen auch die sprachlichen Daten einer solchen Einordnung nicht. Die Verwendung französischer Schreibgewohnheiten zum Beispiel könnte eher für als gegen diese Einordnung sprechen – wenn man nicht als Begründung einer späteren Zeit als weitere Hypothese einen konservativen Stadtschreiber als Schreiber des Manuskriptes annähme, der zudem noch solche Schreibgewohnheiten lange beibehalten haben müßte. Andererseits ist aber auch nicht auszuschließen, daß wir es mit einer Abschrift zu tun hätten, die unvollständig geblieben ist, da der Text mit der letzten Zeile des einzigen Manuskriptes quasi sang- und klanglos seinen Abschied nimmt: „Sein Vater wurde in einer Burg gefangengehalten,

---

³ Castleford's Chronicle (wie Anm. 2) V. 33.132-33.141 (S. 895).
⁴ Castleford's Chronicle (wie Anm. 2) V 39.439 (S. 1065).

um darin ehrenhaft zu leben, in Berkeley Castle nämlich, und zwölf Ritter waren bei ihm Tag und Nacht"[5] – so hört die Chronik auf, ohne Epilog, aber auch ohne Hinweis darauf, daß noch viel mehr folgen könne. Wir hätten dann also den klassischen Fall einer späteren Abschrift eines Textes, von dem man eigentlich nur m e i n e n kann, daß er früher entstanden sei. Zwar ist der Zeitunterschied nicht so krass wie im Fall des Liutprand von Cremona, über den Herr Schieffer vorgetragen hat[6]; aber auch die 75 bis 100 Jahre, um die es hier nur geht, würden ja eine Geschichte der Rezeption britisch-englischer Geschichte in englischer Sprache und in städtischen Zirkeln ganz erheblich verändern. Hinsichtlich seiner Datierung also gleitet mir mein Gegenstand schon aus den Händen, ich weiß nicht so recht, ob ich ihn schon im frühen 14. oder doch erst im frühen 15. Jahrhundert ansiedeln soll.

Schwierig einzuordnen bleibt er auch hinsichtlich seines Texttyps. Der traditionelle Titel – *Castleford's Chronicle* – spricht für Geschichtsschreibung. Und wiewohl das englische c h r o n i c l e beileibe nicht gleichbedeutend ist mit deutsch C h r o n i k, so werden wir doch wohl über die Fachgrenzen und die verschiedenen Kulturräume hinweg Einverständnis darin erzielen können, daß es sich um eine Reimchronik handelt. Dieser Typ ist uns ja auch vom Kontinent hinlänglich bekannt (selbst wenn – aber das füge ich nur in Parenthese ein – manche unserer Historiker-Kolleginnen und -kollegen ihn vor nicht allzu lang zurückliegender Zeit noch als p o e t i s c h e Fiktion mit Mißachtung strafen wollten). Die früheste bekannte Reimchronik in einer Volkssprache aber stammt mit Geoffrey Gaimars *Estoire des Engleis* von 1135/1138 aus England und hatte mit der *Estoire des Bretuns* von demselben Autor sogar noch einen Vorläufer[7]. In England – und darauf will ich hinaus – gibt es seit dem frühen 12. Jahrhundert eine fast ununterbrochene Tradition der Geschichtsschreibung in Versen[8], deren einzelne Stationen sich mit Gaimar,

---

[5] Castleford's Chronicle (wie Anm. 2) V. 39.436-39 (S. 1065).
[6] Rudolf SCHIEFFER, Zur Dimension der Überlieferung bei der Erforschung narrativer Quellen des Mittelalters, in diesem Band S. 63-77.
[7] L'Estoire des Engleis, ed. A. BELL (Anglo-Norman Texts 14-16, 1960). Die *Estoire des Bretuns* ist verloren.
[8] Die frühe Tradition dieser Geschichtsschreibung in der Normandie und in England ist gerade untersucht worden von Leah SHOPKOW, History & Community: Norman

Wace, Layamon, gereimten Brut-Geschichten, der Reimchronik des Robert of Gloucester, der des Robert Mannyng und eben Thomas Castleford umreißen lassen, wenn man dessen Chronik ins frühe 14. Jahrhundert datieren will. Reicht aber diese Ansippung an ein formales Muster aus, um Castlefords *Chronicle* zu Geschichtsschreibung zu machen?

Einige Puristen werden einwenden wollen, daß der Text unverkennbar Züge der Annalen trägt und wenn schon Geschichtsschreibung, dann wenigstens keine Chronik sei. Ich greife dafür willkürlich ein beliebiges Beispiel heraus:

[1109] „In diesen Tagen und diesen Jahren wurde der Templerorden gegründet, die Ritterschaft der Tempelritter, um dauernd gegen die Heiden zu kämpfen. In jedem Land, um davon zu leben, gab man ihnen Einkünfte und Ländereien.
Bald darauf, in diesen Jahren nämlich, starb St. Anselm, der heilige Mann, der edle Erzbischof von Kent – aus diesem Leben schied er und ging. Sein Erdenleben, fürwahr, ging zu Ende an den Kalenden des Mai, das Datum nach Christi Geburt – mit Augen zu sehen: eintausend Jahre und fünf mal zwanzig und neun.
In demselben Jahr, wohlgemerkt, gab Heinrich, der edle König von England, seine Tochter Mathilde mit großer Ehre dem deutschen Kaiser ... [+ 2 Verse].
Dann hielt König Heinrich [I.] Parlament ... [um Steuern für die Hochzeit zu erheben, + 7 Verse].
Sehr schnell kam in diesen Tagen Botschaft über Streit in den Ländern um Rom ... [+ 16 Verse über das Handeln Heinrichs].
In diesen Tagen begann Bernard, der heilige Mann, seinen Einzug in Cîteaux ... [+ 14 Verse über Bernard von Clairveaux].
In den Tagen dieses Königs Heinrich wurde beobachtet, wie die Themse austrocknete ..." [+ 6 Verse über den vertrocknenden Fluß; etc.][9].

Historical Writing in the Eleventh and Twelfth Centuries (1997) und von Peter DAMIAN-GRINT, The new historians of the twelfth-century renaissance: inventing vernacular authority (1999).
[9] Castleford's Chronicle (wie Anm. 2) V. 32.781-32.852 (S. 886-888).

Offenkundig ist in diesem Beispiel die den Annalen eigene Struktur des ständig wiederholten Zeitbezugs ebenso wie die schnelle Folge des Berichts über unzusammenhängende Ereignisse, die nur noch das gemeinsame Jahr klammert. So aber – annalistisch nämlich – gibt sich nur ein Teil des Textes, und nicht das Ganze. Deshalb werden andere Puristen statt dessen einwenden wollen, daß Castlefords *Chronicle* allein deswegen keine Geschichtsschreibung sein kann, weil den Text eine Fülle von unverkennbar falschen historischen Angaben durchzieht. Zu den weniger spektakulären gehören sicher die vielen falschen Jahresangaben, denn die kommen ja selbst in den besten Chroniken vor. Spektakulärer ist da schon – erneut nur ein Beispiel – die Metamorphose z w e i e r Söhne Heinrichs II. in e i n e Figur – beide hießen Geoffrey, was als Entschuldigung für diese Art von historischer Innovation gelten mag. Während aber nach damaliger wie heutiger Einsicht der eine Geoffrey 1186 starb, darf dieser früh verstorbene Geoffrey hier – bei Castleford – weiterleben und, nachdem seine Frau gestorben ist, in die Kirchenlaufbahn wechseln: *Aftre þas yiers þan diede his wif, To Holi Kirk changede his lif*[10]; er wird eins mit demjenigen Bruder Geoffrey, der 1189 zum Erzbischof von York geweiht wurde. Der spektakulärste Fehler von allen aber ist sicher die singuläre Darstellung der Motivation für die Normannische Eroberung. Nach Castleford hat Wilhelm, der spätere Eroberer, den Angelsachsen Harold mit seiner Schwester Elaine vermählt und ihm wie ihr England als Herrschaft übertragen. Harold jedoch – kaum nach England zurückgekehrt – schneidet seiner Frau eigenhändig die Haare vom Kopf, verstößt sie und nimmt sich einfach eine andere; in der Folge läßt er gar alle schänden, die mit ihr aus der Normandie gekommen waren, und jagt sie heim. Erst da – nach diesen Schandtaten – beschließt William Rache für die Schmach, besorgt sich Unterstützung in Rom und erobert England, um es Harold heimzuzahlen[11].

Ich will nur noch eine Garde von Puristen aufmarschieren lassen, um noch wenigstens einen weiteren Einwand gegen den Text als Chronik und Geschichtsschreibung anzuführen. Er kann schon allein deswegen

---

[10] Castleford's Chronicle (wie Anm. 2) V. 35.325 f. (S. 954).
[11] Castleford's Chronicle (wie Anm. 2) V. 31.589-31.664 (S. 853-855).

nicht Geschichtsschreibung sein, werden diese anderen einwenden, weil es in ihm nur so wimmelt von legendenhaften und mythischen Passagen; er ist eben poetische Imagination, *fabula*, und nicht *historia*. Das merkt man schon gleich an seinem Anfang, in den ersten Versen. Dort ist die Geschichte der dreißig Töchter des Diokletian erzählt, die in kollektiver Verschwörung ihre 30 Ehemänner umbringen und deswegen von ihrem Vater auf eine einsame und menschenleere Insel verbannt werden. Nach der ältesten und verschlagensten dieser Töchter, Albina, heißt die Insel Albion. Auf ihr zeugen die 30 Töchter Diokletians mit *incubi* die Giganten, die die Insel beherrschen, bis endlich Brutus, der Abkömmling aus Troja, sie davonjagt und Britannien gründet[12].

II.

Sie merken schon, worauf ich mit diesem ersten Teil meines Beitrags hinaus wollte; lassen Sie es mich im zweiten Teil aber der Deutlichkeit halber auch noch einmal sagen. Um unterschiedlichen Modi und Formen von Geschichtsbewahrung auf die Spur zu kommen – denn das ist eine der erkenntnisleitenden Überlegungen im Forschungsinstitut, und die Beiträge dieser Tagung sind Teil der Arbeit an einer Antwort auf diese Frage – um also unterschiedlichen Modi und Formen von Geschichtsbewahrung auf die Spur zu kommen, scheinen mir die traditionellen Kriterien einer Unterscheidung nach Gattungen sowie eine trennscharfe Bestimmung von Historiographie einerseits und literarischer Darstellung von Geschichte, Geschichtsdichtung andererseits untauglich. Ich plädiere ganz entschieden dafür, Gattungssysteme sowie heuristische Klassifikationen als offene Systeme und eben nicht als geschlossene zu begreifen. Hans Robert Jauss hat uns gelehrt, daß Gattungen wie historische Familien seien[13]. Sind sie nur groß genug, so gibt es in ihnen allen

---

[12] Castleford's Chronicle (wie Anm. 2) V. 1-2.556 (S. 1-68). Die verschiedenen Versionen dieser weithin bekannten Episode aus der mythischen Vorgeschichte Englands sind besprochen in James CARLEY/Julia CRICK, Constructing Albion's Past: An Annotated Edition of De Origine Gigantum, Arthurian Literature 13 (1995) S. 41-114.
[13] Hans Robert JAUSS, Theorie der Gattungen und Literatur des Mittelalters, in: Alterität und Modernität der mittelalterlichen Literatur, hg. von DEMS. (1977) S. 327-358 (zuerst in:

schwarze Schafe und Albinos, will sagen: manche passen nicht so recht hinein, sind der Familie aber wiederum auch nicht s o fremd, daß sie als etwas gänzlich Anderes aufgefaßt werden müssen. Wir sollten diese wichtige theoretische Einsicht endlich auch konsequent in die Praxis unseres Forschens umsetzen und Gattungs- wie Klassifikationsgrenzen grundsätzlich als durchlässige verwenden, als Gummiwände sozusagen, die von Autoren immer wieder kräftig in die eine oder die andere Richtung ausgebeult wurden. Weil wir das bisher zu wenig getan haben, konnten Texte wie der von dem Anonymus Castleford aus der einen oder der anderen Sicht vergessen oder in die Vergessenheit abgeschoben werden. Literaturwissenschaftler haben den Text mißachtet, weil seiner einfachen Diktion und den gelegentlich holprigen Versen der poetisch-ästhetische Glanz fehlt; Historiker haben ihn zwar hier und da erwähnt, aber nie zu Rate gezogen, weil sich in ihm angeblich so wenig historisch Korrektes wie Originelles und statt dessen so viel historisch vorgeblich Falsches findet. Es hat seit den ersten Bemühungen der Early English Text Society um diesen Text über 60 Jahre gebraucht, um ihn endlich mit einer Edition ans Licht zu bringen.

Dabei kann man solchen Grenzgängern wie *Castleford's Chronicle* durchaus wichtige historische Einsichten abgewinnen. Zum Beispiel die, daß das traditionelle Gattungssystem der Geschichtsschreibung, von dem Hans-Werner Goetz erst gerade noch auf dieser Tagung erklärt hat, daß es ein dem Mittelalter angemessenes sei[14], eben nicht überall funktioniert. Es versagt schon bei der Geschichtsschreibung in den Volkssprachen, und es versagt deswegen, weil es eben ein der lateinkundigen Elite abgelauschtes System ist. Wenn wir uns aber nur auf das verlassen sollten, was uns die mittelalterlichen Lateiner sagen, dann sähe unser Bild von mittelalterlicher Geschichtserinnerung vermutlich erheblich anders aus. Gattungssysteme wie hier das der Lateiner haben üblicherweise zweierlei Funktion. Auf der einen Seite helfen sie, eine

---

Grundriß der romanischen Literaturen des Mittelalters 1, hg. von DEMS. [1972] S. 103-138); vgl. auch die Einleitung im genannten Sammelband, ebda. S. 9-47.

[14] Vgl. Hans-Werner GOETZ, „Konstruktion der Vergangenheit". Geschichtsbewusstsein und „Fiktionalität" in der hochmittelalterlichen Chronistik, dargestellt am Beispiel der Annales Palidenses, in diesem Band S. 225-257.

schier unübersehbare Fülle von Texten mit ihrer ebenso unübersehbaren Diversität überschaubar zu ordnen und nach Typen zu klassifizieren, sie also begreifbar und verständlich zu machen. Auf der anderen Seite entwickeln sie immer auch eine präskriptive Funktion, sie wollen vorschreiben, wie etwas zu sein hat, damit es dazugehören kann. Dieser präskriptiven Funktion haben sich auf der einen Seite Autoren immer wieder bedient um zu beschwören, daß ihre Werke dazugehören und daß sie selbst wie Mitglieder eines bestimmten Clubs seien, der bestimmte Regeln in seiner Satzung festgeschrieben hat, an die sich alle tunlichst halten, die dazugehören w o l l e n . Wie das wirkt, zeigt sich zum Beispiel an Geoffrey of Monmouth und seiner *Historia Regum Britanniae*[15]: n u r weil es zu seiner Zeit Vorverständnis über die Gattung ist, daß *Historia* sei, was sich so nennt, in lateinischer Prosa geschrieben ist und seine Quellen angibt, kann Geoffrey seinen Zeitgenossen Henry of Huntingdon so beeindrucken, daß sich Henry nach der Lektüre der *Historia* des Geoffrey sogleich hinsetzt, seine eigene *Historia Anglorum* revidiert und in die Revision Teile von Geoffreys Geschichtsfiktion einbaut[16]. Oder, als weiteres Beispiel: nur weil es derzeit so üblich ist, eine *Historia* in Latein und Prosa zu schreiben, betonen anglofranzösische Chroniken um 1200 so gern, daß sie eben nicht mehr der rund 75 Jahre alten Tradition der Verschroniken in Französisch folgen, weil *rime se velt afeiter de moz conqueilliz hors de l'estoire* (weil „Reimdichtung sich solcher Worte bedient, die außerhalb von Geschichte gesucht und gefunden werden")[17]. Dies ist die eine Seite der Medaille: die Ansippung an eine Gattung und der Versuch, sich ihr ähnlich oder gleich zu machen, um auf dem Weg der Nachahmung die Zugehörigkeit zu sichern. Es gibt aber auch, das wissen Sie alle, die Kehrseite der Medaille: Immer wieder haben Autoren

---

[15] Geoffrey of Monmouth, Gesta regum Britannie, ed. Neil WRIGHT (1991).
[16] Henry of Huntingdon, Historia Anglorum, ed. Thomas ARNOLD (Rerum Britannicarum medii aevi scriptores 74, 1879) S. xiv und S. xx-xxiv; Henrys Brief an Warinus Brito, in dem er seine Lektüre von Geoffreys *Historia* in Bec beschreibt, ist abgedruckt in Robert of Torigni, Chronicle, in: Chronicles of the Reigns of Stephen, Henry II. and Richard I., ed. Richard HOWLETT (Rerum Britannicarum medii aevi scriptores 82, 1882) Band 4, S. 65-75.
[17] Zitat aus dem Pseudo-Turpin in DAMIAN-GRINT, The new historians (wie Anm. 8) S. 172.

sich vorgeblich des Regelwerks einer Gattung bedient, um es zu verändern, um bewußt gegen die Regeln oder zumindest einen Teil von ihnen zu verstoßen. Gattungen sind – wie alle Konventionen – historischem Wandel unterworfen; das ist zwar als Einsicht trivial, verdient aber gerade wegen unserer Tendenz zur unterschiedlichen Bewertung verschiedener Quellentypen eine Erinnerung. Denn es sind ja gerade die Grenzgänger, die uns zwingen, den Anspruch auf Allgemeingültigkeit einer Gattungsdefinition immer wieder zu überprüfen. Und nur wenn wir das tun, wenn wir die Grenzgänger ernst nehmen und in ihr Recht setzen, gerät noch eine weitere Funktion der Gattungsregeln in den Blick, die Hand in Hand geht mit ihrer intendierten präskriptiven Wirkung: Gattungsregeln haben auch a u s s c h l i e ß e n d e n und defensiven Charakter. Sie wurden und werden von Autoren auch immer wieder eingesetzt, um anderen Autoren den Rang abzusprechen, den sie reklamieren, sie wollen unter sich bleiben und anderen den Zutritt zur Gemeinschaft verweigern. Weil dieser Grundsatz wirksam ist und weil Geoffrey of Monmouth vordergründig die Regeln der Gattung erfüllt, greift Gerald of Wales zu der hinlänglich bekannten Anekdote über den walisischen Wahrsager Meilyr. Von Teufeln geplagt, verschaffte es ihm Linderung, wenn man ihm die Evangelien auf die Brust legte; legte man aber Geoffreys *Historia* darauf, so kamen die Teufel in viel größerer Zahl und blieben länger als gewöhnlich. Die Funktion dieser Anekdote ist natürlich die, Geoffreys *Historia* eben diesen Rang abzusprechen, *Historia* zu sein; sie ist Teufelszeug, erstunken und erlogen[18].

III.

Drei Thesen habe ich gerade in meinem zweiten Teil aufgestellt. Erstens, unsere Gattungssysteme der Geschichtsschreibung sind, in der Regel gerade dort, wo sie sich auf mittelalterliche Autorität berufen, die der

---

[18] Die Anekdote findet sich in: Gerald of Wales, Itinerarium Kambriae I, 5, ed. James F. DIMOCK (Rerum Britannicarum medii aevi scriptores 21, 1868); der Text ist leicht verfügbar in der Übersetzung von Lewis THORPE, Gerald of Wales: The Journey through Wales/The Description of Wales, (1978).

gebildeten Lateiner; zweitens, solche Regelsysteme wollen klassifizieren und identifizieren, sagen dabei aber auch, daß nicht sein kann, was nicht sein darf, das heißt: sie gewinnen leicht präskriptiven Charakter, und gerade diese Präskription sollten wir immer wieder kritischer Prüfung unterziehen. Drittens: solche Regelsysteme werden auch defensiv oder aggressiv eingesetzt, sie sollen dann ganz bewußt abgrenzen und ausgrenzen, man kann auch sagen: sie wollen – in unserem Fall den historischen – Diskurs beherrschen und manipulieren. Diese drei Thesen, für die ich jeweils nur ein oder zwei Beispiele exemplarisch angeführt habe, will ich jetzt – im dritten Teil – noch auf meinen Gegenstand Castlefords *Chronicle* anwenden und diese Form von Geschichtsschreibung dabei skizzenhaft historisch situieren. Aus der ersten These ziehe ich gleich eine radikale Konsequenz: ich nenne Castlefords *Chronicle* nicht deswegen Geschichtsschreibung, weil die Chronik sich einer Gattungsdefinition fügt oder weil ich in ihr ein bestimmtes Maß an historischer Korrekheit vorfinden kann, sondern weil sie von ihren Rezipienten als Geschichtsschreibung akzeptiert worden ist, weil ihr dieser Status zu- und eingeschrieben ist, weil sie sich zur Zeit ihrer Niederschrift – sei das nun um 1327 oder um 1400 – einer längst autorisierten Form historischer Erinnerung bedient. Ihre Autorität als Geschichtsschreibung und ihre Glaubwürdigkeit gewinnt sie nur aus der Tradition, in der sie steht, nicht daraus, daß sie überall historisch exakt oder gattungsmäßig regelkonform sei. Sie verliert diesen Status als Geschichtsschreibung auch nicht dadurch, daß ihr Autor Mythen und Legenden inkludiert oder eine unglaubliche Version der Normannischen Eroberung erzählt. Für ihren Status als Geschichtsschreibung bürgt allein die Tradition der brittannischen Geschichte, und die ist um 1327 schon fast zweihundert Jahre alt. Ich kann darüber hier nur eine Skizze entwerfen, die Vorgeschichte mit Geoffrey of Monmouth, Wace und Layamon ist ohnehin fast jedermann bekannt. Im Prinzip folgen alle diese Geschichten dem Muster von Englands Gründungssage, wie sie Geoffrey of Monmouth als Traditionsstifter in die Welt gesetzt hat; je nach Zeitpunkt der Abfassung und je nach Interesse der Adressaten werden die verschiedenen Versionen über Geoffrey hinaus in unterschiedliche Gegenwarten fortgeführt, können bis 1270, 1307, 1333, 1415 reichen usw. usf. Je nach Interesse der Autoren können auch weltchronistische Teile vorausgeschickt sein. Es gibt eine schier unübersehbare Menge von verschiedenen Fassungen dieser Brut-Geschichten, in Prosa, in Vers, in Anglo-Französisch, in Latein, in Englisch[19]. Unter der Fülle des verschiedenartigen Materials gehen alle Gattungsdefinitionen und Gattungstraditionen verloren, sie werden unbedeutend angesichts der verschiedenen, fiktionalen oder nicht-fiktionalen Geschichten und Geschichtchen, die sich dem historischen Strang ansippen; gebildetes Beharren auf Regeln der Gattung oder gebildete Traditionen der lateinischen Historiographie (die natürlich bedeutsam bleiben) richten da nur noch wenig Bestimmendes aus. Zu diesem großen Geschichtsstrang, der seine Legitimation allein aus dem festen Muster der Britengeschichte bezieht und in der Figur Arthurs einen Kulminationpunkt hat, gehören in englischer Sprache unter anderen die schon ewähten Verschroniken des Robert of Gloucester oder die des Robert Mannyng wie eben auch der Anonymus von Castleford[20]. Ein ganz erheblicher Teil dieser langen Texttradition – mindestens 172 Manuskripte sind heute allein mit verschiedenen Prosafassungen bekannt – ist noch nicht einmal ediert. Dennoch läßt sich eine Kontur der Rezeption ausmachen.

Um 1270 setzt die Rezeption in englischer Sprache ein, die sich zunächst noch mit Robert of Gloucester an vermutlich kleine Zirkel im Landadel richtet, die aber schon in Versionen des frühen 14. Jahrhunderts erste Indizien für eine Anneignung der britisch-englischen Geschichte in städtischen Zirkeln bereithält. Zu beobachten ist das an der Inklusion von solchen lokalen Teilen, die sich besonders mit Ereignissen bestimmter Orte befassen, wie ich das eingangs und exemplarisch an nur einem Beispiel mit Castelfords Interesse an York dokumentiert habe; zu

---

[19] Immer noch grundlegend für die Rezeption dieser Erinnerungstradition in Prosa ist Friedrich W. D. BRIE, Geschichte und Quellen der mittelenglischen Prosachronik. The Brute of England oder The Chronicles of England (1905). Vgl. ferner Manual of the Writings in Middle English 1050-1500 vol. 8: XXI. Chronicles and Other Historical Writings, ed. Edward D. KENNEDY (1989) Nr. 3-17.

[20] The Metrical Chronicle of Robert of Gloucester, ed. W. A. WRIGHT (Rerum Britannicarum medii aevi scriptores 86, 1887); The Story of England by Robert Mannyng of Brunne, ed. Frederick J. FURNIVALL (Rerum Britannicarum medii aevi scriptores 87, 1887).

beobachten ist das im weiteren Verlauf aber auch an glücklichen Einzelfällen wie dem des Gildenschreibers Henry Lovelich, der für eine Londoner Gilde zwei recht holprige Versversionen produziert. Für diese Rezeption der englischen Geschichte in der Stadt und für ihren Beginn ist dann aber die historische Situierung der Castleford'schen Chronik von ungeheurer Bedeutung. Datiert man sie in das frühe 14. Jahrhundert, um 1327, so ist sie ein auffällig früher Beleg für die Aneignung englischer Geschichte durch städtische Zirkel; datiert man sie wie das Manuskript auf eine Zeit um 1400, so bleibt sie immer noch ein relativ früher Beleg. Auf der Basis einer noch lückenhaften Sichtung der verschiedenen edierten Brut-Versionen kann ich nur vermuten, daß in den Städten zumindest für eine längere Zeit zwei Geschichtstraditionen nebeneinander bestanden. Einerseits ist dies die Tradition einer lokalen Geschichtsbewarung, deren annalistischer Charakter mit seiner Inklusion von Urkunden, Briefen und für die Stadt wichtigen Ereignissen in den verschiedenen Versionen des *London Chronicle* gut belegt ist; Versionen dieser Chronik beginnen in der Regel im Jahr 1189, dem Jahr der Verleihung der Stadtrechte durch Richard I., aber sie werden bis zum Beginn des 15. Jahrhunderts in Latein oder Französisch geschrieben[21]. Im frühen 14. Jahrhundert lassen sich die Zunftmeister in London ihre Privilegien-Geschichte (die in Lateinisch und Französisch verfaßt und festgehalten ist) mindestens einmal jährlich von ihrem Stadtschreiber Andrew Horn vorlesen. Neben dieser Tradition der historischen Erinnerung kann man auf der Basis der lokalen Zuschreibungen eine Rezeption der Britengeschichte etablieren, die mit Beginn des 14. Jahrhunderts die bedeutenden Stadtbürger teilhaben läßt an der allmählichen Entwicklung einer überregional definierten Identität oder, wenn Sie so wollen, eines englischen Nationalgefühls. Es ist bezeichnend, daß solche Zuordnungen der Britengeschichte sich am deutlichsten ausmachen lassen für London, Bristol und York, denn das sind – neben Coventry – die drei Städte, aus denen im späten Mittelalter auch Stadtgeschichtsschreibung im nennenswerten Umfang überliefert ist. Es sind zugleich die drei Städte, in denen das wirtschaftliche Interesse an Außenhandel besonders ausgeprägt war. Schließlich kommt es auch,

---

[21] Zur verwickelten Stadtgeschichtsschreibung in London vgl. zur Einführung KENNEDY, Manual (wie Anm. 19) Nr. 18, 18a-i.

aber das ist erst im späten 15. Jahrhundert, in London zu einer Integration der Britengeschichte mit der Stadtgeschichte. In dieser langen Entwicklung von ersten Stufen der Rezeption zur Integration hat *Thomas Castleford's Chronicle* einen bedeutsamen Platz, weil diese Verschronik – quasi unabhängig vom Problem ihrer Datierung – deutlich Nachweis führt für ein erwachendes und dann wachsendes Interesse der städtischen Elite – hier von York – an einer Teilhabe am britischen, am nationalen historischen Erbe, an der für wahr gehaltenen Geschichtsschreibung über die Geschichte Englands.

In der Forschung wird die Rezeption der Brut-Geschichten bisher vornehmlich dem Adel zugeschrieben; das geschieht zum einen, weil die frühen Versionen noch in Französisch abgefaßt sind, zum anderen, weil die Brut-Geschichten ein ausgeprägtes Interesse an der Ritterschaft ihrer Könige zeigen. Daß dies aber zumindest für die Zeit ab 1300 eine Fehleinschätzung ist und daß man andere Rezipientenkreise einbeziehen und ansetzen muß, belegt eine der vielen literarisierten Versionen, die die Brut-Tradition in England von Anfang an begleiten. Um 1320 bedient sich nämlich der Autor des mittelenglischen Versromans *Of Arthour and of Merlin*[22] der historischen Tradition der Britengeschichte, um – so die Begründung für die Sprachwahl – im nichtadligen Interesse dem herrschenden König – das ist Eduard II. – das Bild Arthurs als Vor-Bild entgegenzuhalten, und die Herkunft dieses Textes aus dem Londoner Raum ist unbestritten[23]. Gegen solche Aneignung der Britengeschichte im Interesse von städtischen Zirkeln spricht letztlich auch nicht der beständig wiederholte Versuch der Herrschenden, dieselbe Tradition für i h r e politischen Absichten zu nutzen, im Gegenteil: es spricht nur für die Wirkungsmächtigkeit der Tradition und für ihre Anpassungsfähigkeit an je unterschiedliche Interessen. Nur zwei Beispiele dafür: Bei seiner Thronbesteigung 1485 läßt Heinrich VII. unter Berufung auf die Britengeschichte seine Genealogie über 99 Könige bis zum walisischen Cadwa-

---

[22] Of Arthour and of Merlin, ed. Osgar D. MACRAE-GIBSON (Early English Text Society 268 und 279, 1973 und 1979).

[23] Vgl. Wilhelm BUSSE, Brutus in Albion: Englands Gründungssage, in: Herkunft und Ursprung: Historische und mythische Formen der Legitimation, hg. von Peter WUNDERLI (1994) S. 207-223.

lader und zum britischen Artus zurückführen und tauft folgerichtig seinen erstgeborenen Sohn auf den Namen Arthur; er folgt damit nur den Beispielen, die viele seiner Vorgänger mit ihrer jeweiligen Aneignung der Britengeschichte Englands und seiner Gründungssage gesetzt hatten. So ließ denn auch Eduard I. seinen Herrschaftsanspruch in Schottland vor Papst Bonifatius VIII. mit einem Zitat aus Geoffrey of Monmouth begründen; und der Papst hat diese Geschichtsfiktion unbesehen für bare Münze hergenommen – jedenfalls behauptet das die englische Propaganda. Ein Festhalten an gattungskonformer Historiographie oder eine besonders kritische Prüfung des historischen Gehalts ist dabei in keinem Fall festzustellen; die Britengeschichte ist unumstößlicher Teil der für wahr gehaltenen Geschichte Englands, und daraus bezieht sie ihre Legitimität.

Viel läßt sich demnach noch nicht sagen über die städtische Rezeption englischer Geschichte im 14. und 15. Jahrhundert. Weil weder die Texte noch der Prozeß im einzelnen auch nur annähernd in den Blick genommen sind, gibt es hier noch Erhebliches zu tun, zu orten, zu sortieren und zu deuten. Man kann aber ein paar Rahmenbedingungen für die historische Situierung aufstellen, innerhalb derer sich die Suche nach Antworten orientieren mag. Es ist auffällig, daß im Unterschied etwa zu den deutschen Städten die englischen eine Stadtgeschichtsschreibung im engeren Sinne wohl gar nicht kennen. Dafür muß es Gründe geben, die mit der Rezeption der Britengeschichte als allen gemeinsames Erbe zusammenhängen werden, die aber sicher auch damit zu tun haben, daß England seit der Mitte des 10. Jahrhunderts zentral regiert wird und somit die Form der reichsfreien Städte auf der Insel gar nicht vorkommt. In der Definition der Identität städtischer Zirkel spielt daher ab etwa 1250 das Erinnern stadtbezogener, lokaler und damit von zentraler Herrschaft quasi unabhängiger Vorfälle und Ereignisse vielleicht eine weniger bedeutsame Rolle als eben die Teilhabe an zentraler Herrschaft, wie sie ansatzweise für London bereits aus dem frühen 11. Jahrhundert faßbar wird an der Forderung einer westsächsisch-merzischen Truppe, die Londoner mögen sich an der militärischen Verteidigung beteiligen – ohne sie ginge (so die Behauptung) quasi nichts[24]. Die Inhalte des Erinnerns mögen also aufgrund der unbestrittenen Zentralherrschaft prinzipiell andere gewesen sein.

Hinzu kommt mindestens als zweites bedeutsames Merkmal ein Sprachenproblem, das in vergleichbarer Weise auf dem Kontinent nicht vorzufinden ist. In England bestehen mit entsprechender zeitlicher Verschiebung drei Traditionen historischer Erinnerung nebeneinander, die in lateinischer, die in französischer und die in englischer Sprache. Vor der Normannischen Eroberung ist Geschichtsschreibung in englischer Sprache fest etabliert, sie rivalisiert sogar mit solcher in Latein. Nach der Eroberung wird in dieser Funktion Englisch vom Französischen verdrängt, die neuen Herrscher rezipieren die Geschichte ihres neuen Landes eben in ihrer eigenen Sprache. Daß die englische Sprache erst wieder nach rund 1400 in herrschenden Kreisen für diese Funktion gebraucht wird, erklärt vielleicht zum Teil, warum die Rezeption auf der Insel so anders und natürlich zeitlich verzögert verlaufen ist.

Zum Abschluß soll anekdotische Evidenz zeigen, welches Erklärungspotential für die Rezeption der Britengeschichte in städtischen Zirkeln gerade über den Aspekt der verwendeten Sprachen noch zu heben ist. Die Herren der Stadt hatten es nämlich gern so wie die Herren im Land, sie ahmten natürlich deren Traditionen nach, sie benutzten auch deren Sprache – und das selbst dann, wenn sie sie gar nicht verstanden. Die ehrwürdige Zunft der Braumeister Londons gibt erst 1422 ihren Brauch auf, die Unterlagen ihrer Zunft (und damit doch auch ihre Zunftgeschichte) in Französisch oder Latein zu führen, „das sind Sprachen, die wir nicht verstehen", schreiben sie an ihren König HeinrichV[25]. Die Londoner Zunftmeister kannten die Form des Vortrags und der Auslegung ihrer in den Fremdsprachen verfaßten Stadt-Privilegien und Stadt-Urkunden sowie der Beschlüsse der *Aldermen* durch den Stadtschreiber schon mindestens seit Beginn des 14. Jahrhunderts; auch da wurde also eine quasi rudimentäre Stadtgeschichtsschreibung in den Fremdsprachen

---

[24] Vgl. die Angelsachsenchronik unter dem Jahr 1016 in den Mss. C, D und E in: English Historical Documents c. 500-1042, ed. Dorothy WHITELOOK (1979) S. 248.
[25] Übersetzung des Originalschreibens in: A Book of London English 1384-1425, edd. Raymond W. CHAMBERS/Marjorie DAUNT (1931) S. 139.

geschrieben, aber von den Adressaten erst in der Übersetzung rezipiert. Es wäre also möglich, daß die im Verhältnis zu einigen Ländern des Kontinents verzögerte und andere Rezeption englischer Geschichte in der Stadt auch darin eine Erklärung findet, daß frühere Versionen der Brut-Geschichten vom Stadtpatriziat aus den Fremdsprachen rezipiert wurden.

PROPAGIERTE GESCHICHTE.
DIE „STEPENNAJA KNIGA" (STUFENBUCH) UND DIE HERRSCHAFTSIDEOLOGIE IN DER MOSKAUER RUS' (16. JAHRHUNDERT)

von

HANS HECKER

Gegenstand dieses Beitrages ist die *stepennaja kniga*, das „Stufenbuch"[1], eines der monumentalen Werke Moskauer Geschichtsschreibung aus dem 16. Jahrhundert. Nun mag man nach den Maßstäben, die für das westliche und mittlere Europa gelten, das 16. Jahrhundert nicht mehr unbedingt zum Mittelalter, die um die Mitte dieses Jahrhunderts entstandenen Chroniken somit nicht mehr zur mittelalterlichen Geschichtsschreibung rechnen. Die sowjetische Historiographie hat in ihrem Bestreben, die russische Geschichte mit der Geschichte Europas und der übrigen Welt zu korrelieren, die Moskauer Rus' des 16. Jahrhunderts in einer häufig verwendeten Formulierung „auf der Schwelle der Neuzeit" (*na poroge novogo vremeni*)[2] gesehen, und westliche Historiker haben sich damit eingehend auseinandergesetzt. Frank Kämpfer hat am Ende seiner vor allem auf die Kunstgeschichte bezogenen Diskussion dieses Themas die Problematik in der abschließenden Frage zusammengefasst: „Rußland auf der Schwelle zwischen Mittelalter und Neuzeit - war es ‚schwanger des Kommenden' ..., oder war es im Gegenteil kulturell leergeschöpft und hastig wieder vollgestopft mit den Resten des Alten und zahlreichen

---

[1] Kniga stepennaja carskogo rodoslovija [Stufenbuch der zarischen Herkunft] (Polnoe sobranie russkich letopisej [künftig: PSRL] [Vollständige Sammlung der russischen Chroniken] Band 21,1/2, 1908-1913, Reprint 1970).

[2] So zum Beispiel Aleksandr Aleksandrovič ZIMIN, Rossija na poroge novogo vremeni. Očerki političeskoj istorii Rossii pervoj treti XVI v. [Russland auf der Schwelle der Neuzeit. Abhandlungen zur politischen Geschichte Russlands im ersten Drittel des 16. Jahrhunderts] (1972). Dementsprechend auch Erich DONNERT, Russland an der Schwelle der Neuzeit. Der Moskauer Staat im 16. Jahrhundert (1971).

Brocken von Fremdem und Neuem?"³. Die Diskussion ist damit nicht beendet, im Gegenteil, zumal der Moskauer Staat zweifellos zu den christlichen Reichen und damit zum europäischen Kulturkreis gehört, wenn auch aus vielerlei Gründen, die hier nicht weiter erörtert werden können, für ihn etwas andere Maßstäbe gelten müssen. Die neuere Forschung versucht die Problematik der verzögerten Entwicklung des Reiches im Osten Europas und der Übergangsphase zwischen Moskauer Rus' und Petersburger Imperium dadurch aufzufangen, dass sie die Geschichte Altrusslands mit dem Regierungsantritt Peters des Großen am Ende des 17. Jahrhunderts zu Ende gehen lässt. Dabei sind Verschiebungen und Abweichungen in der Entwicklung gegenüber dem westlichen Europa wie die Annahme des Christentums erst am Ende des 10. Jahrhunderts (988) oder das Ausbleiben von Renaissance und Reformation berücksichtigt. Das Verhältnis zur lateinisch geprägten Christenheit, zum westlichen Europa, wird von dem spannungsreichen Gegensatz zwischen einem durch vielerlei Faktoren bedingten Entwicklungsrückstand und dem damit unauflöslich verbundenen Bestreben nach Europäisierung und Modernisierung – nahezu synonym verwendet – gekennzeichnet[4]. Somit erscheint es legitim, im thematischen Zusammenhang dieses Bandes ein Werk der russischen Geschichtsschreibung des 16. Jahrhunderts vorzustellen.

Die *stepennaja kniga*, das „Stufenbuch", entstand zwischen 1560 und 1566, wahrscheinlich auf Initiative des Metropoliten Makarij, eines engen Vertrauten des jungen Zaren[5]. Sie gehört zu der umfangreichen auf das

---

[3] So beispielsweise Frank KÄMPFER, „Rußland an der Schwelle zur Neuzeit". Kunst, Ideologie und historisches Bewußtsein unter Ivan Groznyj, Jahrbücher für Geschichte Osteuropas (künftig: JbbGOE) 23/4 (1975) S. 504-524, hier S. 524.

[4] Eine scharfsinnige, bei aller Kürze in die Tiefe gehende Einführung in das politisch-historische Selbstverständnis des damaligen Russland gibt Günther STÖKL, Imperium und imperiale Ideologie. Erfahrungen am Beispiel des vorpetrinischen Russland, in: Vom Staat des Ancien régime zum modernen Parteienstaat. Festschrift für Theodor Schieder zu seinem 70. Geburtstag, hgg. von Helmut BERDING/Kurt DÜWELL/Lothar GALL/ Wolfgang J. MOMMSEN/Hans-Ulrich WEHLER (1978) S. 27-39.

[5] Die genaue Entstehungszeit und damit auch die unmittelbare Leitung dieses Chronikprojektes sind noch nicht eindeutig geklärt. Grundlegend für die *stepennaja kniga* – wie

Moskauer Zartum bezogenen Literatur, einer Art Staatspublizistik, die seit der Herrschaftsübernahme Ivans IV. „des Schrecklichen" in den fünfziger und sechziger Jahren des 16. Jahrhunderts angefertigt wurde. Dazu gehörten die *Velikie Četii Minei* (Große Lesemenäen)[6], eine Sammlung der Viten russischer Heiliger für jeden Tag des Jahres von gewaltigem Umfang, oder Chroniken, die ebenfalls offiziellen Charakter trugen, wie der *Letopisec načala carstva* (Chronik vom Beginn des Zartums)[7] oder die mehrbändige, mit prachtvollen Illuminationen versehene Weltchronik *Carstvennaja kniga*[8].

1547 war mit dem damals knapp siebzehnjährigen Ivan Vasil'evič erstmals ein Moskauer Großfürst offiziell zum „Zaren der ganzen Rus'" gekrönt worden. Die Politik des „Sammelns der russischen Lande", d. h. die Konzentration der russischen Fürstentümer und Teilfürstentümer unter der Moskauer Oberhoheit war an sich vollendet, der junge Zar schickte sich an, die Wolgakhanate Kazan' (1552) und Astrachan' (1556) zu erobern und deren Gebiete seinem Zartum und den Titel eines „Khans", den die dortigen Herrscher trugen, in der russischen Übersetzung als „car'" seiner Titulatur einzuverleiben[9]. Ein wesentlicher Teil der Moskauer staatsbezogenen Publizistik, dem auch die *stepennaja kniga*

---

auch für die unten erwähnten *Velikie Minei Četii* – ist David B. MILLER, The Velikie Minei Chetii and the Stepennaja kniga of Metropolitan Makarii and the Origins of Russian National Consciousness, Forschungen zur Osteuropäischen Geschichte 26 (1979) S. 263-382; siehe dazu die Rezension von Günther STÖKL, JbbGOE 29 (1981) S. 264-266. Miller zufolge (S. 315) zog der Metropolit Makarij den Beichtvater Ivans IV. und Nachfolger als Metropolit Andrej-Afanasij für die Erarbeitung des umfangreichen Werkes während der Jahre 1560-1563 heran. Die Jahre 1564-1566 und die Leitung durch den dann bereits zum Metropoliten avancierten Afanasij nimmt hingegen an Peter NITSCHE, Translatio imperii? Beobachtungen zum historischen Selbstverständnis im Moskauer Zartum um die Mitte des 16. Jahrhunderts, JbbGOE 35/3 (1987) S. 321-338, hier S. 322.

[6] Velikija Minei Četii sobrannyja vserossijskom Metropolitom Makariem [Große Lesemenäen, zusammengestellt von dem Metropoliten der ganzen Rus' Makarij] (1869 ff., nicht vollständig im Druck erschienen).

[7] Letopisec načala carstva [Chronik vom Beginn des Zartums] (PSRL 29, 1965) S. 9-116.

[8] Carstvennaja kniga [Das Buch des Zartums] (PSRL 13/2, 1906).

[9] Zum Problem der Zaren-Titulatur Helmut NEUBAUER, Car und Selbstherrscher. Beiträge zur Geschichte der Autokratie in Rußland (1964); zusammenfassend auch „Autokratie" in: Lexikon der Geschichte Rußlands. Von den Anfängen bis zur Oktoberrevolution, hg. von Hans-Joachim TORKE (1985) S. 48-50.

zugehört, entstand bis zum Beginn der 1560er Jahre, als die anfängliche Reformperiode der Herrschaft Ivans IV. in die Periode des Terrors überging. Hier – wie auch in den späteren Schriften, etwa in den Sendschreiben Ivans IV. des Schrecklichen[10] oder in dem heftigen Briefwechsel mit seinem abtrünnigen Mitarbeiter Andrej Kurbskij[11] – ging es letztlich darum, sich der autokratischen Herrschaft in dem erreichten Höhepunkt ihrer Entwicklung und in ihrer Verbindung mit der russischen orthodoxen Kirche zu vergewissern, die Bedeutung des Moskauer Zartums und die Rechtmäßigkeit seines Anspruchs auf Ranggleichheit mit den Kaisern des untergegangenen byzantinischen sowie des abendländisch-römischen Reiches nachzuweisen. Die *stepennaja kniga* unterscheidet sich dadurch von anderen, früheren Chroniken, auch von denjenigen, auf denen sie beruhte und aus denen sie kompiliert wurde, dass sie eindeutig und einheitlich die politische, nationale und orthodoxe Ideologie der Moskauer Autokratie dokumentiert. In dieser Hinsicht ist Millers Feststellung zu verstehen, die *stepennaja kniga* „was the first unitary historical writing of early modern Russia"[12]. Die Mittel, mit denen diese „frühmoderne" russische Ideologie formuliert wurde, sind die des mittelalterlichen Denkens und Selbstverständnisses, der politischen Religiosität des Mittelalters[13], der intensiven und weitreichenden Theologie des Zaren Ivan IV.[14], im Sinne der obigen Formulierung von Frank Kämpfer zwar schon auf das

---

[10] Poslanija Ivana Groznogo [Die Sendschreiben Ivan Groznyjs], edd. Dmitrij Sergeevič LICHAČEV/Jakov Solomonovič LUR'E (1951).
[11] Perepiska Ivana Groznogo s Andreem Kurbskim, edd. Jakov Solomonovič LUR'E/Ju. D. RYBAKOV (1979); deutsche Ausgabe: Der Briefwechsel Iwans des Schrecklichen mit dem Fürsten Kurbskij (1564-1579), eingeleitet und aus dem Altrussischen übertragen unter Mitwirkung von Karl H. Meyer von Karl STÄHLIN (Quellen und Aufsätze zur russischen Geschichte 3, 1921).
[12] MILLER, Stepennaia kniga (wie Anm. 5) S. 361.
[13] Günther STÖKL, Die politische Religiosität des Mittelalters und die Entstehung des Moskauer Staates, Saeculum 2 (1951) S. 393-415. Nachdruck in: DERS., Der russische Staat in Mittelalter und früher Neuzeit. Ausgewählte Aufsätze. Aus Anlass seines 65. Geburtstages hgg. von Manfred ALEXANDER/Hans HECKER/Maria LAMMICH (Quellen und Studien zur Geschichte des östlichen Europa 13, 1981) S. 35-57.
[14] Dies zeigt überzeugend Günther STÖKL, Testament und Siegel Ivans IV. (Abhandlungen der Rheinisch-Westfälischen Akademie der Wissenschaften 48, 1972) S. 37 ff.

Neue und Kommende hin orientiert, aber noch voller Versatzstücke des Vergangenen.

Die *stepennaja kniga* stellt die Geschichte der russischen Herrscher von den Anfängen der Kiever Rus' bis zur Moskauer Gegenwart, also bis zur Zeit des ersten gekrönten Zaren, Ivans IV. „des Schrecklichen", dar. Wenn auch von der Kirche nicht speziell die Rede ist, so hebt die *stepennaja kniga* doch die enge Verbindung von Staat und Kirche hervor, das enge Zusammenwirken der beiden tragenden Kräfte der Rus', deren Repräsentanten, Großfürst und Metropolit, beide in ihrem Titel den Hinweis *vseja Rusi*, „von der ganzen Rus'" tragen[15].

Die Herrschergeschichte der *stepennaja kniga* gliedert sich in eine Vor- und eine Hauptgeschichte. In der Vorgeschichte, die auf drei Stufen berechnet ist, beginnend mit dem Begründer der Dynastie Rjurik, spielt die Großfürstin Ol'ga, die 969 starb, unter den noch heidnischen Herrschergestalten die wesentliche Rolle. Denn sie war die erste russische Fürstin, die sich als damalige Inhaberin der Regierungsgewalt um 957 taufen ließ; in diesem Zusammenhang trat sie dem byzantinischen Kaiser und dem Patriarchen von Konstantinopel eindrucksvoll gegenüber. In ihr repräsentierte sich zum ersten Mal ein russischer Fürst bzw. eine Fürstin als c h r i s t l i c h e Fürstin von hervorragender Bedeutung und hohem Anspruch. Bereits hier tritt der Grundzug einer deutlichen Distanz gegenüber Byzanz in Erscheinung, der die *stepennaja kniga* gerade im Vergleich

---

[15] Dokumentiert in: Die Orthodoxe Kirche in Rußland. Dokumente ihrer Geschichte (860-1980). Im Auftrag des Studienausschusses für Fragen der orthodoxen Kirchen bei der Evangelischen Kirche der Union (Bereich Bundesrepublik Deutschland und Berlin-West) und in Verbindung mit dem Ostkirchen-Institut der Westfälischen Wilhelms-Universität, hgg. von Peter HAUPTMANN/Gerd STRICKER (1988) insbesondere Teil III: Fairy VON LILIENFELD/Erich BRYNER, Die autokephale Metropolie von Moskau und ganz Rußland (1448-1589), S. 225-288. Einen konzentrierten Überblick gibt Günther STÖKL, Staat und Kirche im Moskauer Rußland des 14. bis 16. Jahrhunderts, in: Der Ökumenische Patriarch Jeremias II. von Konstantinopel und die Anfänge des Moskauer Patriarchates. Referate und Beiträge auf dem Internationalen Wissenschaftlichen Symposion in Bad Alexandersbad 10.-15. Juni 1989, hgg. von Martin BATISWEILER/Karl-Christian FELMY/Norbert KOTOWSKI (Oikonomia. Quellen und Studien zur orthodoxen Theologie 27, 1991) S. 53-61.

mit den älteren Chroniken bestimmt, aus denen sie kompiliert worden ist. So greift der Bericht über die Taufe Ol'gas in Konstantinopel[16] auf die früheren Darstellungen zurück und verschweigt auch nicht ihr Zusammentreffen mit dem Kaiser und dessen Heiratsantrag an sie. Zum einen wird damit ebenfalls die Ranggleichheit der russischen Fürstin unterstrichen, zum andern weicht die Darstellung der *stepennaja kniga* von den früheren Chroniken dadurch ab, dass sie den Kaiser als sündhaften Lüstling beschreibt, dem die moralisch weit überlegene Neuchristin aus Kiev eine Lektion erteilt. Allerdings konnte Ol'ga das Christentum lediglich für sich selbst annehmen, nicht für die Rus', weil sie nur für ihren Sohn Svjatoslav die Regentschaft führte. Daher gehört sie in die Vorgeschichte.

Die eigentliche Darstellung ist in der Form einer Treppe mit 17 Stufen aufgebaut. Auf der untersten Stufe steht Vladimir I., der „Heilige". Mit ihm beginnt die „eigentliche" Geschichte, weil er (988) das Christentum als Staatsreligion angenommen hatte. Vladimir I. fungiert hier als politisch-religiöser Spitzenahn. Auf der obersten, „seit dem heiligen Vladimir dem Ersten siebzehnten Stufe, seit Rjurik der zwanzigsten"[17], thront Ivan IV., als von Gott eingesetzter Zar und glorreicher Höhepunkt der gesamten Geschichte der Rus'. Die 17 Stufen entsprechen selbstverständlich nicht der Herrschaftszeit eines jeden wirklich regierenden – oder „szeptertragenden" – Großfürsten, von denen es in der Traditionslinie Kiev – Vladimir – Moskau von Vladimir I. bis Ivan IV. 29 gegeben hatte. Es kommt zu den 17 Stufen, weil – mitunter ziemlich gewaltsam – in jeweils einer Stufe die Herrscher zusammengefasst werden, die im Zuge der S e niorats erbfolge auf dem Thron zwar einander ablösten, aber als Brüder oder Vettern der gleichen Generation angehörten. Auf diese Weise tritt die Abfolge der unmittelbaren leiblichen Vorfahren Ivans IV. deutlich in den Vordergrund, es wird eine gerade genealogische Linie vom Spitzenahn zum derzeit regierenden Herrscher gezogen. Die Anzahl von 17 Stufen ist aus den für die Abfassung der *stepennaja kniga* verwendeten

---

[16] PSRL 21/1 (wie Anm. 1) S. 25 ff.
[17] PSRL 21/2 (wie Anm. 1) S. 629.

Chroniken übernommen worden, hier ergibt sie sich aus dem Bestreben, die direkte Ahnenreihe des ersten gekrönten Zaren von den Anfängen der Kiever Rus' an herauszuarbeiten[18].

Das Verhältnis zwischen Staat und Kirche in Altrussland wird – ähnlich wie im byzantinischen Reich, wenn auch nicht als unmittelbares Abbild – mit dem Begriff der „Symphonia" gekennzeichnet[19]. Es kennzeichnet aber das Kräfteverhältnis innerhalb dieser russischen „Symphonia", dass die Abfolge der Metropoliten der ganzen Rus' an die Abfolge der Großfürsten angepasst worden ist. In der Staatsideologie des Moskauer Zartums rangiert das politisch-staatliche Element vor dem religiös-kirchlichen, wenn auch unlösbar mit ihm verflochten.

Gewiss tritt in dem heilsgeschichtlichen Grundzug der *stepennaja kniga* ein grundlegendes Charakteristikum der Denkweise und des Weltbildes des Mittelalters in Erscheinung. Das Erzählen von der Vergangenheit wird zu einer Art „Erschreiben des Heils". Der Verfasser erwirbt sich selbst das Heil, indem er mit seiner Geschichte vom Wirken Gottes in der Welt berichtet, und er eröffnet seinen Zeitgenossen und Nachfahren, die sein Werk aufnehmen, die Chance, sich das Heil zu erwerben. Mitunter wird dies auch ausdrücklich so gesagt[20]. In diesem Sinn und in einer rhetorisch gesteigerten, blumig-pompösen Art und Weise kommt die

---

[18] Zahlenmagie oder Zahlenmystik haben keine erkennbare, zumindest keine vorrangige Rolle gespielt. Dazu auch NITSCHE, Translatio imperii? (wie Anm. 5) S. 323.

[19] Günther STÖKL, Zur Christianisierung von Fürstenherrschaft und Staat in Rußland, in: Tausend Jahre Christentum in Rußland. Zum Millenium der Taufe der Kiever Rus', hgg. von Karl Christian FELMY/Georg KRETSCHMAR/Fairy VON LILIENFELD/Claus-Jürgen ROEPKE (1988) S. 304-311.

[20] Als Beispiel sei hier auf die Einleitung zu Rimberts *Vita Anskarii*, ed. Georg WAITZ (MGH SS rer. Germ. [55], 1884) c. 1 verwiesen, um damit ein von der *stepennaja kniga* weit entferntes Beispiel zu nehmen: *Huius itaque sanctissimi patris memoriam stilo exarare decrevimus et, qualiter apud nos vixerit, quidque de eo nobis cognitum extiterit, vestrae reverentiae scriptis intimare, quo et divinam clementiam in beato viro vestra quoque nobiscum collandet affectio, et imitari volentibus exemplum salutie fiat eius sanctisima devotio.* Übersetzung von Werner Trillmich bei: Quellen des 9. und 11. Jahrhunderts zur Geschichte der Hamburgischen Kirche und des Reiches, hg. von Rudolf BUCHNER/Werner TRILLMICH (Ausgewählte Quellen zur Deutschen Geschichte des Mittelalters. Freiherr vom Stein-Gedächtnisausgabe 11, ³1973) S. 16-133, hier S. 19.

heilsgeschichtliche Formulierung des neuen auf den Moskauer Staat bezogenen Denkens nicht nur in der Einleitung der *stepennaja kniga* zum Ausdruck, sondern sie durchzieht auch den ganzen umfangreichen Text. Den Beginn macht eine Einladung an die Rechtgläubigen in der Rus', sich mit der Geschichte des zarischen Hauses zu befassen und sich in sie hineinzubegeben wie in eine Kirche. Die Herrschaft der Rjurikiden erscheint hier als Ausdruck der Gnade, die Gott auf das russische Land ausgegossen hat. Dieses aufzuschreiben und sich damit zu befassen – das ist die Botschaft – ist Ausdruck dieses göttlichen Heils und zieht es weiterhin auf das russische Land und das Zartum Moskau[21].

In der *stepennaja kniga* mischen sich Geschichtsschreibung und Gebet – anders kann man die ständig eingestreuten Anrufungen der Dreifaltigkeit, der Apostel und der Heiligen wohl kaum bezeichnen – zu einem pompösen Schriftdenkmal, das Ausdrucks des Heils ist, das dank des zarischen Hauses auf dem russischen Land ruht. Das Heil kann aber auch nur durch ständiges Bekenntnis dazu erhalten werden, und eine Ausdrucksform dieses Bekenntnisses ist das Schreiben und Würdigen dieses Werkes. Das Heil für das russische Land wird, wie bereits in der Einleitung unübersehbar zum Ausdruck kommt, geradezu erschrieben:

„Stufenbuch des zarischen Geschlechtes der im Russischen Land durch Gottes Gnade erglänzenden, durch Gott kräftig gewordenen Herrscher, das von Gott ist, wie paradiesische Bäume an den Quellen angepflanzt,

---

[21] Die begriffbildende Bezugsgröße für die Bezeichnung von Herrschaftsbereichen bzw. Staatsbildungen ist in Russland, anders als in West- und Mitteleuropa, nicht das namengebende Volk, sondern das Land, russisch *zemlja*. Im Zuge der Entfaltung des Großfürstentums Moskau rückt der Begriff für „Staat", russ. *gosudarstvo*, in den Vordergrund. Beide Begriffe stehen, wenn auch in sich wandelnder Perspektive, für den Gedanken der Einheit der russischen Lande. Günther STÖKL, Die Begriffe Reich, Herrschaft und Staat bei den orthodoxen Slawen, Saeculum 5 (1954) S. 104-118, Nachdruck in: Der russische Staat in Mittelalter und früher Neuzeit (wie Anm. 13) S. 74-88; Joel RABA, Von *Russkaja zemlja* zu *Rossijskoe gosudarstvo* – Wandlungen des Begriffs in der russischen Reiseliteratur, in: Geschichte Altrusslands in der Begriffswelt ihrer Quellen. Festschrift zum 70. Geburtstag von Günther Stökl, hgg. von Uwe HALBACH/ Hans HECKER/Andreas KAPPELER (Quellen und Studien zur Geschichte des östlichen Europa 26, 1986) S. 106-112; zu der Gesamtthematik auch Walter LEITSCH, *Russia-Ruteni* und *Moscovia-Mosci* bei Herberstein, ebda., S. 113-123; Andreas KAPPELER, Ethnische Abgrenzung: Bemerkungen zur ostslavischen Terminologie des Mittelalters, ebda., S. 124-138.

das den wahren Glauben angenommen hat, in Gottes Sinn und Gnade aufgewachsen ist und in von Gott verliehenem Ruhm erglänzt, wie ein Garten wohlgewachsen und schön von Blättern und Blüten; reich an Früchten und mit allerlei Wohlgeruch ausgefüllt, wuchs bis zur höchsten Höhe heran ein großes Geschlecht, es dehnte sich aus in die Weite mit luftigem Geäst, zu Gottes Wohlgefallen entfaltete es sich. Und von seinen Wurzeln und Zweigen entwickelte es sich in mannigfacher Weise, wie die goldenen Stufen einer Treppe, die in den Himmel führt, unverrückbar aufgerichtet, und über sie führt ein sicherer Zugang zu Gott für sie selbst und diejenigen, die zu ihnen gehören."[22]

Bewertet man die *stepennaja kniga* nach ihrer Intention und Zielsetzung, so ist sie die Geschichte eines politisch-religiösen Erfolges und damit, wie zu jener Zeit gar nicht anders denkbar, ein Stück – ein wesentliches Stück – der Erfüllung des Heilsplans Gottes. So sagen es die Verfasser der *stepennaja kniga* selbst. Denn sie erläutern, wie eben zitiert, die stufenartige Anlage der genealogischen Gliederung als eine zum Himmel führende, feste Treppe aus goldenen Stufen. Das Zartum erscheint „als die irdische Entsprechung des Himmels"[23].

Was auf den ersten Blick als eine „Darstellung der Deszendenz des [rjurikidischen] Fürstenhauses von Vladimir dem Heiligen an" erscheint, erweist sich, wie Peter Nitsche bemerkt hat, bei näherem Hinsehen tatsächlich als „eine von der Aszendenz geprägte Darstellung"[24]. Mit dieser aufsteigenden genealogischen Linie wurde sowohl die glanzvolle Legitimation des ersten gekrönten Zaren als auch die Verherrlichung des politischen und religiösen Zentrums Moskau und seines Herrscherhauses unübersehbar herausgestellt.

Diese Konzeption, die der *stepennaja kniga* zu Grunde liegt, entspricht dem autokratischen Selbstverständnis des Zartums Moskau. Seinen prä-

---

[22] PSRL 21/1 (wie Anm. 1) S. 5.
[23] NITSCHE, Translatio imperii? (wie Anm. 5) S. 323.
[24] Ebda, S. 324.

gnantesten Ausdruck hat es in der Formel „Moskau, das Dritte Rom"[25] gefunden, die der Mönch Filofej im Eleazar-Kloster bei Pskov im ersten Viertel des 16. Jahrhunderts in seinen Sendschreiben an Vasilij III., dessen Sekretär und Ivan IV. dargelegt hat. Darin drückte er seine Folgerungen aus der politischen und kirchlichen Entwicklung in der ersten Hälfte des 15. Jahrhunderts aus, die nach der Union der Griechen mit Rom auf dem Konzil von Ferrara-Florenz und dem Fall Konstantinopels 1453 Moskau als Hort und Schutzmacht der Orthodoxie hervorgehen ließ. Nachdem es keinen griechischen Kaiser mehr gab, kamen sein Rang und seine Verantwortung auf den höchsten und stärksten Herrscher im Bereich der Orthodoxie zu, auf den Großfürsten von Moskau. Der Weg zur kaisergleichen Zarenwürde stand ihm offen, und bereits Ivan III. beschritt ihn, als er die Nichte des letzten byzantinischen Kaisers, die Paläologin Zoë, russisch Sofija, heiratete und damit das Erbe des untergegangenen Kaisertums aufnahm, als er den byzantinischen Doppeladler – über das Habsburgische Kaiserhaus – übernahm und als er wiederholt versuchte, den Zarentitel für sich in Anspruch zu nehmen. An seine Nachfolger richtete der fromme Mönch, der vielleicht auch ein Staatstheoretiker mit politischer Vergangenheit war[26], die Worte: „Denn wisse, Du Christus Liebender und Gott Liebender: Alle christlichen Reiche sind vergangen und sind zusammen übergegangen in das Eine Reich unseres Herrschers, gemäß den prophetischen Büchern: das ist das Russische Reich. [...] Denn zwei Rome sind gefallen, aber das dritte steht, und ein viertes wird es nicht geben."[27]

Lange Zeit hat man in dem Gedanken, Moskau sei das „Dritte Rom", eine triumphale Reichsidee sehen wollen – mit Nachwirkungen bis ins

---

[25] Hildegard SCHAEDER, Moskau, das dritte Rom: Studien zur Geschichte der politischen Theorien in der slawischen Welt (³1963); dort ist auch die ältere grundlegende Literatur angegeben.

[26] Die Diskussion um die Person des Mönches Filofej wie überhaupt um die Idee von Moskau als dem Dritten Rom dauert an und wird auch nicht so bald beendet sein. Zuletzt siehe Frank Kämpfers Auseinandersetzung mit dem neuen Buch von Nina Vasil'evna SINICYNA, Tretij Rim. Istoki i évoljucija russkoj srednevekovoj koncepcii (XV-XVI vv.) [Das Dritte Rom. Herkunft und Evolution einer mittelalterlichen Konzeption (15.-16. Jh.)] (1998) in: JbbGOE 48/3 (2000) S. 435-438.

[27] Zit. nach SCHAEDER, Moskau (wie Anm. 25) S. 204.

20. Jahrhundert hinein, bis zur Herrschaft und Ideologie der Bolschewiki[28]. Inzwischen hat man es jedoch als richtig erkannt, sie als Mahnung zu verstehen: Zwei Rome sind gefallen, das dritte, also Moskau, aber steht, und ein viertes wird es nicht geben. Das heißt, dass der Moskauer Zar für den Bestand der Menschheit, ja der Welt verantwortlich geworden ist, denn wenn Moskau fällt, ist das Ende der Welt da und die Zeit des Antichrist angebrochen. Aus dieser Verantwortung erwächst dem Zaren als wichtigste und entscheidende Verpflichtung, sich ihrer bewusst zu sein und als Christ und oberster Herr der Christenheit zu handeln, wie Filofej an Vasilij III. schreibt: „Wisse, Majestät, frommer Car', daß alle Reiche des orthodoxen christlichen Glaubens zusammen übergegangen sind in Dein einziges Reich. Du allein bist auf der ganzen Erde der Car' der Christen. Dies mußt Du, Car', in Gottesfurcht festhalten! Fürchte Gott, der Dir dies gegeben hat! Baue nicht auf Gold und Reichtum und Ruhm; denn alles dies wird hier gesammelt und bleibt auf der Erde ..."[29]

Nun hat die Forschung in den letzten Jahren das Problem einer *translatio imperii* von Byzanz auf Moskau differenzieren und herausarbeiten können, dass sich in der Formel „Moskau, das Dritte Rom" eine Tendenz ausdrückt, Moskau in die Reihe des lateinischen und des griechischen Rom zu stellen, zugleich aber eine Distanzierung von Byzanz deutlich gemacht werden soll[30]. Inwieweit diese reservierte Haltung gegenüber Byzanz sich nur auf innerkirchliche Kreise bezog oder Bestandteil einer Moskauer Staatsideologie war, ist, wie erwähnt, noch nicht endgültig beantwortet; die besseren Argumente finde ich selbst bei den Verfechtern der zweiten Variante.

Auf jeden Fall lässt sich aus dem oben zitierten Aufruf an den Zaren erkennen, dass diesem offensichtlich die Rolle sozusagen eines „orthodoxen Weltkaisers" zugeschrieben wird. Allerdings ist daraus, wie Werner

---

[28] Dagegen polemisiert (wobei er die einschlägige Literatur nennt) Aleksandr GOL'DBERG, Historische Wirklichkeit und Fälschung der Idee „Moskau – das Dritte Rom", Jb für die Geschichte der sozialistischen Länder Europas 15/2 (1971) S. 123-141.
[29] Zit. nach SCHAEDER, Moskau (wie Anm. 25) S. 207.
[30] Siehe dazu die in diesem Beitrag zitierten Arbeiten von Peter NITSCHE und die dort genannte Literatur.

Philipp bemerkt hat[31], kein außenpolitisches Programm abgeleitet worden. Das Moskauer Zartum hat weder ein Programm zur orthodoxen Missionierung der lateinischen bzw. häretischen Christenheit noch eine ideologiegeleitete, machtbasierte Expansionspolitik entwickelt. Seine Aufgabe besteht im Bewahren der durch Gottes Willen und gemäß den Schriften, vor allem den prophetischen und apokalyptischen Schriften, entstandenen Herrschaftsordnung.

Die Idee von „Moskau als dem Dritten Rom" bildet ein Konzentrat des Selbstverständnisses der russischen Autokratie des 15. und 16. Jahrhunderts, wie sie aus ihren beiden Wurzeln, der russischen und der byzantinischen, entstanden ist. Neues und Altes hat sich hier mit einander verbunden. Werner Philipp hat es folgendermaßen formuliert: „Die Besonderheit seiner [Russlands] Stellung in der Heilsgeschichte und die damit auferlegte Verantwortung, auferlegt vor allem dem Zaren, ist neu, ihr Inhalt jedoch die sorgsame Beachtung des Alten."[32]

Damit sind wir wieder bei der *stepennaja kniga* als Produkt altrussischer Geschichtsschreibung im Interesse der Moskauer Staatsideologie. Diese Herrscherchronik wurde zu dem Zweck geschrieben, das herrscherliche Selbstverständnis des Moskauer Zaren in der Mitte des 16. Jahrhunderts darzustellen, Ivan IV. in der Heilsgeschichte der Christenheit aus orthodoxer Moskauer Sicht zu positionieren, d. h. ihn wie auch seine Vorgänger in der ihnen zugedachten Spitzenstellung zu präsentieren. Auch die veränderte Sicht der jüngeren Forschung macht an dem demonstrativen, daher propagandistischen Charakter des „Stufenbuches" keine Abstriche. Die *stepennaja kniga* ist ein eindrucksvolles Denkmal politischer Propaganda mit den gedanklichen und historiographischen Mitteln des Mittelalters.

Dass es sich bei der *stepennaja kniga* nicht „einfach" um Geschichtsschreibung der im Mittelalter üblichen Art und mit dem für diese Zeit

---

[31] Werner PHILIPP, Die gedankliche Begründung der Moskauer Autokratie bei ihrer Entstehung (1458-1522), Forschungen zur Osteuropäischen Geschichte 15 (1970) S. 59-118, hier S. 115.
[32] PHILIPP, Begründung (wie Anm. 31) S. 115.

anzunehmenden Grad an „Objektivität" handelt, dürfte ausreichend deutlich geworden sein. Damit kehren wir zu der eingangs aufgestellten These zurück und stellen erneut die Frage, die den Ansatz für die im Titel des Bandes aufgegebene „kritische Aufarbeitung" bietet: Geht es in der *stepennaja kniga* überhaupt um Geschichtsschreibung? Und wenn wir zu dem Ergebnis kommen, es sei Geschichtsschreibung, wie ist diese Chronik zu verstehen und einzuordnen? Sagt sie uns überhaupt etwas über die Vergangenheit der damaligen Rus' und Russen?

Zunächst ist die *stepennaja kniga* eine im Auftrag eines Herrschers geschriebene Chronik seiner Dynastie, wie wir sie ständig finden. Dass die Darstellung der Geschichte auf den Auftraggeber zu läuft, dass er besonders gerühmt und seine Regierungszeit als Höhepunkt in der Geschichte des Reiches geschildert wird, gehört zu den Charakteristika dieser Gattung von Chroniken. Es sei aber ausdrücklich darauf hingewiesen, dass es sich dabei nicht um ein Lob aus opportunistischen Gründen handelt. Vielmehr wird den Zeitgenossen vor Augen geführt, was für eine Macht und Bedeutung der fürstliche Auftraggeber besitzt. Darin zeigt sich dem mittelalterlichen Verfasser und Leser der Chronik der Niederschlag der Heilsgeschichte. Hier beziehe ich mich auf die Bemerkungen über die Zeitgebundenheit des Objektivitätskriteriums in der Geschichtsschreibung, die Hans-Werner Goetz in seinem Beitrag zu diesem Band gemacht hat.

Nun kann man jedoch nicht übersehen, dass die *stepennaja kniga* von Anfang bis Ende in auffälliger Weise konstruiert ist[33]. Andere Chroniken, die ebenfalls im herrscherlichen Auftrag geschrieben wurden, um den Herrscher und seine Dynastie zu würdigen, sind bei weitem nicht derart künstlich aufgebaut, etwa wenn man an die Chronik denkt, die der sogenannte Gallus Anonymus über Bolesław III. und das Herrscherhaus der

---

[33] NITSCHE, Translatio imperii? (wie Anm. 5) S. 323 bemerkt dazu: „... beim Bau der genealogischen Stufen bedurfte es an bestimmten Stellen des glättenden Hobels, wenn nicht des Beils, um die Realität des historischen Prozesses mit der Harmonie des Konzepts in Übereinstimmung zu bringen."

Piasten im 12. Jahrhundert geschrieben hat³⁴. Der Charakter der *stepennaja kniga* als Konstrukt, als eine in ihrer Aussage berechnete, in ihrer Wirkung gezielte Selbstinszenierung der Moskauer Autokratie, ist mehr als deutlich.

Der Stoff ist die Vergangenheit, an sie wird erinnert, und zwar mit einer nicht nur aus sich heraus erkennbaren, sondern auch unzweideutig formulierten Intention. Auf die Form, in der dies durchgeführt worden ist, trifft die Kennzeichnung als Fiktion nicht zu, denn dieser Begriff gehört meines Erachtens eher in den literarischen Bereich. Eine literarische Fiktion liegt vor, wenn von Personen und Gegenständen erzählt wird, die es nicht gegeben hat und die für die Erzählung erfunden worden sind. In der *stepennaja kniga* haben wir es mit einer K o n s t r u k t i o n zu tun, nicht hingegen mit einer Re-Konstruktion. Denn es geht den Verfassern unverkennbar nicht vorrangig darum, ein bestimmtes Bild von der Vergangenheit zu entwerfen. Ihr Blick fällt nicht auf vergangene Zeiten, sondern auf die Gegenwart. Zwar ist es zweifellos nicht nur richtig, sondern unabwendbar, dass der Historiker oder Geschichtsschreiber immer zugleich über seine Gegenwart sowie über sich selbst Mitteilung macht, wenn er über sein historisches Thema, über die Vergangenheit, schreibt. Im Falle der *stepennaja kniga* liegen die Dinge aber anders: Die G e g e n w a r t ist das eigentliche Thema; sie wird hier inszeniert. Das Neue – die erstmals offiziell in die Zarenwürde gewandete Moskauer Autokratie mit ihrem Anspruch, in ihrer gotterwählten Dynastie die Geschichte des russischen Landes zu vollenden zu haben und damit das Dritte und letzte Rom zu verkörpern – wird in dieser Herrscherchronik propagiert. Propaganda³⁵ ist immer auf die Gegenwart bezogen und auf die Ziele ausgerichtet, die man in absehbarer Zeit erreichen will. In diesem Zusammenhang ist die Vergangenheitserzählung – die Vorgeschichte

---

³⁴ Hier sei nur die sorgfältig übersetzte und kommentierte deutsche Ausgabe genannt, in der auch auf die wichtigste Literatur hingewiesen wird: Polens Anfänge. Gallus Anonymus: Chronik und Taten der Herzöge und Fürsten von Polen, übersetzt, eingeleitet und erklärt von Josef BUJNOCH (Slavische Geschichtsschreiber 10, 1978).

³⁵ Grundsätzlich zu Wesen und Formen von Propaganda: Robert JACKALL (Hg.), Propaganda (1995); Jeremy HAWTHORN (Hg.), Propaganda, Persuasion and Polemic (1987).

und die ersten 16 Stufen – aus historischem Material auf die Gegenwart hin konstruiert worden.

Sinn und Wesen dieser Vergangenheitskonstruktion ist die Instrumentalisierung der Geschichte, um das Neue im Herrschaftsverständnis der Autokratie – entsprechend der zitierten Bemerkung Werner Philipps – durch die „sorgsame Beachtung des Alten" zu legitimieren.

Hier finden wir die Antwort auf die an sich nahe liegende Frage, warum die Verfasser der *stepennaja kniga* denn nicht einen Traktat geschrieben haben. Die Frage ist nicht abwegig, denn die Moskauer Rus' war sozusagen voll von Traktaten, von Literatur, die zum großen Teil in Serbien übersetzt worden war, und von Pamphleten aller Art. Ivan der Schreckliche war selbst ein recht produktiver Autor, der vor allem Briefe, Traktate und Sendschreiben, aber auch Gedichte verfasst hat[36]. Da wird zwar über weite Strecken hinweg historisch argumentiert. Für den Zweck dieses Werkes lag jedoch die Form der heilsgeschichtlichen Erzählung näher. Vor allem kam es ja neben der propagandistischen Absicht auf den legitimatorischen Nachweis an.

Aus diesem Grunde entfällt der Verdacht, man habe bewusst und gezielt die Geschichte des russischen Landes und der Rjurikidendynastie „fälschen" wollen. Es gibt keinerlei berechtigten Anlass zu der Vermutung, die *stepennaja kniga* sei in zynischer Absicht geplant und geschrieben worden, etwa um die Leser oder die Zuhörer der Vorleser über irgendetwas zu täuschen, ihnen etwas Falsches oder Gefälschtes als wahr und richtig darzustellen. Die Verfasser, die genau wussten, was sie taten, schrieben so, wie man damals dachte, wie man die Welt sah und Gottes Wirken in der Welt[37]. Eine Staatsideologie in Form einer ausgefeilten politischen Theorie und Programmatik sowie einer diskursiven Erörte-

---

[36] Siehe die in Anm. 6-11 sowie bei Adolf STENDER-PETERSEN, Geschichte der russischen Literatur (³1978) S. 184 ff. und PHILIPP, Begründung (wie Anm. 31) passim genannte Literatur sowie STÖKL, Staat und Kirche (wie Anm. 15) S. 61.

[37] Inwieweit ein gewisses Maß an Heuchelei und unangebrachtem Stolz mitspielte, wie STENDER-PETERSEN, Geschichte (wie Anm. 36) S. 192 im Hinblick auf die Untaten Ivans des Schrecklichen und die Lobpreisungen, mit denen die *stepennaja kniga* ihn würdigt, meint, mag dahingestellt bleiben, ohne weiteres teilen kann ich dieses Urteil nicht.

rung der Entstehung, Ideen und Möglichkeiten der Moskauer Autokratie lag außerhalb ihrer Möglichkeiten[38].

Schließlich sollte man auch nicht übersehen, dass die Verfasser mit der Konzeption der *stepennaja kniga* nicht völlig neue Wege gegangen sind. Sie stützten sich auf eine Fülle von Werken russischer und außerrussischer Provenienz. Beispielhaft sei hier nur als unmittelbares Muster der *Carostávnik* („Zarenbuch") genannt, ein in gleicher Weise aufgebautes Werk, das der serbische Erzbischof Danilo II. im 14. Jahrhundert verfasst hat; es ist aus Serbien über verschiedene Übersetzungen und Redaktionen in die Rus' gelangt und hat dort als Vorlage für die *stepennaja kniga* gedient[39].

Worin liegt nun die Bedeutung eines derartigen konstruierten, propagandistisch-legitimatorischen Werkes, das über den historischen Zeitraum, über den es berichtet, nichts Neues, eher Fragwürdiges enthält? Auch hier liegt die Antwort wohl auf der Hand. Gerade das Konstruierte in diesem Werk, sein propagandistisch-legitimatorischer Charakter machen es zu einer bedeutsamen Quelle für die Zeit, in der das Werk entstanden ist. Die *stepennaja kniga* gibt Auskunft über die Art und Weise, in der sich das autokratische Moskauer Zartum in den sechziger Jahren des 16. Jahrhunderts, verkörpert durch Ivan IV., verstanden und dargestellt hat.

Einige Bemerkungen zur Charakterisierung dieses Selbstverständnisses seien noch angeschlossen. Die *stepennaja kniga* berichtet zwei Translations- bzw. Abstammungslegenden, von denen die eine die Krönungsinsignien der Moskauer Herrscher betrifft, die andere den Spitzenahn ihrer propagierten Genealogie. Unter den Krönungsinsignien der Moskauer Herrscher[40] erwähnt, wie etliche Chroniken schon vorher, die *stepennaja*

---

[38] PHILIPP, Begründung (wie Anm. 31) S. 116.
[39] STENDER-PETERSEN, Geschichte (wie Anm. 36) S. 190; dort sind auch weitere Werke aufgeführt, die in die *stepennaja kniga* eingearbeitet worden sind.
[40] Rufina Petrovna DMITRIEVA, Skazanie o knjazjach vladimirskich [Erzählung von den Fürsten von Vladimir] (1955) S. 176 und S. 189; dazu die Rezension von Aleksandr Alek-

kniga die haubenartige Krone, die „Mütze Monomachs", russisch *šapka Monomacha*. Von ihr wird berichtet, sie stamme aus dem byzantinischen Kaiserhaus, der Kaiser Konstantin Monomach habe sie seinerzeit an den Kiever Großfürsten Vladimir Monomach gesandt. Die Sache stimmt aus vielerlei Gründen nicht[41]. Entscheidend ist die Intention: Die Verfasser der *stepennaja kniga* wiesen damit auf die byzantinische Tradition hin, die Moskau aufgenommen hatte und deren Weiterführung ihm im Sinne des „Dritten Rom" zur Aufgabe geworden war.

Demgegenüber weist die andere Abstammungslegende nach Westen. Ihr zufolge stammte die Rjurikidendynastie von dem weströmischen Kaiserhaus ab. Der römische Kaiser Augustus habe, so berichtet die *stepennaja kniga*[42], einen Bruder namens Prus gehabt. Dieser Prus habe über die Gebiete um die Weichsel, über die Städte Magdeburg, Danzig, Thorn und andere bis zum Njemen geherrscht, und von diesem hätten sie ihren Namen bekommen: *Pruskaja zemlja* – „Land des Prus" – „Preußenland". Von dort aus sei Prus in die Kiever Lande gelangt, und dort habe er die russische Herrscherdynastie begründet. Auch in diesem Fall kann man von einer Fiktion sprechen, denn diesen Prus mit seiner ganzen Vita hat es nicht gegeben. Er dient zu nichts anderem, als die legitimierende Verbindung zum Kaiserhaus des Westens zu knüpfen und damit den Anspruch auf die ranggleiche Würde des Zarentitels auch gegenüber dem lateinischen Kaiser des Westens zu untermauern. Dieses Selbstgefühl der Eigenständigkeit kam bereits bei der Schilderung der Taufe Ol'gas zum Ausdruck, und es wurde auch nicht geschmälert, als später sogar Augustus selbst zum direkten Vorfahren des Rjurikidenhauses gemacht wurde.

Schließlich stellt sich noch die Frage: Die Geschichte der Christianisierung der Rus' und der Entstehung ostslawisch-russischer Staatlichkeit war von Anfang an, schon allein aus Gründen der Geographie, mit dem

---

sandrovič ZIMIN, Istoričeskij Archiv (1956) S. 235-238; STÖKL, Testament (wie Anm. 14) S. 22 ff.
[41] Allein die Chronologie spricht dagegen: Konstantin IX. Monomach regierte 1042-1055, Vladimir Monomach 1113-1125.
[42] PSRL 21/1 (wie Anm. 1) S. 60.

Kaiserreich und Patriarchat von Konstantinopel verbunden. Was bewog diejenigen, die in Moskau über Politik nachdachten und ihre Gedanken mit den Mitteln des Mittelalters formulierten, Verbindung nach Westen und Legitimation von dort zu suchen? Immerhin handelte es sich doch um die lateinischen Häretiker, von denen man kirchlich schon Jahrhunderte lang durch das Schisma getrennt war und mit denen man politisch keine guten Erfahrungen gemacht hatte. Nahm man einfach alles, was man gebrauchen konnte, überall her? Oder ging es im Interesse der demonstrierten russischen Eigenständigkeit lediglich um Äquidistanz zu den beiden „gefallenen" Roms? Zieht man eine lange Linie des politischen Denkens in Russland, so stößt man auf die permanente Auseinandersetzung mit dem Westen, die von dem Drang, aus der östlichen Randlage des Landes einen Weg zu den Völkern, Staaten und Kulturen zu finden, denen man sich grundsätzlich zugehörig fühlt. In der Zeit der Entstehung und Entfaltung der Moskauer Autokratie erfuhren diese Tendenzen eine wachsende Konjunktur. Diese Großfürsten und der erste gekrönte Zar wollten demonstrieren, dass sie zu der Gemeinschaft der christlichen Könige, zur christlichen Ökumene, auch zu Europa, wenn man so will, gehörten. Seit den Kriegen, die Ivan III. in der zweiten Hälfte des 15. Jahrhunderts im Baltikum geführt hatte, drängte Moskau verstärkt auch politisch und ökonomisch ins westliche und mittlere Europa. Diese Kriege dienten letztlich dem Versuch Moskaus, auf dem Wege nach Westen voranzukommen und Sperren fortzuräumen. So ist die *stepennaja kniga* auf ihre Weise und für ihre Zeit auch eine Quelle für die europäische Qualität und die europäischen Bestrebungen Russlands, die bis heute andauern.

Otto Mazal
Justinian I. und seine Zeit
Geschichte und Kultur des Byzantinischen Reiches im 6. Jahrhundert

2001. VI, 780 Seiten.
19 s/w-Abbildungen auf 16 Tafeln. Gebunden.
€ 96,–/sFr 167,–
ISBN 3-412-02501-1

Kaiser Justinian I. gehört zweifelsohne zu den wirkungsmächtigsten Gestalten europäischer Geschichte. Als letzte Herrscherpersönlichkeit unternahm er mit seinem nach Westen ausgreifenden Byzantinischen Reich noch einmal den Versuch der Wiederherstellung des Imperium Romanum. Sein Name ist verknüpft mit kunstgeschichtlich so herausragenden Monumenten wie der Hagia Sophia. Kaum zu überschätzen ist auch seine Leistung in der Gesetzgebung. Mit der Aufzeichnung des römischen Rechts – der Justinianischen Kodifikation – gab er dem Rechtsleben eine feste Grundlage, was auf die Rechtsordnungen späterer Jahrhunderte eine immense Ausstrahlungskraft hatte.

Der bekannte Byzantinist Otto Mazal legt in diesem Buch eine Gesamtschau des ereignisreichen 6. Jahrhunderts vor. Die historischen Leistungen und die weltgeschichtliche Bedeutung der Regierungszeit Justinians (527–565) werden aus verschiedenen Blickwinkeln beleuchtet. Wirtschaftliche, militärische, soziale und kirchenpolitische Verhältnisse werden ebenso erhellt wie die kulturellen Entwicklungen in Literatur, Architektur und Bildender Kunst.

Ursulaplatz 1, D-50668 Köln, Telefon (0 221) 91 39 00, Fax 91 39 011

André Thieme (Hg.)
Herzog Albrecht der Beherzte (1443–1500)
Ein sächsicher Fürst im Reich und in Europa

(Quellen und Materialien zur Geschichte der Wettiner, Band 2)
2001. Etwa XVIII, 304 Seiten.
Etwa 21 s/w-Abbildungen.
Gebunden.
Etwa € 30,50/sFr 54,–
ISBN 3-412-03501-7

Als Entführungsopfer des Altenburger Prinzenraubes zählt Albrecht der Beherzte zu den populärsten wettinischen Herrschergestalten. Doch auch seine politische Bilanz ist beachtlich: Der Herzog führte als Reichsfeldherr mehrfach Krieg für Kaiser und Reich und errang dadurch im europäischen Spiel der Mächte Beachtung und Bedeutung. Infolge der Leipziger Teilung von 1485 wurde er zugleich zum Begründer des späteren meißnisch-sächsischen Staates und zum Stammvater der albertinischen Wettiner. Er gewann Friesland für sein Haus und legte mit der so genannten »Väterlichen Ordnung« den Grundstein dafür, dass die albertinische Herrschaft von weiteren schwächenden Landesteilungen verschont blieb.
Der Band liefert in Einzelstudien ein umfassendes Lebensbild Herzog Albrechts.

André Thieme ist Wissenschaftlicher Mitarbeiter am Institut für Sächsische Geschichte und Volkskunde in Dresden.

Ursulaplatz 1, D-50668 Köln, Telefon (0221) 91 39 00, Fax 91 39 011

Lutz Partenheimer
Albrecht der Bär
Gründer der Mark
Brandenburg und des
Fürstentums Anhalt

Der um 1100 geborene Albrecht der Bär ist vor allem als Gründer der Mark Brandenburg sowie als Stammvater des Geschlechts der Askanier in die Geschichte eingegangen. Bis zu seinem Tod 1170 trug er die Titel Graf von Ballenstedt, Graf von Aschersleben und Graf von Weimar-Orlamünde. Er wirkte zeitweise als Markgraf der Lausitz, als Markgraf der Nordmark und einige Jahre sogar als Herzog von Sachsen. Da der sächsische Adel sich der Verleihung der Herzogswürde durch König Konrad III. widersetzte, musste Albrecht 1142 zugunsten Heinrichs des Löwen auf Sachsen verzichten.

Die vorliegende Biographie Albrechts des Bären beschreibt sein Leben und Wirken auf der Grundlage aller zur Verfügung stehenden Quellen. Sie zeichnet das Bild einer bewegten Epoche mittelalterlicher Geschichte, in der die Grundlagen jener territorialen Ordnung gelegt wurden, aus der ab 1701 das Königreich Preußen entstand.

Wegen des großen Erfolges erscheint das Buch nun in zweiter Auflage. Es wurde vom Autor durchgesehen und um ein Ortsregister ergänzt.

2., durchgesehene und um ein Ortsregister ergänzte Auflage 2003.
Etwa 428 Seiten. 20 s/w-Abbildungen. 2 Karten. Broschur.
€ 41,–/sFr 68,50   ISBN 3-412-16302-3

URSULAPLATZ 1, D-50668 KÖLN, TELEFON (0221) 91 39 00, FAX 91 39 011

Frithjof Sielaff
Das Frühe und Hohe Mittelalter
Quellenkritische Beobachtungen
Herausgegeben von Iris Berndt, Gerd Heinrich und Peter Neumeister

2001. IX, 197 Seiten.
1 Frontispiz. Gebunden.
€ 20,50/sFr 37,–
ISBN 3-412-10000-5

Was wird von der DDR-Mediävistik bleiben? Mit dieser Erstveröffentlichung einer Auswahl von Forschungsbeiträgen des bedeutenden Mittelalterhistorikers Frithjof Sielaff wird mehr als diese Frage beantwortet. Sielaff (1918–1996) war eine Integrationsfigur für jene Studenten, die von 1954 bis 1989 an der Universität Greifswald und der Humboldt-Universität Berlin einen ideologiefreien Raum suchten, in dem sie methodisches Arbeiten und selbständiges Forschen lernen konnten. Sein Leben und Werk werden in einer umfangreichen Einführung vorgestellt. Die bewußt zurückhaltend kommentierten Aufsätze aus den siebziger Jahren und Auszüge aus seiner Habilitationsschrift von 1954 stehen exemplarisch für seine wissenschaftlichen Leistungen und die ihn bewegenden Fragestellungen. Ein detailliertes Verzeichnis seines wissenschaftlichen Nachlasses und ein Literaturverzeichnis zu Werk und Wirkung runden die Ausgabe ab. Mit ihr wird die Basis für eine intensive Auseinandersetzung mit dem Lebenswerk dieses faszinierenden Wissenschaftlers geboten.